**WANDER GARCIA, ANA PAULA GARCIA E BRUNO ZAMPIER**
COORDENADORES

2021

# COMO PASSAR

# CONCURSOS DA POLÍCIA FEDERAL
# 800
### QUESTÕES COMENTADAS

EDITORA FOCO

2021 © Editora Foco

**Coordenadores:** Wander Garcia, Ana Paula Garcia e Bruno Zampier
**Autores:** Wander Garcia, André Nascimento, Arthur Trigueiros, Bruna Vieira, Eduardo Dompieri, Elson Garcia, Enildo Garcia, Flávia Barros, Gabriela Rodrigues, Gustavo Nicolau, Helder Satin, Henrique Subi, Leni Mouzinho Soares, Luciana Russo, Luiz Dellore, Renan Flumian, Roberta Densa, Robinson Barreirinhas, Rodrigo Bordalo, Rodrigo Santamaria Saber, Sebastião Edilson Gomes, Tatiana Subi, Tony Chalita, Vanessa Tonolli Trigueiros e Vivian Calderoni
**Diretor Acadêmico:** Leonardo Pereira
**Editora:** Roberta Densa
**Revisora Sênior:** Georgia Renata Dias
**Capa Criação:** Leonardo Hermano
**Diagramação:** Ladislau Lima e Aparecida Lima
**Impressão miolo e capa:** EXPRESSÃO E ARTE

Dados Internacionais de Catalogação na Publicação (CIP) de acordo com ISBD
Odilio Hilario Moreira Junior – CRB-8/9949

---

C735

Como passar em concursos da Polícia Federal / Wander Garcia ... [et al.] ; coordenado por Wander Garcia, Ana Paula Garcia. - Indaiatuba, SP : Editora Foco, 2021.

528 p. : il. ; 17cm x 24cm.

ISBN: 978-65-5515-197-8

1. Metodologia de estudo. 2. Concursos públicos. 3. Polícia Federal. I. Garcia, Wander. II. Nascimento, André. III. Trigueiros, Arthur. IV. Vieira, Bruna. V. Dompieri, Eduardo. VI. Garcia, Elson. VII. Garcia, Enildo. VIII. Barros, Flávia. IX. Rodrigues, Gabriela. X. Nicolau, Gustavo. XI. Satin, Helder. XII. Subi, Henrique. XIII. Soares, Leni Mouzinho. XIV. Russo, Luciana. XV. Dellore, Luiz. XVI. Flumian, Renan. XVII. Densa, Roberta. XVIII. Barreirinhas, Robinson. XIX. Bordalo, Rodrigo. XX. Saber, Rodrigo Santamaria. XXI. Gomes, Sebastião Edilson. XXII. Subi, Tatiana. XXIII. Chalita, Tony. XXIV. Trigueiros, Vanessa Tonolli. XXV. Calderoni, Vivian. XXVI. Garcia, Ana Paula. XXVII. Título.

2020-3161                                                                 CDD 001.4      CDU 001.8

---

Elaborado por Vagner Rodolfo da Silva – CRB-8/9410
Índices para Catálogo Sistemático:
1. Metodologia de estudo 001.4      2. Metodologia de estudo 001.8

**DIREITOS AUTORAIS:** É proibida a reprodução parcial ou total desta publicação, por qualquer forma ou meio, sem a prévia autorização da Editora FOCO, com exceção do teor das questões de concursos públicos que, por serem atos oficiais, não são protegidas como Direitos Autorais, na forma do Artigo 8º, IV, da Lei 9.610/1998. Referida vedação se estende às características gráficas da obra e sua editoração. A punição para a violação dos Direitos Autorais é crime previsto no Artigo 184 do Código Penal e as sanções civis às violações dos Direitos Autorais estão previstas nos Artigos 101 a 110 da Lei 9.610/1998. Os comentários das questões são de responsabilidade dos autores.

**NOTAS DA EDITORA:**

**Atualizações e erratas:** A presente obra é vendida como está, atualizada até a data do seu fechamento, informação que consta na página II do livro. Havendo a publicação de legislação de suma relevância, durante o ano da edição do livro, a editora, de forma discricionária, se empenhará em disponibilizar atualização futura.

**Bônus ou Capítulo On-line:** Excepcionalmente, algumas obras da editora trazem conteúdo no *on-line*, que é parte integrante do livro, cujo acesso será disponibilizado durante a vigência da edição da obra.

**Erratas:** A Editora se compromete a disponibilizar no site www.editorafoco.com.br, na seção Atualizações, eventuais erratas por razões de erros técnicos ou de conteúdo. Solicitamos, outrossim, que o leitor faça a gentileza de colaborar com a perfeição da obra, comunicando eventual erro encontrado por meio de mensagem para contato@editorafoco.com.br. O acesso será disponibilizado durante a vigência da edição da obra.

Impresso no Brasil (12.2020) – Data de Fechamento (12.2020)

**2021**
Todos os direitos reservados à
Editora Foco Jurídico Ltda.
Rua Nove de Julho, 1779 – Vila Areal
CEP 13333-070 – Indaiatuba – SP
E-mail: contato@editorafoco.com.br
www.editorafoco.com.br

### Acesse JÁ os conteúdos ON-LINE

  **ATUALIZAÇÃO** em PDF e VÍDEO para complementar seus estudos*

Acesse o link:
**www.editorafoco.com.br/atualizacao**

* As atualizações em PDF e Vídeo serão disponibilizadas sempre que houver necessidade, em caso de nova lei ou decisão jurisprudencial relevante, durante o ano da edição do livro.
* Acesso disponível durante a vigência desta edição.

# AUTORES

## COORDENADORES

### Wander Garcia – @wander_garcia

É Doutor, Mestre e Graduado em Direito pela PUC/SP. É professor universitário e de cursos preparatórios para Concursos e Exame de Ordem, tendo atuado nos cursos LFG e DAMASIO. Neste, foi Diretor Geral de todos os cursos preparatórios e da Faculdade de Direito. Foi diretor da Escola Superior de Direito Público Municipal de São Paulo. É um dos fundadores da Editora Foco, especializada em livros jurídicos e para concursos e exames. É autor best seller com mais de 50 livros publicados na qualidade de autor, coautor ou organizador, nas áreas jurídica e de preparação para concursos e exame de ordem. Já vendeu mais de 1,5 milhão de livros, dentre os quais se destacam "Como Passar na OAB", "Como Passar em Concursos Jurídicos", "Exame de Ordem Mapamentalizado" e "Concursos: O Guia Definitivo". É também advogado desde o ano de 2000 e foi procurador do município de São Paulo por mais de 15 anos. É Coach Certificado, com sólida formação em Coaching pelo IBC e pela International Association of Coaching.

### Ana Paula Garcia

Procuradora do Estado de São Paulo, Pós-graduada em Direito, Professora do IEDI, Escrevente do Tribunal de Justiça por mais de 10 anos e Assistente Jurídico do Tribunal de Justiça. Autora de diversos livros para OAB e concursos.

### Bruno Torquato Zampier Lacerda

Delegado de Polícia Federal. Mestre e Doutorando em Direito Privado pela PUC Minas. Professor de Direito Civil. Coordenador do SupremoTV.

## AUTORES

### André Nascimento

Advogado e Especialista em Regulação na Agência Nacional do Petróleo, Gás Natural e Biocombustíveis. Coautor de diversas obras voltadas à preparação para Exames Oficiais e Concursos Públicos. Coautor de livros e artigos acadêmicos. Instrutor de cursos, tendo recebido menção elogiosa pela destacada participação e dedicação na ANP. Graduado em Direito pela Universidade Presbiteriana Mackenzie/SP. Graduando em Geografia pela Universidade de São Paulo. Frequentou diversos cursos de extensão nas áreas de Direito, Regulação, Petróleo e Gás Natural e Administração Pública.

### Arthur Trigueiros – @proftrigueiros

Pós-graduado em Direito. Professor da Rede LFG, do IEDI e do Proordem. Autor de diversas obras de preparação para o Exame de Ordem. Procurador do Estado de São Paulo.

### Bruna Vieira – @profa_bruna

Pós-graduada em Direito. Professora do IEDI, Proordem, Legale, Robortella e Êxito. Palestrante e Professora de Pós-graduação em Instituições de Ensino Superior. Autora de diversas obras de preparação para Concursos Públicos e Exame de Ordem, pelas editoras Saraiva e Foco. Advogada.

### Eduardo Dompieri – @eduardodompieri

Pós-graduado em Direito. Professor do IEDI. Autor de diversas obras de preparação para Concursos Públicos e Exame de Ordem.

### Elson Garcia

Professor e Engenheiro graduado pela Universidade Federal do Rio de Janeiro – UFRJ.

### Enildo Garcia

Especialista em Matemática pura e aplicada (UFSJ). Professor tutor de Pós-graduação em Matemática (UFJS – UAB). Analista de sistemas (PUCRJ).

### Flávia Barros

Mestre em Direito Administrativo pela PUC/SP. Doutoranda em Direito Administrativo pela USP. Professora de Direito Administrativo. Procuradora do Município de São Paulo.

### Gabriela Rodrigues

Pós-Graduada em Direito Civil e Processual Civil pela Escola Paulista de Direito. Professora Universitária e do IEDI Cursos On-line e preparatórios para concursos públicos exame de ordem. Autora de diversas obras jurídicas para concursos públicos e exame de ordem. Advogada.

### Gustavo Nicolau @gustavo_nicolau

Doutor e Mestre pela Faculdade de Direito da USP. Professor de Direito Civil da Rede LFG/Praetorium. Advogado.

### Helder Satin
Desenvolvedor de sistemas Web e Gerente de projetos. Professor do IEDI. Professor de Cursos de Pós-Graduação. Graduado em Ciências da Computação, com MBA em Gestão de TI.

### Henrique Subi – @henriquesubi
Especialista em Direito Empresarial pela FGV e em Direito Tributário pela UNISUL. Mestrando em Direito pela Universidade Mackenzie. Professor de Negociação do IBDEC. Professor do IEDI e de outros cursos preparatórios para a OAB e concursos públicos.

### Leni Mouzinho Soares
Assistente Jurídico do Tribunal de Justiça do Estado de São Paulo.

### Luciana Russo
Procuradora do Município de São Paulo. Bacharel em História (1993 – FFLCH/USP) e Direito (2001 – FD/USP). Licenciatura Plena em História (1994 – FE/USP). Mestre em Direito (2005 – FD/USP). Professora universitária e de cursos preparatórios para OAB e Concursos públicos desde 2002.

### Luiz Dellore
Doutor e Mestre em Direito Processual Civil pela USP. Mestre em Direito Constitucional pela PUC/SP. Professor do Mackenzie, EPD, IEDI, IOB/Marcato e outras instituições. Advogado concursado da Caixa Econômica Federal. Ex-assessor de Ministro do STJ. Membro da Comissão de Processo Civil da OAB/SP, do IBDP (Instituto Brasileiro de Direito Processual), do IPDP (Instituto Panamericano de Derecho Procesal) e diretor do CEAPRO (Centro de Estudos Avançados de Processo). Colunista do portal jota.info. Facebook e LinkedIn: Luiz Dellore

### Renan Flumian
Mestre em Filosofia do Direito pela *Universidad de Alicante*. Cursou a *Session Annuelle D'enseignement do Institut International des Droits de L'Homme*, a Escola de Governo da USP e a Escola de Formação da Sociedade Brasileira de Direito Público. Professor e Coordenador Acadêmico do IEDI. Autor e coordenador de diversas obras de preparação para Concursos Públicos e o Exame de Ordem. Advogado.

### Roberta Densa
Doutora em Direitos Difusos e Coletivos pela Pontifícia Universidade Católica de São Paulo (PUC/SP), mestre em Direito Político e Econômico pela Universidade Presbiteriana Mackenzie (2005). Editora Jurídica na Editora Foco. Professora da Universidade São Judas Tadeu. Autora do livro "Direito do Consumidor".

Membro da Comissão dos Direitos da Criança e do Adolescente da OAB/SP desde 2007.

### Robinson Barreirinhas – robinson.barreirinhas@gmail.com
Professor do IEDI. Procurador do Município de São Paulo. Professor do IEDI. Autor e Coautor de mais de 20 obras para preparação para concursos e OAB.

### Rodrigo Bordalo
Doutor e Mestre em Direito do Estado pela Pontifícia Universidade Católica de São Paulo (PUC-SP). Professor de Direito Público da Universidade Presbiteriana Mackenzie (pós-graduação). Professor de Direito Administrativo e Ambiental do Centro Preparatório Jurídico (CPJUR) e da Escola Brasileira de Direito (EBRADI), entre outros. Procurador do Município de São Paulo, atualmente lotado na Coordenadoria Geral do Consultivo da Procuradoria Geral do Município. Advogado. Palestrante.

### Rodrigo Santamaria Saber
Advogado graduado em Direito pela PUC/SP especialista em Direito Processual Civil pela UNESP de Franca. Aprovado nos concursos para Defensor Público do Estado de Santa Catarina e do Distrito Federal.

### Sebastião Edilson Gomes
Mestre em Direito Público. Especialista em Direito Civil. Professor Universitário das disciplinas de Direito Administrativo e Direito Civil. Coautor do Livro Lei de Responsabilidade Fiscal comentada e anotada.

### Tatiana Subi
Bacharel em Direito pela Pontifícia Universidade Católica de Campinas. Professora em diversos cursos preparatórios para concursos. Coautora do livro Como Passar em Concursos Bancários da Editora Foco.

### Tony Chalita
Advogado. Mestrando em Direito. Professor Assistente PUC/SP. Auditor da Editora Foco.

### Vanessa Tonolli Trigueiros
Analista de Promotoria. Assistente Jurídico do Ministério Público do Estado de São Paulo. Graduação em Direto pela PUC-Campinas. Pós-graduada em Direito Processual Civil pela UNISUL. Pós-graduada em Direito Processual Civil e Civil pela UCDB.

### Vivian Calderoni
Mestre em Direito Penal e Criminologia pela USP. Autora de artigos e livros. Palestrante e professora de cursos preparatórios para concursos jurídicos. Atualmente trabalha como advogada na ONG "Conectas Direitos Humanos", onde atua em temas relacionados ao sistema prisional e ao sistema de justiça.

# Sumário

| AUTORES | V |
|---|---|
| COMO USAR O LIVRO? | XIII |

## 1. DIREITO PENAL — 1

1. CONCEITO, FONTES E PRINCÍPIOS ...........1
2. APLICAÇÃO DA LEI NO TEMPO ...........1
3. APLICAÇÃO DA LEI NO ESPAÇO ...........2
4. CONCEITO, CLASSIFICAÇÃO E SUJEITOS DO CRIME ...........3
5. FATO TÍPICO E TIPO PENAL ...........4
6. ERRO DE TIPO, DE PROIBIÇÃO E DEMAIS ERROS ...........4
7. TENTATIVA, CONSUMAÇÃO, DESISTÊNCIA VOLUNTÁRIA, ARREPENDIMENTO EFICAZ E CRIME IMPOSSÍVEL ...........4
8. ANTIJURIDICIDADE E CAUSAS EXCLUDENTES ...........5
9. CONCURSO DE PESSOAS ...........5
10. CULPABILIDADE E CAUSAS EXCLUDENTES ...........6
11. PENA E MEDIDA DE SEGURANÇA ...........7
12. CRIMES CONTRA A PESSOA ...........8
13. CRIMES CONTRA O PATRIMÔNIO ...........9
14. CRIMES CONTRA A DIGNIDADE SEXUAL ...........11
15. CRIMES CONTRA A FÉ PÚBLICA ...........12
16. CRIMES CONTRA A ADMINISTRAÇÃO PÚBLICA ...........12
17. LEGISLAÇÃO PENAL EXTRAVAGANTE ...........14
18. TEMAS COMBINADOS DE DIREITO PENAL ...........14

## 2. DIREITO PROCESSUAL PENAL — 17

1. FONTES, PRINCÍPIOS GERAIS, INTERPRETAÇÃO E APLICAÇÃO DA LEI PROCESSUAL PENAL ...........17
2. INQUÉRITO POLICIAL E OUTRAS FORMAS DE INVESTIGAÇÃO CRIMINAL ...........19
3. AÇÃO PENAL, SUSPENSÃO CONDICIONAL DO PROCESSO E AÇÃO CIVIL ...........29
4. JURISDIÇÃO E COMPETÊNCIA; CONEXÃO E CONTINÊNCIA ...........31
5. QUESTÕES E PROCESSOS INCIDENTES ...........33

6. PROVA ........................................................................................................................................34
7. PRISÃO, MEDIDAS CAUTELARES E LIBERDADE PROVISÓRIA ..............................................40
8. SUJEITOS PROCESSUAIS, CITAÇÃO, INTIMAÇÃO, PRAZO E PROCEDIMENTO ....................49
9. RECURSOS, *HABEAS CORPUS*, MANDADO DE SEGURANÇA E REVISÃO CRIMINAL ..........52
10. EXECUÇÃO PENAL .....................................................................................................................53
11. ORGANIZAÇÃO CRIMINOSA ....................................................................................................53
12. JUIZADOS ESPECIAIS .................................................................................................................54
13. LEGISLAÇÃO EXTRAVAGANTE ..................................................................................................55
14. QUESTÕES DE CONTEÚDO VARIADO .....................................................................................59

## 3. LEGISLAÇÃO EXTRAVAGANTE — 63

1. TRÁFICO DE DROGAS ...............................................................................................................63
2. TORTURA ....................................................................................................................................65
3. CRIMES HEDIONDOS ................................................................................................................66
4. CRIMES CONTRA O SISTEMA FINANCEIRO ............................................................................67
5. CRIMES CONTRA A ORDEM TRIBUTÁRIA E AS RELAÇÕES DE CONSUMO ........................67
6. ESTATUTO DO DESARMAMENTO ............................................................................................68
7. CRIMES AMBIENTAIS .................................................................................................................69
8. RACISMO ....................................................................................................................................70
9. INTERCEPTAÇÃO TELEFÔNICA .................................................................................................70
10. CÓDIGO DE TRÂNSITO BRASILEIRO .......................................................................................71
11. LEI MARIA DA PENHA ...............................................................................................................72
12. LEI DE EXECUÇÃO PENAL .........................................................................................................73
13. ESTATUTO DO IDOSO ...............................................................................................................74
14. CRIME ORGANIZADO ...............................................................................................................74
15. SEGURANÇA DE ESTABELECIMENTOS FINANCEIROS ..........................................................75
16. QUESTÕES COMBINADAS E OUTROS TEMAS DA LEGISLAÇÃO EXTRAVAGANTE ...........75

## 4. CRIMINOLOGIA — 79

## 5. DIREITO CONSTITUCIONAL — 83

1. PODER CONSTITUINTE .............................................................................................................83
2. TEORIA DA CONSTITUIÇÃO E PRINCÍPIOS FUNDAMENTAIS ...............................................84
3. HERMENÊUTICA CONSTITUCIONAL E EFICÁCIA DAS NORMAS CONSTITUCIONAIS ......86
4. CONTROLE DE CONSTITUCIONALIDADE ..............................................................................87
5. DIREITOS E DEVERES INDIVIDUAIS E COLETIVOS .................................................................89

| | | |
|---|---|---|
| 6. | DIREITOS SOCIAIS | 95 |
| 7. | NACIONALIDADE | 95 |
| 8. | DIREITOS POLÍTICOS | 96 |
| 9. | ORGANIZAÇÃO DO ESTADO | 96 |
| 10. | PODER LEGISLATIVO | 100 |
| 11. | PODER EXECUTIVO | 103 |
| 12. | PODER JUDICIÁRIO | 105 |
| 13. | FUNÇÕES ESSENCIAIS À JUSTIÇA | 107 |
| 14. | DEFESA DO ESTADO | 108 |
| 15. | ORDEM SOCIAL | 110 |
| 16. | TEMAS COMBINADOS | 111 |

## 6. DIREITO ADMINISTRATIVO — 113

| | | |
|---|---|---|
| 1. | REGIME JURÍDICO ADMINISTRATIVO E PRINCÍPIOS DE DIREITO ADMINISTRATIVO | 113 |
| 2. | PODERES ADMINISTRATIVOS | 113 |
| 3. | ATO ADMINISTRATIVO | 115 |
| 4. | ORGANIZAÇÃO DA ADMINISTRAÇÃO PÚBLICA | 117 |
| 5. | SERVIDORES PÚBLICOS | 123 |
| 6. | LEI 8.112/1990 – ESTATUTO DOS SERVIDORES PÚBLICOS | 128 |
| 7. | IMPROBIDADE ADMINISTRATIVA | 128 |
| 8. | RESPONSABILIDADE DO ESTADO | 131 |
| 9. | LICITAÇÕES E CONTRATOS | 131 |
| 10. | SERVIÇO PÚBLICO, CONCESSÃO E PPP | 133 |
| 11. | CONTROLE DA ADMINISTRAÇÃO | 135 |
| 12. | TEMAS GERAIS COMBINADOS | 137 |

## 7. DIREITO DA CRIANÇA E DO ADOLESCENTE — 139

## 8. DIREITO INTERNACIONAL PÚBLICO — 143

## 9. DIREITO CIVIL — 145

| | | |
|---|---|---|
| 1. | LEI DE INTRODUÇÃO ÀS NORMAS DO DIREITO BRASILEIRO | 145 |
| 2. | PARTE GERAL | 146 |
| 3. | CONTRATOS | 149 |
| 4. | RESPONSABILIDADE CIVIL | 149 |
| 5. | COISAS | 150 |

## 10. DIREITO PROCESSUAL CIVIL — 153

1. JURISDIÇÃO E COMPETÊNCIA ................................................................. 153
2. FORMAÇÃO, SUSPENSÃO E EXTINÇÃO DO PROCESSO ......................... 154
3. TUTELA PROVISÓRIA ................................................................................ 154
4. TEMAS COMBINADOS DE PARTE GERAL E PROCESSO DE CONHECIMENTO ......... 155
5. RECURSOS ................................................................................................ 156
6. PROCEDIMENTOS ESPECIAIS .................................................................. 157

## 11. MEDICINA LEGAL — 159

1. TANATOLOGIA ........................................................................................... 159
2. EMBRIAGUEZ E ALCOOLISMO ................................................................. 160
3. SEXOLOGIA ............................................................................................... 161
4. TRAUMATOLOGIA ..................................................................................... 162
5. PSICOPATOLOGIA FORENSE .................................................................... 163
6. ANTROPOLOGIA ....................................................................................... 164
7. PERÍCIAS MÉDICO-LEGAIS E PROCEDIMENTO NO INQUÉRITO POLICIAL ......... 165

## 12. LÍNGUA PORTUGUESA — 167

1. VERBO ........................................................................................................ 167
2. REDAÇÃO, COESÃO E COERÊNCIA ......................................................... 168
3. CONJUNÇÃO ............................................................................................. 174
4. PRONOMES ............................................................................................... 176
5. CRASE ........................................................................................................ 177
6. SEMÂNTICA ............................................................................................... 178
7. ORTOGRAFIA ............................................................................................. 180
8. REGÊNCIAS VERBAL E NOMINAL ............................................................ 180
9. USO DA VÍRGULA E DOIS-PONTOS ......................................................... 182
10. ANÁLISES SINTÁTICA E MORFOLÓGICA ............................................... 185
11. INTERPRETAÇÃO DE TEXTO E TEMAS COMBINADOS ........................ 186

## 13. MATEMÁTICA E RACIOCÍNIO LÓGICO — 195

## 14. INFORMÁTICA — 209

1. APRESENTAÇÕES ..................................................................................... 209
2. BANCOS DE DADOS ................................................................................. 209
3. EDITORES DE TEXTO ................................................................................ 210

4. HARDWARE ..................................................................................................211
5. PLANILHAS ELETRÔNICAS ........................................................................211
6. REDE E INTERNET .....................................................................................212
7. SISTEMAS OPERACIONAIS .......................................................................217
8. SEGURANÇA DA INFORMAÇÃO ..............................................................220
9. LINGUAGENS DE PROGRAMAÇÃO .........................................................221
10. TEORIA GERAL DE SISTEMAS ..................................................................222

## 15. ARQUIVOLOGIA — 225

## 16. FÍSICA — 229

## 17. ÉTICA NA ADMINISTRAÇÃO PÚBLICA — 233

## 18. BIOLOGIA — 235

## 19. QUÍMICA — 237

## 20. ADMINISTRAÇÃO FINANCEIRA E ORÇAMENTÁRIA — 241

## 21. ADMINISTRAÇÃO GERAL — 245

## 22. DIREITO TRIBUTÁRIO — 249

1. TRIBUTOS – DEFINIÇÃO E ESPÉCIES ........................................................249
2. PRINCÍPIOS ................................................................................................250
3. COMPETÊNCIA E IMUNIDADE .................................................................252
4. LEGISLAÇÃO TRIBUTÁRIA ........................................................................252
5. VIGÊNCIA, APLICAÇÃO INTERPRETAÇÃO E INTEGRAÇÃO DA LEGISLAÇÃO TRIBUTÁRIA ......................253
6. OBRIGAÇÃO, FATO GERADOR, CRÉDITO, LANÇAMENTO ....................254
7. SUJEIÇÃO PASSIVA E CAPACIDADE TRIBUTÁRIA PASSIVA ...................255
8. SUSPENSÃO, EXTINÇÃO E EXCLUSÃO DO CRÉDITO .............................257
9. IMPOSTOS E CONTRIBUIÇÕES EM ESPÉCIE ...........................................258
10. GARANTIAS E PRIVILÉGIOS DO CRÉDITO TRIBUTÁRIO ........................259
11. ADMINISTRAÇÃO TRIBUTÁRIA, FISCALIZAÇÃO ....................................259
12. CRIMES .......................................................................................................260
13. OUTRAS MATÉRIAS E COMBINADAS .....................................................260

## 23. DIREITO EMPRESARIAL — 263

1. TEORIA GERAL, EMPRESÁRIOS, PRINCÍPIOS .........................................263
2. SOCIEDADES .............................................................................................263

3. TÍTULOS DE CRÉDITO ..................................................................................................265
4. FALÊNCIA, RECUPERAÇÃO JUDICIAL, RECUPERAÇÃO EXTRAJUDICIAL ......................265
5. OUTRAS MATÉRIAS E COMBINADAS ............................................................................265

## 24. DIREITO PREVIDENCIÁRIO — 267

1. PRINCÍPIOS E NORMAS GERAIS ...................................................................................267
2. CUSTEIO .......................................................................................................................268
3. BENEFÍCIOS, SEGURADOS ...........................................................................................268
4. CONTRIBUIÇÕES SOCIAIS ............................................................................................269
5. CRIMES CONTRA A PREVIDÊNCIA SOCIAL ..................................................................269
6. TEMAS COMBINADOS ..................................................................................................270

# Como usar o livro?

Para que você consiga um ótimo aproveitamento deste livro, atente para as seguintes orientações:

1º Tenha em mãos um ***vademecum*** ou **um computador** no qual você possa acessar os textos de lei citados.

Neste ponto, recomendamos o **Vade Mecum de Legislação FOCO** – confira em www.editorafoco.com.br.

2º Se você estiver estudando a teoria (fazendo um curso preparatório ou lendo resumos, livros ou apostilas), faça as questões correspondentes deste livro na medida em que for avançando no estudo da parte teórica.

3º Se você já avançou bem no estudo da teoria, leia cada capítulo deste livro até o final, e só passe para o novo capítulo quando acabar o anterior; vai mais uma dica: alterne capítulos de acordo com suas preferências; leia um capítulo de uma disciplina que você gosta e, depois, de uma que você não gosta ou não sabe muito, e assim sucessivamente.

4º Iniciada a resolução das questões, tome o cuidado de ler cada uma delas **sem olhar para o gabarito e para os comentários**; se a curiosidade for muito grande e você não conseguir controlar os olhos, tampe os comentários e os gabaritos com uma régua ou um papel; na primeira tentativa, é fundamental que resolva a questão sozinho; só assim você vai identificar suas deficiências e "pegar o jeito" de resolver as questões; marque com um lápis a resposta que entender correta, e só depois olhe o gabarito e os comentários.

5º **Leia com muita atenção o enunciado das questões**. Ele deve ser lido, no mínimo, duas vezes. Da segunda leitura em diante, começam a aparecer os detalhes, os pontos que não percebemos na primeira leitura.

6º <u>Grife</u> **as palavras-chave, as afirmações e a pergunta formulada.** Ao grifar as palavras importantes e as afirmações você fixará mais os pontos-chave e não se perderá no enunciado como um todo. Tenha atenção especial com as palavras "correto", "incorreto", "certo", "errado", "prescindível" e "imprescindível".

7º Leia os comentários e **leia também cada dispositivo legal** neles mencionados; não tenha preguiça; abra o *vademecum* e leia os textos de leis citados, tanto os que explicam as alternativas corretas, como os que explicam o porquê de ser incorreta dada alternativa; você tem que conhecer bem a letra da lei, já que mais de 90% das respostas estão nela; mesmo que você já tenha entendido determinada questão, reforce sua memória e leia o texto legal indicado nos comentários.

8º Leia também os **textos legais que estão em volta** do dispositivo; por exemplo, se aparecer, em Direito Penal, uma questão cujo comentário remete ao dispositivo que trata de falsidade ideológica, aproveite para ler também os dispositivos que tratam dos outros crimes de falsidade; outro exemplo: se aparecer uma questão, em Direito Constitucional, que trate da composição do Conselho Nacional de Justiça, leia também as outras regras que regulamentam esse conselho.

9º Depois de resolver sozinho a questão e de ler cada comentário, você deve fazer uma **anotação ao lado da questão**, deixando claro o motivo de eventual erro que você tenha cometido; conheça os motivos mais comuns de erros na resolução das questões:

DL – "desconhecimento da lei"; quando a questão puder ser resolvida apenas com o conhecimento do texto de lei;

DD – "desconhecimento da doutrina"; quando a questão só puder ser resolvida com o conhecimento da doutrina;

DJ – "desconhecimento da jurisprudência"; quando a questão só puder ser resolvida com o conhecimento da jurisprudência;

FA – "falta de atenção"; quando você tiver errado a questão por não ter lido com cuidado o enunciado e as alternativas;

NUT – "não uso das técnicas"; quando você tiver se esquecido de usar as técnicas de resolução de questões objetivas, tais como as da **repetição de elementos** ("quanto mais elementos repetidos existirem, maior a chance de a alternativa ser correta"), das **afirmações generalizantes** ("afirmações generalizantes tendem a ser incorretas" - reconhece-se afirmações generalizantes pelas palavras *sempre, nunca, qualquer, absolutamente, apenas, só, somente exclusivamente* etc.), dos **conceitos compridos** ("os conceitos de maior extensão tendem a ser corretos"), entre outras.

**obs:** se você tiver interesse em fazer um Curso de "Técnicas de Resolução de Questões Objetivas", recomendamos o curso criado a esse respeito pelo IEDI Cursos On-line: www.iedi.com.br.

10º Confie no **bom-senso**. Normalmente, a resposta correta é a que tem mais a ver com o bom-senso e com a ética. Não ache que todas as perguntas contêm uma pegadinha. Se aparecer um instituto que você não conhece, repare bem no seu nome e tente imaginar o seu significado.

11º Faça um levantamento do **percentual de acertos de cada disciplina** e dos **principais motivos que levaram aos erros cometidos**; de posse da primeira informação, verifique quais disciplinas merecem um reforço no estudo; e de posse da segunda informação, fique atento aos erros que você mais comete, para que eles não se repitam.

12º Uma semana antes da prova, faça uma **leitura dinâmica** de todas as anotações que você fez e leia de novo os dispositivos legais (e seu entorno) das questões em que você marcar "DL", ou seja, desconhecimento da lei.

13º Para que você consiga ler o livro inteiro, faça um bom **planejamento**. Por exemplo, se você tiver 30 dias para ler a obra, divida o número de páginas do livro pelo número de dias que você tem, e cumpra, diariamente, o número de páginas necessárias para chegar até o fim. Se tiver sono ou preguiça, levante um pouco, beba água, masque chiclete ou leia em voz alta por algum tempo.

14º Desejo a você, também, muita **energia, disposição, foco, organização, disciplina, perseverança, amor** e **ética**!

**Wander Garcia, Ana Paula Garcia Bruno Zampier**
*Coordenadores*

# 1. DIREITO PENAL

Arthur Trigueiros e Eduardo Dompieri

## 1. CONCEITO, FONTES E PRINCÍPIOS

**(Policial Rodoviário Federal – CESPE – 2019)** O art. 1.º do Código Penal brasileiro dispõe que "não há crime sem lei anterior que o defina. Não há pena sem prévia cominação legal".

Considerando esse dispositivo legal, bem como os princípios e as repercussões jurídicas dele decorrentes, julgue os itens que se seguem.

(1) A norma penal deve ser instituída por lei em sentido estrito, razão por que é proibida, em caráter absoluto, a analogia no direito penal, seja para criar tipo penal incriminador, seja para fundamentar ou alterar a pena.

(2) O presidente da República, em caso de extrema relevância e urgência, pode editar medida provisória para agravar a pena de determinado crime, desde que a aplicação da pena agravada ocorra somente após a aprovação da medida pelo Congresso Nacional.

**1:** incorreta. Não procede a afirmação segundo a qual a analogia não é admitida, em caráter absoluto, em direito penal. Isso porque tal terá lugar se favorável ao réu. É a chamada analogia "in bonam partem". O que se veda é a sua aplicação em prejuízo do agente, em obediência ao princípio da legalidade; **2:** incorreta. Segundo enuncia o princípio da *legalidade*, *estrita legalidade* ou *reserva legal* (arts. 1º do CP e 5º, XXXIX, da CF), os tipos penais só podem ser concebidos por lei em sentido estrito, ficando afastada, assim, a possibilidade de a lei penal ser criada por outras formas que não a lei em sentido formal. É por essa razão que é excluída a possibilidade de a lei penal ser criada por meio de *medida provisória* (art. 62, § 1º, I, *b*, da CF). ED

Gabarito: 1E, 2E

## 2. APLICAÇÃO DA LEI NO TEMPO

**(Agente – PF – 2014 – CESPE/CEBRASPE)** No que se refere à aplicação da lei penal o item abaixo apresenta uma situação hipotética, seguida de uma assertiva a ser julgada.

(1) Sob a vigência da lei X, Lauro cometeu um delito. Em seguida, passou a viger a lei Y, que, além de ser mais gravosa, revogou a lei X. Depois de tais fatos, Lauro foi levado a julgamento pelo cometimento do citado delito. Nessa situação, o magistrado terá de se fundamentar no instituto da retroatividade em benefício do réu para aplicar a lei X, por ser esta menos rigorosa que a lei Y.

**1:** errada. Regra geral, aplica-se a lei vigente à época em que se deram os fatos (*tempus regit actum*). A exceção a tal regra fica por conta da *extratividade*, que é o fenômeno pelo qual a lei é aplicada a fatos ocorridos fora do seu período de vigência. No universo do direito penal, a *extratividade* da lei é possível em duas situações: *retroatividade*, que nada mais é do que a incidência de uma lei penal nova e benéfica a um fato ocorrido antes do seu período de vigência, ou seja, ao tempo em que a lei entrou em vigor, o fato já se consumara. Neste caso, dado que a lei nova é mais favorável ao agente, ela projetará seus efeitos para o passado e regerá o fato ocorrido antes do seu período de vigência; *ultratividade*: é a aplicação de uma lei penal benéfica, já revogada, a um fato (sentença) verificado depois do período de sua vigência. Perceba, portanto, que a regra é a da irretroatividade da lei penal, é dizer, aplica-se a lei em vigor à época em que os fatos se verificam. Na hipótese do enunciado, os fatos ocorreram sob a égide da Lei X. Posteriormente, já no curso do processo ao qual responde Lauro, sobreveio a Lei Y, mais gravosa do que a X. É hipótese configuradora de *novatio legis in pejus*, ou seja, a lei posterior revela-se prejudicial ao agente. Neste caso, o juiz deve aplicar, na sentença, a lei já revogada (Lei X), dado que, além de ser a lei em vigor ao tempo da conduta, mostra-se mais benéfica do que a Lei Y. Trata-se, como podemos ver, do fenômeno da *ultratividade da lei penal*, ao qual fizemos referência acima, em que a lei em vigor ao tempo do crime e revogada no curso do processo deve projetar seus efeitos para o futuro e ser aplicada no momento da sentença. Somente seria o caso de incidir o fenômeno da retroatividade (mencionada na assertiva) se a lei nova fosse mais favorável ao agente, quer suprimindo a tipicidade da conduta (*abolitio criminis* – art. 2º, *caput*, CP), quer de outro modo favorecendo o agente (art. 2º, parágrafo único, CP). ED

Gabarito: 1E

**(Escrivão – Pernambuco – CESPE – 2016)** Um crime de extorsão mediante sequestro perdura há meses e, nesse período, nova lei penal entrou em vigor, prevendo causa de aumento de pena que se enquadra perfeitamente no caso em apreço.

Nessa situação hipotética,

(A) a lei penal mais grave não poderá ser aplicada: o ordenamento jurídico não admite a novatio legis in pejus.

(B) a lei penal menos grave deverá ser aplicada, já que o crime teve início durante a sua vigência e a legislação, em relação ao tempo do crime, aplica a teoria da atividade.

(C) a lei penal mais grave deverá ser aplicada, pois a atividade delitiva prolongou-se até a entrada em vigor da nova legislação, antes da cessação da permanência do crime.

(D) a aplicação da pena deverá ocorrer na forma prevista pela nova lei, dada a incidência do princípio da ultratividade da lei penal.

(E) a aplicação da pena ocorrerá na forma prevista pela lei anterior, mais branda, em virtude da incidência do princípio da irretroatividade da lei penal.

Por se tratar de crime permanente, em que a consumação se prolonga no tempo por vontade do agente, a sucessão de leis penais no tempo enseja a aplicação da lei vigente enquanto não cessado o comportamento ilícito, ainda que se trate de lei mais gravosa. É esse o entendimento firmado na Súmula n. 711 do STF: "A lei penal mais grave aplica-se ao crime continuado ou ao crime permanente, se a sua vigência é anterior à cessação da continuidade ou permanência". Aplica-se, portanto, no caso narrado no enunciado, a lei mais grave. ED

Gabarito: C

João, que acabara de completar dezessete anos de idade, levou sua namorada Rafaela, de doze anos e onze meses de idade, até sua casa. Considerando ser muito jovem para namorar, a garota aproveitou a oportunidade e terminou o relacionamento com João. Inconformado, João prendeu Rafaela na casa, ocultou sua localização e forçou-a a ter relações sexuais com ele durante o primeiro de treze meses em que a manteve em cativeiro. Após várias tentativas frustradas de fuga, um dia antes de completar quatorze anos de idade, Rafaela, em um momento de deslize de João, conseguiu pegar uma faca e lutou com o rapaz para, mais uma vez, tentar fugir. Na luta, João tomou a faca de Rafaela e, após afirmar que, se ela não queria ficar com ele, não ficaria com mais ninguém, desferiu-lhe um golpe de faca. Rafaela fingiu estar morta e, mesmo ferida, conseguiu escapar e denunciar João, que fugiu após o crime, mas logo foi encontrado e detido pela polícia. Rafaela, apesar de ter sido devidamente socorrida, entrou em coma e faleceu após três meses.

**(Agente-Escrivão – PC/GO – CESPE – 2016)** Nessa situação hipotética, João:

(A) responderá pelo crime de tentativa de homicídio.

(B) responderá por crime de estupro de incapaz, previsto no CP.

(C) não responderá pelo crime de estupro segundo a lei penal, de acordo com a teoria adotada pelo CP em relação ao tempo do crime.

(D) não poderá ser submetido à lei penal pelo cometimento de crime de cárcere privado, pois, à época do crime, ele era menor de idade.

(E) responderá pelo crime de homicídio, sem aumento de pena por ter cometido crime contra pessoa menor de quatorze anos de idade, uma vez que Rafaela, à época da morte, já havia completado quatorze anos de idade.

Durante o primeiro mês em que Rafaela permaneceu em poder de João, este contava com 17 anos, que acabara de completar, e ela, com 12 anos e 11 meses. Nesse período, segundo consta do enunciado, Rafaela foi obrigada a manter relações sexuais com João. Se este fosse maior, seria responsabilizado pelo crime de estupro de vulnerável (art. 217-A do CP). Sucede que a violência sexual a que foi submetida Rafaela ocorreu enquanto João ainda era adolescente. Bem por isso, deverá responder segundo as regras do ECA (cometeu ato infracional correspondente ao crime de estupro de vulnerável e estará sujeito, por isso, a medidas socioeducativas, entre as quais a internação). No que toca ao crime de sequestro e cárcere privado, João deverá ser responsabilizado como imputável, já que, por se tratar de crime permanente, sua consumação perdurou até ele atingir a maioridade (Súmula 711, STF). Quando do cometimento do homicídio, João, no momento da conduta, já contava com 18 anos, e Rafaela ainda era menor de 14 (um dia antes de completar 14 anos). Por este crime, João deverá responder, portanto, de acordo com o Código Penal, uma vez que já era imputável. Como Rafaela ainda era menor de 14 anos, incidirá a causa de aumento de pena (da ordem de um terço) prevista no art. 121, § 4º, parte final, do CP.
Gabarito "C".

## 3. APLICAÇÃO DA LEI NO ESPAÇO

**(Agente – Pernambuco – CESPE – 2016)** Considere que tenha sido cometido um homicídio a bordo de um navio petroleiro de uma empresa privada hondurenha ancorado no porto de Recife – PE. Nessa situação hipotética,

(A) o comandante do navio deverá ser compelido a tirar, imediatamente, o navio da área territorial brasileira e o crime será julgado em Honduras.

(B) o crime será apurado diretamente pelo Ministério Público brasileiro, dispensando-se o inquérito policial, em função da eventual repercussão nas relações diplomáticas entre os países envolvidos.

(C) a investigação e a punição do fato dependerão de representação do comandante do navio.

(D) nada poderá fazer a autoridade policial brasileira: navios e aeronaves são extensões do território do país de origem, não estando sujeitos às leis brasileiras.

(E) caberá à autoridade policial brasileira instaurar, de ofício, o inquérito policial para investigar a materialidade e a autoria do delito, que será punido conforme as leis brasileiras.

Em face do que estabelece o art. 5º, § 2º, do CP, aos crimes praticados a bordo de embarcações estrangeiras que se achem em porto ou mar territorial do Brasil, desde que de natureza privada, será aplicada a lei brasileira; se pública fosse a embarcação, por ser considerada extensão do território do país de origem, deveria incidir a legislação deste (art. 5º, § 1º, do CP).
Gabarito "E".

**(Escrivão de Polícia/DF – 2013 – CESPE)** Julgue os itens seguintes, relativos à teoria da norma penal, sua aplicação temporal e espacial, ao conflito aparente de normas e à pena cumprida no estrangeiro.

(1) A lei penal que, de qualquer modo, beneficia o agente tem, em regra, efeito extra-ativo, ou seja, pode retroagir ou avançar no tempo e, assim, aplicar-se ao fato praticado antes de sua entrada em vigor, como também seguir regulando, embora revogada, o fato praticado no período em que ainda estava vigente. A única exceção a essa regra é a lei penal excepcional ou temporária que, sendo favorável ao acusado, terá somente efeito retroativo.

(2) Considere a seguinte situação hipotética. Jurandir, cidadão brasileiro, foi processado e condenado no exterior por ter praticado tráfico internacional de drogas, e ali cumpriu seis anos de pena privativa de liberdade. Pelo mesmo crime, também foi condenado, no Brasil, a pena privativa de liberdade igual a dez anos e dois meses. Nessa situação hipotética, de acordo com o Código Penal, a pena privativa de liberdade a ser cumprida por Jurandir, no Brasil, não poderá ser maior que quatro anos e dois meses.

(3) Na definição de lugar do crime, para os efeitos de aplicação da lei penal brasileira, a expressão "onde se produziu ou deveria produzir-se o resultado" diz respeito, respectivamente, à consumação e à tentativa.

(4) Considere a seguinte situação hipotética. A bordo de um avião da Força Aérea Brasileira, em sobrevoo pelo território argentino, Andrés, cidadão guatemalteco, disparou dois tiros contra Daniel, cidadão uruguaio, no decorrer de uma discussão. Contudo, em virtude da inabilidade de Andrés no manejo da arma, os tiros atingiram Hernando, cidadão venezuelano que também estava a bordo. Nessa situação, em decorrência do princípio da territorialidade, aplicar-se-á a lei penal brasileira.

**1**: errada. De fato, a lei penal que de qualquer modo puder favorecer o agente terá efeito extra-ativo, tendo natureza retroativa (abrangendo, portanto, fatos anteriores ao início de sua vigência) ou ultra-ativa (aplicando-se mesmo após sua revogação, regulando fatos praticados durante sua vigência). No tocante às leis excepcionais e temporárias, espécies do gênero "leis de vigência temporária", marcadas pela transitoriedade, os fatos praticados durante sua vigência serão por elas alcançados, mesmo após sua autorrevogação. São, portanto, leis ultrativas; **2**: errada. Tratando-se de hipótese de extraterritorialidade condicionada da lei penal brasileira, haja vista que o crime foi praticado, no estrangeiro, por cidadão brasileiro (art. 7º, II, "b", CP), tendo ele cumprido pena no exterior, não irá, novamente, cumprir pena no Brasil (art. 7º, II, § 2º, "d", CP). Afinal, é condição, nesse caso, para a aplicação da lei penal brasileira, que o agente, pelo crime cometido no estrangeiro, não tenha aí cumprido pena. Se Jurandir cumprir seis anos de pena privativa de liberdade no exterior, não está satisfeita uma das condições para a aplicação da lei brasileira; **3**: correta. O lugar do crime, de acordo com o art. 6º, CP, para fins de aplicação da lei penal brasileira, será tanto o local em que ocorreu a ação ou omissão, tanto onde se produziu (leia-se: consumou) ou deveria produzir-se (leia-se: onde o crime deveria consumar-se) o resultado. Assim, a expressão "onde se produziu ou deveria produzir-se o resultado" abrange, respectivamente, consumação e tentativa do crime; **4**: correta. O avião da Força Aérea Brasileira, por ser aeronave de natureza pública, é considerado, para efeitos penais, território brasileiro ficto ou por extensão (art. 5º, § 1º, CP). Portanto, crimes praticados a bordo de referida aeronave seguem o regime jurídico da legislação brasileira, que deverá incidir no caso concreto relatado na assertiva.
Gabarito 1E, 2E, 3C, 4C

**(Delegado Federal – 2004 – CESPE)** Julgue o item a seguir.

(1) Laura, funcionária pública a serviço do Brasil na Inglaterra, cometeu, naquele país, crime de peculato. Nessa situação, o crime praticado por Laura ficará sujeito à lei brasileira, em face do princípio da extraterritorialidade.

**1**: art. 7º, I, c, do CP. Neste caso, por força do que dispõe o § 1º do art. 7º, o crime perpetrado por Laura ficará sujeito à lei penal brasileira, ainda que absolvida ou condenada na Inglaterra.
Gabarito "1C"

**(Delegado Federal – 2002 – CESPE)** Em cada um dos itens subsequentes, é apresentada uma situação hipotética relativa à aplicação da lei penal no espaço, seguida de uma assertiva a ser julgada.

(1) Em águas territoriais do Brasil, a bordo de um navio mercante que ostentava a bandeira da Argentina, um brasileiro praticou um homicídio contra um argentino, ambos tripulantes da embarcação. Nessa situação, aplicar-se-á a lei penal argentina.

(2) Em alto-mar, a bordo de uma embarcação de recreio que ostentava a bandeira do Brasil, Júlio praticou um crime de latrocínio contra Lauro. Nessa situação, aplicar-se-á a lei penal brasileira.

(3) Um navio mercante que ostentava a bandeira do Brasil naufragou em alto-mar. Sobre os destroços da embarcação, Leonardo ceifou a vida de Bento. Nessa situação, aplicar-se-á a legislação do primeiro país em que Leonardo descer à terra após o homicídio (prevenção).

(4) Whesley, cônsul honorário no Brasil do país BBB, exasperou-se com a secretária no consulado daquela República por causa de um ex-namorado dela, tendo-a constrangido, mediante violência, a manter com ele conjunção carnal e cópula anal. Nessa situação, pelo fato de o autor dos eventos ser funcionário consular, aplicar-se-á a lei do país BBB.

(5) Augusto, diplomata em serviço na embaixada do Brasil no país CCC, exigiu de alguns fornecedores estrangeiros a importância de US$ 1.200 para agilizar o pagamento de serviços prestados e de mercadorias adquiridas pela embaixada. Nessa situação, Augusto ficará sujeito à lei penal brasileira.

**1**: incorreta, uma vez que, de acordo com o art. 5º, § 2º, do CP, consideram-se como extensão do território nacional as embarcações estrangeiras de propriedade privada, desde que se achem em mar territorial do Brasil; **2**: correta, pois consideram-se extensão do território nacional (território ficto) as embarcações brasileiras, mercantes ou de propriedade privada, que se achem em alto-mar (art. 5º, § 1º, do CP); **3**: incorreta, eis que os destroços da embarcação naufragada são considerados remanescentes dela, motivo pelo qual, por ser um navio mercante brasileiro, aplicável a lei da bandeira, e, portanto, a lei brasileira; **4**: incorreta, visto que as imunidades diplomáticas, por força da Convenção de Viena, incorporada ao cenário jurídico pátrio pelo Decreto 56.435/1965, assegura aos agentes diplomáticos e funcionários de organizações internacionais, quando em serviço, incluindo os seus familiares, inviolabilidade pessoal, não podendo ser presos ou processados sem autorização de seu país. Quanto aos cônsules, a imunidade de que eles gozam é limitada, exclusivamente, aos atos de ofício, não abrangendo, portanto, crimes sexuais, tal como proposto na assertiva; **5**: correta, eis que, de acordo com o art. 7º, I, "c", do CP, ficam sujeitos à lei brasileira, embora cometidos no estrangeiro, os crimes contra a administração pública, por quem está a seu serviço.
Gabarito 1E, 2C, 3E, 4E, 5C

## 4. CONCEITO, CLASSIFICAÇÃO E SUJEITOS DO CRIME

**(Agente de Polícia Federal – 2009 – CESPE)** Julgue o seguinte item.

(1) Os crimes comissivos por omissão – também chamados de crimes omissivos impróprios – são aqueles para os quais o tipo penal descreve uma ação, mas o resultado é obtido por inação.

**1**: correta, pois, de fato, os crimes omissivos impróprios, impuros ou comissivos por omissão são aqueles em que o agente, por omissão (deixar de fazer o que era preciso), produz um resultado, muito embora o tipo penal descreva uma ação. Somente se fala em omissão imprópria para a situação em que o agente tenha o dever jurídico de agir para impedir o resultado, mas, por omissão, não o faz, respondendo como se tivesse atuado positivamente (leia-se: como se tivesse praticado uma conduta comissiva, ou seja, por ação). Importante destacar que a omissão imprópria (ou espúria, ou crimes comissivos por omissão) vem prevista no art. 13, § 2º, do CP.
Gabarito "1C"

**(Delegado Federal – 2013 – CESPE)** No que se refere à teoria geral do crime, julgue o próximo item.

(1) Segundo a teoria causal, o dolo causalista é conhecido como dolo normativo, pelo fato de existir, nesse dolo, juntamente com os elementos volitivos e cognitivos, considerados psicológicos, elemento de natureza normativa (real ou potencial consciência sobre a ilicitude do fato).

**1**: correta. De fato, de acordo com a teoria causal, também conhecida como teoria naturalista, clássica, naturalística ou mecanicista, idealizada por Liszt, Beling e Radbruch no início do século XIX, a ação é tida como um comportamento humano voluntário causador de modificação no mundo exterior. Dolo e culpa estão sediados na culpabilidade, que integra o conceito analítico de crime. Daí dizer-se que, à luz da teoria em comento, o dolo é normativo, vale dizer, a finalidade do agente e a consciência da ilicitude somente serão verificadas quando da avaliação da culpabilidade. O dolo normativo (que, frise-se, tem como elemento integrante a consciência da ilicitude) contrapõe-se ao dolo natural, adotado pela teoria finalista, não tendo ele qualquer conteúdo valorativo, reservado à culpabilidade. Assim, enquanto que na teoria causalista o dolo está sediado na culpabilidade, na teoria finalista o dolo integra o fato típico.

Gabarito "1C".

**(Delegado Federal – 2004 – CESPE)** Julgue o item seguinte.

**(1)** Rômulo sequestrou Lúcio, exigindo de sua família o pagamento de R$ 100.000,00 como resgate. Nessa situação, o crime de extorsão mediante sequestro praticado por Rômulo é considerado crime habitual.

1: *habitual* é o crime que só resta caracterizado com a reiteração de atos. Um ato, isoladamente considerado, não tem o condão de constituir lesão ao bem jurídico tutelado. É o caso, por exemplo, do delito de curandeirismo (art. 284 do CP). O crime de extorsão mediante sequestro (art. 159 do CP) não exige, para sua configuração, a reiteração de atos. Trata-se de *crime permanente*, em que o momento consumativo, a contar da privação da liberdade da vítima, se prolonga no tempo por vontade do agente.

Gabarito "1E".

## 5. FATO TÍPICO E TIPO PENAL

**(Agente de Polícia Federal – 2009 – CESPE)** Julgue o seguinte item.

**(1)** São elementos do fato típico: conduta, resultado, nexo de causalidade, tipicidade e culpabilidade, de forma que, ausente qualquer dos elementos, a conduta será atípica para o direito penal, mas poderá ser valorada pelos outros ramos do direito, podendo configurar, por exemplo, ilícito administrativo.

1: incorreta, pois o fato típico, primeiro requisito constitutivo do crime, é formado por quatro elementos, quais sejam, a conduta, o resultado (apenas nos crimes materiais, assim considerados aqueles que exigem resultado para a sua configuração), nexo de causalidade (também para os crimes materiais) e tipicidade. A culpabilidade não integra o fato típico, tratando-se, porém, de pressuposto indispensável para que se possa aplicar pena ao agente. É bom que se diga que o conceito analítico de crime, para os adeptos da teoria ou concepção bipartida, corresponde ao fato típico e à antijuridicidade (ou ilicitude), enquanto que para a concepção ou teoria tripartida, corresponde ao fato típico, à antijuridicidade (ou ilicitude) e à culpabilidade. Portanto, para a teoria tripartida, a culpabilidade é requisito do crime.

Gabarito "1E".

## 6. ERRO DE TIPO, DE PROIBIÇÃO E DEMAIS ERROS

**(Delegado Federal – 2004 – CESPE)** Julgue o item seguinte.

**(1)** O médico Caio, por negligência que consistiu em não perguntar ou pesquisar sobre eventual gravidez de paciente nessa condição, receita-lhe um medicamento que provocou o aborto. Nessa situação, Caio agiu em erro de tipo vencível, em que se exclui o dolo, ficando isento de pena, por não existir aborto culposo.

Art. 20, *caput*, do CP. De fato, Caio, embora tenha agido com negligência ao não perquirir eventual gravidez da paciente, em nenhum momento desejou interromper a gestação e, dessa forma, provocar o abortamento. Responderia, sim, por aborto na modalidade culposa se acaso houvesse tal previsão no Código Penal.

Gabarito "1C".

## 7. TENTATIVA, CONSUMAÇÃO, DESISTÊNCIA VOLUNTÁRIA, ARREPENDIMENTO EFICAZ E CRIME IMPOSSÍVEL

**(Escrivão – Pernambuco – CESPE – 2016)** No que se refere a crime consumado e a crime tentado, assinale a opção correta.

**(A)** No *iter criminis*, a aquisição de uma corda a ser utilizada para amarrar a vítima que se pretende sequestrar é ato executório do crime de sequestro.

**(B)** Os atos preparatórios de um crime de homicídio, a ser executado com o emprego de arma de fogo que possui a numeração raspada, não caracterizam a tentativa e não podem constituir crime autônomo.

**(C)** Situação hipotética: Policiais surpreenderam João portando uma chave-mestra enquanto circulava próximo a uma loja no interior de um *shopping center* em atitude suspeita. Assertiva: Nesse caso, João responderá por tentativa de furto, pois, devido ao porte da chave-mestra, os policiais puderam inferir que ele pretendia furtar um veículo no estacionamento.

**(D)** Situação hipotética: José deu seis tiros em seu desafeto, que foi socorrido e sobreviveu, por circunstâncias alheias à vontade de José. Assertiva: Nesse caso, está configurada a tentativa imperfeita.

**(E)** Situação hipotética: Maria entrou em uma loja de cosméticos e furtou um frasco de creme hidratante, em um momento de descuido da vendedora. Assertiva: Nesse caso, a consumação do crime ocorreu com a mera detenção do bem subtraído.

**A:** incorreta. A aquisição de uma corda a ser utilizada para o cometimento de um crime de sequestro não constitui ato de execução, mas, sim, mero ato preparatório, que, em regra, não é punível. Em outras palavras, o agente que compra uma corda para tal finalidade não comete crime, salvo, é óbvio, na hipótese de o delito já ter ingressado na etapa de execução; **B:** incorreta. A aquisição/posse/porte de arma de fogo com numeração raspada, que constitui ato preparatório de um crime de homicídio, embora não represente início de execução, configura, sim, crime autônomo previsto no Estatuto do Desarmamento (Lei 10.826/2003); **C:** incorreta. A mera posse da chave-mestra, nas circunstâncias acima descritas, não configura início de execução do crime de furto; **D:** incorreta. Se considerarmos que José esgotou os meios de que dispunha para alcançar seu intento, que era a morte de seu desafeto, caracterizada estará a chamada tentativa *perfeita* (ou acabada ou crime falho), em que o agente pratica todos os atos necessários à execução do crime e, ainda assim, não consegue consumá-lo. Difere, portanto, da tentativa *imperfeita*, também chamada *inacabada*, em que o agente não chega a praticar todos os atos executórios. O processo de execução, pois, é interrompido; **E:** correta. Ainda que Maria não tenha tido a posse mansa e pacífica do objeto material do crime, operou-se, ainda assim, a sua consumação. Isso porque a jurisprudência do STF e do STJ dispensa, para a consumação do furto, o critério da saída da coisa da *esfera de vigilância da vítima* e se contenta com a constatação de que, cessada a clandestinidade ou a violência, o agente tenha tido a posse da *res*, mesmo que retomada, em seguida, pela perseguição imediata: STF, HC 92450-DF, 1ª T., Rel. Min. Ricardo Lewandowski, 16.9.08; STJ, REsp 1059171-RS, 5ª T., Rel. Min. Felix Fischer, j. 2.12.08. Vide Súmula 582, do STJ.

Gabarito "E".

(Delegado Federal – 2013 – CESPE) Em relação ao concurso de agentes, à desistência voluntária e ao arrependimento eficaz, bem como à cominação das penas, ao erro do tipo e, ainda, à teoria geral da culpabilidade, julgue os itens subsecutivos.

(1) No arrependimento eficaz, é irrelevante que o agente proceda *virtutis amore* ou *formidine poence*, ou por motivos subalternos, egoísticos, desde que não tenha sido obstado por causas exteriores independentes de sua vontade.

(2) De acordo com a teoria extremada da culpabilidade, o erro sobre os pressupostos fáticos das causas descriminantes consiste em erro de tipo permissivo.

(3) Configura autoria por convicção o fato de uma mãe, por convicção religiosa, não permitir a realização de transfusão de sangue indicada por equipe médica para salvar a vida de sua filha, mesmo ciente da imprescindibilidade desse procedimento.

1: correta. No arrependimento eficaz (art. 15, segunda parte, do CP), o agente, voluntariamente, após praticar todos os atos executórios que estavam ao seu alcance, arrepende-se e pratica novo comportamento, mas, desta feita, impeditivo da consumação. De acordo com a doutrina, bastará a voluntariedade do agente na interrupção de seu intento criminoso, pouco importando as razões que o levaram a tanto. Importante, porém, que o impedimento da consumação do crime decorra da vontade do agente. Caso contrário, estaremos diante de tentativa (art. 14, II, do CP). Nas exatas palavras de Nelson Hungria, em seus *Comentários ao Código Penal Brasileiro*, decerto consultado pela banca examinadora, "não se faz mister que o agente proceda *virtutis amore* ou *formidine poence*, por motivos nobres ou de índole ética (piedade, remorso, despertada repugnância pelo crime) ou por motivos subalternos, egoísticos (covardia, medo, receio de ser eventualmente descoberto, decepção com o escasso proveito que pode auferir): é suficiente que não tenha sido obstado por causas exteriores, independentes de sua vontade". Em outras palavras, pouco importa a motivação interna que levou o agente a se arrepender e impedir a consumação do crime inicialmente executado (pena, por exemplo). Bastará a voluntariedade; **2:** incorreta. De acordo com a teoria extremada (ou estrita) da culpabilidade, o erro do agente que recair sobre os pressupostos de fato de uma causa de justificação (excludente da ilicitude) recebe o mesmo tratamento conferido ao erro de proibição, excluindo, portanto, a culpabilidade (desde que invencível). Já para a teoria limitada da culpabilidade, o erro que recair sobre os pressupostos fáticos de causas de justificação é encarado como erro de tipo permissivo, com exclusão do dolo e da culpa (se invencível), ou apenas do dolo, remanescendo a culpa, se prevista em lei, em caso de erro vencível; **3:** correta. Denomina-se autoria por convicção, nas palavras de Rogério Greco, "as hipóteses em que o agente conhece efetivamente a norma, mas a descumpre por razões de consciência, que pode ser política, religiosa, filosófica, etc." (*Código penal comentado*. Rio de Janeiro: Impetus, 2013. p. 97).

Gabarito "1C, 2E, 3C"

(Delegado Federal – 2013 – CESPE) No item a seguir, é apresentada uma situação hipotética, seguida de uma assertiva a ser julgada com base no direito penal.

(1) Três criminosos interceptaram um carro forte e dominaram os seguranças, reduzindo-lhes por completo qualquer possibilidade de resistência, mediante grave ameaça e emprego de armamento de elevado calibre. O grupo, entretanto, encontrou vazio o cofre do veículo, pois, por erro de estratégia, efetuara a abordagem depois que os valores e documentos já haviam sido deixados na agência bancária. Por fim, os criminosos acabaram fugindo sem nada subtrair. Nessa situação, ante a inexistência de valores no veículo e ante a ausência de subtração de bens, elementos constitutivos dos delitos patrimoniais, ficou descaracterizado o delito de roubo, subsistindo apenas o crime de constrangimento ilegal qualificado pelo concurso de pessoas e emprego de armas.

1: incorreta. O fato de o carro forte já não mais conter valores em razão de já terem sido deixados na agência bancária constitui circunstância alheia à vontade dos agentes, caracterizando-se, pois, a tentativa. Ora, não se pode afastar, pelo menos, a figura tentada do roubo. Afinal, os três criminosos praticaram atos idôneos e inequívocos tendentes à subtração de valores do carro forte, somente não logrando êxito em seus intentos por circunstâncias alheias às suas vontades, consistentes em anterior esvaziamento dos valores e documentos na agência bancária.

Gabarito "1E".

## 8. ANTIJURIDICIDADE E CAUSAS EXCLUDENTES

(Agente de Polícia Federal – 2009 – CESPE) Julgue o seguinte item.

(1) Para que se configure a legítima defesa, faz-se necessário que a agressão sofrida pelo agente seja antijurídica, contrária ao ordenamento jurídico, configurando, assim, um crime.

1: incorreta, pois a legítima defesa, considerada causa excludente da ilicitude ou antijuridicidade (arts. 23, II, e 25, ambos do CP), parte do pressuposto que exista uma "agressão injusta", não exigindo a lei, em momento algum, que referida agressão seja "antijurídica", vale dizer, contrária ao direito, configuradora de um crime. Qualquer que seja a agressão injusta perpetrada em face de alguém, poderá a vítima, sob o manto da legítima defesa, cometer um fato típico, não respondendo, contudo, criminalmente, haja vista que restará afastada a ilicitude do fato praticado para repelir uma agressão injusta, atual ou iminente, a direito próprio ou alheio, desde que quem a invoque utilize moderadamente dos meios necessários para afastar a referida agressão.

Gabarito "1E".

## 9. CONCURSO DE PESSOAS

Texto CE1A04AAA

Roberto, Pedro e Lucas planejaram furtar uma relojoaria. Para a consecução desse objetivo, eles passaram a vigiar a movimentação da loja durante algumas noites. Quando perceberam que o lugar era habitado pela proprietária, uma senhora de setenta anos de idade, que dormia, quase todos os dias, em um quarto nos fundos do estabelecimento, eles desistiram de seu plano. Certa noite depois dessa desistência, sem a ajuda de Roberto, quando passavam pela frente da loja, Pedro e Lucas perceberam que a proprietária não estava presente e decidiram, naquele momento, realizar o furto. Pedro ficou apenas vigiando de longe as imediações, e Lucas entrou na relojoaria com uma sacola, quebrou a máquina registradora, pegou o dinheiro ali depositado e alguns relógios, saiu em seguida, encontrou-se com Pedro e deu-lhe 10% dos valores que conseguiu subtrair da loja.

(Agente – Pernambuco – CESPE – 2016) Na situação hipotética descrita no texto CE1A04AAA,

(A) Pedro e Lucas serão responsabilizados pelo mesmo tipo penal e terão necessariamente a mesma pena.

(B) o direito penal brasileiro não distingue autor e partícipe.

**(C)** Pedro, partícipe, terá pena mais grave que a de Lucas, autor do crime.
**(D)** Roberto será considerado partícipe e, por isso, poderá ser punido em concurso de pessoas pelo crime praticado.
**(E)** se a atuação de Pedro for tipificada como participação de menor importância, a pena dele poderá ser diminuída.

**A:** incorreta. Pedro e Lucas praticaram, contra a relojoaria, crime de furto qualificado em razão do concurso de duas ou mais pessoas (art. 155, § 4º, IV, do CP). É fato, pois, que devem, ambos, responder por esse mesmo crime, o que, a propósito, é requisito do concurso de pessoas. Pedro, que permaneceu do lado de fora vigiando as imediações, deve ser considerado partícipe do crime, já que não executou o verbo nuclear contido no tipo penal, que é representado pela ação subtrair; já Lucas, que ingressou no estabelecimento comercial e de lá subtraiu dinheiro e alguns relógios, é considerado autor do delito. A atuação deles, como se pode ver, foi diferente, devendo cada qual responder de acordo com a sua culpabilidade (art. 29, "caput", do CP). Ou seja, a responsabilidade criminal de cada um deve levar em conta a sua participação (em sentido lato). Se teve uma participação mais intensa e relevante, deverá assim ser responsabilizado; se, ao revés, sua participação for de importância menor, será assim responsabilizado. Cuidado: o fato de um dos agentes ter atuado como partícipe na empreitada criminosa não quer dizer que a sua reprimenda deva necessariamente ser menor do que a do coautor; **B:** incorreta, já que o Direito Penal acolheu a chamada *teoria formal-objetiva* (ou restritiva), segundo a qual *autor* é o que executa o comportamento contido no tipo (realiza a ação/omissão representada pelo verbo-núcleo); todos aqueles que, de alguma forma, contribuem para o crime sem realizar a conduta típica devem ser considerados, para esta teoria, *partícipe*. O Direito Penal, portanto, faz distinção, sim, entre coautor e partícipe; **C:** incorreta. Normalmente, o autor recebe pena maior do que o partícipe, mormente quando a participação for de menor importância. Agora, como já ponderado acima, nada impede que o partícipe seja apenado de forma mais severa do que o autor; **D:** incorreta. A atuação de Roberto se restringiu à prática de atos preparatórios (vigilância da loja por alguns dias); ele desistiu de concretizar o crime antes de Pedro e Lucas darem início à execução do delito. Roberto, portanto, não será responsabilizado pelo crime que foi praticado por Pedro e Lucas; **E:** correta, pois em conformidade com o art. 29, § 1º, do CP. ED

Gabarito "E".

## 10. CULPABILIDADE E CAUSAS EXCLUDENTES

**(Escrivão – Pernambuco – CESPE – 2016)** Em relação à imputabilidade penal, assinale a opção correta.

**(A)** Situação hipotética: João, namorado de Maria e por ela apaixonado, não aceitou a proposta dela de romper o compromisso afetivo porque ela iria estudar fora do país, e resolveu mantê-la em cárcere privado. Assertiva: Nessa situação, a atitude de João enseja o reconhecimento da inimputabilidade, já que o seu estado psíquico foi abalado pela paixão.
**(B)** Na situação em que o agente, com o fim precípuo de cometer um roubo, embriaga-se para ter coragem suficiente para a execução do ato, não se aplica a teoria da *actio libera in causa* ou da ação livre na causa.
**(C)** Situação hipotética: Elizeu ingeriu, sem saber, bebida alcoólica, pensando tratar-se de medicamento que costumava guardar em uma garrafa, e perdeu totalmente sua capacidade de entendimento e de autodeterminação. Em seguida, entrou em uma farmácia e praticou um furto. Assertiva: Nesse caso, Elizeu será isento de pena, por estar configurada a sua inimputabilidade.
**(D)** Situação hipotética: Paulo foi obrigado a ingerir álcool por coação física e moral irresistível, o que afetou parcialmente o controle sobre suas ações e o levou a esfaquear um antigo desafeto. Assertiva: Nesse caso, a retirada parcial da capacidade de entendimento e de autodeterminação de Paulo não enseja a redução da sua pena no caso de eventual condenação.
**(E)** Situação hipotética: Em uma festa de aniversário, Elias, no intuito de perder a inibição e conquistar Maria, se embriagou e, devido ao seu estado, provocado pela imprudência na ingestão da bebida, agrediu fisicamente o aniversariante. Assertiva: Nessa situação, Elias não será punido pelo crime de lesões corporais por ausência total de sua capacidade de entendimento e de autodeterminação.

**A:** incorreta, na medida em que, por expressa disposição contida no art. 28, I, do CP, a paixão (e também a emoção) não exclui a imputabilidade; **B:** incorreta, já que se trata de típica hipótese de incidência da teoria da *actio libera in causa* (ação livre na causa), segundo a qual a imputabilidade do agente deve ser analisada no momento em que este, antes da prática da infração penal, faz uso de álcool ou de substância de efeitos análogos. O que se dá, a rigor, é o deslocamento do momento de aferição da imputabilidade do momento da ação ou omissão para o instante em que o agente se coloca em estado de inimputabilidade, o que ocorre com a ingestão de álcool ou substância de efeitos análogos; **C:** correta. Se considerarmos que Elizeu não agiu com culpa ao ingerir a bebida alcoólica no lugar do remédio, deve ser afastada a sua imputabilidade, já que é o caso de reconhecer a ocorrência de caso fortuito (art. 28, § 1º, do CP); **D:** incorreta. Pelo que consta da assertiva, a ingestão de álcool decorreu de força maior, uma vez que Paulo foi coagido, forçado a tanto. Tendo em conta que o controle sobre suas ações foi afetado de forma parcial, o que decorreu a agressão contra um antigo desafeto, é de rigor a incidência da causa de diminuição de pena prevista no art. 28, § 2º, do CP; **E:** incorreta. Perceba que a embriaguez de Elias foi voluntária, ou seja, ele bebeu porque quis. Nesse caso, Elias, que, em decorrência de seu estado de embriaguez, causou lesões corporais no aniversariante, deverá por isso ser responsabilizado criminalmente (art. 28, II, CP). ED

Gabarito "C".

**(Escrivão – Pernambuco – CESPE – 2016)** Em relação aos crimes contra a pessoa e à imputabilidade penal, assinale a opção correta.

**(A)** Situação hipotética: João, em estado de embriaguez voluntária, motivado por ciúme de sua ex-mulher, matou Paulo. Assertiva: Nessa situação, o fato de João estar embriagado afasta o reconhecimento da motivação fútil, haja vista que a embriaguez reduziu a capacidade de entender o caráter ilícito de sua conduta.
**(B)** Comete o crime de infanticídio a gestante que, não estando sob influência do estado puerperal, mata o nascituro.
**(C)** O perdão judicial será concedido ao autor que tenha cometido crime de homicídio doloso se as consequências da infração atingirem o próprio agente de forma tão grave que a sanção penal se torne desnecessária.
**(D)** De acordo com o Código Penal, no crime de homicídio qualificado pelo feminicídio, a pena é aumentada

de um terço até a metade se o crime for praticado na presença de descendente ou de ascendente da vítima.

(E) A qualificadora de feminicídio no crime de homicídio fica caracterizada se o delito for praticado contra a mulher por razões de sua convicção religiosa.

**A:** incorreta. Ante o disposto no art. 28, II, do CP, a embriaguez voluntária não exclui a imputabilidade penal. Assim, não restarão afastados nem o homicídio nem a qualificadora por motivo fútil. Embora haja divergência doutrinária, vale aqui lembrar que o *ciúme* não pode ser considerado motivo *fútil* tampouco *torpe*. Também diverge a doutrina sobre a compatibilidade da *embriaguez* com a motivação *fútil*. No sentido de reconhecer-se tal compatibilidade: "Pela adoção da teoria da *actio libera in causa* (embriaguez preordenada), somente nas hipóteses de ebriez decorrente de "caso fortuito" ou "forma maior" é que haverá a possibilidade de redução da responsabilidade penal do agente (culpabilidade), nos termos dos §§ 1º e 2º do art. 28 do Código Penal. 2. Em que pese o estado de embriaguez possa, em tese, reduzir ou eliminar a capacidade do autor de entender o caráter ilícito ou determinar-se de acordo com esse entendimento, tal circunstância não afasta o reconhecimento da eventual futilidade de sua conduta" (REsp 908.396/MG, Rel. Min. Arnaldo Esteves Lima, Quinta Turma, j. 03.03.2009, DJe 30.03.2009); **B:** incorreta. Sendo elementar do crime de infanticídio (art. 123, CP), o estado puerperal é indispensável à sua configuração; **C:** incorreta. O perdão judicial (art. 121, § 5º, do CP) somente tem incidência no homicídio *culposo* (não se aplica ao doloso!), quando as consequências da infração atingirem o próprio agente de forma tão grave e intensa que a pena que seria a ele aplicada se mostra desnecessária. Clássico exemplo é o do pai que, em acidente de trânsito, mata, culposamente, o próprio filho. Não há dúvida da desnecessidade da reprimenda, já que o resultado da conduta do pai já lhe serviu de pena, aliás bem severa; **D:** correta (art. 121, § 7º, III, do CP, cuja redação foi alterada por força da Lei 13.771/2018); **E:** incorreta. Qualificadora não prevista em lei.

Gabarito "D".

**(Agente-Escrivão – PC/GO – CESPE – 2016)** A respeito da aplicação da lei penal e dos elementos e das causas de exclusão de culpabilidade, assinale a opção correta.

(A) O princípio da legalidade pode ser desdobrado em três: princípio da reserva legal, princípio da taxatividade e princípio da retroatividade como regra, a fim de garantir justiça na aplicação de qualquer norma.

(B) São excludentes de culpabilidade: inimputabilidade, coação física irresistível e obediência hierárquica de ordem não manifestamente ilegal.

(C) Se ordem não manifestamente ilegal for cumprida por subordinado e resultar em crime, apenas o superior responderá como autor mediato, ficando o subordinado isento por inexigibilidade de conduta diversa.

(D) Emoção e paixão são causas excludentes de culpabilidade.

(E) Em razão do princípio da legalidade, a analogia não pode ser usada em matéria penal.

**A:** incorreta. O princípio da retroatividade não constitui a regra na aplicação da lei penal. É dizer, o fato ocorrido anteriormente à entrada em vigor da lei não poderá ser por esta regido, isto é, a lei não poderá retroagir e abarcar situações ocorridas antes de ela entrar em vigor. A regra, portanto, é a da irretroatividade da lei penal. A exceção a esta regra fica por conta da chamada retroatividade benéfica, que corresponde à situação em que a lei nova, posterior ao fato, revele-se mais vantajosa quando comparada à lei em vigor (e já revogada) ao tempo em que o fato ocorreu. Nesta hipótese, impõe-se a retroatividade da lei mais benéfica (art. 5º, XL, da CF: *a lei penal não retroagirá, salvo para beneficiar o réu*).

Exemplo clássico é a *abolitio criminis*, em que a lei nova, por excelência mais favorável ao réu, já que passou a considerar sua conduta, até então criminosa, atípica, retroagirá e alcançará fatos ocorridos antes de ela entrar em vigor (art. 2º, *caput*, do CP); **B:** incorreta. A inimputabilidade e a obediência hierárquica de ordem não manifestamente ilegal constituem, de fato, hipótese de causa excludente de culpabilidade, o que também ocorre em relação à coação *moral* irresistível. A questão está incorreta porque faz referência à coação *física* irresistível, que constitui hipótese de exclusão da conduta. Não há, neste caso, fato típico e, por conseguinte, crime; **C:** correta (art. 22 do CP); **D:** incorreta. Tanto a emoção quanto a paixão não têm o condão de excluir a imputabilidade, que constituem um dos elementos da culpabilidade (art. 28, I, do CP); **E:** incorreta. A analogia em matéria penal só é admitida em benefício do réu (*in bonam partem*).

Gabarito "C".

**(Agente – Pernambuco – CESPE – 2016)** Acerca das questões de tipicidade, ilicitude (ou antijuridicidade) e culpabilidade, bem como de suas respectivas excludentes, assinale a opção correta.

(A) A inexigibilidade de conduta diversa e a inimputabilidade são causas excludentes de ilicitude.

(B) O erro de proibição é causa excludente de ilicitude.

(C) Há excludente de ilicitude em casos de estado de necessidade, legítima defesa, em estrito cumprimento do dever legal ou no exercício regular do direito.

(D) Há excludente de tipicidade em casos de estado de necessidade, legítima defesa, exercício regular do direito e estrito cumprimento do dever legal.

(E) A inexigibilidade de conduta diversa e a inimputabilidade são causas excludentes de tipicidade.

**A:** incorreta. Tanto a inexigibilidade de conduta diversa quanto a inimputabilidade constituem causa de exclusão de *culpabilidade*, e não de *ilicitude*; **B:** incorreta. O erro de proibição (erro sobre a ilicitude do fato – art. 21 do CP) constitui causa excludente da culpabilidade; **C:** correta. Trata-se, de fato, de causas que excluem a ilicitude (art. 23, CP); **D:** incorreta. Reporto-me ao comentário anterior; **E:** incorreta. Reporto-me ao comentário à assertiva "A".

Gabarito "C".

**(Delegado Federal – 2013 – CESPE)** Considerando a distinção doutrinária entre culpabilidade de ato e culpabilidade de autor, julgue o seguinte item.

(1) Tratando-se de culpabilidade pelo fato individual, o juízo de culpabilidade se amplia à total personalidade do autor e a seu desenvolvimento.

**1:** incorreta. O juízo de culpabilidade recai sobre aquilo que o agente fez (culpabilidade do ato) e não por aquilo que ele é (culpabilidade de autor). Assim, o agente é reprovado pelo fato individual, ou seja, por aquilo que fez, e não pela sua conduta de vida ou por sua personalidade.

Gabarito "1E".

## 11. PENA E MEDIDA DE SEGURANÇA

**(Delegado Federal – 2013 – CESPE)** A respeito da pena pecuniária, julgue o item abaixo.

(1) A multa aplicada cumulativamente com a pena de reclusão pode ser executada em face do espólio, quando o réu vem a óbito no curso da execução da pena, respeitando-se o limite das forças da herança.

1: incorreta. Nada obstante a pena de multa seja dívida de valor, nos termos do art. 51 do CP, é certo que se trata de sanção penal e, portanto, intransmissível aos herdeiros. Afinal, a pena não passará da pessoa do condenado (art. 5º, XLV, da CF/1988), conforme enuncia o princípio da pessoalidade. Eventuais efeitos civis poderão ser estendidos aos sucessores, nos limites da herança. Porém, repita-se, a pena de multa não é efeito civil, mas, sim, penal. Afinal, a multa é uma das espécies de pena (art. 32, III, do CP). No que concerne à pena de multa, ante recente alteração legislativa, valem alguns esclarecimentos, em especial no que concerne à legitimidade para promover a cobrança da pena de multa, tema, até então, objeto de divergência na doutrina e jurisprudência. Até o advento da Lei 9.268/1996, era possível a conversão da pena de multa não adimplida em pena privativa de liberdade. Ou seja, o não pagamento da pena de multa imposta ao condenado poderia ensejar a sua prisão. Com a entrada em vigor desta Lei, modificou-se o procedimento de cobrança da pena de multa, que passou a ser considerada dívida de valor, com incidência das normas relativas à dívida da Fazenda Pública. Com isso, deixou de ser possível – e esse era o objetivo a ser alcançado – a conversão da pena de multa em prisão. A partir de então, surgiu a discussão acerca da atribuição para cobrança da pena de multa: deveria ela se dar na Vara da Fazenda Pública ou na Vara de Execução Penal? A jurisprudência, durante muito tempo, consagrou o entendimento no sentido de que a pena pecuniária, sendo dívida de valor, possui caráter extrapenal e, portanto, a sua execução deve se dar pela Procuradoria da Fazenda Pública. Tal entendimento, até então pacífico, sofreu um revés em 2018, quando o STF, ao julgar a ADI 3150, conferiu nova interpretação ao art. 51 do CP e passou a considerar que a cobrança da multa, que constitui, é importante que se diga, espécie de sanção penal, cabe ao Ministério Público, que o fará perante o juízo da execução penal. Ficou ainda decidido que, caso o MP não promova a cobrança dentro do prazo de noventa dias, aí sim poderá a Procuradoria da Fazenda Pública fazê-lo. A atuação da Fazenda Pública passou a ser, portanto, subsidiária em relação ao MP. Pois bem. A Lei 13.964/2019, ao conferir nova redação ao art. 51 do CP, consolidou o entendimento adotado pelo STF, no sentido de que a execução da pena de multa ocorrerá perante o juiz da execução penal. A cobrança, portanto, cabe ao MP. De se ver que a atribuição subsidiária conferida à Fazenda Pública (pelo STF) não constou da nova redação do art. 51 do CP.
"Gabarito 1E"

**(Delegado Federal – 2013 – CESPE)** Em relação aos efeitos da condenação, julgue o item que se segue.

(1) Considere que uma mulher, maior e capaz, chegue a casa, logo após ter sido demitida, e, nervosa, agrida, injustificada e intencionalmente, seu filho de dois anos de idade, causando-lhe lesões corporais de natureza leve. Nessa situação hipotética, caso essa mulher seja condenada pela referida agressão após o devido processo legal, não caberá, como efeito da condenação, a decretação de sua incapacidade para o exercício do poder familiar, nos termos do CP.

1: correta. Os efeitos secundários da condenação criminal, previstos no art. 92, II, do CP, somente incidirão para os crimes dolosos punidos com *reclusão*. Confira-se: "São também efeitos da condenação: (...) II – a incapacidade para o exercício do pátrio poder, tutela ou curatela, nos crimes dolosos, sujeitos à pena de reclusão, cometidos contra filho, tutelado ou curatelado". Na assertiva em tela fica claro que a mulher praticou o crime de lesões corporais de natureza leve, previsto no art. 129, *caput*, do CP, punido com *detenção*, de 3 (três) meses a 1 (um) ano. Logo, não haverá a perda do poder familiar da mãe com relação ao filho agredido.
"Gabarito 1C"

## 12. CRIMES CONTRA A PESSOA

**(Policial Rodoviário Federal – CESPE – 2019)** Abordado determinado veículo em região de fronteira internacional, os policiais rodoviários federais suspeitaram da conduta do motorista: ele conduzia duas adolescentes com as quais não tinha nenhum grau de parentesco. Ao ser questionado, o condutor do veículo confessou que fora pago para conduzi-las a um país vizinho, onde seriam exploradas sexualmente. As adolescentes informaram que estavam sendo transportadas sob grave ameaça e que não haviam consentido com a realização da viagem e muito menos com seus propósitos finais.

Considerando a situação hipotética apresentada, julgue o item a seguir.

(1) A conduta do motorista do veículo se amolda ao tipo penal do tráfico de pessoas, em sua forma consumada, incidindo, nesse caso, causa de aumento de pena, em razão de as vítimas serem adolescentes.

1: correta. De fato, o motorista deverá ser responsabilizado pelo cometimento do crime definido no art. 149-A, *caput*, do CP, com a incidência da causa de aumento de pena prevista no inciso II do § 1º do mesmo dispositivo. Cuida-se de delito formal, em que a consumação se opera com a prática da conduta consistente em *transportar*, pouco aqui importando se disso resulta a produção de resultado naturalístico. Importante registrar, ademais, que se trata de tipo misto alternativo, em que a prática de uma ou mais das condutas, dentre aquelas previstas no tipo penal, gera somente um delito. ED
"Gabarito 1C"

**(Agente – Pernambuco – CESPE – 2016)** Acerca dos crimes contra a pessoa, assinale a opção correta.

(A) Quando o homicídio for praticado por motivo fútil, haverá causa de diminuição de pena.

(B) Sempre que um agente mata uma vítima mulher, tem-se um caso de feminicídio.

(C) O homicídio e o aborto são os únicos tipos penais constantes no capítulo que trata de crimes contra a vida.

(D) O aborto provocado é considerado crime pelo direito brasileiro, não existindo hipóteses de exclusão da ilicitude.

(E) O aborto provocado será permitido quando for praticado para salvar a vida da gestante ou quando se tratar de gravidez decorrente de estupro.

**A:** incorreta. A futilidade é circunstância que qualifica o homicídio, e não que determina a diminuição da pena (art. 121, § 2º, II, do CP); **B:** incorreta. Somente restará configurado o *feminicídio*, forma qualificada de homicídio prevista no art. 121, § 2º, VI, do CP, quando o crime envolver: I – violência doméstica contra a mulher; II – menosprezo ou discriminação à condição de mulher (art. 121, § 2º-A, do CP); **C:** incorreta, na medida em que o capítulo correspondente aos crimes contra a vida (Capítulo I do Título I) contempla, além dos crimes de homicídio e aborto, também o infanticídio (art. 123, CP) e a participação em suicídio (art. 122, CP). Atualmente, o art. 122 do CP, por força de alteração levada a efeito pela Lei 13.968/2019, contém o crime de induzimento, instigação ou auxílio a suicídio ou a automutilação; **D:** incorreta. O aborto provocado comporta, ao contrário do que aqui se afirma, duas hipóteses de exclusão da ilicitude, a saber: I – quando não houver outro meio de salvar a vida da gestante (aborto necessário – art. 128, I, do CP); e II – quando a gravidez é resultante de estupro e o aborto é precedido de consentimento da gestante ou de

seu representante legal (aborto sentimental – art. 128, II, do CP). Há outra hipótese, esta reconhecida pela doutrina e jurisprudência, em que o aborto não será punido: no julgamento da ADPF 54, o STF declarou a inconstitucionalidade de qualquer interpretação segundo a qual a interrupção da gravidez de feto anencefálico constitua crime previsto no CP; **E**: correta. Vide comentário anterior.
Gabarito "E".

**(Escrivão de Polícia/BA – 2013 – CESPE)** Julgue os itens subsecutivos, acerca de crimes contra a pessoa.

(1) Nos crimes contra a honra — calúnia, difamação e injúria —, o Código Penal admite a retratação como causa extintiva de punibilidade, desde que ocorra antes da sentença penal, seja cabal e abarque tudo o que o agente imputou à vítima.

(2) Considere que Jonas encarcere seu filho adolescente, usuário de drogas, em um dos cômodos da casa da família, durante três dias, para evitar que ele volte a se drogar. Nesse caso, Jonas pratica o crime de cárcere privado.

(3) Considere a seguinte situação hipotética. Lúcia, maior, capaz, no final do expediente, ao abrir o carro no estacionamento do local onde trabalhava, percebeu que esquecera seu filho de seis meses de idade na cadeirinha de bebê do banco traseiro do automóvel, que permanecera fechado durante todo o turno de trabalho, fato que causou o falecimento do bebê. Nessa situação, Lúcia praticou o crime de abandono de incapaz, na forma culposa, qualificado pelo resultado morte.

**1**: errada. A retratação, como causa extintiva da punibilidade, no que se refere aos crimes contra honra, somente é admissível no contexto dos delitos de calúnia e difamação (art. 143, CP), que atentam contra a honra objetiva da vítima (vale dizer, aquilo que terceiros pensam dela). Inviável a retratação com relação ao crime de injúria (art. 140, CP), que ofende a honra subjetiva da vítima, ou seja, aquilo que ela pensa de si própria (autoestima); **2**: errada. Não haveria o dolo na conduta de Jonas, vale dizer, a vontade livre e consciente de privar a liberdade de seu filho, inviabilizando sua liberdade de locomoção. O fim último na conduta do pai foi o de impedir que o adolescente utilizasse drogas; **3**: errada. Lúcia, ao esquecer seu filho no banco de trás de seu carro, ocasionando, daí, a morte do infante, praticou o crime de homicídio culposo (art. 121, § 3º, CP). O crime de abandono de incapaz (art. 133, CP) é doloso, exigindo que o agente, voluntária e conscientemente, abandone pessoa que esteja sob os seus cuidados, sem que esta possa se defender dos riscos do abandono.
Gabarito 1E, 2E, 3E

## 13. CRIMES CONTRA O PATRIMÔNIO

**(Escrivão – Pernambuco – CESPE – 2016)** Acerca de crimes contra a pessoa e contra o patrimônio, assinale a opção correta.

(A) O juiz poderá deixar de aplicar a pena ao autor que tenha cometido crime de roubo contra ascendente por razões de política criminal, concedendo-lhe o perdão judicial.

(B) Situação hipotética: João sequestrou Sandra e exigiu de sua família o pagamento do resgate. Após manter a vítima em cárcere privado por uma semana, João a libertou, embora não tenha recebido a quantia exigida como pagamento. Assertiva: Nessa situação, está configurado o crime de extorsão mediante sequestro qualificado.

(C) Situação hipotética: Maria, Lúcia e Paula furtaram medicamentos em uma farmácia, sem que o vendedor percebesse, tendo sido, contudo, flagradas pelas câmeras de segurança. Assertiva: Nessa situação, Maria, Lúcia e Paula responderão pelo crime de furto simples.

(D) Situação hipotética: Alexandre adquiriu mercadorias em um supermercado e pagou as compras com um cheque subtraído de terceiro. No caixa, Alexandre apresentou-se como titular da conta corrente, preencheu e falsificou a assinatura na cártula. Assertiva: Nessa situação, Alexandre responderá pelo crime de furto mediante fraude.

(E) Situação hipotética: Na tentativa de subtrair o veículo de Paulo, José desferiu uma facada em Paulo e saiu correndo do local, sem levar o veículo, após gritos de socorro da vítima e da recusa desta em entregar-lhe as chaves do carro. Paulo faleceu em decorrência do ferimento. Assertiva: Nessa situação, José responderá pelo crime de homicídio doloso qualificado pelo motivo fútil.

**A**: incorreta. Isso porque a imunidade (escusa absolutória) referida no art. 181, II, do CP não alcança os crimes de roubo e extorsão, na forma estatuída no art. 183, I, do CP. Por isso, o agente que cometer crime de roubo contra ascendente por ele responderá normalmente; se, de outro lado, o delito de que foi vítima o ascendente for, por exemplo, o de furto ou apropriação indébita, fará jus o agente à escusa absolutória contemplada no art. 181, II, do CP, isto é, embora se trate de fato típico, antijurídico e culpável, por razões de política criminal, o agente por ele não será punido; **B**: correta. Cuida-se de crime formal, razão pela qual a sua consumação é alcançada no exato instante em que a vítima é privada de sua liberdade pelo agente, ou seja, no momento em que é capturada. O pagamento do resgate, se vier a acontecer, é irrelevante para o fim de aperfeiçoar a conduta descrita no tipo penal. Constitui, assim, mero exaurimento, que nada mais é do que o desdobramento típico posterior à consumação do delito. Pois bem. Fica claro, pela narrativa contida na assertiva, que o delito de que foi vítima Sandra se consumou (ela foi arrebatada e permaneceu em poder do sequestrador por uma semana). Além disso, por conta do período em que ela permaneceu em cativeiro (uma semana), João incidirá na qualificadora do crime de extorsão mediante sequestro (art. 159, § 1º, do CP), que estabelece que a pena cominada será de 12 a 20 anos de reclusão, entre outras, se o sequestro durar mais de vinte e quatro horas; **C**: incorreta. Em princípio, Maria, Lúcia e Paula deverão ser responsabilizadas pelo cometimento do crime de furto qualificado pelo concurso de duas ou mais pessoas (art. 155, § 4º, IV, do CP). Reputo oportuno que façamos algumas considerações sobre o chamado *furto sob vigilância*, que pode, em determinadas situações, a depender do caso concreto, caracterizar *crime impossível* pela *ineficácia absoluta do meio* (art. 17 do CP). É o caso, por exemplo, do agente que, desde o momento em que ingressa no supermercado, passa a ser permanentemente vigiado por sistema de câmeras e também por seguranças, que ficam o tempo todo no seu encalço. Não há, neste caso, a menor possibilidade de o crime consumar-se. Isso não quer dizer que a existência, por si só, de sistema de segurança por câmeras elimine a possibilidade de o crime chegar à sua consumação. É perfeitamente plausível que o agente se aproveite de determinado ângulo de monitoramento em que a subtração não é visualizada pelo sistema de câmeras. Dessa forma, a ineficácia do meio deve ser avaliada caso a caso. Nesse sentido: STF, HC 110.975-RS, 1ª T., rel. Min. Carmen Lúcia, 22.05.2012. Consagrando esse entendimento, o STJ editou a Súmula 567: "Sistema de vigilância realizado por monitoramento eletrônico ou por existência de segurança no interior de estabelecimento comercial, por si só, não torna impossível a configuração do crime de furto". Pelos dados fornecidos na assertiva, não é possível afirmar se o sistema de câmeras da farmácia seria ou

não apto a impossibilitar o crime de furto ali perpetrado; **D:** incorreta. Deve-se afastar, de pronto, a prática do crime de furto na medida em que não houve subtração das mercadorias do supermercado. No *furto mediante fraude* (art. 155, § 4°, II, do CP), a fraude é aplicada com o propósito de iludir a vigilância da vítima, para, assim, viabilizar a subtração da *res*. O ofendido, em verdade, nem percebe que a coisa lhe foi subtraída. Este crime é comumente confundido com o *estelionato*, este previsto no art. 171, "*caput*", do CP. Neste, a situação é bem outra. A vítima, ludibriada, enganada, entrega ao agente a coisa. A fraude é anterior ao apossamento e inexiste subtração. Foi, pois, o que se deu com Alexandre, que, utilizando-se dos dados de outra pessoa (engodo), obteve, em seu benefício, vantagem indevida (mercadorias) em prejuízo de outrem. Incorreu, assim, no crime do art. 171, "caput", do CP; **E:** incorreta. Devemos, aqui, atentar para o fato de a morte de Paulo haver resultado da violência empregada por José, cujo propósito era subtrair o veículo da vítima. Ou seja: a intenção original de José não era a de matar ou ainda ferir Paulo, mas de subtrair o veículo deste. A morte, repita-se, decorreu da violência empregada para o fim de subtrair. Assim, o crime por ele praticado não é o de homicídio, mas sim o de latrocínio (roubo seguido de morte – art. 157, § 3°, II, do CP), que é delito contra o patrimônio, a despeito da morte da vítima. A segunda questão que se coloca é saber se o latrocínio, a despeito de a subtração não ter sido concluída, se consumou ou não. Resposta: o crime se consumou, sim. Vejamos. No roubo, temos que, se ocorrer morte e a subtração consumar-se, há latrocínio consumado; se ocorrer morte e subtração tentados, há latrocínio tentado. Até aqui, não há divergência na doutrina nem na jurisprudência. No entanto, na hipótese de haver morte, mas a subtração não se consumar (é o caso aqui tratado), há diversas correntes doutrinárias. No STF, o entendimento é no sentido de que tal hipótese configura latrocínio consumado, conforme Súmula 610, a seguir transcrita: "Há crime de latrocínio, quando o homicídio se consuma, ainda que não realize o agente a subtração de bens da vítima". ED
Gabarito "B".

**(Escrivão de Polícia/BA – 2013 – CESPE)** No que se refere a crimes contra o patrimônio, julgue os itens subsequentes.

**(1)** Para a configuração do crime de roubo mediante restrição da liberdade da vítima e do crime de extorsão com restrição da liberdade da vítima, nominado de sequestro relâmpago, é imprescindível a colaboração da vítima para que o agente se apodere do bem ou obtenha a vantagem econômica visada.

**(2)** Considere a seguinte situação hipotética. Heloísa, maior, capaz, em conluio com três amigos, também maiores e capazes, forjou o próprio sequestro, de modo a obter vantagem financeira indevida de seus familiares. Nessa situação, todos os agentes responderão pelo crime de extorsão simples.

**(3)** O reconhecimento do furto privilegiado é condicionado ao valor da coisa furtada, que deve ser pequeno, e à primariedade do agente, sendo o privilégio um direito subjetivo do réu.

**1**: errada. No crime de roubo majorado pela restrição da liberdade da vítima (art. 157, § 2°, V, CP), o comportamento ou colaboração da vítima é absolutamente dispensável para que o agente consiga alcançar seu intento, qual seja, o de subtrair coisa alheia móvel, diversamente do que ocorre na extorsão (art. 158, CP), que, de fato, exige que a vítima, após ser constrangida pelo agente, mediante grave ameaça ou violência, pratique determinado comportamento, sem o qual a obtenção da vantagem não poderá ser alcançada pelo extorsionário (ex.: digitação ou fornecimento de senha para saque de valores em caixa de banco); **2**: correta. A conduta de Heloísa e de seus três amigos se subsume ao crime de extorsão simples (art. 158, *caput*, CP), não se cogitando de extorsão mediante sequestro (art. 159, CP). Afinal, não houve efetivo sequestro (privação de liberdade da vítima, cuja libertação estaria condicionada ao pagamento de resgate); **3**: correta. O furto privilegiado, previsto no art. 155, § 2°, CP, exige a combinação dos seguintes requisitos: i) primariedade do agente; ii) coisa furtada de pequeno valor. Preenchidos referidos requisitos, caberá ao magistrado reconhecer a figura privilegiada do crime, que, de acordo com doutrina e jurisprudência, é direito subjetivo do réu, ou seja, não pode ser pura e simplesmente recusada sua concessão por ato discricionário do julgador.
Gabarito 1E, 2C, 3C

**(Delegado Federal – 2004 – CESPE)** Julgue o item seguinte.

**(1)** Com a utilização de uma arma de brinquedo, João subtraiu de uma pessoa o relógio e a carteira contendo documentos pessoais, cartões de crédito e R$ 300,00 em espécie. Nessa situação, de acordo com o entendimento do Superior Tribunal de Justiça (STJ), João responderá por crime de roubo qualificado pelo emprego de arma.

O emprego de arma de brinquedo não constitui a causa de aumento de pena do art. 157, § 2°-A, I, do CP. A propósito, a Súmula 174 do STJ foi cancelada.
Gabarito "1E".

**(Delegado Federal – 2002 – CESPE)** Julgue o seguinte item.

**(1)** Considere a seguinte situação hipotética. Sílvio interceptou o veículo de Mariana e, mediante grave ameaça exercida com o emprego de um revólver, privou-a de sua liberdade de locomoção. O fato ocorreu em Brasília – DF. Oito horas após a abordagem, Sílvio entrou em contato com a família de Mariana e exigiu como condição para libertá-la a importância de R$ 150.000,00 em dinheiro, a ser entregue na cidade de Goiânia – GO. No dia seguinte, enquanto Mariana permaneceu no cativeiro em Brasília, Sílvio deslocou-se até a cidade de Goiânia, onde foi preso em flagrante no momento em que iria receber o dinheiro do resgate. Nessa situação, Sílvio responderá pelo crime de extorsão mediante sequestro, na forma consumada.

**1**: correta, visto que, de fato, o crime de extorsão mediante sequestro, tipificado no art. 159 do CP, consuma-se no exato momento em que a vítima é arrebatada do seu meio normal de circulação, tendo sua liberdade privada. O fato de ter havido a solicitação de resgate, como condição para a libertação da vítima, demonstra a real intenção do agente, qual seja, a de auferir ganho patrimonial. Ressalte-se que o fato de haver o recebimento de resgate, pelo sequestrador, é considerado mero exaurimento do crime, consumado, repita-se, com a privação da liberdade da vítima. O crime em questão é considerado formal.
Gabarito "1C".

**(Delegado Federal – 2002 – CESPE)** Julgue o seguinte item.

**(1)** Dorival alienou a Joaquim uma quitinete de que era proprietário, recebendo, no ato da lavratura da escritura de compra e venda, a importância de R$ 50.000,00 em dinheiro. Por estar passando por sérias dificuldades financeiras, Dorival, no mesmo dia, vendeu a mesma quitinete a Magda, recebendo, pela transação, a importância de R$ 40.000,00. Magda dirigiu-se ao cartório de registro de imóveis e providenciou a transcrição da escritura de compra e venda. Joaquim, quando tentou registrar a sua escritura, verificou que tinha sido vítima de uma fraude e dirigiu-se à autoridade policial, apresentando uma *delatio criminis*. A autoridade policial instaurou inquérito policial e indiciou Dorival pela prática do crime de estelionato, na modalidade de disposição de coisa alheia como própria. Sabendo que, para ocorrer a aquisição da propriedade imóvel, é necessária a transcrição do título de transferência no registro de imóveis, então, nessa situação, Dorival não praticou a infração penal pela qual a autoridade policial o indiciou.

---

1: correta, visto que a alienação de coisa imóvel somente se materializa com a transcrição do título aquisitivo no Cartório de Registro de Imóveis competente. Ora, se Dorival fez lavrar duas escrituras de compra e venda de sua quitinete, tendo como compradores Joaquim e Magda, mas sem que tenha havido a transcrição dos títulos aquisitivos no registro imobiliário, Dorival continuou como "dono" do bem, motivo pelo qual não restou tipificado o crime de disposição de coisa alheia como própria (art. 171, § 2º, I, do CP).

Gabarito "1C".

## 14. CRIMES CONTRA A DIGNIDADE SEXUAL

Maura e Sílvio, que foram casados por dez anos, se separaram há um ano e compartilham a guarda de filho menor. Sílvio buscava o filho na escola e o levava para a casa que era do casal, agora habitada somente pela mãe e pela criança, que fica aos cuidados da babá. A convivência entre ambos era pacífica até que ele soube de novo relacionamento de Maura. Sentindo-se ainda apaixonado por Maura, ele elaborou um plano para tentar reconquistá-la. Em uma ocasião, ao levar o filho para casa como fazia cotidianamente, Sílvio, sem que ninguém percebesse, pegou a chave da casa e fez dela uma cópia. Em determinado dia, ele comprou um anel e flores, preparou um jantar e, à noite, entrou na casa para surpreender a ex-esposa — nem Maura nem a criança estavam presentes. Maura havia deixado a criança com a avó e saíra com o namorado. Ao chegar à casa, bastante embriagada, Maura dormiu sem perceber que Sílvio estava na residência. Sílvio tentou acordá-la, mas, não tendo conseguido, despiu-a, tocou-lhe as partes íntimas e tentou praticar conjunção carnal com ela. Como Maura permanecia desacordada, Sílvio foi embora sem consumar o último ato.

(Agente-Escrivão – PC/GO – CESPE – 2016) Nessa situação hipotética, Sílvio

(A) cometeu o crime de tentativa de estupro.
(B) não cometeu crime algum porque já foi casado com Maura e tinha franco acesso à casa.
(C) não cometeu crime de estupro, porque não houve violência ou grave ameaça.
(D) cometeu crime contra a dignidade sexual, pois Maura, na situação em que se encontrava, não poderia oferecer resistência.
(E) cometeu apenas o crime de invasão de domicílio.

---

Embora Sílvio não tenha concretizado a conjunção carnal, o crime de estupro de vulnerável se consumou no exato instante em que Sílvio, após despir Maura, tocou-lhe as partes íntimas. Vale aqui lembrar que o estupro, com a nova conformação jurídica que lhe deu a Lei 12.015/2009, pode ser praticado tanto por meio de conjunção carnal quanto pela prática de qualquer outro ato libidinoso, como é a carícia nas partes íntimas da vítima. Embora Sílvio não tenha empregado violência ou grave ameaça, é certo que ele se valeu do fato de Maura, em razão do estado de embriaguez em que se encontrava, não haver oferecido resistência. Assim, Sílvio cometeu o crime capitulado no art. 217-A, § 1º, parte final, do CP.

Gabarito "D".

(Escrivão – Pernambuco – CESPE – 2016) Em relação aos crimes contra a dignidade sexual e contra a família, assinale a opção correta.

(A) Situação hipotética: Mário, aliciador de garotas de programa, induziu Bruna, de quinze anos de idade, a manter relações sexuais com várias pessoas, com a promessa de uma vida luxuosa. Bruna decidiu não se prostituir e voltou a estudar. Assertiva: Nessa situação, é atípica a conduta de Mário.
(B) Considere que em uma casa de prostituição, uma garota de dezessete anos de idade tenha sido explorada sexualmente. Nesse caso, o cliente que praticar conjunção carnal com essa garota responderá pelo crime de favorecimento à prostituição ou outra forma de exploração sexual de vulnerável.
(C) Situação hipotética: Em uma boate, João, segurança do local, sorrateiramente colocou entorpecente na bebida de Maria, o que a levou a perder os sentidos. Aproveitando-se da situação, João levou Maria até seu veículo, onde praticou sexo com ela, sem qualquer resistência, dada a condição da vítima. Assertiva: Nessa situação, João responderá pelo crime de violação sexual mediante fraude.
(D) Indivíduo que mantiver conjunção carnal com menor de quinze anos de idade responderá pelo crime de estupro de vulnerável, ainda que tenha cometido o ato sem o emprego de violência e com o consentimento da menor.
(E) No caso de crime de violação sexual mediante fraude, o fato de o ofensor ser o filho mais velho do tio da vítima fará incidir a causa especial de aumento de pena por exercer relação de autoridade sobre a vítima, de acordo com o Código Penal.

---

**A**: incorreta. O crime em que incorreu Mário (art. 218-B do CP – *favorecimento da prostituição ou de outra forma de exploração sexual de criança ou adolescente ou de vulnerável*) atinge a sua consumação com a prática de um dos verbos contidos no tipo penal. No caso aqui narrado, basta, à consumação deste delito, o ato consistente em *induzir*, pouco importando que a vítima exerça, de fato, a prostituição. O crime, portanto, consumou-se, sendo a conduta de Mário típica. Vale o registro de que há autores, entre os quais Guilherme de Souza Nucci, que entendem que se trata de crime material, em que se exige, à sua consumação, a produção de resultado naturalístico consistente na efetiva prática da prostituição ou de outra forma de exploração sexual; **B**: correta. De fato, o cliente que mantiver conjunção carnal ou outro ato libidinoso com pessoa menor de 18 anos e maior de 14, nas condições descritas no art. 218-B, "caput", do CP, será responsabilizado pelo crime do art. 218-B, § 2º, I, do CP; **C**: incorreta. O crime de violação sexual mediante fraude (art. 215, CP) pressupõe, como o próprio nome sugere, o emprego de fraude ou outro meio que impeça ou dificulte a livre manifestação de vontade do ofendido. Este último meio de execução do crime deve, necessariamente, ter certa similitude com a fraude. O agente que faz uso de substância com o fim de eliminar ou reduzir a capacidade de resistência da vítima para, assim, com ela praticar conjunção carnal ou outro ato libidinoso comete o delito de estupro de vulnerável, previsto no art. 217-A, § 1º, parte final, do CP; **D**: incorreta. No crime de estupro de vulnerável somente pode figurar

como vítima, em razão da idade, a pessoa menor de 14 anos, por expressa previsão do art. 217-A (a alternativa se refere a pessoa com 15 anos). Vale dizer que a pessoa com 14 anos ou mais pode figurar como sujeito passivo do crime de estupro de vulnerável, não por conta da idade, mas, sim, quando caracterizada uma das situações presentes no art. 217-A, § 1º, do CP; **E:** incorreta. Hipótese que não se enquadra no art. 226, II, do CP. ED
Gabarito "B".

## 15. CRIMES CONTRA A FÉ PÚBLICA

(Escrivão de Polícia/BA – 2013 – CESPE) Julgue os próximos itens, relativos a crimes contra a fé pública.

(1) Considere que Silas, maior, capaz, ao examinar os autos do inquérito policial no qual figure como investigado pela prática de estelionato, encontre os documentos originais colhidos pela autoridade, nos quais seja demonstrada a materialidade do delito investigado, e os destrua. Nessa situação, em razão desse ato, Silas responderá pelo crime de supressão de documento.

(2) A consumação do crime de atestar ou certificar falsamente, em razão de função pública, fato ou circunstância que habilite alguém a obter cargo público, isenção de ônus ou de serviço de caráter público, ou qualquer outra vantagem ocorre no instante em que o documento falso é criado, independentemente da sua efetiva utilização pelo beneficiário.

(3) Considere a seguinte situação hipotética. Celso, maior, capaz, quando trafegava com seu veículo em via pública, foi abordado por policiais militares, que lhe exigiram a apresentação dos documentos do veículo e da carteira de habilitação. Celso, então, apresentou habilitação falsa. Nessa situação, a conduta de Celso é considerada atípica, visto que a apresentação do documento falso decorreu de circunstância alheia à sua vontade.

---

**1:** correta. Pratica o crime de supressão de documento, tipificado no art. 305 do CP, aquele que destruir, suprimir ou ocultar, em benefício próprio ou de outrem, ou em prejuízo alheio, documento público ou particular verdadeiro, de que não podia dispor. Silas, ao destruir os documentos originais encartados no bojo do inquérito policial, a fim de, com isso, eliminar a materialidade delitiva, praticou o crime em comento; **2:** correta. Realmente, comete o crime de certidão ou atestado ideologicamente falso (art. 301, CP) aquele que atestar ou certificar falsamente, em razão de função pública, fato ou circunstância que habilite alguém a obter cargo público, isenção de ônus ou de serviço de caráter público, ou qualquer outra vantagem. Trata-se de crime formal (ou de consumação antecipada), que não exige, para sua configuração, que o beneficiário da certidão ou atestado ideologicamente falso efetivamente o utilize, bastando que o agente elabore o documento falso; **3:** errada. A CNH, como sabido e ressabido, é documento de porte obrigatório para aquele que conduz veículo automotor, especialmente em via pública. Assim, ainda que os policiais militares tenham determinado a Celso que apresentasse os documentos do veículo e, repita-se, a CNH, ao optar por apresentar este documento falso, incorreu nas penas do art. 304 do CP. Não se pode admitir o entendimento segundo o qual a exigência na exibição do documento por autoridades públicas torna atípica a conduta do agente. Poderia ele preferir não exibir o documento. Contudo, ao fazê-lo, deverá responder por aludido crime.
Gabarito 1C, 2C, 3E

## 16. CRIMES CONTRA A ADMINISTRAÇÃO PÚBLICA

(Agente – Pernambuco – CESPE – 2016) Assinale a opção correta com relação a crimes contra a administração pública.

(A) Policial que exigir propina para liberar a passagem de pessoas por uma estrada cometerá corrupção passiva.

(B) O agente penitenciário que não recolher aparelhos celulares de pessoas em privação de liberdade cometerá crime de condescendência criminosa.

(C) Um governador que ordenar a aquisição de viaturas policiais e o pagamento destas com recurso legalmente destinado à educação infantil cometerá o crime de peculato.

(D) Se forem ocupantes de cargos em comissão ou de função de direção ou assessoramento de órgão da administração direta, sociedade de economia mista, empresa pública ou fundação instituída pelo poder público, os autores de crimes contra a administração pública terão direito a redução de suas penas.

(E) A circunstância de funcionário público é comunicável a particular que cometa o crime sabendo dessa condição especial do funcionário.

---

**A:** incorreta. O policial que assim agir terá cometido o crime de concussão (art. 316, CP), cuja conduta é representada pelo verbo *exigir*. Cometeria corrupção passiva se houvesse, no lugar de exigir, *solicitado* a propina (art. 317, CP); **B:** incorreta. A conduta do agente penitenciário se enquadra na descrição típica do art. 319-A do CP; **C:** incorreta. Trata-se do crime definido no art. 315 do CP (emprego irregular de verbas ou rendas públicas); **D:** incorreta. A assertiva descreve hipótese em que a pena será aumentada da terça parte (art. 327, § 2º, do CP), e não diminuída, como consta a assertiva; **E:** correta. Embora seja correto afirmar-se que os crimes contra a Administração Pública praticados por funcionário público sejam classificados como delito *próprio*, já que impõem ao sujeito ativo uma qualidade especial, neste caso a de ser funcionário público, é admitido, nesses crimes, o concurso de pessoas. Com efeito, é perfeitamente possível, nos crimes funcionais em geral, que o particular, seja na condição de coautor, seja na de partícipe, tome parte na empreitada criminosa, respondendo pelo delito funcional em concurso de pessoas com o *intraneus*. Isso porque a condição de funcionário público, por ser elementar do crime de peculato, se comunica aos demais agentes que hajam concorrido com o funcionário para o cometimento do delito, à luz do que dispõe o art. 30 do CP. No mais, vale dizer que a responsabilização pela prática do delito funcional somente recairá sobre o particular se este tiver conhecimento de tal circunstância. ED
Gabarito "E".

(Escrivão – Pernambuco – CESPE – 2016) Em relação aos crimes contra a administração pública, assinale a opção correta.

(A) Embora o crime de peculato admita a forma dolosa, ele não pune a conduta culposa, que consiste na ação do agente público em concorrer, por imperícia, imprudência ou negligência, para que outrem se aproprie, desvie ou subtraia dinheiro, bem ou valores pertencentes à administração pública.

(B) A inserção, alteração ou exclusão de dados nos sistemas informatizados ou nos bancos de dados da administração pública é crime material, de modo que a consumação só ocorre quando há prejuízo para a administração pública e(ou) ao administrado, em benefício próprio ou de outrem.

# 1. DIREITO PENAL

(C) É material o crime de peculato-desvio, uma vez que se consuma no exato momento do efetivo desvio do bem que o agente público detém ou possui em razão de seu cargo, com a necessidade da ocorrência de dano para a administração pública.

(D) O crime de peculato-furto ocorre quando o funcionário público, embora não tendo a posse do dinheiro, do valor ou do bem, o subtrai, ou concorre para que seja subtraído, em proveito próprio ou alheio, valendo-se da facilidade que lhe proporciona a qualidade de funcionário.

(E) O crime de denunciação caluniosa consiste em dar causa à instauração de inquérito civil ou de ação de improbidade administrativa contra alguém, imputando-se a esse alguém infração administrativa de que o sabe inocente.

A: incorreta. Além das formas dolosas, o peculato admite, sim, a modalidade *culposa*, prevista no art. 312, § 2°, do CP, que pressupõe que o funcionário público concorra, de forma culposa (imperícia, imprudência ou negligência), para o delito de terceiro, que pode ou não ser funcionário público e age sempre de forma dolosa, praticando crimes como, por exemplo, furto, peculato, apropriação indébita etc. No peculato culposo – art. 312, § 2°, primeira parte, do CP, a reparação do dano, quando anterior à sentença irrecorrível, extingue a punibilidade; se, no entanto, lhe é posterior, reduz de metade a pena imposta, conforme prescreve o art. 312, § 3°, segunda parte, do CP; B: incorreta. Cuida-se de crime *formal*, e não *material*. Assim, basta, à consumação do delito previsto no art. 313-A do CP, a prática de qualquer das condutas contidas no tipo penal, independentemente de o funcionário (ou terceiro) alcançar o fim colimado; C: incorreta. A consumação do peculato-desvio, capitulado no art. 312, "caput", 2ª parte, do CP, é atingida no exato momento em que o funcionário dá destinação diversa ao objeto material do delito, sendo prescindível que o agente alcance o fim perseguido. Importante anotar que, quanto ao momento consumativo deste crime, há divergência doutrinária e jurisprudencial; D: correta (art. 312, § 1°, CP); E: incorreta, uma vez que o delito de denunciação caluniosa pressupõe que o agente, dando causa à instauração de investigação administrativa ou processo judicial, atribua ao ofendido o cometimento de *crime* (art. 339, "caput", do CP) ou *contravenção penal* (art. 339, § 2°, do CP). Não comete este crime, portanto, aquele que dá causa à instauração de investigação administrativa ou processo judicial imputando a alguém a prática de *infração administrativa*.
Gabarito "D".

(Escrivão de Polícia/BA – 2013 – CESPE) No que concerne aos crimes contra a administração pública, julgue os itens que se seguem.

(1) Incorrem na prática de condescendência criminosa tanto o servidor público hierarquicamente superior que deixe, por indulgência, de responsabilizar subordinado que tenha cometido infração no exercício do cargo quanto os funcionários públicos de mesma hierarquia que não levem o fato ao conhecimento da autoridade competente para sancionar o agente faltoso.

(2) O crime de concussão é delito próprio e consiste na exigência do agente, direta ou indireta, em obter da vítima vantagem indevida, para si ou para outrem, e consuma-se com a mera exigência, sendo o recebimento da vantagem considerado como exaurimento do crime.

(3) A consumação do crime de corrupção passiva ocorre quando o agente deixa efetivamente de praticar ou retarda ato de ofício, com infração de dever funcional, cedendo a pedido ou influência de outrem, em troca de vantagem indevida anteriormente percebida.

1: correta. Comete o crime de condescendência criminosa (art. 320, CP) aquele funcionário que deixar, por indulgência, de responsabilizar subordinado que cometeu infração no exercício do cargo ou, quando lhe falte competência (ex.: colegas de mesma hierarquia funcional), não levar o fato ao conhecimento da autoridade competente; 2: correta. A concussão (art. 316, CP) é crime funcional, ou seja, cometido por funcionário público (crime próprio) contra a Administração em geral. Consiste no fato de o agente – repita-se, funcionário público – exigir, para si ou para outrem, direta ou indiretamente, ainda que fora da função ou antes de assumi-la, mas em razão dela, vantagem indevida. Considera-se crime formal (ou de consumação antecipada), não se exigindo, para sua configuração e consumação, efetivo recebimento, pelo funcionário público, da vantagem indevida exigida, o que, se ocorrer, caracterizará mero exaurimento do delito; 3: errada. A corrupção passiva (art. 317, CP) é crime que se consuma com a mera solicitação ou aceitação de promessa de vantagem indevida, ou mesmo com o recebimento desta, não sendo imprescindível, para sua configuração, que o funcionário público retarde, deixe de praticar ou pratique ato de ofício com infração a dever funcional. Apenas a corrupção passiva privilegiada (art. 317, § 2°, CP), que se verifica quando o agente pratica, deixa de praticar ou retarda ato de ofício, com infração a dever funcional, cedendo a pedido ou influência de outrem, depende, para sua consumação, que o agente, tal como exige o tipo penal, pratique, deixe de praticar ou retarde ato de ofício. O efetivo recebimento da vantagem, também, não é necessário para a consumação do delito.
Gabarito 1C, 2C, 3E.

(Agente de Polícia Federal – 2009 – CESPE) Julgue o seguinte item.

(1) Considere a seguinte situação hipotética. Tancredo recebeu, para si, R$ 2.000,00 entregues por Fernando, em razão da sua função pública de agente da Polícia Federal, para praticar ato legal, que lhe competia, como forma de agrado. Nessa situação, Tancredo não responderá pelo crime de corrupção passiva, o qual, para se consumar, tem como elementar do tipo a ilegalidade do ato praticado pelo funcionário público.

1: incorreta, visto que o delito de corrupção passiva, previsto no art. 317 do CP, restará configurado quando o agente solicitar ou receber, para si ou para outrem, direta ou indiretamente, ainda que fora da função ou antes de assumi-la, mas sempre em razão dela, vantagem indevida. Referida vantagem pode visar à prática de ato legal ou ilegal, sendo certo ressaltar que, em regra, o funcionário público é corrompido para a prática de atos ilegais. Oportuno mencionar que se denomina de *corrupção passiva própria* aquela em que o sujeito ativo (funcionário público) deixa de praticar ou pratica *ato ilegal*, ao passo que se chama de *corrupção passiva imprópria* a hipótese em que o agente é corrompido para a prática de *ato legal*. Por fim, frise-se que a legalidade ou ilegalidade do ato praticado pelo funcionário público corrupto não consta como elementar do tipo penal.
Gabarito "1E".

(Delegado Federal – 2004 – CESPE) Julgue o item seguinte.

(1) Mário, delegado de polícia, com o intuito de proteger um amigo, recusa-se a instaurar inquérito policial requisitado por promotor de justiça contra o referido amigo. Nessa hipótese, Mário praticou crime de desobediência.

Art. 319 do CP – prevaricação.
Gabarito "1E".

**(Delegado Federal – 2004 – CESPE)** Célio, arrolado como testemunha em processo criminal em que se imputava ao réu crime de homicídio culposo, é instigado pelo advogado de defesa a fazer afirmações falsas acerca dos fatos, a fim de inocentar o réu, o que efetivamente vem a fazer. Com base na situação hipotética acima apresentada, julgue os itens que se seguem.

**(1)** Célio praticou crime de falso testemunho qualificado, pois foi cometido com o fim de obter prova destinada a produzir efeito em processo penal.

**(2)** De acordo com o entendimento dominante do Supremo Tribunal Federal (STF), como o delito praticado é de mão própria, não se admite coautoria ou participação, sendo atípica a conduta do advogado de defesa.

**1**: correta, art. 342, § 1°, do CP (causa de aumento de pena); **2**: incorreta, embora se trate de crime de mão própria, é perfeitamente possível o concurso de pessoas na modalidade *participação*, uma vez que nada obsta que o advogado induza ou instigue a testemunha a mentir em juízo ou na polícia. A esse respeito: STF, RHC 81.327-SP, 1ª T., Rel. Min. Ellen Gracie, *DJ* 05.04.2002.
Gabarito 1C, 2E

**(Delegado Federal – 2002 – CESPE)** Julgue o seguinte item.

**(1)** A prevaricação é crime próprio de funcionário público com vínculo efetivo. Assim, caso seja praticada por ocupante de emprego público, a mesma conduta incidirá em tipo penal diverso.

**1**: incorreta, pois o crime de prevaricação (art. 319 do CP), considerado crime próprio de funcionário público (crime funcional), poderá ser praticado, como a própria classificação doutrinária sugere, por funcionário público, seja este detentor de um cargo público, ou, ainda, emprego público ou função pública (art. 327 do CP).
Gabarito "1E."

**(Delegado Federal – 2002 – CESPE)** Julgue o seguinte item.

**(1)** Considere a seguinte situação hipotética. Nardel, assistente de transporte do Ministério da Saúde, previamente ajustado com Leandro, seu primo, que estava desempregado, parou em um estacionamento público um veículo oficial que transportava R$ 20.000,00 em medicamentos, deixando-o aberto e com a chave na ignição. Leandro, valendo-se da facilidade, estacionou uma caminhonete ao lado do veículo oficial e subtraiu todo o medicamento. Nessa situação, Leandro responderá pelo crime de furto.

**1**: incorreta, visto que, na assertiva ora analisada, verifica-se que o crime perpetrado por Nardel, funcionário público (assistente de transporte do Ministério da Saúde), foi o peculato-furto (art. 312, § 1°, do CP). Se o seu primo, de forma consciente e voluntária, concorreu para a prática do mesmo crime, igualmente responderá por peculato-furto, e, não, por furto. O fato de Nardel ser funcionário público, que é uma condição pessoal, comunica-se ao coautor ou partícipe, desde que referida condição seja por este conhecida, nos termos do art. 30 do CP.
Gabarito "1E."

## 17. LEGISLAÇÃO PENAL EXTRAVAGANTE

**(Agente-Escrivão – PC/GO – CESPE – 2016)** Pedro, maior e capaz, compareceu a uma delegacia de polícia para ser ouvido como testemunha em IP. Todavia, quando Pedro apresentou sua carteira de identidade, a autoridade policial a reteve e, sem justo motivo nem ordem judicial, permaneceu com tal documento durante quinze dias.

Nessa situação hipotética, a atitude da autoridade policial constituiu:

**(A)** crime punível com multa.
**(B)** fato atípico, pois sua conduta não pode ser considerada crime ou contravenção penal.
**(C)** contravenção penal punível com prisão simples.
**(D)** crime punível com detenção.
**(E)** crime punível com reclusão.

A conduta da autoridade policial se enquadra na descrição típica contida no art. 3° da Lei 5.553/1968, que corresponde a uma contravenção penal em que a lei comina pena de prisão simples de 1 a 3 meses ou multa.
Gabarito "C."

## 18. TEMAS COMBINADOS DE DIREITO PENAL

**(Agente – PF – 2014 – CESPE/CEBRASPE)** Com relação a crimes contra a pessoa, contra o patrimônio e contra a administração pública, julgue os itens que se seguem.

**(1)** Para a configuração do delito de apropriação indébita previdenciária não é necessário que haja o dolo específico de ter para si coisa alheia; é bastante para tal a vontade livre e consciente de não recolher as importâncias descontadas dos salários dos empregados da empresa pela qual responde o agente.

**(2)** Considere a seguinte situação hipotética.

**(3)** No crime de homicídio, admite-se a incidência concomitante de circunstância qualificadora de caráter objetivo referente aos meios e modos de execução com o reconhecimento do privilégio, desde que este seja de natureza subjetiva.

Carlos praticou o crime de sonegação previdenciária, mas, antes do início da ação fiscal, confessou o crime e declarou espontaneamente os corretos valores devidos, bem como prestou as devidas informações à previdência social.

Nessa situação, a atitude de Carlos ensejará a extinção da punibilidade, independentemente do pagamento dos débitos previdenciários.

**1: correta.** A despeito de constituir tema que encerra divergência doutrinária, a jurisprudência firmou entendimento no sentido de que a configuração do crime de apropriação indébita previdenciária (art. 168-A, CP) prescinde do chamado dolo *específico*. Conferir: "O Superior Tribunal de Justiça firmou entendimento de que, para a caracterização do delito de apropriação indébita previdenciária, basta o dolo genérico, já que é crime omissivo próprio, não se exigindo, portanto, o dolo específico do agente de se beneficiar dos valores arrecadados dos empregados e não repassados à Previdência Social. Precedentes da corte" (HC 116.461/PE, Rel. Min. Vasco Della Giustina (desembargador convocado do TJ/RS), 6ª Turma, j. 07.02.2012, *DJe* 29.02.2012). No mesmo sentido: "Em crimes de sonegação fiscal e de apropriação indébita de contribuição previdenciária, este Superior Tribunal de Justiça pacificou a orientação no sentido de que sua comprovação prescinde de dolo específico sendo suficiente, para a sua caracterização, a presença do dolo genérico consistente na omissão voluntária do recolhimento, no prazo legal, dos valores devidos" (AgRg no REsp 1.477.691/DF, *DJe* 28/10/2016). No STF: "A jurisprudência deste Supremo Tribunal Federal é firme no sentido de que para a configuração do delito de apropriação indébita previdenciária não é necessário um fim específico, ou seja, o *animus rem sibi habendi*, bastando para nesta incidir a vontade livre e consciente de não recolher as importâncias descontadas dos salários

dos empregados da empresa pela qual responde o agente" (HC 122766 AgR/SP, DJe 13/11/2014); **2:** correta. O art. 337-A, § 1º, do CP contém os requisitos para que a punibilidade do autor do delito de sonegação de contribuição previdenciária seja afastada, a saber: a) declaração do valor devido mas não recolhido; b) confissão (admissão da prática criminosa); c) prestação das informações devidas; d) espontaneidade (que é diferente de voluntariedade); e) que a iniciativa do agente se dê antes do início da ação fiscal. Na situação hipotética descrita no enunciado, Carlos fará jus à extinção da punibilidade, já que presentes os requisitos contemplados no dispositivo legal acima referido; **3:** correta. As causas de diminuição de pena previstas no art. 121, § 1º, do CP (homicídio privilegiado), por serem de ordem *subjetiva*, ou seja, por estarem jungidas à motivação do crime, somente são compatíveis com as qualificadoras de ordem *objetiva* (aquelas não ligadas à motivação do crime). É o caso do homicídio privilegiado praticado por meio cruel. Nesse caso, é perfeitamente possível a coexistência do privilégio contido no art. 121, § 1º, do CP com a qualificadora do art. 121, § 2º, III, do CP (meio cruel), já que esta é de ordem objetiva, isto é, não está ligada à motivação do crime, mas a sua forma de execução. É o chamado homicídio qualificado-privilegiado. Agora, se a qualificadora for de ordem *subjetiva*, como é o *motivo torpe*, não há que se falar em compatibilidade entre esta e a figura privilegiada. ED
Gabarito: 1C, 2C, 3C

**(Papiloscopista – PF – CESPE – 2018)** Na tentativa de entrar em território brasileiro com drogas ilícitas a bordo de um veículo, um traficante disparou um tiro contra agente policial federal que estava em missão em unidade fronteiriça. Após troca de tiros, outros agentes prenderam o traficante em flagrante, conduziram-no à autoridade policial local e levaram o colega ferido ao hospital da região.

Nessa situação hipotética,

**(1).** para definir o lugar do crime praticado pelo traficante, o Código Penal brasileiro adota o princípio da ubiquidade.

**(2).** se o policial ferido não falecer em decorrência do tiro disparado pelo traficante, estar-se-á diante de homicídio tentado, que, no caso, terá como elementos caracterizadores: a conduta dolosa do traficante; o ingresso do traficante nos atos preparatórios; e a impossibilidade de se chegar à consumação do crime por circunstâncias alheias à vontade do traficante.

**(3).** ao tomar conhecimento do homicídio, cuja ação penal é pública incondicionada, a autoridade policial terá de instaurar o inquérito de ofício, o qual terá como peça inaugural uma portaria que conterá o objeto de investigação, as circunstâncias conhecidas e as diligências iniciais que serão cumpridas.

**(4).** caso o traficante tenha se identificado com carteira nacional de habilitação rasurada, sua identificação criminal deverá ser feita pelo processo datiloscópico.

**1:** correta. O Código Penal adotou, em seu art. 6º, no que concerne ao lugar do crime, a *teoria mista ou da ubiquidade*, já que é considerado lugar do delito tanto o da conduta quanto o do resultado (dispositivo com incidência nos chamados crimes a distância ou de espaço máximo); **2:** errada. O crime tentado tem como requisitos: que a consumação não tenha se operado por circunstanciais alheias à vontade do agente (presente no caso narrado no enunciado); e que a execução do crime já tenha se iniciado (presente no caso narrado no enunciado). O erro está em afirmar que o ingresso do traficante nos atos preparatórios constitui elemento caracterizador do crime tentado. Como já dissemos acima, é necessário, para configurar a tentativa, ir além dos atos preparatórios e ingressar na fase de execução do delito; **3:** correta. Assim que for comunicada do crime (consumado ou tentado), a autoridade policial deverá proceder a inquérito de ofício, baixando a respectiva portaria, desde que se trate de delito de ação penal pública incondicionada, como é o caso do homicídio (art. 5º, I, CPP); **4:** correta (art. 3º, I, Lei 12.037/2009). ED
Gabarito: 1C, 2E, 3C, 4C

**(Delegado Federal – 2013 – CESPE)** Com relação aos crimes previstos no CP, julgue os itens que se seguem.

**(1)** A falsa atribuição de identidade só é caracterizada como delito de falsa identidade se feita oralmente, com o poder de ludibriar; quando formulada por escrito, constitui crime de falsificação de documento público.

**(2)** Os delitos de inserção de dados falsos e de modificação ou alteração de dados não autorizada em sistema de informações só se configuram se praticados por funcionário público autorizado, com o fim específico de obter vantagem indevida para si ou para outrem, ou para causar dano, sendo as penas aumentadas de um terço até a metade se da modificação ou alteração resultar dano para a administração pública ou para o administrado.

**(3)** O delito de sequestro e cárcere privado, inserido entre os crimes contra a pessoa, constitui infração penal de ação múltipla, e a circunstância de ter sido praticado contra menor de dezoito anos de idade qualifica o crime.

**1:** incorreta. O crime de falsa identidade, previsto no art. 307 do CP, pode ser praticado verbalmente ou por escrito, bastando que o agente se atribua ou atribua a terceiro falsa identidade, a fim de obter vantagem, em proveito próprio ou alheio, ou para causar dano a outrem. Como se vê do tipo penal em comento, não bastará que o agente impute a si ou a terceiro falsa identidade, com o poder de ludibriar, exigindo-se um especial fim de agir (elemento subjetivo do injusto), qual seja, o de obter vantagem, em proveito próprio ou alheio, ou de causar dano a outrem. A falsificação de documento público (art. 297 do CP) nada tem que ver com a atribuição de falsa identidade. Evidente, porém, que se o agente altera, por exemplo, uma carteira de identidade, nela inserindo nome diverso, mas com sua fotografia, terá incidido em referido crime; **2:** incorreta. O denominado peculato eletrônico (art. 313-A do CP), de fato, pressupõe que o *funcionário autorizado* insira ou facilite a inserção de dados falsos, ou altere ou exclua, indevidamente, dados corretos nos sistemas informatizados ou bancos de dados da Administração Pública, com o fim de obter vantagem indevida para si ou para outrem ou para causar dano. Já a modificação ou alteração não autorizada de sistema de informações (art. 313-B do CP) não exige que o sujeito ativo seja funcionário autorizado a atuar nos sistemas. O tipo penal não faz qualquer menção ao "funcionário autorizado", tal como previsto no art. 313-A; **3:** incorreta. Considera-se crime de ação múltipla (ou tipo misto alternativo ou de conteúdo variado) aquele cujo tipo penal contém duas ou mais ações nucleares (verbos). No caso do art. 148 do CP, há, apenas, a conduta do agente de *privar* alguém de sua liberdade. Portanto, não se vislumbra ser o sequestro um crime de ação múltipla.
Gabarito: 1E, 2E, 3E

**(Delegado Federal – 2013 – CESPE)** No que se refere às causas de exclusão de ilicitude e à prescrição, julgue os seguintes itens.

**(1)** Considere que João, maior e capaz, após ser agredido fisicamente por um desconhecido, também maior e capaz, comece a bater, moderadamente, na cabeça do agressor com um guarda-chuva e continue desferindo nele vários golpes, mesmo estando o desconhecido desacordado. Nessa situação hipotética, João incorre em excesso intensivo.

(2) Suponha que determinada sentença condenatória, com pena de dez anos de reclusão, imposta ao réu, tenha sido recebida em termo próprio, em cartório, pelo escrivão, em 13.08.2011 e publicada no órgão oficial em 17.08.2011, e que tenha sido o réu intimado, pessoalmente, em 20.08.2011, e a defensoria pública e o MP intimados, pessoalmente, em 19.08.2011. Nessa situação hipotética, a interrupção do curso da prescrição ocorreu em 17.08.2011.

---

**1:** incorreta. Nos termos do art. 23, parágrafo único, do CP, dispõe que o agente responderá pelo excesso doloso ou culposo. Cuidou a doutrina de classificar o excesso em *extensivo* e *intensivo*. O primeiro – excesso extensivo – pressupõe que o agente, mesmo após cessado o motivo ensejador, prossiga em seu comportamento reativo, ou seja, continue a agir como se estivesse amparado pela causa de justificação. É, ao que tudo indica, a situação exposta no enunciado. Já no excesso intensivo, que, nas palavras de Zaffaroni e Pierangeli, citados por Rogério Sanches Cunha, sequer é excesso, não se verificam presentes os requisitos da eximente (*Manual de direito penal – Parte Geral*. 2. ed. rev. amp. e atual. Salvador: Juspodivm, 2014. p. 252). Ou seja, o agente age sem que sequer a eximente (ou causa de justificação) esteja presente. Não é o caso narrado na assertiva, pois João foi agredido fisicamente por um desconhecido, daí iniciando seu comportamento lesivo ao agressor. Estava, portanto, em legítima defesa (art. 25 do CP), mas, mesmo após cessada a agressão, estando o agente desacordado, prosseguiu a golpeá-lo, daí resultando o excesso extensivo; **2:** incorreta. Nos termos do art. 117, IV, do CP, é causa interruptiva da prescrição a publicação da sentença ou acórdão condenatório recorríveis. Assim, no caso sob análise, o que interrompeu a prescrição foi a *publicação* da sentença condenatória recorrível, que não se confunde com a pura e simples disponibilização dela na imprensa oficial. Conforme prescreve o art. 389 do CPP, a sentença será publicada em mão do escrivão, que irá juntá-la aos autos. Aqui estará interrompida a prescrição. Na questão, verifica-se que o escrivão a recebeu, em cartório, no dia 13.08.2011, lavrando o termo respectivo. Portanto, aqui ocorreu a publicação do ato decisório e, repita-se, a interrupção da prescrição da pretensão punitiva.

Gabarito 1E, 2E

# 2. Direito Processual Penal

## Eduardo Dompieri

## 1. FONTES, PRINCÍPIOS GERAIS, INTERPRETAÇÃO E APLICAÇÃO DA LEI PROCESSUAL PENAL

(Delegado/MT – 2017 – CESPE) Quando da entrada em vigor da Lei n. 9.099/1995, que dispõe sobre os juizados especiais cíveis e criminais, foi imposta como condição de procedibilidade a representação do ofendido nos casos de lesão corporal leve ou culposa. Nas ações em andamento à época, as vítimas foram notificadas a se manifestar quanto ao prosseguimento ou não dos feitos. Nesse caso, o critério adotado no que se refere às leis processuais no tempo foi o da

(A) interpretação extensiva.
(B) retroatividade.
(C) territorialidade.
(D) extraterritorialidade.
(E) irretroatividade.

Com o advento da Lei 9.099/1995, a ação penal, nos crimes de lesão corporal leve e culposa, que antes era pública incondicionada, passou a ser, por força do art. 88 dessa Lei, pública condicionada à representação do ofendido. Inegável que diversos institutos despenalizadores introduzidos na Lei 9.099/1995, como a representação nos crimes acima referidos, a transação penal e o *sursis* processual, entre outros, têm nítida repercussão no exercício do *jus puniendi*. São normas de direito processual que alcançam o direito de punir, ou seja, têm conteúdo de direito material. No caso da representação, o seu não oferecimento dentro do prazo estabelecido em lei leva ao reconhecimento da decadência, que por sua vez acarreta a extinção da punibilidade. É por essa razão que o STF já decidiu que, nesses casos, essas normas, que têm natureza mista, devem retroagir para beneficiar o réu. Dica: o mesmo raciocínio deve ser aplicado, em princípio, ao crime de estelionato, cuja ação penal, a partir do advento da Lei 13.964/2019, passou a ser pública condicionada à representação do ofendido (até então, era pública incondicionada). Tal alteração na natureza da ação penal no estelionato foi feita por meio da inserção do § 5º ao art. 171 do CP, promovida pela Lei 13.964/2019. ED

Gabarito "B".

(Delegado/PE – 2016 – CESPE) Em consonância com a doutrina majoritária e com o entendimento dos tribunais superiores, assinale a opção correta acerca dos sistemas e princípios do processo penal.

(A) O princípio da obrigatoriedade deverá ser observado tanto na ação penal pública quanto na ação penal privada.
(B) O princípio da verdade real vigora de forma absoluta no processo penal brasileiro.
(C) Na ação penal pública, o princípio da igualdade das armas é mitigado pelo princípio da oficialidade.
(D) O sistema processual acusatório não restringe a ingerência, de ofício, do magistrado antes da fase processual da persecução penal.
(E) No sistema processual inquisitivo, o processo é público; a confissão é elemento suficiente para a condenação; e as funções de acusação e julgamento são atribuídas a pessoas distintas.

**A:** incorreta. O princípio da *obrigatoriedade*, que tem incidência no contexto da ação penal pública, não se aplica à ação penal privativa do ofendido, que é informada pelo princípio da *oportunidade* (conveniência). Significa que o ofendido tem a *faculdade*, não a obrigação, de promover a ação. No caso da ação pública, diferentemente, temos que o seu titular, o MP, tem a obrigação (não a faculdade) de ajuizar a ação penal quando preenchidos os requisitos legais (princípio da obrigatoriedade). Ainda dentro do tema "princípio da obrigatoriedade", importante que se diga que, recentemente, foi editada a Lei 13.964/2019, conhecida como Pacote Anticrime, que promoveu diversas inovações nos campos penal e processual penal, sendo uma das mais relevantes o chamado *acordo de não persecução penal*, introduzido no art. 28-A do CPP e que consiste, *grosso modo*, no ajuste obrigacional firmado entre o Ministério Público e o investigado, em que este admite sua responsabilidade pela prática criminosa e aceita se submeter a determinadas condições menos severas do que a pena que porventura ser-lhe-ia aplicada em caso de condenação; **B:** incorreta. A busca pela verdade real, tal como se dá nos demais princípios que informam o processo penal, não tem caráter absoluto. Exemplo disso é que a Constituição Federal e também a legislação penal processual (art. 157, CPP) vedam as provas ilícitas; **C:** correta. De fato, na ação penal pública, o princípio da igualdade das armas é mitigado pelo princípio da oficialidade. Isso porque a acusação litigará valendo-se de uma estrutura que lhe é oferecida pelo Estado, o que não é conferido ao acusado, que atuará se valendo de suas próprias forças; **D:** incorreta, já que o sistema acusatório restringe, sim, a ingerência, de ofício, do magistrado antes da fase processual da persecução penal. A propósito do sistema acusatório, é importante que façamos algumas considerações em face da inserção do art. 3º-A no Código de Processo Penal pela Lei 13.964/2019 (Pacote Anticrime). Segundo este dispositivo, cuja eficácia está suspensa por decisão liminar do STF, já que faz parte do regramento que compõe o chamado "juiz de garantias" (arts. 3º-A a 3º-F, do CPP), "o processo penal terá estrutura acusatória, vedadas a iniciativa do juiz na fase de investigação e a substituição da atuação probatória do órgão de acusação". Até então, o sistema acusatório, embora amplamente acolhido pela comunidade jurídica, já que em perfeita harmonia com a CF/88, não era contemplado em lei. Nessa esteira, com vistas a fortalecer o sistema acusatório, o Pacote Anticrime cria a figura do juiz de garantias (arts. 3º-A a 3º-F, do CPP, com eficácia atualmente suspensa), ao qual cabe promover o controle da legalidade da investigação criminal e salvaguardar os direitos individuais cuja franquia tenha sido reservada ao Poder Judiciário. Também dentro desse mesmo espírito, a Lei 13.964/2019 alterou os arts. 282, § 2º, e 311, ambos do CPP, que agora vedam a atuação de ofício do juiz na decretação de medidas cautelares de natureza pessoal, como a prisão processual, ainda que no curso da ação penal. Perceba que, antes, podia o juiz agir de ofício na decretação da custódia preventiva, desde que no curso da ação penal. Agora, passa a ser vedado ao magistrado proceder à decretação de medidas cautelares de natureza pessoal, incluída a prisão cautelar, em qualquer fase da persecução penal (investigação e ação penal). Também imbuído do propósito de restringir a ingerência do juiz na fase que antecede a ação penal, a Lei 13.964/2019, entre tantas outras alterações implementadas, conferiu nova redação ao art. 28 do CPP, alterando todo o procedimento de arquivamento do inquérito policial. Doravante, o representante do *parquet* deixa de requerer o arquivamento e passa a, ele mesmo, determiná-lo, sem qualquer interferência do magistrado, cuja atuação, nesta etapa, em homenagem ao sistema acusatório, deixa de existir. No entanto, ao determinar o arquivamento do IP, o membro do MP deverá submeter sua decisão, segundo a nova redação conferida ao art. 28, *caput*, do CPP, à instância revisora dentro do próprio Ministério Público, para fins de homologação. Sem prejuízo disso, caberá ao promotor que determinou o arquivamento comunicar a sua decisão ao investigado, à autoridade policial e à vítima. Esta última, por sua vez, ou quem a represente, poderá, se assim entender, dentro do prazo de 30 dias a contar da comunicação de arquivamento, submeter a matéria à revisão da instância superior do órgão ministerial (art. 28, § 1º, CPP). Por fim, o § 2º deste art. 28, com a redação que lhe deu a Lei 13.964/2019, estabelece que, nas ações relativas a crimes praticados em detrimento da União, Estados e Municípios, a revisão do arquivamento do IP poderá ser provocada pela chefia do órgão a quem couber a sua representação judicial. Este novo art. 28 do CPP, que, como dissemos, alterou todo o procedimento que rege o arquivamento do IP, no entanto, teve suspensa, por força de decisão cautelar proferida pelo STF, a sua eficácia. O ministro Luiz Fux, relator, ponderou, em sua decisão, tomada na ADI 6.305, de 22.01.2020, que, embora se trate de inovação louvável, a sua implementação, no prazo de 30 dias (*vacatio legis*), revela-se inviável, dada a dimensão dos impactos sistêmicos e financeiros que por certo ensejarão a adoção do novo procedimento de arquivamento do inquérito policial. Como se pode ver, a Lei 13.964/2019 não só previu, de forma expressa, o sistema acusatório, que há tempos adotamos, como implementou diversas modificações na lei processual penal com vistas a prestigiá-lo e reforçar a sua eficácia; **E**: incorreta, já que, no sistema inquisitivo, o processo é sigiloso e as funções de acusação e julgamento são atribuídas à mesma pessoa. A publicidade do processo e também o fato de a acusação e julgamento serem atribuídas a pessoas diferentes constituem características do processo acusatório. **ED**

Gabarito "C".

**(Escrivão de Polícia/BA – 2013 – CESPE)** Julgue os itens seguintes, considerando os dispositivos constitucionais e o processo penal.

**(1)** O direito ao silêncio consiste na garantia de o indiciado permanecer calado e de tal conduta não ser considerada confissão, cabendo ao delegado informá-lo desse direito durante sua oitiva no inquérito policial.

**(2)** De acordo com a CF, a inviolabilidade do sigilo de correspondência e comunicações telefônicas poderá ser quebrada por ordem judicial para fins de investigação criminal ou instrução processual penal.

**(3)** A presunção de inocência da pessoa presa em flagrante delito, ainda que pela prática de crime inafiançável e hediondo, é razão, em regra, para que ela permaneça em liberdade.

**(4)** A assistência de advogado durante a prisão é requisito de validade do flagrante; por essa razão, se o autuado não nomear um profissional de sua confiança, o delegado deverá indicar um defensor dativo para acompanhar o ato.

**(5)** Tanto o acompanhamento do inquérito policial por advogado quanto seus requerimentos ao delegado caracterizam a observância do direito ao contraditório e à ampla defesa, obrigatórios na fase inquisitorial e durante a ação penal.

**1**: correta. Deve-se aplicar, neste caso, o art. 186, parágrafo único, do CPP, que incide, por força do disposto no art. 6º, V, do CPP, tanto no âmbito do inquérito policial quanto no da instrução processual, que estabelece que "o silêncio, que não importará em confissão, não poderá ser interpretado em prejuízo da defesa". Também tem incidência no interrogatório policial o disposto no art. 186, *caput*, do CPP, segundo o qual cabe ao juiz (neste caso o delegado), antes de dar início ao interrogatório e depois de qualificar o acusado (neste caso o investigado), cientificá-lo de seu direito de permanecer calado e de não responder às perguntas a ele formuladas; **2**: incorreta. É que o dispositivo constitucional que rege a matéria (art. 5º, XII) somente excepcionou, como sigilo passível de violação, o das comunicações telefônicas, o que deverá se dar nos moldes da Lei 9.296/1996, que traz o regramento dessa modalidade de interceptação; **3**: correta. Hodiernamente, a decretação ou manutenção da prisão cautelar (provisória ou processual), assim entendida aquela que antecede a condenação definitiva, deve sempre estar condicionada à demonstração de sua imperiosa necessidade. Bem por isso, deve o magistrado, e somente ele (jurisdicionalidade das cautelares), apontar as razões, no seu entender, que a tornam indispensável (art. 312 do CPP). Colocado de outra forma, a prisão provisória ou cautelar somente se justifica dentro do ordenamento jurídico quando necessária ao processo. Deve ser vista, portanto, como um instrumento do processo a ser utilizado em situações excepcionais. É por essa razão que a prisão decorrente de sentença penal condenatória recorrível deixou de constituir modalidade de prisão cautelar. Era uma prisão automática, já que, com a prolação da sentença condenatória, o réu era recolhido ao cárcere (independente de a prisão ser necessária). Nesse contexto, o acusado era considerado presumidamente culpado. Com as modificações introduzidas pela Lei 11.719/2008 e também em razão da atuação dos tribunais, esta modalidade de prisão cautelar deixou de existir, consagrando, assim, o postulado da presunção de inocência. Em vista dessa nova realidade, se o acusado permanecer preso durante toda a instrução, a manutenção dessa prisão somente terá lugar se indispensável for ao processo, pouco importando se, uma vez condenado em definitivo, permanecerá ou não preso. A prisão desnecessária decretada ou mantida antes de a sentença passar em julgado constitui antecipação da pena que porventura seria aplicada em caso de condenação, o que representa patente violação ao princípio da presunção de inocência, postulado esse de índole constitucional – art. 5º, LVII. De se ver ainda que, tendo em conta as mudanças implementadas pela Lei 12.403/2011, que instituiu as medidas cautelares alternativas à prisão provisória, esta somente terá lugar diante da impossibilidade de se recorrer às medidas cautelares. Dessa forma, a prisão, como medida excepcional que é, deve também ser vista como instrumento subsidiário, supletivo. Pois bem. Essa tônica (de somente dar-se início ao cumprimento da pena depois do trânsito em julgado da sentença penal condenatória) sofreu um revés. Explico. O STF, em julgamento histórico realizado em 17 de fevereiro de 2016, mudou, à revelia de grande parte da comunidade jurídica, seu entendimento acerca da possibilidade de prisão antes do trânsito em julgado da sentença penal condenatória. A Corte, ao julgar o HC n. 126.292, passou a admitir a execução da pena após decisão condenatória proferida em segunda instância. Com isso, passou a ser desnecessário, para dar início ao cumprimento da pena, aguardar o trânsito em julgado da decisão condenatória. Flexibilizou-se, pois, o postulado da presunção de inocência. Naquela ocasião, votaram pela mudança de paradigma sete ministros, enquanto quatro mantiveram o entendimento até então prevalente. Cuidava-se, é bem verdade, de uma decisão tomada em processo subjetivo, sem eficácia vinculante, portanto. Tal decisão, conquanto tomada em processo subjetivo, passou a ser vista como uma mudança de entendimento acerca de tema que há vários anos havia se sedimentado. Mais recentemente, nossa Suprema Corte foi chamada a se manifestar, em ações declaratórias de constitucionalidade impetradas pelo Conselho Federal da OAB e pelo Partido Ecológico Nacional, sobre a constitucionalidade do art. 283 do CPP. Existia a expectativa de que algum ou alguns dos ministros mudassem o posicionamento adotado no julgamento realizado em fevereiro de 2016. Afinal, a decisão, agora, teria uma repercussão muito maior, na medida em que tomada em ADC. Pois bem. Depois de muita especulação e grande expectativa, o STF, em julgamento realizado em 5 de outubro do mesmo ano, desta vez por maioria mais apertada (6 a 5), já que houve mudança de posicionamento do ministro Dias Toffoli, indeferiu as medidas cautelares pleiteadas nessas ADCs (43 e 44), mantendo, assim, o posicionamento que autoriza a prisão depois de decisão condenatória confirmada em segunda instância. O julgamento do mérito dessas ações permaneceu pendente até 7 de novembro de 2019, quando, finalmente, depois de muita expectativa, o STF, em novo julgamento histórico, referente às ADCs 43, 44 e 54, mudou o entendimento adotado em 2016, até então em vigor, que permitia a execução (provisória) da pena de prisão após condenação em segunda instância. Reconheceu-se a constitucionalidade do art. 283 do CPP, com a redação que lhe foi dada pela Lei 12.403/2011. Por 6 x 5, ficou decidido que é vedada a execução provisória da pena. Cumprimento de pena, a partir de agora, portanto, somente quando esgotados todos os recursos. Atualmente, essa discussão acerca da possibilidade de prisão em segunda instância, que suscitou debates tão acalorados, chegando, inclusive, a ganhar as ruas, saiu do STF, onde até então se encontrava, e passou para o Parlamento. Hoje se discute qual o melhor caminho para inserir, no nosso ordenamento jurídico, a prisão após condenação em segunda instância. Aguardemos; **4:** incorreta. Não constitui requisito de validade do flagrante a assistência de advogado; é suficiente que a autoridade policial assegure ao autuado a possibilidade de ser assistido por seu patrono. Nesse sentido a jurisprudência do STF: "(...) O Estado não tem o dever de manter advogados nas repartições policiais para assistir interrogatórios de presos; a Constituição assegura, apenas, o direito de o preso ser assistido por advogado na fase policial" (HC 73898, Maurício Corrêa). No mesmo sentido, o STJ: "(...) Eventual nulidade no auto de prisão em flagrante por ausência de assistência por advogado somente se verificaria caso não tivesse sido oportunizado ao conduzido o direito de ser assistido por advogado, não sendo a ausência de causídico por ocasião da condução do flagrado à Delegacia de Polícia para oitiva pela Autoridade Policial, por si só, causa de nulidade do auto de prisão em flagrante (RHC n. 61.959/ES, Rel. Min. MARIA THEREZA DE ASSIS MOURA, Sexta Turma, DJe 4/12/2015). Isso porque a documentação do flagrante prescinde da presença do defensor técnico do conduzido, sendo suficiente a lembrança, pela autoridade policial, dos direitos constitucionais do preso de ser assistido. 3. No caso, o Tribunal de origem não se manifestou quanto à oportunização ao flagrante de assistência por advogado, o que obsta seu exame direto por supressão de instância. Precedentes. 4. De acordo com as instâncias ordinárias, as cópias do auto de prisão em flagrante foram devidamente remetidas ao Juiz de primeiro grau e à Defensoria Pública, não havendo, assim, nenhuma ilegalidade a ser examinada ou reconhecida por este Tribunal, visto que observadas as disposições do artigo 306, § 1º, do Código de Processo Penal. Conclusão em sentido contrário demanda reexame dos autos, providência inadmissível na via estreita do habeas corpus" (HC 442.334/RS, Rel. Ministro REYNALDO SOARES DA FONSECA, QUINTA TURMA, julgado em 21.06.2018, DJe 29.06.2018). Tal entendimento consta, inclusive, da edição n. 120 da ferramenta *Jurisprudência em Teses*, do STJ, que trata de temas atinentes à prisão em flagrante; **5:** incorreta. O inquérito policial tem caráter *inquisitivo*, o que significa dizer que nele não vigoram *contraditório* e *ampla defesa*, aplicáveis, como garantia de índole constitucional, a partir do início da ação penal. Atenção: o art. 14-A, recentemente inserido no CPP pela Lei 13.964/2019 (Pacote Anticrime), assegura aos servidores vinculados às instituições elencadas nos arts. 142 (Forças Armadas) e 144 (Segurança Pública) da CF que figurarem como investigados em inquéritos policiais, inquéritos policiais militares e demais procedimentos extrajudiciais, cujo objeto for a investigação de fatos relacionados ao uso da força letal praticados no exercício profissional ou em missões para Garantia da Lei e da Ordem (GLO), o direito de constituir defensor para o fim de acompanhar as investigações. Até aqui, nenhuma novidade. Isso porque, como bem sabemos, é direito de qualquer investigado constituir defensor. O § 1º deste art. 14-A, de forma inédita, estabelece que o servidor, verificada a situação descrita no *caput*, será citado. Isso mesmo: será citado da instauração do procedimento investigatório, podendo constituir defensor no prazo de até 48 horas a contar do recebimento da citação. Melhor seria se o legislador houvesse empregado o termo *notificado* em vez de *citado*. Seja como for, uma vez citado e esgotado o prazo de 48 horas sem nomeação de defensor, a autoridade responsável pela investigação deverá intimar a instituição à qual estava vinculado o investigado à época dos fatos para que indique, no prazo de 48 horas, defensor para a representação do investigado (§ 2º).

Gabarito: 1C, 2E, 3C, 4E, 5E

**(Delegado Federal – 2002 – CESPE)** Julgue o seguinte item:

**(1)** Por ter força de lei, não viola o princípio da legalidade a medida provisória que define crimes e comina sanções penais.

**1:** incorreta, pois o *princípio da legalidade* ou da *reserva legal*, consagrado nos arts. 1º do CP e 5º, XXXIX, da CF, prescreve que somente a lei, em seu sentido formal, pode descrever condutas criminosas e cominar penas. Dessa forma, ficam excluídas outras formas legislativas, entre as quais a *medida provisória*, ex vi do art. 62, § 1º, I, *b*, da CF.

Gabarito "1E."

## 2. INQUÉRITO POLICIAL E OUTRAS FORMAS DE INVESTIGAÇÃO CRIMINAL

**(Delegado/MT – 2017 – CESPE)** O inquérito policial instaurado por delegado de polícia para investigar determinado crime.

**(A)** não poderá ser avocado, nem mesmo por superior hierárquico.

**(B)** poderá ser avocado por superior hierárquico somente no caso de não cumprimento de algum procedimento regulamentar da corporação.

**(C)** poderá ser redistribuído por superior hierárquico, devido a motivo de interesse público.

**(D)** poderá ser avocado por superior hierárquico, independentemente de fundamentação em despacho.

**(E)** não poderá ser redistribuído, nem mesmo por superior hierárquico.

**A:** incorreta, uma vez que, nas situações referidas no art. 2º, § 4º, da Lei 12.830/2013, o inquérito policial poderá, sim, ser avocado por superior hierárquico; **B:** incorreta, na medida em que o inquérito policial poderá ser avocado por superior hierárquico também na hipótese em que se verificar motivo de interesse público, tal como estabelece o art. 2º, § 4º, da Lei 12.830/2013; **C:** correta. A redistribuição e a avocação de inquérito policial poderão ser motivadas por razões de interesse público e também no caso de não cumprimento de algum procedimento regulamentar da corporação, sempre por despacho fundamentado (art. 2º, § 4º, da Lei 12.830/2013); **D:** incorreta. A avocação ou redistribuição de inquérito somente poderá se dar por meio de despacho fundamentado (art. 2º, § 4º, da Lei 12.830/2013); **E:** incorreta, tendo em conta o que acima foi ponderado.

Gabarito "C."

**(Delegado/MT – 2017 – CESPE)** Se o titular de secretaria de determinado estado da Federação for sequestrado e o caso tiver repercussão interestadual ou internacional que exija repressão uniforme, então a investigação a ser feita pelo DPF

**(A)** dependerá de autorização do ministro de Estado da Justiça, se o crime tiver motivação política.

**(B)** dependerá de mandado do ministro de Estado da Justiça, se o crime acontecer por motivação política.

**(C)** independerá de autorização, se o crime for cometido em razão da função pública exercida ou por motivação política.

**(D)** dependerá de autorização do ministro de Estado da Justiça, se o crime ocorrer em razão da função pública exercida.

**(E)** dependerá de mandado do ministro de Estado da Justiça, se o crime se der em razão da função pública exercida.

---

A solução desta questão deve ser extraída do art. 1º, I, da Lei 10.446/2002, que dispõe a respeito das infrações penais de repercussão interestadual ou internacional que exijam repressão uniforme, na forma do art. 144, § 1º, I, da CF. **ED**
Gabarito "C".

---

**(Delegado/MT – 2017 – CESPE)** Conforme súmula do STF, é direito do advogado do investigado o acesso aos autos do inquérito policial. Nesse sentido, o advogado do investigado

**(A)** deverá obrigatoriamente participar do interrogatório policial do investigado, sob pena de nulidade absoluta do procedimento.

**(B)** terá acesso às informações concernentes à representação e decretação, ainda pendentes de conclusão, de medidas cautelares pessoais que digam respeito ao investigado, excluindo-se aquelas que alcancem terceiros eventualmente envolvidos.

**(C)** terá direito ao pleno conhecimento, sem restrições, de todas as peças e atos da investigação.

**(D)** deverá ser comunicado previamente de todas as intimações e diligências investigativas que digam respeito ao exercício do direito de defesa no interesse do representado.

**(E)** terá acesso amplo aos elementos constantes em procedimento investigatório que digam respeito ao indiciado e que já se encontrem documentados nos autos.

---

O inquérito policial é, em vista do que dispõe o art. 20 do CPP, *sigiloso*. Ocorre que, a teor do art. 7º, XIV, da Lei 8.906/1994 (Estatuto da Advocacia), constitui direito do advogado, entre outros: "examinar, em qualquer instituição responsável por conduzir investigação, mesmo sem procuração, autos de flagrante e de investigações de qualquer natureza, findos ou em andamento, ainda que conclusos à autoridade, podendo copiar peças e tomar apontamentos, em meio físico ou digital" (redação determinada pela Lei 13.245/2016). Sobre este tema, a propósito, o STF editou a Súmula Vinculante 14, a seguir transcrita: "É direito do defensor, no interesse do representado, ter acesso amplo aos elementos de prova que, já documentados em procedimento investigatório realizado por órgão com competência de polícia judiciária, digam respeito ao exercício do direito de defesa". Também constitui direito do defensor do investigado, nos termos do art. 7º, XXI, da Lei 8.906/1994 (introduzido pela Lei 13.245/2016): "assistir a seus clientes investigados durante a apuração de infrações, sob pena de nulidade absoluta do respectivo interrogatório ou depoimento e, subsequentemente, de todos os elementos investigatórios e probatórios dele decorrentes ou derivados, direta ou indiretamente, podendo, inclusive, no curso da respectiva apuração: a) apresentar razões e quesitos". A presença do advogado do investigado ao interrogatório, como se pode ver, não é obrigatória, mas deverá a autoridade policial oportunizar ao interrogando o direito de ele fazer-se acompanhar de seu patrono. Atenção: o art. 14-A, recentemente inserido no CPP pela Lei 13.964/2019 (Pacote Anticrime), assegura aos servidores vinculados às instituições elencadas nos arts. 142 (Forças Armadas) e 144 (Segurança Pública) da CF que figurarem como investigados em inquéritos policiais, inquéritos policiais militares e demais procedimentos extrajudiciais, cujo objeto for a investigação de fatos relacionados ao uso da força letal praticados no exercício profissional ou em missões para Garantia da Lei e da Ordem (GLO), o direito de constituir defensor para o fim de acompanhar as investigações. Até aqui, nenhuma novidade. Isso porque, como bem sabemos, é direito de qualquer investigado constituir defensor. O § 1º deste art. 14-A, de forma inédita, estabelece que o servidor, verificada a situação descrita no *caput*, será citado. Isso mesmo: será citado da instauração do procedimento investigatório, podendo constituir defensor no prazo de até 48 horas a contar do recebimento da citação. Melhor seria se o legislador houvesse empregado o termo *notificado* em vez de *citado*. Seja como for, uma vez citado e esgotado o prazo de 48 horas sem nomeação de defensor, a autoridade responsável pela investigação deverá intimar a instituição à qual estava vinculado o investigado à época dos fatos para que indique, no prazo de 48 horas, defensor para a representação do investigado (§ 2º). **ED**
Gabarito "E".

---

**(Delegado/MT – 2017 – CESPE)** O requerimento de arquivamento do inquérito policial formulado pelo MP

**(A)** está sujeito, exclusivamente, a controle interno do próprio MP, de ofício ou por provocação do ofendido.

**(B)** não poderá ser indeferido, em respeito aos princípios da independência funcional e do promotor natural.

**(C)** não está sujeito a controle jurisdicional nos casos de competência originária do STF ou do STJ.

**(D)** está sujeito a controle jurisdicional, devendo o juiz do feito, no caso de considerar improcedentes as razões invocadas, designar outro membro do MP para o oferecimento da denúncia.

**(E)** defere ao ofendido, quando acolhido pelo juiz, o direito de ingressar com ação penal subsidiária por via de queixa-crime.

---

É dado ao juiz discordar do pleito de arquivamento formulado pelo MP. Em casos assim, o magistrado deverá, ante o que estabelece o art. 28 do CPP, fazer a remessa dos autos ao procurador-geral, que é quem tem atribuição para proceder a nova análise do pedido de arquivamento feito pelo membro do *parquet*. A partir daí, pode o procurador-geral, em face da provocação do magistrado, *insistir no pedido de arquivamento do inquérito*, ratificando posicionamento firmado pelo promotor, caso em que o juiz ficará obrigado, por imposição do art. 28 do CPP, a determiná-lo. Se, de outro lado, o procurador-geral entender que é o caso de *oferecimento de denúncia*, poderá ele mesmo fazê-lo ou designar outro promotor para que o faça. Tal incumbência, frise-se, não poderá recair sobre o mesmo promotor, o que implicaria violação à sua livre convicção. A *ação penal privada subsidiária da pública* ou *substitutiva*, a que faz referência a alternativa "E" e que encontra previsão nos arts. 5º, LIX, da CF, 100, § 3º, do CP e 29 do CPP, somente terá lugar na hipótese de inércia, desídia do membro do Ministério Público. É unânime a jurisprudência ao afirmar que pedido de arquivamento de inquérito policial ou mesmo de peças de informação não pode ser interpretado como inércia. Por fim, é correta a afirmação de que o requerimento de arquivamento de inquérito policial, formulado pelo MP, nos casos de competência originária do STF e STJ, não enseja a incidência da regra contida no art. 28 do CPP. Assim, segundo têm entendido a jurisprudência, uma vez requerido o arquivamento dos autos de inquérito pelo procurador-geral da República, por exemplo, o atendimento ao seu pleito se impõe, não sendo o caso, assim, de aplicar o art. 28 do CPP. Cuidado: com o advento da Lei 13.964/2019 (posterior à elaboração desta questão), que alterou o art. 28, *caput*, do CPP, cuja eficácia está suspensa por decisão cautelar do STF, o juiz deixa de atuar no procedimento de arquivamento do IP. Agora, a decisão é do Ministério Público, que, depois de analisar o inquérito e concluir pela inexistência de elementos mínimos a sustentar a acusação,

determinará seu arquivamento, submetendo tal decisão à instância superior dentro do próprio MP.
Gabarito "C".

**(Delegado/GO – 2017 – CESPE)** O Código de Processo Penal prevê a requisição, às empresas prestadoras de serviço de telecomunicações, de disponibilização imediata de sinais que permitam a localização da vítima ou dos suspeitos de delito em curso, se isso for necessário à prevenção e à repressão de crimes relacionados ao tráfico de pessoas. Essa requisição pode ser realizada pelo

(A) delegado de polícia, independentemente de autorização judicial e por prazo indeterminado.
(B) Ministério Público, independentemente de autorização judicial, por prazo não superior a trinta dias, renovável por uma única vez, podendo incluir o acesso ao conteúdo da comunicação.
(C) delegado de polícia, mediante autorização judicial e por prazo indeterminado, podendo incluir o acesso ao conteúdo da comunicação.
(D) delegado de polícia, mediante autorização judicial, devendo o inquérito policial ser instaurado no prazo máximo de setenta e duas horas do registro da respectiva ocorrência policial.
(E) Ministério Público, independentemente de autorização judicial e por prazo indeterminado.

A solução desta questão deve ser extraída no art. 13-B, *caput* e § 3º, introduzido no CPP pela Lei 13.344/2016.
Gabarito "D".

**(Delegado/PE – 2016 – CESPE)** A respeito do inquérito policial, assinale a opção correta, tendo como referência a doutrina majoritária e o entendimento dos tribunais superiores.

(A) Por substanciar ato próprio da fase inquisitorial da persecução penal, é possível o indiciamento, pela autoridade policial, após o oferecimento da denúncia, mesmo que esta já tenha sido admitida pelo juízo *a quo*.
(B) O acesso aos autos do inquérito policial por advogado do indiciado se estende, sem restrição, a todos os documentos da investigação.
(C) Em consonância com o dispositivo constitucional que trata da vedação ao anonimato, é vedada a instauração de inquérito policial com base unicamente em denúncia anônima, salvo quando constituírem, elas próprias, o corpo de delito.
(D) O arquivamento de inquérito policial mediante promoção do MP por ausência de provas impede a reabertura das investigações: a decisão que homologa o arquivamento faz coisa julgada material.
(E) De acordo com a Lei de Drogas, estando o indiciado preso por crime de tráfico de drogas, o prazo de conclusão do inquérito policial é de noventa dias, prorrogável por igual período desde que imprescindível para as investigações.

**A:** incorreta. Conferir: "Processual penal. *Habeas corpus*. Crime contra a flora. Lei 9.605/1998. Indiciamento formal posterior ao oferecimento da denúncia. Constrangimento ilegal configurado. Ordem concedida. I. Este Superior Tribunal de Justiça, em reiterados julgados, vem afirmando seu posicionamento no sentido de que caracteriza constrangimento ilegal o formal indiciamento do paciente que já teve contra si oferecida denúncia e até mesmo já foi recebida pelo Juízo *a quo*. II. Uma vez oferecida a exordial acusatória, encontra-se encerrada a fase investigatória e o indiciamento do réu, neste momento, configura-se coação desnecessária e ilegal. III. Ordem concedida, nos termos do voto do Relator" (HC 179.951/SP, Rel. Ministro Gilson Dipp, Quinta Turma, julgado em 10.05.2011, DJe 27.05.2011); **B:** incorreta, pois não reflete o entendimento firmado por meio da Súmula Vinculante 14: "É direito do defensor, no interesse do representado, ter acesso amplo aos elementos de prova que, já documentados em procedimento investigatório realizado por órgão com competência de polícia judiciária, digam respeito ao exercício do direito de defesa". Disso se infere que a autoridade policial poderá negar ao advogado o acesso aos elementos de prova ainda não documentados em procedimento investigatório; **C:** correta. Nesse sentido: "Habeas corpus" – Recurso ordinário – Motivação "Per relationem" – Legitimidade constitucional – Delação anônima – Admissibilidade – Configuração, no caso, dos requisitos legitimadores de seu acolhimento – Doutrina – Precedentes – Pretendida discussão em torno da alegada insuficiência de elementos probatórios – Impossibilidade na via sumaríssima do "habeas corpus" – Precedentes – Recurso ordinário improvido. Persecução penal e delação anônima – As autoridades públicas não podem iniciar qualquer medida de persecução (penal ou disciplinar), apoiando-se, unicamente, para tal fim, em peças apócrifas ou em escritos anônimos. É por essa razão que o escrito anônimo não autoriza, desde que isoladamente considerado, a imediata instauração de "persecutio criminis". – Nada impede que o Poder Público, provocado por delação anônima ("disque-denúncia", p. ex.), adote medidas informais destinadas a apurar, previamente, em averiguação sumária, "com prudência e discrição", a possível ocorrência de eventual situação de ilicitude penal, desde que o faça com o objetivo de conferir a verossimilhança dos fatos nela denunciados, em ordem a promover, então, em caso positivo, a formal instauração da "persecutio criminis", mantendo-se, assim, completa desvinculação desse procedimento estatal em relação às peças apócrifas (...)" (RHC 117988, Relator(a): Min. Gilmar Mendes, Relator(a) p/ Acórdão: Min. Celso de Mello, Segunda Turma, julgado em 16.12.2014, Processo Eletrônico DJe-037 divulg 25.02.2015 public 26.02.2015); **D:** incorreta, já que, uma vez ordenado o arquivamento do inquérito policial, por falta de base para a denúncia (aqui incluída a *ausência de provas*), nada obsta que a autoridade policial proceda a novas pesquisas, desde que de outras provas tenha conhecimento – art. 18 do CPP. Isso porque a decisão que determina o arquivamento do inquérito policial não gera, em regra, coisa julgada material. Registre-se, no entanto, que as "outras provas" a que faz alusão o art. 18 do CPP devem ser entendidas como *provas substancialmente novas*, ou seja, aquelas que até então não eram de conhecimento das autoridades. Veja, a propósito, o teor da Súmula 524 do STF: "Arquivado o inquérito policial, por despacho do juiz, a requerimento do Promotor da Justiça, não pode a ação penal ser iniciada, sem novas provas". Agora, se o arquivamento do inquérito se der por ausência de tipicidade, a decisão, neste caso, tem efeito preclusivo, é dizer, produz coisa julgada material, impedindo, dessa forma, o desarquivamento do inquérito; **E:** incorreta. De acordo com o art. 51 da Lei de Drogas (11.343/2006), se preso estiver o indiciado, o prazo para conclusão do inquérito policial é de 30 dias (e não de 90 dias). O prazo de 90 dias, segundo o mesmo dispositivo, é para a conclusão do inquérito em que o investigado esteja solto.
Gabarito "C".

**(Delegado/PE – 2016 – CESPE)** Com base nos dispositivos da Lei 12.830/2013, que dispõe sobre a investigação criminal conduzida por delegado de polícia, assinale a opção correta.

(A) São de natureza jurídica, essenciais e exclusivas de Estado as funções de polícia judiciária e a apuração de infrações penais pelo delegado de polícia.

**(B)** A redistribuição ou a avocação de procedimento de investigação criminal poderá ocorrer de forma casuística, desde que determinada por superior hierárquico.

**(C)** A remoção de delegado de polícia de determinada unidade policial somente será motivada se ocorrer de uma circunscrição para outra, não incidindo a exigência de motivação nas remoções de delegados de uma delegacia para outra no âmbito da mesma localidade.

**(D)** A decisão final sobre a realização ou não de diligências no âmbito do inquérito policial pertence exclusivamente ao delegado de polícia que preside os autos.

**(E)** A investigação de crimes é atividade exclusiva das polícias civil e federal.

---

**A:** correta, pois reflete o que estabelece o art. 2º, *caput*, da Lei 12.830/2013; **B:** incorreta, pois não corresponde ao que prevê o art. 2º, § 4º, da Lei 12.830/2013; **C:** incorreta. A motivação será de rigor em qualquer hipótese (art. 2º, § 5º, da Lei 12.830/2013); **D:** incorreta, na medida em que, embora o delegado de polícia detenha discricionariedade na condução do inquérito policial, determinando as diligências que entender pertinentes, terá de cumprir as requisições do MP e do Juiz. É bom que se diga que tal regra não está contemplada, de forma expressa, na Lei 12.830/2013; **E:** incorreta, já que o inquérito policial constitui tão somente uma das formas de se proceder a investigações criminais (art. 4º, parágrafo único, CPP). Nada impede, por exemplo, que o MP realize investigações de natureza criminal. **ED**

Gabarito "A".

**(Agente – PF – 2014 – CESPE/CEBRASPE)** Logo que tiver conhecimento da prática de infração penal, a autoridade policial deverá

**(1)** determinar, se for caso, a realização das perícias que se mostrarem necessárias e proceder a acareações.

---

**1:** correta. O art. 6º do CPP estabelece uma série de providências que devem ser adotadas pela autoridade policial quando a *notitia criminis* chega ao seu conhecimento, entre as quais estão a determinação para que se proceda à realização de perícias que se mostrarem necessárias (inciso VII) e a realização de acareações (inciso VI).

Gabarito "1C".

**(Agente Administrativo – PF – 2014 – CESPE/CEBRASPE)** A respeito da investigação criminal conduzida pelo delegado de polícia, julgue o item abaixo.

**(1)** Suponha que um delegado da Polícia Federal, ao tomar conhecimento de um ilícito penal federal, instaure inquérito policial para a apuração do fato e da autoria do ilícito e que, no curso do procedimento, o seu superior hierárquico, alegando motivo de interesse público, redistribua o inquérito a outro delegado. Nessa situação, o ato do superior hierárquico está em desacordo com a legislação, que veda expressamente a redistribuição de inquéritos policiais em curso.

---

**1:** errada. Trata-se de tema disciplinado pela Lei 12.830/2013, que, em seu art. 2º, § 4º, estabelece que a presidência do inquérito policial ou outro procedimento previsto em lei somente poderá ser transferida por superior hierárquico a outro delegado de polícia por motivo de interesse público ou quando presente hipótese de inobservância de procedimentos previstos em regulamento da corporação que comprometa a eficácia da investigação. Em outras palavras, a lei admite a redistribuição (e também a avocação) de IP ou outro procedimento de cunho investigatório, sempre mediante despacho fundamentado, em face da presença de motivo plausível que denote interesse público (da sociedade) ou quando configurada a não observância de qualquer procedimento previsto em norma interna das polícias (federal e civil) que possa comprometer a investigação. Nas duas hipóteses, é de rigor que o superior hierárquico justifique, em despacho fundamentado, as razões que o levaram a afastar da presidência da investigação o delegado "natural" e designar outro para dar-lhe continuidade ou a avocar a investigação, retirando-a da autoridade policial que até então presidia o feito (o procedimento investigatório passa a ser conduzido pelo próprio superior).

Gabarito "1E".

**(Delegado/BA – 2013 – CESPE)** Em relação ao inquérito policial, julgue os itens subsequentes, com base no disposto no Código de Processo Penal (CPP) e na doutrina.

**(1)** Tratando-se de inquéritos policiais instaurados para a apuração de crimes perpetrados por organizações criminosas, é obrigatória a identificação datiloscópica das pessoas investigadas, ainda que tenham apresentado identificação civil.

**(2)** De acordo com o CPP, entre os procedimentos a serem adotados pela autoridade policial incluem-se a oitiva do ofendido e a comunicação a ele dos atos da investigação policial, em especial, os relativos ao ingresso ou à saída do acusado da prisão, à designação de data para interrogatório e, no caso de indiciamento do acusado, à remessa dos autos à justiça.

**(3)** A instauração de inquérito policial para apuração de infrações penais, de competência da justiça estadual, imputadas a prefeito municipal condiciona-se à autorização do Tribunal de Justiça, órgão responsável pelo controle dos atos de investigação depois de instaurado o procedimento apuratório.

**(4)** Os delegados de polícia não podem recusar-se a cumprir requisição de autoridade judiciária ou de membro do MP para instauração de inquérito policial.

---

**1:** a assertiva, se levarmos em conta o que estabelece a atual lei de regência (Lei 12.850/2013), está incorreta. Explico. A Lei 9.034/1990, revogada, na íntegra, pela Lei 12.850/2013, hoje em vigor, estabelecia, em seu art. 5º, que a autoridade policial devia proceder à identificação criminal de pessoas envolvidas com ação praticada por organizações criminosas, mesmo que civilmente identificadas. Com a revogação dessa legislação pela Lei 12.850/2013, que, entre outras coisas, contemplou o conceito de organização criminosa (introduzido um pouco antes pela Lei 12.694/2012), deixou-se de impor a obrigatoriedade de identificação criminal do civilmente identificado. É bom que se diga que, atualmente, as hipóteses em que tem lugar a identificação criminal estão contempladas na Lei 12.037/2009. De qualquer forma, a proposição, porque concebida sob a égide da Lei 9.034/1990 (revogada), está correta; **2:** incorreta, pois inexiste a obrigação, imposta à autoridade policial, de fazer chegar ao ofendido a informação dos atos da investigação, inclusive da entrada e saída do investigado da prisão. Tal incumbência cabe, isto sim, ao juiz de direito, conforme disposto no art. 201, § 2º, do CPP. Não devemos nos esquecer de que o inquérito policial, por ser, ao menos em regra, sigiloso, não se submete à publicidade inerente ao processo. Está correta, no entanto, a parte da assertiva em que se afirma que incumbe à autoridade policial, entre outras providências, ouvir o ofendido (art. 6º, IV, do CPP); **3:** correta. Segundo tem entendido o STF, é necessária, à instauração de inquérito para apurar infração penal praticada por detentor de foro por prerrogativa de função, autorização do tribunal ao qual caberá o julgamento da respectiva ação penal. Conferir: STJ, RHC 8.502, 6ª T., rel. Min. Fernando Gonçalves, 18.05.1999; **4:** incorreta. Em regra, não é dado ao delegado de polícia recusar a instauração de inquérito requisitada pelo promotor ou juiz. É o que se infere da regra presente no art. 5°, II, do CPP, em que *requisição* deve ser entendida como *exigência*. Tal regra (em dar cumprimento à requisição) comporta exceção: quando se tratar de exigência manifestamente ilegal. É o caso, por exemplo, de requisição para instaurar inquérito para apurar fato manifestamente atípico. Neste caso, deve a autoridade policial recusar-se a instaurar o inquérito e levar tal fato e os fundamentos da recusa ao conhecimento do membro do MP. ED

Gabarito 1C, 2E, 3C, 4E

**(Delegado/BA – 2013 – CESPE)** João, preso em flagrante pela prática do crime de roubo, foi encaminhado à delegacia de polícia, onde apresentou a carteira nacional de habilitação para identificar-se, visto que não portava sua carteira de identidade. Ainda assim, o delegado determinou que João fosse submetido à perícia dactiloscópica.

Com base nessa situação hipotética, julgue os itens que se seguem à luz do disposto na Lei n.º 12.037/2009.

**(1)** Nos termos da Lei n.º 12.037/2009, a identificação criminal de João se justifica pelo fato de ele estar sendo indiciado pela prática de crime de roubo.

**(2)** Ao determinar a identificação criminal de João, o delegado praticou o delito de constrangimento ilegal.

---

**1**: incorreta, na medida em que a Lei 12.037/2009, que atualmente rege a matéria, não exige que se proceda à identificação criminal do acusado pela prática do crime de roubo. Aliás, as hipóteses em que a identificação criminal se impõe dizem respeito ao estado do documento de identificação civil e também à existência de informações conflitantes nesses documentos, e não à natureza do crime, como antes se fazia sob a égide da revogada Lei 10.054/2000, que estabelecia como hipótese para a realização da identificação criminal o fato de ao agente ser atribuída a prática de crime contra o patrimônio mediante violência ou grave ameaça (art. 3°, I). Além do mais, por força do que dispõe o art. 2°, VI, da Lei 12.037/2009, a carteira nacional de habilitação constitui documento hábil a comprovar a identidade; **2**: incorreta, na medida em que o cometimento do crime de constrangimento ilegal (art. 146 do CP) pressupõe o emprego de violência ou grave ameaça, o que não ocorreu no caso narrado no enunciado. ED

Gabarito 1E, 2E

**(Delegado Federal – 2013 – CESPE)** Em cada um dos itens abaixo, é apresentada uma situação hipotética, seguida de uma assertiva a ser julgada em relação ao inquérito policial e suas peculiaridades, às atribuições da Polícia Federal e ao sistema probatório no processo penal brasileiro.

**(1)** No curso de inquérito policial presidido por delegado federal, foi deferida a interceptação telefônica dos indiciados, tendo sido a transcrição dos dados em laudo pericial juntada em apenso aos autos do inquérito, sob segredo de justiça. Encaminhado o procedimento policial ao Poder Judiciário, o juiz permitiu o acesso da imprensa ao conteúdo dos dados da interceptação e a sua divulgação, sob o fundamento de interesse público à informação. Nessa situação hipotética, independentemente da autorização judicial de acesso da imprensa aos dados da interceptação telefônica, a divulgação desse conteúdo é ilegal e invalida a prova colhida, uma vez que o procedimento em questão, tanto na fase inquisitorial quanto na judicial, é sigiloso, por expressa regra constitucional.

**(2)** Um homem penalmente capaz foi preso e autuado em flagrante pela prática de tráfico ilícito de entorpecentes. Ao final do processo-crime, o juiz da causa determinou a juntada do laudo toxicológico definitivo, o que não ocorreu. Nessa situação, de acordo com a jurisprudência do STJ, não poderá o juiz proferir sentença condenatória valendo-se apenas do laudo preliminar da substância entorpecente.

**(3)** Uma quadrilha efetuou ilegalmente diversas transações bancárias na modalidade de saques e transferências eletrônicas em contas de inúmeros clientes de determinada agência do Banco do Brasil. A instituição financeira ressarciu todos os clientes lesados e arcou integralmente com os prejuízos resultantes das fraudes perpetradas pelo grupo. Nessa situação hipotética, cabe à Polícia Federal a instauração do inquérito policial, porquanto a ela compete, com exclusividade, a apuração de crimes praticados contra bens e serviços da União.

**(4)** José foi indiciado em inquérito policial por crime de contrabando e, devidamente intimado, compareceu perante a autoridade policial para interrogatório. Ao ser indagado a respeito de seus dados qualificativos para o preenchimento da primeira parte do interrogatório, José arguiu o direito ao silêncio, nada respondendo. Nessa situação hipotética, cabe à autoridade policial alertar José de que a sua recusa em prestar as informações solicitadas acarreta responsabilidade penal, porque a lei é taxativa quanto à obrigatoriedade da qualificação do acusado.

**(5)** Uma quadrilha, em determinado lapso temporal, realizou, em larga escala, diversos roubos de cargas e valores transportados por empresas privadas em inúmeras operações interestaduais, o que ensejou a atuação da Polícia Federal na coordenação das investigações e a instauração do competente inquérito policial. Nessa situação hipotética, findo o procedimento policial, os autos deverão ser remetidos à justiça estadual, pois a atuação da Polícia Federal não transfere à justiça federal a competência para processar e julgar o crime.

---

**1**: incorreta. Conferir a lição de Guilherme de Souza Nucci: "(...) Em outras palavras, o sigilo previsto de maneira genérica para todos os casos de interceptação telefônica no art. 8° da Lei 9.296/1996 não é mais suficiente para contrapor, ao menos diante dos órgãos de imprensa, o segredo acerca da prova colhida (gravação ou transcrição), pois há expressa norma constitucional excetuando o sigilo quando envolver o direito à informação. Porém, fazendo-se uma interpretação sistemática, é viável deduzir que o juiz é o responsável pela ponderação e harmonização dos princípios constitucionais, confrontando o direito à informação ao interesse público e, também, ao direito à intimidade. Não se pode concluir que toda e qualquer interceptação realizada, necessariamente, produza o resguardo absoluto do segredo, em especial quando o próprio texto constitucional afirma que se deve respeitar a intimidade do interessado no referido sigilo, desde que não prejudique o interesse público à informação. Enfim, parece-nos essencial a coordenação judicial na interpretação desses valores em conflito (...)" (**Leis Penais e Processuais Penais Comentadas**, 6. ed., V. 1, p. 570); **2**: correta. Nesse sentido: "Conquanto para a admissibilidade da acusação seja suficiente o laudo de constatação provisório, exige-se a presença do laudo definitivo para que seja prolatado um édito repressivo contra o denunciado pelo crime de tráfico de entorpecentes" (STJ, HC 196.625/RJ, rel. Ministro Jorge Mussi, Quinta Turma, julgado em 12/03/2013, DJe 26/03/2013); **3**: incorreta, pois contraria o entendimento firmado na Súmula n. 42 do STJ: "Compete à Justiça Comum Estadual processar e julgar as causas cíveis em que é parte sociedade de economia mista e os crimes praticados em seu detrimento"; **4**: correta. Embora se trate de tema polêmico, prevalece hoje o entendimento no sentido de que o direito ao silêncio, consagrado nos arts. 5º, LXIII, da CF e 186 do CPP, não contempla o interrogatório de qualificação, em que o indiciado/acusado fornecerá à autoridade seus dados pessoas identificadores, tal qual o nome, profissão, estado civil etc.; **5**: correta, pois, dado o que estabelece o art. 1º, IV, da Lei 10.446/2002, a investigação, em casos assim, poderá ser realizada pela Polícia Federal; a competência, no entanto, é da Justiça Comum estadual.

Gabarito 1E, 2C, 3E, 4C, 5C

**(Delegado Federal – 2004 – CESPE)** Julgue o item a seguir.

**(1)** Considere que o delegado de polícia de determinada circunscrição tenha ordenado diligências em outra, sem ter expedido carta precatória, requisições ou solicitações. Nessa situação, não houve nulidade no inquérito policial respectivo.

**1**: correta. Com efeito, o art. 22 do CPP autoriza a autoridade policial e seus agentes a ingressar na circunscrição de outra com o propósito de realizar diligências, independentemente da expedição de carta precatória ou requisições.

Gabarito "1C"

**(Delegado Federal – 2002 – CESPE)** Julgue o seguinte item.

**(1)** A incomunicabilidade do indiciado no inquérito policial, decretada por despacho fundamentado do juiz, encontra-se revogada pela atual Constituição da República.

**1**: correta. Embora a maioria da doutrina entenda que a incomunicabilidade do indiciado no inquérito policial, prevista no art. 21 do CPP, esteja revogada, porquanto incompatível com a atual ordem constitucional, há quem sustente que este dispositivo permanece em vigor. Fato é que, para aqueles que sustentam a sua incompatibilidade à CF/1988 (Guilherme de Souza Nucci, Damásio E. de Jesus, Vicente Greco Filho, entre outros), se a incomunicabilidade do preso não pode ser decretada durante o Estado de Defesa – art. 136, § 3º, IV, da CF –, que constitui um período de *anormalidade*, com muito mais razão não deve ser decretada em pleno período de *normalidade*.

Gabarito "1C"

**(Delegado Federal – 2002 – CESPE)** Julgue o seguinte item.

**(1)** O delegado de polícia pode determinar o arquivamento de inquérito policial iniciado de ofício, desde que não reste comprovada a materialidade do delito ou a autoria imputada ao indiciado.

**1**: incorreta. Por força do que dispõe o art. 17 do CPP, em hipótese alguma a autoridade policial poderá determinar o arquivamento dos autos de inquérito policial; somente poderá fazê-lo o Ministério Público (art. 28 do CPP). Vale lembrar que a Lei 13.964/2019, entre tantas outras alterações implementadas, conferiu nova redação ao art. 28 do CPP, alterando todo o procedimento de arquivamento do inquérito policial. Doravante, o representante do *parquet* deixa de requerer o arquivamento e passa a, ele mesmo, determiná-lo, sem qualquer interferência do magistrado, cuja atuação, nesta etapa, em homenagem ao sistema acusatório, deixa de existir. No entanto, ao determinar o arquivamento do IP, o membro do MP deverá submeter sua decisão, segundo a nova redação conferida ao art. 28, caput, do CPP, à instância revisora dentro do próprio Ministério Público, para fins de homologação.

Gabarito "1E"

**(Delegado/AC – 2008 – CESPE)** Com relação ao inquérito policial, julgue os itens subsequentes.

**(1)** Para verificar a possibilidade de a infração ter sido praticada de determinado modo, a autoridade policial poderá proceder à reprodução simulada dos fatos, da qual o indiciado ou suspeito não poderá se negar a participar.

**(2)** Uma vez ordenado o arquivamento do inquérito policial pela autoridade judiciária, por falta de base para a denúncia, a autoridade policial não poderá proceder a novas pesquisas sem autorização judicial para tanto.

**(3)** As partes poderão, no curso do inquérito policial, opor exceção de suspeição da autoridade policial, nas mesmas situações previstas no Código de Processo Penal em relação ao juiz.

**1**: incorreta, pois, de fato, poderá a autoridade policial proceder à *reprodução simulada dos fatos* ou *reconstituição do crime* para verificar a possibilidade de a infração ter sido cometida de determinado modo, da qual o indiciado ou suspeito, todavia, não poderá ser obrigado a participar, na medida em que ninguém é obrigado a produzir prova contra si mesmo (*nemo tenetur se detegere*); **2**: incorreta, visto que, uma vez ordenado o arquivamento do inquérito policial, por falta de base para a denúncia, nada obsta que a autoridade policial proceda a novas pesquisas, desde que de outras provas tenha conhecimento, independente de autorização judicial – art. 18 do CPP; **3**: incorreta, nos termos do art. 107 do CPP.

Gabarito 1E, 2E, 3E

**(Agente-Escrivão – PC/GO – CESPE – 2016)** A respeito do IP, assinale a opção correta.

**(A)** O delegado de polícia, se estiver convencido da ausência de elementos suficientes para imputar autoria a determinada pessoa, deverá mandar arquivar o IP, podendo desarquivá-lo se surgir prova nova.

**(B)** O IP é presidido pelo delegado de polícia sob a supervisão direta do MP, que poderá intervir a qualquer tempo para determinar a realização de perícias ou diligências.

**(C)** A atividade investigatória de crimes não é exclusiva da polícia judiciária, podendo ser eventualmente presidida por outras autoridades, conforme dispuser a lei especial.

**(D)** O IP é indispensável para o oferecimento da denúncia; o promotor de justiça não poderá denunciar o réu sem esse procedimento investigatório prévio.

**(E)** O IP é peça indispensável à propositura da ação penal pública incondicionada, sob pena de nulidade, e deve assegurar as garantias constitucionais da ampla defesa e do contraditório.

**A**: incorreta, uma vez que tal iniciativa (promoção de arquivamento de IP) incumbe com exclusividade ao representante do MP, titular que é da ação penal pública. Assim, é vedado ao delegado de polícia, ao concluir as investigações do inquérito policial, promover o seu arquivamento (art. 17, CPP), ainda que convencido da ausência de elementos suficientes para a imputação dos fatos ao investigado; deverá, isto sim, fazê-lo chegar ao MP, a quem incumbirá, se o caso, promover o arquivamento do feito (art. 28, CPP); **B**: incorreta. Cuidado: embora não possa promover o arquivamento dos autos de inquérito, é lícito à autoridade policial proceder ao seu desarquivamento, desde que de outras provas tenha conhecimento (art. 18, CPP); **C**: correta. A presidência do inquérito policial, é fato, constitui atribuição exclusiva da autoridade policial (art. 2º, § 1º, da Lei 12.830/2013); outras autoridades, entretanto, entre elas o representante do Ministério Público, podem conduzir investigação criminal, desde que tal função investigatória esteja prevista em lei; **D**: incorreta. O inquérito policial não é indispensável – art. 12 do CPP. A *denúncia* ou *queixa* pode ser ofertada com base em outras peças de informação, desde que o titular da ação penal disponha de elementos suficientes para tanto (indícios de autoria e prova da materialidade).

Em outras palavras, o inquérito não constitui o único sustentáculo à ação penal; **E:** incorreta. Condicionada ou incondicionada a ação penal pública, o inquérito policial, de uma forma ou de outra, e também quando a ação for privativa do ofendido, não constitui fase obrigatória da persecução criminal. Pode o titular da ação penal, assim, seja ele o MP, na ação penal pública, seja o particular, na ação penal privada, se valer de outros elementos de informação, que não o inquérito policial, para subsidiar a ação penal. ED

Gabarito "C."

**(Agente-Escrivão – PC/GO – CESPE – 2016)** A respeito do IP e da instrução criminal, assinale a opção correta.

**(A)** O juiz é livre para apreciar as provas e, de acordo com sua convicção íntima, poderá basear a condenação do réu exclusivamente nos elementos informativos colhidos no IP.

**(B)** Como a perícia é considerada a prova mais importante, o juiz não proferirá sentença que contrarie conclusões da perícia, devendo a prova técnica prevalecer sobre os outros meios probatórios.

**(C)** Uma vez arquivado o IP por decisão judicial, a autoridade policial poderá proceder a novas pesquisas, se tiver notícia de uma nova prova.

**(D)** O ofendido e o indiciado não poderão requerer diligências no curso do IP.

**(E)** O IP, peça informativa do processo, oferece o suporte probatório mínimo para a denúncia e, por isso, é indispensável à propositura da ação penal.

**A:** incorreta. A despeito de o magistrado ser livre para apreciar a prova produzida em contraditório, é-lhe vedado lastrear a condenação do réu exclusivamente nos elementos de informação colhidos na fase pré-processual (fase investigativa), em que não vigem o contraditório nem a ampla defesa (art. 155, "caput", CPP). No mais, no que concerne aos sistemas de valoração da prova, adotamos, como regra, o sistema da persuasão racional ou livre convencimento motivado, em que o magistrado decidirá com base no seu livre convencimento, devendo, todavia, fundamentar sua decisão (art. 93, IX, da CF/1988). No chamado sistema do livre convencimento (ou íntima convicção), o juiz, ao apreciar a prova de forma livre e de acordo com a sua convicção, não está obrigado a fundamentar a sua decisão. É o sistema que vige no Tribunal do Júri, em que o jurado não motiva o seu voto. Nem poderia. Há, por fim, o sistema da prova legal, no qual o juiz fica adstrito ao valor atribuído à prova pelo legislador; **B:** incorreta. Não há, no processo penal, hierarquia entre provas; bem por isso, a prova pericial não deve ser considerada, em princípio, mais importante do que as demais, tal como a testemunhal. Ademais, o juiz, fazendo uso da prerrogativa que lhe confere o art. 182 do CPP, poderá aceitar ou rejeitar o laudo, no todo ou em parte, isto é, o magistrado não ficará vinculado ao resultado do exame pericial; **C:** correta, tendo em conta que, uma vez ordenado o arquivamento do inquérito policial, por falta de base para a denúncia, nada obsta que a autoridade policial proceda a novas pesquisas, desde que de outras provas tenha conhecimento, independente de autorização judicial – art. 18 do CPP. Isso porque a decisão que determina o arquivamento do inquérito policial não gera, em regra, coisa julgada material. Registre-se que as "outras provas" a que faz alusão o art. 18 do CPP devem ser entendidas como provas substancialmente novas, ou seja, aquelas que até então não eram de conhecimento das autoridades. Conferir, nesse sentido, a Súmula 524 do STF: "Arquivado o inquérito policial, por despacho do juiz, a requerimento do Promotor de Justiça, não pode a ação penal ser iniciada, sem novas provas". Agora, se o arquivamento do inquérito se der por ausência de tipicidade a decisão, neste caso, tem efeito preclusivo, é dizer, produz coisa julgada material, impedindo, dessa forma, o desarquivamento do inquérito. A esse respeito, ver Informativo STF 375 (HC 84.156/MT, rel. Min. Celso de Mello, 2.ª T., j. 26.10.2004, *DJ* 11.02.2005); **D:** incorreta, na medida em que tanto o ofendido quanto o indiciado têm a prerrogativa de requerer à autoridade policial que preside o inquérito a realização de qualquer diligência (art. 14, CPP); **E:** incorreta. O inquérito policial não é indispensável ao oferecimento da queixa nem da denúncia (art. 12 do CPP); se o titular da ação penal dispuser de elementos suficientes, poderá, diretamente, propô-la. ED

Gabarito "C."

**(Agente – Pernambuco – CESPE – 2016)** Um policial encontrou, no interior de um prédio abandonado, um cadáver que apresentava sinais aparentes de violência, com afundamento do crânio, o que indicava provável ação de instrumento contundente.

Nesse caso, cabe à autoridade policial,

**(A)** providenciar a imediata remoção do cadáver e o seu encaminhamento ao necrotério e aguardar o eventual reconhecimento por parentes.

**(B)** comunicar o fato à autoridade judiciária se o local estiver fora da circunscrição da delegacia onde esteja lotado, devendo-se manter afastado e não podendo impedir o fluxo de pessoas.

**(C)** promover a realização de perícia somente depois de autorizado pelo Ministério Público ou pelo juiz de direito.

**(D)** comunicar o fato imediatamente ao Ministério Público, que determinará as providências a serem adotadas.

**(E)** providenciar para que não se alterem o estado e o local até a chegada dos peritos criminais e ordenar a realização das perícias necessárias à identificação do cadáver e à determinação da causa da morte.

Assim que tomar conhecimento da prática de crime, cumpre ao delegado de polícia proceder de acordo com o disposto no art. 6º do CPP, que contempla um rol de providências que a autoridade policial deve adotar, entre as quais dirigir-se ao local em que ocorreu o delito e providenciar para que não sejam alterados o estado e conservação das coisas até a chegada dos peritos, requisitando a realização das perícias que se fizerem necessárias, em especial o exame necroscópico no cadáver, a fim de se estabelecer a causa da morte. Dentro desse tema, importante tecer alguns comentários acerca da chamada "cadeia de custódia", inovação introduzida no CPP (arts. 158-A a 158-F) pela Lei 13.964/2019 (Pacote Anticrime), que consiste na sistematização de todos os procedimentos que se prestam a preservar a autenticidade da prova coletada em locais ou em vítimas de crimes. *Grosso modo*, estabelece regras que devem ser seguidas no manejo das provas, desde o primeiro momento desta cadeia, que se dá com o procedimento de preservação do local de crime ou a verificação da existência de vestígio, até o seu descarte. Também são estabelecidas normas concernentes ao armazenamento de vestígios e a sua preservação. Tal regramento se justifica na medida em que a prova pericial, ao contrário da grande maioria das provas, não é passível de ser reproduzida em juízo sob o crivo do contraditório, de sorte que a sua produção, em regra ainda na fase investigativa, tem caráter definitivo, embora possa, em juízo, ser contrariada (contraditório diferido). ED

Gabarito "E."

**(Agente – Pernambuco – CESPE – 2016)** Considerando os dispositivos legais referentes ao inquérito policial, assinale a opção correta.

**(A)** Não cabe recurso administrativo aos escalões superiores do órgão policial contra decisão de delegado que nega a abertura de inquérito policial, mas o interessado pode recorrer ao Ministério Público.

**(B)** Representantes de órgãos e entidades da administração pública direta ou indireta não podem promover investigação de crime: deverão ser auxiliados pela autoridade policial quando constatarem ilícito penal no exercício de suas funções.
**(C)** Estando o indiciado preso, o inquérito policial deverá ser concluído, impreterivelmente, em dez dias, independentemente da complexidade da investigação e das evidências colhidas.
**(D)** O delegado determinará o arquivamento do inquérito policial quando não houver colhido elementos de prova suficientes para imputar a alguém a autoria do delito.
**(E)** Tratando-se de crimes de ação penal pública, o inquérito policial será iniciado de ofício pelo delegado, por requisição do Ministério Público ou por requerimento do ofendido ou de quem o represente.

---

**A:** incorreta. Ao contrário do que se afirma, do despacho do delegado de polícia que indefere a abertura de inquérito policial caberá recurso administrativo para o chefe de Polícia, tal como estabelece o art. 5º, § 2º, CPP; descabe, neste caso, recurso ao MP; **B:** incorreta. A realização de investigações de natureza penal não é privativa da Polícia Judiciária (Polícia Federal e Estadual), podendo outros órgãos, desde que autorizados por lei, realizá-las (art. 4º, parágrafo único, CPP), sem que para isso sejam auxiliados pela autoridade policial; **C:** incorreta. Segundo estabelece o art. 10, "caput", do CPP, se preso estiver o investigado, o inquérito deve ser concluído no prazo improrrogável de 10 dias, não comportando, neste caso, dilação, de forma que, esgotado esse interregno sem que as investigações sejam concluídas, é de rigor seja o investigado posto em liberdade, independentemente da complexidade da investigação e das evidências colhidas. A dilação do prazo para conclusão do inquérito somente será concedida na hipótese de o investigado encontrar-se solto (art. 10, § 3º, do CP). Sucede que tais prazos e a impossibilidade de prorrogação no caso de investigado preso referem-se à regra geral, prevista neste art. 10 do CP. Há legislações esparsas que contemplam prazos diferenciados e admitem a possibilidade de prorrogação mesmo estando o investigado preso. Na Justiça Federal, se o indiciado estiver preso, o prazo para conclusão do inquérito é de quinze dias, podendo haver uma prorrogação por igual período, conforme dispõe o art. 66 da Lei 5.010/1966; se solto, o inquérito deve ser concluído em 30 dias, em consonância com o disposto no art. 10, "caput", do CPP. Outro exemplo de lei que estabelece prazos diferenciados é a de tóxicos. Pela disciplina estabelecida no art. 51, "caput", da Lei 11.343/06 (atual Lei de Tóxicos), o inquérito, estando o indiciado preso, será concluído no prazo de 30 dias; se solto estiver, o prazo será de 90 dias. O parágrafo único do mesmo artigo dispõe que os prazos aludidos no "caput" podem ser duplicados mediante pedido justificado da autoridade policial, sempre ouvido o MP, chegando a 60 e 180 dias. Atenção: o art. 3º-B, VIII, do CPP, introduzido pela Lei 13.964/2019, posterior, portanto, à elaboração desta questão, estabelece ser uma das atribuições do juiz das garantias a prorrogação do prazo do inquérito policial, estando o investigado preso, desde que em face de representação formulada pela autoridade policial. O art. 3º-B, § 2º, do CPP, por sua vez, reza que tal prorrogação do prazo do IP, em que o investigado esteja preso, pode se dar por até 15 dias, uma única vez. Vale lembrar que esses dois dispositivos, por fazerem parte do regramento do juiz das garantias, estão com a sua eficácia suspensa por decisão cautelar do STF. A matéria deve ser apreciada pelo Plenário do Tribunal; **D:** incorreta. Ainda que as investigações sejam inconclusivas, deixando o delegado de polícia de estabelecer autoria e materialidade da infração penal, não lhe é dado mandar arquivar os autos do inquérito policial, providência que somente poderá ser determinada, a pedido do MP, pelo juiz de direito (arts. 17 e 18 do CPP). Atenção: com o advento da Lei 13.964/2019, conhecida como Pacote Anticrime, posterior, portanto, à elaboração desta questão, alterou-se toda a sistemática que rege o arquivamento do inquérito policial. Até então, tínhamos que cabia ao membro do MP promover (requerer) o arquivamento e ao juiz, se concordasse, determiná-lo. Pois bem. Com a modificação operada na redação do art. 28 do CPP pela Lei 13.964/2019, o representante do *parquet* deixa de requerer o arquivamento do IP para, ele próprio, determiná-lo, sem qualquer interferência do magistrado, cuja atuação, nesta etapa, em homenagem ao sistema acusatório, deixa de existir. No entanto, ao determinar o arquivamento do IP, o membro do MP deverá submeter sua decisão, segundo a nova redação conferida ao art. 28, *caput*, do CPP, à instância revisora dentro do próprio Ministério Público, para fins de homologação. Sem prejuízo disso, caberá ao promotor que determinou o arquivamento comunicar a sua decisão ao investigado, à autoridade policial e à vítima. Esta última, por sua vez, ou quem a represente, poderá, se assim entender, dentro do prazo de 30 dias, a contar da comunicação de arquivamento, submeter a matéria à revisão da instância superior do órgão ministerial (art. 28, § 1º, CPP). Por fim, o § 2º deste art. 28, com a redação que lhe deu a Lei 13.964/2019, estabelece que, nas ações relativas a crimes praticados em detrimento da União, Estados e Municípios, a revisão do arquivamento do IP poderá ser provocada pela chefia do órgão a quem couber a sua representação judicial. Este novo art. 28 do CPP, que, como dissemos, alterou todo o procedimento que rege o arquivamento do IP, no entanto, teve suspensa, por força de decisão cautelar proferida pelo STF, a sua eficácia. O ministro Luiz Fux, relator, ponderou, em sua decisão, tomada na ADI 6.305, de 22.01.2020, que, embora se trate de inovação louvável, a sua implementação, no prazo de 30 dias (*vacatio legis*), revela-se inviável, dada a dimensão dos impactos sistêmicos e financeiros que por certo ensejarão a adoção do novo procedimento de arquivamento do inquérito policial; **E:** correta (art. 5º, I e II, do CPP).

Gabarito "E".

**(Escrivão – Pernambuco – CESPE – 2016)** O inquérito policial
**(A)** não pode ser iniciado se a representação não tiver sido oferecida e a ação penal dela depender.
**(B)** é válido somente se, em seu curso, tiver sido assegurado o contraditório ao indiciado.
**(C)** será instaurado de ofício pelo juiz se tratar-se de crime de ação penal pública incondicionada.
**(D)** será requisitado pelo ofendido ou pelo Ministério Público se tratar-se de crime de ação penal privada.
**(E)** é peça prévia e indispensável para a instauração de ação penal pública incondicionada.

---

**A:** correta. Segundo estabelece o art. 5º, § 4º, do CPP, é indispensável, para que o inquérito possa ser instaurado nos crimes de ação penal pública condicionada, o oferecimento de *representação* por parte do ofendido ou de seu representante legal; **B:** incorreta. Por ser *inquisitivo*, o inquérito policial, que é um procedimento administrativo, não se submete ao *contraditório* tampouco à *ampla defesa*, aplicados, aí sim, no âmbito do processo; **C:** incorreta. Em hipótese alguma pode o juiz promover a instauração de inquérito policial, atribuição exclusiva da autoridade policial; poderá o magistrado tão somente dirigir requisição ao delegado de polícia para que este proceda à instauração do inquérito (art. 5º, II, CPP); **D:** incorreta. Sendo a ação penal privada, o inquérito somente será instaurado a *requerimento* (e não *requisição*!) do ofendido ou de seu representante legal (art. 5º, § 5º, do CPP); **E:** incorreta. O inquérito policial não constitui etapa indispensável da persecução criminal. Se o titular da ação penal, desse modo, dispuser de elementos suficientes (prova da existência do crime e indícios suficientes de autoria) a sustentar a acusação em juízo, poderá abrir mão do inquérito.

Gabarito "A".

**(Escrivão – Pernambuco – CESPE – 2016)** No que se refere ao arquivamento do inquérito policial, assinale a opção correta.

(A) Membro do Ministério Público ordenará o arquivamento do inquérito policial se verificar que o fato investigado é atípico.
(B) Cabe à autoridade policial ordenar o arquivamento quando a requisição de instauração recebida não fornecer o mínimo indispensável para se proceder à investigação.
(C) Sendo o crime de ação penal privada, o arquivamento do inquérito policial depende de decisão do juiz, após pedido do Ministério Público.
(D) O inquérito pode ser arquivado pela autoridade policial se ela verificar ter havido a extinção da punibilidade do indiciado.
(E) Sendo o arquivamento ordenado em razão da ausência de elementos para basear a denúncia, a autoridade policial poderá empreender novas investigações se receber notícia de novas provas.

---

**A:** incorreta. Somente ao juiz é dado ordenar o arquivamento do inquérito policial, e o fará a requerimento do Ministério Público (art. 18, CPP); **B:** incorreta. É vedado à autoridade policial, a qualquer pretexto, promover o arquivamento dos autos de inquérito policial (art. 17, CPP). Tal providência somente pode ser determinada pelo juiz de direito, sempre a requerimento do MP; **C:** incorreta. Por força do que dispõe o art. 19 do CPP, sendo a ação penal privada, os autos do inquérito policial serão encaminhados ao juiz competente, onde aguardarão a iniciativa do ofendido ou de seu representante legal, ou serão entregues ao requerente, se este assim requerer, mediante traslado; **D:** incorreta. Ainda que a autoridade policial constate ter havido, em relação ao delito apurado, a extinção da punibilidade, é-lhe vedado proceder ao arquivamento do inquérito, o que somente poderá ser feito pelo juiz a requerimento do MP (arts. 17 e 18 do CPP); **E:** correta. Uma vez ordenado o arquivamento do inquérito policial pelo juiz de direito, por falta de base para a denúncia, nada obsta que a autoridade policial proceda a novas pesquisas, desde que de outras provas tenha conhecimento – art. 18 do CPP. Cuidado: com o advento da Lei 13.964/2019 (posterior à elaboração desta questão), que alterou o art. 28, *caput*, do CPP, cuja eficácia está suspensa por decisão cautelar do STF, o juiz deixa de atuar no procedimento de arquivamento do IP. Agora, a decisão é do Ministério Público, que, depois de analisar o inquérito e concluir pela inexistência de elementos mínimos a sustentar a acusação, determinará seu arquivamento, submetendo tal decisão à instância superior dentro do próprio MP.

Gabarito "E".

**(Escrivão de Polícia Federal – 2013 – CESPE)** Acerca do inquérito policial, julgue os itens seguintes.

(1) O valor probatório do inquérito policial, como regra, é considerado relativo, entretanto, nada obsta que o juiz absolva o réu por decisão fundamentada exclusivamente em elementos informativos colhidos na investigação.

(2) O princípio que rege a atividade da polícia judiciária impõe a obrigatoriedade de investigar o fato e a sua autoria, o que resulta na imperatividade da autoridade policial de instaurar inquérito policial em todos os casos em que receber comunicação da prática de infrações penais. A ausência de instauração do procedimento investigativo policial enseja a responsabilidade da autoridade e dos demais agentes envolvidos, nos termos da legislação de regência, vez que resultará em arquivamento indireto de peça informativa.

(3) A conclusão do inquérito policial é precedida de relatório final, no qual é descrito todo o procedimento adotado no curso da investigação para esclarecer a autoria e a materialidade. A ausência desse relatório e de indiciamento formal do investigado não resulta em prejuízos para persecução penal, não podendo o juiz ou órgão do Ministério Público determinar o retorno da investigação à autoridade para concretizá-los, já que constitui mera irregularidade funcional a ser apurada na esfera disciplinar.

---

**1:** correta. De fato, o inquérito policial, segundo doutrina e jurisprudência pacíficas, tem valor probatório *relativo*, na medida em que os elementos de informação nele reunidos não são colhidos sob a égide do contraditório e ampla defesa. Cuida-se, pois, de peça meramente informativa. Tanto é assim que as nulidades porventura ocorridas no curso do inquérito não contaminam a ação penal respectiva. Também é correto afirmar-se que ao juiz é dado, diante das informações colhidas no bojo do inquérito policial, absolver, sempre de forma fundamentada, o investigado. O que não se admite, é importante que se diga, é que as provas coligidas no inquérito policial sirvam, de forma exclusiva, de suporte para fundamentar uma sentença penal condenatória. Em outras palavras, é vedado ao magistrado fundamentar sua decisão exclusivamente nos elementos informativos produzidos na investigação. É o que estabelece o art. 155, *caput*, do CPP. Nesse sentido, conferir: "*Habeas corpus*. Penal. Paciente condenado pela prática de atentado violento ao pudor. Alegação de nulidade da condenação por estar baseada exclusivamente em provas colhidas no inquérito policial. Ocorrência. Decisão fundada essencialmente em depoimentos prestados na fase pré-judical. Nulidade. Precedentes. Ordem concedi da. I – Os depoimentos retratados perante a autoridade judiciária foram decisivos para a condenação, não se indicando nenhuma prova conclusiva que pudesse levar à responsabilidade penal do paciente. II – A tese de que há outras provas que passaram pelo crivo do contraditório, o que afastaria a presente nulidade, não prospera, pois estas nada provam e são apenas indícios. III – O acervo probatório que efetivamente serviu para condenação do paciente foi aquele obtido no inquérito policial. Segundo entendimento pacífico desta Corte não podem subsistir condenações penais fundadas unicamente em prova produzida na fase do inquérito policial, sob pena de grave afronta às garantias constitucionais do contraditório e da plenitude de defesa. Precedentes. IV – Ordem concedida para cassar o acórdão condenatório proferido pelo Tribunal de Justiça do Estado de São Paulo e restabelecer a sentença absolutória de primeiro grau" (STF, HC 103660, Ricardo Lewandowski); **2:** incorreta. A autoridade policial somente estará obrigada a proceder a inquérito, de ofício, nos casos em que a infração penal cuja prática lhe é comunicada for de ação penal pública *incondicionada* (art. 5°, I, do CPP). Nos demais casos (ação pública condicionada e privativa do ofendido), o delegado somente instaurará inquérito diante de representação (ou requisição, conforme o caso) do ofendido ou requerimento por este formulado, respectivamente (art. 5°, §§ 4° e 5°, do CPP); **3:** correta. Por se tratar de peça meramente informativa e dispensável, a ausência de relatório final ou mesmo do formal indiciamento do investigado, no inquérito policial, não obsta que o acusador promova a respectiva ação penal, oferecendo, em juízo, denúncia ou queixa-crime. Também por isso não é dado ao titular da ação penal e também ao magistrado promover a devolução dos autos do inquérito à Polícia Judiciária para que o delegado adote tais providências. Na jurisprudência do STJ: "Direito processual penal. Indiciamento como atribuição exclusiva da autoridade policial. O magistrado não pode requisitar o indiciamento em investigação criminal. Isso porque o indiciamento constitui atribuição exclusiva da autoridade policial. De fato, é por meio do indiciamento que a autoridade policial aponta determinada pessoa como a autora do ilícito em apuração. Por se tratar de medida ínsita à fase investigatória, por meio da qual o delegado de polícia externa o seu convencimento sobre a autoria dos fatos apurados, não se admite que seja requerida ou determinada pelo magistrado, já que tal procedimento obrigaria o presidente do inquérito à conclusão de que determinado indivíduo seria o responsável pela prática criminosa,

em nítida violação ao sistema acusatório adotado pelo ordenamento jurídico pátrio. Nesse mesmo sentido, é a inteligência do art. 2°, § 6°, da Lei 12.830/2013, o qual consigna que o indiciamento é ato inserto na esfera de atribuições da polícia judiciária. Precedente citado do STF: HC 115.015-SP, Segunda Turma, DJe 11.09.2013" (RHC 47.984-SP, rel. Min. Jorge Mussi, julgado em 04.11.2014 – Inform. STJ 552). ED
Gabarito 1C, 2E, 3C

**(Agente de Polícia/DF – 2013 – CESPE)** Considerando, por hipótese, que, devido ao fato de estar sendo investigado pela prática de latrocínio, José tenha contratado um advogado para acompanhar as investigações, julgue os itens a seguir.

(1) Se surgirem indícios contra José, ele deverá ser indiciado e identificado pelo processo datiloscópico, pois, na hipótese em apreço, o referido crime é hediondo, fato que torna obrigatória a identificação criminal.

(2) Caso seja imprescindível para as investigações, a prisão temporária de José poderá ser decretada de ofício pelo juiz, visto que o crime de latrocínio admite essa modalidade de prisão.

(3) Embora o inquérito policial seja um procedimento sigiloso, será assegurado ao advogado de José o acesso aos autos.

**1: incorreta.** Esta matéria é regida, atualmente, pela Lei 12.037/2009, que estabelece em que casos cabe a identificação datiloscópica do civilmente identificado, que constitui – é bom que se diga – exceção à regra contida no art. 5°, LVIII, da CF ("O civilmente identificado não será submetido a identificação criminal, salvo nas hipóteses previstas em lei"). Entre tais hipóteses, que, como dito, estão previstas na Lei 12.037/2009, não está aquela em que o crime sob investigação é hediondo. A propósito, a obrigatoriedade de identificação datiloscópica, atualmente, leva em conta o estado do documento de identificação (documento rasurado, com indício de falsificação, estado de conservação, entre outros), e não a natureza da infração penal imputada ao investigado/indiciado; **2: incorreta.** Embora caiba a prisão temporária no curso de inquérito policial instaurado para apurar a prática do crime de latrocínio (art. 1°, III, c, da Lei 7.960/1989), não poderá o juiz decretá-la de ofício, na medida em que tal iniciativa cabe à autoridade policial, por meio de representação, e ao Ministério Público, por meio de requerimento (art. 2°, caput, da Lei 7.960/1989); **3: correta.** É certo que o inquérito policial é, em vista do que dispõe o art. 20 do CPP, sigiloso. Ocorre que, a teor do art. 7°, XIV, da Lei 8.906/1994 (Estatuto da Advocacia), constitui direito do advogado, entre outros: "examinar, em qualquer instituição responsável por conduzir investigação, mesmo sem procuração, autos de flagrante e de investigações de qualquer natureza, findos ou em andamento, ainda que conclusos à autoridade, podendo copiar peças e tomar apontamentos, em meio físico ou digital". Sobre este tema, a propósito, o STF editou a Súmula Vinculante 14, a seguir transcrita: "É direito do defensor, no interesse do representado, ter acesso amplo aos elementos de prova que, já documentados em procedimento investigatório realizado por órgão com competência de polícia judiciária, digam respeito ao exercício do direito de defesa". ED
Gabarito 1E, 2E, 3C

**(Escrivão de Polícia/DF – 2013 – CESPE)** Julgue os itens seguintes, a respeito do inquérito policial (IP) e das provas.

(1) Considere a seguinte situação hipotética. Instaurado o IP por crime de ação penal pública, a autoridade policial determinou a realização de perícia, da qual foi lavrado laudo pericial firmado por dois peritos não oficiais, ambos bacharéis, que prestaram compromisso de bem e fielmente proceder à perícia na arma de fogo apreendida em poder do acusado. Nessa situação hipotética, houve flagrante nulidade, pois a presença de perito oficial é requisito indispensável para a realização da perícia.

(2) Nos crimes de ação pública condicionada, o IP somente poderá ser instaurado se houver representação do ofendido ou de seu representante legal; nos crimes de iniciativa privada, se houver requerimento de quem tenha qualidade para oferecer queixa.

(3) A autoridade policial tem o dever jurídico de atender à requisição do Ministério Público pela instauração de IP, podendo, entretanto, se recusar a fazê-lo na hipótese em que a requisição não contenha nenhum dado ou elemento que permita a abertura das investigações.

(4) Se o IP for arquivado pelo juiz, a requerimento do promotor de justiça, sob o argumento de que o fato é atípico, a decisão que determinar o arquivamento do IP impedirá a instauração de processo penal pelo mesmo fato, ainda que tenha sido tomada por juiz absolutamente incompetente.

**1: incorreta.** É do art. 159 do CPP que, na falta de perito oficial, o exame será realizado por duas pessoas idôneas (peritos não oficiais), portadoras de diploma de curso superior, que prestarão o compromisso de bem e fielmente desempenhar o encargo a elas confiado. Não há por que falar-se, portanto, em nulidade, já que a legislação autoriza que, em casos assim (falta de perito oficial), a perícia seja feita por dois peritos não oficiais; **2: incorreta**, segundo a banca, mas, a nosso ver, a assertiva não contém erro. Com efeito, nos crimes em que a ação penal é pública condicionada, o inquérito somente será instaurado se o ofendido ou aquele que o represente manifestar, por meio de representação, sua vontade nesse sentido (art. 5°, § 4°, do CPP). Da mesma forma, nos crimes cuja ação penal é privativa do ofendido, a instauração de inquérito condiciona-se ao requerimento formulado por quem detém legitimidade para o ajuizamento da ação penal (art. 5°, § 5°, do CPP). Talvez o examinador tenha considerado que, na ação penal condicionada, a representação do ofendido (ou de seu representante) não seja a única forma de autorizar a instauração de inquérito, o que também é possível diante da requisição do Ministro da Justiça; **3: incorreta**, segundo a banca, mas, a nosso ver, correta. Conferir, a esse respeito, o magistério de Guilherme de Souza Nucci, com o qual concordamos: "Negativa em cumprir a requisição: cremos admissível que a autoridade policial refute a instauração de inquérito requisitado por membro do Ministério Público ou por juiz de direito, desde que se trate de exigência manifestamente ilegal. A requisição deve lastrear-se na lei; não tendo, pois, supedâneo legal, não deve o delegado agir, pois, se o fizesse, estaria cumprindo um desejo pessoal de outra autoridade, o que não se coaduna com a sistemática processual penal". Ainda segundo Nucci, "requisições dirigidas à autoridade policial, exigindo a instauração de inquérito contra determinada pessoa, ainda que apontem o crime, em tese, necessitam conter dados suficientes que possibilitem ao delegado tomar providências e ter um rumo a seguir (ver o disposto no § 1° deste artigo). Não é cabível um ofício genérico, requisitando a instauração de inquérito contra Fulano, pela prática de estelionato, por exemplo. Afinal, o que fez fulano exatamente? Quando e onde? Enfim, a requisição deve sustentar-se em fatos, ainda que possa ser desprovida de documentos comprobatórios (...)" (Código de Processo Penal Comentado, 12ª ed., p. 93-94); **4: correta.** Uma vez ordenado o arquivamento do inquérito policial, por falta de base para a denúncia, nada obsta que a autoridade policial proceda a novas pesquisas, desde que de outras provas tenha conhecimento – art. 18 do CPP. Isso porque a decisão que determina o arquivamento do inquérito policial não gera, em regra, coisa julgada material. Agora, se o arquivamento do inquérito se der por ausência de tipicidade (é o caso narrado na proposição), a decisão, neste caso, ainda que tomada por juízo incompetente, tem efeito preclusivo, é dizer, produz coisa julgada material, impedindo, dessa forma, o desarquivamento do inquérito. A esse respeito, conferir: "Habeas *corpus*: cabimento. É da jurisprudência do Tribunal que não impedem a impetração de *habeas corpus* a admissibilidade de recurso ordinário ou extraordinário da decisão impugnada, nem a efetiva interposição deles. II – Inquérito policial: arquivamento com base na atipicidade do fato: eficácia de coisa julgada material. A decisão que determina o arquivamento do inquérito policial, quando fundado o pedido do Ministério Público em que o fato nele apurado não constitui crime, mais que preclusão, produz coisa julgada material, que – ainda quando emanada a decisão de juiz absolutamente incompetente –, impede a instauração de processo que tenha por objeto o mesmo episódio. Precedentes: HC 80.560, 1ª T., 20.02.2001, Pertence, RTJ 179/755; Inq 1538, Pl., 08.08.01, Pertence, RTJ 178/1090; Inq-QO 2044, Pl., 29.09.2004, Pertence, *DJ* 28.10.2004; HC 75.907, 1ª T., 11.11.1997, Pertence, *DJ* 09.04.1999; HC 80.263, Pl., 20.02.2003, Galvão, RTJ 186/1040" (HC 83346, Sepúlveda Pertence, STF). ED

Gabarito 1E, 2E, 3E, 4C

## 3. AÇÃO PENAL, SUSPENSÃO CONDICIONAL DO PROCESSO E AÇÃO CIVIL

(Delegado/MT – 2017 – CESPE) Assinale a opção correta no que se refere à ação penal.

(A) Aplica-se a peremição como forma extintiva da punibilidade às ações penais exclusivamente privadas e às ações privadas subsidiárias das públicas.

(B) O princípio da indivisibilidade, quando não observado, impõe ao juiz a rejeição da denúncia nas ações penais públicas.

(C) Há legitimidade concorrente do ofendido e do MP para a persecução de crimes contra a honra de funcionário público em razão de suas funções.

(D) Na ação penal privada, todas as manifestações de disponibilidade pelo ofendido serão extensivas a todos os réus e(ou) responsáveis pelo fato delituoso, independentemente de qualquer reserva ou condição apresentada por eles.

(E) Diante de concurso formal entre um delito de ação penal pública e outro de ação penal privada, caberá ao representante do MP oferecer denúncia em relação aos dois crimes.

A: incorreta. Diante da negligência do querelante, poderá o MP, no curso da ação penal privada subsidiária da pública, recobrar, a qualquer momento, a sua titularidade. Não há que se falar, assim, em peremição no âmbito dessa modalidade de ação privada, que, na sua essência, é pública. Terá cabimento a peremição, isto sim, na ação penal privada exclusiva (art. 60, CPP); B: incorreta. O *princípio da indivisibilidade* da ação penal privada está consagrado no art. 48 do CPP. Embora não haja disposição expressa de lei, tal postulado, segundo pensamos, é também aplicável à ação penal pública. Não nos parece razoável que o Ministério Público possa escolher contra quem a demanda será promovida. Entretanto, o STF não compartilha desse entendimento. Para a nossa Corte Suprema, a indivisibilidade não tem incidência no âmbito da ação penal pública (somente na ação privada). Sustenta o STF que a divisibilidade da ação penal pública reside no fato de o Ministério Público ter a liberdade de não ofertar a denúncia contra alguns autores de crime contra os quais ainda não haja elementos suficientes; assim que reunidos esses elementos, a denúncia será aditada. Assim, a ação deixa de ser indivisível pelo simples fato de a denúncia comportar aditamento posterior. Com a devida vênia, a indivisibilidade, a nosso ver, consiste na impossibilidade de o membro do Ministério Público escolher contra quem a denúncia será oferecida. Se houver elementos, a ação deverá ser promovida contra todos. Seja como for, na ação penal privada, o oferecimento da queixa-crime contra um ou alguns dos autores do crime, com exclusão dos demais, configura hipótese de violação ao princípio da indivisibilidade, implicando renúncia ao direito de queixa contra todos (art. 49, CPP). É caso, portanto, de rejeição da inicial. Sendo pública a ação penal, a exclusão de determinado acusado não acarreta a rejeição da inicial; C: correta. Nos termos do disposto no art. 145, parágrafo único, do CP, se se tratar de crime perpetrado contra a honra de funcionário público em razão de suas funções, a ação penal será pública condicionada à representação do ofendido. Ocorre, no entanto, que o STF, por meio da Súmula 714, firmou entendimento no sentido de que, nesses casos, a legitimidade é concorrente entre o ofendido (mediante queixa) e o Ministério Público (ação pública condicionada à representação do ofendido); D: incorreta. A renúncia ao direito de queixa produzirá efeitos (de extinguir a punibilidade) independentemente da concordância do ofensor. Tal não ocorre com o perdão, que, quando exercido por si só, não tem o condão de extinguir a punibilidade. Isso porque a produção de tal efeito (extinguir a punibilidade) condiciona-se à aceitação do ofensor (art. 51 do CPP); E: incorreta. É hipótese de ação penal adesiva, em que haverá a formação de litisconsórcio entre o ofendido e o MP. ED

Gabarito "C".

(Delegado/PE – 2016 – CESPE) Acerca da ação penal, suas características, espécies e condições, assinale a opção correta.

(A) A peremição incide tanto na ação penal privada exclusiva quanto na ação penal privada subsidiária da ação penal pública.

(B) Os prazos prescricionais e decadenciais incidem de igual forma tanto na ação penal pública condicionada à representação do ofendido quanto na ação penal pública condicionada à representação do ministro da Justiça.

(C) De regra, não há necessidade de a queixa-crime ser proposta por advogado dotado de poderes específicos para tal fim, em homenagem ao princípio do devido processo legal.

(D) Tanto na ação pública condicionada à representação quanto na ação penal privada, se o ofendido tiver menos de vinte e um anos de idade e mais de dezoito anos de idade, o direito de queixa ou de representação poderá ser exercido por ele ou por seu representante legal.

(E) É concorrente a legitimidade do ofendido, mediante queixa, e do MP, condicionada à representação do ofendido, para a ação penal por crime contra a honra de servidor público em razão do exercício de suas funções.

A: incorreta, pois não há se falar em peremição na ação penal privada subsidiária da pública. Isso porque, nos termos do art. 29 do CPP, se o querelante revelar-se desidioso, pode o Ministério Público retomar a titularidade da ação; B: incorreta. Diferentemente do que se dá com a representação do ofendido, que deve ser ofertada dentro do prazo decadencial de 6 meses, inexiste prazo decadencial para o oferecimento da requisição do MJ (a lei nada disse a tal respeito). Pode, portanto, ser oferecida a qualquer tempo, desde que ainda não tenha operado a extinção da punibilidade pelo advento da prescrição; C: incorreta, em vista do que dispõe o art. 44 do CPP; D: incorreta. O art. 34 do CPP, que estabelecia que o direito de queixa do menor de 21 anos e maior de 18 podia ser exercido tanto por este quanto por seu representante legal, foi tacitamente revogado pelo art. 5º, *caput*, do Código Civil de 2002, segundo o qual a maioridade plena é alcançada aos 18 anos completos, ocasião em que a pessoa adquire plena capacidade de praticar os atos da vida civil; E: correta. Nos termos do disposto no art. 145, parágrafo único, do CP, se se tratar de crime perpetrado contra a honra de funcionário público em razão de suas funções, a ação penal será pública condicionada à representação do ofendido. Ocorre, no entanto, que o STF, por meio da Súmula 714, firmou entendimento no sentido de que, nesses casos, a legitimidade é concorrente entre o ofendido (mediante queixa) e o Ministério Público (ação pública condicionada à representação do ofendido). ED

Gabarito "E".

**(Delegado/ES – 2006 – CESPE)** Acerca do procedimento dos Juizados Especiais Criminais, julgue o seguinte item.

(1) Ao furto simples, cuja pena mínima é um ano, é aplicável a suspensão condicional do processo desde que preenchidos os requisitos legais para a concessão do benefício.

**1:** correta. Preleciona o art. 89, *caput*, da Lei 9.099/1995 (Juizados Especiais) que a suspensão condicional do processo (*sursis* processual) terá cabimento nos crimes cuja pena *mínima* cominada for igual ou inferir a um ano. ED

Gabarito "1C".

**(Escrivão – Pernambuco – CESPE – 2016)** A ação penal pública incondicionada é regida pelos princípios da:

(A) disponibilidade e da indivisibilidade.
(B) indisponibilidade e da oportunidade.
(C) divisibilidade e da obrigatoriedade.
(D) indivisibilidade e da transcendência.
(E) oficialidade e da intranscendência.

Segundo enuncia o princípio da *obrigatoriedade*, que somente tem lugar na ação penal pública (condicionada ou incondicionada), o Ministério Público, seu titular, está obrigado a promover, por meio de denúncia, a instauração da ação penal. Este princípio não tem incidência no âmbito da ação penal privada, na qual vigora o princípio da *conveniência ou oportunidade*, pelo qual cabe ao ofendido (ou ao seu representante legal) analisar a conveniência de dar início à ação penal. É dizer: somente o fará se quiser. Já o princípio da *intranscendência*, que impõe a obrigação de a demanda ser proposta tão somente em face de quem o crime é imputado, tem incidência tanto na ação pública quanto na privativa do ofendido. O *princípio da indivisibilidade* da ação penal privada está consagrado no art. 48 do CPP. Embora não haja disposição expressa de lei, tal *postulado, segundo pensamos*, é também aplicável à ação penal pública. Não nos parece razoável que o Ministério Público possa escolher contra quem a demanda será promovida. Entretanto, o STF não compartilha desse entendimento. Para a nossa Corte Suprema, a indivisibilidade não tem incidência no âmbito da ação penal pública (somente na ação privada). Sustenta o STF que a divisibilidade da ação penal pública reside no fato de o Ministério Público ter a liberdade de não ofertar a denúncia contra alguns autores de crime contra os quais ainda não haja elementos suficientes; assim que reunidos esses elementos, a denúncia será aditada. Assim, a ação deixa de ser indivisível pelo simples fato de a denúncia comportar aditamento posterior. Com a devida vênia, a indivisibilidade, a nosso ver, consiste na impossibilidade de o membro do Ministério Público escolher contra quem a denúncia será oferecida. Se houver elementos, a ação deverá ser promovida contra todos. A *ação penal privada*, ao contrário da pública, é regida pelo *princípio da indisponibilidade*, na medida em que pode o seu titular desistir de prosseguir na demanda por ele ajuizada bem assim do recurso que houver interposto. O *princípio da indisponibilidade* – art. 42, CPP – é exclusivo da ação penal pública. No mais, a ação penal pública (condicionada ou incondicionada) é informada pelo *princípio da oficialidade*, uma vez que será exercida, em juízo, por órgão oficial integrante dos quadros do Estado, que é o Ministério Público. De tudo quanto acima foi dito, a única alternativa que contempla princípios da ação penal pública é a "E": oficialidade e intranscendência, sendo este último também aplicável à ação privada. É importante que se diga que, se adotarmos o entendimento do STF quanto à divisibilidade da ação penal pública, a alternativa "C" também pode ser considerada como correta. ED

Gabarito "E".

**(Polícia Rodoviária Federal – 2013 – CESPE)** No que concerne às disposições preliminares do Código de Processo Penal (CPP), ao inquérito policial e a ação penal, julgue os próximos itens.

(1) Tratando-se de lei processual penal, não se admite, salvo para beneficiar o réu, a aplicação analógica.

(2) Após regular instrução processual, mesmo que se convença da falta de prova de autoria do crime que inicialmente atribuir ao acusado, não poderá o Ministério Publico desistir da ação penal.

(3) O Ministério Público pode oferecer a denúncia ainda que não disponha do inquérito relatado pela autoridade policial.

(4) É condicionada à representação da vítima a ação penal por crime de dano praticado contra ônibus de transporte coletivo pertencente a empresa concessionária de serviço público.

**1:** incorreta, dado que a lei processual penal comporta, sim, *aplicação analógica*, conforme preceitua o art. 3º do CPP. Conferir: "É possível haver condenação em honorários advocatícios em ação penal privada. Conclusão que se extrai da incidência dos princípios da sucumbência e da causalidade, o que permite a aplicação analógica do art. 20 do Código de Processo Civil, conforme previsão constante no art. 3º do Código de Processo Penal" (STJ, 6ª T., AGRESP 1218726, rel. Min. Sebastião Reis Júnior, *DJ* 22.02.2013); **2:** correta. É verdade que é vedado ao MP, a partir do oferecimento da denúncia, desistir da ação penal proposta (art. 42, CPP). Agora, nada obsta que o órgão acusatório, se entender, ao cabo da instrução processual, que as provas produzidas são insuficientes para autorizar um decreto condenatório, peça a absolvição do acusado, que poderá, no entanto, ser condenado (art. 385, CPP); **3:** correta. Isso porque o inquérito policial, como bem sabemos, é *dispensável, prescindível* ao exercício da ação penal (art. 12, CPP). Assim sendo, o titular da ação penal, neste caso o promotor, poderá, com muito mais razão, se entender que o inquérito reúne elementos informativos suficientes, ajuizar a ação penal, ainda que as investigações, a juízo da autoridade policial, não tenham sido concluídas; **4:** incorreta, na medida em que a ação penal, neste caso, é pública *incondicionada*, não dependendo o MP, por conta disso, de qualquer manifestação de vontade da vítima. É o que se extrai dos arts. 163, parágrafo único, III, 167, do CP e 24, § 2º, do CPP. ED

Gabarito 1E, 2C, 3C, 4E

**(Escrivão de Polícia/BA – 2013 – CESPE)** Em relação ao processo penal e à legislação pertinente, julgue os itens que se seguem.

(1) Na hipótese de o Ministério Público (MP) perder o prazo legal para oferecer denúncia pelo crime de roubo, a vítima poderá propor queixa-crime em juízo e mover ação penal privada subsidiária da pública no prazo de seis meses, tornando-se o ofendido titular da ação; o membro do MP reassumirá a ação somente em caso de negligência.

(2) A intervenção do ofendido é admitida na ação penal pública ou privada, podendo ele habilitar-se como assistente de acusação desde o inquérito policial e, se for o caso, acompanhar a execução da pena.

(3) A vítima que representa perante a autoridade policial queixa de crime de ação penal pública condicionada pode retratar-se até a prolação da sentença condenatória pelo juiz.

**(4)** A prisão temporária é medida excepcional, cautelar e provisória, cabível apenas durante o inquérito policial e por prazo determinado, de modo que, esgotado o lapso temporal previsto em lei, o preso deve ser posto imediatamente em liberdade.

**1:** correta. No âmbito da ação penal privada subsidiária, que terá lugar na hipótese em que restar configurada a inércia do MP, o ofendido (neste caso, a vítima do crime de roubo) ou seu represente legal dispõe do prazo decadencial de seis meses para oferecer a queixa-crime, a contar do dia em que tem fim o prazo para o oferecimento da denúncia pelo MP (art. 38, parte final, do CPP), ao qual – é importante que se diga – não se submete o órgão acusatório, que poderá, diante da negligência do querelante e a qualquer tempo, desde que antes da prescrição, recobrar a ação e oferecer a denúncia; **2:** incorreta. Não há que se falar em assistência no curso do inquérito policial, procedimento inquisitivo em que não há sequer acusação. A admissão do assistente somente poderá ser dar na ação penal pública (não cabe na privada – art. 268 do CPP), a partir do recebimento da denúncia e enquanto não passar em julgado a sentença (art. 269, CPP); **3:** incorreta, uma vez que, por expressa previsão do art. 25 do CPP, a representação, na ação penal pública a ela condicionada, poderá ser retratada até o *oferecimento* da denúncia; é irretratável, portanto, a partir do recebimento até a prolação da sentença condenatória; **4:** correta. Não é por outra razão que se diz que a ordem de prisão temporária contém o chamado "comando implícito de soltura". É que, passados os 5 dias de custódia, o investigado deverá ser imediatamente posto em liberdade pela autoridade policial, sem a necessidade de alvará de soltura a ser expedido pelo juiz que decretou a prisão. Evidente que permanecerá custodiado o investigado que contra si for prorrogada a prisão temporária ou mesmo expedido mandado de prisão preventiva. É o que estabelece o art. 2º, § 7º, da Lei 7.960/1989, cuja redação foi modificada pela Lei 13.869/2019 (nova Lei de Abuso de Autoridade): *decorrido o prazo contido no mandado de prisão, a autoridade responsável pela custódia deverá, independentemente de nova ordem da autoridade judicial, pôr imediatamente o preso em liberdade, salvo se já tiver sido comunicada da prorrogação da prisão temporária ou da decretação da prisão preventiva.*

Gabarito 1C, 2E, 3E, 4C

## 4. JURISDIÇÃO E COMPETÊNCIA; CONEXÃO E CONTINÊNCIA

**(Delegado/MT – 2017 – CESPE)** A polícia civil instaurou e concluiu o inquérito policial relativo a roubo havido em uma agência franqueada dos Correios. Encaminhados os autos à justiça estadual, o órgão do MP ofereceu denúncia contra os autores, a qual foi recebida pelo juízo competente.

Nessa situação hipotética, conforme o posicionamento dos tribunais superiores acerca dos aspectos processuais que definem a competência para processar e julgar delitos,

**(A)** por ser o sujeito passivo do delito uma empresa pública federal franqueada, a competência para o processo e o julgamento do crime será da justiça federal.
**(B)** por se tratar de uma agência franqueada de uma empresa pública, a competência para o processo e o julgamento do crime será da justiça estadual.
**(C)** a competência para o processo e o julgamento do crime será concorrente, tornando-se prevento o juízo que receber a peça inaugural.
**(D)** o critério balizador para determinar a competência do juízo será exclusivamente territorial.
**(E)** a polícia civil e o MP estadual não têm competência para a persecução pré-processual e processual do delito, respectivamente.

A competência, segundo entendimento sedimentado no STJ, é da Justiça Estadual, já que, sendo o roubo praticado contra uma agência franqueada dos Correios, não há que se falar em prejuízo à empresa pública EBCT. Tanto é assim que, se a agência não fosse franqueada, e sim própria, a competência, aí sim, seria da Justiça Federal. Conferir: "Conflito de competência. Formação de quadrilha e roubo cometido contra agência franqueada da EBCT. Inexistência de prejuízo à EBCT. Inexistência de conexão. Competência da justiça estadual. I. Compete à Justiça Estadual o processo e julgamento de possível roubo de bens de agência franqueada da Empresa Brasileira de Correios e Telégrafos, tendo em vista que, nos termos do respectivo contrato de franquia, a franqueada responsabiliza-se por eventuais perdas, danos, roubos, furtos ou destruição de bens cedidos pela franqueadora, não se configurando, portanto, real prejuízo à Empresa Pública. II. Não evidenciado o cometimento de crime contra os bens da EBCT, não há que se falar em conexão de crimes de competência da Justiça Federal e da Justiça Estadual, a justificar o deslocamento da competência para a Justiça Federal. III. Conflito conhecido para declarar competente Juiz de Direito da Vara Criminal de Assu/RN, o Suscitante" (CC 116.386/RN, Rel. Ministro Gilson Dipp, Terceira Seção, julgado em 25/05/2011, DJe 07/06/2011).

Gabarito "B".

**(Delegado/GO – 2017 – CESPE)** Cláudio, maior e capaz, residente e domiciliado em Goiânia – GO, praticou determinado crime, para o qual é prevista ação penal privada, em Anápolis – GO. A vítima do crime, Artur, maior e capaz, é residente e domiciliada em Mineiros – GO.

Nessa situação hipotética, considerando-se o disposto no Código de Processo Penal, o foro competente para processar e julgar eventual ação privada proposta por Artur contra Cláudio será

**(A)** Anápolis – GO ou Goiânia – GO.
**(B)** Goiânia – GO ou Mineiros – GO.
**(C)** Goiânia – GO, exclusivamente.
**(D)** Anápolis – GO, exclusivamente.
**(E)** Mineiros – GO, exclusivamente.

Temos que, na ação penal privada, mesmo que conhecido o lugar da infração, que, neste caso, é Anápolis-GO, o querelante (Artur) poderá preferir o foro de domicílio ou da residência do querelado (Cláudio), tal como autoriza o art. 73 do CPP. Dessa forma, a ação, que é privativa do ofendido, poderá ser proposta na cidade de Anápolis-GO, onde os fatos se deram, ou em Goiânia-GO, local em que reside Cláudio.

Gabarito "A".

**(Delegado/GO – 2017 – CESPE)** Acerca de jurisdição e competência em matéria criminal, assinale a opção correta.

**(A)** Segundo entendimento do STJ, é de competência da justiça estadual processar e julgar crime contra funcionário público federal, estando ou não este no exercício da função.
**(B)** A competência para julgar prefeito municipal por desvio de verba sujeita a prestação de contas perante o órgão federal será dos juízes federais da seção judiciária da localidade em que o prefeito exercer ou tiver exercido o mandato.
**(C)** A competência para julgar governador de estado que, no exercício do mandato, cometa crime doloso contra a vida será do tribunal do júri da unidade da

Federação na qual aquela autoridade tenha sido eleita para o exercício do cargo público.

(D) A competência para processar e julgar crime de roubo que resulte em morte da vítima será do tribunal do júri da localidade em que ocorrer o fato criminoso.

(E) No Estado brasileiro, a jurisdição penal pode ser exercida pelo STF, e em todos os graus de jurisdição das justiças militar e eleitoral, e das justiças comuns estadual e federal, dentro do limite da competência fixada por lei.

A: incorreta, uma vez que não reflete o entendimento firmado na Súmula n. 147 do STJ, que a seguir se transcreve: "Compete à Justiça Federal processar e julgar os crimes praticados contra funcionário público federal, quando relacionados com o exercício da função"; B: incorreta. De acordo com a Súmula 702 do STF, "a competência do Tribunal de Justiça para julgar Prefeitos restringe-se aos crimes de competência da Justiça comum estadual; nos demais casos, a competência originária caberá ao respectivo tribunal de segundo grau". Desse modo, se o crime praticado pelo prefeito for federal (como é o caso narrado na assertiva), o julgamento caberá ao TRF da respectiva região; de igual forma, se for eleitoral o delito cometido pelo prefeito, a competência para julgá-lo será do Tribunal Regional Eleitoral do respectivo Estado. Há ainda a Súmula 208, do STJ: "Compete à Justiça Federal processar e julgar prefeito municipal por desvio de verba sujeita à prestação de contas perante órgão federal", que tem aplicação específica neste caso; C: incorreta. É que a jurisprudência consolidou o entendimento segundo o qual, na hipótese de ambas as competências (no caso, Júri e prerrogativa de função) estarem contempladas na Constituição Federal, deverá prevalecer a competência em razão da prerrogativa de função. É o que se infere da leitura da Súmula 721, do STF (Súmula Vinculante 45). O governador, dessa forma, será julgado pelo seu juízo natural, que é o STJ (art. 105, I, a, da CF). Se considerarmos que o crime praticado pelo governador (doloso contra a vida) nenhuma pertinência tem com o exercício do mandato, o julgamento deve se dar pela primeira instância (tribunal do júri), isso em razão da decisão do STJ, que, tendo por base a decisão do STF na AP 937, decidiu que a restrição do foro deve alcançar governadores e conselheiros dos Tribunais de Contas estaduais (AP 866 e AP 857); D: incorreta. A competência para o julgamento do crime de roubo seguido de morte (art. 157, § 3º, II, do CP), que é o latrocínio, é do juízo singular, e não do Tribunal do Júri, ao qual cabe o julgamento dos crimes dolosos contra a vida (que não é o caso do latrocínio, que é delito contra o patrimônio). Vide Súmula 603, do STF. ED
Gabarito "E".

(Delegado Federal – 2004 – CESPE) Com relação ao direito processual penal, julgue o item subsequente:

(1) Considere que a Constituição de um estado brasileiro determina que o secretário de Estado de Educação será julgado pelo tribunal de justiça. Nessa situação, prevalecerá a competência do tribunal do júri em caso de crime de homicídio cometido pelo referido secretário em concurso de agentes com pessoa sem foro por prerrogativa de função.

Antes de analisar a proposição acima, cabem algumas observações a respeito do foro por prerrogativa de função, ante paradigmática decisão do STF sobre este tema. No dia 3 de maio de 2018, o Plenário do STF, por maioria de votos, decidiu que o foro por prerrogativa de função de que gozam parlamentares federais (senadores e deputados) se aplica tão somente às infrações penais cometidas no exercício do cargo e em razão das funções a ele relacionadas. Tal decisão foi tomada no julgamento de questão de ordem da ação penal 937, cujo relator é o ministro Luís Roberto Barroso. Com isso, se o crime imputado a senador ou deputado federal é cometido antes da diplomação, o julgamento caberá ao juízo de primeira instância; se for cometido no curso do mandato mas nenhuma relação tiver com o seu exercício, o julgamento também caberá ao juiz de primeira instância (por exemplo: homicídio; roubo; embriaguez ao volante); agora, sendo o delito cometido durante o mandato e havendo relação entre ele e o desempenho da função parlamentar (corrupção passiva, por exemplo), o julgamento deverá realizar-se perante o STF. Uma das primeiras questões que surgiu, entre tantas outras, é se este entendimento que restringe o foro por prerrogativa de função se aplica para outras hipóteses de foro privilegiado ou apenas para os deputados federais e senadores. Segundo o STF, em decisão tomada no julgamento do Inq 4703 QO/DF, ocorrido em 12/06/2018 e da relatoria do ministro Luiz Fux, tal restrição imposta ao foro privilegiado vale também para ministros de Estado. O STJ, por sua vez, ao enfrentar a questão, tendo por base a decisão do STF na AP 937, decidiu que a restrição do foro deve alcançar governadores e conselheiros dos Tribunais de Contas estaduais (AP 866 e AP 857). Lembremos que o art. 105, I, "a", da CF/88 estabelece que compete ao STJ julgar os crimes praticados por governadores de Estado e por conselheiros dos Tribunais de Contas dos Estados. No que concerne aos prefeitos, ainda não há consenso. Há tribunais que, em face da nova interpretação conferida pelo STF ao foro por prerrogativa de função, remeteram os processos contra o chefe do executivo municipal para julgamento pela 1ª instância. Dito isso, passemos à análise da assertiva, cuja elaboração é anterior aos referidos julgamentos. 1: correta. Quando o foro por prerrogativa de função for estabelecido por Constituição Estadual, o autor do crime doloso contra a vida deverá ser julgado pelo Tribunal Popular, cuja competência é fixada pela Constituição Federal. Agora, prevalecerá o foro por prerrogativa de função se acaso este estiver previsto no texto constitucional. Vide, a esse respeito, o teor da Súmula 721 do STF, cujo teor foi reproduzido na Súmula Vinculante 45. ED
Gabarito "C".

(Delegado Federal – 2002 – CESPE) Julgue o seguinte item:

(1) Ítalo, mediante grave ameaça exercida com o emprego de uma arma de fogo, subtraiu do cofre de uma agência da Caixa Econômica Federal (CAIXA) a importância de R$ 60.000,00 em dinheiro. Nessa situação, será da justiça federal a competência para processar e julgar Ítalo pela prática do crime de roubo.

1: correta. Tratando-se de crime praticado contra o patrimônio de empresa pública federal, competente para o processamento e julgamento da causa é a Justiça Federal, nos termos do art. 109, IV, da CF. ED
Gabarito "C".

(Delegado Federal – 2002 – CESPE) Julgue o seguinte item:

(1) Renato, após arrombar a porta e adentrar em uma agência franqueada da Empresa Brasileira de Correios e Telégrafos (ECT), de propriedade privada, subtraiu em proveito próprio a importância de R$ 5.000,00. Nessa situação, caberá à justiça federal processar e julgar Renato pelo crime de furto qualificado.

1: incorreta. Conforme entendimento firmado na jurisprudência, compete à Justiça Estadual o processamento e julgamento de delitos praticados contra agências franqueadas dos Correios. Isso porque, ocorrendo prejuízo para o patrimônio destas, não há que se falar em prejuízo patrimonial para a empresa pública, afastando, portanto, a competência da Justiça Federal. Conferir, nessa esteira: STJ, 6ª T., HC 39.200-SP, rel. Min. Helio Quaglia Barbosa, j. 29.11.05. ED
Gabarito "E".

(Delegado Federal – 2002 – CESPE) Julgue o seguinte item:

(1) Considere a seguinte situação hipotética. O MP ofereceu denúncia contra um deputado federal pela prática de infração penal durante o exercício funcional, tendo o STF, antes do recebimento, solicitado da respectiva

Casa Legislativa licença para que fosse processado. A Câmara dos Deputados não se pronunciou a respeito do pedido de licença, tendo o mandato do parlamentar expirado. Nessa situação, como o crime foi perpetrado durante o exercício funcional, mesmo com a sua cessação prevalece a competência especial por prerrogativa de função.

A Súmula 394 do STF, que assegurava à autoridade a prerrogativa de foro mesmo depois de cessado o exercício de cargo ou mandato, foi cancelada pelo Pleno do próprio tribunal. O legislador, com o propósito de restabelecer o foro por prerrogativa de função nos moldes anteriores, editou a Lei 10.628/2002, a qual foi declarada inconstitucional pelo STF. Assim, praticado o crime durante o exercício funcional, uma vez cessado este, cessa a competência por prerrogativa de função. *Vide* Súmula 451 do STF. Mais recentemente, o Plenário do STF decidiu que o foro por prerrogativa de função de que gozam parlamentares federais (senadores e deputados) se aplica tão somente a infrações penais cometidas no exercício do cargo e em razão das funções a ele relacionadas. Tal decisão foi tomada no julgamento de questão de ordem da ação penal 937, cujo relator é o ministro Luís Roberto Barroso. ED
Gabarito "1E".

(Delegado Federal – 2002 – CESPE) Julgue o seguinte item.

(1) Considere a seguinte situação hipotética. A promotoria de justiça do patrimônio público instaurou, por portaria, inquérito civil para apurar atos de improbidade administrativa atribuídos a deputado federal, que teriam causado danos ao erário. Nessa situação, uma vez que compete originariamente ao STF processar e julgar parlamentar federal por crime, em virtude da prerrogativa de foro, qualquer medida investigatória de caráter pré-processual deve ser adotada perante o órgão judiciário competente, o STF, sob pena de configurar constrangimento ilegal passível de *habeas corpus* a ser impetrado perante a referida corte.

A já declarada inconstitucional Lei 10.628/02 estendia o foro privilegiado às ações de improbidade administrativa, que são ações de natureza civil. A razão do pronunciamento de inconstitucionalidade do STF reside no fato de a instituição de foro privilegiado somente poderia se dar por meio de alteração no texto constitucional, e não através de lei ordinária. Assim, permanece o foro por prerrogativa de função somente para as ações de natureza criminal, e desde que atendidos os requisitos contidos na decisão tomada pelo STF no julgamento de questão de ordem da ação penal 937. ED
Gabarito "1E".

(Escrivão – Pernambuco – CESPE – 2016) No que se refere ao lugar da infração, a competência será determinada:

(A) pelo domicílio do réu, no caso de infração permanente praticada no território de duas ou mais jurisdições conhecidas.
(B) pela prevenção, no caso de infração continuada praticada em território de duas ou mais jurisdições conhecidas.
(C) de regra, pelo local onde tiver sido iniciada a execução da infração, ainda que a consumação tenha ocorrido em outro local.
(D) pelo local onde tiver começado o *iter criminis*, no caso de tentativa.
(E) pelo lugar em que tiver sido iniciada a execução no Brasil, se a infração se consumar fora do território nacional.

A: incorreta, pois, neste caso, a competência, a teor do art. 71 do CPP, será determinada pela *prevenção* (e não em razão do lugar de residência do acusado); B: correta. Obedece à mesma regra aplicável à infração permanente (art. 71, CPP); C: incorreta, dado que, em regra, a competência será determinada pelo lugar em que o delito se consumou, ou, se se tratar de tentativa, pelo local em que se deu o derradeiro ato de execução (art. 70, "caput", CPP); D: incorreta, uma vez que, na hipótese de tentativa, a competência firmar-se-á em razão do local onde foi praticado o último ato executório (art. 70, "caput", CPP); E: incorreta. Neste caso, a competência será determinada pelo local em que tiver sido praticado, em território nacional, o último ato de execução (art. 70, § 1º, CPP). ED
Gabarito "B".

## 5. QUESTÕES E PROCESSOS INCIDENTES

(Delegado/GO – 2017 – CESPE) Com relação a questões e processos incidentes, assinale a opção correta.

(A) Não poderá ser arguida a suspeição dos intérpretes.
(B) Não poderá ser arguida a suspeição dos funcionários da justiça.
(C) Não poderá ser arguida a suspeição do órgão do Ministério Público.
(D) Não poderá ser arguida a suspeição das autoridades policiais nos atos do inquérito.
(E) Não poderá ser arguida a suspeição dos peritos.

A: incorreta. Estabelece o art. 105 do CPP que as partes poderão, sim, arguir a suspeição dos intérpretes; B: incorreta. Estabelece o art. 105 do CPP que as partes poderão, sim, arguir a suspeição dos funcionários da Justiça; C: incorreta. Estabelece o art. 104 do CPP que as partes poderão, sim, arguir a suspeição do órgão do MP; D: correta. Tal como estabelece o art. 107 do CPP, não se poderá opor suspeição às autoridades policiais nos atos do inquérito; E: incorreta. Estabelece o art. 105 do CPP que as partes poderão, sim, arguir a suspeição dos peritos. ED
Gabarito "D".

(Delegado/PE – 2016 – CESPE) Conforme a legislação em vigor e o posicionamento doutrinário prevalente, assinale a opção correta com relação à competência e às questões e processos incidentes.

(A) Todas as infrações penais, incluindo-se as contravenções que atingirem o patrimônio da União, suas autarquias e empresas públicas, serão da competência da justiça federal.
(B) O processo incidente surge acessoriamente no processo principal, cujo mérito se confunde com o mérito da causa principal, devendo, assim, tal processo – o incidente – ser resolvido concomitantemente ao exame do mérito da ação penal, sob pena de decisões conflitantes.
(C) A restituição de coisas apreendidas no bojo do inquérito policial ainda não concluído poderá ser ordenada pela autoridade policial, quando cabível, desde que seja evidente o direito do reclamante.
(D) Havendo fundada dúvida sobre a sanidade mental do indiciado, o delegado de polícia poderá determinar de ofício a realização do competente exame, com o objetivo de aferir a sua imputabilidade.
(E) Tratando-se de foro privativo por prerrogativa de função cuja competência para o conhecimento da causa é atribuída à jurisdição colegiada, esta será determinada pelo lugar da infração.

**A:** incorreta, dado que o art. 109, IV, primeira parte, da CF afasta a competência da Justiça Federal para o processamento e julgamento das contravenções penais, mesmo que praticadas em detrimento de bens, serviços ou interesse da União ou de suas entidades autárquicas ou empresas públicas, entendimento esse consagrado na Súmula nº 38, STJ: "Compete à Justiça Estadual Comum, na vigência da Constituição de 1988, o processo por contravenção penal, ainda que praticada em detrimento de bens, serviços ou interesse da União ou de suas entidades"; **B:** incorreta. É incorreto afirmar-se que o mérito do processo incidente se confunde com o do processo principal e que a solução daquele deva necessariamente dar-se de forma concomitante com este; **C:** correta, pois reflete a regra presente no art. 120, *caput*, do CPP; **D:** incorreta. Neste caso, a autoridade policial deverá representar pela realização do exame de integridade mental no investigado, cabendo ao juiz determiná-lo (art. 149, § 1º, do CPP), e não ela própria, a autoridade policial, determinar de ofício a realização do exame; **E:** incorreta. Neste caso, o local em que se deu a infração não tem relevância, já que o julgamento será feito pelo órgão colegiado do local em que o detentor do foro especial exerce suas funções. Se, por exemplo, um promotor de justiça que atua no Estado de São Paulo praticar um estelionato no Estado do Rio de Janeiro, será competente para o julgamento o TJ de São Paulo, mesmo o delito tendo ocorrido fora deste Estado.
Gabarito "C".

**(Delegado/BA – 2013 – CESPE)** No que se refere a questões e processos incidentes, julgue os próximos itens.

**(1)** A autoridade policial que, na fase de investigação criminal, desconfiar da integridade mental do acusado, poderá, sem suspender o andamento do inquérito policial, determinar, de ofício, que o acusado se submeta a exame de sanidade mental, a ser realizado por peritos oficiais.

**(2)** A restituição de coisas apreendidas em poder do investigado, no âmbito do inquérito policial, pode ser ordenada pela autoridade policial, desde que não haja vedação legal à restituição das coisas e inexista importância à prova da infração ou desde que a restituição não sirva à reparação do dano causado pelo crime e seja induvidoso o direito do reclamante, após oitiva obrigatória do MP.

**(3)** Se, no curso de uma investigação criminal, a autoridade policial tomar conhecimento de questão prejudicial controversa da qual dependa a existência do crime investigado, a autoridade deverá ordenar a suspensão do procedimento e comunicar o fato ao MP, para que este tome as medidas cabíveis para a solução de controvérsia prejudicial obrigatória.

**1:** incorreta. A despeito de o exame de sanidade mental poder ser realizado ainda na fase investigatória, tal medida somente poderá ser determinada pelo juiz de direito, mediante representação da autoridade policial, conforme estabelece o art. 149, § 1º, do CPP. Tal providência, aliás, está prevista no art. 3º-B, VIII, do CPP, inserido pela Lei 13.964/2019, como uma das atribuições do juiz das garantias; **2:** correta (art. 120, *caput*, do CPP), embora haja divergência quanto à necessidade de o MP, neste caso, manifestar-se, uma vez que a restituição se deu no âmbito do inquérito policial (art. 120, § 3º, do CPP). Vale observar que, na prática, é no mínimo incomum a autoridade policial submeter tal questão à apreciação do MP. Pela incidência do art. 120, § 3º, do CPP à restituição pela autoridade policial, conferir a lição de Guilherme de Souza Nucci: "Ouvida obrigatória do Ministério Público: sempre que alguém ingressar com pedido de restituição de coisa apreendida, seja duvidosa ou não a propriedade, deve-se colher o parecer do Ministério Público, até porque é importante saber se o objeto é importante ao processo. O titular da ação penal é a parte mais indicada a pronunciar-se a esse respeito. Portanto, havendo inquérito, remete o delegado os autos a juízo, para que seja ouvido o promotor (...)" (**Código de Processo Penal Comentado**. 12. ed. p. 332); **3:** incorreta. A suspensão a que alude o art. 93 do CPP somente tem incidência no âmbito do processo; não se aplica, pois, na fase de investigação policial, sendo vedado ao delegado de polícia, diante da existência de questão prejudicial da qual dependa a existência do crime sob investigação, suspender o inquérito; deve, isto sim, depois de concluí-lo, remetê-lo a juízo.
Gabarito 1E, 2C, 3E

## 6. PROVA

**(Agente – PF – 2014 – CESPE/CEBRASPE)** No que se refere ao exame de corpo de delito, julgue os itens seguintes.

**(1)** A autoridade providenciará que, em dia e hora previamente marcados, seja realizada a diligência de exumação para exame cadavérico, devendo-se lavrar auto circunstanciado da sua realização.

**(2)** A confissão do acusado suprirá o exame de corpo de delito, quando a infração deixar vestígios, mas não for possível fazê-lo de modo direto.

**1:** correta. De fato, estabelece o art. 163, *caput*, do CPP que, *em caso de exumação para exame cadavérico, a autoridade providenciará para que, em dia e hora previamente marcados, se realize a diligência, da qual se lavrará auto circunstanciado*. Exumar consiste no ato de desenterrar o cadáver da sepultura a fim de submetê-lo a perícia, o que é feito na hipótese de surgir dúvida a respeito da causa da morte. A autoridade referida no dispositivo legal é a policial, que se encarregará de ordenar a realização da autópsia; **2:** errada. É fato que o exame de corpo de delito, direto ou indireto, nas infrações que deixam vestígios, é indispensável – art. 158 do CPP. Agora, se estes vestígios, por qualquer razão, se perderem, nosso ordenamento jurídico admite que a *prova testemunhal* supra essa ausência – art. 167 do CPP. A confissão, no entanto, por expressa disposição do art. 158 do CPP, não poderá ser utilizada para esse fim. Quanto ao exame de corpo de delito, importante tecer alguns comentários acerca da chamada "cadeia de custódia", inovação introduzida no CPP (arts. 158-A a 158-F) pela Lei 13.964/2019 (Pacote Anticrime), que consiste na sistematização de todos os procedimentos em que se prestam a preservar a autenticidade da prova coletada em locais ou em vítimas de crimes. *Grosso modo*, estabelece regras que devem ser seguidas no manejo das provas, desde o primeiro momento desta cadeia, que se dá com o procedimento de preservação do local de crime ou a verificação da existência de vestígio, até o seu descarte. Também são estabelecidas normas concernentes ao armazenamento de vestígios e a sua preservação. Tal regramento se justifica na medida em que a prova pericial, ao contrário da grande maioria das provas, não é passível de ser reproduzida em juízo sob o crivo do contraditório, de sorte que a sua produção, em regra ainda na fase investigativa, tem caráter definitivo, embora possa, em juízo, ser contrariada (contraditório diferido).
Gabarito: 1C, 2E

**(Policial Rodoviário Federal – CESPE – 2019)** Com relação aos meios de prova e os procedimentos inerentes a sua colheita, no âmbito da investigação criminal, julgue o próximo item.

**(1)** A entrada forçada em determinado domicílio é lícita, mesmo sem mandado judicial e ainda que durante a noite, caso esteja ocorrendo, dentro da casa, situação de flagrante delito nas modalidades próprio, impróprio ou ficto.

Não há ilegalidade no ingresso à força em domicílio, ainda que à noite, para efetuar prisão em flagrante, ainda que se trate de flagrante impróprio ou ficto. Conferir: "RECURSO ORDINÁRIO EM HABEAS CORPUS. FURTO QUALIFICADO. FORMAÇÃO DE QUADRILHA. INÉPCIA DA DENÚNCIA. AUSÊNCIA DE PREJUÍZO. BUSCA E APRE-

ENSÃO SEM MANDADO. OCORRÊNCIA DE FLAGRANTE PRESUMIDO. POSSIBILIDADE. NEGADO PROVIMENTO 1- Não gera a inépcia da denúncia a ausência de indicação exata do tempo de ocorrência do crime, sobretudo quando é determinado o intervalo de tempo e não se evidencia qualquer prejuízo à defesa. 2- A inviolabilidade do domicílio é excepcionada pela ocorrência de flagrante delito, conforme artigo 5°, XI, da Constituição Federal. 3- É válido o flagrante presumido quando o objeto furtado é encontrado, após a prática do crime, na residência do acusado. 4- Negado provimento ao recurso" (RHC 21.326/PR, Rel. Ministra JANE SILVA (DESEMBARGADORA CONVOCADA DO TJ/MG), QUINTA TURMA, julgado em 25/10/2007, DJ 19/11/2007, p. 247). Importante que se diga que não é este o entendimento de Guilherme de Souza Nucci, para quem somente o flagrante próprio autoriza o ingresso da polícia, durante a noite, em domicílio alheio para efetivar a prisão em flagrante. ED

Gabarito "1C".

**(Delegado/GO – 2017 – CESPE)** Suponha que o réu em determinado processo criminal tenha indicado como testemunhas o presidente da República, o presidente do Senado Federal, o prefeito de Goiânia – GO, um desembargador estadual aposentado, um vereador e um militar das Forças Armadas. Nessa situação hipotética, conforme o Código de Processo Penal, poderão optar pela prestação de depoimento por escrito

(A) o presidente do Senado Federal e o desembargador estadual.

(B) o prefeito de Goiânia – GO e o militar das Forças Armadas.

(C) o desembargador estadual e o vereador.

(D) o presidente da República e o presidente do Senado Federal.

(E) o presidente da República e o vereador.

Estabelece o art. 221, § 1°, do CPP que o presidente e o vice-presidente da República e os presidentes do Senado Federal, da Câmara dos Deputados e do Supremo Tribunal Federal têm a prerrogativa, quando ouvidos na condição de testemunha, de ajustar, com o juiz da causa, local, dia e hora para que lhes seja tomado o depoimento. ED

Gabarito "D".

**(Delegado/BA – 2013 – CESPE)** A autoridade policial deve promover as diligências para o devido esclarecimento dos fatos lesivos a algum direito. Essa averiguação deve ser baseada em procedimentos de demonstração, os quais dependem da natureza dos fatos. Com relação a esse assunto, julgue os itens a seguir.

(1) No foro penal, o relatório do médico perito, denominado laudo pericial médico-legal, somente poderá ser solicitado pela autoridade competente até o momento da sentença.

(2) Caso haja contradição entre os depoimentos das testemunhas, as confissões dos acusados e as conclusões técnicas dos peritos, o testemunho das pessoas envolvidas, quando estas estiverem sob juramento, deve prevalecer sobre as conclusões técnicas dos peritos.

(3) Os técnicos especializados encarregados de realizar o exame dos vestígios materiais relacionados ao fato jurídico são denominados peritos; caso sejam remunerados pelo Estado, serão denominados peritos oficiais.

**1:** incorreta. A realização de exame pericial, cujo resultado é materializado por meio do laudo pericial, pode ser solicitada pela autoridade competente (policial ou judiciária) durante as investigações do inquérito, no curso da ação penal a até depois de prolatada a sentença, já em segundo grau de jurisdição. Imaginemos a hipótese em que, em grau de apelação, surja, por qualquer razão, dúvida quanto à capacidade penal do recorrente, que, no primeiro grau de jurisdição, não restou clara. Neste caso, nada obsta que o relator ou revisor, em obediência ao postulado da busca da verdade real, converta o julgamento em perícia, a fim de se aferir, com exatidão, a capacidade penal do apelante. Tal possibilidade vem consagrada no art. 616 do CPP; **2:** incorreta. O sistema de valoração de provas que adotamos, o da *livre convicção* ou *persuasão racional* (art. 155, CPP), estabelece que o convencimento do juiz não deve subordinar-se a critérios predeterminados de valoração da prova (não há, no processo penal, hierarquia entre provas), nada impedindo, bem por isso, que uma prova oral prevaleça sobre uma prova pericial e vice-versa; **3:** incorreta. A remuneração não serve de critério para diferenciar peritos oficiais de não oficiais. Isso porque não é suficiente, para poder se afirmar que se trata de perito oficial, o recebimento de remuneração, sendo certo que tais profissionais, além disso, devem ser aprovados em concurso público e, ao serem nomeados para o cargo, devem prestar compromisso de bem portar-se no exercício de seu mister. ED

Gabarito 1E, 2E, 3E.

**(Delegado/BA – 2013 – CESPE)** Com relação às provas criminais, julgue os itens que se seguem.

(1) É indispensável o exame pericial, direto ou indireto, nos casos em que a infração penal deixe vestígios, não podendo supri-lo a confissão do acusado, facultada ao MP, ao assistente de acusação, ao ofendido, ao querelante e ao acusado a indicação de assistente técnico para atuar na etapa processual após sua admissão pelo juiz e a conclusão dos exames e elaboração do laudo pelos peritos oficiais.

(2) Consoante a interpretação doutrinária da legislação penal, as buscas e apreensões são consideradas não só meios de prova, mas também providências acautelatórias da atividade probante (medida cautelar), podendo ser executadas em qualquer fase da persecução penal.

(3) De acordo com o CPP, o interrogatório do investigado, em regra, pode ser realizado em qualquer etapa do inquérito policial, e por intermédio do sistema de videoconferência ou de outro recurso tecnológico de transmissão de sons e imagens em tempo real, desde que o investigado esteja recolhido em unidade da federação distinta daquela em que se realize o procedimento e tal medida seja necessária para prevenir risco à segurança pública, em razão de fundada suspeita de que o preso integre organização criminosa ou possa fugir durante o deslocamento.

**1:** correta, pois em conformidade com o que estabelecem os arts. 158 e 159, §§ 3° e 4°, do CPP; **2:** correta. Oportuno, aqui, o ensinamento de Guilherme de Souza Nucci, que trata, em separado, dos termos *busca* e *apreensão*: "Natureza jurídica: são medidas de natureza mista. Conforme o caso, a busca pode significar um ato preliminar à apreensão de produto de crime, razão pela qual se destina à devolução à vítima. Pode significar, ainda, um meio de prova, quando a autorização é dada pelo juiz para se proceder a uma perícia em determinado domicílio. A apreensão tem os mesmos ângulos. Pode representar a tomada de um bem para acautelar o direito de indenização da parte ofendida, como pode representar a apreensão da arma do delito para fazer prova. Assim, tanto a busca, quanto a apreensão, podem ser vistos, individualmente, como meios assecuratórios ou como meios de prova, ou ambos" (**Código de Processo Penal Comentado**. 12. ed., p. 555). No mais, a medida de busca e apreensão pode ocorrer em fase anterior à investigação policial (busca pessoal do art. 240, § 2º, do CPP), no curso do inquérito e no decorrer da instrução processual, e também ao logo da execução penal; **3:** incorreta. Primeiro porque o sistema de videoconferência somente será utilizado no interrogatório *judicial* (art. 185, § 2º, do CPP); não será admitido, portanto, no âmbito do interrogatório prestado em inquérito policial. Segundo porque não é condição para a realização do interrogatório (judicial) por meio de videoconferência o fato de o acusado (e não investigado) encontrar-se recolhido em unidade da federação distinta daquela na qual tramita o processo. O art. 185 do CPP não contemplou tal exigência. Está correta, é bom que se diga, a última parte da assertiva, que descreve uma das hipóteses em que é admitido o interrogatório (judicial) por videoconferência (art. 185, § 2º, I, do CPP). Também é correto dizer-se que o interrogatório do investigado pode realizar-se em qualquer fase do inquérito policial (procedimento inquisitório). ED

Gabarito 1C, 2C, 3E

**(Delegado/TO – 2008 – CESPE)** Acerca da prova no processo penal, julgue os próximos itens.

**(1)** Considere que em determinada ação penal foi realizada perícia de natureza contábil, nos moldes determinados pela legislação pertinente, o que resultou na elaboração do competente laudo de exame pericial. Na fase decisória, o juiz discordou das conclusões dos peritos e, de forma fundamentada, descartou o laudo pericial ao exarar a sentença. Nessa situação, a sentença é nula, pois o exame pericial vincula o juiz da causa.

**(2)** Considere a seguinte situação hipotética. João, imputável, agrediu fisicamente Francisco, produzindo-lhe lesões corporais leves. Transcorridos alguns dias após a agressão, Francisco compareceu à repartição policial, onde noticiou o crime. Encaminhado para exame pericial, ficou constatado que não mais existiam lesões. Nessa situação, por terem desaparecido os vestígios, a materialidade do delito poderá ser demonstrada por meio de prova testemunhal.

**(3)** Não se faz distinção entre corpo de delito e exame de corpo de delito, pois ambos representam o próprio crime em sua materialidade.

**(4)** Por determinação legal, o exame necroscópico ou cadavérico deve ser realizado pelo menos seis horas após o óbito. Todavia, tal obrigatoriedade é dispensada se houver evidência da morte, como ausência de movimentos respiratórios, desaparecimento do pulso ou enregelamento do corpo.

**(5)** Dispõe a lei processual penal que os exames de corpo de delito e as outras perícias serão feitos por dois peritos oficiais, o que significa que esses técnicos podem desempenhar suas funções independentemente de nomeação da autoridade policial ou do juiz, uma vez que a investidura em tais cargos advém da lei.

**1:** incorreta, pois, na forma estabelecida no art. 182 do CPP, o magistrado não está vinculado às conclusões do perito, podendo, assim, acolhê-las ou rejeitá-las, no todo ou em parte, desde que fundamentadamente; **2:** a assertiva está correta, pois, uma vez inviabilizada a realização do exame pericial (direto ou indireto) nas infrações que deixam vestígios (chamados *delitos não transeuntes*), em razão do desaparecimento destes, a prova testemunhal poderá suprir-lhe a falta, na forma estatuída no art. 167 do CPP. Mas atenção: em hipótese alguma a confissão do réu poderá suprir a falta do exame de corpo de delito – art. 158, CPP; **3:** proposição incorreta. *Corpo de delito* corresponde aos vestígios deixados pelo crime, ou seja, é tudo aquilo que comprova a existência material do delito, seus elementos sensíveis; já o *exame de corpo de delito* corresponde à prova pericial levada a cabo nesses vestígios materiais gerados pela prática da infração penal; **4:** assertiva em consonância com o que dispõe o art. 162, *caput*, do CPP; **5:** correta. Em vista do que dispõe a nova redação do art. 159, *caput* e § 1º, do CPP, a perícia será levada a efeito por um perito oficial portador de diploma de curso superior, ou, na falta deste, por duas pessoas idôneas, portadores de diploma de curso superior, preferencialmente na área específica. ED

Gabarito 1E, 2C, 3E, 4C, 5C

**(Agente-Escrivão – PC/GO – CESPE – 2016)** No que diz respeito às provas no processo penal, assinale a opção correta.

**(A)** Para se apurar o crime de lesão corporal, exige-se prova pericial médica, que não pode ser suprida por testemunho.

**(B)** Se, no interrogatório em juízo, o réu confessar a autoria, ficará provada a alegação contida na denúncia, tornando-se desnecessária a produção de outras provas.

**(C)** As declarações do réu durante o interrogatório deverão ser avaliadas livremente pelo juiz, sendo valiosas para formar o livre convencimento do magistrado, quando amparadas em outros elementos de prova.

**(D)** São objetos de prova testemunhal no processo penal fatos relativos ao estado das pessoas, como, por exemplo, casamento, menoridade, filiação e cidadania.

**(E)** O procedimento de acareação entre acusado e testemunha é típico da fase pré-processual da ação penal e deve ser presidido pelo delegado de polícia.

**A:** incorreta. Na lesão corporal, tal como ocorre em geral nos crimes que deixam vestígios, é de rigor a realização do exame de corpo de delito, direto ou indireto (art. 158, CPP). Pode ocorrer, entretanto, de tais vestígios, por qualquer razão, se perderem, desaparecerem. Neste caso, é perfeitamente possível que tal ausência seja suprida por meio de prova testemunhal (art. 167, CPP). O que não se admite, por expressa previsão desse dispositivo, é que a confissão supra essa falta; **B:** incorreta. Atualmente, não mais se confere à confissão o *status* de rainha das provas, como outrora já foi considerada. Hoje, temos que a confissão, sendo meio de prova com valor equivalente ao das demais, deve ser valorada em conjunto com os outros elementos probatórios produzidos no processo (art. 197, CPP); a confissão, portanto, ainda que produzida em juízo, não torna certa a alegação contida na inicial, que não poderá, de forma isolada ou dissociada dos demais elementos probatórios reunidos no processo, levar a um decreto condenatório; **C:** correta. No campo da valoração da prova, o sistema adotado, como regra, pelo CPP, é o da *persuasão racional* ou *livre convencimento motivado*, pelo qual o magistrado tem ampla liberdade para apreciar as provas produzidas no processo, devendo, sempre, fundamentar a sua decisão. Esse sistema de valoração da prova está consagrado na Exposição de Motivos do CPP, item VII, que assim dispõe: *Todas as provas são relativas; nenhuma delas terá, ex vi legis, valor decisivo ou necessariamente maior prestígio que outra. Se é certo que o juiz fica adstrito à prova constante dos autos, não é menos certo que ele não fica subordinado a nenhum critério apriorístico no apurar, através delas, a verdade material. O juiz criminal é, assim, restituído à sua própria consciência*. Dessa forma, as declarações do réu no seu interrogatório serão avaliadas livremente pelo juiz, que deverá sopesá-las com as demais provas contidas no processo; **D:** incorreta. A lei processual penal (art. 155, parágrafo único, CPP) impôs restrição à produção da prova que diga respeito ao estado das pessoas, devendo-se observar, neste caso, as regras contempladas na lei civil. Exemplo clássico é a prova do estado de casado, que deverá ser feita por meio da certidão do registro civil; **E:** incorreta, dado que a acareação pode ser realizada tanto na fase *inquisitiva* quanto na *judicial*, neste último caso determi-

nada pelo magistrado do feito, de ofício ou a requerimento das partes. De igual modo, a autoridade policial, se entender pertinente e útil às investigações do inquérito policial, poderá determinar tal providência (art. 6º, VI, do CPP).
Gabarito "C".

**(Agente – Pernambuco – CESPE – 2016)** Considerando os princípios e normas que orientam a produção de provas no processo penal, assinale a opção correta.

(A) O reconhecimento de pessoas no âmbito do inquérito policial poderá ser feito pessoalmente, com a apresentação do suspeito, ou por meio de fotografias, com idêntico valor probante, conforme disciplinado no Código de Processo Penal.
(B) Conforme a teoria dos frutos da árvore envenenada, são inadmissíveis provas ilícitas no processo penal, restringindo-se o seu aproveitamento a casos excepcionais, mediante decisão fundamentada do juiz.
(C) Nos crimes cometidos com destruição ou rompimento de obstáculo, embora indispensável a perícia técnica que descreva os vestígios materiais e indique os instrumentos utilizados, ela pode ser suprida pela confissão espontânea do acusado.
(D) O pedido de interceptação telefônica do investigado cabe exclusivamente ao Ministério Público e somente a ele deve se reportar a autoridade policial.
(E) A interceptação telefônica é admitida no processo se determinada por despacho fundamentado do juiz competente, na fase investigativa ou no curso da ação penal, sob segredo de justiça.

**A:** incorreta. A lei processual penal não contemplou o reconhecimento *fotográfico*, mas somente o *pessoal*, cuja disciplina está no Código de Processo Penal, em seu art. 226. No mais, o reconhecimento fotográfico, além de não encontrar, como dito, previsão na legislação processual, constitui prova *indireta*, pois não realizada sobre o investigado em pessoa. Cuida-se, pois, de mero *indício*; **B:** incorreta. A assertiva corresponde à teoria da inadmissibilidade da prova obtida por meio ilícito (art. 5º, LVI, CF e art. 157, "caput", do CPP). A chamada teoria dos frutos da árvore envenenada enuncia a imprestabilidade daquela prova que, embora em si mesma seja lícita, sua obtenção se deu por meio de uma prova ilícita. Com o advento da Lei 11.690/2008, que promoveu uma série de alterações no campo da prova, o CPP contemplou, de forma expressa, a prova ilícita por derivação (o art. 157, § 1º, do CPP), que, antes mesmo dessa alteração legislativa, já representava entendimento sufragado na nossa Corte Suprema, no sentido de que a prova obtida por meio ilícito contamina aquelas que dela tenham se originado. Dessa forma, a prova derivada da ilícita, tal qual ocorre com a ilícita, deve ser defenestrada do processo, não podendo, assim, contribuir para a formação da convicção do julgador. Todavia, é importante que se diga, o CPP, neste mesmo dispositivo, previu duas exceções, a saber: quando não evidenciado o nexo de causalidade entre a prova primária e a secundária; e quando as derivadas (provas secundárias) puderem ser obtidas por uma fonte independente das primeiras (provas primárias); **C:** incorreta. A assertiva trata de uma das formas qualificadas do delito de furto, em que o agente, com vistas a subtrair a coisa alheia móvel, rompe ou destrói obstáculo. Neste caso, é de rigor, tal como estabelece o art. 171 do CPP, a realização do exame de corpo de delito a fim de constatar a existência desta qualificadora. Em regra, a perícia deverá realizar-se, de forma direta, sobre os vestígios do crime, a qual, no entanto, poderá ser suprida por prova testemunhal quando tais vestígios, por qualquer razão, desaparecerem. O que não se admite – e aqui está o erro da assertiva – é que o exame seja suprido pela confissão do acusado (art. 158, CPP); **D:** incorreta, dado que o pedido de interceptação das comunicações telefônicas poderá ser formulado tanto pelo Ministério Público quanto pela autoridade policial, que se reportará diretamente ao juiz competente (art. 3º da Lei 9.296/1996); **E:** correta, pois reflete o disposto no art. 1º, "caput", da Lei 9.296/1996.
Gabarito "E".

**(Escrivão – Pernambuco – CESPE – 2016)** Com relação ao exame de corpo de delito, assinale a opção correta.

(A) O exame de corpo de delito poderá ser suprido indiretamente pela confissão do acusado se os vestígios já tiverem desaparecido.
(B) Não tendo a infração deixado vestígios, será realizado o exame de corpo de delito de modo indireto.
(C) Tratando-se de lesões corporais, a falta de exame complementar poderá ser suprida pela prova testemunhal.
(D) Depende de mandado judicial a realização de exame de corpo de delito durante o período noturno.
(E) Requerido, pelas partes, o exame de corpo de delito, o juiz poderá negar a sua realização, se entender que é desnecessário ao esclarecimento da verdade.

**A:** incorreta. Como bem sabemos, o exame de corpo de delito, nas infrações que deixam vestígios, é indispensável – art. 158 do CPP. Agora, se estes vestígios, por qualquer razão, se perderem, nosso ordenamento jurídico admite que a prova testemunhal supra essa ausência – art. 167 do CPP. A confissão, no entanto, por expressa disposição do art. 158 do CPP, não poderá ser utilizada para esse fim; **B:** incorreta. O exame de corpo de delito, direto ou indireto, somente será realizado na hipótese de a infração deixar vestígios; se não há vestígios, não há por que proceder-se ao exame de corpo de delito; **C:** correta, pois retrata a regra presente no art. 168, § 3º, do CPP; **D:** incorreta. O exame de corpo de delito poderá ser realizado em qualquer dia e a qualquer hora (art. 161, CPP); **E:** incorreta. Reza o art. 184 do CPP que, *salvo o caso de exame de corpo de delito, o juiz ou a autoridade policial negará a perícia requerida pelas partes, quando não for necessária ao esclarecimento da verdade*.
Gabarito "C".

**(Escrivão – Pernambuco – CESPE – 2016)** A respeito da confissão, assinale a opção correta.

(A) Será divisível e o juiz poderá considerar apenas certas partes do que foi confessado.
(B) Será qualificada quando o réu admitir a prática do crime e delatar um outro comparsa.
(C) Tem valor absoluto e se sobrepõe aos demais elementos de prova existentes nos autos.
(D) Ficará caracterizada diante do silêncio do réu durante o seu interrogatório judicial.
(E) Será irretratável após realizada pelo réu durante o interrogatório judicial e na presença do seu defensor.

**A:** correta. A confissão, de fato, é *divisível*, podendo o juiz, ao apreciá-la, acreditar numa determinada parte e desconsiderar outra. De toda sorte, o magistrado apreciará a confissão considerando o conjunto formado pelas demais provas reunidas no processo (art. 200, CPP); **B:** incorreta. *Qualificada* é a confissão em que o acusado admite os fatos que lhe são imputados, mas invoca, em seu benefício, uma justificativa, como, por exemplo, ter agido acobertado por uma causa de exclusão da ilicitude; **C:** incorreta. Atualmente, não mais se confere à confissão o *status* de rainha das provas, como outrora já foi considerada. Hoje, temos que a confissão, sendo meio de prova com valor equivalente às demais, deve ser valorada em conjunto com os outros elementos probatórios produzidos no processo (art. 197, CPP); **D:** incorreta. Assim dispõe o art. 186, parágrafo único, do CPP: *O silêncio, que não importará em confissão, não poderá ser interpretado em prejuízo da defesa*; **E:**

incorreta. A possibilidade de o acusado, a qualquer tempo, retratar-se da confissão está expressamente prevista no art. 200 do CPP.
Gabarito "A".

**(Escrivão – Pernambuco – CESPE – 2016)** Com relação ao interrogatório do acusado, assinale a opção correta.

(A) O acusado poderá ser interrogado sem a presença de seu defensor se assim desejar e deixar consignado no termo.

(B) Não sendo possível a presença em juízo do acusado preso por falta de escolta para conduzi-lo, poderá o interrogatório ser realizado por sistema de videoconferência.

(C) Mesmo após o encerramento da instrução criminal, a defesa poderá requerer ao juiz novo interrogatório do acusado, devendo indicar as razões que o justifiquem.

(D) Havendo mais de um acusado, eles serão interrogados conjuntamente, exceto se manifestarem acusações recíprocas.

(E) O interrogatório deve ser realizado no início da instrução criminal, antes da oitiva de testemunhas de acusação e de defesa.

**A:** incorreta, uma vez que a presença do defensor, constituído ou dativo, no interrogatório é indispensável, obrigatória (art. 185, "caput", do CPP); **B:** incorreta. A falta de escolta não constitui motivo bastante para que se proceda ao interrogatório por videoconferência. Isso porque tal recurso tecnológico somente deve ser utilizado em situações excepcionais, que estão elencadas no art. 185, § 2º, do CPP, entre as quais não está a impossibilidade de comparecimento por falta de escolta; **C:** correta. Com efeito, é lícito ao juiz, a todo tempo, proceder a novo interrogatório, de ofício ou a requerimento das partes (art. 196, CPP); **D:** incorreta, já que, havendo dois ou mais réus, serão eles interrogados separadamente (art. 191, CPP); **E:** incorreta. Por força das modificações implementadas pela Lei 11.719/2008, que alterou diversos dispositivos do CPP, entre os quais o seu art. 400, a instrução, que antes tinha como providência inicial o interrogatório do acusado, passou a ser uma, impondo, além disso, nova sequência de atos, todos realizados em uma única audiência. Nesta (art. 400 do CPP – ordinário; art. 531 do CPP – sumário), deve-se ouvir, em primeiro lugar, o ofendido; depois, ouvem-se as testemunhas de acusação e, em seguida, as de defesa. Após, vêm os esclarecimentos dos peritos e as acareações. Em seguida, procede-se ao reconhecimento de pessoas e coisas. Somente depois se interroga o acusado. Ao final, não havendo requerimento de diligências, serão oferecidas pelas partes alegações finais orais, por vinte minutos, prorrogáveis por mais dez.
Gabarito "C".

**(Agente de Polícia Federal – 2012 – CESPE)** Com base no direito processual penal, julgue os itens que se seguem.

(1) De acordo com inovações na legislação específica, a perícia deverá ser realizada por apenas um perito oficial, portador de diploma de curso superior; contudo, caso não haja, na localidade, perito oficial, o exame poderá ser realizado por duas pessoas idôneas, portadoras de diploma de curso superior, preferencialmente na área específica. Nessa última hipótese, serão facultadas a participação das partes, com a formulação de quesitos, e a indicação de assistente técnico, que poderá apresentar pareceres, durante a investigação policial, em prazo máximo a ser fixado pela autoridade policial.

(2) Como o sistema processual penal brasileiro assegura ao investigado o direito de não produzir provas contra si mesmo, a ele é conferida a faculdade de não participar de alguns atos investigativos, como, por exemplo, da reprodução simulada dos fatos e do procedimento de identificação datiloscópica e de reconhecimento, além do direito de não fornecer material para comparação em exame pericial.

(3) O sistema processual vigente prevê tratamento especial ao ofendido, especialmente no que se refere ao direito de ser ouvido em juízo e de ser comunicado dos atos processuais relativos ao ingresso e à saída do acusado da prisão, à designação de data para audiência e à sentença e respectivos acórdãos. Além disso, ao ofendido é conferido o direito da preservação da intimidade, da vida privada, da honra e da imagem, o que, entretanto, não obsta a acareação entre ele e o acusado.

(4) O Código de Processo Penal determina expressamente que o interrogatório do investigado seja o último ato da investigação criminal antes do relatório da autoridade policial, de modo que seja possível sanar eventuais vícios decorrentes dos elementos informativos colhidos até então bem como indicar outros elementos relevantes para o esclarecimento dos fatos.

**1:** errada, pois, de acordo com o art. 159, § 4º, do CPP, o assistente técnico atuará a partir de sua admissão pelo juiz e após a conclusão dos exames e *elaboração do laudo pelos peritos oficiais*, sendo as partes intimadas desta decisão. Porém, entende-se que será possível a indicação de assistentes técnicos e a formulação de quesitos mesmo em caso de a perícia ser realizada por peritos não oficiais (peritos juramentados); **2:** errada. De fato, ninguém poderá ser compelido a produzir prova contra si mesmo (princípio do *nemo tenetur se detegere*), razão pela qual a participação do investigado na reprodução simulada dos fatos (art. 7º do CPP) será facultativa, o mesmo se dizendo no tocante à colheita de material gráfico para comparação em exame pericial. Porém, no que diz respeito à identificação criminal (que compreende a identificação datiloscópica e fotográfica), esta será realizada mesmo contra a vontade do investigado, nas hipóteses previstas na Lei 12.037/2009; **3:** correta. Nos termos do art. 201, § 2º, do CPP, o ofendido será comunicado dos atos processuais relativos ao ingresso e à saída do acusado da prisão, à designação de data para audiência e à sentença e respectivos acórdãos que a mantenham ou modifiquem. Ainda, conforme dispõe o art. 229 do CPP, será admitida a acareação entre acusados, entre acusado e testemunha, entre testemunhas, *entre acusado* ou testemunha *e a pessoa ofendida, e entre as pessoas ofendidas*, sempre que divergirem, em suas declarações, sobre fatos ou circunstâncias relevantes; **4:** errada, pois o interrogatório do investigado, durante a fase de investigação criminal, não é, necessariamente, o último ato que antecede o relatório da autoridade policial. Basta ver que no art. 6º do CPP, que trata das diligências realizadas na fase inquisitiva, não há uma ordem a ser seguida, constando o interrogatório do indiciado em seu inciso V. Situação diversa ocorre na fase processual (fase da ação penal), na qual, de fato, o interrogatório do acusado é ato de fechamento ou de encerramento da fase instrutória (vide, por exemplo, o art. 400, *caput*, parte final, do CPP).
Gabarito 1E, 2E, 3C, 4E.

No curso de uma investigação federal de grande porte, o juízo federal autorizou medida de busca e apreensão de bens e documentos, conforme descrito em mandado judicial, atendendo a representação da autoridade policial. Na realização da operação, houve dificuldade de identificação e de acesso ao imóvel apresentado na diligência, por estar situado em zona rural. Nesse mesmo dia, no entanto, durante a realização de outras diligências empreendidas no curso de operação policial de grande porte, os agentes chegaram ao sobredito imóvel no período noturno. Apresentaram-se, então, ao casal de moradores e proprietários do bem, realizando a leitura do mandado, com a exibição do mesmo, obedecendo às demais formalidades legais para o cumprimento da ordem judicial. Desse modo, solicitaram autorização dos moradores para o ingresso no imóvel e realização da diligência.

(Escrivão de Polícia Federal – 2013 – CESPE) Considerando a situação hipotética acima, julgue os próximos itens, com base nos elementos de direito processual.

(1) Na execução regular da diligência, caso haja suspeita fundada de que a moradora oculte consigo os objetos sobre os quais recaia a busca, poderá ser efetuada a busca pessoal, independentemente de ordem judicial expressa, ainda que não exista mulher na equipe policial, de modo a não retardar a diligência.

(2) Existindo o consentimento do marido para a entrada dos policiais no imóvel, com oposição expressa e peremptória da esposa, o mandado não poderá ser cumprido no período noturno, haja vista a necessidade de consentimento de ambos os cônjuges e moradores.

1: correta, pois em conformidade com o que estabelecem os arts. 240, § 2º, 244 e 249, todos do CPP; 2: correta, uma vez que, havendo divergência entre os moradores, prevalecerá a vontade daquele que não autoriza o ingresso durante o repouso noturno. De ver-se que, se durante o dia, pouco importa se um dos moradores se opuser ao cumprimento da ordem judicial, que, mesmo assim, será realizada, fazendo uso, o executor da ordem, se necessário, de força para vencer a resistência oferecida (art. 245, § 3º, CPP). Gabarito 1C, 2C

(Escrivão de Polícia Federal – 2013 – CESPE) A respeito da prova no processo penal, julgue os itens subsequentes.

(1) A consequência processual da declaração de ilegalidade de determinada prova obtida com violação às normas constitucionais ou legais é a nulidade do processo com a absolvição do réu.

(2) O exame caligráfico ou grafotécnico visa certificar, por meio de comparação, que a letra inserida em determinado escrito pertence à pessoa investigada. Esse exame pode ser utilizado como parâmetro para as perícias de escritos envolvendo datilografia ou impressão por computador.

(3) A confissão extrajudicial do réu e outros elementos indiciários de participação no crime nos autos do processo são subsídios suficientes para autorizar-se a prolação de sentença condenatória.

1: incorreta. A declaração de nulidade de determinada prova obtida em violação a norma constitucional ou legal não conduz, necessariamente, à absolvição do acusado. Neste caso, por imposição do art. 157, *caput*, do CPP, tal prova deve ser desentranhada do processo, ficando o juiz, bem por isso, impedido de considerá-la para o fim de condenar o réu; 2: correta. Nesse sentido, conferir a lição de Guilherme de Souza Nucci, em comentário lançado ao art. 174 do CPP, que disciplina o chamado exame grafotécnico ou caligráfico: "Reconhecimento de escritos: é o denominado exame grafotécnico (ou caligráfico), que busca certificar, admitindo como certo, por comparação, que a letra, inserida em determinado escrito, pertence à pessoa investigada. Tal exame pode ser essencial para apurar um crime de estelionato ou de falsificação, determinando a autoria. Logicamente, da mesma maneira que a prova serve para incriminar alguém, também tem a finalidade de afastar a participação de pessoa cuja letra não for reconhecida. O procedimento acima pode ser utilizado, atualmente, como parâmetro para as perícias envolvendo datilografia ou impressão por computador (...)" (*Código de Processo Penal Comentado*, 12ª ed., p. 418); 3: incorreta. A confissão extrajudicial, porque não realizada sob o crivo do contraditório e ampla defesa, deve ser considerada tão somente como *indício* (meio de prova indireto). Não pode, por isso, ser utilizada, por si só, para dar suporte a decreto condenatório. Deve, isto sim, ser cotejada com as demais provas produzidas em juízo (art. 197, CPP). No mais, para autorizar uma condenação, não bastam indícios de autoria, sendo de rigor, além da prova da existência do crime, também *certeza* de autoria. Gabarito 1E, 2C, 3E

(Escrivão de Polícia/BA – 2013 – CESPE)

Após denúncia anônima, João foi preso em flagrante pelo crime de moeda falsa no momento em que fazia uso de notas de cem reais falsificadas. Ele confessou a autoria da falsificação, confirmada após a perícia.

Com base nessa situação hipotética e nos conhecimentos específicos relativos ao direito processual penal, julgue os itens subsecutivos.

(1) A confissão de João, efetuada durante o inquérito policial, é suficiente para que o juiz fundamente sua condenação, pois, pela sistemática processual, o valor desse meio de prova é superior aos demais.

(2) Caso não tenha condições de contratar advogado, João poderá impetrar *habeas corpus* em seu próprio favor, no intuito de obter sua liberdade, bem como de fazer sua defesa técnica nos autos do processo judicial, caso seja advogado.

(3) João poderá indicar assistente técnico para elaborar parecer, no qual poderá ser apresentada conclusão diferente da apresentada pela perícia oficial. Nesse caso, o juiz é livre para fundamentar sua decisão com base na perícia oficial ou na particular.

(4) João deverá ser investigado pela polícia federal e processado pela justiça federal do lugar em que ocorreu o fato criminoso.

(5) O delegado tem competência para arbitrar a fiança de João, visto que se trata de crime afiançável.

1: incorreta. A confissão efetuada durante o inquérito policial, porque não realizada sob o crivo do contraditório e ampla defesa, deve ser considerada tão somente como *indício* (meio de prova indireto). Não pode, por isso, ser utilizada, por si só, para dar suporte a decreto condenatório. Deve, isto sim, ser cotejada com as demais provas produzidas em juízo (art. 197, CPP). Da mesma forma, é incorreto se afirmar que a confissão, mesmo a realizada no curso da instrução processual, tem valor superior às demais provas; não há que se falar, portanto, em hierarquia entre provas; 2: correta. De fato, o *habeas corpus* pode ser impetrado pelo próprio paciente, sem que haja necessidade da intervenção de advogado (art. 654, *caput*, do CPP); no mais, embora não seja recomendável, nada obsta que o advogado, atuando em causa própria, patrocine, ele mesmo, sua defesa; 3: correta (art. 159, § 5º, II, do CPP; art. 182, CPP); 4: correta. Em princípio, a competência para o processamento e julgamento do crime de moeda falsa, capitulado no art. 289 do CP, é da Justiça Federal, cabendo a sua apuração, por conseguinte, à Polícia Federal; agora, sendo a falsificação grosseira, tem entendido a jurisprudência que a competência, neste caso, é da Justiça Estadual (*vide* Súmula n. 73 do STJ), na medida em que o crime pelo qual deve o agente responder é o de estelionato (art. 171, *caput*, do CP). Como nenhuma menção a isso foi feita no enunciado, é correto dizer-se que a competência, na hipótese narrada no enunciado, é da JF. Conferir: "Conflito negativo de competência entre as justiças estadual e federal – Colocação de moeda falsa em circulação – Laudo pericial confirmando a boa qualidade do falso, que se mostra grosseiro apenas do ponto de vista técnico – Afastamento da Súm. 73/STJ – Competência da Justiça Federal. 1. "A utilização de papel moeda grosseiramente falsificado configura, em tese, o crime de estelionato, da competência da Justiça Estadual" (Súm. 73/STJ). 2. *Mutatis mutandis*, a boa qualidade do falso, grosseira apenas do ponto de vista estritamente técnico, assim atestada em laudo pericial, é capaz de tipificar, em tese, o crime de moeda falsa. 3. Por lesar diretamente os interesses da União, o crime de moeda falsa deve ser processado e julgado perante a Justiça Federal. 4. Competência da Justiça Federal" (CC 200700217713, Jane Silva (Desembargadora Convocada do TJ/MG), STJ – 3.ª Seção, *DJE* 04.08.2008); **5:** incorreta, uma vez que ao delegado de polícia não é dado, nos termos do art. 322, *caput*, do CPP, arbitrar fiança nos crimes em que a pena privativa de liberdade máxima for superior a 4 (quatro) anos. No crime de moeda falsa (art. 289, CP), a pena máxima cominada no preceito secundário do tipo é de 12 (doze) anos, bem superior, portanto, ao limite estabelecido no art. 322 do CPP. ED

Gabarito 1E, 2C, 3C, 4C, 5E

**(Agente de Polícia/DF – 2013 – CESPE)** Acerca da prova criminal, julgue os itens subsequentes.

(1) Crianças podem ser testemunhas em processo criminal, mas não podem ser submetidas ao compromisso de dizer a verdade.

(2) Durante a busca domiciliar com autorização judicial, é permitido, em caso de resistência do morador, o uso da força contra móveis existentes dentro da residência no intuito de localizar o que se procura, não caracterizando essa conduta abuso de autoridade.

(3) O juiz pode condenar o acusado com base na prova pericial, porque, a despeito de ser elaborada durante o inquérito policial, ela é prova técnica e sujeita ao contraditório das partes.

**1:** correta. De fato, qualquer pessoa, em princípio, pode ser testemunha em processo criminal (art. 202, CPP). Agora, o compromisso de dizer a verdade não pode ser deferido, entre outros, ao menor de 14 (catorze) anos, aqui incluídas, por óbvio, as crianças (menor com até doze anos incompletos). É o que estabelece o art. 208 do CPP; **2:** correta, pois reflete a regra presente no art. 245, § 3º, do CPP; **3:** correta. Como bem sabemos, as perícias em geral constituem prova *não repetível*, que, embora sejam, em regra, realizadas no curso das investigações, serão submetidas, na etapa processual, ao chamado contraditório diferido (posterior). Podem, portanto, em vista do que estabelece o art. 155, *caput*, do CPP, servir de base para uma condenação. ED

Gabarito 1C, 2C, 3C

## 7. PRISÃO, MEDIDAS CAUTELARES E LIBERDADE PROVISÓRIA

**(Agente – PF – 2014 – CESPE/CEBRASPE)** A respeito da prisão temporária, julgue o item que se segue.

(1) Nos crimes de tráfico de drogas, em caso de necessidade extrema comprovada, poderá ser decretada a prisão temporária pela autoridade policial, que terá o prazo de vinte e quatro horas para comunicar a prisão e encaminhar a representação pertinente ao juiz competente.

**1:** errada. Em nenhuma hipótese é dado à autoridade policial decretar a prisão temporária, o que somente poderá ser feito pelo juiz de direito, desde que provocado pela autoridade policial, mediante representação, ou pelo Ministério Público, por meio de requerimento (art. 2º, *caput*, da Lei 7.960/1989). Como bem sabemos, a Constituição Federal, em seu art. 5º, LXI, estabelece que a prisão somente será decretada pela autoridade judiciária competente, que o fará por meio de ordem escrita e fundamentada, ressalvada a prisão em flagrante, que pode ser realizada, independente de ordem judicial, por qualquer pessoa. Em suma, as prisões temporária e preventiva (arts 311 e seguintes, CPP) somente podem ser determinadas pelo magistrado, que dependerá, sempre, de provocação. Sempre é bom lembrar que a custódia preventiva, até o advento da Lei 13.964/2019, conhecida como "pacote anticrime", comportava decretação de ofício pelo juiz, desde que no curso da ação penal. Hodiernamente, dada a alteração promovida pela referida legislação no art. 311 do CPP, a prisão preventiva somente será decretada, quer no curso do inquérito policial, quer no da instrução criminal, em face de representação do delegado de polícia ou de requerimento formulado pelo Ministério Público, querelante ou assistente. Em conclusão, temos que, atualmente, as custódias temporária e preventiva serão decretadas pelo juiz de direito (reserva de jurisdição), que somente o fará quando provocado. Portanto, a decretação de ofício, antes possível na prisão preventiva no curso da ação penal, atualmente é vedada. Por fim, registre-se que tal regra alcançou, por força de modificação operada pelo pacote anticrime na redação do art. 282, § 2º, do CPP, as medidas cautelares diversas da prisão, que doravante somente poderão ser decretadas pelo juiz em face de provocação das partes ou da autoridade policial.

Gabarito 1E.

**(Delegado/MT – 2017 – CESPE)** Tendo como referência o entendimento dos tribunais superiores e o posicionamento doutrinário dominante a respeito de prisão, medidas cautelares e liberdade provisória, julgue os seguintes itens.

I. A gravidade em abstrato do crime justifica a prisão preventiva com base na garantia da ordem pública, representando, por si só, fundamento idôneo para a segregação cautelar do réu.

II. As medidas cautelares pessoais são decretadas pelo juiz, de ofício ou a requerimento das partes, no curso da ação penal, ou no curso da investigação criminal, somente por representação da autoridade policial ou a requerimento do MP.

III. Em razão do sistema processual brasileiro, não é possível ao magistrado determinar, de ofício, a prisão preventiva do indiciado na fase de investigação criminal ou pré-processual.

IV. A inafiançabilidade dos crimes hediondos e daqueles que lhes são assemelhados não impede a concessão judicial da liberdade provisória sem fiança.

V. A fiança somente pode ser fixada como contracautela, ou seja, como substituição da prisão em flagrante ou da prisão preventiva anteriormente decretada.

Estão certos apenas os itens

(A) I, II e V.
(B) I, III e IV.
(C) I, IV e V.
(D) II, III e IV.
(E) II, III e V.

**I:** errado. De fato, a jurisprudência dos tribunais sedimentou entendimento no sentido de que a prisão cautelar exige motivação idônea e concreta, sendo vedado ao juiz se valer de motivação relacionada à gravidade abstrata do crime. Conferir: "*Habeas corpus*. Corrupção passiva e formação de quadrilha. Fraudes em benefícios previdenciários. Condenação. Manutenção da custódia cautelar. Pressupostos do art. 312 do Código de Processo Penal. Demonstração. Gravidade em abstrato in suficiente para justificá-la. Precedentes da Corte. Ordem parcialmente concedida. 1. Segundo a jurisprudência consolidada do Supremo Tribunal Federal, para que o decreto de custódia cautelar seja idôneo, é necessário que o ato judicial constritivo da liberdade traga, fundamentadamente, elementos concretos aptos a justificar tal medida. 2. Está sedimentado na Corte o entendimento de que a gravidade em abstrato do delito não basta para justificar, por si só, a privação cautelar da liberdade individual do agente. 3. As recentes alterações promovidas pela Lei 12.403/2011 no Código de Processo Penal trouxeram alterações que aditaram uma exceção à regra da prisão. 4. Não mais subsistente a situação fática que ensejou a decretação da prisão preventiva, é o caso de concessão parcial da ordem de *habeas corpus*, para que o Juiz de piso substitua a segregação cautelar pelas medidas cautelares diversas da prisão elencadas no art. 319, incisos I, II III e VI, do Código de Processo Penal". (HC 109709, Dias Toffoli, STF). Em consonância com tal entendimento, a Lei 13.964/2019 inseriu o § 2º ao art. 312 do CPP, que assim dispõe: *a decisão que decretar a prisão preventiva deve ser motivada e fundamentada em receio de perigo e existência concreta de fatos novos ou contemporâneos que justifiquem a aplicação da medida adotada.* Dentro desse mesmo espírito, esta mesma Lei incluiu o § 1º ao art. 315 do CPP, com a seguinte redação: *na motivação da decretação da prisão preventiva ou de qualquer outra cautelar, o juiz deverá indicar concretamente a existência de fatos novos ou contemporâneos que justifiquem a aplicação da medida adotada.* O § 2º deste dispositivo elenca as situações em que se deve considerar a decisão como não fundamentada; **II:** correta, pois corresponde ao que estabelecia a redação do art. 282, § 2º, do CPP em vigor à época em que aplicada esta prova. Esta alternativa e seu respectivo comentário, portanto, não levaram em conta (e nem podiam) as alterações implementadas pela Lei 13.964/2019 nos arts. 282, § 2º, do CPP e art. 311 do CPP, que agora vedam a atuação de ofício do juiz na decretação de medidas cautelares de natureza pessoal, como a prisão processual, ainda que no curso da ação penal; **III:** correta. Com a edição da Lei 12.403/2011, a redação do art. 311 do CPP foi modificada. A prisão preventiva continua a ser decretada em qualquer fase da investigação policial ou do processo penal, mas o juiz, que antes podia determiná-la de ofício também na fase investigatória, somente poderá fazê-lo, a partir de agora, no curso da ação penal. É dizer, para que a custódia preventiva seja decretada no curso da investigação, somente mediante representação da autoridade policial ou a requerimento do Ministério Público. Ao tempo em que esta questão foi elaborada, ao juiz somente era dado decretar de ofício a custódia preventiva no curso da ação penal, conforme dispunha o art. 311 do CPP, com a redação dada pela Lei 12.403/2011. Pois bem. Prestigiando o sistema acusatório, a recente Lei 13.964/2019 (Pacote Anticrime) alterou a redação do art. 311 do CPP, desta vez para vedar a decretação de ofício, pelo juiz, da custódia preventiva, quer na fase investigativa, como antes já ocorria, quer na etapa instrutória, o que até a edição do pacote anticrime era permitido. É dizer, para que a custódia preventiva, atualmente, seja decretada no curso da investigação ou no decorrer da ação penal, somente mediante provocação da autoridade policial, se no curso do inquérito, ou a requerimento do Ministério Público, se no curso da ação penal ou das investigações; **IV:** correta. Nos crimes hediondos e assemelhados, o art. 5º, XLIII da Constituição Federal veda tão somente a concessão de *fiança*. Com o advento da Lei 11.464/2007, que modificou a redação do art. 2º da Lei de Crimes Hediondos, cuja redação original vedava a concessão de fiança e liberdade provisória, passou a ser possível a sua concessão sem fiança, já que foi extraída do dispositivo (art. 2º, II, da Lei 8.072/1990). Após, a Lei 12.403/2011 promoveu uma série de inovações no âmbito da prisão e da liberdade provisória, entre elas alterou a redação do art. 323 do CPP, que passou a prever que os crimes hediondos e os delitos a eles equiparados são *inafiançáveis*. Pois bem, tal prescrição é inquestionável, já que em perfeita harmonia com o texto da CF/1988 (art. 5º, XLIII). A questão que se coloca, todavia, é saber se a liberdade provisória *sem fiança* pode ser aplicada aos crimes hediondos e assemelhados. A despeito de haver divergências, notadamente na jurisprudência, entendemos, s.m.j., que a CF/88 proibiu tão somente a liberdade provisória com fiança. Se quisesse de fato proibir a liberdade provisória sem fiança, teria por certo feito menção a ela. Não o fez. Logo, a liberdade provisória vedada pelo constituinte nos crimes hediondos e equiparados é somente a *com fiança*. Assim entende a 2ª T., do STF: HC 100.185-PA, rel. Min. Gilmar Mendes, *DJ* 6.8.10; STJ, HC 109.451-SP, 6ª T, *DJ* de 11.11.08; **V:** incorreta. Além de ser fixada como sucedâneo da prisão em flagrante ou da prisão preventiva, nada obsta que a custódia preventiva seja decretada como medida cautelar autônoma (art. 319, VIII, do CPP), independente de prisão anterior. Gabarito "D".

**(Delegado/GO – 2017 – CESPE)** Com relação à prisão temporária, assinale a opção correta.

(A) A prisão temporária poderá ser decretada pelo juiz de ofício ou mediante representação da autoridade policial ou requerimento do Ministério Público.
(B) Conforme o STJ, a prisão temporária não pode ser mantida após o recebimento da denúncia pelo juiz.
(C) São três os requisitos indispensáveis para a decretação da prisão temporária, conforme a doutrina majoritária: imprescindibilidade para as investigações; existência de indícios de autoria ou participação; e indiciado sem residência fixa ou identificação duvidosa.
(D) É cabível a prisão temporária para a oitiva do indiciado acerca do delito sob apuração, desde que a liberdade seja restituída logo após a ultimação do ato.
(E) A prisão temporária poderá ser decretada tanto no curso da investigação quanto no decorrer da fase instrutória do competente processo criminal.

**A:** incorreta. A prisão temporária deve ser decretada pelo juiz, após representação da autoridade policial ou de requerimento do MP, não sendo permitida a sua decretação de ofício. Em caso de representação da autoridade policial, o juiz, antes de decidir, deve ouvir o MP e, em qualquer caso, deve decidir fundamentadamente sobre o decreto de prisão temporária dentro do prazo de 24 horas, contadas a partir do recebimento da representação ou do requerimento. É o que estabelece o art. 2º, *caput*, da Lei 7.960/1989; **B:** correta. Justamente pelo fato de a prisão temporária se prestar a viabilizar as investigações do inquérito policial, não há sentido em mantê-la após a conclusão das investigações. Conferir: "Uma vez oferecida e recebida a denúncia, desnecessária a preservação da custódia temporária do paciente, cuja finalidade é resguardar a integridade das investigações criminais. 2. *Habeas corpus* concedido a fim de, confirmando a liminar anteriormente deferida, revogar a custódia temporária do paciente" (HC 158.060/PA, Rel. Ministro Jorge Mussi, Quinta Turma, julgado em 02/09/2010, DJe 20/09/2010); **C:** incorreta. Segundo a melhor doutrina, a decretação da prisão temporária, modalidade de prisão cautelar, está condicionada à existência de fundadas razões de autoria ou participação do indiciado na prática dos crimes listados no art. 1º, III, da Lei 7.960/1989 e também ao fato de ser ela, a prisão temporária, imprescindível para as investigações do inquérito policial. Devem coexistir, portanto, os requisitos previstos nos incisos I e III do art. 1º da Lei 7.960/1989; a coexistência das condições presentes nos incisos II e III também pode dar azo à decretação da custódia temporária. É dizer: o inciso III deve combinar com o inciso I ou com o II. É a posição adotada por Guilherme de Souza Nucci e Maurício Zanoide de Moraes; **D:** incorreta. Hipótese não prevista em lei; **E:** incorreta, na medida em que a prisão temporária, cuja finalidade é conferir eficiência à investigação policial, somente tem lugar no inquérito policial. Gabarito "B".

**(Delegado/GO – 2017 – CESPE)** Pedro, Joaquim e Sandra foram presos em flagrante delito. Pedro, por ter ofendido a integridade corporal de Lucas, do que resultou debilidade permanente de um de seus membros; Joaquim, por ter subtraído a bicicleta de Lúcio, de vinte e cinco anos de idade, no período matutino – Lúcio a havia deixado em frente a uma padaria; e Sandra, por ter subtraído o carro de Tomás mediante grave ameaça.

Considerando-se os crimes cometidos pelos presos, a autoridade policial poderá conceder fiança a

(A) Joaquim somente.
(B) Pedro somente.
(C) Pedro, Joaquim e Sandra.
(D) Pedro e Sandra somente.
(E) Joaquim e Sandra somente.

A Lei 12.403/2011 mudou sobremaneira o panorama da fiança. Antes da reforma por ela implementada, a autoridade policial, em vista da revogada redação do art. 322 do CPP, somente estava credenciada a concedê-la nas hipóteses de infração punida com *detenção* ou *prisão simples*. Bem por isso, não podia o delegado de polícia arbitrar fiança nos crimes punidos com *reclusão*, tarefa exclusiva do magistrado. Pela nova redação dada ao art. 322 do CPP, a autoridade policial passou a conceder fiança nos casos de infração cuja pena privativa de liberdade máxima não seja superior a quatro anos, independentemente de ser o crime apenado com reclusão ou detenção (qualidade da pena). Naqueles casos em que a pena máxima superar os quatro anos, somente o magistrado poderá estabelecer a fiança. Dito isso, temos as seguintes situações: no caso de Pedro, o crime que lhe é imputado, lesão corporal de natureza grave (art. 129, § 1º, III, do CP), tem como pena máxima cominada 5 anos de reclusão, o que impede que a autoridade policial fixe fiança em seu favor (já que, como ponderado acima, o delegado somente está credenciado a conceder fiança nas infrações penais cuja pena máxima cominada não seja superior a 4 anos; Joaquim, que, segundo consta do enunciado, teria cometido o crime de furto simples (o enunciado não faz referência a nenhuma qualificadora tampouco a causa de aumento de pena), está sujeito a uma pena de 1 a 4 anos de reclusão (art. 155, *caput*, do CP), razão pela qual poderá a autoridade policial, pelas razões que acima expusemos, arbitrar fiança; já em relação a Sandra, que cometeu crime de roubo (art. 157, CP), já que subtraiu, mediante o emprego de grave ameaça, um veículo, pelo fato de a pena máxima cominada corresponder a 10 anos, somente ao juiz é dado conceder-lhe liberdade provisória com fiança. Gabarito "A".

(Delegado/GO – 2017 – CESPE) No que tange ao procedimento criminal e seus princípios e ao instituto da liberdade provisória, assinale a opção correta.

(A) O descumprimento de medida cautelar imposta ao acusado para não manter contato com pessoa determinada é motivo suficiente para o juiz determinar a substituição da medida por prisão preventiva, já que a aplicação de outra medida representaria ofensa ao poder imperativo do Estado além de ser incompatível com o instituto das medidas cautelares.
(B) Concedida ao acusado a liberdade provisória mediante fiança, será inaplicável a sua cumulação com outra medida cautelar tal como a proibição de ausentar-se da comarca ou o monitoramento eletrônico.
(C) Compete ao juiz e não ao delegado a concessão de liberdade provisória, mediante pagamento de fiança, a acusado de crime hediondo ou tráfico ilícito de entorpecente.
(D) Caso, após sentença condenatória, advenha a prescrição da pretensão punitiva e seja declarada extinta a punibilidade por essa razão, os valores recolhidos a título de fiança serão integralmente restituídos àquele que a prestou.
(E) Ofenderá o princípio constitucional da ampla defesa e do contraditório a defesa que, firmada por advogado dativo, se apresentar deficiente e resultar em prejuízo comprovado para o acusado.

**A:** incorreta. Diante do descumprimento de medida cautelar imposta ao acusado, poderá o juiz, considerando as particularidades do caso concreto, substituir a medida anteriormente imposta, impor outra em cumulação ou, somente em último caso, decretar a prisão preventiva, que, como se pode ver, tem caráter subsidiário (art. 282, § 4º, CPP, cuja redação foi determinada pela Lei 13.964/2019); **B:** incorreta, uma vez que contraria o que estabelece o art. 319, § 4º, do CPP; **C:** incorreta. Os crimes hediondos e os a eles assemelhados (tráfico de drogas, tortura e terrorismo), embora admitam a liberdade provisória, não comportam a concessão de fiança. Ou seja, são, por força do disposto nos arts. 5º, XLIII, da CF e 323, II, do CPP, inafiançáveis, tanto para o delegado de polícia quanto para o juiz de direito; **D:** incorreta (art. 336, parágrafo único, do CPP); **E:** correta, pois reflete o posicionamento firmado na Súmula n. 523 do STF: "No processo penal, a falta de defesa constitui nulidade absoluta, mas a sua deficiência só o anulará se houver prova de prejuízo para o réu". Gabarito "E".

(Delegado/GO – 2017 – CESPE) Será cabível a concessão de liberdade provisória ao indivíduo que for preso em flagrante devido ao cometimento do crime de

I. estelionato;
II. latrocínio;
III. estupro de vulnerável.

Assinale a opção correta.

(A) Apenas os itens I e III estão certos.
(B) Apenas os itens II e III estão certos.
(C) Todos os itens estão certos.
(D) Apenas o item I está certo.
(E) Apenas os itens I e II estão certos.

Não há crime em relação ao qual não caiba liberdade provisória. Nos crimes hediondos e assemelhados, como é o caso do latrocínio e do estupro de vulnerável, o art. 5º, XLIII da Constituição Federal veda tão somente a concessão de *fiança*. Com o advento da Lei 11.464/2007, que modificou a redação do art. 2º da Lei de Crimes Hediondos, cuja redação original vedava a concessão de fiança e liberdade provisória, passou a ser possível a sua concessão sem fiança, já que foi extraída do dispositivo (art. 2º, II, da Lei 8.072/1990). Após, a Lei 12.403/2011 promoveu uma série de inovações no âmbito da prisão e da liberdade provisória, entre elas alterou a redação do art. 323 do CPP, que passou a prever que os crimes hediondos e os delitos a eles equiparados são *inafiançáveis*. Pois bem, tal prescrição é inquestionável, já que em perfeita harmonia com o texto da CF/1988 (art. 5º, XLIII). A questão que se coloca, todavia, é saber se a liberdade provisória *sem fiança* pode ser aplicada aos crimes hediondos e assemelhados. A despeito de haver divergências, notadamente na jurisprudência, entendemos, s.m.j., que a CF/88 proibiu tão somente a liberdade provisória com fiança. Se quisesse de fato proibir a liberdade provisória sem fiança, teria por certo feito menção a ela. Não o fez. Logo, a liberdade provisória vedada pelo constituinte nos crimes hediondos e equiparados é somente a *com fiança*. Assim entende a 2ª T., do STF: HC 100.185-PA, rel. Min. Gilmar Mendes, *DJ* 6.8.10; STJ, HC 109.451-SP, 6ª T, *DJ* de 11.11.08. Quanto ao delito de estelionato, que não é hediondo nem assemelhado, é perfeitamente possível a concessão de liberdade provisória com fiança ao agente preso em flagrante por essa razão. Gabarito "C".

## 2. DIREITO PROCESSUAL PENAL

**(Delegado/PE – 2016 – CESPE)** Considerando a doutrina majoritária e o entendimento dos tribunais superiores, assinale a opção correta a respeito da prisão.

(A) O flagrante diferido que permite à autoridade policial retardar a prisão em flagrante com o objetivo de aguardar o momento mais favorável à obtenção de provas da infração penal prescinde, em qualquer hipótese, de prévia autorização judicial.
(B) Para a admissibilidade de prisão temporária exige-se, cumulativamente, a presença dos seguintes requisitos: imprescindibilidade para as investigações, não ter o indiciado residência fixa ou não fornecer dados esclarecedores de sua identidade e existência de indícios de autoria em determinados crimes.
(C) Configura crime impossível o flagrante denominado esperado, que ocorre quando a autoridade policial, detentora de informações sobre futura prática de determinado crime, se estrutura para acompanhar a sua execução, efetuando a prisão no momento da consumação do delito.
(D) Havendo conversão de prisão temporária em prisão preventiva no curso da investigação policial, o prazo para a conclusão das investigações, no âmbito do competente inquérito policial, iniciar-se-á a partir da decretação da prisão preventiva.
(E) Havendo mandado de prisão registrado no Conselho Nacional de Justiça (CNJ), a autoridade policial poderá executar a ordem mediante certificação em cópia do documento, desde que a diligência se efetive no território de competência do juiz processante.

**A:** incorreta. A Lei de Drogas (Lei 11.343/2006), em seu art. 53, *caput* e II, estabelece que a implementação da ação controlada deve ser precedida de autorização judicial e manifestação do MP. Já o art. 8º, § 1º, da Lei 12.850/2013 (Organização Criminosa) reza que a ação controlada será *comunicada* ao juiz competente, que estabelecerá, conforme o caso, os limites da medida e comunicará ao MP. Perceba que, neste último caso, o legislador não impôs a necessidade de o magistrado autorizar o retardamento da intervenção policial; exigiu tão somente a comunicação; **B:** incorreta. Segundo a melhor doutrina, a decretação da prisão temporária, modalidade de prisão cautelar, está condicionada à existência de fundadas razões de autoria ou participação do indiciado na prática dos crimes listados no art. 1º, III, da Lei 7.960/1989 e também ao fato de ser ela, a prisão temporária, imprescindível para as investigações do inquérito policial. Devem coexistir, portanto, os requisitos previstos nos incisos I e III do art. 1º da Lei 7.960/1989; a coexistência das condições presentes nos incisos II e III também pode dar azo à decretação da custódia temporária. É dizer: o inciso III deve combinar com o inciso I ou com o II. É a posição adotada por Guilherme de Souza Nucci e Maurício Zanoide de Moraes; **C:** incorreta. Segundo doutrina e jurisprudência pacíficas, não há ilegalidade no chamado *flagrante esperado*, em que a polícia, uma vez comunicada, aguarda a ocorrência do crime, não exercendo qualquer tipo de controle sobre a ação do agente; inexiste, neste caso, intervenção policial que leve o agente à prática delituosa. É, por isso, ao contrário do que se afirma na assertiva, hipótese viável de prisão em flagrante. Não deve ser confundido com o *flagrante preparado*. Este restará configurado sempre que o agente provocador levar alguém a praticar uma infração penal. Está-se aqui diante de uma modalidade de crime impossível (art. 17 do CP), consubstanciada na Súmula 145 do STF; **D:** correta. Embora se trate de tema em relação ao qual há divergência na doutrina, na hipótese de conversão da prisão temporária em preventiva, o prazo para a conclusão do inquérito, na forma estabelecida no art. 10 do CPP, iniciar-se-á da conversão; **E:** incorreta, pois não reflete a regra presente no art. 289-A, § 1º, do CPP. **ED**
Gabarito "D".

**(Delegado/BA – 2013 – CESPE)** Determinado cidadão, maior, capaz, réu em processo penal sob a acusação de crime de latrocínio na comarca de Catu – BA, tendo sido contra ele expedido mandado de prisão preventiva, devidamente registrado no banco de dados do Conselho Nacional de Justiça, foi abordado por agentes da delegacia de homicídios de Salvador – BA, no curso de investigação policial por outros delitos perpetrados na capital baiana. Após consulta ao sistema informatizado de capturas, e tendo sido o seu nome localizado, foi-lhe dada voz de prisão. Nesse momento, o cidadão empreendeu fuga em um veículo na direção ao interior do estado e, imediatamente perseguido pelos agentes policiais, foi interceptado e preso na Comarca de Feira de Santana – BA.

Com base na situação hipotética apresentada acima, julgue os itens subsequentes.

(1) A decretação da prisão preventiva submete-se aos requisitos fáticos e normativos estabelecidos no CPP, sendo admitida em qualquer fase da persecução criminal, seja de ofício, seja por representação da autoridade policial, a requerimento do MP, do querelante ou do assistente de acusação.
(2) Nessa situação, por força do disposto contido no CPP, deverão os agentes apresentar o cidadão à autoridade policial de Feira de Santana – BA e, nessa ocasião, ele será informado de seus direitos constitucionais. Caso não apresente o nome de seu advogado, a defensoria pública será cientificada da prisão. A autoridade policial, após execução das formalidades legais, comunicará da prisão ao juízo do local de cumprimento da medida, o qual informará ao juízo que a decretou.

**1:** incorreta. O erro da assertiva reside na parte em que se afirma que a custódia preventiva pode ser decretada de ofício em qualquer fase da persecução penal. Podia, mas não pode mais. É que, com a alteração promovida pela Lei de Reforma 12.403/2011 na redação do art. 311 do CPP, o juiz, que antes podia, de ofício, determinar a prisão preventiva no curso do inquérito, agora somente poderá fazê-lo, nesta fase da persecução, quando provocado pela autoridade policial, mediante representação, ou pelo Ministério Público, por meio de requerimento; portanto, de ofício, a partir da entrada em vigor da lei acima mencionada, somente no decorrer da ação penal. Mais recentemente (posteriormente à elaboração desta questão, portanto), o art. 311 do CPP foi novamente alterado, desta vez pela Lei 13.964/2019, do que resultou a impossibilidade de o juiz agir de ofício na decretação da prisão preventiva (ainda que no decorrer da instrução criminal). Dessa forma, a custódia preventiva, atualmente, somente será decretada (sempre pelo juiz) em face de provocação, seja da autoridade policial, se no curso do IP, seja do MP, do querelante ou do assistente, na ação penal; **2:** correta. Estabelece o art. 290, *caput*, do CPP que, tendo o agente (investigado, indiciado ou acusado), em fuga, passado para o território de outra comarca, aquele que o persegue poderá prendê-lo no local em que o alcançar, apresentando-o, neste caso, à autoridade local, que cuidará da formalização da prisão e a sua comunicação ao juízo do local em que a medida foi cumprida (art. 289-A, § 3º, do CPP), que, por sua vez, informará o juízo que a decretou, a quem caberá providenciar a remoção do preso (art. 289, § 3º, do CPP). No mais, o preso deverá, no ato da prisão, por imposição do art. 289-A, § 4º, do CPP, ser informado de seus direitos, sendo-lhe assegurado, caso não informe o nome de seu advogado, que sua detenção seja comunicada à Defensoria Pública. **ED**
Gabarito 1E, 2C.

**(Delegado Federal - 2013 - CESPE)** Acerca da custódia cautelar e suas modalidades, dos atos processuais e seus sujeitos, bem como da ação penal, julgue os itens que se seguem.

**(1)** Em se tratando de ações penais privadas, prevalece, no processo penal, a competência de foro, com preponderância do interesse do queixoso no que diz respeito à distribuição territorial da competência.

**(2)** Considere que, no curso de inquérito policial em que se apure crime de ação pública incondicionada, quando da primeira remessa dos autos ao Poder Judiciário com solicitação de retorno para novas diligências, a vítima do delito requeira a sua habilitação nos autos como assistente de acusação. Nessa situação, o pedido deve ser negado, visto que a figura do assistente é admitida no processo somente após o recebimento da denúncia e antes do trânsito em julgado da sentença.

**(3)** Suponha que um agente penalmente capaz pratique um roubo e, perseguido ininterruptamente pela polícia, seja preso em circunscrição diversa da do cometimento do delito. Nessa situação, a autoridade policial competente para a lavratura do auto de prisão em flagrante é a do local de execução do delito, sob pena de nulidade do ato administrativo.

**1**: incorreta. Ainda que se trate de ação penal privada exclusiva, em que o querelante pode, mesmo sendo conhecido o local da infração, optar por ajuizá-la no foro do domicílio ou residência do réu, não há que se falar em preponderância do interesse do queixoso, já que a regra, no âmbito do processo penal, é que a ação seja ajuizada no foro em que a infração se consumou (art. 70, CPP), o que se mostra mais adequado a uma eficiente produção probatória. Prevalece, pois, o interesse público na busca pela verdade real; **2**: correta. O ingresso do assistente de acusação somente poderá se dar a partir do recebimento da denúncia (arts. 268 e 269, CPP). Antes disso, não há sequer acusação; **3**: incorreta, uma vez que a atribuição para a lavratura do auto de prisão em flagrante, neste caso, recai sobre a autoridade do local em que foi efetivada a prisão, após o que o auto respectivo será remetido, com as demais peças que o acompanham, à autoridade policial do local em que a infração foi praticada (art. 304, § 1º, parte final, do CPP). Ainda que assim não fosse, o fato de o flagrante ter sido lavrado por outra autoridade que não a do local da prisão tampouco do lugar onde o crime foi cometido não torna nulo o ato administrativo, segundo entendimento pacífico da jurisprudência. Gabarito 1E, 2C, 3E

**(Delegado Federal - 2004 - CESPE)** Considere a seguinte situação hipotética.

**(1)** Evandro é acusado de prática de homicídio doloso simples contra a própria esposa. Nessa situação, recebida a denúncia pelo juiz competente, é cabível a decretação da prisão temporária de Evandro, com prazo de 30 dias, prorrogável por igual período, haja vista tratar-se de crime hediondo.

**1**: incorreta. Conforme preleciona o art. 1º, I, da Lei 7.960/89, a *prisão temporária*, que constitui modalidade de prisão provisória (ou cautelar), somente poderá ser decretada no curso das investigações. Ademais disso, o prazo de trinta dias de prisão temporária a que alude o art. 2º, § 4º, da Lei 8.072/1990 só incidirá nos crimes previstos nessa legislação. O homicídio simples (art. 121, *caput*, CP) só será considerado hediondo quando praticado em atividade típica de grupo de extermínio, ainda que por um só agente (art. 1º, I, Lei 8.072/1990). Gabarito 1E

**(Delegado Federal - 2002 - CESPE)** No que concerne ao auto de prisão em flagrante, julgue os seguintes itens.

**(1)** Havendo autoridade policial na circunscrição, a lavratura de auto de prisão em flagrante em local diverso da prisão ocasiona a sua nulidade, em face da incompetência *ratione loci*.

**(2)** Na lavratura do auto de prisão em flagrante, para integrar o mínimo legal, a autoridade policial poderá ouvir o condutor do preso como testemunha, considerando-o como testemunha numerária.

**(3)** Não invalida a prisão em flagrante a audiência do conduzido no leito de hospital, subsequentemente à lavratura do auto na delegacia, quando impossibilitado de ser interrogado por ter sido baleado durante perseguição policial.

**(4)** A ausência de comunicação da prisão em flagrante imediatamente à autoridade judiciária competente ocasiona a nulidade do auto.

**(5)** O juiz, após receber a comunicação do flagrante, está obrigado a fundamentar o despacho homologatório.

**1**: incorreta. A Polícia Judiciária não exerce ato de jurisdição (o ato por ela praticado tem natureza administrativa); assim, nenhuma ilegalidade há no fato de o auto de prisão em flagrante ser lavrado por autoridade policial responsável por circunscrição diversa da do local em que se deu a captura – art. 290 do CPP. Conferir, nesse sentido: STJ, HC 30.236-RJ, 5ª T., rel. Min. Felix Fisher, j. 17.2.2004; **2**: correta. De fato, é pacífico o entendimento segundo o qual é admitido que o condutor, na prisão em flagrante, figure como testemunha; **3**: correta. Se, por qualquer razão, não for possível, no ato da lavratura do auto de prisão em flagrante, proceder-se ao interrogatório do indiciado, tal circunstância deverá dele constar. Neste caso, o interrogatório poderá ser feito depois, tão logo o conduzido se restabeleça; **4**: incorreta. A ausência da formalidade contemplada no art. 5º, LXII, da CF – e reproduzida no art. 306, *caput*, do CPP – implica o relaxamento da prisão em flagrante e a imediata soltura do preso, em conformidade com o que dispõe o art. 5º, LXV, da CF. Atenção: com a edição da Lei 12.403/2011, que modificou a redação do art. 306, "*caput*", do CPP, a prisão em flagrante, a partir de agora, também deverá ser comunicada ao Ministério Público, sem prejuízo, é claro, da comunicação ao juiz e à família do preso ou à pessoa por ele indicada. De se ver, ainda, que o art. 306, §§ 1º e 2º, do CPP fixa o prazo de 24 (vinte e quatro) horas, a contar da prisão, para que a autoridade que presidiu o flagrante providencie o encaminhamento do auto de prisão em flagrante ao juiz competente juntamente com todas as peças. Caso o conduzido não informe o nome de seu advogado, deverá a autoridade, dentro do mesmo prazo, encaminhar as peças à Defensoria Pública. Deverá ainda, no prazo de 24 (vinte e quatro) horas da prisão, entregar ao autuado a nota de culpa, cientificando-lhe do motivo de sua prisão, o nome do condutor e o das testemunhas; **5**: incorreta. O art. 310 do CPP, modificado pela Lei 12.403/2011, impõe ao magistrado, quando do recebimento do auto de prisão em flagrante, o dever de manifestar-se *fundamentadamente* acerca da prisão que lhe é comunicada. Pela *novel* redação do dispositivo, abrem-se para o juiz as seguintes opções: se se tratar de prisão ilegal, deverá o juiz relaxá-la e determinar a soltura imediata do preso; se a prisão estiver em ordem, deverá o juiz, sempre de forma fundamentada, converter a prisão em flagrante em preventiva, desde que entenda necessário ao processo, levando-se em conta, para tanto, os requisitos do art. 312 do CPP. Ressalte-se que, tendo em vista o *postulado da proporcionalidade*, a custódia preventiva somente terá lugar se as medidas cautelares diversas da prisão revelarem-se inadequadas; poderá, por fim, o juiz conceder a liberdade provisória, com ou sem fiança. Registre-se, por derradeiro, que, com a modificação na redação do art. 310, *caput*, do CPP, operada pela Lei 13.964/2019, deverá o magistrado, no prazo de 24 horas, promover a audiência de custódia, oportunidade em que analisará

a legalidade da prisão em flagrante e a necessidade de conversão desta em custódia preventiva.
Gabarito: 1E, 2C, 3C, 4E, 5E

**(Delegado Federal – 2002 – CESPE)** Acerca da prisão em flagrante e seus desdobramentos, julgue os itens que se seguem.

(1) Considere a seguinte situação hipotética. Roberto, funcionário público, desviou, em proveito próprio, a importância de R$ 50.000,00 de que tinha a posse em razão do cargo que exercia. No mesmo dia, arrependido, Roberto compareceu espontaneamente perante a autoridade policial e comunicou a ocorrência e a autoria da infração penal. Nessa situação, em face da quase-flagrância, caberá à autoridade policial efetuar a prisão em flagrante de Roberto.

(2) Considere a seguinte situação hipotética. Tomando conhecimento de que uma grande quantidade de cocaína estava em depósito em determinada residência para difusão ilícita, agentes de polícia passaram-se por eventuais compradores de droga e, ao terem acesso ao interior da casa visada, efetuaram a prisão em flagrante de vários traficantes, apreendendo vinte quilos da substância entorpecente. Nessa situação, pelo fato de a ação delituosa ter sido provocada e induzida pelos agentes disfarçados, ocorreu flagrante preparado.

(3) É cabível a prisão em flagrante em crime de ação penal privada.

(4) Considere a seguinte situação hipotética. Intimado para prestar declarações em um inquérito policial, um cidadão desacatou a autoridade policial que o presidia, rasgando peças dos autos e atirando-as ao chão, além de proferir palavras de baixo calão à sua pessoa. Nessa situação, a autoridade policial poderá presidir a lavratura do auto de prisão em flagrante.

**1:** incorreta. O crime do art. 312, *caput*, segunda parte, do CP, denominado pela doutrina de *peculato-desvio*, atinge seu momento consumativo no instante em que se verifica o efetivo desvio do bem, em proveito próprio ou de terceiro. A *apresentação espontânea* do autor de crime à autoridade policial, ainda que em seguida à prática do delito, afasta a possibilidade de prisão em flagrante. No mais, *quase-flagrante* ou *flagrante impróprio* é aquele em que o sujeito é perseguido, logo após a prática delituosa, em situação que faça presumir ser o autor da infração (art. 302, III, CPP); **2:** incorreta. A jurisprudência firmou entendimento no sentido de que, nos crimes constituídos por vários núcleos (tipo misto alternativo ou plurinuclear), como é o caso do delito de tráfico de drogas, a despeito de o ato de vender entorpecente constituir modalidade de *crime impossível* (crime de ensaio), nos moldes da Súmula 145 do STF, as condutas (núcleos) anteriores, preexistentes, como *manter em depósito*, porque já vinham sendo consumadas (trata-se de modalidade permanente), configuram crimes viáveis, já que, neste caso, inexiste induzimento ou instigação. Consagrando este entendimento, a Lei 13.964/2019 inseriu no art. 33, § 1º, da Lei de Drogas o inciso IV, tipificando a conduta consistente em *vender ou entregar drogas ou matéria-prima, insumo ou produto químico destinado à preparação de drogas, sem autorização ou em desacordo com a determinação legal ou regulamentar, a agente policial disfarçado, quando presentes elementos probatórios razoáveis de conduta criminal preexistente*; **3:** correta. Com efeito, é perfeitamente cabível a prisão em flagrante em crime de ação penal de iniciativa privativa do ofendido, sendo tão somente necessário, por ocasião da lavratura do auto respectivo, a manifestação de vontade por parte da vítima ou de seu representante legal, em forma de *requerimento*; **4:** correta, pois em conformidade com o disposto no art. 307 do CPP.
Gabarito: 1E, 2E, 3C, 4C

**(Policial Rodoviário Federal – CESPE – 2019)** Em decorrência de um homicídio doloso praticado com o uso de arma de fogo, policiais rodoviários federais foram comunicados de que o autor do delito se evadira por rodovia federal em um veículo cuja placa e características foram informadas. O veículo foi abordado por policiais rodoviários federais em um ponto de bloqueio montado cerca de 200 km do local do delito e que os policiais acreditavam estar na rota de fuga do homicida. Dada voz de prisão ao condutor do veículo, foi apreendida arma de fogo que estava em sua posse e que, supostamente, tinha sido utilizada no crime.

Considerando essa situação hipotética, julgue os seguintes itens.

(1) De acordo com a classificação doutrinária dominante, a situação configura hipótese de flagrante presumido ou ficto.

(2) Quanto ao sujeito ativo da prisão, o flagrante narrado é classificado como obrigatório, hipótese em que a ação de prender e as eventuais consequências físicas dela advindas em razão do uso da força se encontram abrigadas pela excludente de ilicitude denominada exercício regular de direito.

(3) Durante o procedimento de lavratura do auto de prisão em flagrante pela autoridade policial competente, o policial rodoviário responsável pela prisão e condução do preso deverá ser ouvido logo após a oitiva das testemunhas e o interrogatório do preso.

**1:** correta. Flagrante *ficto* ou *presumido*, a que faz menção a alternativa, é a modalidade (art. 302, IV) em que o agente é encontrado, depois do crime, na posse de instrumentos, armas, objetos ou papéis em circunstâncias que revelem ser ele o autor da infração penal; **2:** errada. É fato que, no caso narrado, o flagrante é obrigatório, porque realizado por policiais rodoviários federais, sobre os quais recai o dever de prender quem quer que se encontre em situação de flagrante (art. 301, CPP). Agora, a ação de prender e eventuais consequências físicas dela advindas em razão do uso da força se encontram abrigadas pela excludente de ilicitude de *estrito cumprimento de dever legal*; **3:** incorreta. É que, segundo estabelece o art. 304, *caput*, do CPP, a autoridade policial à qual foi apresentado o preso deverá ouvir, em primeiro lugar, o condutor, neste caso o policial rodoviário que prendeu e apresentou o agente ao delegado; findo seu depoimento, deverá ser colhida a sua assinatura.
Gabarito: 1C, 2E, 3E

**(Agente-Escrivão – PC/GO – CESPE – 2016)** José subtraiu o carro de Ana mediante grave ameaça exercida com arma de fogo. Após a prática do ato, ele fugiu do local dirigindo o veículo em alta velocidade, mas foi perseguido por outros condutores que passavam pela via e atenderam ao pedido de ajuda da vítima.

A partir dessa situação hipotética, assinale a opção correta.

(A) Uma vez preso em flagrante, José deverá ser conduzido até autoridade policial, que lavrará o auto de prisão e entregará a nota de culpa no prazo máximo de quarenta e oito horas.

(B) José poderá ser preso em flagrante pelo roubo enquanto estiver na posse do veículo de Ana, independentemente do lapso temporal transcorrido.

(C) A interrupção da perseguição de José descaracteriza o flagrante impróprio, embora José possa ser preso se encontrado, em seguida, com o objeto do crime e em situação pela qual se presuma ser ele o autor do fato.

**(D)** Caso seja preso em flagrante, José deverá ser informado de suas garantias constitucionais e de seu direito de permanecer calado e de estar acompanhado por advogado, bem como terá direito ao acesso à identificação completa do responsável por sua prisão e da vítima do fato.

**(E)** Embora a perseguição realizada por pessoas da sociedade civil seja importante para as investigações porque propicia a recuperação do veículo e a identificação do autor do fato, esse tipo de perseguição não caracteriza situação de flagrância.

**A:** incorreta. O erro da assertiva está na menção ao prazo de que dispõe a autoridade policial para entregar ao conduzido a nota de culpa, que, a teor do art. 306, § 2º, do CPP, é de 24 horas (e não de 48), interregno esse que tem como termo inicial a detenção do conduzido; **B:** incorreta. A assertiva descreve hipótese do chamado *flagrante presumido* ou *ficto* (art. 302, IV, do CPP), em que o agente é encontrado *logo depois* do crime na posse de instrumentos, armas, objetos ou papéis em circunstâncias que revelem ser ele o autor da infração penal. Note que, nesta modalidade de flagrante, inexiste perseguição, pois o agente é encontrado ocasionalmente. A questão que se coloca é estabelecer o alcance da expressão *logo depois*. Segundo têm entendido a doutrina e a jurisprudência, a análise deve se dar caso a caso, sempre de acordo com o prudente arbítrio do magistrado. O certo é que têm sido aceitas pela jurisprudência prisões efetuadas várias horas depois do crime. O que não é possível é conceber, nesta modalidade de flagrante, que a detenção ocorra vários dias depois da prática criminosa. Dessa forma, é incorreto afirmar-se que José poderá ser preso em flagrante enquanto estiver na posse do veículo. Cuidado: no chamado *flagrante impróprio* ou *quase flagrante* (art. 302, III, CPP), a perseguição ao agente deve iniciar-se logo em seguida ao cometimento do crime, mas poderá perdurar, desde que de forma ininterrupta, por prazo indeterminado, podendo durar vários dias; **C:** correta. De fato, a interrupção da perseguição descaracteriza o *flagrante impróprio* ou *quase flagrante*; no entanto, é possível (no caso de interrupção da perseguição) a prisão em flagrante na hipótese de o agente ser encontrado, logo depois do crime, na posse de instrumentos, armas, objetos ou papéis em circunstâncias que revelem ser ele o autor da infração penal (flagrante ficto ou presumido). Como já dito no comentário anterior, inexiste, nesta modalidade de flagrante, perseguição; **D:** incorreta. É verdade que o conduzido deverá ser informado de seus direitos, dentre os quais está o de permanecer silente, sendo-lhe assegurada, ademais, a assistência da família e advogado (art. 5º, LXIII, CF). Também é fato que terá direito à identificação dos responsáveis por sua prisão ou por seu interrogatório policial (art. 5º, LXIV, CF), mas não terá acesso à identificação da vítima; **E:** incorreta. A prisão em flagrante, em qualquer de suas modalidades, poderá efetuar-se tanto por agentes de polícia quanto por particulares. A propósito, a doutrina classifica o flagrante em *obrigatório* e *facultativo*. *Obrigatório* é aquele em que *autoridade policial e seus agentes* deverão prender quem quer que seja encontrado em flagrante delito (art. 301, 2ª parte, do CPP). De outro lado, *qualquer do povo poderá* (...). Trata-se, neste caso, de mera faculdade. Flagrante, por isso mesmo, chamado *facultativo*. Dessa forma, a prisão em flagrante realizada por particular nada tem de ilegal, visto que autorizada pela lei processual penal.
Gabarito "C".

**(Agente-Escrivão – PC/GO – CESPE – 2016)** Marcos praticou crime de extorsão, cuja pena é de reclusão, de quatro a dez anos, e multa.

Considerando essa situação hipotética, assinale a opção correta.

**(A)** A presença de indícios de autoria e materialidade é motivo suficiente para o juiz decretar a prisão preventiva de Marcos.

**(B)** Marcos não poderá ser submetido a prisão temporária, porque o crime que cometeu é hediondo, embora não conste no rol taxativo da lei.

**(C)** Caso Marcos seja preso em flagrante, admite-se a imposição de medidas cautelares diversas da prisão em substituição da liberdade provisória sem fiança.

**(D)** Caso Marcos seja preso em flagrante, poderá ser solto mediante arbitramento de fiança pela autoridade policial.

**(E)** Marcos poderá ser submetido a prisão temporária, que tem prazo fixo previsto em lei e admite uma prorrogação por igual período.

**A:** incorreta. Para a decretação da custódia preventiva, para além da prova da existência do crime (materialidade) e presença de indícios suficientes de autoria, que são os pressupostos desta modalidade de prisão processual, é imperiosa a existência de motivos que autorizem o juiz a decretá-la, que correspondem aos chamados fundamentos da custódia e vêm expressamente previstos no art. 312, *caput*, do CPP, cuja redação foi alterada pela Lei 13.964/2019, a saber: *como garantia da ordem pública, da ordem econômica, por conveniência da instrução criminal ou para assegurar a aplicação da lei penal, quando houver prova da existência do crime e indício suficiente de autoria e de perigo gerado pelo estado de liberdade do imputado*; **B:** incorreta. Há dois equívocos a observar. Em primeiro lugar, o crime praticado por Marcos (extorsão simples – art. 158, "caput", CP) comporta, sim, a decretação de prisão temporária, na medida em que o mesmo está contemplado no rol do art. 1º (III, *d*) da Lei 7.960/1989 (Prisão Temporária); segundo: o fato de o delito ser hediondo (não é o caso da extorsão simples do art. 158, "caput", do CP) não impede a decretação da prisão temporária, que será determinada, uma vez preenchidos os requisitos previstos em lei, na forma estatuída no art. 2º, § 4º, da Lei 8.072/1990 (Crimes Hediondos); **C:** incorreta (art. 321, CPP); **D:** incorreta, uma vez que a autoridade policial somente está credenciada a conceder fiança nos casos de crime cuja pena máxima cominada não seja superior a quatro anos. Não é este o caso do delito de extorsão, cuja pena máxima prevista corresponde a 10 anos; neste caso, a concessão de fiança somente poderá realizar-se pelo magistrado; **E:** correta. Por integrar o rol do art. 1º da Lei 7.960/1989, é possível, desde que preenchidos os requisitos impostos por lei, a decretação de prisão temporária ao investigado pela prática do crime de extorsão (art. 158, "caput", do CP), cujo prazo de duração é de 5 dias, prorrogável, uma única vez, pelo período (art. 2º, "caput", da Lei 7.960/1989).
Gabarito "E".

**(Agente – Pernambuco – CESPE – 2016)** A respeito de prisão, liberdade provisória do acusado e medidas cautelares alternativas ao encarceramento, assinale a opção correta.

**(A)** A prisão provisória será decretada pelo juiz pelo prazo máximo de cinco dias, prorrogável por igual período, ou por até trinta dias improrrogáveis, se se tratar de crimes hediondos ou equiparados.

**(B)** O descumprimento de medida protetiva de urgência determinada sob a égide da Lei Maria da Penha é uma das hipóteses autorizativas da prisão preventiva prevista na lei processual penal.

**(C)** Conforme a CF, a casa é asilo inviolável do indivíduo: a autoridade policial nela não pode penetrar à noite sem consentimento do morador, seja qual for o motivo.

**(D)** A prisão preventiva do acusado poderá ser requerida, em qualquer fase do inquérito ou do processo, pela autoridade policial, pelo Ministério Público ou pelo assistente de acusação.

**(E)** Independentemente do tipo de crime, a fiança será arbitrada pela autoridade policial e comunicada imediatamente ao juiz que, depois de ouvir o Ministério Público, a manterá ou não.

**A:** incorreta. Prisão provisória (cautelar ou processual) é gênero da qual são espécies a custódia *preventiva*, a *temporária* e a *prisão em flagrante*. Como bem sabemos, a prisão temporária somente poderá ocorrer no curso das investigações do inquérito policial (art. 1°, I, da Lei 7.960/1989); a prisão em flagrante, por sua vez, é efetuada em momento anterior à instauração do inquérito e, por óbvio, antes da instauração da ação penal; já a prisão preventiva, por força do que dispõe o art. 311 do CPP, poderá ser decretada em qualquer fase da persecução criminal (inquérito e processo). A assertiva se refere à prisão temporária, que será decretada, a teor do art. 2°, "*caput*", da Lei 7.960/1989, pelo prazo de cinco dias, prorrogável por igual período em caso de extrema e comprovada necessidade. Em se tratando, no entanto, de crime hediondo ou a ele equiparado (tortura, tráfico de drogas e terrorismo), a custódia temporária será decretada por *até* trinta dias, prorrogável por igual período em caso de extrema e comprovada necessidade (a alternativa afirma que esse prazo é improrrogável, o que está, como vimos, incorreto), em consonância com o disposto no art. 2°, § 4°, da Lei 8.072/1990 (Crimes Hediondos); **B:** correta. Cuida-se da hipótese contemplada no art. 313, III, do CPP; **C:** incorreta. É fato que a casa é, por imperativo constitucional (art. 5°, XI, da CF), asilo inviolável do indivíduo e sua família, de tal sorte que ninguém poderá nela penetrar sem o consentimento do morador; entretanto, o próprio texto constitucional estabeleceu exceções a esta inviolabilidade domiciliar, a saber: se durante o dia, o ingresso sem o consentimento do morador poderá se dar diante de situação de flagrante delito, desastre ou para prestar socorro, ou ainda para cumprimento de ordem judicial; se durante à noite, o ingresso, diante da recalcitrância do morador, poderá se dar também em situação de flagrante, desastre ou para prestar socorro. Durante a noite, portanto, não poderá a autoridade policial, à revelia do morador, ingressar em seu domicílio para dar cumprimento a ordem judicial; deverá, pois, aguardar o amanhecer; **D:** incorreta. A autoridade policial somente poderá representar pela decretação da custódia preventiva durante o inquérito policial; se no curso da ação penal, a decretação poderá se dar mediante requerimento do Ministério Público, do querelante ou do assistente (art. 311, CPP, cuja redação foi modificada pela Lei 13.964/2019); **E:** incorreta, na medida em que a autoridade policial somente está credenciada a conceder fiança nas infrações penais cuja pena privativa de liberdade máxima não seja superior a quatro anos (322, CPP); nos demais casos, somente o juiz poderá fazê-lo. ED
"Gabarito "B".

**(Escrivão – Pernambuco – CESPE – 2016)** Cabe prisão temporária de acusado pela prática de crimes de:

(A) resistência e cárcere privado.
(B) tráfico internacional de pessoa para fins de exploração sexual e homicídio qualificado.
(C) quadrilha ou bando e contra o sistema financeiro.
(D) roubo e concussão.
(E) extorsão e corrupção passiva.

Dos crimes acima listados, somente caberá a prisão temporária em relação aos seguintes: sequestro e cárcere privado (art. 148, CP); homicídio doloso (art. 121, "caput", e seu § 2°, CP); quadrilha ou bando (atualmente denominado *associação criminosa* – art. 288, CP); crimes contra o sistema financeiro (Lei 7.492/1986); roubo (art. 157, "caput", e seus §§ 1°, 2° e 3°, CP); e extorsão (art. 158, "caput", e seus §§ 1° e 2°, CP). Os demais delitos acima referidos (resistência, tráfico internacional de pessoa para fins de exploração sexual, concussão e corrupção passiva) não admitem a custódia temporária, já que não fazem parte do rol do art. 1° da Lei 7.960/1989. ED
"Gabarito "C".

**(Escrivão – Pernambuco – CESPE – 2016)** A prisão preventiva pode ser decretada se houver indícios suficientes da autoria e prova da existência do crime e se for necessária, por exemplo, para assegurar a aplicação da lei penal. Presentes esses requisitos, a prisão preventiva será admitida:

(A) ainda que configurada alguma excludente de ilicitude.
(B) de ofício, pelo juiz, durante a fase de investigação policial.
(C) se o agente for acusado da prática de crime doloso e tiver sido condenado pela prática de outro crime doloso em sentença transitada em julgado menos de cinco anos antes.
(D) em caso de acusação pela prática de crimes culposos e preterdolosos punidos com pena privativa de liberdade máxima superior a quatro anos.
(E) em qualquer circunstância se o crime envolver violência doméstica e familiar contra a mulher.

**A:** incorreta, uma vez que contraria o disposto no art. 314 do CPP, que veda o emprego da prisão preventiva quando, pelas provas reunidas nos autos, ficar constatado que o agente agiu sob o manto de uma das causas excludentes de ilicitude (art. 23, CP); **B:** incorreta. Com a alteração promovida pela Lei de Reforma 12.403/2011 na redação do art. 311 do CPP, o juiz, que antes podia, de ofício, determinar a prisão preventiva no curso do inquérito, agora somente poderá fazê-lo, nesta fase da persecução, quando provocado pela autoridade policial, mediante representação, ou pelo Ministério Público, por meio de requerimento; portanto, de ofício, a partir de agora, somente no decorrer da ação penal. A Lei 13.964/2019, posterior à elaboração desta questão, alterou a redação do art. 311 do CPP e passou a vedar a decretação da custódia preventiva de ofício pelo juiz, em qualquer fase da persecução penal; **C:** correta (art. 313, II, CPP); **D:** incorreta. Não terá lugar a prisão preventiva nos crimes culposos; **E:** incorreta, pois não corresponde ao que estabelece o art. 313, III, do CPP: "(...) para garantir a execução das medidas protetivas de urgência". ED
"Gabarito "C".

**(Agente de Polícia Federal – 2009 – CESPE)** Julgue os itens a seguir, acerca das prisões cautelares.

(1) Assemelham-se as prisões preventiva e temporária porque ambas podem ser decretadas em qualquer fase da investigação policial ou da ação penal. No entanto, a prisão preventiva pressupõe requerimento das partes, ao passo que a prisão temporária pode ser decretada de ofício pelo juiz.

(2) Por completa falta de amparo legal, não se admite o flagrante forjado, que constitui, em tese, crime de abuso de poder, podendo ser penalmente responsabilizado o agente que forjou o flagrante.

**1:** incorreta, pois a prisão temporária só terá espaço durante a fase do inquérito policial, tal como dispõe o art. 1°, I, da Lei 7.960/1989. Não há possibilidade, também, de a prisão temporária ser decretada de ofício, cabendo ao Ministério Público requerer, e a Autoridade Policial representar pela prisão na fase investigativa. Quanto à prisão preventiva, com as alterações trazidas pela Lei 12.403/2011, além das possibilidades elencadas pelos arts. 311 e 312 do CPP, o parágrafo único inserido no art. 312 traz a possibilidade da decretação da prisão preventiva, de ofício pelo magistrado, bem como mediante requerimento do Ministério Público, de seu assistente ou do querelante, caso as medidas cautelares impostas forem descumpridas (possibilidade durante o curso da ação penal), como dispõe o novo art. 282, § 4°, do CPP. Este quadro perdurou até a edição da Lei 13.964/2019, que alterou os arts. 311 e 282, §

4°, do CPP e passou a vedar a atuação de ofício do juiz na decretação de medidas cautelares de natureza pessoal, ainda que no curso da instrução processual; **2:** correta, pois o flagrante forjado consiste no "plantar evidências", produzindo situação de flagrância inexistente no plano jurídico. Por exemplo: Numa blitz, ao parar um veículo, o policial, de posse de um entorpecente, diz ter encontrado dentro do veículo, o que na realidade não ocorreu. O crime não existiu e o agente poderá ser responsabilizado na esfera administrativa, criminal e civil.
Gabarito 1E, 2C

**(Escrivão de Polícia Federal – 2013 – CESPE)** No que tange à prisão em flagrante, à prisão preventiva e à prisão temporária, julgue os itens que se seguem, à luz do Código de Processo Penal (CPP).

**(1)** A atual sistemática da prisão preventiva impõe a observância das circunstâncias fáticas e normativas estabelecidas no CPP e, sobretudo, em qualquer das hipóteses de custódia preventiva, que o crime em apuração seja doloso punido com pena privativa de liberdade máxima superior a quatro anos.

**(2)** Admite-se a prisão preventiva para todos os crimes em que é prevista prisão temporária, sendo esta realizada com o objetivo específico de tutelar a investigação policial.

**(3)** O CPP dispõe expressamente que na ocorrência de prisão em flagrante tem a autoridade policial o dever de comunicar o fato, em até vinte e quatro horas, ao juízo competente, ao Ministério Público, à família do preso ou à pessoa por ele indicada e, ainda, à defensoria pública, se o aprisionado não indicar advogado no ato da autuação.

**1:** incorreta. A Lei 12.403/2011 alterou sobremaneira o regramento da prisão preventiva, em especial no que toca aos seus requisitos. A nova redação conferida ao art. 313 do CPP estabelece as condições de admissibilidade da custódia preventiva, a saber: nos crimes dolosos punidos com pena privativa de liberdade máxima superior a quatro anos (não mais importa se o crime é apenado com reclusão ou detenção); se tiver sido condenado por outro crime doloso, em sentença com trânsito em julgado; se o crime envolver violência doméstica e familiar contra a mulher, criança, adolescente, idoso, enfermo ou pessoa com deficiência, para garantir a execução das medidas preventivas de urgência; e também quando houver dúvida sobre a identidade civil da pessoa ou quando esta não fornecer elementos suficientes para esclarecê-la. Não terá lugar a prisão preventiva nos crimes culposos tampouco nas contravenções penais. Assim, esta modalidade de prisão processual poderá ser decretada em outras hipóteses além daquela prevista no inciso I do *caput* do art. 313 do CPP, a que faz referência a assertiva; **2:** correta. De fato, a prisão preventiva poderá ser decretada, em princípio, em todos os crimes em que cabe a prisão temporária (art. 1°, III, da Lei 7.960/1989), servindo esta para viabilizar as investigações do inquérito policial; **3:** incorreta. Isso porque a comunicação da prisão, no caso de flagrante, deve dar-se *imediatamente* ao juiz competente, ao Ministério Público e à família do preso ou a pessoa por ele indicada (a obrigatoriedade de comunicar o MP foi inserida pela Lei 12.403/2011, que alterou a redação do art. 306, *caput*, do CPP). Além disso, por imposição do art. 306, § 1°, do CPP, cuja redação também foi alterada por força da mesma lei, "em até vinte e quatro horas após a realização da prisão, será encaminhado ao juiz competente o auto de prisão em flagrante e, caso o autuado não informe o nome do seu advogado, cópia integral para a Defensoria Pública". Ao final, será entregue ao autuado a *nota de culpa*, da qual constarão o motivo da prisão, o nome do condutor e também o das testemunhas (art. 306, § 2°, CPP).
Gabarito 1E, 2C, 3E

**(Agente de Polícia/DF – 2013 – CESPE)** Julgue os itens subsecutivos, referentes a prisões.

**(1)** Após a prisão em flagrante, a autoridade policial deverá entregar ao preso a nota de culpa em até vinte e quatro horas, pois não é permitido que alguém fique preso sem saber o motivo da prisão.

**(2)** Para caracterizar o flagrante presumido, a perseguição ao autor do fato deve ser feita imediatamente após a ocorrência desse fato, não podendo ser interrompida nem para descanso do perseguidor.

**1:** correta. É por meio da *nota de culpa* que a autoridade policial leva ao conhecimento do preso o motivo de sua prisão, o nome da pessoa que o prendeu e o das testemunhas que a tudo assistiram. É imprescindível que este documento chegue às mãos do preso dentro do prazo de 24 horas, a contar da sua prisão (captura) em flagrante, conforme determina o art. 306, § 2°, do CPP. Se assim não for, o flagrante deve ser relaxado por ausência de formalidade; **2:** assertiva incorreta, visto que, nesta modalidade de flagrante (art. 302, IV, do CPP), inexiste perseguição, sendo o agente encontrado, logo depois do crime, na posse de instrumentos, armas, objetos ou papéis em circunstâncias que revelem ser ele o autor da infração penal. O elemento *perseguição* é imprescindível no chamado *flagrante impróprio, imperfeito* ou *quase flagrante*, em que o sujeito é perseguido, logo em seguida ao crime, em situação que faça presumir ser o autor da infração (art. 302, III).
Gabarito 1C, 2E

**(Escrivão de Polícia/DF – 2013 – CESPE)** Com base no que dispõe o Código de Processo Penal, julgue os itens que se seguem.

**(1)** Por constituir medida cautelar, a prisão temporária poderá ser decretada pelo magistrado para que o acusado seja submetido a interrogatório e apresente sua versão sobre o fato narrado pela autoridade policial, tudo isso em consonância com o princípio do livre convencimento. No entanto, não será admitida a prorrogação, de ofício, dessa modalidade de prisão.

**(2)** A falta de advertência sobre o direito ao silêncio não conduz à anulação automática do interrogatório ou depoimento, devendo ser analisadas as demais circunstâncias do caso concreto para se verificar se houve ou não o constrangimento ilegal.

**(3)** O excesso de prazo da prisão em razão da demora na fixação do foro competente configura constrangimento ilegal à liberdade de locomoção.

**1:** incorreta. Primeiro porque a necessidade de submeter o investigado a interrogatório não pode ser considerada como medida imprescindível a justificar a decretação da custódia temporária (art. 1°, I, da Lei 7.960/1989); segundo, a decretação e prorrogação, pelo juiz, da prisão temporária estão condicionadas à provocação da autoridade policial e do MP, este por meio de requerimento e aquela por representação (art. 2°, *caput*, da Lei 7.960/1989). Conferir: "*Habeas corpus* contra decisão que decretou prisão temporária. Paciente indiciado por formação de quadrilha, corrupção de menores e apologia ao crime. Divulgação de vídeo na internet em que o paciente e outros agentes, portando armas de fogo, cantam músicas que fazem apologia ao crime, na presença de menores de idade. Prisão temporária decretada, a pedido da autoridade policial, sem fundamentação idônea. Ordem concedida para revogar a prisão temporária. 1. A prisão temporária não pode ser decretada ao simples fundamento de que o interrogatório do indiciado é imprescindível para as investigações policiais e a prisão é necessária para auxiliar no cumprimento de diligências, tais como a localização das armas que apareceram no vídeo divulgado na internet. O interrogatório é uma faculdade, podendo o indiciado fazer uso, se lhe for conveniente, do direito de permanecer calado. Quanto à apreensão das armas, existe procedimento específico, independentemente da prisão do indiciado. Assim, a prisão temporária não pode ser decretada sob a mera justificativa de que a polícia precisa ouvir o indiciado e localizar as armas. Ademais, verifica-se nos autos que o paciente tem bons antecedentes e residência fixa, podendo, em liberdade, responder às imputações que lhe estão sendo feitas. 2. *Habeas corpus* admitido e ordem concedida, para revogar a decisão que decretou a prisão temporária do paciente, confirmando a liminar deferida" (TJ-DF, HC 152170520098070000, 2ª Câmara Criminal, rel. Roberval Casemiro Belinati, j. 19.11.2009); **2:** correta. Na jurisprudência do STF: "Penal. Processual penal. Recurso ordinário em *habeas corpus*. Nulidades processuais. Processo penal militar. Interrogatório. Ampla defesa e contraditório. Presença do defensor. Ausência de advertência sobre o direito ao silêncio. Réus que apresentam sua versão dos fatos. Ausência de comprovação do prejuízo. Alteração de advogado sem anuência dos réus. Fato que não pode ser atribuído ao poder judiciário. *Pas de nullité sans grief*. Ausência de abuso de poder, ilegalidade ou teratologia aptas a desconstituir a coisa soberanamente julgada. Recurso ordinário desprovido. 1. As garantias da ampla defesa e do contraditório restam observadas, não prosperando o argumento de que a falta de advertência, no interrogatório, sobre o direito dos réus permanecerem calados, seria causa de nulidade apta a anular todo o processo penal, nos casos em que a higidez do ato é corroborada pela presença de defensor durante o ato, e pela opção feita pelos réus de, ao invés de se utilizarem do direito ao silêncio, externar a sua própria versão dos fatos, contrariando as acusações que lhes foram feitas, como consectário de estratégia defensiva. 2. A falta de advertência sobre o direito ao silêncio não conduz à anulação automática do interrogatório ou depoimento, restando mister observar as demais circunstâncias do caso concreto para se verificar se houve ou não o constrangimento ilegal (...)" (RHC 107915, Luiz Fux); **3:** correta. Nesse sentido: "Excesso de prazo da prisão. Demora na solução de conflito de competência: paciente preso há um ano e dois meses. Denúncia oferecida oito meses após a prisão. Demora não imputável ao paciente. Ausência de complexidade do feito. Excesso de prazo configurado: precedentes. Ordem concedida. 1. O excesso de prazo da prisão em razão da demora na fixação do foro competente configura constrangimento ilegal à liberdade de locomoção. 2. Ordem concedida" (HC 94247, Cármen Lúcia, STF).

Gabarito 1E, 2C, 3C

## 8. SUJEITOS PROCESSUAIS, CITAÇÃO, INTIMAÇÃO, PRAZO E PROCEDIMENTO

(Delegado/PE – 2016 – CESPE) Em consonância com a doutrina majoritária e com o entendimento dos tribunais superiores, assinale a opção correta acerca dos sujeitos do processo e das circunstâncias legais relativas a impedimentos e suspeições.

(A) As disposições relativas ao princípio do juiz natural são analogamente aplicadas ao MP.

(B) No curso do inquérito policial, se for constatado que o delegado de polícia seja inimigo pessoal do investigado, este poderá opor exceção de suspeição, sob pena de preclusão do direito no âmbito de eventual ação penal.

(C) O corréu pode atuar, no mesmo processo, como assistente da acusação do início da ação penal até seu trânsito em julgado, desde que autorizado pelo representante do *parquet*.

(D) Poderá funcionar como perito no processo aquele que tiver opinado anteriormente sobre o objeto da perícia na fase de investigação criminal, em razão da especificidade da prova pericial.

(E) A impossibilidade de identificação do acusado pelo seu verdadeiro nome ou por outros qualificativos que formalmente o individualize impede a propositura da ação penal, mesmo que certa a identidade física do autor da infração penal.

**A:** correta. A garantia contida no art. 5º, LIII, da CF ("ninguém será processado nem sentenciado senão pela autoridade competente") contempla, como se pode ver, não apenas o princípio do juiz natural, mas também o do promotor natural, que consiste, *grosso modo*, na garantia que todos temos de ser processados por um órgão estatal imparcial, cujas atribuições tenham sido previamente estabelecidas em lei; **B:** incorreta, pois não reflete a regra presente no art. 107 do CPP; **C:** incorreta, pois contraria o disposto no art. 270 do CPP; **D:** incorreta (art. 279, II, do CPP); **E:** incorreta (art. 259, CPP).

Gabarito "A".

(Delegado/GO – 2017 – CESPE) Com referência a citação e intimação no processo penal, assinale a opção correta.

(A) A citação do réu preso poderá ser cumprida na pessoa do procurador por ele constituído na fase policial.

(B) As intimações dos defensores públicos nomeados pelo juízo devem ser realizadas mediante publicação nos órgãos incumbidos da publicidade dos atos judiciais da comarca, e não os havendo, pelo escrivão, por mandado ou via postal.

(C) Os prazos para a prática de atos processuais contam-se da data da intimação e não da juntada aos autos do mandado ou da carta precatória ou de ordem.

(D) Em função dos princípios da simplicidade, informalidade e economia processual, é admissível a citação por edital e por hora certa nos procedimentos sumaríssimos perante juizado especial criminal.

(E) No procedimento comum, não se admite a citação ficta.

**A:** incorreta. Se preso estiver o acusado, sua citação deverá ser feita pessoalmente (art. 360, CPP), com a entrega, pelo oficial de Justiça, do respectivo mandado citatório; **B:** incorreta. A intimação do defensor público, do dativo e do representante do MP será sempre feita *pessoalmente* (art. 370, § 4º, CPP). Realizar-se-á mediante a publicação nos órgãos incumbidos da publicidade dos atos judiciais da comarca a intimação do defensor constituído, do advogado do querelante e do assistente (art. 370, § 1º, CPP); **C:** correta, pois em conformidade com o entendimento consolidado na Súmula n. 710, do STF: "No processo penal, contam-se os prazos da data da intimação, e não da juntada aos autos do mandado ou da carta precatória ou de ordem"; **D:** incorreta. O art. 66, parágrafo único, da Lei 9.099/1995 estabelece que, no âmbito do procedimento sumaríssimo, não localizado o acusado para ser citado pessoalmente, as peças serão encaminhadas ao juízo comum para prosseguimento, no qual se procederá, se necessário for, à citação por hora certa ou por edital, dada a incompatibilidade dessas modalidades de citação ficta com a celeridade imanente ao procedimento adotado na Lei 9.099/1995; **E:** incorreta. O procedimento comum, tanto o ordinário quanto o sumário, admite, sim, as modalidades de citação ficta ou presumida, que são a citação por edital (art. 361, CPP) e por hora certa (art. 362, CPP). A propósito, o STF, ao julgar o RE 635.145, reconheceu, em votação unânime, a constitucionalidade da citação por hora certa, rechaçando a tese segundo a qual esta modalidade de citação ficta ofende os postulados da ampla defesa e do contraditório.

Gabarito "C".

(Delegado Federal – 2013 – CESPE) A respeito dos processos em espécie, julgue o seguinte item.

(1) Nos casos de crimes afiançáveis de responsabilidade do funcionário público, a legislação processual antecipa o contraditório antes de inaugurada a ação penal, com a apresentação da defesa preliminar.

**1: correta.** Cuida-se do contraditório instaurado por meio da impugnação ofertada pelo funcionário antes do recebimento da denúncia. É a chamada *defesa preliminar*, prevista no art. 514 do CPP, que somente terá incidência nos crimes funcionais afiançáveis (não se estende ao particular que, na qualidade de coautor ou partícipe, toma parte no crime). Importante que se diga que, com a edição da Súmula n.° 330 do STJ, esta defesa que antecede o recebimento da denúncia deixou de ser necessária na ação penal alicerçada em inquérito policial. Dessa forma, a formalidade imposta pelo art. 514 do CPP somente se fará necessária, segundo o STJ, quando a denúncia se basear em outras peças de informação que não o inquérito policial. De se notar, todavia, que o STF, de forma diversa, proferiu vários julgados no sentido de que a defesa preliminar, ainda que a ação penal seja calcada em inquérito policial, se faz necessária. ED
"Gabarito "1C."

**(Delegado/PB – 2009 – CESPE)** No que concerne ao processo comum, assinale a opção correta.

(A) A falta de justa causa para o exercício da ação penal, considerada por muitos doutrinadores como a quarta condição da ação, não é hábil a ensejar a rejeição da denúncia por parte do juiz. Isso porque, sendo o MP o titular da ação penal pública, não é dado ao magistrado analisar a viabilidade da denúncia sob o aspecto da justa causa, nesse momento processual.

(B) Nos crimes de ação penal pública incondicionada, após o oferecimento da denúncia, o juiz a recebe e ordena a citação do acusado para ser interrogado, no prazo máximo de dez dias, em se tratando de réu preso.

(C) A absolvição sumária é instituto exclusivo do procedimento do júri, cabendo nas hipóteses de existência manifesta de causa excludente da ilicitude do fato ou da culpabilidade ou punibilidade do agente.

(D) Finda a instrução, as partes têm o prazo de 24 horas para requererem diligências que reputem imprescindíveis ao deslinde da causa.

(E) Vigora no processo penal o princípio da identidade física do juiz, segundo o qual o juiz que presidiu a instrução deve proferir a sentença.

**A: incorreta.** A teor do art. 395, III, do CPP, a falta de justa causa constitui motivo bastante a ensejar a rejeição da inicial; **B e C: incorretas.** Prescreve o art. 396 do CPP que o juiz, ao receber a inicial, determinará a citação do acusado para que responda dentro no prazo de 10 dias. Logo após esta fase da *resposta escrita*, dada a modificação introduzida pela Lei 11.719/2008, passou a ser possível a *absolvição sumária*, desde que presente alguma das hipóteses do art. 397 do CPP. Não sendo este o caso, designará o juiz audiência, e determinará a intimação do MP, do acusado, de seu defensor e, sendo o caso, do querelante e do assistente de acusação, nos termos do art. 399. Nesta audiência, em face do novo panorama estabelecido, realizar-se-á toda a instrução, e, ao final, depois da ouvida do ofendido e da tomada do depoimento das testemunhas, será interrogado o acusado; **D: incorreta**, já que o art. 402 do CPP não faz alusão a prazo; **E: correta.** A Lei 11.719/2008 introduziu no art. 399 do CPP o § 2°, conferindo-lhe a seguinte redação: "O juiz que presidiu a instrução deverá proferir a sentença". O princípio da identidade física do juiz, antes exclusivo do processo civil, doravante será também aplicável ao processo penal. ED
Gabarito "E."

**(Delegado/PB – 2009 – CESPE)** Acerca do procedimento relativo aos processos da competência do tribunal do júri, assinale a opção correta.

(A) Após o trânsito em julgado da sentença de pronúncia, é dada vista dos autos ao órgão do MP, pelo prazo de cinco dias, para oferecimento do libelo crime acusatório.

(B) A intimação da sentença de pronúncia, em caso de crime inafiançável, é necessariamente pessoal, não prosseguindo o processo até que o réu seja intimado da sentença de pronúncia, caso em que ocorre a chamada crise de instância.

(C) Ainda que preclusa a decisão de pronúncia, havendo circunstância superveniente que altere a classificação do crime, o juiz deve ordenar a remessa dos autos ao MP.

(D) O desaforamento ocorre necessariamente para a comarca mais próxima, onde inexistem os motivos ensejadores do pedido.

(E) O julgamento é adiado pelo não comparecimento de acusado solto, ainda que regularmente intimado e sem que tenha dado justificativa.

**A: incorreta**, pois, com a Lei n. 11.689/2008, preclusa a decisão de pronúncia, os autos serão encaminhados ao juiz presidente do Tribunal do Júri, o qual determinará a intimação do órgão do Ministério Público (ou do querelante) e do defensor, para, no prazo de cinco dias, apresentação do rol de testemunhas, juntada de documentos e/ou requerimento de diligências (art. 422, CPP); **B: incorreta**, pois, com o advento da Lei n. 11.689/2008, é possível a intimação por edital do acusado solto que não for encontrado, nos termos do art. 420, parágrafo único, CPP; **C: correta** (art. 421, § 1°, CPP); **D: incorreta**, pois o desaforamento ocorre preferencialmente (e não necessariamente) para a comarca mais próxima (art. 427, CPP); **E: incorreta**, pois o julgamento não será adiado (art. 457, CPP). ED
"Gabarito "C."

**(Delegado/PB – 2009 – CESPE)** Julgue os itens a seguir, relativos aos juizados especiais criminais.

I. Preenchidos os requisitos legais, o MP pode propor a aplicação imediata de penas restritivas de direitos ou multas, sendo vedado ao juiz, em qualquer caso, alterar a proposta formulada.

II. Acolhendo a proposta do MP aceita pelo autor da infração, o juiz deve aplicar a pena restritiva de direitos ou multa, por sentença irrecorrível.

III. Ao autor do fato que, após a lavratura do termo circunstanciado, for imediatamente encaminhado ao juizado ou assumir o compromisso de a ele comparecer, não se impõe prisão em flagrante, devendo a autoridade policial, desde já, fixar o valor da fiança.

IV. A suspensão condicional do processo, cabível nos crimes em que a pena mínima cominada for igual ou inferior a um ano, será revogada se, no curso do prazo, o beneficiário for definitivamente condenado por outro crime.

V. Conforme expressa previsão legal, não efetuado o pagamento de multa, deve ser feita a conversão em pena privativa da liberdade, ou restritiva de direitos.

A quantidade de itens certos é igual a

(A) 1.
(B) 2.
(C) 3.
(D) 4.
(E) 5.

**I: incorreta**, pois, na hipótese de a pena de multa ser a única aplicável, o juiz poderá reduzi-la até a metade (art. 76, § 1°, da Lei 9.099/1995); **II: incorreta**, já que da sentença que acolhe a proposta do MP aceita

pelo autor da infração caberá o recurso de apelação (art. 76, §§ 4º e 5º, da Lei 9.099/1995); **III**: incorreta, porque a autoridade policial não lavrará auto de prisão em flagrante, nem exigirá fiança (art. 69, parágrafo único, da Lei 9.099/1995); **IV**: incorreta, pois a revogação do benefício ocorrerá se o beneficiário vier a ser processado por outro crime (e não definitivamente condenado) ou não efetuar, sem motivo justificado, a reparação do dano (art. 89, § 3º, da Lei 9.099/1995); **V**: correta (art. 85, da Lei 9.099/1995). Entretanto, há posição jurisprudencial em sentido contrário, que entende que a conversão da pena de multa em privativa da liberdade ou restritiva de direitos ofende o princípio do devido processo legal, por não se tratar de sentença condenatória, mas homologatória. No caso, se descumprido o acordo, caberá ao Ministério Público requerer a instauração de inquérito policial ou oferecer denúncia (2ª Turma do STF, HC 79.572/GO, em 29/02/2000 – Inf. n. 180).
Gabarito "A".

(**Delegado Federal – 1998 – CESPE**) O Ministério Público denunciou Mandrake e Coperfield por crime de furto qualificado pelo concurso de agentes e pela escalada. Encerrada a instrução criminal, o juiz recebeu os autos para sentenciar. Com base nessas informações, julgue os itens a seguir.

(1) O juiz não poderá condenar os réus, se o Ministério Público, em suas alegações finais, tiver requerido a absolvição de ambos os acusados.
(2) O juiz proferirá decisão terminativa, sem enfrentar o mérito da causa, se lhe restarem dúvidas quanto à autoria do crime.
(3) O juiz poderá desclassificar a conduta para furto simples sem previamente ouvir, a esse respeito, o Ministério Público.
(4) A sentença não será nula, se o juiz aplicar pena mais grave, sem prévia manifestação da defesa, na hipótese de *emendatio libelli*.
(5) Tanto o Ministério Público quanto o Defensor Público do Estado que patrocinou a defesa do acusado serão intimados pessoalmente da sentença.

**1**: incorreta, porque o pedido absolutório formulado pelo Ministério Público não vincula o magistrado, que poderá condenar o réu, bem como reconhecer agravantes, ainda que nenhuma tenha sido alegada (art. 385, CPP); **2**: incorreta, eis que, havendo dúvidas quanto à autoria definitiva, o juiz proferirá sentença definitiva, enfrentando o mérito e, via de consequência, decretando a absolvição (art. 386, CPP). A sentença terminativa é aquela em que o juiz põe fim ao processo sem enfrentar o mérito (ex.: sentença declaratória da prescrição); **3**: correta. Se o magistrado entender que a imputação (furto qualificado pelo concurso de pessoas e escalada) não restou demonstrada, poderá, sem qualquer problema, desclassificar o crime (furto qualificado) para sua forma básica (furto simples); **4**: correta, visto que, em caso de *emendatio libelli* (art. 383, CPP), haverá mera correção da acusação (tipificação incorreta da infração penal na denúncia ou queixa) pelo juiz, inexistindo qualquer nulidade caso aplique pena mais grave do que a cominada à conduta incorretamente tipificada na petição inicial acusatória; **5**: correta (art. 370, § 4º, CPP).
Gabarito 1E, 2E, 3C, 4C, 5C

(**Delegado/PB – 2009 – CESPE**) Com base no CPP, assinale a opção correta acerca da sentença penal.

(A) Da sentença obscura, ambígua, contraditória ou omissa caberão embargos de declaração, no prazo de cinco dias, a serem interpostos perante o tribunal competente.
(B) O juiz, sem modificar a descrição do fato contida na denúncia ou queixa, pode atribuir-lhe definição jurídica diversa, ainda que, em consequência, tenha de aplicar pena mais grave.
(C) Encerrada a instrução probatória, se entender cabível nova definição jurídica do fato, em consequência de prova existente nos autos de elemento ou circunstância da infração penal não contida na acusação, o juiz deve baixar os autos, para que o MP a adite no prazo de três dias.
(D) Caso o MP promova o aditamento da denúncia ou queixa, por força de *mutatio libelli*, o juiz é obrigado a receber o aditamento, pois o MP é o titular da ação penal pública.
(E) Nos crimes de ação pública, o juiz pode proferir sentença condenatória, ainda que o MP tenha pedido a absolvição, mas não pode reconhecer agravantes que não tenham sido alegadas na denúncia, em face do princípio da congruência.

**A**: incorreta, visto que, em caso de sentença que apresente omissão, contradição, obscuridade ou ambiguidade, poderão ser opostos embargos de declaração, no prazo de 2 (dois) dias, cabendo ao juiz prolator da decisão apreciá-los, e não ao Tribunal (art. 382, CPP); **B**: correta. Trata-se da aplicação do instituto da *emendatio libelli*, cabendo ao juiz, ao verificar que a capitulação jurídica do fato descrito na denúncia ou queixa está equivocada (tipificação incorreta), atribuir definição jurídica diversa (tipificação correta), ainda que tenha de aplicar pena mais severa (art. 383, CPP); **C**: incorreta, eis que, no presente caso, será necessária a aplicação do instituto da *mutatio libelli*, cabendo ao Ministério Público aditar a denúncia no prazo de 5 (cinco) dias (art. 384, *caput*, CPP); **D**: incorreta (art. 384, § 5º, CPP); **E**: incorreta (art. 385, CPP).
Gabarito "B".

(**Delegado/RN – 2009 – CESPE**) Assinale a opção correta com relação à sentença.

(A) O crime de abuso de autoridade é de competência da justiça militar, federal ou estadual, conforme o agente seja, respectivamente, integrante das Forças Armadas, ou da polícia militar ou do corpo de bombeiros militares dos estados.
(B) Sentença absolutória imprópria é aquela que condena o réu, impondo-lhe uma sanção a mais, qual seja, a medida de segurança.
(C) No rito do júri, o *judicium causae* fica limitado, fática e juridicamente, à denúncia ou queixa.
(D) A justiça militar estadual só julga réus militares. Por isso, o civil que praticar um crime contra as instituições militares estaduais será processado na justiça comum estadual, não na justiça militar.
(E) No caso de *mutatio libelli*, o MP só aditará a denúncia se a mutação implicar tipificação mais grave.

**A**: incorreta (Súmula 172, STJ); **B**: incorreta, eis que a sentença absolutória imprópria é, de fato, absolutória (e não condenatória, como afirmado na alternativa). Contudo, é denominada de "imprópria" pelo fato de o juiz impor ao réu uma medida de segurança, haja vista o reconhecimento da inimputabilidade; **C**: incorreta, pois é a decisão de pronúncia (e não a denúncia ou queixa) que limita o *judicium causae* (ou juízo da causa), que corresponde à segunda fase do rito escalonado do júri. Assim, caberá ao Ministério Público fazer sua sustentação oral (debates orais) nos limites da pronúncia (art. 476, *caput*, CPP), não podendo ir além dela, sob pena de nulidade; **D**: correta (Súmula 53, STJ); **E**: incorreta. O aditamento da denúncia, em caso de *mutatio libelli*, sempre ocorrerá independentemente de a modificação implicar tipificação mais ou menos grave (art. 384, CPP).
Gabarito "D".

(Agente – Pernambuco – CESPE – 2016) No que se refere à atuação do juiz, do Ministério Público, do acusado, do defensor, dos assistentes e auxiliares da justiça e aos atos de terceiros, assinale a opção correta.

(A) O acusado detém a prerrogativa de silenciar ao ser interrogado, mas esse direito pode ser interpretado contra ele, consoante o aforismo popular: quem cala consente.

(B) Assegura-se ao acusado a ampla defesa e o contraditório, mas isso não lhe retira plenamente a autonomia de vontade, de sorte que poderá dispensar advogado dativo ou defensor público, promovendo, por si mesmo, a sua defesa, ainda que não tenha condições técnicas para tanto.

(C) O réu denunciado em processo, por coautoria ou participação, pode atuar como assistente de acusação nesse mesmo processo se a defesa imputar exclusivamente ao outro acusado a prática do crime.

(D) No processo, o juiz exerce poderes de polícia – para garantir o desenvolvimento regular e tolher atos capazes de perturbar o bom andamento do processo – e poderes jurisdicionais – que compreendem atos ordinatórios, que ordenam e impulsionam o processo, e instrutórios, que compreendem a colheita de provas.

(E) Dados os princípios da unidade, da indivisibilidade e da independência funcional, não se aplicam ao Ministério Público as prescrições relativas a suspeição e impedimentos de juízes.

A: incorreta. A recusa do acusado em se manifestar, exercendo seu direito ao silêncio, consagrado no art. 5º, LXIII, da CF, quer no interrogatório policial, quer no judicial, não pode, por expressa previsão do art. 186, parágrafo único, do CPP, ser interpretada em seu desfavor; B: incorreta. Regra geral, a defesa técnica, promovida por profissional habilitado (advogado), é indispensável (art. 261, CPP), dado o interesse público aqui envolvido. Mais do que isso, deve o magistrado zelar pela qualidade da defesa técnica, declarando o acusado, quando o caso, indefeso e nomeando-lhe outro causídico. Há casos, entretanto, em que o ajuizamento da ação pode ser feito pelo próprio interessado sem a participação de profissional habilitado. Exemplo sempre mencionado pela doutrina é o *habeas corpus*, em que não se exige que a causa seja patrocinada por defensor. Embora isso não seja recomendável, somente poderá patrocinar a sua própria defesa o réu que detenha qualificação técnica para tanto, ou seja, que é advogado; se se tratar de acusado não inscrito nos quadros da OAB, deverá o juiz, ainda que à sua revelia, nomear-lhe um defensor; C: incorreta, pois contraria a regra prevista no art. 270 do CPP, que veda a atuação de corréu, no mesmo processo, na qualidade de assistente; D: correta (art. 251, CPP); E: incorreta, pois em desconformidade com o que estabelece o art. 258 do CPP. Gabarito "D".

## 9. RECURSOS, *HABEAS CORPUS*, MANDADO DE SEGURANÇA E REVISÃO CRIMINAL

(Delegado Federal – 2002 – CESPE) Célia foi vítima de erro decorrente de imperícia do médico em cirurgia plástica a que se submetera para a correção do abdome, o que lhe deixou grave sequela estética e funcional. Com a condenação do médico por crime de lesões corporais culposas, o MP pleiteou, no juízo cível, o ressarcimento do dano em favor de Célia, juridicamente pobre, pleiteando a condenação do médico ao pagamento de R$ 35.000,00, a título de danos materiais, e de R$ 60.000,00, por danos morais. O médico contestou a ação, alegando a ilegitimidade ativa do MP, arguindo para tanto a inconstitucionalidade do art. 68 do Código de Processo Penal (CPP) –que confere ao MP a legitimidade para promover a ação civil *ex delicto* – diante da nova ordem constitucional vigente, já que a promoção de ação civil, nesses moldes, não está entre as atribuições previstas no art. 129 da Constituição da República. No mérito, o cirurgião contestou os valores pleiteados. O juiz cível acatou a arguição de inconstitucionalidade e decretou a extinção do feito por ilegitimidade ativa do MP para a causa. Irresignado com a decisão, o MP interpôs apelação da sentença, sustentando sua legitimidade para promover a ação. Diante dessa situação hipotética, julgue os itens subsequentes.

(1) Se o tribunal entender ser o MP parte legítima para propor a ação, ao dar provimento ao apelo, deverá cassar a sentença recorrida e determinar o retorno dos autos à instância inferior, para prosseguimento do feito, não podendo julgar o mérito da causa, ainda que entenda que o dano está devidamente comprovado pela prova produzida no processo penal.

(2) O entendimento do STF é no sentido de que ainda vigora o art. 68 do CPP, detendo o MP legitimidade para a propositura da ação civil *ex delito*, desde que, na localidade, não haja defensoria pública organizada, de direito e de fato, nos moldes previstos na Constituição da República.

(3) Se o tribunal, por maioria, der provimento ao recurso, não poderá o apelado interpor contra o acórdão recurso extraordinário ou especial, sem que antes interponha embargos infringentes, atendendo ao requisito do exaurimento de instância.

1: correta. Sendo o caso de provimento da apelação interposta pelo Ministério Público, o Tribunal, ao reconhecer sua legitimidade para propor ação civil *ex delicto*, nos termos do art. 68 do CPP, deverá cassar a sentença e devolver os autos à primeira instância, haja vista que o indeferimento da inicial, após a resposta do réu, não permitiu que se colhessem todas as provas necessárias à comprovação dos danos sofridos pelo autor; 2: correta. De fato, vigora a tese da inconstitucionalidade progressiva do art. 68 do CPP. Em outras palavras, com o passar do tempo, referido dispositivo legal não mais poderá ser utilizado pelo Ministério Público para fundamentar sua legitimidade à promoção de ação civil *ex delicto*. À medida que as comarcas passarem a contar com Defensoria Pública, e sendo a pessoa considerada hipossuficiente, caberá àquela instituição representá-la em juízo. Afinal, não é missão constitucional do Ministério Público, mas sim da Defensoria Pública, zelar e representar judicialmente os interesses das pessoas consideradas pobres; 3: correta. De fato, descabe a apresentação de recursos excepcionais (recurso especial ou extraordinário) antes de esgotadas todas as possibilidades recursais. Assim, tendo havido julgamento não unânime, caberá a oposição de embargos infringentes, visto que a admissibilidade de recurso especial ou extraordinário depende do esgotamento das instâncias inferiores. Gabarito 1C, 2C, 3C.

(Delegado/ES – 2006 – CESPE) Acerca da revisão criminal, julgue o item que se segue.

(1) Considere a seguinte situação hipotética. Juvenal, processado por crime de roubo, foi julgado e absolvido por falta de provas. Após o trânsito em julgado da sentença, o representante do Ministério Público que oficiou no processo constatou que a defesa do réu fora feita exclusivamente por estagiário, ou seja, por

profissional sem a devida habilitação técnica. Nessa situação, o promotor de justiça poderá impugnar a decisão absolutória, ingressando com ação de revisão criminal para anular o processo.

1: incorreta. A revisão criminal, ação autônoma de impugnação de decisões judiciais transitadas em julgado, somente é admissível diante de sentença condenatória (art. 621, CPP) ou absolutória imprópria. Igualmente, não tem o Ministério Público legitimidade para propor revisão criminal (art. 623, CPP). Trata-se de medida privativa da defesa. ED
Gabarito "1E".

(Agente – Pernambuco – CESPE – 2016) Assinale a opção correta acerca do *habeas corpus*, considerando os princípios constitucionais, as normas atinentes e os procedimentos próprios dos juizados especiais criminais.

(A) O juizado especial criminal tem competência para julgar infrações penais de menor potencial ofensivo, assim consideradas as contravenções penais e os crimes a que a lei comine pena máxima não superior a dois anos, cumulada ou não com multa.
(B) As competências dos juizados especiais criminais são fixadas com base nas penas máximas cominadas aos tipos; portanto, as suas normas são também aplicáveis às hipóteses de crimes praticados em contexto de violência doméstica contra a mulher, desde que a pena de detenção máxima prevista não ultrapasse dois anos.
(C) Sendo mais favoráveis ao réu os procedimentos dos juizados especiais, a eles competirá julgar os crimes de pequeno potencial ofensivo, mesmo se conexos com infrações da competência do juízo criminal comum ou do tribunal do júri.
(D) Qualquer pessoa tem legitimidade para impetrar *habeas corpus*, mas só o advogado regularmente inscrito na Ordem dos Advogados do Brasil tem capacidade postulatória para fazê-lo perante os tribunais superiores.
(E) No caso de suspeito preso em flagrante delito, o Ministério Público, como titular da ação penal, está impedido de impetrar *habeas corpus*, pois é sua a obrigação de iniciar o processo persecutório.

A: correta. De fato, estão sob a égide do Juizado Especial Criminal as contravenções penais e os crimes cuja pena *máxima* cominada não seja superior a dois anos, cumulada ou não com multa, conforme dispõe o art. 61 da Lei 9.099/1995; B: incorreta, pois em desconformidade com a regra prevista no art. 41 da Lei 11.340/2006 (Lei Maria da Penha), que veda a incidência da Lei 9.099/1995 e suas medidas despenalizadoras nos casos de violência doméstica, aqui incluídas a transação penal e a suspensão condicional do processo, independentemente da pena prevista. Importante que se diga que o STF, ao julgar a Ação Declaratória de Constitucionalidade 19, reconheceu a constitucionalidade deste dispositivo; C: incorreta, já que, neste caso, a competência será do juízo comum ou do tribunal do júri, conforme o caso (art. 60, parágrafo único, Lei 9.099/1995); D: incorreta, na medida em que, para impetração de *habeas corpus*, é desnecessário o patrocínio da causa por advogado (art. 654, "caput", CPP). Assim dispõe o art. 1°, § 2°, da Lei 8.906/1994 (Estatuto da Advocacia): *Não se inclui na atividade privativa de advogado a impetração de habeas corpus em qualquer instância ou tribunal*; E: incorreta, pois o art. 654 do CPP dispõe, em sua parte final, que o *habeas corpus* poderá ser impetrado por qualquer pessoa, em seu favor ou de outrem, bem como pelo Ministério Público. ED
Gabarito "A".

## 10. EXECUÇÃO PENAL

(Delegado/AC – 2008 – CESPE) A respeito de suspensão condicional da pena e livramento condicional, julgue o item seguinte.

(1) Haverá revogação obrigatória do livramento condicional se o liberado for irrecorrivelmente condenado, por crime ou contravenção, qualquer que seja a pena cominada.

A revogação obrigatória do livramento condicional se dá nos casos em que o sentenciado for condenado a pena privativa de liberdade, em sentença irrecorrível pela prática de crime, e não de contravenção (art. 86 do CP). ED
Gabarito "1E".

(Delegado/RN – 2009 – CESPE) De acordo com a Lei de Execução Penal, assinale a opção correta.

(A) O trabalho externo é inadmissível para os presos em regime fechado, tendo em vista o alto grau de periculosidade dos condenados.
(B) A prestação de trabalho externo, a ser autorizada pela direção do estabelecimento penal, dependerá de aptidão, disciplina e responsabilidade, além do cumprimento mínimo de dois terços da pena.
(C) Se o preso for punido por falta média, será revogada a autorização de trabalho externo.
(D) Se o preso praticar fato definido como crime, revogar-se á a autorização de trabalho externo.
(E) Para o preso provisório, o trabalho é obrigatório e só poderá ser executado no interior do estabelecimento.

A: incorreta. É admissível que o recolhido em regime fechado desempenhe trabalhos externos em serviço ou obras públicas, desde que tomadas cautelas para evitar a fuga (art. 36, LEP); B: incorreta. Para que seja autorizada a realização de trabalhos externos é exigível que o sentenciado tenha cumprido no mínimo 1/6 de sua pena; C e D: a alternativa C está incorreta e a D está correta. A autorização para realização de trabalho externo será revogada nos casos em que o sentenciado praticar fato definido como crime, for punido por falta grave, ou tiver comportamento contrário aos requisitos estabelecidos neste artigo (art. 37, parágrafo único, LEP); E: incorreta. Ao preso provisório o trabalho não é obrigatório (art. 31, parágrafo único). ED
Gabarito "D".

## 11. ORGANIZAÇÃO CRIMINOSA

(Agente – Pernambuco – CESPE – 2016) Com relação às normas constitucionais e legais atinentes à investigação criminal e às organizações criminosas, assinale a opção correta.

(A) O delegado de polícia, por deter a prerrogativa de condução do inquérito policial, pode se negar a cumprir diligências requisitadas pelo Ministério Público se entender que elas não são pertinentes.
(B) O indiciamento do suspeito de prática de crime é ato privativo do delegado de polícia, mediante ato fundamentado do qual constarão a análise técnico-jurídica do fato criminoso e suas circunstâncias e a indicação da materialidade e da autoria.
(C) Colaboração premiada ou delação premiada permitem ao juiz reduzir em até dois terços a pena aplicada ao réu integrante de organização criminosa, mas não isentá-lo de pena.

**(D)** O delegado de polícia não pode propor a delação premiada: somente o Ministério Público tem a necessária legitimidade para propô-la ao juiz da causa.

**(E)** Para a delação premiada, o réu colaborador não necessita estar assistido por advogado; basta que, espontaneamente, declare ao juiz o seu desejo de colaborar.

**A:** incorreta. Mesmo detendo a prerrogativa exclusiva de condução do inquérito policial, não é dado ao delegado de polícia recusar-se a dar cumprimento a diligências requisitadas pelo Ministério Público, titular da ação penal pública, salvo na hipótese, à evidência, de a medida requisitada mostrar-se manifestamente ilegal, o que não deve ser confundido com a sua *pertinência*; **B:** correta, pois reflete o disposto no art. 2º, § 6º, Lei 12.830/2013; **C:** incorreta. No contexto da colaboração premiada disciplinada na Lei 12.850/2013, poderá o juiz, além de reduzir a pena aplicada em até dois terços ou substituí-la por restritiva de direitos, conceder o perdão judicial (art. 4º, "caput"); **D:** incorreta. À parte a polêmica que envolve este tema, é certo que o delegado de polícia, por expressa previsão contida no art. 4º, §§ 2º e 6º, da Lei 12.850/2013, está, sim, credenciado, assim como o MP, a firmar acordo de colaboração premiada nos autos do inquérito policial. A propósito, o STF, em 20/06/218, ao julgar a ADI 5.508, reconheceu como constitucional a possibilidade de os delegados de polícias firmarem acordos de colaboração premiada; **E:** incorreta, pois não reflete o disposto no art. 4º, § 15, da Lei 12.850/2013, que estabelece que o colaborador deverá estar assistido por advogado em todas as etapas do acordo. **ED**

Gabarito "B".

## 12. JUIZADOS ESPECIAIS

**(Agente-Escrivão – PC/GO – CESPE – 2016)** Uma pessoa denunciada por crime para o qual a pena mínima é igual a um ano recebeu e aceitou uma proposta do MP prevista na Lei nº 9.099/95. Nesse caso, a proposta em questão caracteriza-se como uma:

**(A)** suspensão condicional da pena, que poderá ser revogada se a pessoa vier a ser condenada definitivamente por outro crime.

**(B)** transação penal, pois a pessoa cometeu crime de menor potencial ofensivo.

**(C)** transação penal, caso o crime cometido seja de menor potencial ofensivo.

**(D)** suspensão condicional da pena, pois a pessoa cometeu crime de menor potencial ofensivo.

**(E)** suspensão condicional do processo, que poderá ser revogada se a pessoa vier a ser processada por contravenção penal no curso do prazo.

As infrações penais de menor potencial ofensivo (art. 61, Lei 9.099/1995) admitem tanto a *suspensão condicional do processo* (*sursis* processual) quanto a *transação penal*. O que ocorre é que a transação penal (art. 76, Lei 9.099/1995) tem aplicação exclusiva no contexto das infrações penais de menor potencial ofensivo (contravenções e crimes a que a lei comine pena máxima não superior a 2 anos); já a incidência da suspensão condicional do processo vai além dessas infrações, já que terá ela lugar nos crimes em que a pena *mínima* cominada é igual ou inferior a um ano (art. 89, Lei 9.099/1995). É o caso, por exemplo, do crime de furto simples (art. 155, CP), em que a pena mínima cominada corresponde a um ano: embora não se trata de infração penal de menor potencial ofensivo, o autor deste delito fará jus, desde que preenchidos os requisitos previstos em lei, à suspensão condicional do processo, que, a propósito, poderá ser revogada na hipótese de o acusado vier a ser processado, no curso do prazo de suspensão, por contravenção penal (art. 89, § 4º, Lei 9.099/1995). **ED**

Gabarito "E".

**(Agente-Escrivão – PC/GO – CESPE – 2016)** De acordo com os termos da Lei nº 9.099/1995, que dispõe sobre os juizados especiais cíveis e criminais, na situação em que um indivíduo tenha sido preso em flagrante por ter cometido furto simples – cuja pena prevista é de reclusão, de um a quatro anos, e multa –, o MP, ao oferecer a denúncia, poderá propor a suspensão do processo, por dois a quatro anos, estando presentes os demais requisitos que autorizem a suspensão condicional da pena, previstos em artigo do CP. Nesse caso,

**(A)** o MP poderá propor a suspensão do processo ainda que o réu tenha sido condenado por outro crime na semana anterior à do cometimento do furto.

**(B)** se o juiz deferir a suspensão do processo, o prazo da prescrição penal do crime correrá durante o curso do prazo da suspensão.

**(C)** se for deferida a suspensão do processo, a autoridade judiciária deverá declarar extinta a punibilidade depois de expirado o prazo, sem revogação da suspensão.

**(D)** se o juiz deferir a suspensão do processo, esta será mantida ainda que no seu curso o indivíduo venha a ser processado por contravenção penal.

**(E)** a decisão do juiz, pelo deferimento da suspensão do processo, independerá da aceitação do acusado.

**A:** incorreta. De fato, para que o acusado faça jus ao *sursis* processual, necessário que seja primário e ostente bons antecedentes (art. 89, "caput", Lei 9.099/1995); em outras palavras, a reincidência e os maus antecedentes elidem a incidência da suspensão condicional do processo; **B:** incorreta, uma vez que, com o deferimento, pelo juiz, da suspensão do processo, a prescrição ficará suspensa e assim permanecerá até o final do período de prova (art. 89, § 6º, Lei 9.099/1995); **C:** correta, pois reflete o disposto no art. 89, § 5º, Lei 9.099/1995; **D:** incorreta, uma vez que contraria a regra presente no art. 89, § 4º, Lei 9.099/1995; **E:** incorreta, já que não corresponde ao disposto no art. 89, § 7º, Lei 9.099/1995. **ED**

Gabarito "C".

**(Agente-Escrivão – PC/GO – CESPE – 2016)** Por ter praticado infração penal contra Lúcio, Ana foi presa em flagrante e conduzida à delegacia, onde se constatou que o tipo penal correspondente à infração praticada por Ana prevê pena máxima de dois anos e multa.

Nessa situação hipotética, a autoridade policial deverá:

**(A)** exigir o pagamento da fiança, devido ao fato de o crime admitir pena de multa.

**(B)** instaurar IP mediante a lavratura do auto de prisão em flagrante.

**(C)** converter a prisão em flagrante em prisão preventiva, por não se tratar de crime de menor potencial ofensivo.

**(D)** lavrar termo circunstanciado e encaminhá-lo ao juizado juntamente com a autora do fato e a vítima.

**(E)** encaminhar imediatamente as partes ao juizado, para audiência de conciliação.

Se a ocorrência levada ao conhecimento da autoridade policial constituir contravenção penal ou crime ao qual a lei comine pena máxima igual ou inferior a *dois* anos, ainda que cumulada com multa (infração penal de menor potencial ofensivo – art. 61, Lei 9.099/1995), deverá providenciar para que seja confeccionado o chamado *termo circunstanciado*, cuja previsão está no art. 69 da Lei 9.099/1995 e nada mais é do que a

formalização da ocorrência policial, que conterá informações circunstanciadas do ocorrido, tais como data, hora e local em que se deram os fatos, natureza da ocorrência, qualificação do autor, ofendido e demais envolvidos e o histórico (resumo) do ocorrido. Uma vez concluído o registro da ocorrência, o termo circunstanciado será encaminhado de imediato ao Juizado Criminal juntamente com o autor do fato e a vítima. Na prática, no entanto, tal providência tem se mostrado inviável, uma vez que exigiria que houvesse Juizados Especiais de plantão permanente. Dessa forma, o mais comum tem sido que as partes envolvidas firmem compromisso, perante a autoridade policial, de comparecer ao Juizado tão logo notificadas para tanto. ED
Gabarito "D".

## 13. LEGISLAÇÃO EXTRAVAGANTE

(Delegado/MT – 2017 – CESPE) Acerca dos procedimentos e pressupostos legais da interceptação telefônica, assinale a opção correta.

(A) É possível a interceptação telefônica em investigação criminal destinada a apuração de delito de ameaça ocorrido em âmbito doméstico e abrangido pela Lei Maria da Penha.
(B) Pode o juiz, excepcionalmente, admitir o pedido de interceptação telefônica feito pela autoridade policial de forma verbal, condicionada a sua concessão à redução do pedido a termo.
(C) No curso das investigações e no decorrer da instrução criminal, a interceptação telefônica poderá ser determinada de ofício pelo juiz.
(D) Decisão judicial que indefira pedido de interceptação telefônica formulado por autoridade policial será irrecorrível; aquela decisão que indeferir requerimento formulado pelo MP poderá ser impugnada por recurso em sentido estrito.
(E) A interceptação telefônica inicialmente realizada sem autorização judicial poderá, mediante consentimento dos interlocutores, ser validada posteriormente pelo juiz da causa.

A: incorreta, na medida em que o crime de ameaça prevê pena de *detenção*, e o art. 2°, III, da Lei 9.296/1996 somente admite a interceptação telefônica se o fato constituir infração penal punida com *reclusão*; B: correta, pois reflete a regra disposta no art. 4°, § 1°, da Lei 9.296/1996; C: incorreta. Em razão da adoção do sistema acusatório, o juiz somente poderá determinar, de ofício, a interceptação telefônica no curso da ação penal; durante as investigações do inquérito, somente por meio de representação da autoridade policial ou a requerimento do MP (art. 3° da Lei 9.296/1996); D: incorreta: hipótese não prevista no art. 581 do CPP, que estabelece em que casos pode ser manejado o recurso em sentido estrito; E: incorreta. Ainda que haja posterior anuência dos interlocutores, mesmo assim a interceptação sem autorização judicial será considerada prova ilícita. Nesse sentido: "Na hipótese, embora as gravações tenham sido implementadas pelo esposo da cliente do paciente com a intenção de provar a sua inocência, é certo que não obteve a indispensável prévia autorização judicial, razão pela qual se tem como configurada a interceptação de comunicação telefônica ilegal. 4. O fato da esposa do autor das interceptações – que era uma interlocutora dos diálogos gravados de forma clandestina – ter consentido posteriormente com a divulgação dos seus conteúdos não tem o condão de legitimar o ato, pois no momento da gravação não tinha ciência do artifício que foi implementado pelo seu marido, não se podendo afirmar, portanto, que, caso soubesse, manteria tais conversas com o seu advogado pelo telefone interceptado. 5. Aplicação da norma contida no artigo 157, *caput*, do Código de Processo Penal, com a redação que lhe foi dada pela Lei n. 11.690/08. 6. *Habeas corpus* não conhecido.

Ordem concedida de ofício para declarar a nulidade das escutas telefônicas realizadas em detrimento do paciente, determinando-se o seu desentranhamento dos autos" (HC 161.053/SP, Rel. Ministro Jorge Mussi, Quinta Turma, julgado em 27/11/2012, DJe 03/12/2012). ED
Gabarito "B".

(Delegado/GO – 2017 – CESPE) Vantuir e Lúcio cometeram, em momentos distintos e sem associação, crimes previstos na Lei de Drogas (Lei n. 11.343/2006). No momento da ação, Vantuir, em razão de dependência química e de estar sob influência de entorpecentes, era inteiramente incapaz de entender o caráter ilícito do fato. Lúcio, ao agir, estava sob efeito de droga, proveniente de caso fortuito, sendo também incapaz de entender o caráter ilícito do fato.

Nessas situações hipotéticas, qualquer que tenha sido a infração penal praticada,

(A) Vantuir terá direito à redução de pena de um a dois terços e Lúcio será isento de pena.
(B) somente Vantuir será isento de pena.
(C) Lúcio e Vantuir serão isentos de pena.
(D) somente Lúcio terá direito à redução de pena de um a dois terços.
(E) Lúcio e Vantuir terão direito à redução de pena de um a dois terços.

A solução desta questão deve ser extraída do art. 45, *caput*, da Lei 11.343/2006, a seguir transcrito: "É isento de pena o agente que, em razão da dependência, ou sob o efeito, proveniente de caso fortuito ou força maior, de droga, era, ao tempo da ação ou da omissão, qualquer que tenha sido a infração penal praticada, inteiramente incapaz de entender o caráter ilícito do fato ou de determinar-se de acordo com esse entendimento". ED
Gabarito "C".

(Delegado/GO – 2017 – CESPE) Júlio, durante discussão familiar com sua mulher no local onde ambos residem, sem justo motivo, agrediu-a, causando-lhe lesão corporal leve.

Nessa situação hipotética, conforme a Lei n. 11.340/2006 e o entendimento do STJ,

(A) a ofendida poderá renunciar à representação, desde que o faça perante o juiz.
(B) a ação penal proposta pelo Ministério Público será pública incondicionada.
(C) a autoridade policial, independentemente de haver necessidade, deverá acompanhar a vítima para assegurar a retirada de seus pertences do domicílio familiar.
(D) Júlio poderá ser beneficiado com a suspensão condicional do processo, se presentes todos os requisitos que autorizam o referido ato.
(E) Júlio poderá receber proposta de transação penal do Ministério Público, se houver anuência da vítima.

A: incorreta. Não há que se falar em representação, já que a ação penal, neste caso, é pública incondicionada; B: correta. O STF, no julgamento da ADIn n. 4.424, de 09.02.2012, estabeleceu a natureza *incondicionada* da ação penal nos crimes de lesão corporal, independente de sua extensão, praticados contra a mulher no ambiente doméstico. Tal entendimento encontra-se consagrado na Súmula 542, do STJ; C: incorreta, uma vez que tal providência somente será adotada se se revelar necessária (art. 11, IV, da Lei 11.340/2006); D e E: incorretas, dado que o art. 41 da Lei Maria da Penha, cuja constitucionalidade foi reconhecida pelo STF (ADC 19, de 09.02.2012), veda a aplicação, no âmbito dos crimes praticados com violência doméstica e familiar contra a mulher, das medidas despenalizadoras contempladas na Lei 9.099/1995, entre as quais a suspensão condicional do processo e a transação penal. Consolidando tal entendimento, editou-se a Súmula 536 do STJ: "A suspensão condicional do processo e a transação penal não se aplicam na hipótese de delitos sujeitos ao rito da Lei Maria da Penha". 🔒

Gabarito: "B".

**(Delegado/GO – 2017 – CESPE)** O líder de determinada organização criminosa foi preso e, no curso do inquérito policial, se prontificou a contribuir para coleta de provas mediante a prestação de colaboração com o objetivo de, oportunamente, ser premiado por tal conduta.

Nessa situação hipotética, conforme a Lei n. 12.850/2013, que dispõe sobre o instituto da colaboração premiada,

**(A)** o Ministério Público poderá deixar de oferecer denúncia contra o colaborador.

**(B)** o prazo para o oferecimento de denúncia contra o colaborador poderá ser suspenso pelo prazo máximo de seis meses.

**(C)** o delegado de polícia, nos autos do inquérito policial e com a manifestação do Ministério Público, poderá requerer ao juiz a concessão de perdão judicial.

**(D)** será obrigatória a participação de um juiz nas negociações entre as partes para a formalização de acordo de colaboração.

**(E)** será vedado ao juiz recusar a homologação da proposta de colaboração.

A proposição considerada como correta ("C"), pela banca, está, na verdade, errada, tal como reconhecido pela organizadora. Analisemos cada alternativa. **A:** incorreta, na medida em que somente seria dado ao MP deixar de ofertar denúncia em face do colaborador se este não for líder da organização criminosa (art. 4º, § 4º, I, da Lei 12.850/2013). Segundo consta do enunciado, o candidato a colaborador é o líder da organização criminosa da qual faz parte; **B:** incorreta, já que o interregno de suspensão, que é de 6 meses, poderá ser prorrogado por igual período. É o que estabelece o art. 4º, § 3º, da Lei 12.850/2013; **C:** incorreta. Isso porque é vedado, ante o que estabelece o art. 4º, § 4º, I, da Lei 12.850/2013, a concessão de perdão judicial ao líder da organização criminosa; **D:** incorreta. É vedada a participação do magistrado nas negociações realizadas entre as partes para a formalização do acordo (art. 4º, § 6º, da Lei 12.850/2013), cabendo-lhe tão somente analisar o acordo sob a ótica formal, homologando-o, se o caso (art. 4º, § 7º, da Lei 12.850/2013, com redação alterada pela Lei 13.964/2019); **E:** incorreta. Se não estiverem preenchidos os requisitos formais do acordo (regularidade, legalidade e voluntariedade), poderá o juiz recusar a sua homologação (art. 4º, § 8º, da Lei 12.850/2013, com redação alterada pela Lei 13.964/2019). 🔒

Gabarito: Anulada

**(Delegado/BA – 2013 – CESPE)** Um delegado de polícia, tendo recebido denúncia anônima de que Mílton estaria abusando sexualmente de sua própria filha, requereu, antes mesmo de colher provas acerca da informação recebida, a juiz da vara criminal competente a interceptação das comunicações telefônicas de Mílton pelo prazo de quinze dias, sucessivamente prorrogado durante os quarenta e cinco dias de investigação.

Kátia, ex-mulher de Mílton, contratou o advogado Caio para acompanhar o inquérito policial instaurado. Mílton, então, ainda no curso da investigação, resolveu interceptar, diretamente e sem o conhecimento de Caio e Kátia, as ligações telefônicas entre eles, tendo tomado conhecimento, devido às interceptações, de que o advogado cometera o crime de tráfico de influência. Em razão disso, Mílton procurou Kátia e solicitou que ela concordasse com a divulgação do conteúdo das gravações telefônicas, ao que Kátia anuiu expressamente. Mílton, então, apresentou ao delegado o conteúdo das gravações, que foram utilizadas para subsidiar ação penal iniciada pelo MP contra Caio, pela prática do crime de tráfico de influência.

Com base nessa situação hipotética, julgue os itens seguintes, a respeito das interceptações telefônicas.

**(1)** O fato de Kátia – que era interlocutora dos diálogos gravados – ter consentido posteriormente com a divulgação do conteúdo das gravações não legitima o ato nem justifica sua utilização como prova.

**(2)** O delegado de polícia não poderia ter determinado a instauração de inquérito policial exclusivamente com base na denúncia anônima recebida.

**(3)** A interceptação telefônica solicitada pelo delegado de polícia e autorizada judicialmente é nula, haja vista ter sido sucessivamente prorrogada pelo magistrado por prazo superior a trinta dias, o que contraria a previsão legal de que o prazo da interceptação telefônica não pode exceder quinze dias, renovável uma vez por igual período.

**(4)** A interceptação telefônica realizada por Mílton é ilegal, porquanto desprovida da necessária autorização judicial.

**1:** correta. Com efeito, o fato de Kátia, interlocutora da conversa interceptada por Milton, aquiescer na divulgação dos diálogos gravados é irrelevante. De uma forma ou de outra, a interceptação promovida por Milton não poderá ser utilizada como prova no processo em que Caio, também interlocutor, é acusado pela prática do crime de tráfico de influência. De ser ver, ainda, que, com a sua conduta, Milton incorreu nas penas do crime previsto no art. 10 da Lei 9.296/1996 (com redação alterada pela Lei 13.869/2019). Conferir a seguinte ementa, na qual o examinar, ao que parece, se baseou para a elaboração desta assertiva: "(...) TRÁFICO DE INFLUÊNCIA (ARTIGO 332 DO CÓDIGO PENAL). GRAVAÇÃO DE CONVERSA TELEFÔNICA ENTRE O PACIENTE, ADVOGADO, E SUA CLIENTE EFETUADA POR TERCEIRO. AUSÊNCIA DE PRÉVIA AUTORIZAÇÃO JUDICIAL. SIGILO VIOLADO. ILICITUDE DA PROVA. CONSTRANGIMENTO ILEGAL CARACTERIZADO. 1. A interceptação telefônica é a captação de conversa feita por um terceiro, sem o conhecimento dos interlocutores, que depende de ordem judicial, nos termos do inciso XII do artigo 5º da Constituição Federal. 2. A escuta é a captação de conversa telefônica feita por um terceiro, com o conhecimento de apenas um dos interlocutores, ao passo que a gravação telefônica é feita por um dos interlocutores do diálogo, sem o consentimento ou a ciência do outro. 3. Na hipótese, embora as gravações tenham sido implementadas pelo esposo da cliente do paciente com a intenção de provar a sua inocência, é certo que não obteve a indispensável prévia autorização judicial, razão pela qual se tem como configurada a interceptação de comunicação telefônica ilegal. 4. O fato da esposa do autor das interceptações – que era uma interlocutora dos diálogos gravados de forma clandestina – ter consentido posteriormente com a divulgação dos seus conteúdos não tem o condão de legitimar o ato, pois no momento da gravação não tinha ciência do artifício que foi implementado pelo seu marido, não se podendo afirmar, portanto, que, caso soubesse, manteria tais conversas com o seu advogado pelo telefone interceptado." (HC 161053/SP, Quinta Turma, rel. Min. Jorge Mussi, j. 27/11/2012, DJe 03/12/2012); **2:** correta. A jurisprudência dos tribunais superiores firmou entendimento no sentido de que somente é possível a instauração de procedimento investigativo com base em denúncia anônima se esta vier acompanhada de outros elementos. É correto afirmar-se, portanto, que é vedado à autoridade policial proceder a inquérito com base somente em denúncia anônima. Deverá o delegado, em casos assim, antes de instaurar inquérito, fazer um levantamento da informação que a ele chegou, a fim de verificar a sua procedência. Nesse sentido: *"A autoridade policial, ao receber uma denúncia anônima, deve antes realizar diligências preliminares para averiguar se os fatos narrados nessa 'denúncia' são materialmente verdadeiros, para, só então, iniciar as investigações"* (HC 95.244, 1ª T., rel. Min. Dias Toffoli, DJE 29.04.2010); **3:** incorreta. Não poderá a interceptação ser considerada nula somente pelo fato de ter sido prorrogada por mais de uma oportunidade. É que a jurisprudência sedimentou entendimento no sentido de que o prazo de quinze dias poderá ser prorrogado quantas vezes for necessário para a apuração do fato sob investigação. Conferir: "INTERCEPTAÇÃO TELEFÔNICA. DURAÇÃO. Nos autos, devido à complexidade da organização criminosa, com muitos agentes envolvidos, demonstra-se, em princípio, a necessidade dos diversos pedidos para prorrogação das interceptações telefônicas. Tal fato, segundo o Min. Relator, não caracteriza nulidade, uma vez que não consta da Lei n. 9.296/1996 que a autorização para interceptação telefônica possa ser prorrogada uma única vez; o que exige a lei é a demonstração da sua necessidade. De igual modo, assevera que a duração da interceptação telefônica deve ser proporcional à investigação efetuada. No caso dos autos, o prolongamento das escutas ficou inteiramente justificado porquanto necessário à investigação. Com esse entendimento, a Turma ao prosseguir o julgamento, denegou a ordem, pois não há o alegado constrangimento ilegal descrito na inicial. Precedentes citados: HC 13.274-RS, DJ 4/9/2000, e HC 110.644-RJ, DJe 18/5/2009. HC 133.037-GO, Rel. Min. Celso Limongi (Desembargador convocado do TJ-SP), julgado em 2/3/2010. (Inform. STJ 425)"; **4:** correta, pois em conformidade com a disciplina estabelecida no art. 3º da Lei 9.296/1996, que confere ao magistrado – e somente a ele – a atribuição para determinar a interceptação de comunicação telefônica, o que poderá ser dar de ofício ou ainda a requerimento do MP ou mediante representação da autoridade policial.

Gabarito 1C, 2C, 3E, 4C

**(Delegado/BA – 2013 – CESPE)** Determinado policial militar efetuou a prisão em flagrante de Luciano e o conduziu à delegacia de polícia. Lá, com o objetivo de fazer Luciano confessar a prática dos atos que ensejaram sua prisão, o policial responsável por seu interrogatório cobriu sua cabeça com um saco plástico e amarrou-o no seu pescoço, asfixiando-o. Como Luciano não confessou, o policial deixou-o trancado na sala de interrogatório durante várias horas, pendurado de cabeça para baixo, no escuro, período em que lhe dizia que, se ele não confessasse, seria morto. O delegado de polícia, ciente do que ocorria na sala de interrogatório, manteve-se inerte. Em depoimento posterior, Luciano afirmou que a conduta do policial lhe provocara intenso sofrimento físico e mental.

Considerando a situação hipotética acima e o disposto na Lei Federal n.º 9.455/1997, julgue os itens subsequentes.

**(1)** O delegado não pode ser considerado coautor ou partícipe da conduta do policial, pois o crime de tortura somente pode ser praticado de forma comissiva.

**(2)** Para a comprovação da materialidade da conduta do policial, é imprescindível a realização de exame de corpo de delito que confirme as agressões sofridas por Luciano.

**1:** incorreta. É inconteste que a conduta do policial responsável pelo interrogatório de Luciano se enquadra no art. 1º, I, *a*, da Lei 9.455/1997 (Lei de Tortura), uma vez que constrangeu a vítima, fazendo uso de violência e grave ameaça que lhe causaram sofrimento físico e mental, com o propósito de obter confissão do crime a ele imputado e pelo qual foi preso em flagrante. Dito isso, resta analisar a conduta do delegado de polícia, que, ciente de tudo que se passava com Luciano, nada fez. Pela sua conduta omissiva, deverá ser responsabilizado como incurso nas penas do art. 1º, § 2º, da Lei 9.455/1997, que pune (de forma mais branda, é verdade) o agente que, tendo o dever de intervir, nada faz para evitar a prática de tortura; **2:** incorreta. É fato que, sendo a tortura física e havendo vestígios da sua ocorrência, é de rigor o exame de corpo de delito, nos termos do art. 158 do CPP. Agora, se se tratar de tortura psicológica, que, em regra, não produz vestígios, não há por que proceder-se a exame de corpo de delito, sendo a prova da materialidade produzida por outros meios (testemunha, por exemplo). No caso narrado no enunciado, a comprovação da existência do crime não está condicionada à realização de exame de corpo de delito, tendo em vista que a Luciano foi impingido, além de sofrimento físico, também sofrimento psicológico, o que, por si só, já configura o crime em questão. De mais a mais, nem sempre o sofrimento físico deixa vestígios.

Gabarito 1E, 2E

**(Delegado Federal – 2013 – CESPE)** Julgue os itens seguintes com base na Lei n.º 11.343/2006.

**(1)** A autoridade de polícia judiciária deve comunicar ao juiz competente a prisão em flagrante no prazo improrrogável de cinco dias, remetendo-lhe cópia do auto lavrado, do qual será dada vista ao MP em até vinte e quatro horas.

**(2)** Conforme entendimento pacificado do STJ, a eventual ilegalidade da prisão cautelar por excesso de prazo para conclusão da instrução criminal deve ser analisada à luz do princípio da razoabilidade, sendo permitida ao juízo, em hipóteses excepcionais, a extrapolação dos prazos previstos na lei processual penal.

**(3)** O crime de tráfico de drogas é inafiançável e o acusado desse crime, insuscetível de *sursis*, graça, indulto ou anistia, não podendo as penas a que eventualmente seja condenado ser convertidas em penas restritivas de direitos.

**(4)** É legal a manutenção da custódia cautelar sob o único fundamento da vedação da liberdade provisória a acusados de delito de tráfico de drogas, consoante a jurisprudência STF.

**1:** incorreta. Isso porque o art. 50, *caput*, da Lei 11.343/2006, de forma idêntica ao art. 306 do CPP, estabelece que a prisão em flagrante será comunicada de imediato ao juiz competente, com o encaminhamento do respectivo auto; **2:** correta. Nessa esteira, conferir: "RECURSO ORDINÁRIO EM *HABEAS CORPUS*. PROCESSUAL PENAL. CRIMES DE FORMAÇÃO DE QUADRILHA ARMADA E COMÉRCIO ILEGAL DE ARMA DE FOGO. PRISÃO PREVENTIVA. GARANTIA DA ORDEM PÚBLICA. NECESSIDADE DE INTERRUPÇÃO DA ATIVIDADE CRIMINOSA. FUNDAMENTAÇÃO SUFICIENTE. EXCESSO DE PRAZO PARA A FORMAÇÃO DA CULPA. INOCORRÊNCIA. FEITO COMPLEXO (23 ACUSADOS). CONDIÇÕES PESSOAIS FAVORÁVEIS. IRRELEVÂNCIA. RECURSO DESPROVIDO. 1. Interceptações telefônicas, judicialmente autorizadas, indicaram a existência de uma organização criminosa responsável pela prática de diversos crimes, dentre eles, tráfico ilícito de drogas, homicídios, crimes contra o patrimônio, tráfico de armas de fogo e munições e formação de quadrilha. Em tese, o Recorrente faria parte desse grupo e comercializava ilegalmente armas e munições com a quadrilha. Tais circunstâncias evidenciam a pertinência da manutenção da constrição cautelar em foco, como forma de garantir a ordem pública, dado que necessária a interrupção das atividades criminosas, em parte, fomentadas pelos armamentos fornecidos pelo Custodiado. 2. Perfeitamente aplicável, na espécie, o entendimento de que "[a] necessidade de se interromper ou diminuir a atuação de integrantes de organização criminosa enquadra-se no conceito de garantia da ordem pública, constituindo fundamentação cautelar idônea e suficiente para a prisão preventiva" (STF – HC 95.024/SP, 1.ª Turma, Rel. Min. CÁRMEN LÚCIA, DJe de 20/02/2009). 3. Os prazos indicados para a conclusão da instrução criminal servem apenas como parâmetro geral, pois variam conforme as peculiaridades de cada processo, razão pela qual a jurisprudência os tem mitigado, à luz do Princípio da Razoabilidade. A complexidade da causa em apreço (com 23 denunciados) e a necessidade de investigações de fatos ocorridos em duas Comarcas (Vitória de Santo Antão e Olinda) autorizam um certo prolongamento da instrução criminal. 4. As condições pessoais favoráveis, tais como primariedade, bons antecedentes, ocupação lícita e residência fixa, não têm o condão de, por si sós, desconstituir a custódia antecipada, caso estejam presentes outros requisitos de ordem objetiva e subjetiva que autorizem a decretação da medida extrema" (RHC 201301681245, Laurita Vaz, Quinta Turma, DJE DE 23.08.2013); **3:** incorreta. A substituição da pena privativa de liberdade por restritiva de direitos era vedada, a teor do art. 33, § 4º, da Lei de Drogas, para o crime de tráfico. Sucede que o STF, no julgamento do HC 97.256/RS, declarou, incidentalmente, a inconstitucionalidade dessa vedação. Posteriormente, o Senado Federal, por meio da Resolução nº 5/2012, suspendeu a execução da expressão "vedada a conversão em penas restritivas de direito", presente no art. 33, § 4º, da Lei 11.343/2006. Portanto, nada impede, atualmente, que o juiz autorize a substituição da pena privativa de liberdade por restritiva de direitos no crime de tráfico. De resto, a alternativa está correta, pois corresponde ao que estabelece o art. 44, *caput*, da Lei 11.343/2006; **4:** incorreta. O Pleno do STF, em controle difuso, reconheceu a inconstitucionalidade da parte do art. 44 da Lei de Drogas que proibia a concessão de liberdade provisória nos crimes de tráfico (HC 104.339/SP, Pleno, rel. Min. Gilmar Mendes, 10.05.2012). ED

Gabarito 1E, 2C, 3E, 4E

**(Delegado Federal – 2013 – CESPE)** No que se refere aos crimes de lavagem de dinheiro, julgue os itens subsecutivos com base no direito processual penal.

**(1)** Compete à justiça federal processar e julgar os acusados da prática de crimes de lavagem de dinheiro, uma vez que a repressão a esses crimes é imposta por tratado internacional.

**(2)** A simples existência de indícios da prática de um dos crimes que antecedem o delito de lavagem de dinheiro, conforme previsão legal, autoriza a instauração de inquérito policial para apurar a ocorrência do referido delito, não sendo necessária a prévia punição dos acusados do ilícito antecedente.

**(3)** Conforme a jurisprudência do STJ, não impede o prosseguimento da apuração de cometimento do crime de lavagem de dinheiro a extinção da punibilidade dos delitos antecedentes.

**1:** incorreta. A competência para o processamento e julgamento dos crimes de lavagem de dinheiro será da Justiça Federal nas hipóteses estabelecidas no art. 2º, III, da Lei de Lavagem de Capitais; nos demais casos, a competência será da Justiça Estadual; **2 e 3:** corretas, pois refletem o disposto no art. 2º, § 1º, da Lei 9.613/1998, cuja redação foi modificada pela Lei n. 12.683/2012. ED

Gabarito 1E, 2C, 3C

Fábio, delegado, tendo recebido denúncia anônima na qual seus subordinados eram acusados de participar de esquema criminoso relacionado ao tráfico ilícito de substâncias entorpecentes, instaurou, de imediato, inquérito policial e requereu a interceptação das comunicações telefônicas dos envolvidos, que, devidamente autorizada pela justiça estadual, foi executada pela polícia militar.

No decorrer das investigações, conduzidas a partir da interceptação das comunicações telefônicas, verificou-se que os indiciados contavam com a ajuda de integrantes das Forças Armadas para praticar os delitos, utilizando aviões da Aeronáutica para o envio da substância entorpecente para o exterior.

O inquérito passou a tramitar na justiça federal, que prorrogou, por diversas vezes, o período de interceptação. Com a denúncia na justiça federal, as informações colhidas na intercepção foram reproduzidas em CD-ROM, tendo sido apenas as conversas diretamente relacionadas aos fatos investigados transcritas nos autos.

**(Delegado Federal – 2013 – CESPE)** Acerca dessa situação hipotética e do procedimento relativo às interceptações telefônicas, julgue os itens de 1 a 4.

**(1)** Ao instaurar imediatamente inquérito policial e requerer as interceptações telefônicas para averiguar as acusações contra seus comandados, o delegado em questão agiu corretamente, em obediência ao princípio da moralidade administrativa.

**(2)** Apesar de a lei prever o prazo máximo de quinze dias para a interceptação telefônica, renovável por mais quinze, não há qualquer restrição ao número de prorrogações, desde que haja decisão fundamentando a dilatação do período.

**(3)** Segundo o entendimento do STF, é permitido, em caráter excepcional, à polícia militar, mediante autorização judicial e sob supervisão do MP, executar interceptações telefônicas, sobretudo quando houver suspeita de envolvimento de autoridades policiais civis nos delitos investigados, não sendo a execução dessa medida exclusiva da autoridade policial, visto que são autorizados, por lei, o emprego de serviços e a atuação de técnicos das concessionárias de serviços públicos de telefonia nas interceptações.

**(4)** Autorizadas por juízo absolutamente incompetente, as interceptações telefônicas conduzidas pela autoridade policial são ilegais, por violação ao princípio constitucional do devido processo legal.

**1:** incorreta, visto que o art. 2º, II, da Lei 9.296/1996 estabelece que somente se recorrerá à quebra de sigilo telefônico quando a prova não puder ser obtida por outros meios disponíveis. Em outras palavras, deveria o delegado, antes de formular pedido para a decretação da quebra de sigilo telefônico, promover investigações a fim de estabelecer materialidade e autoria do crime em questão, para, somente depois, se se concluísse que a prova não poderia ser produzida de outra forma, realizar a interceptação telefônica; **2:** correta. De fato, a jurisprudência sedimentou entendimento no sentido de que o prazo de quinze dias poderá ser prorrogado quantas vezes for necessário para a apuração do fato sob investigação. Conferir: STF, HC 83.515-RS, Pleno, rel. Min. Nelson Jobim, DJ 04.03.2005; **3:** correta (STF, HC 96.986-MG, 2ª T., rel. Min. Gilmar Mendes, 10.05.2012); **4:** incorreta. Segundo o STJ, "A declinação da competência não tem o condão de invalidar a interceptação telefônica autorizada por Juízo que inicialmente se acreditava ser competente" (HC 128.006, 5ª T., rel. Min. Napoleão Nunes Maia Filho, DJe de 12.04.2010). ED

Gabarito 1E, 2C, 3C, 4E

**(Delegado Federal – 2002 – CESPE)** Julgue o seguinte item.

**(1)** Considere a seguinte situação hipotética. Um indivíduo foi denunciado pela prática de crimes contra a ordem tributária, em continuidade delitiva. Algumas das condutas delituosas foram perpetradas na vigência da Lei n.º 4.729/1965 (*lex mitior*) e, outras, sob a égide da Lei n.º 8.197/1990 (*lex gravior*). Nessa situação, pelo fato de a lei penal não retroagir, salvo para beneficiar o réu, será reconhecida a ultratividade da Lei n.º 4.729/1965.

Súmula 711 do STF: "A lei penal mais grave aplica-se ao crime continuado ou ao crime permanente, se a sua vigência é anterior à cessação da continuidade ou da permanência". ED
Gabarito "1E".

**(Delegado/AC – 2008 – CESPE)** Considerando o programa especial de proteção a vítimas e testemunhas ameaçadas e a legislação correlata e julgue os itens que se seguem.

**(1)** A solicitação para ingresso no programa mencionado não pode ser feita diretamente pela autoridade policial que conduz a investigação criminal, a qual deverá formular representação ao Ministério Público, que tem legitimidade para tanto.

**(2)** Em caso de urgência e considerando a procedência, a gravidade e a iminência da coação ou ameaça, a vítima ou testemunha poderá ser colocada provisoriamente sob a custódia de órgão policial, pelo órgão executor, no aguardo de decisão do conselho deliberativo, comunicando-se imediatamente o fato aos membros deste e ao Ministério Público.

**1:** incorreta. Prescreve o art. 5º da Lei 9.807/1999 que a solicitação que visa ao ingresso em programa de proteção a vítima e testemunha poderá ser encaminhado ao órgão executor pelo interessado, pelo representante do MP, pela *autoridade policial* que conduz a investigação, pelo juiz competente e também por órgãos públicos e entidades com atribuições de defesa dos direitos humanos; **2:** alternativa em consonância com o que dispõe o art. 5º, § 3º, da Lei 9.807/1999. ED
Gabarito 1E, 2C

**(Delegado/PB – 2009 – CESPE)** Acerca do tráfico ilícito e do uso indevido de substâncias entorpecentes, com base na legislação respectiva, assinale a opção correta.

**(A)** No caso de porte de substância entorpecente para uso próprio, não se impõe prisão em flagrante, devendo o autor de fato ser imediatamente encaminhado ao juízo competente ou, na falta deste, assumir o compromisso de a ele comparecer.

**(B)** Para a lavratura do auto de prisão em flagrante, é suficiente o laudo de constatação da natureza e quantidade da droga, o qual será necessariamente firmado por perito oficial.

**(C)** O IP relativo a indiciado preso deve ser concluído no prazo de 30 dias, não havendo possibilidade de prorrogação do prazo. A autoridade policial pode, todavia, realizar diligências complementares e remetê-las posteriormente ao juízo competente.

**(D)** Findo o prazo para conclusão do inquérito, a autoridade policial remete os autos ao juízo competente, relatando sumariamente as circunstâncias do fato, sendo-lhe vedado justificar as razões que a levaram à classificação do delito.

**A:** correta (art. 48, § 2º, da Lei 11.343/2006); **B:** incorreta. Nos termos do art. 50, § 1º, da Lei 11.343/2006, na falta de perito oficial, o laudo de constatação poderá ser firmado por pessoa idônea. Nesse ponto reside o erro da assertiva; **C:** incorreta. Reza o art. 51, parágrafo único, da Lei de Drogas que o prazo para conclusão do inquérito relativo a réu preso, que é de 30 dias, pode ser duplicado pelo juiz, desde que ouvido o MP e mediante pedido justificado da autoridade policial; **D:** incorreta. A autoridade policial, ao remeter os autos de inquérito policial ao juízo, já findos, deverá relatar de forma sumária as circunstâncias em que os fatos se deram, bem assim justificar as razões que a levaram à classificação do delito, entre outras providências listadas no art. 52 da Lei 11.343/2006. ED
Gabarito "A".

**(Delegado/PB – 2009 – CESPE)** Assinale a opção correta com base na legislação sobre interceptação telefônica.

**(A)** A interceptação das comunicações telefônicas pode ser determinada pelo juiz, a requerimento da autoridade policial, na investigação criminal ou na instrução processual penal.

**(B)** O pedido de interceptação das comunicações telefônicas deve ser feito necessariamente por escrito.

**(C)** Não se admite interceptação das comunicações telefônicas quando o fato investigado constituir infração penal punida, no máximo, com pena de detenção.

**(D)** Somente após o trânsito em julgado da sentença penal pode a gravação ser inutilizada, mediante decisão judicial, ainda que não interesse à prova.

**(E)** Ainda que a diligência possibilite a gravação da comunicação interceptada, é dispensada a transcrição da gravação.

**A:** incorreta (art. 3º, I, da Lei 9.296/96); **B:** incorreta (art. 4º, § 1º, da Lei 9.296/1996); **C:** correta (art. 2º, III, da Lei 9.296/1996); **D:** incorreta (art. 9º da Lei 9.296/1996); **E:** incorreta (art. 6º, § 1º, da Lei 9.296/1996). ED
Gabarito "C".

**(Delegado/RN – 2009 – CESPE)** A prática do crime de lavagem de dinheiro é atribuída ao agente que dissimula a natureza e a origem de bens, direitos ou valores provenientes, direta ou indiretamente, de determinados crimes. Esses crimes não abrangem

**(A)** o terrorismo.

**(B)** a extorsão mediante sequestro.

**(C)** o crime contra a administração pública, incluindo a exigência direta ou indireta, para si ou para outrem, de qualquer vantagem, como condição ou preço para a prática ou a omissão de atos administrativos.

**(D)** os crimes contra a ordem tributária.

**(E)** o tráfico ilícito de substâncias entorpecentes ou drogas afins.

Ao tempo em que esta questão foi elaborada, a proposição correta de fato era a "D", visto que os crimes a que ela faz referência não estavam contemplados no rol do art. 1º da Lei 9.613/1998. Sucede que esse dispositivo teve sua redação alterada por força da Lei 12.683/2012. Com isso, não mais se exige, à configuração do crime de lavagem de dinheiro, que a operação financeira esteja vinculada a determinados crimes, listados em rol taxativo, como até então ocorria. ED
Gabarito "D".

## 14. QUESTÕES DE CONTEÚDO VARIADO

**(Agente – PF – CESPE – 2018)** Depois de adquirir um revólver calibre 38, que sabia ser produto de crime, José passou a portá-lo municiado, sem autorização e em desacordo com determinação legal. O comportamento suspeito de José levou-o a ser abordado em operação policial de rotina. Sem a autorização de porte de arma de fogo,

José foi conduzido à delegacia, onde foi instaurado inquérito policial.

Tendo como referência essa situação hipotética, julgue os itens seguintes.

(1) A receptação praticada por José consumou-se a partir do momento em que ele adquiriu o armamento.

(2) Se, durante o processo judicial a que José for submetido, for editada nova lei que diminua a pena para o crime de receptação, ele não poderá se beneficiar desse fato, pois o direito penal brasileiro norteia-se pelo princípio de aplicação da lei vigente à época do fato.

(3) O inquérito instaurado contra José é procedimento de natureza administrativa, cuja finalidade é obter informações a respeito da autoria e da materialidade do delito.

(4) Caso declarações de José sejam divergentes de declarações de testemunhas da receptação praticada, poderá ser realizada a acareação, que é uma medida cabível exclusivamente na fase investigatória.

(5) Os agentes de polícia podem decidir, discricionariamente, acerca da conveniência ou não de efetivar a prisão em flagrante de José.

---

**1: correta.** Como bem sabemos, o crime de receptação, previsto no art. 180 do CP, é misto alternativo (plurinuclear ou de conteúdo variado), isto é, o tipo penal abriga diversos verbos, sendo que a concretização de qualquer deles é o bastante à consumação do delito. Uma das ações nucleares do art. 180 do CP é representada pelo verbo *adquirir*, que tem o sentido de *obter, comprar*. Neste caso, José consumou o delito no exato instante em que obteve a propriedade do armamento; **2: incorreta.** É fato que o direito penal brasileiro norteia-se pela regra segundo a qual é aplicada a lei vigente à época em que se deram os fatos (*tempus regit actum*). A exceção a tal regra fica por conta da *extratividade*, que é o fenômeno pelo qual a lei é aplicada a fatos ocorridos fora do seu período de vigência. No universo do direito penal, a *extratividade* da lei é possível em duas situações: *retroatividade*: que nada mais é do que a incidência de uma lei penal nova e benéfica a um fato ocorrido antes do seu período de vigência, ou seja, ao tempo em que a lei entrou em vigor, o fato já se consumara. Neste caso, dado que a lei nova é mais favorável ao agente, ela projetará seus efeitos para o passado e regerá o fato ocorrido antes do seu período de vigência. É exatamente este o caso narrado na assertiva. Com efeito, no curso do processo judicial (portanto, após os fatos), sobreveio lei nova estabelecendo pena menor para o crime de receptação. Neste caso, é de rigor que esta lei nova, que é mais benéfica, retroaja e seja aplicada à conduta praticada por José; *ultratividade*: é a aplicação de uma lei penal benéfica, já revogada, a um fato verificado depois do período de sua vigência. Perceba, portanto, que a regra é a da irretroatividade da lei penal, é dizer, aplica-se a lei em vigor à época em que os fatos se deram. A exceção fica por conta da hipótese em que a lei nova, que entrou em vigor após o fato consumar-se, é mais benéfica ao agente. Neste caso, ela retroagirá e será aplicada ao fato praticado anteriormente à sua entrada em vigor; **3: correta.** De fato, o inquérito policial, que tem natureza administrativa, se presta a reunir provas de uma infração penal (autoria e materialidade); **4: errada.** A acareação poderá realizar-se tanto na fase inquisitiva (art. 6°, VI, CPP) quanto no curso da ação penal (arts. 229 e 230 do CPP); **5: errada.** Existente situação flagrancial, inexiste margem de discricionariedade de ação por parte da autoridade policial e de seus agentes, já que o art. 301 do CPP impõe a estas pessoas a obrigação de prender quem quer que se encontre em flagrante delito; cuidado: o flagrante será facultativo para qualquer pessoa do povo (art. 301, CPP).

Gabarito: 1C, 2E, 3C, 4E, 5E

---

**(Delegado/PE – 2016 – CESPE)** Acerca das alterações processuais assinaladas pela Lei 12.403/2011, do instituto da fiança, do procedimento no âmbito dos juizados especiais criminais e das normas processuais pertinentes à citação e intimação, assinale a opção correta.

(A) Se o acusado, citado por edital, não comparecer nem constituir advogado, será decretada a revelia e o processo prosseguirá com a nomeação de defensor dativo.

(B) Em homenagem ao princípio da ampla defesa, será sempre pessoal a intimação do defensor dativo ou constituído pelo acusado.

(C) O arbitramento de fiança, tanto na esfera policial quanto na concedida pelo competente juízo, independe de prévia manifestação do representante do MP.

(D) Nos procedimentos previstos na Lei 9.099/1995, em se tratando de ação penal pública condicionada à representação e não havendo conciliação na audiência preliminar, caso o ofendido se manifeste pelo não oferecimento de representação, o processo será julgado extinto de imediato, operando-se a decadência do direito de ação.

(E) No caso de prisão em flagrante, a autoridade policial somente poderá conceder fiança se a infração penal for punida com detenção e prisão simples; nas demais situações, a fiança deverá ser requerida ao competente juízo.

**A: incorreta.** Na hipótese de o réu não ser encontrado, deverá o juiz determinar a sua citação por edital, depois de esgotados os meios disponíveis para a sua localização. Se o réu, depois de citado por edital, não comparecer tampouco constituir defensor, o processo e o prazo prescricional ficarão, em vista da disciplina estabelecida no art. 366 do CPP, suspensos (não há que se falar em revelia tampouco continuidade do processo, portanto), podendo ser decretada, se o caso, sua prisão preventiva bem como determinada a produção antecipada das provas consideradas urgentes. No que toca ao tema *suspensão condicional do processo* (*sursis* processual), valem alguns esclarecimentos. A produção da prova considerada urgente deverá se dar em conformidade com o entendimento firmado na Súmula 455 do STJ: "A decisão que determina a produção antecipada de provas com base no art. 366 do CPP deve ser concretamente fundamentada, não a justificando unicamente o mero decurso do tempo". No que toca à prisão preventiva, a sua decretação, no âmbito do art. 366 do CPP, somente poderá se dar diante da presença dos requisitos do art. 312 do CPP, sendo vedada, portanto, a decretação automática da custódia. O mesmo há de ser aplicado à produção antecipada de provas, que está condicionada à demonstração de sua necessidade, não bastando, a autorizá-la, o mero decurso do tempo; **B: incorreta,** dado que a intimação do defensor constituído far-se-á por publicação no órgão incumbido da publicidade dos atos judiciais da comarca, tudo em conformidade com o prescrito no art. 370, § 1°, do CPP; já a do defensor nomeado e também do Ministério Público será *pessoal*, conforme imposição do art. 370, § 4°, do CPP; **C:** correta (art. 333, CPP); **D:** incorreta (art. 75, parágrafo único, da Lei 9.099/1995); **E:** incorreta. A Lei 12.403/2011 mudou sobremaneira o panorama da fiança. Antes da reforma por ela implementada, a autoridade policial, em vista da revogada redação do art. 322 do CPP, somente estava credenciada a concedê-la nas hipóteses de infração punida com *detenção* ou *prisão simples*. Bem por isso, não podia o delegado de polícia arbitrar fiança nos crimes punidos com *reclusão*, tarefa exclusiva do magistrado. Pela nova redação dada ao art. 322 do CPP, a autoridade policial passou a conceder fiança nos casos de infração cuja pena privativa de liberdade máxima não seja superior a quatro anos, independentemente de ser o crime apenado

com reclusão ou detenção (qualidade da pena). Naqueles casos em que a pena máxima superar os quatro anos, somente o magistrado poderá estabelecer a fiança.
Gabarito "C".

**(Delegado/PE – 2016 – CESPE)** Assinale a opção correta acerca do processo penal e formas de procedimento, aplicação da lei processual no tempo, disposições constitucionais aplicáveis ao direito processual penal e ação civil *ex delicto*, conforme a legislação em vigor e o posicionamento doutrinário e jurisprudencial prevalentes.

(A) No momento da prolação da sentença condenatória, não cabe ao juízo penal fixar valores para fins de reparação dos danos causados pela infração, porquanto tal atribuição é matéria de exclusiva apreciação do juízo cível.

(B) Sendo o interrogatório um dos principais meios de defesa, que expressa o princípio do contraditório e da ampla defesa, é imperioso, de regra, que o réu seja interrogado ao início da audiência de instrução e julgamento.

(C) É cabível a absolvição sumária do réu em processo comum caso o juiz reconheça, após a audiência preliminar, a existência de doença mental do acusado que, comprovada por prova pericial, o torne inimputável.

(D) Lei processual nova de conteúdo material, também denominada híbrida ou mista, deverá ser aplicada de acordo com os princípios de temporalidade da lei penal, e não como princípio do efeito imediato, consagrado no direito processual penal pátrio.

(E) Nos crimes comuns e nos casos de prisão em flagrante, deverá a autoridade policial garantir a assistência de advogado quando do interrogatório do indiciado, devendo nomear defensor dativo caso o indiciado não indique profissional de sua confiança.

**A:** incorreta, pois contraria o que dispõem os arts. 63, parágrafo único, e 387, IV, ambos do CPP; **B:** incorreta. Embora haja divergência na doutrina, é fato que o interrogatório constitui, fundamentalmente, meio de *defesa*. Nesse sentido, o STF: "Em sede de persecução penal, o interrogatório judicial – notadamente após o advento da Lei 10.792/2003 – qualifica-se como ato de defesa do réu, que, além de não ser obrigado a responder a qualquer indagação feita pelo magistrado processante, também não pode sofrer qualquer restrição em sua esfera jurídica em virtude do exercício, sempre legítimo, dessa especial prerrogativa (...)" (HC 94.601-CE, 2ª T., rel. Min. Celso de Mello, 11.09.2009). Nesse mesmo sentido o ensinamento de Guilherme de Souza Nucci: "(...) Note-se que o interrogatório é, fundamentalmente, um meio de defesa, pois a Constituição assegura ao réu o direito ao silêncio. Logo, a primeira alternativa que se avizinha ao acusado é calar-se, daí não advindo consequência alguma. Defende-se apenas. Entretanto, caso opte por falar, abrindo mão do direito ao silêncio, seja lá o que disser, constitui meio de prova inequívoco, pois o magistrado poderá levar em consideração suas declarações para condená-lo ou absolvê-lo" (*Código de Processo Penal Comentado*, 12ª ed., p. 428). No que toca ao momento do interrogatório, é incorreto afirmar-se que ele deva ocorrer logo no início da instrução. Bem ao contrário, em vista do que dispõe o art. 400 do CPP, com a redação que lhe deu a Lei 11.719/2008, o interrogatório, à luz dos princípios da ampla defesa e do contraditório, passou a constitui o derradeiro ato processual; **C:** incorreta (art. 397, II, do CPP); **D:** correta. De fato, a lei processual penal será aplicada desde logo (*princípio da aplicação imediata* ou *da imediatidade*), sem prejuízo dos atos realizados sob o império da lei anterior. É o que estabelece o art. 2º do CPP. A exceção a essa regra fica por conta da lei processual penal dotada de carga material (híbrida ou mista), em que deverá ser aplicado o que estabelece o art. 2º, parágrafo único, do CP. Nesse caso, a exemplo do que se dá com as leis penais, a norma processual nova, se favorável ao réu, deverá retroagir; se prejudicial, aplica-se a lei já revogada (*lex mitior*); **E:** incorreta. Não cabe à autoridade policial nomear defensor ao interrogando que não indicar profissional de sua confiança.
Gabarito "D".

# 3. LEGISLAÇÃO EXTRAVAGANTE

Eduardo Dompieri, Arthur Trigueiros e Tatiana Subi

## 1. TRÁFICO DE DROGAS

**(Delegado/MT – 2017 – CESPE)** Com referência aos parâmetros legais da dosimetria da pena para os crimes elencados na Lei n. 11.343/2006 – Lei Antidrogas – e ao entendimento dos tribunais superiores sobre essa matéria, assinale a opção correta.

**(A)** A personalidade e a conduta social do agente não preponderam sobre outras circunstâncias judiciais da parte geral do CP quando da dosimetria da pena.

**(B)** A natureza e a quantidade da droga são circunstâncias judiciais previstas na parte geral do CP.

**(C)** A natureza e a quantidade da droga não preponderam sobre outras circunstâncias judiciais da parte geral do CP quando da dosimetria da pena.

**(D)** A natureza e a quantidade da droga apreendida não podem ser utilizadas, concomitantemente, na primeira e na terceira fase da dosimetria da pena, sob pena de *bis in idem*.

**(E)** As circunstâncias judiciais previstas na parte geral do CP podem ser utilizadas para aumentar a pena base, mas a natureza e a quantidade da droga não podem ser utilizadas na primeira fase da dosimetria da pena.

Nos termos do art. 42 da Lei 11.343/2006, o juiz, na fixação das penas, considerará, com preponderância sobre o previsto no art. 59 do Código Penal, a natureza e a quantidade da substância ou do produto, a personalidade e a conduta social do agente. Assim, analisemos as alternativas! **A, B e C:** incorretas. Optou o legislador por prever circunstâncias judiciais específicas para os crimes definidos na Lei de Drogas, preponderando sobre aquelas definidas no art. 59 do CP. Assim, na fixação da pena-base, serão levadas em conta a natureza e a quantidade da substância ou produto, bem como a personalidade e a conduta social do agente delitivo; **D:** correta. Se a natureza e a quantidade da droga serão levadas em consideração na primeira fase da dosimetria da pena (circunstâncias judiciais do art. 42 da Lei de Drogas), não poderão ser novamente consideradas como majorantes na terceira fase (incidência das causas de aumento e diminuição de pena), caso em que haveria violação ao *ne bis in idem*; **E:** incorreta. As circunstâncias judiciais do art. 59 do CP, embora possam ser utilizadas supletivamente, não afastarão aquelas previstas no art. 42 da Lei 11.343/2006, dentre elas, a natureza e a quantidade da droga.

Gabarito "D".

**(Delegado/PE – 2016 – CESPE)** Se determinada pessoa, maior e capaz, estiver portando certa quantidade de droga para consumo pessoal e for abordada por um agente de polícia, ela

**(A)** estará sujeita à pena privativa de liberdade, se for reincidente por este mesmo fato.

**(B)** estará sujeita à pena privativa de liberdade, se for condenada a prestar serviços à comunidade e, injustificadamente, recusar a cumprir a referida medida educativa.

**(C)** estará sujeita à pena, imprescritível, de comparecimento a programa ou curso educativo.

**(D)** poderá ser submetida à pena de advertência sobre os efeitos da droga, de prestação de serviço à comunidade ou de medida educativa de comparecimento a programa ou curso educativo.

**(E)** deverá ser presa em flagrante pela autoridade policial.

**A:** incorreta. A teor do art. 28 da Lei 11.343/2006, aquele que *adquire, guarda, tem em depósito, transporta* ou *traz consigo*, para consumo pessoal, drogas sem autorização ou em desacordo com determinação legal ou regulamentar será submetido às seguintes penas: advertência sobre os efeitos das drogas; prestação de serviços à comunidade; e medida educativa de comparecimento a programa ou curso educativo. Não será mais aplicável ao usuário (mesmo que reincidente), como se pode ver, a pena de prisão. É importante que se diga que a natureza jurídica do art. 28 da Lei 11.343/2006 gerou, num primeiro momento, polêmica na doutrina, uma vez que, para uns, teria havido descriminalização da conduta ali descrita. O STF, ao enfrentar a questão, decidiu que o comportamento descrito neste art. 28 continua a ser crime, isso porque inserido no Capítulo III da atual Lei de Drogas. Nesse sentido, a 1ª Turma do STF, no julgamento do RE 430.105-9-RJ, considerou que o dispositivo em questão tem natureza de crime, e o usuário é um "tóxico delinquente" (Rel. Min. Sepúlveda Pertence, j. 13.2.2007), entendimento este, até então, compartilhado pelo STJ. Com isso, a condenação pelo cometimento do crime do art. 28 da Lei de Drogas, embora não imponha ao condenado pena de prisão, tem o condão de gerar reincidência. Mais recentemente, a 6ª Turma do STJ, que até então compartilhava do posicionamento do STF e da 5ª Turma do STJ, apontou para uma mudança de entendimento. Para a 6ª Turma, o art. 28 da Lei de Drogas não constitui crime tampouco contravenção. Trata-se de uma infração penal *sui generis*, razão penal qual o seu cometimento não gera futura reincidência. Havia, como se pode ver, divergência entre a 5ª e a 6ª Turmas do STJ. Conferir o julgado da 5ª Turma, de acordo com o entendimento até então prevalente: "A conduta prevista no art. 28 da Lei n. 11.343/06 conta para efeitos de reincidência, de acordo com o entendimento desta Quinta Turma no sentido de que, *"revela-se adequada a incidência da agravante da reincidência em razão de condenação anterior por uso de droga, prevista no artigo 28 da Lei n. 11.343/06, pois a jurisprudência desta Corte Superior, acompanhando o entendimento do col. Supremo Tribunal Federal, entende que não houve abolitio criminis com o advento da Lei n. 11.343/06, mas mera "despenalização" da conduta de porte de drogas"* (HC 314594/SP, rel. Min. FELIX FISCHER, QUINTA TURMA, DJe 1/3/2016)" (HC 354.997/SP, j. 28/03/2017. julgado em 21/08/2018, DJe 30/08/2018). Conferir o julgado da 6ª Turma que inaugurou a divergência à qual fizemos referência: "1. À luz do posicionamento firmado pelo Supremo Tribunal Federal na questão de ordem no RE nº 430.105/RJ, julgado em 13/02/2007, de que o porte de droga para consumo próprio, previsto no artigo 28 da Lei nº 11.343/2006, foi apenas despenalizado pela nova Lei de Drogas, mas não descriminalizado, esta Corte Superior vem decidindo que a condenação anterior pelo crime de porte de droga para uso próprio configura reincidência, o que impõe a aplicação da agravante genérica do artigo 61, inciso I, do Código Penal e o afastamento da aplicação da causa especial de diminuição de pena do parágrafo 4º do artigo 33 da Lei nº 11.343/06. 2. Todavia, se a contravenção penal, punível com pena de prisão simples, não configura reincidência, resta inequivocamente desproporcional a consideração, para fins de reincidência, da posse

de droga para consumo próprio, que conquanto seja crime, é punida apenas com "advertência sobre os efeitos das drogas", "prestação de serviços à comunidade" e "medida educativa de comparecimento a programa ou curso educativo", mormente se se considerar que em casos tais não há qualquer possibilidade de conversão em pena privativa de liberdade pelo descumprimento, como no caso das penas substitutivas. 3. Há de se considerar, ainda, que a própria constitucionalidade do artigo 28 da Lei de Drogas, que está cercado de acirrados debates acerca da legitimidade da tutela do direito penal em contraposição às garantias constitucionais da intimidade e da vida privada, está em discussão perante o Supremo Tribunal Federal, que admitiu Repercussão Geral no Recurso Extraordinário nº 635.659 para decidir sobre a tipicidade do porte de droga para consumo pessoal. 4. E, em face dos questionamentos acerca da proporcionalidade do direito penal para o controle do consumo de drogas em prejuízo de outras medidas de natureza extrapenal relacionadas às políticas de redução de danos, eventualmente até mais severas para a contenção do consumo do que aquelas previstas atualmente, o prévio apenamento por porte de droga para consumo próprio, nos termos do artigo 28 da Lei de Drogas, não deve constituir causa geradora de reincidência. 5. Recurso improvido" (REsp 1672654/SP, Rel. Ministra MARIA THEREZA DE ASSIS MOURA, SEXTA TURMA, julgado em 21/08/2018, DJe 30/08/2018). Em seguida, a 5ª Turma aderiu ao entendimento adotado pela 6ª Turma, no sentido de que a condenação pelo cometimento do crime descrito no art. 28 da Lei 11.343/2006 não tem o condão de gerar reincidência. A conferir: "Esta Corte Superior, ao analisar a questão, posicionou-se de forma clara, adequada e suficiente ao concluir que a condenação pelo crime do artigo 28 da Lei n. 11.343/2006 não é apta a gerar os efeitos da reincidência." (EDcl no AgRg nos EDcl no REsp 1774124/SP, Rel. Ministro REYNALDO SOARES DA FONSECA, QUINTA TURMA, julgado em 02/04/2019, DJe 16/04/2019); **B**: incorreta. Pelo descumprimento das medidas restritivas de direitos impostas pelo juiz na sentença, *caberão admoestação verbal e multa*, conforme determina o art. 28, § 6º, da Lei de Drogas. Não caberá, neste caso, pena privativa de liberdade; **C**: incorreta, na medida em que somente são imprescritíveis o crime de racismo (Lei 7.716/1989) e a ação de grupos armados, civis e militares, contra a ordem constitucional e o Estado Democrático; **D**: correta, pois reflete o que dispõe o art. 28, I, II e III, da Lei de Drogas; **E**: incorreta, porque em desacordo com o que estabelece o art. 48, § 2º, da Lei 11.343/2006, que veda a prisão em flagrante no contexto do crime do art. 28 da Lei de Drogas.
Gabarito "D".

**(Delegado/PA – 2006 – CESPE)** Com relação à Lei nº 6.368/1976 (Lei de Tóxicos) e à Lei nº 7.210/1984 (Lei de Execução Penal), assinale a opção correta.

**(A)** Se um farmacêutico injeta drogas em uma pessoa sem que haja prescrição médica para tanto, pratica tráfico ilícito de entorpecentes, consubstanciado na conduta típica ministrar.

**(B)** Não constitui tráfico ilícito de entorpecente a cessão gratuita e eventual de pequena quantidade de substância entorpecente.

**(C)** Nos termos da Lei de Execução Penal, o condenado que cometer falta grave não perde o direito ao tempo remido.

**(D)** Aquele que, no mesmo contexto fático e sucessivamente, importa, transporta, mantém em depósito, expõe e, finalmente, vende a mesma substância entorpecente, responderá por concurso material de delitos.

**A**: correta. O art. 33, *caput*, da Lei 11.343/2006, atualmente em vigor, prevê como uma das condutas que tipifica o tráfico a de *ministrar* droga; **B**: incorreta. O art. 33, § 3º, estabelece que oferecer droga, eventualmente e sem objetivo de lucro, a pessoa de seu relacionamento, para juntos a consumirem, constitui crime. É o chamado tráfico eventual de droga. Contudo, se o fornecimento da droga, ainda que gratuito, fora das condições mencionadas, atingir pessoa que não seja do relacionamento do agente, configurado estará o crime de tráfico (art. 33, *caput*); **C**: incorreta. O art. 127 da LEP, com a inovação trazida pela Lei 12.433, de 30 de junho de 2011, estabelece que, em caso de cometimento de falta grave, o sentenciado perderá, no máximo, um terço dos dias remidos; **D**: incorreta. O tráfico de drogas é um crime de ação múltipla e, por assim ser, ainda que o agente cometa mais de uma conduta, desde que no mesmo contexto fático, estará caracterizado um único crime, sendo possível que o julgador, no momento da dosimetria da pena, considere o número de ações para fixar a reprimenda proporcional às condutas perpetradas pelo agente. Incide, neste caso, o princípio da alternatividade.
Gabarito "A".

**(Delegado/RR – 2003 – CESPE)** Relativamente ao tráfico ilícito e uso indevido de substâncias entorpecentes e aos crimes hediondos, julgue o item a seguir.

**(1)** O crime de associação para o tráfico ilícito de entorpecentes foi revogado pela Lei dos Crimes Hediondos.

**1**: incorreta. O crime de associação para o tráfico ilícito de entorpecentes continua tipificado na Lei de Drogas (art. 35). Todavia, não está inserido no rol dos crimes hediondos ou equiparados.
Gabarito "1E".

**(Escrivão de Polícia Federal – 2013 – CESPE)** No que concerne aos aspectos penais e processuais da Lei de Drogas e das normas de controle e fiscalização sobre produtos químicos que direta ou indiretamente possam ser destinados à elaboração ilícita de substâncias entorpecentes, psicotrópicas ou que determinem dependência física ou psíquica, julgue os itens seguintes.

**(1)** Para comercializar produtos químicos que possam ser utilizados como insumo na elaboração de substâncias entorpecentes, o comerciante deverá ser cadastrado no Departamento de Polícia Federal e possuir licença de funcionamento, concedida pelo mesmo departamento.

**(2)** Considere que determinado cidadão esteja sendo processado e julgado por vender drogas em desacordo com determinação legal. Nessa situação, se o réu for primário e tiver bons antecedentes, sua pena poderá ser reduzida, respeitados os limites estabelecidos na lei.

**1**: correta, nos termos do art. 4º da Lei 10.357/2001; **2**: correta. Na verdade, para fazer jus ao benefício da redução da pena, o réu deve ser primário, ter bons antecedentes, não se dedicar a atividades criminosas nem integrar organização criminosa (art. 33, § 4º, da Lei 11.343/2006).
Gabarito 1C, 2C.

**(Polícia Rodoviária Federal – 2013 – CESPE)** A respeito da lei que institui o Sistema Nacional de Políticas Publicas sobre Drogas, julgue o item subsequente.

**(1)** Caso uma pessoa injete em seu próprio organismo substância entorpecente e, em seguida, seja encontrada por policiais, ainda que os agentes não encontrem substâncias entorpecentes em poder dessa pessoa, ela estará sujeita as penas de advertência, prestação de serviço à comunidade ou medida educativa de comparecimento à programa ou curso educativo.

**1**: incorreta. A conduta do art. 28 da Lei 11.343/2006 tipificada como crime é, dentre outras, "transportar" ou "trazer consigo". Portanto, se os policiais não encontrarem qualquer porção de entorpecente com a pessoa, ainda que ela esteja sob os efeitos diretos da droga, não haverá a subsunção do fato à norma essencial para a aplicação das penas alternativas previstas no mencionado dispositivo legal.

Gabarito "1E".

**(Escrivão de Polícia/DF – 2013 – CESPE)** Julgue o item subsecutivo, referente ao Sistema Nacional de Políticas Públicas sobre Drogas (Lei 11.343/2006).

**(1)** Será isento de pena um namorado que ofereça droga a sua namorada, eventualmente e sem objetivo de lucro, para juntos eles a consumirem.

**1:** incorreta. Não é caso de isenção de pena, mas de crime de tráfico de drogas privilegiado previsto no art. 33, § 3º, da Lei 11.343/2006.

Gabarito "1E".

## 2. TORTURA

Rui e Jair são policiais militares e realizam constantemente abordagens de adolescentes e homens jovens nos espaços públicos, para verificação de ocorrências de situações de uso e tráfico de drogas e de porte de armas. Em uma das abordagens realizadas, eles encontraram José, conhecido por efetuar pequenos furtos, e, durante a abordagem, verificaram que José portava um celular caro. Jair começou a questionar a quem pertencia o celular e, à medida que José negava que o celular lhe pertencia, alegando não saber como havia ido parar em sua mochila, começou a receber empurrões do policial e, persistindo na negativa, foi derrubado no chão e começou a ser pisoteado, tendo a arma de Rui direcionada para si. Como não respondeu de forma alguma a quem pertencia o celular, José foi colocado na viatura depois de apanhar bastante, e os policiais ficaram rodando por horas com ele, com o intuito de descobrirem a origem do celular, mantendo-o preso na viatura durante toda uma noite, somente levando-o para a delegacia no dia seguinte.

**(Agente – Pernambuco – CESPE – 2016)** Nessa situação hipotética, à luz das leis que tratam dos crimes de tortura e de abuso de autoridade e dos crimes hediondos,

**(A)** os policiais cometeram o crime de tortura, que, no caso, absorveu o crime de lesão corporal.

**(B)** os policiais cometeram somente crime de abuso de autoridade e lesão corporal.

**(C)** o fato de Rui e Jair serem policiais militares configura causa de diminuição de pena.

**(D)** os policiais cometeram o tipo penal denominado tortura-castigo.

**(E)** caso venham a ser presos cautelarmente, Rui e Jair poderão ser soltos mediante o pagamento de fiança.

Somente a letra A está correta. Verifica-se no caso apresentado que os policiais praticaram a modalidade chamada "tortura-prova", pois empregaram violência e grave ameaça, causando sofrimento físico e mental na vítima, com o fim de obter confissão (art. 1º, I, *a*, da Lei 9.455/1997). Por se tratar de crime mais grave, ele absorve o crime de lesão corporal. O fato de os autores do crime serem policiais militares caracteriza causa de aumento de pena (art. 1º, § 4º, I, da referida lei). O crime em comento é inafiançável (art. 1º, § 6º, da Lei 9.455/1997).

Gabarito "A".

**(Agente-Escrivão – PC/GO – CESPE – 2016)** À luz das disposições da Lei nº 9.455/1997, que trata dos crimes de tortura, assinale a opção correta.

**(A)** O fato de o agente constranger um indivíduo mediante violência ou grave ameaça, em razão da orientação sexual desse indivíduo, causando-lhe sofrimento físico ou mental, caracteriza o crime de tortura na modalidade discriminação.

**(B)** O delegado que se omite em relação à conduta de agente que lhe é subordinado, não impedindo que este torture preso que esteja sob a sua guarda, incorre em pena mais branda do que a aplicável ao torturador.

**(C)** A babá que, mediante grave ameaça e como forma de punição por mau comportamento durante uma refeição, submeter menor que esteja sob sua responsabilidade a intenso sofrimento mental não praticará crime de tortura por falta de tipicidade, podendo ser acusada apenas de maus-tratos.

**(D)** O crime de tortura admite qualquer pessoa como sujeitos ativo ou passivo; assim, pelo fato de não exigirem qualidade especial do agente, os crimes de tortura são classificados como crimes comuns.

**(E)** Crimes de tortura são classificados como crimes próprios porque exigem, para a sua prática, a qualidade especial de os agentes serem agentes públicos.

**A:** incorreta. Pode parecer surpreendente, mas a Lei 9.455/1997 não inclui, dentre os dolos específicos caracterizadores do crime de tortura, a discriminação por orientação sexual, apenas a racial e a religiosa. Com isso, atos que imponham intenso sofrimento físico ou mental, com base no preconceito resultante de orientação sexual, sujeitam o agente às penas do crime de lesão corporal, pela falta do elemento subjetivo do tipo (dolo específico). Quanto a este tema, conferir a lição de Guilherme de Souza Nucci: "discriminação racial ou religiosa: dois são os grupos que podem ser alvo do delito de tortura: a) o conjunto de indivíduos de mesma origem étnica, linguística ou social pode formar uma raça; b) o agrupamento de pessoas que seguem a mesma religião. Houve lamentável restrição, deixando ao largo da proteção deste artigo outras formas de discriminação, como a ideológica, filosófica, política, de orientação sexual, entre outras." (*Leis Penais e Processuais Penais Comentadas*. Volume 2. 8. ed. São Paulo: Editora Forense, 2014. p. 814). Atenção: reconhecendo a mora do Congresso Nacional, o STF enquadrou a homofobia e a transfobia como crimes de racismo. O colegiado, por maioria, fixou a seguinte tese: "Até que sobrevenha lei emanada do Congresso Nacional destinada a implementar os mandados de criminalização definidos nos incisos XLI e XLII do art. 5º da Constituição da República, as condutas homofóbicas e transfóbicas, reais ou supostas, que envolvem aversão odiosa à orientação sexual ou à identidade de gênero de alguém, por traduzirem expressões de racismo, compreendido este em sua dimensão social, ajustam-se, por identidade de razão e mediante adequação típica, aos preceitos primários de incriminação definidos na Lei nº 7.716, de 08.01.1989, constituindo, também, na hipótese de homicídio doloso, circunstância que o qualifica, por configurar motivo torpe (Código Penal, art. 121, § 2º, I, "in fine")." (ADO 26/DF, rel. Min. Celso de Mello, julgamento em 13.6.2019); **B:** correta, pois a pena da omissão perante a tortura é de detenção e menor do que a pena daquele que pratica a conduta, nos termos do art. 1º, § 2º, da Lei 9.455/1997: "§ 2º Aquele que se omite em face dessas condutas, quando tinha o dever de evitá-las ou apurá-las, incorre na pena de detenção de um a quatro anos."; **C:** incorreta, pois esta conduta está prevista no art. 1º, II, da Lei de Tortura (tortura-castigo); **D e E:** incorretas. O crime de tortura pode ser próprio ou comum, a depender de sua modalidade: tortura-prova, tortura-crime e tortura-racismo são crimes comuns; tortura-maus-tratos, tortura do preso e tortura imprópria são crimes próprios.

Gabarito "B".

**(Escrivão de Polícia/DF – 2013 – CESPE)** Em relação aos crimes de tortura (Lei 9.455/1997), julgue o item que se segue.

**(1)** Considere a seguinte situação hipotética. O agente carcerário X dirigiu-se ao escrivão de polícia Y para informar que, naquele instante, o agente carcerário Z estava cometendo crime de tortura contra um dos presos e que Z disse que só pararia com a tortura depois de obter a informação desejada. Nessa situação hipotética, se nada fizer, o escrivão Y responderá culposamente pelo crime de tortura.

**1:** incorreta. Não se trata de crime culposo. O escrivão Y responderá pelo crime de tortura por omissão, nos termos do art. 1º, § 2º, da Lei 9.455/1997.
Gabarito "1E".

**(Agente de Polícia Federal – 2012 – CESPE)** A respeito das leis especiais, julgue os itens a seguir.

**(1)** O policial condenado por induzir, por meio de tortura praticada nas dependências do distrito policial, um acusado de tráfico de drogas a confessar a prática do crime perderá automaticamente o seu cargo, sendo desnecessário, nessa situação, que o juiz sentenciante motive a perda do cargo.

**1:** correta. A perda do cargo, emprego ou função pública é efeito automático da condenação por crime de tortura previsto no art. 1º, § 5º, da Lei 9.455/1997. Dessa forma, não é necessária sua menção expressa na sentença (veja, nesse sentido, a decisão do STJ no HC 92.247, DJ 07/02/2008).
Gabarito "1C".

## 3. CRIMES HEDIONDOS

**(Delegado/GO – 2017 – CESPE)** A respeito de crimes hediondos, assinale a opção correta.

**(A)** Embora tortura, tráfico de drogas e terrorismo não sejam crimes hediondos, também são insuscetíveis de fiança, anistia, graça e indulto.

**(B)** Para que se considere o crime de homicídio hediondo, ele deve ser qualificado.

**(C)** Considera-se hediondo o homicídio praticado em ação típica de grupo de extermínio ou em ação de milícia privada.

**(D)** O crime de roubo qualificado é tratado pela lei como hediondo.

**(E)** Aquele que tiver cometido o crime de favorecimento da prostituição ou outra forma de exploração sexual no período entre 2011 e 2015 não responderá pela prática de crime hediondo.

**A:** correta. De início, cumpre destacar que a tortura, o tráfico de drogas e o terrorismo, embora não sejam crimes hediondos, assim enunciados no rol do art. 1º da Lei 8.072/1990, são considerados equiparados (ou assemelhados) a hediondos, em conformidade com o que se extrai do art. 5º, XLIII, da CF. Ademais, o art. 2º, I e II, da precitada Lei 8.072/1990, expressamente dispõe que os crimes hediondos, a tortura, o tráfico de drogas e o terrorismo são insuscetíveis de anistia, graça e indulto, bem como de fiança; **B:** incorreta. Além do homicídio qualificado, que sempre será crime hediondo (art. 1º, I, segunda parte, da Lei 8.072/1990), também o será o homicídio simples, desde que praticado em atividade típica de grupo de extermínio, ainda que por uma só pessoa (art. 1º, I, primeira parte, da Lei 8.072/1990); **C:** incorreta. Embora seja hediondo o homicídio praticado em ação típica de grupo de extermínio (art. 1º, I, primeira parte, da Lei 8.072/1990), quando cometido em ação de milícia privada configurará apenas forma majorada (art. 121, § 6º, do CP); **D:** incorreta. O roubo poderá ser qualificado em duas situações: (i) se da violência resultar lesão corporal grave (art. 157, § 3º, I, do CP); (ii) se resultar morte (art. 157, § 3º, II, do CP). Dessas duas modalidades qualificadas, somente era considerado hediondo, ao tempo em que esta prova foi elaborada, o roubo seguido de morte (latrocínio), nos termos do art. 1º, II, da Lei 8.072/1990. Posteriormente à elaboração desta questão, a Lei 13.964/2019, dentre tantas outras alterações promovidas, inseriu no rol dos crimes hediondos (art. 1º, II, *a*, *b*, e *c*, da Lei 8.072/1990), entre outros delitos, o roubo circunstanciado pela restrição de liberdade da vítima (art. 157, § 2º, V, CP), o roubo circunstanciado pelo emprego de arma de fogo (art. 157, § 2º-A, I) ou pelo emprego de arma de fogo de uso proibido ou restrito (art. 157, § 2º, B) e a modalidade qualificada pelo resultado lesão corporal grave (art. 157, § 3º), lembrando que o roubo qualificado pelo resultado morte (latrocínio) já fazia parte do rol de crimes hediondos, conforme acima observado; **E:** incorreta. Com o advento da Lei 12.978, de 2014, foi inserido ao rol do art. 1º da Lei 8.072/1990 o crime de favorecimento da prostituição ou de outra forma de exploração sexual de criança ou adolescente ou de vulnerável (art. 218-B, *caput*, e §§ 1º e 2º, do CP). Portanto, a partir de 2014, o crime em comento tornou-se hediondo. AT/ED
Gabarito "A".

**(Delegado/AC – 2008 – CESPE)** Acerca das leis penais especiais, julgue o item abaixo:

**(1)** Em caso de crime hediondo, a prisão temporária será cabível, mediante representação da autoridade policial, pelo prazo de 30 dias, prorrogável por igual período em caso de extrema e comprovada necessidade.

**1:** correta. Em vista do que dispõe o art. 2º, § 4º, da Lei 8.072/1990 (Crimes Hediondos), nos chamados crimes hediondos e também nos delitos a eles equiparados (tráfico de drogas, tortura e terrorismo), a prisão temporária, disciplinada na Lei 7.960/1989, será decretada pelo juiz (sempre), mediante representação da autoridade policial ou a requerimento do MP, pelo prazo de 30 dias, prorrogável por igual período em caso de extrema e comprovada necessidade. O prazo estabelecido pelo legislador de 30 dias corresponde somente a um limite. Nada impede – e isso tem sido comum no dia a dia forense – que o juiz, em face das peculiaridades do caso concreto, decrete 10, 15 ou 20 dias. Enfim, o prazo que julgar mais adequado.
Gabarito "1C".

**(Delegado/TO – 2008 – CESPE)** De acordo com a legislação especial pertinente, julgue o item seguinte.

**(1)** Considere a seguinte situação hipotética. Em 28.07.2007, Maria foi presa e autuada em flagrante delito pela prática de um crime hediondo. Concluído o inquérito policial e remetidos os autos ao Poder Judiciário, foi deferido pelo Juízo pedido de liberdade provisória requerido pela defesa da ré. Nessa situação, procedeu em erro a autoridade judiciária, pois os crimes hediondos são insuscetíveis de liberdade provisória.

**1:** correta. Em se tratando de crime hediondo ou delito a ele equiparado, é vedada, por força do disposto no art. 2º, II, da Lei de Crimes Hediondos, a concessão de fiança. Com a edição da Lei 11.464/2007, que alterou este dispositivo e passou a admitir a liberdade provisória sem fiança (CF, art. 5º, XLIII), o juiz está autorizado a conceder liberdade provisória – sem fiança – nos crimes hediondos, desde que não presentes os requisitos da prisão preventiva – art. 312, CPP.
Gabarito "1C".

(Escrivão de Polícia/DF – 2013 – CESPE) No que se refere aos crimes hediondos (Lei 8.072/1990), julgue o item seguinte.

(1) Se determinado cidadão for réu em processo criminal por ter cometido crime hediondo, ele poderá ter progressão de regime no cumprimento da pena, que se iniciará em regime fechado, bem como tê-la reduzida em caso de delação premiada, se o crime tiver sido cometido por quadrilha ou bando.

1: incorreta. O STF já declarou incidentalmente diversas vezes a inconstitucionalidade do regime inicial fechado para o cumprimento da pena (veja-se, por exemplo, HC 111.840/ES, DJ 17/12/2013).
Gabarito "1E".

## 4. CRIMES CONTRA O SISTEMA FINANCEIRO

(Delegado/AC – 2008 – CESPE) Julgue a seguinte afirmativa:

(1) "A quebra de sigilo bancário poderá ser decretada, quando necessária para apuração de ocorrência unicamente de crime punido com reclusão, em qualquer fase do inquérito ou do processo judicial".

1: incorreta, pois em desconformidade com a redação do art. 1º, § 4º, da Lei Complementar 105/2001.
Gabarito "1E".

(Delegado/PB – 2009 – CESPE) Considerando a legislação acerca dos crimes contra o Sistema Financeiro Nacional (SFN), julgue a assertiva:

(1) Os crimes contra o SFN são de competência da Justiça Estadual, desde que não haja comprovação de prejuízo a bens da União.

1: incorreta. Em vista do que dispõe o art. 26 da Lei 7.492/1986, a ação penal, nos crimes tratados nesta lei, será promovida pelo Ministério Público Federal perante a Justiça Federal.
Gabarito "1E".

(Delegado/RN – 2009 – CESPE) Paulo e Pedro, ambos funcionários públicos, em coautoria, retardaram, contra disposição expressa de lei, ato de ofício necessário ao regular funcionamento do Sistema Financeiro Nacional. Com base nessa situação hipotética, assinale a opção correta.

(A) Paulo e Pedro praticaram o delito de prevaricação.
(B) Os objetos jurídicos do delito praticado são a credibilidade do sistema financeiro e a proteção ao investidor.
(C) O delito em espécie pode ser punido tanto na forma culposa como na dolosa.
(D) A ação penal, no crime em comento, será promovida pelo MP estadual, perante a Justiça Estadual.

A: incorreta, dado que deve prevalecer, neste caso, o princípio da especialidade, afastando a infração prevista no art. 319 do CP, que exige, ainda, o elemento subjetivo específico que consiste em "satisfazer interesse ou sentimento pessoal". Responderão Paulo e Pedro pelo crime do art. 23 da Lei 7.492/1986; B: correta, pois a intenção da Lei 7.492/1986 é assegurar às instituições financeiras, seja pessoa jurídica de direito público ou de direito privado, o sigilo em suas operações e serviços prestados, além da credibilidade; C: incorreta, já que a conduta prevista no art. 23 da Lei 7.492/1986 não é punida a título de culpa; D: incorreta (art. 26 da Lei 7.492/1986).
Gabarito "B".

(Agente-Escrivão – PC/GO – CESPE – 2016) De acordo com a Lei nº 7.492/1986, o indivíduo que gerir fraudulentamente determinada instituição financeira:

(A) não poderá ser vítima da decretação de prisão preventiva no curso do processo.
(B) cometerá crime cuja ação penal será promovida pelo MPF.
(C) terá sua pena aumentada de um terço, se a gestão tiver sido temerária.
(D) responderá por crime, ainda que tenha agido culposamente.
(E) cometerá crime que deverá ser processado e julgado pela justiça estadual.

A: incorreta, pois o art. 30 da lei dos crimes contra o sistema financeiro nacional, Lei 7.492/1986, prevê expressamente a possibilidade da decretação da prisão preventiva. B: correta e E: incorreta, nos exatos termos do art. 26 da referida lei. C: incorreta, pois se a gestão for temerária, a pena será de 2 a 8 anos de reclusão, portanto, menor do que a da conduta descrita no "caput" do artigo (parágrafo único do art. 4º da Lei 7.492/1986); D: incorreta, pois a lei não prevê a modalidade culposa. Assim, o agente só responde se agir com dolo.
Gabarito "B".

(Agente-Escrivão – PC/GO – CESPE – 2016) Com base na Lei nº 7.492/1986, a tipificação dos crimes contra o Sistema Financeiro Nacional:

(A) inadmite confissão espontânea perante autoridade policial.
(B) inadmite coautoria.
(C) inadmite partícipe.
(D) admite coautoria ou participação, e, se ocorrer confissão espontânea que revele toda a trama delituosa, a pena será reduzida de um a dois terços.
(E) admite coautoria ou participação, e, se ocorrer confissão espontânea que revele toda a trama delituosa, será concedido o perdão judicial da pena.

Somente a assertiva D está correta, nos exatos termos do § 2º do art. 25 da Lei 7.492/1986.
Gabarito "D".

## 5. CRIMES CONTRA A ORDEM TRIBUTÁRIA E AS RELAÇÕES DE CONSUMO

(Delegado/GO – 2017 – CESPE) Considere os seguintes atos, praticados com o objetivo de suprimir tributo:

1) Marcelo prestou declaração falsa às autoridades fazendárias;
2) Hélio negou-se a emitir, quando isso era obrigatório, nota fiscal relativa a venda de determinada mercadoria;
3) Joel deixou de fornecer nota fiscal relativa a prestação de serviço efetivamente realizado.

Nessas situações, conforme a Lei n. 8.137/1990 e o entendimento do STF, para que o ato praticado tipifique crime material contra a ordem tributária, será necessário o prévio lançamento definitivo do tributo em relação a

(A) Hélio e Joel.
(B) Marcelo apenas.
(C) Hélio apenas.

(D) Joel apenas.
(E) Hélio, Marcelo e Joel.

A conduta praticada por Marcelo se subsume ao crime tipificado no art. 1º, I, da Lei 8.137/1990, consistente no comportamento de omitir informação ou prestar declaração falsa às autoridades fazendárias, objetivando, com isso, a supressão ou redução de tributo. Já os comportamentos de Hélio e Joel se amoldam ao art. 1º, V, da precitada Lei. De acordo com a Súmula vinculante 24, não se tipifica crime material contra a ordem tributária, previsto no art. 1º, incisos I a IV, da Lei n. 8.137/1990, antes do lançamento definitivo do tributo. Portanto, correta a alternativa B, eis que somente se considera condição de procedibilidade da ação penal o lançamento definitivo do tributo no tocante aos crimes materiais contra a ordem tributária expressos nos incisos I a IV, do art. 1º da Lei 8.137/1990.
Gabarito "B".

**(Delegado/PB – 2009 – CESPE)** Considerando a legislação acerca dos crimes contra a ordem tributária, julgue a assertiva:

(1) Nos crimes contra a ordem tributária, a delação premiada não é prevista como causa de redução da pena.

1: incorreta – art. 16, parágrafo único, da Lei 8.137/1990.
Gabarito "1E".

Vera destruiu grande quantidade de matéria-prima com o fim de provocar alta de preço em proveito próprio.

Túlio formou acordo entre ofertantes, visando controlar rede de distribuição, em detrimento da concorrência.

Lucas reduziu o montante do tributo devido por meio de falsificação de nota fiscal.

**(Agente-Escrivão – PC/GO – CESPE – 2016)** De acordo com a Lei nº 8.137/1990, que regula os crimes contra a ordem tributária e econômica e contra as relações de consumo, nas situações hipotéticas apresentadas, somente:

(A) Vera cometeu crime contra a ordem econômica.
(B) Lucas cometeu crime contra as relações de consumo.
(C) Vera e Túlio cometeram crime contra a ordem tributária.
(D) Vera e Lucas cometeram crime contra as relações de consumo.
(E) Túlio cometeu crime contra a ordem econômica.

Somente a assertiva E está correta, pois Túlio praticou a conduta prevista no art. 4º, II, c, da Lei 8.137/1990. Esse artigo prevê os crimes contra a ordem econômica. Já Vera praticou crime contra as relações de consumo (art. 7º, VIII, da Lei 8.137/1990) e Lucas praticou crime contra a ordem tributária, previsto no art. 1º, III, da referida Lei.
Gabarito "E".

**(Agente de Polícia/DF – 2013 – CESPE)** Com base na Lei 8.137/1990, que define os crimes contra a ordem tributária e econômica e contra as relações de consumo, julgue os itens que se seguem.

(1) Constitui crime contra as relações de consumo ter em depósito, mesmo que não seja para vender ou para expor à venda, mercadoria em condições impróprias para o consumo.

(2) Quem, valendo-se da qualidade de funcionário público, patrocinar, direta ou indiretamente, interesse privado perante a administração fazendária praticará, em tese, crime funcional contra a ordem tributária.

1: incorreta. A conduta tipificada no art. 7º, IX, da Lei 8.137/1990, tem como elementar a intenção de vender, expor à venda ou de qualquer forma entregar a mercadoria imprópria para consumo mantida em depósito; 2: correta, nos termos do art. 3º, III, da Lei 8.137/1990.
Gabarito "1E, 2C".

## 6. ESTATUTO DO DESARMAMENTO

**(Agente Administrativo – PF – 2014 – CESPE/CEBRASPE)** No que diz respeito ao Estatuto do Desarmamento, julgue os seguintes itens.

(1) Para obter porte de arma de fogo de uso permitido, agente da Polícia Federal deve apresentar, entre outros documentos, comprovação de capacidade técnica e de aptidão psicológica para o manuseio de arma de fogo.

(2) Considere que, em uma briga de trânsito, Joaquim tenha sacado uma arma de fogo e efetuado vários disparos contra Gilmar, com a intenção de matá-lo, e que nenhum dos tiros tenha atingido o alvo. Nessa situação, Joaquim responderá tão somente pela prática do crime de disparo de arma de fogo.

(3) Considere que Armando, dentista, tenha comprado um revólver calibre .38 e que, semanas depois, sua amiga Júlia, empresária do ramo têxtil, tenha-lhe revelado interesse em adquirir a arma. Nessa situação, o revólver só poderá ser vendido mediante autorização do Sistema Nacional de Armas.

1: errada, uma vez que contraria o disposto no art. 6º, § 4º, da Lei 10.826/2003, que assim dispõe: *os integrantes das Forças Armadas, das polícias federais e estaduais e do Distrito Federal, bem como os militares dos Estados e do Distrito Federal, ao exercerem o direito descrito no art. 4º, ficam dispensados do cumprimento do disposto nos incisos I, II e III do mesmo artigo, na forma do regulamento desta Lei*; 2: errada. Isso porque, conforme se depreende da leitura do tipo penal do art. 15 da Lei 10.826/2003, o agente somente incorrerá neste delito se a sua conduta (disparo de arma de fogo) não tiver como finalidade o cometimento de outro crime. Dessa forma, se o agente, no caso Joaquim, com *animus necandi*, efetuar disparos de arma de fogo contra Gilmar, sem, contudo, acertá-lo, deverá ser responsabilizado por tentativa branca de homicídio, e não pelo delito tipificado no art. 15 do Estatuto do Desarmamento; 3: correta, pois reflete a regra estabelecida no art. 4º, § 5º, da Lei 10.826/2003, que impõe, como condição para o comércio de armas de fogo entre pessoas físicas, a autorização do SINARM.
Gabarito "1E, 2E, 3C".

**(Polícia Rodoviária Federal – 2013 – CESPE)** No que concerne ao Estatuto do Desarmamento, julgue o item a seguir.

(1) Supondo que determinado cidadão seja responsável pela segurança de estrangeiros em visita ao Brasil e necessite de porte de arma, a concessão da respectiva autorização será de competência do ministro da Justiça.

1: incorreta. A concessão do porte de arma de uso permitido é de competência do Departamento de Polícia Federal (art. 10 da Lei 10.826/2003).
Gabarito "1E".

**(Escrivão de Polícia/DF – 2013 – CESPE)** Acerca do Estatuto do Desarmamento (Lei 10.826/2003), julgue o próximo item.

(1) Considere a seguinte situação hipotética. Em uma operação policial, José foi encontrado com certa

quantidade de munição para revólver de calibre 38. Na oportunidade, um policial indagou José sobre a autorização para portar esse material, e José respondeu que não possuía tal autorização e justificou que não precisava ter tal documento porque estava transportando munição desacompanhada de arma de fogo. Nessa situação hipotética, a justificativa de José para não portar a autorização é incorreta, e ele responderá por crime previsto no Estatuto do Desarmamento.

**1:** correta. O crime previsto no art. 14 da Lei 10.826/2003 se consuma pelo porte de arma de fogo, acessório ou munição sem autorização.
Gabarito "1C".

**(Agente de Polícia Federal – 2012 – CESPE)** À luz da lei dos crimes ambientais e do Estatuto do Desarmamento, julgue os itens seguintes.

**(1)** Responderá pelo delito de omissão de cautela o proprietário ou o diretor responsável de empresa de segurança e transporte de valores que deixar de registrar ocorrência policial e de comunicar à Polícia Federal, nas primeiras vinte e quatro horas depois de ocorrido o fato, a perda de munição que esteja sob sua guarda.

**1:** correta, nos exatos termos do art. 13, parágrafo único, da Lei 10.826/2003 (Estatuto do Desarmamento).
Gabarito "1C".

## 7. CRIMES AMBIENTAIS

**(Delegado/PE – 2016 – CESPE)** Se uma pessoa física e uma pessoa jurídica cometerem, em conjunto, infrações previstas na Lei 9.605/1998 – que dispõe sobre as sanções penais e administrativas derivadas de condutas e atividades lesivas ao meio ambiente, e dá outras providências,

**(A)** as atividades da pessoa jurídica poderão ser totalmente suspensas.

**(B)** a responsabilidade da pessoa física poderá ser excluída, caso ela tenha sido a coautora das infrações.

**(C)** a pena será agravada, se as infrações tiverem sido cometidas em sábados, domingos ou feriados.

**(D)** a pena será agravada, se ambas forem reincidentes de crimes de qualquer natureza.

**(E)** será vedada a suspensão condicional da pena aplicada.

**A:** correta, pois reflete o disposto no art. 22, I, da Lei 9.605/1998; **B:** incorreta, já que tal assertiva não encontra respaldo na legislação aplicável à espécie; **C:** incorreta, já que contraria o disposto no art. 15, II, h, da Lei 9.605/1998, que estabelece que agravante somente incidirá na hipótese de o crime ser cometido aos *domingos ou feriados*; o *sábado*, portanto, não foi contemplado; **D:** incorreta, na medida em que a pena somente será agravada, em conformidade com o que estabelece o art. 15, I, da Lei 9.605/1998, se a reincidência se der pela prática de crimes ambientais; **E:** incorreta. Isso porque o art. 16 da Lei 9.605/1998 prevê a possibilidade de concessão da suspensão condicional da pena (*sursis*) nos casos de condenação a pena privativa de liberdade não superior a *três* anos. Cuidado: o Código Penal, em seu art. 77, *caput*, estabelece prazo diferente (*dois* anos).
Gabarito "A".

**(Escrivão – Pernambuco – CESPE – 2016)** A respeito das penas restritivas de direito especificamente aplicáveis aos crimes ambientais, assinale a opção correta.

**(A)** Na prestação pecuniária, que consiste no pagamento em dinheiro a vítima ou a entidade pública ou privada com fim social por crime ambiental, o valor pago não será deduzido do montante de eventual reparação civil a que for condenado o infrator.

**(B)** A prestação de serviços à comunidade consiste na atribuição ao condenado de tarefas gratuitas junto a hospitais públicos e dependências asilares de atendimento a idosos.

**(C)** A suspensão parcial ou total de atividade, exclusivamente para pessoas jurídicas, será aplicada quando a empresa não estiver cumprindo as normas ambientais.

**(D)** As penas de interdição temporária de direito incluem a proibição de o condenado participar de licitações, pelo prazo de cinco anos, no caso de crimes dolosos, e de três anos, no de crimes culposos.

**(E)** O recolhimento domiciliar inclui a obrigação de o condenado trabalhar sob rígida vigilância, e de permanecer recolhido todos os dias em local diferente de sua moradia habitual.

**A:** incorreta, pois o valor pago será deduzido do montante de eventual reparação civil a que for condenado o infrator (art. 12 da Lei 9.605/1998); **B:** incorreta, nos termos do art. 9º da Lei 9.605/1998: "A prestação de serviços à comunidade consiste na atribuição ao condenado de tarefas gratuitas junto a parques e jardins públicos e unidades de conservação, e, no caso de dano de coisa particular, pública ou tombada, na restauração desta, se possível."; **C:** incorreta, pois a lei não menciona que a suspensão de atividades é exclusiva para pessoas jurídicas (arts. 8º, III, e 11 da Lei 9.605/1998); **D:** correta, nos termos do art. 10 da Lei 9.605/1998; **E:** incorreta. Art. 13 da Lei 9.605/1998: "O recolhimento domiciliar baseia-se na autodisciplina e senso de responsabilidade do condenado, que deverá, sem vigilância, trabalhar, frequentar curso ou exercer atividade autorizada, permanecendo recolhido nos dias e horários de folga em residência ou em qualquer local destinado a sua moradia habitual, conforme estabelecido na sentença condenatória."
Gabarito "D".

**(Escrivão de Polícia Federal – 2013 – CESPE)** A respeito dos crimes contra o meio ambiente, julgue o item a seguir, com base na Lei 9.605/1998.

**(1)** Um cidadão que cometer crime contra a flora estará isento de pena se for comprovado que ele possui baixa escolaridade.

**1:** incorreta. O baixo grau de escolaridade do agente é circunstância atenuante genérica (art. 14, I, da Lei 9.605/1998) e não excludente da culpabilidade.
Gabarito "1E".

**(Polícia Rodoviária Federal – 2013 – CESPE)** Com fundamento na Lei dos Crimes Ambientais, julgue o próximo item.

**(1)** Responderá por crime contra a flora o indivíduo que cortar árvore em floresta considerada de preservação permanente, independentemente de ter permissão para cortá-la, e, caso a tenha, quem lhe concedeu a permissão também estará sujeito as penalidades do respectivo crime.

**1:** incorreta. O crime previsto no art. 39 da Lei 9.605/1998 tem como elementar a ausência de autorização de autoridade, ou seja, se ela existir, não haverá crime.
Gabarito "1E."

**(Escrivão de Polícia/DF – 2013 – CESPE)** A respeito dos crimes contra o meio ambiente (Lei 9.605/1998), julgue o item a seguir.

**(1)** Quando um cidadão abate um animal que é considerado nocivo por órgão competente, ele não comete crime.

**1:** correta, nos termos do art. 37, IV, da Lei 9.605/1998.
Gabarito "1C."

**(Agente de Polícia Federal – 2012 – CESPE)** À luz da lei dos crimes ambientais e do Estatuto do Desarmamento, julgue os itens seguintes.

**(1)** Se o rebanho bovino de determinada propriedade rural estiver sendo constantemente atacado por uma onça, o dono dessa propriedade, para proteger o rebanho, poderá, independentemente de autorização do poder público, abater o referido animal silvestre.

**1:** incorreta. A hipótese está prevista no art. 37, II, da Lei 9.605/1998, que autoriza o abate de animais para proteção de lavouras ou rebanhos, mas desde que expressamente autorizado pela autoridade competente.
Gabarito "1E."

## 8. RACISMO

**(Delegado/GO – 2017 – CESPE)** Uma jovem de vinte e um anos de idade, moradora da região Sudeste, inconformada com o resultado das eleições presidenciais de 2014, proferiu, em redes sociais na Internet, diversas ofensas contra nordestinos. Alertada de que estava cometendo um crime, a jovem apagou as mensagens e desculpou-se, tendo afirmado estar arrependida. Suas mensagens, porém, têm sido veiculadas por um sítio eletrônico que promove discurso de ódio contra nordestinos.

No que se refere à situação hipotética precedente, assinale a opção correta, com base no disposto na Lei n. 7.716/1989, que define os crimes resultantes de preconceito de raça e cor.

**(A)** Independentemente de autorização judicial, a autoridade policial poderá determinar a interdição das mensagens ou do sítio eletrônico que as veicula.

**(B)** Configura-se o concurso de pessoas nessa situação, visto que o material produzido pela jovem foi utilizado por outra pessoa no sítio eletrônico mencionado.

**(C)** O crime praticado pela jovem não se confunde com o de injúria racial.

**(D)** Como se arrependeu e apagou as mensagens, a jovem não responderá por nenhum crime.

**(E)** A conduta da jovem não configura crime tipificado na Lei n. 7.716/1989.

**A:** incorreta. Nos termos do art. 20, § 3º, da Lei 7.716/1989, somente por determinação judicial será possível a interdição de mensagens ou páginas de informação na rede mundial de computadores que veiculem a prática, o induzimento ou a incitação à discriminação ou preconceito de raça, cor, etnia, religião ou procedência nacional; **B:** incorreta, pois o concurso de pessoas (art. 29 do CP) somente se caracteriza antes ou durante a execução da infração penal, e não após o cometimento dela, tal como consta no enunciado; **C:** correta. De fato, o crime praticado pela jovem, que se subsume à figura prevista no art. 20 da Lei 7.716/1989, não se confunde com a injúria racial (art. 140, § 3º, do CP). No racismo, o dolo do agente é voltado a uma pluralidade ou grupo de pessoas de uma mesma raça, cor, etnia, religião ou procedência nacional. Portanto, ofende-se a uma coletividade de indivíduos, diversamente do que ocorre na injúria racial, que é crime contra a honra de pessoa determinada, valendo-se o agente de elementos referentes a raça, cor, etnia, religião ou origem. Aqui, ofende-se a dignidade ou o decoro de um indivíduo; **D:** incorreta. O fato de a jovem, após seu comportamento discriminatório dirigido aos nordestinos por meio de redes sociais, haver apagado as mensagens não afasta o crime, caracterizado – e consumado – no momento da veiculação de referidas mensagens; **E:** incorreta. A conduta da jovem se amolda ao crime tipificado pelo art. 20 da Lei 7.716/1989.
Gabarito "C."

**(Polícia Rodoviária Federal – 2013 – CESPE)** Julgue o item seguinte, relativo a crimes resultantes de preconceitos de raça e cor.

**(1)** Constitui crime o fato de determinado clube social recusar a admissão de um cidadão em razão de preconceito de raça, salvo se o respectivo estatuto atribuir a diretoria a faculdade de recusar propostas de admissão, sem declinação de motivos.

**1:** incorreta. O crime de racismo previsto no art. 9º da Lei 7.716/1989 não comporta qualquer exceção a afastar a ilicitude da conduta.
Gabarito "1E."

**(Escrivão de Polícia/BA – 2013 – CESPE)** Considerando o que dispõe o Estatuto da Igualdade Racial acerca de crimes resultantes de discriminação ou preconceito, julgue os itens que se seguem.

**(1)** Considera-se atípica na esfera penal a conduta do agente público que, por motivo de discriminação de procedência nacional, obste o acesso de alguém a cargo em órgão público.

**(2)** Conforme previsão legal, é obrigatório, nos estabelecimentos de ensino fundamental e médio, públicos e privados, o estudo de história geral da África e de história da população negra no Brasil.

**1:** incorreta. A conduta se amolda ao art. 3º da Lei 7.716/1989; **2:** correta, nos termos do art. 11 da Lei 12.288/2010.
Gabarito 1E, 2C

**(Investigador de Polícia/BA – 2013 – CESPE)** Julgue o próximo item, que versa sobre discriminação étnica.

**(1)** O Brasil assumiu internacionalmente o compromisso de proibir e eliminar a discriminação racial em todas as suas formas, garantindo o direito de cada pessoa à igualdade perante a lei, sem distinção de raça, de cor ou de origem nacional ou étnica.

**1:** correta, conforme previsto na Convenção Internacional sobre a Eliminação de Todas as Formas de Discriminação Racial, de 1966.
Gabarito "1C."

## 9. INTERCEPTAÇÃO TELEFÔNICA

**(Agente-Escrivão – PC/GO – CESPE – 2016)** Caso uma pessoa seja ré em processo criminal por supostamente ter cometido homicídio qualificado, eventual interceptação de suas comunicações telefônicas:

**(A)** dependerá de ordem do juiz competente, sob segredo de justiça.

**(B)** poderá ser admitida por meio de parecer favorável de representante do MP.
**(C)** não poderá exceder o prazo improrrogável de quinze dias, se concedida pelo juiz.
**(D)** poderá ser admitida, ainda que a prova possa ser feita por outros meios.
**(E)** deverá ser negada, se for requerida verbalmente ao juiz competente.

Somente a letra A está correta, nos termos dos arts. 1º, 5º e 4º, § 1º da Lei 9.296/1996: Art. 1º "A interceptação de comunicações telefônicas, de qualquer natureza, para prova em investigação criminal e em instrução processual penal, observará o disposto nesta Lei e **dependerá de ordem do juiz competente da ação principal, sob segredo de justiça**"; Art. 5º "A decisão será fundamentada, sob pena de nulidade, indicando também a forma de execução da diligência, que não poderá exceder o prazo de quinze dias, **renovável por igual tempo uma vez comprovada a indispensabilidade do meio de prova**"; Art. 4º, § 1º "Excepcionalmente, o juiz poderá admitir que o pedido seja **formulado verbalmente**, desde que estejam presentes os pressupostos que autorizem a interceptação, caso em que a concessão será condicionada à sua redução a termo." Grifos nossos.
Gabarito "A".

Cláudio responde a IP por supostamente ter cometido crime sujeito a pena de reclusão.

Ana é ré em processo criminal por supostamente ter cometido crime sujeito a pena de detenção.

Clóvis responde a IP por supostamente ter cometido crime sujeito a pena de detenção.

**(Agente-Escrivão – PC/GO – CESPE – 2016)** Nessas situações hipotéticas, poderá ocorrer a interceptação das comunicações telefônicas:

**(A)** de Cláudio e de Clóvis, mediante requerimento da autoridade policial.
**(B)** somente de Ana, por meio de requerimento do representante do MP.
**(C)** somente de Clóvis, mediante requerimento do representante do MP.
**(D)** de Ana, de Clóvis e de Cláudio, por meio de despacho de ofício do juiz ou mediante requerimento da autoridade policial ou do representante do MP.
**(E)** somente de Cláudio, por meio de despacho de ofício do juiz.

A interceptação das comunicações telefônicas está prevista na Lei 9.296/1996. De acordo com o art. 2º desta lei, a interceptação somente pode ocorrer quando: houver indícios razoáveis da autoria ou participação em infração penal; a prova NÃO puder ser feita por outros meios disponíveis; e o fato investigado constituir infração penal punida com **reclusão**. Portanto, Ana e Clóvis não podem sofrer interceptação de suas comunicações telefônicas, pois os crimes supostamente por eles praticados sujeitam-se à pena de detenção. O art. 3º da referida lei, por sua vez, autoriza que a interceptação seja determinada pelo juiz de ofício. Portanto, somente a letra E está correta.
Gabarito "E".

## 10. CÓDIGO DE TRÂNSITO BRASILEIRO

**(Policial Rodoviário Federal – CESPE – 2019)** Wellington, maior e capaz, sem habilitação ou permissão para dirigir veículo automotor, tomou emprestado de Sandro, também maior e capaz, seu veículo, para visitar a namorada em um bairro próximo àquele onde ambos residiam. Sandro, mesmo ciente da falta de habilitação de Wellington, emprestou o veículo.

Considerando a situação hipotética apresentada, julgue os itens que se seguem, à luz do Código de Trânsito Brasileiro.

**(1)** Sandro responderá por crime de trânsito somente se a condução de Wellington causar perigo de dano.
**(2)** Wellington responderá por crime de trânsito, independentemente de gerar perigo de dano ao conduzir o veículo.

**1:** incorreta. A conduta de Sandro é crime autônomo, prevista no art. 310 do Código de Trânsito Brasileiro; **2:** incorreta. No caso de Wellington, é necessário que se configure o perigo de dano (art. 309 do CTB).
Gabarito 1E, 2E

**(Policial Rodoviário Federal – CESPE – 2019)** Com base no disposto no Código de Trânsito Brasileiro, julgue os próximos itens.

**(1)** Para que uma concessionária de serviço público de transporte de passageiros conheça a pontuação de infrações atribuída a um motorista de seu quadro funcional, que, no exercício da atividade remunerada ao volante, tenha tido seu direito de dirigir suspenso, ela deve ter autorização do respectivo empregado, uma vez que essa informação é personalíssima.
**(2)** Se um policial rodoviário federal autuar, por infração de trânsito, um condutor de veículo em circulação no Brasil, mas licenciado no exterior, o infrator deverá pagar a multa no país de origem do licenciamento do automóvel, na forma estabelecida pelo CONTRAN.

**1:** incorreta. A pessoa jurídica tem o direito de acesso aos dados garantido pelo art. 261, § 8º, do CTB; **2:** incorreta. A multa será paga no Brasil, respeitado o princípio da reciprocidade (art. 260, §4º, do CTB).
Gabarito 1E, 2E

**(Policial Rodoviário Federal – CESPE – 2019)** Com relação ao Sistema Nacional de Trânsito, julgue os seguintes itens.

**(1)** A Polícia Rodoviária Federal integra o Sistema Nacional de Trânsito, competindo-lhe, no âmbito das rodovias e estradas federais, implementar as medidas da Política Nacional de Segurança e Educação de Trânsito.
**(2)** O CONTRAN é o órgão máximo executivo de trânsito da União, cabendo a coordenação máxima do Sistema Nacional de Trânsito ao Departamento Nacional de Trânsito (DENATRAN).

**1:** correta, nos termos do art. 7º, V, e 2-, VIII, do CTB; **2:** incorreta. O CONTRAN é o órgão máximo normativo e consultivo (art. 7º, I, do CTB).
Gabarito 1C, 2E

**(Policial Rodoviário Federal – CESPE – 2019)** Ao final de uma festa, Godofredo e Antônio realizaram uma disputa automobilística com seus veículos, fazendo manobras arriscadas, em via pública, sem que tivessem autorização para tanto. Nessa contenda, houve colisão dos veículos, o que causou lesão corporal culposa de natureza grave em um transeunte.

Considerando a situação hipotética apresentada e o disposto no Código de Trânsito Brasileiro, julgue os itens a seguir.

**(1)** Godofredo e Antônio responderiam por crime de trânsito independentemente da lesão corporal causada, pois a conduta de ambos gerou situação de risco à incolumidade pública.

**(2)** Godofredo e Antônio estão sujeitos à pena de reclusão, em razão do resultado danoso da conduta delitiva narrada.

**(3)** Por se tratar de lesão corporal de natureza culposa, é vedada a instauração de inquérito policial para apurar as condutas de Godofredo e Antônio, bastando a realização dos exames médicos da vítima e o compromisso dos autores em comparecer a todos os atos necessários junto às autoridades policial e judiciária.

---

**1:** correta, nos termos do art. 308, *caput*, do CTB; **2:** correta, nos termos do art. 308, § 1°, do CTB; **3:** incorreta. Não há qualquer previsão legal neste sentido.
Gabarito 1C, 2C, 3E

---

**(Escrivão de Polícia/DF – 2013 – CESPE)** Com relação ao Código de Trânsito Brasileiro (Lei 9.503/1997 e alterações), julgue o item a seguir.

**(1)** Caso um cidadão esteja com sua capacidade psicomotora alterada em razão da influência de álcool e, ainda assim, conduza veículo automotor, tal conduta caracterizará crime de trânsito se ocorrer em via pública, mas será atípica, se ocorrer fora de via pública, como um condomínio fechado, por exemplo.

---

**1:** incorreta. O crime previsto no art. 306 do Código de Trânsito Brasileiro se consuma com a condução do veículo nas condições adversas narradas, independentemente do local onde ocorra o fato, se via pública ou não.
Gabarito 1E

## 11. LEI MARIA DA PENHA

**(Delegado/BA – 2013 – CESPE)** Após a Segunda Guerra Mundial, com o reconhecimento e a ampliação dos direitos humanos, ocorreram mudanças na sociedade em relação a vários temas, que repercutiram na pós-modernidade, entre os quais se destaca o combate a qualquer forma de discriminação. Considerando esse assunto, julgue o item abaixo.

**(1)** De acordo com a Lei Maria da Penha, nas ações penais públicas condicionadas à representação da vítima de violência doméstica, admite-se a possibilidade de renúncia da ação pela parte ofendida, em qualquer fase processual, sendo exigida, no entanto, a manifestação do Ministério Público (MP).

---

**1:** incorreta. Nos exatos termos do art. 16 da Lei 11.340/2006 (Lei Maria da Penha), "nas ações penais públicas condicionadas à representação da ofendida de que trata esta Lei, só será admitida a renúncia à representação perante o juiz, em audiência especialmente designada com tal finalidade, antes do recebimento da denúncia e ouvido o Ministério Público". Assim, a assertiva em comento contém, de plano, o seguinte erro: não se trata de renúncia da ação pela parte ofendida (mulher vítima de violência doméstica), mas, sim, da representação, que é condição de procedibilidade daquela. Em verdade, do ponto de vista técnico-jurídico, não se deveria falar em "renúncia à representação", mas, sim, "retratação da representação". Nas palavras de Renato Brasileiro de Lima, com as quais concordamos, "houve, pois, uma impropriedade técnica do legislador ao usar a expressão *renúncia* no art. 16 da Lei Maria da Penha, já que se trata, na verdade, de verdadeira representação" (*Legislação criminal especial comentada*. 2. ed. Salvador: Juspodivm, 2014. p. 910). Se se tratasse, de fato, de renúncia, a vítima sequer teria ofertado a representação. Ora, se o art. 16 da lei sob análise fala em designação de audiência para que a ofendida exerça o tal direito de "renúncia", é porque, em verdade, a representação já foi oferecida por ocasião da *notitia criminis*. O segundo equívoco da assertiva se verifica no tocante ao limite temporal-processual máximo para a retratação da representação. O adrede mencionado art. 16 da Lei Maria da Penha é claro ao prescrever que referida manifestação de vontade da vítima deverá acontecer em audiência especialmente designada com tal finalidade, *antes do recebimento da denúncia*, com a oitiva do Ministério Público, e não em "qualquer fase processual", como afirmado na questão.
Gabarito 1E

---

Laura e Tiago são casados há seis anos, mas estão separados, de fato, há três meses, embora mantenham contato por conta de um filho, ainda criança, que possuem em comum. Certo dia, aproveitando-se da sua franca entrada na residência em que Laura mora com a criança, Tiago conseguiu subtrair a chave de um dos portões da casa, fez uma cópia dessa chave e devolveu o exemplar original ao seu lugar, sem que Laura disso tivesse conhecimento. Tempos depois, em dia em que Laura estava ausente de casa e o filho deles estava na casa da avó materna, Tiago entrou na casa da ex-esposa e ficou aguardando-a, com a intenção de surpreendê-la e reconquistá-la. Próximo à meia-noite desse mesmo dia, Laura chegou e, por estar bastante embriagada, adormeceu muito rapidamente, sem dar a Tiago a atenção de que ele acreditava ser merecedor. Este ficou enfurecido e enciumado e tentou, sem sucesso, acordá-la. Não tendo alcançado seu objetivo, Tiago resolveu manter, e efetivamente manteve, relação sexual com Laura, que então já estava praticamente desacordada.

**(Agente – Pernambuco – CESPE – 2016)** Nessa situação hipotética, conforme os dispositivos pertinentes aos crimes contra a dignidade sexual insertos na Lei Maria da Penha e no Código Penal,

**(A)** para que o crime de estupro se configure, é preciso que tenha ocorrido conjunção carnal na relação sexual.

**(B)** Tiago não poderá ser acusado de crime de estupro porque Laura ainda é sua esposa.

**(C)** Tiago não poderá ser acusado de crime de estupro porque não usou de grave ameaça ou violência contra Laura.

**(D)** Tiago poderá ser acusado de crime de estupro de vulnerável.

**(E)** Tiago praticou o crime de assédio sexual, pois qualquer indivíduo pode ser sujeito ativo desse crime, independentemente de ostentar condição especial em relação à vítima.

---

**A:** incorreta. O crime de estupro se configura pela conjunção carnal ou qualquer outro ato libidinoso (art. 213 do CP); **B:** incorreta. Não há qualquer óbice para caracterização do delito sendo o sujeito ativo o marido e a vítima sua esposa. Mais do que isso, incidirão as medidas protetivas da Lei Maria da Penha; **C:** incorreta. Trata-se de crime de estupro de vulnerável, que prescinde da comprovação da violência (art. 217-A, § 1°, do CP); **D:** correta, nos termos do comentário à alternativa anterior; **E:** incorreta, conforme comentários anteriores.
Gabarito D

# 3. LEGISLAÇÃO EXTRAVAGANTE

(Agente-Escrivão – PC/GO – CESPE – 2016) De acordo com as disposições da Lei nº 11.340/2006 — Lei Maria da Penha —, assinale a opção correta.

(A) No caso de mulher em situação de violência doméstica e familiar, quando for necessário o afastamento do local de trabalho para preservar a sua integridade física e psicológica, o juiz assegurará a manutenção do vínculo trabalhista por prazo indeterminado.
(B) Para a proteção patrimonial dos bens da sociedade conjugal ou daqueles de propriedade particular da mulher, o juiz determinará a proibição temporária da celebração de atos e contratos de compra, venda e locação de propriedade em comum, salvo se houver procurações previamente conferidas pela ofendida ao agressor.
(C) A referida lei trata de violência doméstica e familiar em que, necessariamente, a vítima é mulher, e o sujeito ativo, homem.
(D) Na hipótese de o patrão praticar violência contra sua empregada doméstica, a relação empregatícia impedirá a aplicação da lei em questão.
(E) As formas de violência doméstica e familiar contra a mulher incluem violência física, psicológica, sexual e patrimonial, que podem envolver condutas por parte do sujeito ativo tipificadas como crime ou não.

**A:** incorreta. O vínculo trabalhista será mantido por até seis meses (art. 9º, § 2º, II, da Lei Maria da Penha); **B:** incorreta. A proibição da prática dos atos será determinada, salvo expressa autorização judicial (art. 24, II, da Lei Maria da Penha); **C:** incorreta. "O sujeito passivo da violência doméstica objeto da Lei Maria da Penha é a mulher, já o sujeito ativo pode ser tanto o homem quanto a mulher, desde que fique caracterizado o vínculo de relação doméstica, familiar ou de afetividade, além da convivência, com ou sem coabitação" (STJ, "Jurisprudência em Teses – Violência Doméstica e Familiar contra a Mulher", Tese 3); **D:** incorreta. A Lei Maria da Penha protege a mulher independentemente de afeto e relação entre agressor e vítima, em razão do gênero e do local onde foi praticada a conduta (ambiente doméstico); **E:** correta, nos termos do art. 5º da Lei Maria da Penha.
Gabarito "E".

(Polícia Rodoviária Federal – 2013 – CESPE) Com fundamento na lei que cria mecanismos para coibir a violência doméstica e familiar contra a mulher – Lei Maria da Penha, julgue o próximo item.

(1) Considerando que, inconformado com o término do namoro de mais de vinte anos, José tenha agredido sua ex-namorada Maria, com quem não coabitava, ele estará sujeito a aplicação da lei de combate a violência doméstica e familiar contra a mulher, conhecida como Lei Maria da Penha.

**1:** correta. A coabitação não é requisito para a configuração do crime de violência doméstica e familiar contra a mulher. Basta que o agente se valha da relação íntima de afeto na qual tenha convivido com a ofendida (art. 5º, III, da Lei 11.340/2006).
Gabarito "1C".

(Escrivão de Polícia/BA – 2013 – CESPE) Julgue o próximo item, que versa sobre violência doméstica e familiar contra a mulher.

(1) Um indivíduo que calunia a própria esposa comete contra ela violência doméstica e familiar.

**1:** correta. Nos termos do art. 7º, V, da Lei 11.340/2006, a calúnia é espécie de violência moral contra a mulher combatida pelo mencionado diploma legal.
Gabarito "1C".

(Escrivão de Polícia/DF – 2013 – CESPE) No que se refere à violência doméstica e familiar sobre a mulher (Lei 11.340/2006 – Lei Maria da Penha), julgue o item seguinte.

(1) Se duas mulheres mantiverem uma relação homoafetiva há mais de dois anos, e uma delas praticar violência moral e psicológica contra a outra, tal conduta estará sujeita à incidência da Lei Maria da Penha, ainda que elas residam em lares diferentes.

**1:** correta. A aplicação da Lei Maria da Penha independe de orientação sexual (arts. 2º e 5º, parágrafo único, da Lei 11.340/2006) e de coabitação, bastando que o agente se valha de relação íntima de afeto que tenha convivido com a vítima (art. 5º, III, da Lei 11.340/2006).
Gabarito "1C".

## 12. LEI DE EXECUÇÃO PENAL

(Agente-Escrivão – PC/GO – CESPE – 2016) De acordo com a LEP, se um preso for comunicado sobre o falecimento de uma irmã dele,

(A) o juiz da execução poderá autorizar a saída temporária do preso para comparecimento ao enterro, desde que ele apresente bom comportamento no estabelecimento prisional.
(B) ele não terá direito à saída do estabelecimento prisional, devido ao fato de não haver previsão de concessão desse benefício em caso de falecimento de irmão.
(C) o diretor do estabelecimento prisional poderá conceder a permissão de saída ao preso, independentemente de ele ser preso provisório ou de estar cumprindo pena em regime fechado.
(D) o diretor do estabelecimento deverá comunicar o falecimento ao juiz da execução, que poderá conceder a permissão de saída para o preso, ficando este sujeito à monitoração eletrônica caso esteja cumprindo pena em regime semiaberto ou aberto.
(E) o diretor do estabelecimento poderá autorizar a saída temporária do preso, que, mediante escolta, poderá permanecer fora do estabelecimento prisional pelo tempo que for necessário para cumprir a finalidade da saída.

Somente a assertiva C está correta, nos termos dos arts. 120 e 121 da LEP: "Art. 120. Os condenados que cumprem pena em **regime fechado ou semiaberto e os presos provisórios** poderão obter permissão para sair do estabelecimento, mediante escolta, quando ocorrer um dos seguintes fatos: I – falecimento ou doença grave do cônjuge, companheira, ascendente, descendente ou irmão; (...) Parágrafo único. A permissão de saída será concedida pelo **diretor do estabelecimento** onde se encontra o preso. Art. 121. A permanência do preso fora do estabelecimento terá a duração **necessária** à finalidade da saída." Grifo nosso.
Gabarito "C".

(Agente-Escrivão – PC/GO – CESPE – 2016) De acordo com a Lei nº 7.210/1984 – LEP –, a prestação de trabalho:

(A) decorrente de pena restritiva de direito deve ser remunerada.

**(B)** em ambiente externo tem de ser autorizada pelo juiz da execução penal e depende de critérios como aptidão, disciplina e responsabilidade.

**(C)** a entidade privada depende do consentimento expresso do preso, que terá sua autorização de trabalho revogada se for punido por falta grave.

**(D)** é obrigatória tanto para o preso provisório quanto para o definitivo.

**(E)** externo é proibida ao preso provisório e ao condenado que cumpre pena em regime fechado.

**A:** incorreta, nos termos do art. 30 da LEP, o qual dispõe que "As tarefas executadas como prestação de serviço à comunidade não serão remuneradas". A prestação de serviço à comunidade é uma espécie de pena restritiva de direito; **B:** incorreta, conforme art. 37 da LEP: "A prestação de trabalho externo, a ser autorizada pela direção do estabelecimento, dependerá de aptidão, disciplina e responsabilidade, além do cumprimento mínimo de 1/6 (um sexto) da pena"; **C:** correta, nos termos dos arts. 36, § 3º e 37, parágrafo único, da LEP; **D** e **E:** incorretas, pois o trabalho só é obrigatório para o preso condenado à pena privativa de liberdade; para o provisório, ele não é obrigatório (art. 31 da LEP). O preso provisório só pode trabalhar no interior do estabelecimento; já o trabalho externo é admissível para os presos em regime fechado (art. 36 da LEP).
Gabarito "C".

## 13. ESTATUTO DO IDOSO

**(Delegado/PE – 2016 – CESPE)** Godofredo tem a obrigação legal de cuidar de determinado idoso, mas o abandonou em um hospital – conduta prevista no art. 98, do Estatuto do Idoso, com pena de detenção de seis meses a três anos e multa. Paulo negou trabalho a um idoso, com a justificativa de que o pretendente ao emprego encontrava-se em idade avançada –conduta enquadrada no art. 100, II, do Estatuto do Idoso, com pena de reclusão de seis meses a um ano e multa.

Nessas situações, as medidas despenalizadoras, previstas na Lei 9.099/1995 (lei dos juizados especiais),

**(A)** poderão beneficiar ambos os acusados, desde que haja anuência das vítimas.

**(B)** poderão beneficiar Paulo, com a transação penal, ao passo que Godofredo, com a suspensão condicional do processo.

**(C)** não poderão beneficiar Godofredo nem Paulo.

**(D)** poderão beneficiar apenas Godofredo.

**(E)** poderão beneficiar apenas Paulo.

À parte o embate existente acerca desse tema na doutrina, certo é que os institutos da transação penal e da suspensão condicional do processo, previstos, respectivamente, nos arts. 76 e 89 da Lei 9.099/1995 (Juizados Especiais), têm incidência no contexto dos crimes previstos no Estatuto do Idoso (art. 94) desde que a pena não ultrapasse os limites estabelecidos na Lei 9.099/1995. Sendo assim, está correta a assertiva "B", segundo a qual Paulo será beneficiado com a transação penal, já que a pena máxima cominada ao crime em que incorreu não é superior a dois anos; já Godofredo fará jus à suspensão condicional do processo, na medida em que a pena mínima cominada ao delito em que incorreu não é superior a um ano (art. 89, *caput*, da Lei 9.099/1995). Vide ADI 3.096.
Gabarito "B".

**(Polícia Rodoviária Federal – 2013 – CESPE)** Acerca do Estatuto do Idoso, julgue o item subsecutivo.

**(1)** Se alguém deixar de prestar assistência a idoso, quando for possível fazê-lo sem risco pessoal, em situação de iminente perigo, cometerá, em tese, crime de menor potencial ofensivo.

**1:** correta. O crime previsto no art. 97 da Lei 10.741/2003 (Estatuto do Idoso) tem pena privativa de liberdade máxima de 1 ano, o que o classifica como infração penal de menor potencial ofensivo, nos termos do art. 61 da Lei 9.099/1995.
Gabarito "1C".

**(Escrivão de Polícia/DF – 2013 – CESPE)** Julgue o item subsecutivo, referente ao Estatuto do Idoso (Lei 10.741/2003).

**(1)** Quando uma pessoa dificulta o acesso de idoso a determinado meio de transporte por motivo de sua idade, incide em crime previsto no Estatuto do Idoso. Nessa situação, para que o Ministério Público proponha a ação penal correspondente, haverá a necessidade da representação do ofendido.

**1:** incorreta. Os crimes previstos no Estatuto do Idoso são todos de ação penal pública incondicionada, ou seja, não dependem da representação do ofendido para que o Ministério Público ofereça a denúncia (art. 95 da Lei 10.741/2003).
Gabarito "1E".

## 14. CRIME ORGANIZADO

**(Delegado/PE – 2016 – CESPE)** Sebastião, Júlia, Caio e Marcela foram indiciados por, supostamente, terem se organizado para cometer crimes contra o Sistema Financeiro Nacional. No curso do inquérito, Sebastião e Júlia, sucessivamente com intervalo de quinze dias, fizeram acordo de colaboração premiada.

Nessa situação hipotética, no que se refere à colaboração premiada,

**(A)** nos depoimentos que prestarem, Sebastião e Júlia terão direito ao silêncio e à presença de seus defensores.

**(B)** o MP poderá não oferecer denúncia contra Sebastião, caso ele não seja o líder da organização criminosa.

**(C)** o MP poderá não oferecer denúncia contra Júlia, ainda que a delação de Sebastião tenha sido a primeira a prestar efetiva colaboração.

**(D)** Sebastião e Júlia poderão ter o benefício do perdão judicial, independentemente do fato de as colaborações terem ocorrido depois de sentença judicial.

**(E)** o prazo para o oferecimento da denúncia em relação aos delatores poderá ser suspenso pelo período, improrrogável, de até seis meses.

**A:** incorreta, uma vez que contraria o disposto no art. 4º, § 14º, da Lei 12.850/2013 (Organização Criminosa), que estabelece que, *nos depoimentos que prestar, o colaborador renunciará, na presença de seu defensor, ao direito ao silêncio e estará sujeito ao compromisso legal de dizer a verdade*. Afinal, que sentido teria conceder àquele que deseja colaborar o direito de permanecer calado? Ou uma coisa ou outra: ou colabora e fala ou não colabora, neste caso podendo invocar seu direito ao silêncio; **B:** correta, nos termos do art. 4º, § 4º, I, da Lei 12.850/2013; **C:** incorreta, pois contraria o disposto no art. 4º, § 4º, II, da Lei 12.850/2013; **D:** incorreta, já que, neste caso, *a pena poderá ser reduzida até a metade ou será admitida a progressão de regime ainda que ausentes os requisitos legais* (art. 4º, § 5º, da Lei 12.850/2013); **E:** incorreta, já que em desacordo com o art. 4º, § 3º, da Lei 12.850/2013, que permite, neste caso, uma prorrogação por igual período.
Gabarito "B".

**(Polícia Rodoviária Federal – 2013 – CESPE)** Julgue o item seguinte, relativo à lei do crime organizado.

(1) Durante o inquérito policial, é necessária a autorização judicial para que um agente policial se infiltre em organização criminosa com fins investigativos.

1: correta, nos termos dos art. 10, *caput*, da Lei 12.850/2013.
Gabarito "1C".

## 15. SEGURANÇA DE ESTABELECIMENTOS FINANCEIROS

**(Agente Administrativo – PF – 2014 – CESPE/CEBRASPE)** Julgue o item abaixo, com base nos dispositivos da Lei 7.102/1983.

(1) Os estabelecimentos financeiros estão autorizados a organizar e a executar seus próprios serviços de vigilância ostensiva e transporte de valores, desde que os sistemas de segurança empregados em tais atividades sejam auditados, anualmente, por empresas especializadas.

1: errada, pois em desconformidade com o que estabelece o art. 3º da Lei 7.102/1983, que assim dispõe: *A vigilância ostensiva e o transporte de valores serão executados: I – por empresa especializada contratada; ou II – pelo próprio estabelecimento financeiro, desde que organizado e preparado para tal fim, com pessoal próprio, aprovado em curso de formação de vigilante autorizado pelo Ministério da Justiça e cujo sistema de segurança tenha parecer favorável à sua aprovação emitido pelo Ministério da Justiça. Parágrafo único. Nos estabelecimentos financeiros estaduais, o serviço de vigilância ostensiva poderá ser desempenhado pelas Polícias Militares, a critério do Governo da respectiva Unidade da Federação.*
Gabarito "1E".

**(Escrivão de Polícia Federal – 2013 – CESPE)** No que tange à segurança de estabelecimentos financeiros, julgue o item abaixo, com base na Lei n.º 7.102/1983.

(1) Em estabelecimentos financeiros estaduais, a polícia militar poderá exercer o serviço de vigilância ostensiva, desde que autorizada pelo governador estadual.

1: correta, nos termos do art. 3º, parágrafo único, da Lei 7.102/1983.
Gabarito "1C".

## 16. QUESTÕES COMBINADAS E OUTROS TEMAS DA LEGISLAÇÃO EXTRAVAGANTE

**(Policial Rodoviário Federal – CESPE – 2019)** No item a seguir é apresentada uma situação hipotética seguida de uma assertiva a ser julgada considerando-se o Estatuto do Desarmamento, o Estatuto da Criança e do Adolescente e o Sistema Nacional de Políticas Públicas sobre Drogas.

(1) Em uma operação da PRF, foram encontradas, no veículo de Sandro, munições de arma de fogo de uso permitido e, no veículo de Eurípedes, munições de uso restrito. Nenhum deles tinha autorização para o transporte desses artefatos. Nessa situação, considerando-se o previsto no Estatuto do Desarmamento, Sandro responderá por infração administrativa e Eurípedes responderá por crime.

(2) João foi flagrado, em operação da PRF, submetendo uma adolescente a exploração sexual em rodovia federal. Nessa situação, João poderá não responder pelo crime se comprovar o consentimento da menor.

1: incorreta. Conforme expressa determinação legal, ambos responderão por crimes: Sandro pelo art. 14 e Eurípedes pelo art. 16 do Estatuto do Desarmamento; 2: incorreta. O crime de exploração sexual de criança ou adolescente se consuma independentemente do consentimento do menor (art. 244-A do Estatuto da Criança e do Adolescente).
Gabarito "1E, 2E".

**(Agente-Escrivão – PC/GO – CESPE – 2016)** Com relação às infrações penais previstas na Lei nº 8.078/1990, que instituiu o CDC, assinale a opção correta.

(A) No processo penal referente às infrações previstas no CDC, é vedada a atuação de assistentes do MP.
(B) Todas as infrações tipificadas no CDC possuem pena máxima prevista de até dois anos.
(C) Para que o infrator possa ser processado e julgado, é necessário que ele tenha agido com dolo.
(D) A pena será agravada se a infração for cometida no período noturno.
(E) A pena será agravada se a infração for cometida em domingo ou feriado.

**A:** incorreta. De acordo com o art. 80 do CDC, "poderão intervir, como assistentes do Ministério Público, os legitimados indicados no art. 82, inciso III e IV, aos quais também é facultado propor ação penal subsidiária, se a denúncia não for oferecida no prazo legal." Portanto, é permitida a atuação de assistentes do MP; **B:** correta. Todos os crimes previstos no CDC possuem pena máxima prevista de ATÉ dois anos; **C:** incorreta. Os crimes dos arts. 63 e 66 do CDC são também punidos a título de culpa; **D e E:** incorretas, nos termos do art. 76 do CDC, já que não se encontram no rol das circunstâncias agravantes.
Gabarito "B".

Nas eleições municipais de Goiânia – GO para o ano de 2016,

Fernanda foi candidata a vereadora;

Flávio foi candidato a prefeito;

Clara foi eleitora;

Paulo foi membro da mesa receptora;

João foi fiscal de partido político.

**(Agente-Escrivão – PC/GO – CESPE – 2016)** Nessas situações hipotéticas, de acordo com a Lei nº 4.737/1965, não poderiam ser detidos ou presos, salvo em flagrante delito, desde quinze dias antes da eleição,

(A) Fernanda, Flávio e Clara.
(B) Flávio, Clara e João.
(C) Paulo e João.
(D) Fernanda e Flávio.
(E) Clara, Paulo e João.

Somente a D está correta, pois, de acordo com o art. 236, § 1º, do Código Eleitoral, os **candidatos** não poderão ser detidos ou presos, salvo em flagrante delito, desde 15 dias antes da eleição. E somente Fernanda e Flávio foram candidatos. Já os membros das mesas receptoras e os fiscais de partido não poderão ser detidos ou presos, salvo o caso de flagrante delito, **durante o exercício de suas funções**; o eleitor não pode ser preso ou detido, salvo em flagrante delito ou em virtude de sentença criminal condenatória por crime inafiançável, ou, ainda, por desrespeito a salvo-conduto, desde 5 (cinco) dias antes e até 48 (quarenta e oito) horas depois do encerramento da eleição (art. 236, "caput", do referido código).
Gabarito "D".

Em determinada eleição municipal,

Luciano tentou votar mais de uma vez;

ao fazer propaganda eleitoral, Márcio injuriou Carmem, ofendendo-lhe a dignidade;

Tatiane tentou violar o sigilo de uma urna.

**(Agente-Escrivão – PC/GO – CESPE – 2016)** Nessas situações hipotéticas, à luz da Lei nº 4.737/1965,

(A) Tatiane poderá ter a pena reduzida em razão da tentativa.

(B) Márcio, necessariamente, terá a pena aplicada pelo juiz, ainda que tenha agido em caso de retorção imediata que consista em outra injúria.

(C) Luciano, Márcio e Tatiane responderão por crime de ação pública.

(D) Márcio responderá por crime de ação privada.

(E) Luciano poderá ter a pena reduzida em razão da tentativa.

A letra **C** está correta e a **D**, incorreta. De acordo com o art. 355 do Código Eleitoral, todos os crimes ali previstos são de ação pública. Luciano praticou o crime do art. 309 do referido código; Márcio, por sua vez, praticou o crime do art. 326 do mesmo diploma legal; e Tatiane praticou a conduta prevista no art. 317 da mesma lei. Portanto, todos responderão por crime de ação pública. Ressalte-se que os crimes praticados por Tatiane e Luciano punem, com a mesma pena, tanto o crime consumado como a tentativa, a qual está prevista expressamente em sua descrição típica. São os chamados "crimes de atentado". Quanto à letra **B**, a qual está incorreta, no caso de retorsão imediata, que consista em outra injúria, o juiz pode deixar de aplicar a pena. **TS**
Gabarito "C".

**(Agente – PF – 2014 – CESPE/CEBRASPE)** Com relação à Lei 11.343/2006, que estabelece normas para repressão à produção não autorizada e ao tráfico ilícito de drogas, e à Lei 10.446/2002, que dispõe a respeito de infrações penais de repercussão interestadual ou internacional que exijam repressão uniforme, julgue os itens subsequentes.

(1) Considere que a Polícia Federal tenha realizado operação para combater ilícitos transnacionais e tenha encontrado extensa plantação de maconha, em território brasileiro, sem a ocorrência de prisão em flagrante. Nessa situação, mesmo que não haja autorização judicial, a referida plantação será destruída pelo delegado de polícia, que deverá recolher quantidade suficiente para exame pericial.

(2) Diante da ocorrência dos crimes de sequestro, de cárcere privado e contra a economia popular, caso haja repercussão interestadual, a Polícia Federal, sem prejuízo da responsabilidade dos órgãos de segurança pública arrolados pela CF, poderá investigar todas essas infrações, independentemente de autorização ou determinação do ministro da Justiça.

**1:** correta. Ante o que estabelece o art. 50-A da Lei 11.343/2006, cuja redação foi alterada pela Lei 13.840/2019, se, no curso de investigação/operação, ocorrer a localização e apreensão de drogas sem que haja prisão em flagrante, deve a autoridade policial promover a sua incineração dentro do prazo de 30 dias, sendo despicienda, neste caso, autorização judicial. Situação diferente é aquela em que, além da apreensão da droga, há, também, prisão em flagrante. Neste caso, segundo reza o art. 50, §§ 3º e 4º, da Lei 11.343/2006, a destruição da droga apreendida, a ser executada pela autoridade policial no prazo de 15 dias, será precedida de autorização judicial. Com ou sem prisão em flagrante, é de rigor que seja guardada amostra necessária à realização do laudo definitivo; **2:** errada. O crime de sequestro e cárcere privado (art. 148, CP), por expressa previsão contida no art. 1º, I, da Lei 10.446/2002, poderá ser investigado pela Polícia Federal, independentemente de autorização ou determinação do ministro da Justiça, desde que atendidos os pressupostos contidos no *caput* do art. 1º da Lei 10.446/2002 e desde que o agente aja impelido por motivação política ou quando o delito for cometido em razão da função pública exercida pela vítima. Quanto ao delito contra a economia popular, a investigação pela Polícia Federal somente será possível diante da presença dos pressupostos do *caput* do art. 1º da Lei 10.446/2002 e desde que haja autorização ou determinação do Ministro de Estado da Justiça (art. 1º, parágrafo único, Lei 10.446/2002). **ED**
Gabarito: 1C, 2E

**(Agente – PF – 2014 – CESPE/CEBRASPE)** A respeito de aspectos penais e processuais penais do Estatuto da Criança e do Adolescente (ECA) e da Lei dos Crimes Ambientais (Lei 9.605/1998), julgue os seguintes itens.

(1) Considere que Sílvio, de vinte e cinco anos de idade, integrante de uma organização criminosa, com a intenção de aliciar menores para a prática de delitos, tenha acessado a sala de bate-papo em uma rede social na Internet e, após longa conversa, tenha induzido um menor a subtrair veículo de terceiro. Nessa situação hipotética, segundo entendimento do Superior Tribunal de Justiça, para que Sílvio possa responder por crime tipificado no ECA, é necessário que seja provada a efetiva corrupção do menor.

(2) Considere que Jorge tenha sido preso por pescar durante a piracema, o que o tornou réu em processo criminal. Nessa situação hipotética, se a lesividade ao bem ambiental for ínfima, segundo o entendimento do Superior Tribunal de Justiça, o juiz poderá aplicar o princípio da insignificância.

**1:** errada. Há, tanto na doutrina quanto na jurisprudência, duas correntes quanto ao momento consumativo do crime de corrupção de menores, atualmente previsto no art. 244-B do ECA. Para parte da doutrina e também para o STJ, o crime em questão é *formal*, consumando-se independentemente da efetiva corrupção da vítima. Nesse sentido: "(...) A Terceira Seção do Superior Tribunal de Justiça, ao apreciar o Recurso Especial 1.127.954/DF, representativo de controvérsia, pacificou seu entendimento no sentido de que o crime de corrupção de menores – antes previsto no art. 1º da Lei 2.252/1954, e hoje inscrito no art. 244-B do Estatuto da Criança e do Adolescente – é delito formal, não exigindo, para sua configuração, prova de que o inimputável tenha sido corrompido, bastando que tenha participado da prática delituosa" (AgRg no REsp 1371397/DF, 6ª T., j. 04.06.2013, rel. Min. Assusete Magalhães, *DJe* 17.06.2013). Consolidando tal entendimento, o STJ editou a Súmula 500, a seguir transcrita: "A configuração do crime previsto no art. 244-B do Estatuto da Criança e do Adolescente independe da prova da efetiva corrupção do menor, por se tratar de delito formal". Uma segunda corrente sustenta que o crime do art. 244-B do ECA é *material*, sendo imprescindível, à sua consumação, a ocorrência do resultado naturalístico, isto é, a efetiva corrupção do menor; **2:** correta. Tanto o STF quanto o STJ acolhem a possibilidade de incidência do princípio da insignificância no contexto dos crimes ambientais. Conferir: "AÇÃO PENAL. Crime ambiental. Pescador flagrado com doze camarões e rede de pesca, em desacordo com a Portaria 84/02, do IBAMA. Art. 34, parágrafo único, II, da Lei 9.605/98. *Rei furtivae* de valor insignificante. Periculosidade não considerável do agente. Crime de bagatela. Caracterização. Aplicação do princípio da insignificância. Atipicidade reconhecida. Absolvição decretada. HC concedido para

esse fim. Voto vencido. Verificada a objetiva insignificância jurídica do ato tido por delituoso, à luz das suas circunstâncias, deve o réu, em recurso ou *habeas corpus*, ser absolvido por atipicidade do comportamento" (STF, HC 112563, Relator(a): Min. RICARDO LEWANDOWSKI, Relator(a) p/ Acórdão: Min. CEZAR PELUSO, Segunda Turma, julgado em 21.08.2012).
Gabarito: 1E, 2C

**(Agente Administrativo – PF – 2014 – CESPE/CEBRASPE)** No item a seguir, é apresentada uma situação hipotética, seguida de uma assertiva a ser julgada, com base nos dispositivos da Lei 10.357/2001, que estabelece normas de controle e fiscalização sobre produtos químicos que, direta ou indiretamente, possam ser destinados à elaboração ilícita de substâncias entorpecentes, psicotrópicas ou que determinem dependência física ou psíquica.

(1) Uma empresa comercializa determinado produto químico que pode ser utilizado como insumo na elaboração de substância que causa dependência química. Nessa situação, as atividades dessa empresa devem ser fiscalizadas pelo DPF, juntamente com o Exército Brasileiro.

**1**: errada, na medida em que não reflete o disposto no art. 3º da Lei 10.357/2001: *Compete ao Departamento de Polícia Federal o controle e a fiscalização dos produtos químicos a que se refere o art. 1.º desta Lei e a aplicação das sanções administrativas decorrentes.*
Gabarito: 1E

**(Polícia Rodoviária Federal – 2013 – CESPE)** Com fundamento na legislação que define os crimes de tortura e de tráfico de pessoas, julgue os itens a seguir.

(1) O crime de tráfico de pessoas poderá ser caracterizado ainda que haja consentimento da vítima.
(2) Para que um cidadão seja processado e julgado por crime de tortura, e prescindível que esse crime deixe vestígios de ordem física.

**1**: correta. Os crimes dos arts. 231 e 231-A do Código Penal, que definem o tráfico de pessoas para fins de exploração sexual, não dependem da violência ou grave ameaça contra a vítima para se consumarem. Na verdade, se essa circunstância estiver presente, a pena será aumentada de metade (art. 231, § 2º, IV, e art. 231-A, § 2º, IV, do Código Penal); **2**: correta. Também configura tortura causar na vítima intenso sofrimento mental, o qual não deixa vestígios físicos (art. 1º, I e II, da Lei 9.455/1997).
Gabarito: 1C, 2C

**(Agente de Polícia/DF – 2013 – CESPE)** Julgue os itens que se seguem, acerca da legislação especial criminal.

(1) A conduta de uma pessoa que disparar arma de fogo, devidamente registrada e com porte, em local ermo e desabitado será considerada atípica.
(2) O agente público que submeter pessoa presa a sofrimento físico ou mental, ainda que por intermédio da prática de ato previsto em lei ou resultante de medida legal, praticará o crime de tortura.

(3) Nos termos da Lei 11.340/2006 – Lei Maria da Penha –, a empregada doméstica poderá ser sujeito passivo de violência praticada por seus empregadores.
(4) Um indivíduo que consuma maconha e a ofereça aos seus amigos durante uma festa deverá ser considerado usuário, em face da eventualidade e da ausência de objetivo de lucro.

**1**: incorreta. A conduta se amolda ao crime previsto no art. 15 da Lei 10.826/2003; **2**: incorreta. O crime de tortura somente se qualifica se a vítima passar por sofrimento físico ou mental decorrente de conduta que não seja resultante de medida legal (art. 1º, § 1º, da Lei 9.455/1997); **3**: correta, nos termos do art. 5º, I, da Lei 11.340/2006; **4**: incorreta. A conduta se amolda ao tipo penal previsto no art. 33, § 3º, da Lei 11.343/2006.
Gabarito: 1E, 2E, 3C, 4E

**(Escrivão de Polícia/DF – 2013 – CESPE)** Em relação aos crimes contra as relações de consumo (Lei 8.078/1990) e aos juizados especiais criminais (Lei 9.099/1995), julgue o item que se segue.

(1) Todos os crimes contra as relações de consumo são considerados de menor potencial ofensivo. Portanto, admitem transação e os demais benefícios previstos na lei que dispõe sobre os juizados especiais criminais.

**1**: correta. Da leitura dos arts. 63 a 74 da Lei 8.078/1990 percebe-se que todos os crimes ali previstos possuem pena máxima privativa de liberdade não superior a dois anos, o que os classifica como infração penal de menor potencial ofensivo nos termos do art. 61 da Lei 9.099/1995.
Gabarito: 1C

**(Agente de Polícia Federal – 2012 – CESPE)** A respeito das leis especiais, julgue os itens a seguir.

(1) Considere que determinado cidadão australiano deseje vir de férias ao Brasil, por um período de trinta dias, onde pretende ministrar aulas remuneradas de surfe e comercializar aparelhos eletrônicos oriundos da Austrália. Nessa situação, caso não haja acordo internacional entre Brasil e Austrália para a dispensa de visto, o governo brasileiro poderá conceder o visto de turista ao referido cidadão.
(2) Ainda que se instale em cidade interiorana e apresente reduzida circulação financeira, a cooperativa singular de crédito estará obrigada a contratar vigilantes, independentemente de se provar que a contratação inviabilizará economicamente a manutenção do estabelecimento.

**1**: incorreta. O art. 9º do Estatuto do Estrangeiro (Lei 6.815/1980) estabelece que o visto de turista somente pode ser concedido para o estrangeiro que deseje entrar no território nacional com fins recreativos ou de visita, vedado o exercício de atividade remunerada; **2**: incorreta. O art. 1º, § 2º, da Lei 7.102/1983, que trata da segurança de estabelecimentos de instituições financeiras, estabelece que poderá ser dispensada a contratação de vigilantes caso isso inviabilize economicamente a existência do estabelecimento de cooperativa singular de crédito, desde que esse apresente circulação financeira reduzida.
Gabarito: 1E, 2E

# 4. CRIMINOLOGIA

## Vivian Calderoni

**(Delegado/GO – 2017 – CESPE)** A respeito do conceito e das funções da criminologia, assinale a opção correta.

(A) A criminologia tem como objetivo estudar os delinquentes, a fim de estabelecer os melhores passos para sua ressocialização. A política criminal, ao contrário, tem funções mais relacionadas à prevenção do crime.
(B) A finalidade da criminologia em face do direito penal é de promover a eliminação do crime.
(C) A determinação da etimologia do crime é uma das finalidades da criminologia.
(D) A criminologia é a ciência que, entre outros aspectos, estuda as causas e as concausas da criminalidade e da periculosidade preparatória da criminalidade.
(E) A criminologia é orientada pela política criminal na prevenção especial e direta dos crimes socialmente relevantes, mediante intervenção nas manifestações e nos efeitos graves desses crimes para determinados indivíduos e famílias

**A:** Incorreta. Um dos objetos da criminologia é o delinquente, com o objetivo de compreensão. Não necessariamente com o objetivo de buscar sua ressocialização. Tanto é verdade que algumas teorias defendem pena de morte. A Política criminal tem por objetivo prevenir a criminalidade, mas uma das formas de prevenção pode se dar pelo caminho da ressocialização. **B:** Incorreta. A criminologia tem por objetivo conhecer e compreender seus objetos de estudo – que inclui o crime. Não necessariamente o pensamento está voltado para a eliminação da criminalidade, como o caso da teoria da anomia que entende o crime como um fenômeno social natural e até mesmo positivo. **C:** Incorreta. A criminologia tem por finalidade conhecer e estudar as origens e causas do crime, porém não de determinar, o que seria impossível. **D:** Correta. A criminologia estuda, de fato, os elementos apresentados na assertiva. Ademais, a assertiva traz a expressão "entre outros aspectos", ou seja, deixa em aberto para englobar os demais objetos e visões de estudo da criminologia. **E:** Incorreta. A criminologia orienta a política criminal, e não o contrário. A política criminal é uma estratégia de ação política orientada pelo saber criminológico. A política criminal faz a ponte entre a criminologia e o direito penal, uma vez que a criminologia traz conceitos e teorias sobre o crime, o criminoso, a vítima e o controle social e, por meio da política criminal, os agentes do Estado legislam, criando o direito penal e aplicam-no. Contudo, a política criminal é mais ampla do que o direito penal.

Gabarito "D".

**(Delegado/GO – 2017 – CESPE)** Considerando que, para a criminologia, o delito é um grave problema social, que deve ser enfrentado por meio de medidas preventivas, assinale a opção correta acerca da prevenção do delito sob o aspecto criminológico.

(A) A transferência da administração das escolas públicas para organizações sociais sem fins lucrativos, com a finalidade de melhorar o ensino público do Estado, é uma das formas de prevenção terciária do delito.
(B) O aumento do desemprego no Brasil incrementa o risco das atividades delitivas, uma vez que o trabalho, como prevenção secundária do crime, é um elemento dissuasório, que opera no processo motivacional do infrator.
(C) A prevenção primária do delito é a menos eficaz no combate à criminalidade, uma vez que opera, etiologicamente, sobre pessoas determinadas por meio de medidas dissuasórias e a curto prazo, dispensando prestações sociais.
(D) Em caso de a Força Nacional de Segurança Pública apoiar e supervisionar as atividades policiais de investigação de determinado estado, devido ao grande número de homicídios não solucionados na capital do referido estado, essa iniciativa consistirá diretamente na prevenção terciária do delito.
(E) A prevenção terciária do crime consiste no conjunto de ações reabilitadoras e dissuasórias atuantes sobre o apenado encarcerado, na tentativa de se evitar a reincidência

**A:** incorreta. Atuar sob as causas dos conflitos sociais por meio de implementação de políticas públicas sociais – como o caso da educação – é parte da prevenção primária. **B:** incorreta. O aumento das taxas de emprego (redução do desemprego) está associado a políticas de prevenção primária. **C:** incorreta. A prevenção primária diz respeito a implementação de políticas públicas sociais – são ações de médio e longo prazo. **D:** incorreta. A ação da Força Nacional de Segurança como apoio a atividade policial estadual é uma ação de prevenção secundária. **E:** correta. A prevenção terciária atua com o fim de evitar a reincidência, através de políticas voltadas ao preso e ao egresso. Também é conhecida como tardia, pois ocorre depois do cometimento do delito; parcial, pois recai apenas no condenado; e insuficiente, pois não neutraliza as causas do problema criminal.

Gabarito "E".

**(Delegado/GO – 2017 – CESPE)** Em busca do melhor sistema de enfrentamento à criminalidade, a criminologia estuda os diversos modelos de reação ao delito. A respeito desses modelos, assinale a opção correta.

(A) De acordo com o modelo clássico de reação ao crime, os envolvidos devem resolver o conflito entre si, ainda que haja necessidade de inobservância das regras técnicas estatais de resolução da criminalidade, flexibilizando-se leis para se chegar ao consenso.
(B) Conforme o modelo ressocializador de reação ao delito, a existência de leis que recrudescem o sistema penal faz que se previna a reincidência, uma vez que o infrator racional irá sopesar o castigo com o eventual proveito obtido.
(C) Para a criminologia, as medidas despenalizadoras, com o viés reparador à vítima, condizem com o modelo integrador de reação ao delito, de modo a inserir os interessados como protagonistas na solução do conflito.
(D) A fim de facilitar o retorno do infrator à sociedade, por meio de instrumentos de reabilitação aptos a retirar o caráter aflitivo da pena, o modelo dissuasório de

reação ao crime propõe uma inserção positiva do apenado no seio social.

(E) O modelo integrador de reação ao delito visa prevenir a criminalidade, conferindo especial relevância ao *ius puniendi* estatal, ao justo, rápido e necessário castigo ao criminoso, como forma de intimidação e prevenção do crime na sociedade.

A: Incorreta. O modelo clássico de reação ao crime trata da repressão ao crime por meio da aplicação da punição para os imputáveis e semi-imputáveis. B: Incorreta. O modelo ressocializador atua na vida do criminoso, não apenas com a aplicação da punição, mas reduzindo a reincidência, por meio da ressocialização. O modelo descrito na assertiva é o dissuasório (ou clássico). C: Correta. O modelo reparador busca restabelecer, na medida do possível, a situação anterior ao cometimento do crime por meio da reeducação do infrator e da assistência à vítima. Tem o objetivo de reparar o dano causado à vítima e à comunidade. Procura conciliar os interesses de todas as partes relacionadas com o problema criminal. D: Incorreta. O modelo dissuasório está associado ao rigor das penas e a sua efetiva aplicação. O modelo descrito na assertiva é o integrador. E: Incorreta. O modelo integrador tem por objetivo atuar na redução da reincidência. O modelo descrito na assertiva é o dissuasório (clássico e neoclássico).
Gabarito "C".

(Delegado/PE – 2016 – CESPE) A criminologia moderna

(A) é uma ciência normativa, essencialmente profilática, que visa oferecer estratégias para minimizar os fatores estimulantes da criminalidade e que se preocupa com a repressão social contra o delito por meio de regras coibitivas, cuja transgressão implica sanções.

(B) ocupa-se com a pesquisa científica do fenômeno criminal – suas causas, características, sua prevenção e o controle de sua incidência –, sendo uma ciência causal-explicativa do delito como fenômeno social e individual.

(C) ocupa-se, como ciência causal-explicativa-normativa, em estudar o homem delinquente em seu aspecto antropológico, estabelece comandos legais de repressão à criminalidade e despreza, na análise empírica, o meio social como fatores criminógenos.

(D) é uma ciência empírica e normativa que fundamenta a investigação de um delito, de um delinquente, de uma vítima e do controle social a partir de fatos abstratos apreendidos mediante o método indutivo de observação.

(E) possui como objeto de estudo a diversidade patológica e a disfuncionalidade do comportamento criminal do indivíduo delinquente e produz fundamentos epistemológicos e ideológicos como forma segura de definição jurídico-formal do crime e da pena.

A Criminologia é uma ciência autônoma, empírica e interdisciplinar que tem por objeto de estudo quatro elementos: crime; criminoso; vítima; e controle social. A criminologia se utiliza dos métodos empírico (examina a realidade) e indutivo (observa a realidade para dela extrair uma teoria), sendo o contato com o objeto direto e interdisciplinar. A Criminologia é importante fonte de informação para se pensar estratégias de prevenção criminal e por seu caráter científico, confere mais segurança para se pensar políticas públicas, contudo a Criminologia não é uma ciência exata e comporta subjetivismos do pesquisador que influenciam suas análises. Desse modo, não se pode falar que as produções da ciência criminologia podem dar segurança e certeza a produção normativa. Correta a alternativa "B"

A: Incorreta. A Criminologia não é uma ciência normativa que tem por objetivo a criação de leis para coibir transgressões; C: Incorreta.

Além do fato de não ser uma ciência que tem por objetivo a criação normativa, ela se ocupa em estudar mais do que apenas o homem delinquente na perspectiva antropológica (teoria de Lombroso). Por fim, a Criminologia, ao contrário do que a assertiva afirma, considera, sim, o meio social como fato criminógeno; D: Incorreta. Apesar de apresentar corretamente os quatro objetos de estudo da Criminologia erra ao afirmar que a apreensão se dá por meio de fatos abstratos. Por ser uma ciência empírica, parte do concreto para a formulação de teorias abstratas; E: Incorreta pois, apesar da Criminologia também se debruçar sobre os aspectos patológicos e as disfuncionalidades do comportamento criminal, não produz fundamentos seguros, de nenhuma ordem, para definições normativas, jurídico-formal.
Gabarito "B".

(Delegado/PE – 2016 – CESPE) Considerando que, conforme a doutrina, a moderna sociologia criminal apresenta teorias e esquemas explicativos do crime, assinale a opção correta acerca dos modelos sociológicos explicativos do delito.

(A) Para a teoria ecológica da sociologia criminal, que considera normal o comportamento delituoso para o desenvolvimento regular da ordem social, é imprescindível e, até mesmo, positiva a existência da conduta delituosa no seio da comunidade.

(B) A teoria do conflito, sob o enfoque sociológico da Escola de Chicago, rechaça o papel das instâncias punitivas e fundamenta suas ideias em situações concretas, de fácil comprovação e verificação empírica das medidas adotadas para contenção do crime, sem que haja hostilidade e coerção no uso dos meios de controle.

(C) A teoria da integração, ao criticar a teoria consensual na solução do conflito, rotula o criminoso quando assevera que o delito é fruto do sistema capitalista e considera o fator econômico como justificativa para o ato criminoso, de modo que, para frear a criminalidade, devem-se separar as classes sociais.

(D) A Escola de Chicago, ao atentar para a mutação social das grandes cidades na análise empírica do delito, interessa-se em conhecer os mecanismos de aprendizagem e transmissão das culturas consideradas desviadas, por reconhecê-las como fatores de criminalidade.

(E) A teoria estrutural-funcionalista da sociologia criminal sustenta que o delito é produto da desorganização da cidade grande, que debilita o controle social e deteriora as relações humanas, propagando-se, consequentemente, o vício e a corrupção, que são considerados anormais e nocivos à coletividade.

A: Incorreta. A teoria ecológica, também conhecida como escola de Chicago, correlaciona, em seus estudos, a organização da cidade e do bairro com as práticas de cometimentos de delitos;B: Incorreta. A escola de Chicago é uma das teorias do consenso e não do conflito; C: Incorreta. As teorias do consenso (integração) não tratam dos conceitos de rotulação criminosa e nem associam a criminalidade a fatores econômicos e ao sistema capitalista; D: Correta. A escola de Chicago se debruça sobre a análise das cidades e sua forma de organização e a prática de delitos; E: Incorreta. O expoente da teoria estrutural-funcionalista é Durkheim e a sua teoria da anomia. Para essa teoria o crime é normal e saudável para o desenvolvimento da sociedade. Só passa a ser um problema quando atinges índices muito altos que se sobrepõem as condutas não delitivas (período de anomia).
Gabarito "D".

## 4. CRIMINOLOGIA

**(Delegado/PE – 2016 – CESPE)** A criminologia reconhece que não basta reprimir o crime, deve-se atuar de forma imperiosa na prevenção dos fatores criminais. Considerando essa informação, assinale a opção correta acerca de prevenção de infração penal.

(A) Para a moderna criminologia, a alteração do cenário do crime não previne o delito: a falta das estruturas físicas sociais não obstaculiza a execução do plano criminal do delinquente.

(B) A prevenção terciária do crime implica na implementação efetiva de medidas que evitam o delito, com a instalação, por exemplo, de programas de policiamento ostensivo em locais de maior concentração de criminalidade.

(C) No estado democrático de direito, a prevenção secundária do delito atua diretamente na sociedade, de maneira difusa, a fim de implementar a qualidade dos direitos sociais, que são considerados pela criminologia fatores de desenvolvimento sadio da sociedade que mitiga a criminalidade.

(D) Trabalho, saúde, lazer, educação, saneamento básico e iluminação pública, quando oferecidos à sociedade de maneira satisfatória, são considerados forma de prevenção primária do delito, capaz de abrandar os fenômenos criminais.

(E) A doutrina da criminologia moderna reconhece a eficiência da prevenção primária do delito, uma vez que ela atua diretamente na pessoa do recluso, buscando evitar a reincidência penal e promover meios de ressocialização do apenado.

**A:** Incorreta. A alteração dos locais e estruturas físicas têm o potencial de prevenção do delito, de acordo com a prevenção primária. Um exemplo é programa de revitalização de alguma área urbana e iluminação pública; **B:** Incorreta. A alternativa descreve a prevenção secundária; **C:** Incorreta. A alternativa descreve a prevenção primária; **D:** Correta. A prevenção primária diz respeito a implementação de políticas públicas sociais. São políticas preventivas de médio e longo prazo, justamente como exemplificado na alternativa; **E:** Incorreta. A alternativa descreve a prevenção terciária.
Gabarito „D".

**(Delegado/PE – 2016 – CESPE)** Os objetos de investigação da criminologia incluem o delito, o infrator, a vítima e o controle social. Acerca do delito e do delinquente, assinale a opção correta.

(A) Para a criminologia positivista, infrator é mera vítima inocente do sistema econômico; culpável é a sociedade capitalista.

(B) Para o marxismo, delinquente é o indivíduo pecador que optou pelo mal, embora pudesse escolher pela observância e pelo respeito à lei.

(C) Para os correcionalistas, criminoso é um ser inferior, incapaz de dirigir livremente os seus atos: ele necessita ser compreendido e direcionado, por meio de medidas educativas.

(D) Para a criminologia clássica, criminoso é um ser atávico, escravo de sua carga hereditária, nascido criminoso e prisioneiro de sua própria patologia.

(E) A criminologia e o direito penal utilizam os mesmos elementos para conceituar crime: ação típica, ilícita e culpável.

**A:** Incorreta. A criminologia positivista tem como principal expoente Cesare Lombroso. Lombroso desenvolveu a teoria de que as características biológicas são determinantes da delinquência, ou seja, para ele, é possível identificar um criminoso por seus atributos físicos; **B:** Incorreta. Para a teoria Crítica, que se baseia no marxismo, o direito penal é uma forma de manutenção da exploração de classe. A definição das condutas criminosas é resultado de disputas políticas. E o criminoso é uma construção política, e não um ente biológico ou sociológico. Ademais, não consideram a perspectiva religiosa (pecador/bom e mau) em suas análises; **D:** Incorreta. Para a Criminologia Clássica, o criminoso é um ser racional e dotado de livre-arbítrio. O crime é entendido como resultado de uma decisão livre de cada indivíduo. É uma escola que valoriza a razão e ao livre-arbítrio; **E:** Para o direito penal, o crime é uma conduta típica, antijurídica e culpável. Para a Criminologia o crime é um problema social, com incidência aflitiva, incidência massiva, persistência espaço-temporal e inequívoco consenso quanto à efetividade da intervenção penal.
Gabarito „C".

# 5. DIREITO CONSTITUCIONAL

André Nascimento, Bruna Vieira, Luciana Russo e Tony Chalita

## 1. PODER CONSTITUINTE

**(Delegado/PE – 2016 – CESPE)** Acerca do poder de reforma e de revisão constitucionais e dos limites ao poder constituinte derivado, assinale a opção correta.

(A) Além dos limites explícitos presentes no texto constitucional, o poder de reformada CF possui limites implícitos; assim, por exemplo, as normas que dispõem sobre o processo de tramitação e votação das propostas de emenda não podem ser suprimidas, embora inexista disposição expressa a esse respeito.
(B) Emendas à CF somente podem ser apresentadas por proposta de um terço, no mínimo, dos membros do Congresso Nacional.
(C) Emenda e revisão constitucionais são espécies do gênero reforma constitucional, não havendo, nesse sentido, à luz da CF, traços diferenciadores entre uma e outra.
(D) Não se insere no âmbito das atribuições do presidente da República sancionar as emendas à CF, mas apenas promulgá-las e encaminhá-las à publicação.
(E) Se uma proposta de emenda à CF for considerada prejudicada por vício de natureza formal, ela poderá ser reapresentada após o interstício mínimo de dez sessões legislativas e ser apreciada em dois turnos de discussão e votação.

**A:** correta. De fato existem no texto constitucional limites explícitos e implícitos. Os primeiros vêm previstos no art. 60 da CF e se dividem em: materiais (cláusulas pétreas – art. 60, § 4º, I ao IV, da CF), formais (regras sobre o processo rígido de alteração da Constituição – art. 60, §§ 2º, 3º e 5º, da CF) e circunstanciais (não possibilidade de alteração da Constituição na vigência de estado de sítio, estado de defesa e intervenção federal – art. 60, § 1º, da CF). Por outro lado, os **limites implícitos** decorrem do próprio sistema e um exemplo seria justamente o determinado pela impossibilidade de se fazer uma emenda constitucional que altere a forma rígida de se fazer emenda. Se isso fosse possível, a Constituição poderia, por meio de emenda, perder a sua supremacia e, dessa maneira, não haveria mais o controle de constitucionalidade. Enfim, os limites implícitos também protegem o texto constitucional; **B:** incorreta. Determina o art. 60, I, II e III, da CF que a Constituição poderá ser emendada mediante proposta: I – de **um terço, no mínimo, dos membros da Câmara dos Deputados ou do Senado Federal**; II – do Presidente da República e III – de mais de metade das Assembleias Legislativas das unidades da Federação, manifestando-se, cada uma delas, pela maioria relativa de seus membros; **C:** incorreta. Ao contrário do mencionado, há diferenças entre emenda e revisão. A **emenda** pode ser feita, desde que observadas as regras rígidas previstas no art. 60 da CF, por exemplo, aprovação por 3/5 dos membros, nas duas Casas do Congresso Nacional e em 2 turnos de votação. A **revisão**, por outro lado, só pôde ser feita uma única vez, após cinco anos da promulgação da Constituição, em sessão unicameral e pelo voto da maioria absoluta dos membros do Congresso Nacional. Seis emendas constitucionais de revisão foram fruto disso (1 a 6/1994). Hoje não há mais possibilidade de utilização desse instituto. Vejam que, no poder de revisão, não se exigiu o processo solene das emendas constitucionais. Por fim, vale lembrar que o poder derivado se divide em: decorrente (poder dos estados de se auto regulamentarem por meio das suas próprias Constituições – art. 25, *caput*, da CF), reformador (poder de alterar a Constituição por meio das emendas constitucionais – art. 60 da CF) e revisor (poder de fazer a revisão constitucional – art. 3º do ADCT); **D:** incorreta. O Presidente da República não sanciona ou veta, nem promulga as emendas constitucionais. De acordo com o art. 60, § 3º, da CF, as emenda contorcionais serão **promulgada pelas Mesas da Câmara dos Deputados e do Senado Federal**, com o respectivo número de ordem; **E:** incorreta. Determina o art. 60, § 5º, da CF, que a matéria constante de proposta de emenda rejeitada ou havida por prejudicada não pode ser objeto de nova proposta na mesma sessão legislativa.

Gabarito "A".

**(Delegado Federal – 2013 – CESPE)** No que se refere à CF e ao poder constituinte originário, julgue os itens subsequentes.

(1) A CF contempla hipótese configuradora do denominado fenômeno da recepção material das normas constitucionais, que consiste na possibilidade de a norma de uma constituição anterior ser recepcionada pela nova constituição, com *status* de norma constitucional.
(2) No sentido sociológico, a CF reflete a somatória dos fatores reais do poder em uma sociedade.

**1:** correto. A doutrina aponta como exemplo de recepção material das normas constitucionais o art. 34, *caput* e § 1º, do ADCT (Ato das Disposições Constitucionais Transitórias). Tal dispositivo assegura que regras previstas na Constituição anterior continuem vigendo, com *status* de norma constitucional, durante determinado período específico. Vale lembrar, conforme ensina Pedro Lenza, em **Direito Constitucional Esquematizado**. 17. ed. Saraiva, p. 218 e 219, "que referidas normas são recebidas por prazo certo, em razão de seu caráter precário, características marcantes no fenômeno da recepção material das normas constitucionais. Além disso, o mesmo autor afirma que "há de se observar que pela própria teoria do poder constituinte originário, que rompe por completo com a antiga ordem jurídica, instaurando uma nova, um novo Estado, o fenômeno da recepção material só será admitido se houver expressa manifestação da nova Constituição; caso contrário, as normas da Constituição anterior serão revogadas"; **2:** correto. A concepção sociológica, defendida por Ferdinand Lassalle, determina que a Constituição somente terá valia se efetivamente expressar a realidade social e o poder que a comanda. Os fatores reais de poder são identificados, no nosso país, por exemplo, nos movimentos dos sem-terra, nas corporações militares e outras forças que delimitam o conteúdo da Constituição.

Gabarito 1C, 2C

**(Delegado Federal – 2004 – CESPE)** Devido a graves problemas na área de segurança pública, como a existência, no ciclo da persecução criminal, de dois órgãos com tarefas complementares e, algumas vezes, conflitantes; a necessidade de inclusão do município no sistema de segurança pública; a incidência cada vez maior de crimes cometidos por menores de 18 anos de idade etc. foi proposta, com o apoio de 215 deputados, uma emenda à Constituição Federal. Nos trabalhos de revisão constitucional, segundo o texto da emenda, o Congresso Nacional deliberaria em sessão unicameral, aprovando-se as alterações constitucionais pelo voto da maioria absoluta dos seus membros. A realização da revisão constitucional ocorreria após a ratificação popular do texto da emenda, por meio de referendo, a ser realizado seis meses após a sua aprovação e promulgação. Proposta de igual teor havia sido apresentada no início da sessão legislativa, mas fora rejeitada na primeira votação em plenário, na Câmara dos Deputados. Porém, com o agravamento da situação na área de segurança pública, os autores entenderam que seria pertinente a sua reapresentação. Considerando a situação hipotética acima, julgue os itens a seguir.

(1) No caso brasileiro, o poder constituinte derivado possui limitações temporais, materiais e circunstanciais, expressas no texto constitucional, e limitações implícitas, relativas à titularidade dos poderes constituintes originário e derivado.

(2) Nos trabalhos de revisão constitucional, como o mencionado no texto acima, é possível alterar-se o dispositivo que prevê a inimputabilidade penal do menor de 18 anos de idade, uma vez que se trata de matéria relativa à política de execução penal.

**1:** incorreta. O poder constituinte derivado possui limitações formais, materiais, circunstanciais e implícitas. Os formais referem-se ao processo legislativo das emendas constitucionais; os materiais às cláusulas pétreas, assuntos que não podem ser objeto de emenda tendente a aboli-los; os circunstanciais dizem respeito a não possibilidade de edição de emenda constitucional durante a vigência de estado de sítio, defesa e intervenção federal, e os implícitos, por exemplo, o procedimento adotado para a reforma do próprio texto da constituição. Não há limitações temporais na CF/1988; **2:** incorreta (art. 60, § 4º, IV, e art. 228, ambos da CF/1988).
Gabarito 1E, 2E

**(Delegado/RR – 2003 – CESPE)** Julgue os itens subsequentes, relativos ao poder constituinte.

(1) Poder constituinte decorrente é o poder que têm os estados-membros de uma Federação para elaborar suas próprias Constituições.

(2) A mudança na Constituição exterioriza-se sob duas formas de atuação: a reforma constitucional – que, em seu sentido amplo, englobaria a revisão e a emenda – e a mutação constitucional. Esta última pode ser definida como a separação entre o preceito constitucional e a realidade. A realidade constitucional torna-se mais ampla que a normatividade constitucional.

(3) Segundo dispõe a Constituição da República, as polícias civis serão dirigidas por delegado de polícia de carreira. Contudo, a Constituição de um estado da Federação pode determinar que a escolha seja feita entre os ocupantes da última classe da carreira que figurem em lista tríplice formada pela respectiva entidade de classe.

**1:** correto. Essa é a própria definição de poder constituinte decorrente. O fundamento é encontrado no art. 25 da CF/1988; **2:** correto. De fato, a mutação constitucional é uma forma de mudança informal da CF. A alteração se dá apenas na interpretação a ser dada à Constituição, que deve se mostrar de acordo com a realidade social; **3:** incorreto, pois a CF determina em seu art. 144, § 4º, que as polícias civis serão dirigidas por delegado de polícia de carreira, não podendo a Constituição estadual excepcionar tal regra.
Gabarito 1C, 2C, 3E

## 2. TEORIA DA CONSTITUIÇÃO E PRINCÍPIOS FUNDAMENTAIS

**(Agente Administrativo – PF – 2014 – CESPE/CEBRASPE)** No que concerne ao conceito de Constituição, julgue o item abaixo.

(1) Constituição, em sua acepção formal, corresponde ao documento solene que disciplina as normas superiores elaboradas por um processo constituinte específico, sendo as normas integrantes da Constituição Federal de 1988 (CF) caracterizadas como formalmente e materialmente constitucionais.

**1:** errado, porque as normas integrantes da Constituição Federal de 1988 são caracterizadas como formalmente constitucionais, mas nem todas possuem conteúdo materialmente constitucional. Como exemplo, podemos citar o art. 242, § 2º, da CF que, embora seja norma formalmente constitucional – porque elaborada por meio de um processo legislativo mais dificultoso, diferenciado e mais solene do que o processo legislativo ordinário –, não é norma materialmente constitucional, visto que não trata de regras estruturais e fundamentais do Estado, como a forma de Estado e de governo, a organização de seus órgãos, os direitos e garantias fundamentais. JUSTIFICATIVA CESPE – Nem todas as normas integrantes da CF possuem conteúdo materialmente constitucional. A propósito da diferença entre constituição em sentido material e em sentido formal, a literatura da área considera que, do ponto de vista material, o que vai importar para definirmos se uma norma tem caráter constitucional ou não será o seu conteúdo, pouco importando a forma pela qual foi aquela norma introduzida no ordenamento jurídico. Assim, constitucional será aquela norma que defina e trate das regras estruturais da sociedade, de seus alicerces fundamentais (formas de Estado, governo, seus órgãos etc.). Por outro lado, quando nos valemos do critério formal, não mais nos interessará o conteúdo da norma, mas, sim, a forma como ela foi introduzida no ordenamento jurídico. Nesse sentido, as normas constitucionais serão aquelas introduzidas pelo poder soberano, por meio de um processo legislativo mais dificultoso, diferenciado e mais solene do que o processo legislativo de formação das demais normas do ordenamento.
Gabarito 1E

**(Agente – Pernambuco – CESPE – 2016)** Assinale a opção correta acerca dos princípios fundamentais que regem as relações do Brasil na ordem internacional conforme as disposições da CF.

(A) Em casos de profunda degradação da dignidade humana em determinado Estado, o princípio fundamental internacional da prevalência dos direitos humanos sobrepõe-se à própria soberania do Estado.

(B) O princípio da independência nacional conduz à igualdade material entre os Estados, na medida em que, na esfera econômica, são iguais as condições existentes entre eles na ordem internacional.

(C) O princípio da não intervenção é absoluto, razão por que se deve respeitar a soberania de cada um no âmbito externo e por que nenhum Estado pode sofrer ingerências na condução de seus assuntos internos.

(D) Em razão do princípio fundamental internacional da concessão de asilo político, toda pessoa vítima de perseguição, independentemente do seu motivo ou de sua natureza, tem direito de gozar asilo em outros Estados ou países.

(E) A concessão de asilo político consiste não em princípio que rege as relações internacionais, mas em direito e garantia fundamental da pessoa humana, protegido por cláusula pétrea.

**A:** correta. O sistema de proteção internacional dos direitos humanos não ameaça a soberania nacional dos Estados, uma vez que o seu caráter de proteção é complementar e subsidiário, em que se reconhece primordialmente aos Estados a incumbência pela efetiva proteção. Apenas no caso deste não zelar pela proteção de tais direitos é que o sistema de proteção internacional entra em ação como meio de se efetivar o respeito aos direitos humanos; **B:** incorreta. Trata-se de igualdade formal e não material entre os Estados; **C:** incorreta. Não há que se falar em princípio absoluto; **D:** incorreta. O asilo político será concedido exclusivamente na hipótese de perseguição de natureza política; **E:** incorreta. A concessão de asilo político é explicitamente um princípio que rege as relações internacionais do Brasil (art. 4, X da CF).

Gabarito "A".

**(Polícia Rodoviária Federal – 2013 – CESPE)** No que se refere aos princípios fundamentais da Constituição Federal de 1988 (CF) e a aplicabilidade das normas constitucionais, julgue os itens a seguir.

(1) O mecanismo denominado sistema de freios e contrapesos é aplicado, por exemplo, no caso da nomeação dos ministros do Supremo Tribunal Federal (STF), atribuição do presidente da República e dependente da aprovação pelo Senado Federal.

(2) A liberdade de exercer qualquer trabalho, oficio ou profissão, atendidas as qualificações profissionais que a lei estabelecer, é um exemplo de norma constitucional de eficácia limitada.

(3) Decorre do princípio constitucional fundamental da independência e harmonia entre os poderes a impossibilidade de que um poder exerça função típica de outro, não podendo, por exemplo, o Poder Judiciário exercer a função administrativa.

(4) No que se refere as relações internacionais, a República Federativa do Brasil rege-se pelos princípios da igualdade entre os Estados, da cooperação entre os povos para o progresso da humanidade e da concessão de asilo político, entre outros.

**1:** correta, como estabelecido pelo art. 101 do Texto Constitucional. Ademais, é preciso que se compreenda que o artigo 2º da Carta Magna consagra a regra da separação dos poderes: "são poderes da União, independentes e harmônicos entre si, o Legislativo, o Executivo e o Judiciário". Para evitar os abusos cometidos pelos detentores do poder, ou seja, a concentração do poder nas mãos de uma única pessoa ou órgão, foi necessário dividir as funções estatais. Isso se consagrou por meio do sistema dos freios e contrapesos (checksand balances), que menciona que os três Poderes são autônomos e independentes, porém subordinados ao princípio da harmonia. Tal regra resulta na técnica em que o poder é contido pelo próprio poder, sendo, portanto, uma garantia do povo contra o arbítrio e o despotismo; **2:** errada, pois estamos diante de um clássico exemplo de norma de eficácia contida. Cabe para tanto, que estabeleçamos uma síntese quanto à eficácia jurídica das normas constitucionais. A teoria clássica estabelece que as normas constitucionais poderão ser classificadas em: normas constitucionais de eficácia plena, contida e limitada. As de eficácia plena são aquelas que, por si só, produzem todos os seus efeitos no mundo jurídico, de forma imediata. Quanto às de eficácia contida, como no presente caso, são aquelas que produzem a integralidade de seus efeitos, mas dão a possibilidade de outras normas restringi-las (Ex: A OAB exige aprovação em Prova específica para o exercício da Advocacia). Por fim, as de eficácia limitada que, para produzirem seus efeitos, dependem da atuação do legislador infraconstitucional, ou seja, somente após a edição de norma regulamentadora é que efetivamente produzirão efeitos no mundo jurídico; **3:** errada, de fato o princípio constitucional fundamental da independência e harmonia entre os poderes garante a atuação independente das atribuições estatais. Todavia, a função típica do Poder Judiciário, é, sem dúvida, a jurisdicional (julgar e aplicar a lei ao caso concreto), mas possui a prerrogativa de operar de forma atípica, atuando em questões de natureza administrativa (ex: organizar um Concurso Público, lançar um Edital de licitação de seu interesse) ou legislativa (ex: elaboração do regimento interno do Tribunal de Justiça respectivo); **4:** correta, é o que está estampado no art. 4º, incisos de I a X, do Texto Constitucional.

Gabarito 1C, 2E, 3E, 4C

**(Escrivão de Polícia/BA – 2013 – CESPE)** Considerando os princípios fundamentais da CF, julgue os itens que se seguem.

(1) Ampara-se no princípio federativo, a instituição constitucional da União, dos estados, dos municípios, do Distrito Federal (DF) e dos territórios como entidades políticas dotadas de autonomia.

(2) Considera-se inconstitucional por violação a uma das cláusulas pétreas proposta de emenda constitucional em que se pretenda abolir o princípio da separação de poderes.

(3) A eleição periódica dos detentores do poder político e a responsabilidade política do chefe do Poder Executivo são características do princípio republicano.

**1:** errada. Os territórios não estão inseridos como entidade política dotada de autonomia. A Constituição de 1967/1969, previa o Território como um ente federado, tal acepção foi suprimida com a entrada em vigor da Constituição Federal de 1988 (art. 18, caput, da Constituição Federal); **2:** correta, é o que prevê o artigo 60, § 4º, III da Constituição Federal; **3:** correta, inclusive este tema foi objeto de discussão no Supremo Tribunal Federal, no julgamento do RE 637.485, de relatoria do Min. Gilmar Mendes, que tratava da questão do terceiro mandato de membros do Executivo. Na ocasião, o Min. Relator entendeu que referido princípio tem o condão de impedir a perpetuação de uma mesma pessoa ou grupo no poder. Ademais, a interpretação do artigo 14, § 5º, da Constituição Federal, deixa claro que o princípio republicano é fundado na ideia da eletividade, temporariedade e responsabilidade dos governantes.

Gabarito 1E, 2C, 3C

**(Delegado/RJ – 2009 – CEPERJ)** Diz-se que a Constituição Brasileira de 1988 é rígida, por quê?

(A) **Porque** não admite a ocorrência do fenômeno da mutação constitucional.

(B) **Porque** classifica como inafiançáveis os crimes de racismo e tortura, entre outros.

(C) **Porque** prevê, para sua reforma, a adoção de procedimento mais complexo, em tese, do que o adotado para a modificação das leis.

(D) **Porque** estabelece penalidades severas para os crimes de responsabilidade.

(E) **Porque** foi promulgada por Assembleia Nacional Constituinte convocada na forma de Emenda à Constituição anterior.

**A:** incorreta. O fenômeno da mutação constitucional tem relação com mudanças informais que podem ocorrer numa constituição. É uma modificação não no texto formal, mas apenas na interpretação. Tal instituto jurídico nada tem a ver com o fato da constituição brasileira ser considerada como rígida; **B:** incorreta, pois o fato da constituição classificar, em seu art. 5°, XLII e XLIII, tais crimes como inafiançáveis, não tem relação com a rigidez constitucional; **C:** correta. De fato, é o processo solene, dificultoso e mais complexo que o adotado para a modificação das leis que faz com que uma constituição seja classificada, quanto ao seu processo de alteração, como rígida; **D:** incorreta. A rigidez constitucional não tem relação com penalidades aplicáveis àqueles que praticam crimes de responsabilidade; **E:** incorreta; o fato de a constituição ter sido fruto de uma Assembleia Nacional Constituinte faz com que ela seja classificada, quanto à origem, como promulgada, popular ou democrática, ou seja, isso também não tem relação com a rigidez constitucional. **BV**

Gabarito "C".

**(Delegado/RN – 2009 – CESPE)** Acerca dos sentidos, dos elementos e das classificações atribuídos pela doutrina às constituições, assinale a opção correta.

**(A)** O elemento de estabilização constitucional é consagrado nas normas destinadas a assegurar a solução de conflitos constitucionais, a defesa da Constituição, do Estado e das instituições democráticas.

**(B)** O elemento socioideológico é assim denominado porque limita a ação dos poderes estatais e dá a tônica do estado de direito, consubstanciando o elenco dos direitos e garantas fundamentais.

**(C)** Quanto à forma, diz-se formal a constituição cujo texto é composto por normas materialmente constitucionais e disposições diversas que não tenham relação direta com a organização do Estado.

**(D)** Segundo o sentido sociológico da constituição, na concepção de Ferdinand Lassalle, o texto constitucional equivale à norma positiva suprema, que regula a criação de outras normas.

**(E)** Segundo o sentido político da constituição, na concepção de Carl Schmitt, o texto constitucional equivale à soma dos fatores reais de poder, não passando de uma folha de papel.

**A:** correta. De fato, os elementos de estabilização constitucional visam à superação dos conflitos constitucionais, ao resguardo da estabilidade constitucional, à preservação da supremacia da Constituição, à proteção do Estado e das instituições democráticas e à defesa da Constituição. Citamos como exemplo as normas que tratam da intervenção federal, estadual (artigos 34 a 36 da CF/1988), as normas que tratam dos estados de sítio e de defesa e as demais integrantes do título V da CF/1988, com exceção dos capítulos II e III (porque eles integram os elementos orgânicos), as normas que tratam do controle de constitucionalidade e, ainda, as que cuidam do processo de emendas à Constituição; **B:** incorreta. Os elementos socioideológicos são aqueles que definem ou demonstram a ideologia adotada pelo texto constitucional. As normas que os integram são as que tratam dos direitos sociais, as que compõem a ordem econômica e financeira e a ordem social, e podem ser são encontradas no capítulo II do título II e nos títulos VII e VIII da CF/1988; **C:** incorreta. A Constituição formal leva em conta não o conteúdo da norma, mas a forma como a regra foi introduzida no sistema jurídico constitucional. Se a norma passou por um processo de incorporação mais complexo e solene que o procedimento de incorporação das leis, mesmo que não tenha conteúdo de direito constitucional, será tida como norma constitucional. O Brasil adota o que chamamos de constituição formal, por exemplo, no art. 242, § 2°, da CF/1988 que estabelece que o Colégio Pedro II, localizado na cidade do Rio de Janeiro, será mantido na órbita federal. Esse dispositivo, muito embora não trate de matéria constitucional, é uma norma que está dentro da CF/1988, ou seja, é formalmente constitucional. O fato de estar alocada na constituição escrita dá a ela a força de norma constitucional. Dessa maneira, é regida pelo princípio da supremacia e só pode ser alterada pelo processo legislativo das emendas constitucionais (art. 60 da CF/1988). Além disso, a Constituição Federal determina que o grau máximo de eficácia das normas decorre da forma e não da matéria da norma que pertence à Constituição. Isso significa dizer que o que importa, realmente, é se a norma está ou não inserida no texto da Constituição, porque, se tiver conteúdo constitucional, mas não estiver contemplada no texto, certamente terá menos eficácia que as normas que estão lá inseridas; **D:** incorreta. O sentido sociológico da constituição, na concepção de Ferdinand Lassalle, tem a ver com elementos relacionados ao poder. Desse modo, somente terá valia a Constituição se efetivamente expressar a realidade social e o poder que a comanda. De nada adianta a existência de uma norma positiva suprema, que regula a criação de outras normas, se esse conteúdo não puder ser relacionado e adaptado aos elementos efetivos do poder; **E:** incorreta. O conceito trazido na alternativa diz respeito ao sentido dado por Ferdinand Lassalle e não por Carl Schmitt. Em oposição a Lassale, Carl Schmitt sempre defendeu o conceito de que a Constituição é a decisão política fundamental de um povo, visando sempre dois focos estruturais básicos – organização do Estado e efetiva proteção dos Direitos fundamentais. Para esse autor há divisão clara entre Constituição e lei constitucional. Na primeira, encontraríamos as matérias constitucionais, ou seja, organização do Estado e garantia dos Direitos fundamentais, sempre com o objetivo de limitar a atuação do poder. Já as leis constitucionais seriam aqueles assuntos tratados na Constituição, mas que materialmente não tinham natureza de norma constitucional. A Constituição Federal de 1988, em seu artigo 1°, trata da organização do Estado, enquanto o artigo 5° dispõe sobre os Direitos fundamentais. Se terminasse aqui, já seria suficiente para Schmitt denominá-la como uma verdadeira Constituição. **BV**

Gabarito "A".

## 3. HERMENÊUTICA CONSTITUCIONAL E EFICÁCIA DAS NORMAS CONSTITUCIONAIS

**(Agente – Pernambuco – CESPE – 2016)** Considerando as disposições da CF, é correto afirmar que a norma constitucional segundo a qual:

**(A)** a lei não prejudicará o direito adquirido, o ato jurídico perfeito nem a coisa julgada é de eficácia limitada e aplicabilidade direta.

**(B)** ninguém será privado de liberdade ou de seus bens sem o devido processo legal é de eficácia plena e aplicabilidade imediata.

**(C)** é livre o exercício de qualquer trabalho, ofício ou profissão, atendidas as qualificações profissionais que a lei estabelecer é de eficácia plena e de aplicabilidade imediata.

**(D)** é direito dos trabalhadores urbanos e rurais a proteção do mercado de trabalho da mulher, mediante incentivos específicos, nos termos da lei, é de eficácia plena e aplicabilidade imediata.

**(E)** ninguém será submetido a tortura nem a tratamento desumano ou degradante é de eficácia contida e aplicabilidade não integral.

**A:** incorreta. Trata-se de norma de eficácia plena e aplicabilidade direta; **B:** correta, considerando que não condiciona a nenhum fato futuro e não depende de norma regulamentadora; **C:** incorreta. Trata-se de norma de eficácia contida e aplicabilidade imediata; **D:** incorreta. Trata-se de norma de eficácia limitada e aplicabilidade mediata; **E:** incorreta. Trata-se de norma de eficácia plena e aplicabilidade integral. **TC**

Gabarito "B".

(Escrivão – Pernambuco – CESPE – 2016) Quanto ao grau de aplicabilidade das normas constitucionais, as normas no texto constitucional classificam-se conforme seu grau de eficácia. Segundo a classificação doutrinária, a norma constitucional segundo a qual é livre o exercício de qualquer trabalho, ofício ou profissão, atendidas as qualificações profissionais que a lei estabelecer é classificada como norma constitucional

(A) de eficácia limitada.
(B) diferida ou programática.
(C) de eficácia exaurida.
(D) de eficácia plena.
(E) de eficácia contida.

Trata-se de norma constitucional de eficácia contida. Isso porque, as normas de eficácia contida incidem imediatamente e produzem todos os efeitos queridos, mas preveem meios ou conceitos que permitem manter sua eficácia contida em certos limites, em dadas circunstâncias. No presente caso, no trecho em que se prevê as qualificações que a lei estabelecer limita o exercício pleno da norma. Como características marcantes, são normas que solicitam a intervenção do legislador ordinário, fazendo expressa remissão à uma legislação futura (o apelo ao legislador visa a restringir-lhe plenitude). Nas palavras de José Afonso da Silva, "enquanto o legislador ordinário não exercer sua função legislativa, sua eficácia será plena; são de aplicabilidade direta e imediata."
Gabarito "E".

(Delegado/MT – 2017 – CESPE) O método de interpretação da Constituição que, por considerá-la um sistema aberto de regras e princípios, propõe que se deva encontrar a solução mais razoável para determinado caso jurídico partindo-se da situação concreta para a norma, é denominado método

(A) hermenêutico clássico.
(B) científico-espiritual.
(C) tópico-problemático.
(D) normativo-estruturante.
(E) hermenêutico concretizador.

De acordo com o método de interpretação da Constituição tópico-problemático a solução de um caso deve sempre partir da situação concreta para a norma, por isso ele é tópico (topos/lugar – parte do caso concreto) – problemático (discute o problema, para depois buscar a norma). Sendo assim, correta a alternativa C.
Gabarito "C".

## 4. CONTROLE DE CONSTITUCIONALIDADE

(Delegado/MT – 2017 – CESPE) Uma proposta de emenda constitucional tramita em uma das casas do Congresso Nacional, mas determinados atos do seu processo de tramitação estão incompatíveis com as disposições constitucionais que disciplinam o processo legislativo.

Nessa situação hipotética, segundo o entendimento do STF, terá legitimidade para impetrar mandado de segurança a fim de coibir os referidos atos

(A) partido político.
(B) governador de qualquer estado da Federação, desde que este seja afetado pela matéria da referida emenda.
(C) o Conselho Federal da OAB.
(D) o procurador-geral da República.
(E) parlamentar federal.

Conforme entendimento do STF "Os membros do Congresso Nacional têm legitimidade ativa para impetrar mandado de segurança com o objetivo de ver observado o devido processo legislativo constitucional." (MS-24041/DF). Logo, correta a alternativa E.
Gabarito "E".

(Delegado/PE – 2016 – CESPE) Com relação ao controle de constitucionalidade, assinale a opção correta.

(A) Como atos *interna corporis*, as decisões normativas dos tribunais, estejam elas sob a forma de resoluções administrativas ou de portarias, não são passíveis do controle de constitucionalidade concentrado.
(B) Se o governador de um estado da Federação ajuizar ADI contra lei editada por outro estado, a ação não deverá ser conhecida pelo STF, pois governadores de estado somente dispõem de competência para ajuizar ações contra leis e atos normativos federais e de seu próprio estado.
(C) A ADPF pode ser proposta pelos mesmos legitimados ativos da ADI genérica e da ADC, além do juiz singular quando, na dúvida sobre a constitucionalidade de uma lei, este suscita o incidente de arguição de inconstitucionalidade perante o STF.
(D) Se a câmara de vereadores de um município entender que o prefeito local pratica atos que lesam princípios ou direitos fundamentais, ela poderá propor uma ADPF junto ao STF visando reprimir e fazer cessar as condutas da autoridade municipal.
(E) São legitimados universais para propor ADI, não se sujeitando ao exame da pertinência temática, o Presidente da República, as mesas da Câmara dos Deputados e do Senado Federal, o procurador-geral da República, partido político com representação no Congresso Nacional e o Conselho Federal da OAB.

**A:** incorreta. O STF, ADI 4.108/MG, 'tem admitido o controle concentrado de constitucionalidade de preceitos oriundos da atividade administrativa dos tribunais, desde que presente, de forma inequívoca, o caráter normativo e autônomo do ato impugnado'". Vicente Paulo e Marcelo Alexandrino, em Direito Constitucional Descomplicado, 14ª Edição, 2015, p. 850, ensinam que "Pode, ainda, ser objeto de ação direta de inconstitucionalidade perante o STF os seguintes atos normativos: resoluções e decisões administrativas dos tribunais do Poder Judiciário"; **B:** incorreta. O governador é legitimado ativo para propor as ações do controle concentrado (ADI, ADC e ADPF), conforme determina o art. 103, V, da CF. O único detalhe é que ele precisa demonstrar pertinência temática, ou seja, o conteúdo do ato deve ser pertinente aos interesses do Estado que o Governador representa, sob pena de carência da ação (falta de interesse de agir); **C:** incorreta. O juiz singular não é legitimado para propor tal ação. Apenas o rol de legitimados previsto no art. 103 da CF pode propor as ações do controle concentrado. São os seguintes: I – o Presidente da República; II – a Mesa do Senado Federal; III – a Mesa da Câmara dos Deputados; IV – a Mesa de Assembleia Legislativa ou da Câmara Legislativa do Distrito Federal; V – o Governador de Estado ou do Distrito Federal; VI – o Procurador-Geral da República; VII – o Conselho Federal da Ordem dos Advogados do Brasil; VIII – partido político com representação no Congresso Nacional; IX – confederação sindical ou entidade de classe de âmbito nacional. Legitimidade. Vale lembrar que segundo o STF, os previstos nos incisos IV, V e IX do art. 103 da CF precisam demonstrar pertinência temática; **D:** incorreta. A Câmara de Vereadores não é legitimada ativa à propositura do ADPF. Como mencionado, apenas o rol do art. 103 da CF detém legitimidade; **E:** correta. O art. 103 da CF traz os legitimados e o STF os classifica em universais ou neutros e especiais, temáticos ou interessados. Os primeiros podem impugnar quaisquer normas, os segundos são aqueles que precisam demonstrar pertinência temática ao ingressar com essas ações, ou seja, o conteúdo do ato deve ser pertinente aos interesses do legitimado, sob pena de carência da ação. O Supremo já definiu que pertinência temática significa que a ação proposta pelo ente tem de estar de acordo com sua finalidade institucional. Devem vir acompanhadas de tal requisito as ações propostas pelos seguintes legitimados: a Mesa de Assembleia Legislativa ou da Câmara Legislativa do Distrito Federal (inciso IV); o Governador de Estado ou do Distrito Federal (inciso V); e confederação sindical ou entidade de classe de âmbito nacional (inciso IX). Por exclusão, os demais entes são considerados legitimados universais, ou seja, não precisam demonstrar a existência de pertinência temática, quais sejam: o Presidente da República, a Mesa do Senado Federal, a Mesa da Câmara dos Deputados, o Procurador--Geral da República, o partido político com representação no Congresso Nacional e o Conselho Federal da Ordem dos Advogados do Brasil. BV

Gabarito "E".

**(Delegado Federal – 2013 – CESPE)** Considerando o controle de constitucionalidade no ordenamento jurídico pátrio, julgue os itens subsecutivos.

**(1)** Na ação direta de inconstitucionalidade ajuizada perante o STF, apesar de lhe ser aplicável o princípio da congruência ou da adstrição ao pedido, admite-se a declaração de inconstitucionalidade de uma norma que não tenha sido objeto do pedido, na hipótese configuradora da denominada inconstitucionalidade por arrastamento.

**(2)** De acordo com entendimento do STF, no controle difuso de constitucionalidade, os tribunais não podem aplicar a denominada interpretação conforme a CF sem a observância da cláusula de reserva de plenário.

**1:** correto. De acordo com o STF (ADI 1923), é possível que seja declarada a inconstitucionalidade de dispositivos que, muito embora não tenham sido objeto de impugnação, estão relacionados com as normas declaradas inconstitucionais. Os preceitos não impugnados e que encontrem fundamento de validade na norma tida como inconstitucional serão, "por arrastamento", "por reverberação normativa", "por atração" ou "por inconstitucionalidade consequente de preceitos não impugnados", declarados inconstitucionais. É o que ocorre, por exemplo, com um regulamento de uma lei que teve sua aplicação afastada do ordenamento jurídico, após ser declarada inconstitucional pelo STF; **2:** errado. O STF entende de forma diversa: "Controle incidente de inconstitucionalidade: reserva de plenário (CF, art. 97). 'Interpretação que restringe a aplicação de uma norma a alguns casos, mantendo-a com relação a outros, não se identifica com a declaração de inconstitucionalidade da norma que é a que se refere o art. 97 da Constituição.' (cf. RE 184.093, Moreira Alves, DJ 5-9-1997)" (RE 460.971, Rel. Min. Sepúlveda Pertence, julgamento em 13-2-2007, Primeira Turma, DJ de 30-3-2007.) Vale lembrar que a interpretação conforme a Constituição é um mecanismo de interpretação utilizado pelo Supremo que tem por finalidade "salvar" a norma, não a declarando inconstitucional e consequentemente banindo-a do ordenamento jurídico brasileiro. Tem por fundamento o princípio da conservação ou da preservação das normas. Nesse caso, o Supremo fixa uma interpretação que deve ser seguida. Em vez de declarar a norma inconstitucional, determina que a lei é constitucional desde que interpretada de tal maneira. Há apenas uma interpretação possível para aquela norma, que é a fixada por ele quando da análise de sua constitucionalidade. BV

Gabarito 1C, 2E

**(Delegado/RJ – 2009 – CEPERJ)** De acordo com a jurisprudência recente do Supremo Tribunal Federal:

**(A)** o julgamento da ação direta de inconstitucionalidade é precedido de exame da repercussão geral da questão constitucional de fundo.

**(B)** admite-se a reclamação para o controle concentrado de constitucionalidade de lei idêntica a outra já declarada inconstitucional pelo STF em ação direta de inconstitucionalidade.

**(C)** o Governador do Estado está dispensado da demonstração de pertinência temática para o ajuizamento de ação direta de inconstitucionalidade.

**(D)** a decisão no mandado de injunção possui efeitos idênticos aos da decisão proferida em sede de ação direta de inconstitucionalidade por omissão.

**(E)** é cabível a ação declaratória de constitucionalidade de leis estaduais, em razão do caráter dúplice da decisão em controle abstrato de constitucionalidade das leis.

**A:** incorreta. O instituto da repercussão geral não é pressuposto da ação direta inconstitucionalidade, mas sim requisito de admissibilidade para a interposição de recurso extraordinário. É o que se extrai do art. 102, § 3°, da CF/1988; **B:** correta. O STF, ao analisar a Reclamação 4.219, "entendeu que o que produz eficácia contra todos e efeito vinculante, nos termos do disposto no § 2° do art. 102 da CF/1988, é a interpretação conferida pelo Supremo à Constituição, além do seu juízo de constitucionalidade sobre determinado texto normativo infraconstitucional, estando, portanto, todos, sem distinção, compulsoriamente afetados pelas consequências normativas das decisões definitivas de mérito proferidas pelo STF nas ações diretas de inconstitucionalidade e nas ações declaratórias de constitucionalidade. Ressaltou que a decisão dotada de eficácia contra todos e efeito vinculante não se confunde com a súmula vinculante, haja vista operarem em situações diferentes: esta, que é texto normativo, no controle difuso; aquela, que constitui norma de decisão, no concentrado. Dessa forma, concluiu que a decisão de mérito na ADI ou na ADC não pode ser concebida como mero precedente vinculante da interpretação de texto infraconstitucional, asseverando que as decisões do Supremo afirmam o que efetivamente diz a própria Constituição e que essa afirmação, em cada ADI ou ADC, é que produz eficácia contra todos e efeito vinculante"; **C:** incorreta. O governador de Estado deve demonstrar pertinência temática, quando do ajuizamento das ações do controle concentrado, pois é considerado legitimado especial ou interessado. Desse modo, o objeto da ação direta, por ele proposta, tem de ter relação com os interesses de seu Estado; **D:** incorreta. Embora haja divergência sobre a matéria, o entendimento atual do STF é o de que a decisão proferida nos autos do mandado de injunção poderá, desde logo, estabelecer a regra do caso concreto, afastando as consequências da inércia do legislador (MI 670/ES, MI 708/DF e MI 712/PA). V. Informativo STF 485/2007; **E:** incorreta. Apenas de lei federal pode ser objeto de ação declaratória de constitucionalidade (art. 102, I, "a", da CF/1988). BV

Gabarito "B".

**(Delegado/AC – 2008 – CESPE)** Uma emenda à Constituição do Acre determinou que o ensino médio seria gratuito apenas para integrantes de famílias com renda familiar inferior a cinco salários mínimos. Por entender que essa emenda violava a Constituição da República, um partido político ingressou perante o STF com Ação Direta de Inconstitucionalidade (ADI), postulando a declaração de inconstitucionalidade do referido diploma legislativo. Considerando essa situação hipotética, julgue os itens a seguir.

**(1)** A referida emenda é incompatível com a Constituição da República.

**(2)** A referida ADI deve ser indeferida pelo STF porque a ADI é um instrumento de controle de constitucionalidade de atos normativos federais, sendo descabido postular por esta via a declaração de inconstitucionalidade de emendas a constituições estaduais.

**1:** correta. A mencionada emenda fere a CF, pois o art. 208, I, da CF/1988 determina que o acesso ao ensino obrigatório e gratuito é direito público subjetivo; **2:** incorreta. A ação direta de inconstitucionalidade também é via para declaração de inconstitucionalidade de emendas à constituição estadual.
Gabarito 1C, 2E

**(Delegado/PA – 2006 – CESPE)** Assinale a opção correta no que se refere ao controle de constitucionalidade no Brasil.

(A) Compete ao Supremo Tribunal Federal (STF) processar e julgar, originariamente, ação direta de inconstitucionalidade contra lei ou ato normativo municipal que ofenda a Constituição da República.
(B) É de 10 anos, contados da data da promulgação da Constituição da República, o prazo decadencial para o oferecimento de representação de inconstitucionalidade contra lei ou ato normativo.
(C) A ação direta de inconstitucionalidade não é suscetível ao pedido de desistência da parte que a ajuizou.
(D) As súmulas estão sujeitas ao controle constitucional concentrado.

**A:** incorreta. Não cabe ação direta de inconstitucionalidade contra lei ou ato normativo municipal que viole a CF (art. 102, I, "a", da CF/1988). Lei municipal que viole a CF só pode ser objeto de controle abstrato de constitucionalidade, por meio da arguição de descumprimento de preceito fundamental; **B:** incorreta. Não há esse prazo na lei, pois o vício de inconstitucionalidade não se convalida pelo decurso de tempo; **C:** correta. O art. 5º da Lei 9.868/1999 determina que proposta a ação direta de inconstitucionalidade, não se admitirá desistência; **D:** incorreta. De acordo com o Supremo (ADI 594-DF) as súmulas não são passíveis de controle concentrado de constitucionalidade.
Gabarito "C".

**(Delegado/GO – 2017 – CESPE)** Tendo em vista que a petição inicial de arguição de descumprimento de preceito fundamental (ADPF) dirigida ao STF deverá conter, entre outros requisitos, a indicação do ato questionado, assinale a opção correta acerca do cabimento dessa ação constitucional.

(A) Não cabe ADPF sobre atos normativos já revogados.
(B) Cabe ADPF sobre decisão judicial transitada em julgado.
(C) Se uma norma pré-constitucional já fosse inconstitucional no regime constitucional anterior e existisse um precedente do STF que reconhecesse essa inconstitucionalidade, caberia ADPF contra essa norma pré-constitucional.
(D) Não cabe ADPF sobre ato normativo municipal.
(E) Cabe ADPF sobre ato de efeitos concretos como decisões judiciais.

A alternativa **A** está errada. Isso porque a ADPF cabe em face de normas anteriores à Constituição justamente para verificação de sua recepção ou não. Caso seja considerada não recepcionada é porque revogada tacitamente. Nesse sentido a decisão do STF na ADPF 33 "(...) Revogação da lei ou ato normativo não impede o exame da matéria em sede de ADPF, porque o que se postula nessa ação é a declaração de ilegitimidade ou de não recepção da norma pela ordem constitucional superveniente." Errada a alternativa **B**. Nesse sentido o decidido pelo STF na ADPF 243 – AgR/PB "A arguição de descumprimento de preceito fundamental não é meio apto à desconstrução de decisões judiciais transitadas em julgado". Errada a alternativa **C**, pois se uma norma pré-constitucional já fosse inconstitucional no regime constitucional anterior e existisse um precedente do STF que reconhecesse essa inconstitucionalidade nesse caso não caberia ADPF, mas reclamação (STF – ADPF 53). Errada a alternativa **D**. A Lei 9.882/1999 dispõe que a arguição terá por objeto evitar ou reparar lesão a preceito fundamental, resultante de ato do Poder Público e caberá também quando for relevante o fundamento da controvérsia constitucional sobre lei ou ato normativo federal, estadual ou municipal, incluídos os anteriores à Constituição. Veja, por exemplo a ADPF 273/MT. Logo, cabe sim em face de norma municipal. Correta a alternativa **E**, conforme precedente do STF (ADPF 101 "Ementa: Arguição de Descumprimento de Preceito Fundamental: Adequação. Observância do princípio da subsidiariedade. (...) decisões judiciais com conteúdo indeterminado no tempo: proibição de novos efeitos a partir do julgamento."
Gabarito "E".

## 5. DIREITOS E DEVERES INDIVIDUAIS E COLETIVOS

Um agente da Polícia Federal foi escalado para atuar em operação para cumprimento de mandado judicial de prisão e de busca e apreensão, durante o dia, de documentos no escritório profissional do investigado.

**(Agente – PF – 2014 – CESPE/CEBRASPE)** A respeito da atuação do agente na situação descrita acima, julgue os itens a seguir.

(1) O agente poderá acessar o conteúdo de correspondências encontradas no escritório profissional do investigado, uma vez que está prevista na CF, de forma expressa, a possibilidade de violação do sigilo das correspondências quando houver ordem judicial em processo penal.
(2) Mesmo que o investigado ofereça resistência à ordem de prisão, não será possível o uso de algemas para conduzi-lo, uma vez que a CF garante que nenhum cidadão será submetido a tratamento desumano ou degradante.
(3) Mesmo sem o consentimento do proprietário, é permitido ao agente entrar no escritório profissional onde se encontrem os objetos de busca e apreensão.

**1:** errado, pois a CF prevê, no art. 5º, XII, a inviolabilidade do sigilo da correspondência e das comunicações telegráficas, de dados e das comunicações telefônicas, salvo, no último caso, por ordem judicial, nas hipóteses e na forma que a lei estabelecer para fins de investigação criminal ou instrução processual penal; **2:** errado, pois, de acordo com a Súmula Vinculante 11 do STF, só é lícito o uso de algemas em casos de resistência e de fundado receio de fuga ou de perigo à integridade física própria ou alheia, por parte do preso ou de terceiros, justificada a excepcionalidade por escrito, sob pena de responsabilidade disciplinar, civil e penal do agente ou da autoridade e de nulidade da prisão ou do ato processual a que se refere, sem prejuízo da responsabilidade civil do Estado; **3:** certo, porque é permitido ao agente policial entrar no escritório profissional, durante o dia, para cumprimento de mandado judicial de prisão e de busca e apreensão, mesmo sem o consentimento do proprietário, conforme previsão contida no art. 5°, XI, da CF.
Gabarito 1E, 2E, 3C

**(Papiloscopista – PF – CESPE – 2018)** Uma associação, com o objetivo de pleitear direitos relativos à educação de adultos analfabetos, planeja realizar uma manifestação pacífica em local aberto ao público, inclusive para maior visibilidade e aderência.

Considerando essa situação hipotética, julgue os itens a seguir.

(1) As associações, em regra, não precisam de autorização da administração pública para reunir-se, assim como para a sua criação.
(2) A máxima da liberdade de expressão no âmbito das associações é extensamente garantida pela Constituição Federal de 1988, que assegura a livre manifestação do pensamento e protege o anonimato.

**1:** certa, pois a Constituição assegura a liberdade de reunião e a liberdade de associação, independentemente de autorização, o que não significa que tais direitos sejam absolutos. O inciso XVI do art. 5º da CF prevê que todos podem reunir-se pacificamente, sem armas, em locais abertos ao público, independentemente de autorização, desde que não frustrem outra reunião anteriormente convocada para o mesmo local, sendo apenas exigido prévio aviso à autoridade competente. Já o inciso XVII do art. 5º garante a plena liberdade de associação para fins lícitos, vedada a de caráter paramilitar, e o inciso XVIII garante que a criação de associações independem de autorização, sendo vedada a interferência estatal em seu funcionamento. Vale destacar ainda que tais direitos podem sofrer restrições na hipótese de estado de defesa (art. 136, § 1º, I, "a", da CF) e de estado de sítio (art. 139, IV, da CF); **2:** errada, porquanto a Constituição assegura a livre manifestação do pensamento, vedando o anonimato (art. 5º, IV, da CF).
Gabarito 1C, 2E

(Escrivão – PF – CESPE – 2018) Com relação aos direitos e às garantias fundamentais constitucionalmente assegurados, julgue os itens que se seguem.

(1) Apesar de o ordenamento jurídico vedar a extradição de brasileiros, brasileiro devidamente naturalizado poderá ser extraditado se comprovado seu envolvimento com o tráfico ilícito de entorpecentes.
(2) Em regra, indivíduo civilmente identificado não será submetido à identificação criminal.

**1:** certa, pois a Constituição prevê que nenhum brasileiro será extraditado, salvo o naturalizado, em caso de crime comum, praticado antes da naturalização, ou de comprovado envolvimento em tráfico ilícito de entorpecentes e drogas afins (art. 5º, LI, da CF); **2:** certa, porque o civilmente identificado não será submetido a identificação criminal, salvo nas hipóteses previstas em lei (art. 5º, LVIII, da CF).
Gabarito 1C, 2C

(Agente-Escrivão – PC/GO – CESPE – 2016) Observadas as ressalvas constitucionais e jurisprudenciais, os espaços que poderão ser protegidos pela inviolabilidade do domicílio incluem:

I. o local de trabalho do indivíduo.
II. a embarcação em que o indivíduo resida e(ou) exerça atividade laboral.
III. o recinto ocupado provisoriamente pelo indivíduo.
IV. o imóvel que o indivíduo ocupe por empréstimo.
V. o quarto de hotel que seja ocupado pelo indivíduo.
Assinale a opção correta.

(A) Apenas os itens I, III e IV estão certos.
(B) Apenas os itens II, III e V estão certos.
(C) Todos os itens estão certos.
(D) Apenas os itens I e II estão certos.
(E) Apenas os itens IV e V estão certos.

O STF assentou posicionamento no sentido de que o conceito de "casa", para efeitos da proteção constitucional, tem um sentido amplo "pois compreende, na abrangência de sua designação tutelar, (a) qualquer compartimento habitado, (b) qualquer aposento ocupado de habitação coletiva e (c) qualquer compartimento privado não aberto ao público, onde alguém exerce profissão ou atividade". (RO HC 90.376-2 RJ – STF).
Gabarito "C".

(Agente – Pernambuco – CESPE – 2016) À luz das disposições da CF, assinale a opção correta acerca dos direitos e garantias individuais.

(A) O Estado pode impor prestação alternativa fixada em lei ao indivíduo que, alegando conflito com suas convicções políticas, se recusar a cumprir obrigação legal a todos imposta, desde que a prestação seja compatível com suas crenças. Em caso de recusa em cumpri-la, o indivíduo poderá ser privado de seus direitos.
(B) Diante de indícios veementes da prática de ilícitos no interior de determinada residência, o agente de polícia poderá realizar busca de provas no local sem o consentimento do morador e sem mandado judicial, desde que o faça durante o dia.
(C) O cidadão que, naturalizado brasileiro, cometer crime comum em viagem a seu país de origem retornar ao Brasil poderá ser extraditado, bastando que haja solicitação do país da nacionalidade anterior.
(D) Servidor público que cometer crime no exercício da função não poderá ser condenado, na esfera penal, a partir de prova obtida por meio ilícito; no entanto, essa mesma prova, complementada por outras provas lícitas, poderá ser utilizada para aplicar penalidade em eventual processo administrativo movido contra o servidor.
(E) O profissional que, trabalhando com divulgação de informações, veicular, em seu nome, notícia de fonte sigilosa não estará sujeito a responder por eventuais prejuízos que essa divulgação causar a outrem.

**A:** correta, nos termos do art. 5º, VIII; **B:** incorreta. Na hipótese de indícios veementes da prática de ilícitos no interior de determinada residência, o agente de polícia poderá realizar buscas sem o consentimento do morador e sem mandado judicial inclusive no período noturno. Foi esse o entendimento firmado pelo STF no julgamento do RE 603616: *"a entrada forçada em domicílio sem mandado judicial só é lícita, mesmo em período noturno, quando amparada em fundadas razões, devidamente justificadas a posteriori, que indiquem que dentro da casa ocorre situação de flagrante delito, sob pena de responsabilidade disciplinar, civil e penal do agente ou da autoridade e de nulidade dos atos praticados."*; **C:** incorreta, só será extraditado o brasileiro naturalizado por crime cometido antes da sua naturalização ou de comprovado envolvimento em tráfico ilícito de entorpecentes e drogas afins. O fato do crime comum ter sido cometido no país da nacionalidade anterior não altera o que dispõe a Constituição (art. 5º, LI da CF); **D:** incorreta. São inadmissíveis, no processo, as provas obtidas por meios ilícitos (art. 5º, LVI da CF); **E:** incorreta. Ainda que seja assegurado o sigilo da fonte, aquele que veicular notícia sobre outrem estará sujeito, na hipótese de eventuais prejuízos causados, ao pagamento de indenização por dano material, moral ou à imagem (art. 5º, V da CF).
Gabarito "A".

(Escrivão – Pernambuco – CESPE – 2016) No que se refere aos direitos e às garantias fundamentais, assinale a opção correta.

(A) O direito fundamental ao contraditório não se aplica aos inquéritos policiais.
(B) O início de execução da pena criminal condenatória após a confirmação da sentença em segundo grau ofende o princípio constitucional de presunção da inocência.

**(C)** Os direitos e as garantias individuais não são assegurados às pessoas jurídicas, uma vez que elas possuem dimensão coletiva.
**(D)** O sigilo de correspondência e o sigilo das comunicações telefônicas são invioláveis ressalvadas as hipóteses legais, por ordem judicial ou administrativa devidamente motivada.
**(E)** O tribunal do júri tem competência para o julgamento dos crimes culposos e dolosos contra a vida.

**A:** correta. Ainda que o tema seja polêmico, de fato, na literalidade do texto, a Constituição não privilegia como direito fundamental expresso o contraditório em inquéritos policiais (art. 5º LV da CF). Limita-se a processos judiciais e de natureza administrativa; **B:** Recentemente o STF, ao julgar o HC 126292 estabeleceu que o início da execução da pena criminal condenatória após a confirmação da sentença em Segundo grau não ofende o princípio da presunção de inocência. Na ocasião, o Min. Teori Zavascki estabeleceu que: "a manutenção da sentença penal pela segunda instância encerra a análise de fatos e provas que assentaram a culpa do condenado, o que autoriza o início da execução da pena."; **C:** incorreta, as pessoas jurídicas são titulares dos direitos fundamentais compatíveis com a sua natureza; **D:** incorreta. As ressalvas a essas garantias estão expressamente definidas no art. 5º, XII da CF, limitando-se à ordem judicial, jamais administrativa; **E:** incorreta. O tribunal do júri tem competência para o julgamento somente dos crimes dolosos contra a vida. É o que dispõe o art. 5º, XXXVIII, d da CF.
Gabarito "A".

**(Polícia Rodoviária Federal – 2013 – CESPE)** Julgue os itens subsequentes, relativos aos direitos e garantias fundamentais previstos na CF.

**(1)** Consideram-se brasileiros naturalizados os nascidos no estrangeiro de pai brasileiro ou de mãe brasileira, desde que sejam registrados em repartição brasileira competente ou venham a residir na República Federativa do Brasil e optem, em qualquer tempo, depois de atingida a maioridade, pela nacionalidade brasileira.
**(2)** No caso de iminente perigo público, a autoridade competente poderá usar de propriedade particular, assegurada ao proprietário indenização ulterior, se houver dano.
**(3)** O estrangeiro condenado por autoridades estrangeiras pela prática de crime político poderá ser extraditado do Brasil se houver reciprocidade do país solicitante.
**(4)** Aos que comprovem insuficiência de recursos é assegurada a gratuidade na prestação de assistência jurídica integral pelo Estado.
**(5)** Somente aos brasileiros e aos estrangeiros residentes no país é assegurado o direito de petição em defesa de direitos ou contra ilegalidade ou abuso de poder.

**1:** errada, a assertiva traz a definição de uma das hipóteses elencadas no art. 12, I, da Constituição Federal, que faz referência aos brasileiros natos; **2:** correta, é o que estabelece o art. 5º, inciso XXV, da Constituição Federal; **3:** errada, nos termos do art. 5º, inciso LII, da Constituição Federal "não será concedida extradição de estrangeiro por crime político ou de opinião"; **4:** correta, o art. 5º, inciso LXXIV, da Constituição Federal, estabelece que "o Estado prestará assistência jurídica integral e gratuita aos que comprovarem insuficiência de recursos."; **5:** errada, a Constituição Federal estabelece que é **assegurado a todos**, o direito de petição contra ilegalidade ou abuso de poder, não fazendo a restrição apontada na assertiva, de que o direito é assegurado apenas aos brasileiros e estrangeiros residentes no país.
Gabarito 1E, 2C, 3E, 4C, 5E

**(Escrivão de Polícia/BA – 2013 – CESPE)** Acerca dos direitos e deveres individuais e coletivos previstos na Constituição Federal (CF), julgue o próximo item.

**(1)** O crime de racismo é inafiançável, imprescritível e insuscetível de graça ou anistia.

**1:** errada, o crime de racismo é inafiançável e imprescritível, sujeito à pena de reclusão, nos termos da lei, conforme expressa disposição do art. 5º, inciso XLIII, da Constituição Federal.
Gabarito 1E

**(Escrivão de Polícia/BA – 2013 – CESPE)** No que concerne aos direitos e garantias fundamentais, julgue os itens a seguir.

**(1)** A previsão constitucional da prática de tortura como crime inafiançável e insuscetível de graça ou anistia expressa um dever de proteção identificado pelo constituinte e traduz-se em mandado de criminalização dirigido ao legislador.
**(2)** Para fins de observância do princípio da legalidade penal, o presidente da República está autorizado constitucionalmente a definir condutas criminosas por meio de medida provisória.
**(3)** Gravar clandestinamente conversa entre agentes policiais e presos, com o objetivo de obter confissão de crime, constitui prova ilícita e viola o direito ao silêncio, previsto constitucionalmente.
**(4)** O direito à liberdade de reunião deve ser exercido de forma pacífica e sem armas, sendo desnecessária autorização ou prévio aviso à autoridade competente.
**(5)** O acesso amplo de qualquer advogado aos elementos de prova produzidos por órgão com competência de polícia judiciária, independentemente da sua transcrição nos autos, é expressão do direito à ampla defesa, previsto na CF.

**1:** certo, conforme expressamente previsto no artigo 5º, XLIII. Cumpre mencionar ainda que, o mandado de criminalização é uma determinação da própria constituição para que o legislador criminalize a conduta através de lei; **2:** errado, o princípio da legalidade é sem dúvidas, um dos pilares do Direito Penal. Para tanto, é imperioso que se analise o artigo 5, XXXIX, da Constituição Federal que assim institui: "*não há crime sem lei anterior que o defina, nem pena sem prévia cominação legal.*". Verifica-se assim também estancado o Princípio da Anterioridade, para que haja crime tem que haver lei anterior. A medida provisória não poderá criar conduta típica, pois MP não é lei, figura típica só pode ser criada por lei; **3:** certo, prudente que se analise o artigo 5º, LVI, da Constituição Federal que inadmite provas obtidas por meio ilícito e o inciso XII do mesmo artigo que prevê a inviolabilidade e o sigilo das comunicações telefônicas; **4:** errado, deverá haver prévio aviso à autoridade competente, demais afirmações estão em consonância com o artigo 5º, XVI, da Constituição Federal; **5:** errado, o acesso amplo é garantia ao defensor do acusado, e não de qualquer advogado, e o acesso será concedido em provas já documentadas, e não como dito "independente da sua transcrição". Assim como previsto na Súmula Vinculante 14 do STF.
Gabarito 1C, 2E, 3C, 4E, 5E

**(Escrivão de Polícia/DF – 2013 – CESPE)** À luz da Constituição Federal de 1988 (CF), julgue os itens que se seguem, acerca de direitos e garantias fundamentais.

**(1)** O direito de petição aos poderes públicos em defesa de direitos ou contra ilegalidade ou abuso de poder é assegurado a todos, desde que paga a respectiva taxa.

**(2)** Uma lei complementar não pode subtrair da instituição do júri a competência para julgamento dos crimes dolosos contra avida.

**(3)** Havendo iminente perigo público, a autoridade competente poderá usar de propriedade particular, assegurada ao proprietário indenização ulterior se houver dano.

**1:** errada, o direito de petição não depende do pagamento de taxas. É o que dispõe o artigo 5°, XXXIV, alínea "a", da CF; **2:** correto, pois a instituição do júri para o julgamento de crimes dolosos contra a vida é expressamente previsto no texto constitucional, artigo 5°, XXXVIII, alínea "d"; **3:** correto, é o que estabelece o artigo 5°, XXV, da Constituição Federal.
Gabarito 1E, 2C, 3C

**(Escrivão de Polícia Federal – 2013 – CESPE)** A respeito dos direitos e garantias fundamentais, julgue os seguintes itens, de acordo com as disposições da Constituição Federal de 1988 (CF).

**(1)** Conforme a CF, admite-se a perda de direitos políticos na hipótese de cancelamento da naturalização por decisão administrativa definitiva.

**(2)** Considere que a Polícia Federal tenha recebido denúncia anônima a respeito de suposta prática delituosa inserida em seu âmbito de investigação. Nessa situação, o órgão não poderá investigar, visto que a CF veda expressamente o anonimato e a consequente deflagração da persecução penal com fundamento na referida denúncia anônima.

**1:** errada. O artigo 15 da Constituição Federal estabelece que a perda ou suspensão dos direitos políticos se dará nos casos de: I – cancelamento da naturalização por **sentença transitada em julgado (e não decisão administrativa definitiva)**; II – incapacidade civil absoluta; III – condenação criminal transitada em julgado, enquanto durarem seus efeitos; IV – recusa de cumprir obrigações a todos imposta ou prestação alternativa e V – improbidade administrativa; **2:** Errada. A denúncia anônima não poderá, sozinha, servir de base para instauração de Inquérito Policial, visto haver expressa vedação constitucional do anonimato. Todavia, o Supremo Tribunal Federal, já se manifestou no HC 100.042-MC que *"(...) Nada impede, contudo, que o Poder Público, provocado por delação anônima ("disque denúncia", p. ex), adote medidas informais destinadas a apurar previamente em averiguação sumária, "com prudência e discrição", a possível ocorrência de eventual situação de ilicitude penal, desde que o faça com o objetivo de conferir a verossimilhança dos fatos nela denunciados, em ordem a promover, então, em caso positivo, a formal instauração da "persecutio criminis", mantendo-se, assim, completa desvinculação desse procedimento estatal em relação às peças apócrifas."*Desta forma, poderá a autoridade policial INICIAR A INVESTIGAÇÃO, realizando diligências preliminares.
Gabarito 1E, 2E

**(Agente de Polícia Federal – 2012 – CESPE)** Acerca dos direitos e deveres individuais e coletivos, julgue os itens subsequentes.

**(1)** O direito ao silêncio, constitucionalmente assegurado ao preso, estende-se a pessoa denunciada ou investigada em qualquer processo criminal, em inquérito policial, em processo administrativo disciplinar e àquela que for convocada a prestar depoimento perante comissão parlamentar de inquérito.

**(2)** O exercício do direito à liberdade de reunião em locais abertos ao público, previsto na Constituição Federal, condiciona-se a dois requisitos expressos: o encontro não pode frustrar outro anteriormente convocado para o mesmo local e a autoridade competente deve ser previamente avisada a respeito de sua realização.

**1:** correta, pois a prisão de qualquer pessoa e o local onde se encontre serão comunicados imediatamente ao juiz competente e à família do preso ou à pessoa por ele indicada, logo, o preso será informado de seus direitos, entre os quais o de permanecer calado, sendo-lhe assegurada a assistência da família e do advogado. Os incisos LXII e LXIII, do art. 5° da CF se complementam; **2:** correta, nos termos do art. 5°, XVI, da CF. Reunir-se a outros é condição para o desenvolvimento da personalidade humana, pois somente a interação dos membros da comunidade é que permite ao homem realizar suas virtudes. Aristóteles já dizia que o homem é um animal político, ou seja, somente vive se estiver em comunidade com os outros, com eles se relacionando por meio da palavra, do contato e da educação cívica. Entretanto, essa aproximação entre homens deve ocorrer de forma pacífica, em praças onde haja acesso para todos – espaços públicos – e, desde que não perturbe ou atrapalhe a realização de outra reunião anteriormente marcada para o mesmo local. Da mesma forma, a reunião há de ser transitória, sem objetivo de perenidade. A passeata, mesmo estando em constante movimento, pode ser entendida como espécie de reunião, contudo, quando realizada em vias públicas de grande circulação, ela pode ser proibida. Foi o caso da passeata realizada pela Polícia Civil, ocorrida em 16 de outubro de 2008, que resultou em batalha com a Polícia Militar em frente ao Palácio dos Bandeirantes em São Paulo. Não obstante o direito de se reunir em espaços públicos sem necessidade de autorização, há necessidade de comunicar previamente a autoridade competente.
Gabarito 1C, 2C

**(Escrivão – Pernambuco – CESPE – 2016)** Uma autoridade pública de determinado estado da Federação negou-se a emitir certidão com informações necessárias à defesa de direito de determinado cidadão. A informação requerida não era sigilosa e o referido cidadão havia demonstrado os fins e as razões de seu pedido.

Nessa situação hipotética, o remédio constitucional apropriado para impugnar a negativa estatal é o(a):

**(A)** ação popular.

**(B)** mandado de segurança.

**(C)** *habeas data*.

**(D)** *habeas corpus*.

**(E)** mandado de injunção.

Ainda que possa gerar uma dúvida sobre a possibilidade de se utilizar o remédio constitucional do *habeas data*, importante destacar que esta medida seria pertinente na hipótese de informação relativa à pessoa do impetrante. A Constituição assegura a todos o acesso à informação, de modo que eventual restrição consubstanciará em violação a direito líquido e certo, de modo que o mandado de segurança será o remédio pertinente ao caso, nos termos do art. 5°, LXIX da CF.
Gabarito "B".

**(Delegado/GO – 2017 – CESPE)** Com relação aos tratados e convenções internacionais, assinale a opção correta à luz do direito constitucional brasileiro e da jurisprudência do Supremo Tribunal Federal (STF).

**(A)** Segundo o entendimento do STF, respaldado na teoria da supralegalidade, a ratificação do Pacto de São José da Costa Rica revogou o inciso LXVII do art. 5° da CF, que prevê a prisão do depositário infiel.

**(B)** O sistema constitucional brasileiro adotou, para efeito da executoriedade doméstica de um tratado internacional, a teoria dualista extremada, pois exige a edição de lei formal distinta para tal executoriedade.

(C) O Pacto de São José da Costa Rica influenciou diretamente a edição da súmula vinculante proferida pelo STF, a qual veda a prisão do depositário infiel.

(D) A Convenção de Palermo tem como objetivo a cooperação para a prevenção e o combate do crime de feminicídio no âmbito das nações participantes.

(E) Elaborada pelas Nações Unidas, a Convenção de Mérida, que trata da cooperação internacional contra a corrupção, ainda não foi ratificada pelo Brasil.

A alternativa **A** está errada. Isso porque o entendimento do STF é no sentido de que os tratados internacionais de direitos humanos, incorporados antes da Emenda Constitucional 45/2004, têm eficácia supralegal, o que tem a seguinte consequência – são infraconstitucionais (ou seja, estão abaixo da CF), mas supralegais (acimas das normas infraconstitucionais, com eficácia paralisante destas). Errada a alternativa **B**. No sistema constitucional brasileiro não há exigência de edição de lei para efeito de incorporação do ato internacional ao direito interno (visão dualista extremada). Para a executoriedade doméstica dos tratados internacionais exige-se a aprovação do Congresso Nacional e a promulgação executiva do texto convencional (visão dualista moderada). Nesse sentido ver a decisão do STF na Carta Rogatória – CR 8279 / AT – Argentina. Correta a alternativa **C**. O Pacto de São José da Costa Rica só admite a prisão civil do devedor de alimentos, sendo, portanto, vedada a prisão do depositário infiel. Por considerar o STF que esse Tratado é hierarquicamente supralegal, a consequência é a sua eficácia paralisante da legislação infraconstitucional que regula a prisão do depositário infiel (admitida pela Constituição Federal de 1988). Errada a alternativa **D**. A Convenção de Palermo é a Convenção das Nações Unidas contra o Crime Organizado Transnacional, incorporada em nosso ordenamento jurídico pelo Decreto 5.015/2004. Errada a alternativa **E**. A Convenção de Mérida, Convenção das Nações Unidas contra a Corrupção, adotada pela Assembleia-Geral das Nações Unidas em 31 de outubro de 2003 foi assinada pelo Brasil em 9 de dezembro de 2003. Sua incorporação ao ordenamento jurídico pátrio se deu pelo Decreto 5.687/2006.
Gabarito "C".

(Delegado/PE – 2016 – CESPE) Acerca dos direitos e garantias fundamentais previstos na CF, assinale a opção correta.

(A) Em obediência ao princípio da igualdade, o STF reconhece que há uma impossibilidade absoluta e genérica de se estabelecer diferencial de idade para o acesso a cargos públicos.

(B) Conforme o texto constitucional, o civilmente identificado somente será submetido à identificação criminal se a autoridade policial, a seu critério, julgar que ela é essencial à investigação policial.

(C) São destinatários dos direitos sociais, em seu conjunto, os trabalhadores, urbanos ou rurais, com vínculo empregatício, os trabalhadores avulsos, os trabalhadores domésticos e os servidores públicos genericamente considerados.

(D) Embora a CF vede a cassação de direitos políticos, ela prevê casos em que estes poderão ser suspensos ou até mesmo perdidos.

(E) Os direitos e garantias fundamentais têm aplicação imediata, razão porque nenhum dos direitos individuais elencados na CF necessita de lei para se tornar plenamente exequível.

**A**: incorreta. Não há essa impossibilidade absoluta e genérica de se estabelecer diferencial de idade para o acesso a cargos públicos. Dispõe o art. 7º, XXX, da CF que são direitos dos trabalhadores urbanos e rurais, além de outros que visem à melhoria de sua condição social, **a proibição de diferença de salários**, de exercício de funções e de critério de admissão **por motivo de** sexo, **idade**, cor ou estado civil. Ocorre que a Súmula 683 do STF determina que **o limite de idade** para a inscrição em concurso público só **se legitima** em face do art. 7º, XXX, da Constituição, **quando possa ser justificado pela natureza das atribuições do cargo** a ser preenchido; **B**: incorreta. De acordo com o art.5º, LVIII, da CF, o civilmente identificado não será submetido a identificação criminal, salvo nas hipóteses previstas em lei. A Lei 12.037/2009 – Lei de identificação criminal, em seu art.3º, I a VI, traz situações em que embora apresentado documento de identificação, poderá ocorrer identificação criminal, por exemplo, I – o documento apresentar rasura ou tiver indício de falsificação; II – o documento apresentado for insuficiente para identificar cabalmente o indiciado; III – o indiciado portar documentos de identidade distintos, com informações conflitantes entre si; IV – a identificação criminal for essencial às investigações policiais, segundo despacho da autoridade judiciária competente, que decidirá de ofício ou mediante representação da autoridade policial, do Ministério Público ou da defesa; V – constar de registros policiais o uso de outros nomes ou diferentes qualificações; VI – o estado de conservação ou a distância temporal ou da localidade da expedição do documento apresentado impossibilite a completa identificação dos caracteres essenciais. Sendo assim, não é a autoridade policial, a seu critério, que vai julgar se a identificação criminal é ou não essencial à investigação policial; **C**: incorreta. O rol de destinatários dos direitos sociais é mais amplo que o mencionado na alternativa; **D**: correta. Determina o art. 15 da CF que é proibida a cassação de direitos políticos, cuja perda ou suspensão só se dará nos casos de: I – cancelamento da naturalização por sentença transitada em julgado; II – incapacidade civil absoluta; III – condenação criminal transitada em julgado, enquanto durarem seus efeitos; IV – recusa de cumprir obrigação a todos imposta ou prestação alternativa, nos termos do art. 5º, VIII; V – improbidade administrativa, nos termos do art. 37, § 4º; **E**: incorreta. Ao contrário do mencionado, os direitos previstos em normas de eficácia limitada precisam de lei para se tornarem plenamente exequíveis. Além disso, os direitos previstos em normas de eficácia contida podem ter seus efeitos restringidos por lei.
Gabarito "D".

(Delegado/BA – 2013 – CESPE) Em relação aos direitos e deveres fundamentais expressos na Constituição Federal de 1988 (CF), julgue os itens subsecutivos.

(1) A conversa telefônica gravada por um dos interlocutores não é considerada interceptação telefônica.

(2) O brasileiro nato que cometer crime no exterior, quaisquer que sejam as circunstâncias e a natureza do delito, não pode ser extraditado pelo Brasil a pedido de governo estrangeiro.

(3) Caso determinado deputado estadual perca seu mandato eletivo por infidelidade partidária, o deputado que assumir o mandato em seu lugar deve, necessariamente, ser do partido político pelo qual o primeiro tenha sido eleito.

(4) A proteção do direito à vida tem como consequência a proibição da pena de morte em qualquer situação, da prática de tortura e da eutanásia.

**1**: correta. É o posicionamento acolhido pelo STF, vejamos: "**A gravação de conversa telefônica feita por um dos interlocutores, sem conhecimento do outro**, quando ausente causa legal de sigilo ou de reserva da conversação **não é considerada prova ilícita**" (AI 578.858-AgR, Rel. Min. Ellen Gracie, julgamento em 4-8-2009, Segunda Turma, DJE de 28-8-2009.) No mesmo sentido: RE 630.944-AgR, Rel. Min. Ayres Britto, julgamento em 25-10-2011, Segunda Turma, DJE de 19-12-2011. **2**: correto. De acordo com o art. 5º, LI, da CF, nenhum brasileiro será extraditado, salvo o naturalizado, em caso de crime comum, praticado antes da naturalização, ou de comprovado envolvimento em tráfico

ilícito de entorpecentes e drogas afins, na forma da lei. Sendo assim, o brasileiro nato não pode ser extraditado em hipótese alguma e o naturalizado apenas nas situações mencionadas; **3**: errado. Por conta da existência de coligações partidárias, é possível que o deputado que assumir o cargo, no lugar daquele que perdeu o mandato eletivo por infidelidade partidária, seja de outro partido político. Portanto, o novo deputado não será, necessariamente, do partido político do antigo; **4**: errado. Há uma hipótese de pena de morte prevista na CF que se dá no caso de guerra declarada, conforme determina o art. 5º, XLVII, "a", da CF.
Gabarito 1C, 2C, 3E, 4E

**(Delegado Federal – 2013 – CESPE)** No que diz respeito aos direitos fundamentais, julgue os itens que se seguem.

**(1)** Segundo o STF, caso o interessado alegue que a sentença condenatória tenha sido prolatada exclusivamente com fundamento em prova emprestada, é possível a arguição de nulidade dessa decisão em sede de *habeas corpus*.

**(2)** O exercício do direito de associação e a incidência da tutela constitucional relativa à liberdade de associação estão condicionados à prévia existência de associação dotada de personalidade jurídica.

**1**: errado. A Corte Maior entende de modo diverso, vejamos: "PROCESSUAL PENAL. *HABEAS CORPUS*. LATROCÍNIO. SENTENÇA CONDENATÓRIA. NULIDADE. AUSÊNCIA. PROVA EMPRESTADA. VIOLAÇÃO AO CONTRADITÓRIO E À AMPLA DEFESA. INOCORRÊNCIA. REEXAME DE FATOS E PROVAS. *HABEAS CORPUS* UTILIZADO COMO SUCEDÂNEO DE REVISÃO CRIMINAL. IMPOSSIBILIDADE. ORDEM DENEGADA. I – **O exame da alegação de nulidade da sentença condenatória – ao argumento de que seria baseada somente em prova emprestada – é inviável na estreita via do *habeas corpus***, que não admite revolvimento do contexto fático-probatório. II – Ainda que assim não fosse, o acórdão atacado assentou estar o édito condenatório fundado em declarações de corréus, colhidos em juízo, e não apenas em prova emprestada, o que afasta a alegada nulidade. III – O habeas corpus, em que pese configurar remédio constitucional de largo espectro, não pode ser empregado como sucedâneo de revisão criminal. Precedentes. IV – Ordem denegada (STF – HC: 95019 SP, Relator: Min. RICARDO LEWANDOWSKI, Primeira Turma, Data de Publicação: DJe-191 DIVULG 08-10-2009 PUBLIC 09-10-2009 EMENT VOL-02377-02 PP-00320); **2**: errado. De acordo com o art. 5º, XVII, da CF é **plena a liberdade de associação** para fins lícitos, vedada a de caráter paramilitar. Além disso, o inciso XVIII do mesmo dispositivo determina que a **criação de associações** e, na forma da lei, a de cooperativas **independem de autorização**, sendo vedada a interferência estatal em seu funcionamento. Desse modo, não há exigência constitucional no sentido de que a associação dependeria de personalidade jurídica para o seu exercício e para a incidência da tutela constitucional.
Gabarito 1E, 2E

**(Delegado/MT – 2017 – CESPE)** Com referência ao *habeas corpus* e ao mandado de segurança, julgue os itens seguintes, de acordo com o entendimento do STF.

**I.** Não caberá habeas corpus nem contra decisão que condene a multa nem em processo penal em curso no qual a pena pecuniária seja a única imposta ao infrator.

**II.** O *habeas corpus* é o remédio processual adequado para garantir a proteção do direito de visita a menor cuja guarda se encontre sob disputa judicial.

**III.** Nos casos em que a pena privativa de liberdade já estiver extinta, não será possível ajuizar ação de habeas corpus.

**IV.** O mandado de segurança impetrado por entidade de classe não terá legitimidade se a pretensão nele veiculada interessar a apenas parte dos membros da categoria profissional representada por essa entidade.

Estão certos apenas os itens
(A) I e II.
(B) I e III.
(C) II e IV.
(D) I, III e IV.
(E) II, III e IV.

O item **I** reproduz a súmula 693 do STF "Não cabe *habeas corpus* contra decisão condenatória a pena de multa, ou relativo a processo em curso por infração penal a que a pena pecuniária seja a única cominada", logo – correto. O item **II** contraria a decisão proferida pela STF no HC 99369 AgR/DF "*Habeas corpus*. Não cabimento. Remédio constitucional destinado à tutela da liberdade de locomoção (liberdade de ir, vir e ficar). Agravo regimental não provido. *Habeas corpus* não é remédio processual adequado para tutela do direito de visita de menor cuja guarda se disputa judicialmente". Assim está errado. O item **III** está conforme a Súmula no 695 do STF "Não cabe *habeas corpus* quando já extinta a pena privativa de liberdade". Portanto correto. O item **IV** contraria o artigo 21 da Lei 12.016/2009 "O mandado de segurança coletivo pode ser impetrado por partido político com representação no Congresso Nacional, na defesa de seus interesses legítimos relativos a seus integrantes ou à finalidade partidária, ou por organização sindical, entidade de classe ou associação legalmente constituída e em funcionamento há, pelo menos, 1 (um) ano, em defesa de direitos líquidos e certos da totalidade, ou de parte, dos seus membros ou associados, na forma dos seus estatutos e desde que pertinentes às suas finalidades, dispensada, para tanto, autorização especial. Há ainda a Súmula 630 do STF "A entidade de classe tem legitimação para o mandado de segurança ainda quando a pretensão veiculada interesse apenas a uma parte da respectiva categoria". Assim está errado. Logo, a alternativa correta é a **B**, pois estão corretos os itens I e III.
Gabarito "B".

**(Delegado/GO – 2017 – CESPE)** Considerando a jurisprudência do STF, assinale a opção correta com relação aos remédios do direito constitucional.

(A) É cabível *habeas corpus* contra decisão monocrática de ministro de tribunal.

(B) Em *habeas corpus* é inadmissível a alegação do princípio da insignificância no caso de delito de lesão corporal cometido em âmbito de violência doméstica contra a mulher.

(C) No mandado de segurança coletivo, o fato de haver o envolvimento de direito apenas de certa parte do quadro social afasta a legitimação da associação.

(D) O prazo para impetração do mandado de segurança é de cento e vinte dias, a contar da data em que o interessado tiver conhecimento oficial do ato a ser impugnado, havendo decadência se o mandado tiver sido protocolado a tempo perante juízo incompetente.

(E) O *habeas corpus* é o instrumento adequado para pleitear trancamento de processo de *impeachment*.

Errada a alternativa **A**, pois conforme decidido pelo STF no *Habeas Corpus* 105959/DF: "Impetração contra Ato de Ministro Relator do Supremo Tribunal Federal. Descabimento. Não Conhecimento. 1. Não cabe pedido de *habeas corpus* originário para o Tribunal Pleno contra ato de ministro ou outro órgão fracionário da Corte. 2. *Writ* não conhecido." Atenção, contudo, pois com a mudança da composição do STF esse entendimento pode ser alterado. Correta a alternativa **B**. Nesse sentido a Súmula 589

do STJ: É inaplicável o princípio da insignificância nos crimes ou contravenções penais praticados contra a mulher no âmbito das relações domésticas. No mesmo sentido a decisão do STF no RHC 133043 / MS "*Habeas Corpus*. Constitucional. Lesão corporal. Violência doméstica. Pretensão de aplicação do princípio da insignificância: Impossibilidade. Ordem denegada". Errada a alternativa **C**. Nesse sentido o artigo 21 da Lei 12.016/2009 "O mandado de segurança coletivo pode ser impetrado por partido político com representação no Congresso Nacional, na defesa de seus interesses legítimos relativos a seus integrantes ou à finalidade partidária, ou por organização sindical, entidade de classe ou associação legalmente constituída e em funcionamento há, pelo menos, 1 (um) ano, em defesa de direitos líquidos e certos da totalidade, ou de parte, dos seus membros ou associados, na forma dos seus estatutos e desde que pertinentes às suas finalidades, dispensada, para tanto, autorização especial. Há ainda a Súmula 630 do STF "A entidade de classe tem legitimação para o mandado de segurança ainda quando a pretensão veiculada interesse apenas a uma parte da respectiva categoria". Errada a alternativa **D**, pois conforme decidido pelo STF no AG. REG. em Mandado de Segurança 26.792 – Paraná "Impetração em juízo incompetente dentro do prazo decadencial de 120 dias. Não ocorrência da consumação da decadência. Agravo não provido". Também errada a alternativa **E**. Nesse sentido o decidido pelo STF no HC 136067 "Inviável uso de *habeas corpus* para trancar processo de *impeachment*". Isso porque não há previsão de pena privativa de liberdade.
Gabarito "B".

## 6. DIREITOS SOCIAIS

(Agente – PF – 2014 – CESPE/CEBRASPE) A respeito dos direitos sociais e das instituições democráticas, julgue o item abaixo.

**(1)** É livre a associação sindical das categoriais profissionais, sendo vedado ao poder público exigir, para a fundação de um sindicato, que haja seu registro prévio em órgão competente.

1: errado, já que a lei não poderá exigir autorização do Estado para a fundação de sindicato, **ressalvado o registro no órgão competente**, vedadas ao Poder Público a interferência e a intervenção na organização sindical (art. 8º, I, da CF).
Gabarito "1E".

## 7. NACIONALIDADE

(Agente Administrativo – PF – 2014 – CESPE/CEBRASPE) No que se refere aos direitos e às garantias fundamentais, julgue os seguintes itens.

**(1)** O terrorismo, o racismo, a tortura e o tráfico ilícito de entorpecentes são crimes hediondos, inafiançáveis e insuscetíveis de graça e anistia.

**(2)** Considere que uma criança tenha nascido nos Estados Unidos da América (EUA) e seja filha de pai americano e de mãe brasileira, que trabalhava, à época do parto, na embaixada brasileira nos EUA. Nesse caso, a criança somente será considerada brasileira nata se for registrada na repartição brasileira competente nos EUA.

1: errado, pois a prática do racismo constitui crime inafiançável e imprescritível, sujeito à pena de reclusão, mas não possui vedação à concessão de graça ou anistia (art. 5º, XLII, da CF). Por outro lado, são crimes inafiançáveis e insuscetíveis de graça ou anistia a prática da tortura, o tráfico ilícito de entorpecentes e drogas afins, o terrorismo e os definidos como crimes hediondos (art. 5º, XLIII, da CF); JUSTIFICATIVA CESPE– O crime de racismo, apesar de inafiançável, não apresenta restrição constitucional quanto à concessão de graça ou anistia. Ver os incisos XLII e XLIII do art. 5.º da CF: "Art. 5.º (...) XLII – a prática do racismo constitui crime inafiançável e imprescritível, sujeito à pena de reclusão, nos termos da lei; XLIII – a lei considerará crimes inafiançáveis e insuscetíveis de graça ou anistia a prática da tortura, o tráfico ilícito de entorpecentes e drogas afins, o terrorismo e os definidos como crimes hediondos, por eles respondendo os mandantes, os executores e os que, podendo evitá-los, se omitirem." **2**: errado, pois são brasileiros natos os nascidos no estrangeiro, de pai brasileiro ou mãe brasileira, <u>desde que qualquer deles esteja a serviço da República Federativa do Brasil</u> (art. 12, I, "b", da CF). O registro em repartição brasileira competente só é necessário na hipótese de criança nascida no estrangeiro, filha de pai brasileiro ou mãe brasileira que não esteja a serviço do país (art. 12, I, "c", da CF). JUSTIFICATIVA CESPE – Se a criança for nascida no estrangeiro, de pai ou mãe brasileira que esteja a serviço da República Federativa do Brasil, ela será considerada brasileira nata, independentemente de registro na repartição brasileira competente. O referido registro só é imprescindível na hipótese de criança nascida no estrangeiro, filha de pai brasileiro ou mãe brasileira que não esteja a serviço do país. Ver o teor do art. 12, inciso I, alíneas "b" e "c" da CF: "Art. 12. São brasileiros: I – natos: *a)* os nascidos na República Federativa do Brasil, ainda que de pais estrangeiros, desde que estes não estejam a serviço de seu país; *b)* os nascidos no estrangeiro, de pai brasileiro ou mãe brasileira, desde que qualquer deles esteja a serviço da República Federativa do Brasil; *c)* os nascidos no estrangeiro de pai brasileiro ou de mãe brasileira, desde que sejam registrados em repartição brasileira competente ou venham a residir na República Federativa do Brasil e optem, em qualquer tempo, depois de atingida a maioridade, pela nacionalidade brasileira; (Redação dada pela Emenda Constitucional 54, de 2007)."
Gabarito 1E, 2E.

(Delegado/MT – 2017 – CESPE) O boliviano Juan e a argentina Margarita são casados e residiram, por alguns anos, em território brasileiro. Durante esse período, nasceu, em território nacional, Pablo, o filho deles.

Nessa situação hipotética, de acordo com a CF, Pablo será considerado brasileiro

**(A)** naturalizado, não podendo vir a ser ministro de Estado da Justiça.

**(B)** nato e poderá vir a ser ministro de Estado da Defesa.

**(C)** nato, mas não poderá vir a ser presidente do Senado Federal.

**(D)** naturalizado, não podendo vir a ser presidente da Câmara dos Deputados.

**(E)** naturalizado e poderá vir a ocupar cargo da carreira diplomática.

De acordo com o artigo 12, inciso I, alínea "a" da CF/1998, são brasileiros natos os nascidos na República Federativa do Brasil, ainda que de pais estrangeiros, desde que estes não estejam a serviço de seu país. No caso descrito Pablo nasceu no Brasil, e mesmo sendo filho de estrangeiros será brasileiro nato, pois nenhum de seus pais estrangeiros estava a serviço de seu país. Por essa razão ele pode exercer os cargos privativos de brasileiro nato (artigo 12, § 3º, CF), dentre os quais o de Ministro de Estado da Defesa. Por ser brasileiro nato estão erradas as alternativas **A**, **D** e **E**. A alternativa **C** está errada pois como brasileiro nato pode sim ser Presidente do Senado (artigo 12, § 3º, CF). Correta a alternativa **B**, pois sendo nato pode ser Ministro de Estado da Defesa.
Gabarito "B".

(Delegado Federal – 2002 – CESPE) Julgue o seguinte item.

**(1)** Os cargos de policiais federais são privativos de brasileiros natos.

**(2)** Os crimes de ingresso ou permanência irregular de estrangeiros em território nacional serão julgados pela justiça federal.

(3) O naturalizado por sentença judicial definitiva não poderá perder a nacionalidade brasileira, ainda que venha a praticar atos terroristas em território nacional.

1: errado: os cargos privativos de nato estão previstos no art. 12, § 3º e 89, VII, ambos da CF/1988. Dentre tais dispositivos não há menção ao cargo de policial federal; 2: correto: de fato é da competência da justiça federal o julgamento de tais crimes (art. 109, X, da CF/1988); 3: errado: art. 5º, LI, e 12, § 4º, I, da CF/1988.
Gabarito 1E, 2C, 3E

## 8. DIREITOS POLÍTICOS

(Escrivão – PF – CESPE – 2018) Gilberto, brasileiro nato, completou sessenta e um anos de idade no mês de janeiro de 2018. Neste mesmo ano, transitou em julgado condenação criminal contra ele, tendo sido arbitrada, entre outras sanções, pena privativa de liberdade.

Considerando essa situação hipotética, julgue os itens a seguir, com relação aos direitos políticos de Gilberto.

(1) O processo criminal transitado em julgado é hipótese constitucional para a cassação dos direitos políticos de Gilberto pelo tempo de duração dos efeitos da condenação.

(2) Em razão de sua idade, o ato de votar nas eleições de 2018 é facultativo para Gilberto.

1: errada, porque a Constituição da República veda a cassação de direitos políticos, permitindo tão somente sua perda ou suspensão nas hipóteses elencadas no art. 15. Assim, o processo criminal transitado em julgado é hipótese constitucional para a **suspensão** dos direitos políticos de Gilberto pelo tempo de duração dos efeitos da condenação (art. 15, III, da CF); 2: errada, uma vez que o voto é facultativo para os analfabetos, os maiores de **setenta anos**, os maiores de dezesseis e menores de dezoito anos (art. 14, § 1º, II, da CF). Logo, em razão de sua idade (61 anos), o ato de votar nas eleições de 2018 é obrigatório para Gilberto.
Gabarito 1E, 2E

## 9. ORGANIZAÇÃO DO ESTADO

### 9.1. Organização político-administrativa. União, Estados, DF, Municípios e Territórios

(Agente Administrativo – PF – 2014 – CESPE/CEBRASPE) A respeito da organização político-administrativa brasileira, da administração pública e do Poder Executivo, julgue os itens subsequentes.

(1) De acordo com a CF, a prática de ato de improbidade administrativa por agente público implica a perda da função pública e a suspensão dos direitos políticos, sem prejuízo da ação penal cabível.

(2) A União, os estados, o Distrito Federal (DF) e os municípios compõem a organização político-administrativa da República Federativa do Brasil, cabendo aos municípios promover, no que couber, o adequado ordenamento territorial, mediante, por exemplo, planejamento e controle do parcelamento do solo urbano.

(3) Compete privativamente ao presidente da República a concessão de indulto, podendo essa competência, entretanto, ser delegada a outras autoridades, como, por exemplo, a ministro de Estado.

1: certo, pois o § 4º do art. 37 da CF preconiza que os atos de improbidade administrativa importarão a suspensão dos direitos políticos, a perda da função pública, a indisponibilidade dos bens e o ressarcimento ao erário, na forma e gradação previstas em lei, sem prejuízo da ação penal cabível. JUSTIFICATIVA CESPE – Veja-se o teor do § 4.º do art. 37 da CF: "Art. 37 (...) § 4º Os atos de improbidade administrativa importarão a suspensão dos direitos políticos, a perda da função pública, a indisponibilidade dos bens e o ressarcimento ao erário, na forma e gradação previstas em lei, sem prejuízo da ação penal cabível." 2: certo, nos termos dos art. 18, caput, e art. 30, VIII, da CF. JUSTIFICATIVA CESPE – Ver, a propósito, o teor do art. 18 e do § 4.º do art. 31 da CF: "Art. 18. A organização político-administrativa da República Federativa do Brasil compreende a União, os Estados, o Distrito Federal e os Municípios, todos autônomos, nos termos desta Constituição. (...) Art. 30 (...) VIII – promover, no que couber, adequado ordenamento territorial, mediante planejamento e controle do uso, do parcelamento e da ocupação do solo urbano."
3: certo, de acordo com o art. 84, inciso XII e parágrafo único, da CF. JUSTIFICATIVA CESPE – Ver o teor do inciso XII do art. 84 da CF e de seu parágrafo único: "Art. 84. Compete privativamente ao Presidente da República: (...) XII – conceder indulto e comutar penas, com audiência, se necessário, dos órgãos instituídos em lei; (...) Parágrafo único. O Presidente da República poderá delegar as atribuições mencionadas nos incisos VI, XII e XXV, primeira parte, aos Ministros de Estado, ao Procurador-Geral da República ou ao Advogado-Geral da União, que observarão os limites traçados nas respectivas delegações."
Gabarito 1C, 2C, 3C

(Agente-Escrivão – PC/GO – CESPE – 2016) Compete privativamente à União:

(A) estabelecer política de educação para segurança no trânsito.
(B) legislar sobre requisições civis e militares, em caso de iminente perigo e em tempo de guerra.
(C) cuidar da proteção e garantia das pessoas portadoras de deficiência.
(D) legislar sobre organização, garantias, direitos e deveres da polícia civil.
(E) legislar sobre educação, ensino, pesquisa e inovação.

A: incorreta. A elaboração de políticas de educação para a segurança do trânsito não é de competência privativa da União. O texto Constitucional assegura também aos Estados, Distrito Federal e Municípios a competência para implementação de tais programas (art. 23, XII da CF); B: correta (art. 22, III da CF); C: incorreta. A competência para cuidar da proteção e garantia dos portadores de deficiência é comum à União, Estados, Distrito Federal e Municípios (art. 23, II da CF); D: incorreta. Trata-se de competência concorrente entre União, Estados e Distrito Federal (art. 24, XVI da CF); E: incorreta. Trata-se de competência comum entre União, Estados, Distrito Federal e Municípios (art. 23, V da CF).
Gabarito "B"

(Agente – Pernambuco – CESPE – 2016) Com base no disposto na CF, assinale a opção correta acerca da organização político-administrativa do Estado.

(A) É da competência comum dos estados, do Distrito Federal e dos municípios organizar e manter as respectivas polícias civil e militar e o respectivo corpo de bombeiros militar.
(B) Compete à União, aos estados e ao Distrito Federal estabelecer normas gerais de organização das polícias militares e dos corpos de bombeiros militares, assim como normas sobre seus efetivos, seu material bélico, suas garantias, sua convocação e sua mobilização.
(C) A organização político-administrativa da República Federativa do Brasil compreende a União, os estados,

os territórios federais, o Distrito Federal e os municípios, todos autônomos, nos termos da CF.

**(D)** Os estados podem incorporar-se entre si mediante aprovação da população diretamente interessada, por meio de plebiscito, e do Congresso Nacional, por meio de lei complementar.

**(E)** É facultado à União, aos estados, ao Distrito Federal e aos municípios subvencionar cultos religiosos ou igrejas e manter com seus representantes relações de aliança e colaboração de interesse público.

**A:** incorreta. Competência da União, nos termos do art. 21, XIV da CF; **B:** incorreta. Quanto às normas gerais de organização das polícias militares e dos corpos de bombeiros a competência é da União, nos termos do art. 21, XIV da CF. Quanto ao material bélico, nos termos do art. 22, XXI da CF, a competência é privativa da União; **C:** incorreta. Os territórios não compõem a organização político-administrativa da República Federativa do Brasil (art. 18, "caput" da CF); **D:** correta. (art. 18 § 3º da CF); **E:** incorreta. É vedado à União, aos Estados, ao Distrito Federal e aos municípios subvencionar cultos religiosos ou igrejas. Também é vedado relação de aliança, com exceção à colaboração de interesse público (art. 19, I da CF). **TC**
Gabarito "D".

**(Polícia Rodoviária Federal – 2013 – CESPE)** A respeito da organização político-administrativa do Estado e da administração pública, julgue os itens que se seguem.

**(1)** O Distrito Federal (DF) é ente federativo autônomo, pois possui capacidade de auto-organização, autogoverno e autoadministração, sendo vedado subdividi-lo em municípios.

**(2)** Conforme o STF, a responsabilidade civil das empresas prestadoras de serviço público é objetiva, mesmo em relação a terceiros não usuários do serviço público.

**(3)** Os atos de improbidade administrativa importarão ao agente a suspensão dos direitos políticos, a perda da função pública, a indisponibilidade dos bens e o ressarcimento ao erário, na forma e gradação previstas em lei, sem prejuízo da ação penal cabível.

**(4)** Em se tratando de matéria para a qual se preveja a competência legislativa concorrente, a CF autoriza os estados a exercerem a competência legislativa plena para atenderem a suas peculiaridades se inexistir lei federal sobre normas gerais.

**1:** correta, a Constituição Federal garante ao Distrito Federal a natureza de ente federativo autônomo, em virtude da mencionada tríplice capacidade de auto-organização, autogoverno e autoadministração (CF arts. 1º, 18, 32 e 34), sendo-lhe vedada a possibilidade de subdivisão em municípios; **2:** correta, o STF pacificou este entendimento a partir do julgamento do Recurso Extraordinário 591874, ao interpretar o § 6º do artigo 37 da Constituição Federal. Referido Recurso discutiu se a palavra "terceiros", também alcançaria pessoas que não se utilizam do serviço público. Na ocasião, o relator Min. Lewandowski (vencedor), negou seguimento ao recurso, assentando que é obrigação do Estado reparar os danos causados a terceiros em razão de atividades praticadas por agentes públicos ou revestidos de função pública; **3:** correta, é o que prevê o artigo 37, § 4º, da Constituição Federal; **4:** correta, é o que prevê o artigo 24, § 3º, da Constituição Federal.
Gabarito 1C, 2C, 3C, 4C.

**(Escrivão de Polícia/BA – 2013 – CESPE)** Com relação à organização político-administrativa do Estado brasileiro, julgue o próximo item.

**(1)** Recusar fé aos documentos públicos inclui-se entre as vedações constitucionais de natureza federativa.

**1:** correta, é o que prevê o artigo 19, II da Constituição Federal.
Gabarito "1C".

**(Agente de Polícia/DF – 2013 – CESPE)** Tendo em vista a disciplina constitucional relativa ao DF, julgue o item subsequente.

**(1)** É competência concorrente da União e do DF legislar sobre a organização do Poder Judiciário e do Ministério Público do Distrito Federal e dos Territórios, cabendo à União, no âmbito dessa legislação concorrente, estabelecer normas de caráter geral.

**1:** errada, essa competência é privativa da União, conforme inteligência do artigo 22, XVII, da Constituição Federal.
Gabarito "1E".

**(Delegado/MT – 2017 – CESPE)** De acordo com o entendimento dos tribunais superiores, lei municipal que impedir a instalação de mais de um estabelecimento comercial do mesmo ramo em determinada área do município será considerada

**(A)** inconstitucional, por ofender o princípio da livre concorrência.

**(B)** inconstitucional, por ofender o princípio da busca do pleno emprego.

**(C)** constitucional, por versar sobre assunto de interesse exclusivamente local.

**(D)** constitucional, por não ofender o princípio da defesa do consumidor.

**(E)** inconstitucional, por ofender o princípio da propriedade privada.

Dispõe a Súmula Vinculante 49 que "Ofende o princípio da livre concorrência lei municipal que impede a instalação de estabelecimentos comerciais do mesmo ramo em determinada área." Logo correta a alternativa A, pois tal lei seria inconstitucional por violar o princípio da livre concorrência. **LR**
Gabarito "A".

**(Delegado/MT – 2017 – CESPE)** Aprovada pela assembleia legislativa de um estado da Federação, determinada lei conferiu aos delegados de polícia desse estado a prerrogativa de ajustar com o juiz ou a autoridade competente a data, a hora e o local em que estes serão ouvidos como testemunha ou ofendido em processos e inquéritos.

Nessa situação hipotética, a lei é

**(A)** constitucional, pois, apesar de tratar de matéria de competência privativa da União, o estado legislou sobre procedimentos de âmbito estadual.

**(B)** constitucional, pois trata de matéria de competência comum da União, dos estados, do DF e dos municípios.

**(C)** constitucional, pois trata de matéria de competência concorrente da União, dos estados e do DF.

**(D)** inconstitucional, pois o estado legislou sobre direito processual, que é matéria de competência privativa da União.

**(E)** inconstitucional, pois o estado legislou sobre normas gerais de matéria de competência concorrente da União, dos estados e do DF.

O Supremo Tribunal Federal, na ADI 3896, por unanimidade, declarou a inconstitucionalidade de lei do estado de Sergipe, que conferiu a delegado de polícia a prerrogativa de "ser ouvido, como testemunha ou ofendido, em qualquer processo ou inquérito, em dia, hora e local previamente ajustados com o juiz ou autoridade competente". O fundamento foi de que o dispositivo impugnado afronta o artigo 22, inciso I, da Constituição Federal (CF), que atribui exclusivamente à União a competência para legislar em matéria de direito processual. Sendo assim, a lei é inconstitucional, pois o estado legislou sobre direito processual, que é matéria de competência privativa da União – alternativa D.

Gabarito "D".

**(Delegado/GO – 2017 – CESPE)** A respeito dos estados-membros da Federação brasileira, assinale a opção correta.

**(A)** Denomina-se cisão o processo em que dois ou mais estados se unem geograficamente, formando um terceiro e novo estado, distinto dos estados anteriores, que perdem a personalidade originária.

**(B)** Para o STF, a consulta a ser feita em caso de desmembramento de estado-membro deve envolver a população de todo o estado-membro e não só a do território a ser desmembrado.

**(C)** A CF dá ao estado-membro competência para instituir regiões metropolitanas e microrregiões, mas não aglomerações urbanas: a competência de instituição destas é dos municípios.

**(D)** Conforme a CF, a incorporação, a subdivisão, o desmembramento ou a formação de novos estados dependerá de referendo. Assim, o referendo é condição prévia, essencial ou prejudicial à fase seguinte: a propositura de lei complementar.

**(E)** Segundo o STF, os mecanismos de freios e contrapesos previstos em constituição estadual não precisam guardar estreita similaridade com aqueles previstos na CF.

A alternativa **A** está errada. Isso porque a cisão é a subdivisão de um estado em dois novos, com o desaparecimento da personalidade do estado original. Correta a alternativa **B**. Conforme decidido pelo STF na ADI 2650/DF "A expressão "população diretamente interessada" constante do § 3º do artigo 18 da Constituição ("Os Estados podem incorporar-se entre si, subdividir-se ou desmembrar-se para se anexarem a outros, ou formarem novos Estados ou Territórios Federais, mediante aprovação da população diretamente interessada, através de plebiscito, e do Congresso Nacional, por lei complementar") deve ser entendida como a população tanto da área desmembranda do Estado-membro como a da área remanescente". Errada a alternativa **C**. Nos termos do artigo 25, § 3º, CF "Os Estados poderão, mediante lei complementar, instituir regiões metropolitanas, aglomerações urbanas e microrregiões, constituídas por agrupamentos de municípios limítrofes, para integrar a organização, o planejamento e a execução de funções públicas de interesse comum". A alternativa **D** está errada. Como citado na alternativa A, é por plebiscito a consulta popular e não por referendo. Errada a alternativa **E**. Nesse sentido a decisão do STF proferida na ADI 1905/MC: "Separação e independência dos Poderes: freios e contrapesos: parâmetros federais impostos ao Estado-membro. Os mecanismos de controle recíproco entre os Poderes, os "freios e contrapesos" admissíveis na estruturação das unidades federadas, sobre constituírem matéria constitucional local, só se legitimam na medida em que guardem estreita similaridade com os previstos na Constituição da República: precedentes".

Gabarito "B".

**(Delegado/GO – 2017 – CESPE)** A respeito da administração pública, assinale a opção correta de acordo com a CF.

**(A)** Desde a promulgação da CF, não houve, até o presente, inovação a respeito dos princípios constitucionais da administração pública por meio de emenda constitucional.

**(B)** A previsão constitucional de que a investidura em cargo ou emprego público depende de aprovação prévia em concurso público decorre exclusivamente do princípio da razoabilidade administrativa.

**(C)** Em oposição ao que diz o texto constitucional, o STF já se posicionou contrário à cobrança de contribuição previdenciária dos servidores públicos aposentados e pensionistas.

**(D)** Caso um deputado estadual nomeie sua tia materna como assessora de seu gabinete, não haverá violação à súmula vinculante que trata do nepotismo, pois esta veda a nomeação de colaterais de até o segundo grau.

**(E)** Segundo o STF, candidato aprovado em concurso público dentro do número de vagas previsto no edital e dentro do prazo de validade do certame terá direito subjetivo à nomeação.

A alternativa **A** está errada. O artigo 37, CF em sua redação original não tinha o princípio da eficiência, acrescentado pelo EC 19/1998, mas apenas os princípios da legalidade, impessoalidade, moralidade, publicidade. Errada a alternativa **B**. A previsão constitucional de que a investidura em cargo ou emprego público depende de aprovação prévia em concurso público é por si um princípio e também assegura os princípios da impessoalidade, da publicidade, da moralidade e da eficiência. Errada a alternativa **C**. O STF na ADI 3.105 entendeu que "Não viola as garantias e direitos fundamentais a exigência de contribuição previdenciária dos pensionistas e aposentados porque a medida apoia-se no princípio da solidariedade e no princípio de equilíbrio financeiro e atuarial do sistema previdenciário. (...) a extensão da contribuição previdenciária é uma imposição de natureza tributária e, portanto, deve ser analisada à luz dos princípios constitucionais relativos aos tributos. Assim, não se pode opor-lhe a garantia constitucional do direito adquirido para eximir-se do pagamento, pois não há norma no ordenamento jurídico brasileiro que imunize, de forma absoluta, os proventos de tributação, nem mesmo o princípio da irredutibilidade de vencimentos". A alternativa **D** está errada, pois conforme a súmula vinculante 13 "a nomeação de cônjuge, companheiro ou parente em linha reta, colateral ou por afinidade, até o terceiro grau, inclusive, da autoridade nomeante ou de servidor da mesma pessoa jurídica investido em cargo de direção, chefia ou assessoramento, para o exercício de cargo em comissão ou de confiança ou, ainda, de função gratificada na administração pública direta e indireta em qualquer dos poderes da União, dos Estados, do Distrito Federal e dos Municípios, compreendido o ajuste mediante designações recíprocas, viola a Constituição Federal." Tia é parente de terceiro grau, logo ao caso se aplica a SV 13 pois as hipóteses de nepotismo alcançam o terceiro grau. Correta a alternativa **E**. Conforme decidido pelo STF no RE 598.099, com repercussão geral, "Direito Administrativo. Concurso Público. 2. Direito líquido e certo à nomeação do candidato aprovado entre as vagas previstas no edital de concurso público. 3. Oposição ao poder discricionário da Administração Pública. 4. Alegação de violação dos arts. 5º, inciso LXIX e 37, caput e inciso IV, da Constituição Federal. 5. Repercussão Geral reconhecida."

Gabarito "E".

## 9.2. Administração Pública

**(Escrivão – Pernambuco – CESPE – 2016)** Com relação à possibilidade de acumulação de cargos públicos, assinale a opção correta.

(A) Mesmo havendo compatibilidade de horários, o servidor público da administração direta que passar a exercer mandato de vereador ficará afastado do cargo.
(B) Não é possível a acumulação remunerada de cargos públicos, sendo a cumulação permitida apenas se o serviço for prestado ao Estado de forma gratuita.
(C) É possível a acumulação remunerada de um cargo público de professor com cargo técnico ou científico, não havendo limite remuneratório mensal, sob pena de violação do direito à irredutibilidade salarial.
(D) É possível a acumulação remunerada de dois cargos públicos de professor, independentemente de compatibilidade de horários.
(E) A proibição de acumular se estende a empregos e funções públicas e abrange autarquias, fundações, empresas públicas, sociedades de economia mista e suas subsidiárias e sociedades controladas, direta ou indiretamente, pelo poder público.

Quanto à possibilidade de acumulação de cargos públicos, o constituinte previu sua vedação, com exceção à hipótese de compatibilidade de horários: a) a de dois cargos de professor; b) a de um cargo de professor com outro técnico ou científico; c) a de dois cargos privativos de médico; d) a de dois cargos ou empregos privativos de profissionais de saúde, com profissões regulamentadas; Ainda assim, regra geral, a proibição de acumular estende-se a empregos e funções e abrange autarquias, empresas públicas, sociedades de economia mista e suas subsidiárias, fundações mantidas pelo Poder Público, e sociedades controladas, direta ou indiretamente, pelo poder público, nos termos do art. 37, XVI e XVII da CF. Gabarito "E".

**(Agente – Pernambuco – CESPE – 2016)** À luz do disposto na CF, assinale a opção correta a respeito da administração pública.

(A) O servidor público da administração direta, autárquica ou fundacional que estiver no exercício de mandato eletivo federal, estadual, distrital ou municipal ficará afastado de seu cargo, emprego ou função, sendo-lhe facultado optar pela sua remuneração.
(B) Nos termos da lei, a investidura em todo e qualquer cargo ou emprego público depende de aprovação prévia em concurso público de provas e títulos, de acordo com a natureza e a complexidade do cargo ou emprego.
(C) As funções de confiança e os cargos em comissão são exercidos exclusivamente por servidores ocupantes de cargos efetivos e destinam-se às atribuições de direção, chefia e assessoramento.
(D) A administração fazendária e a segurança pública e seus respectivos servidores, os fiscais e os policiais, terão, dentro de suas áreas de competência e circunscrição, precedência sobre os demais setores administrativos, na forma da lei.
(E) Tanto a administração pública direta quanto a indireta de qualquer dos poderes da União, dos estados, do Distrito Federal e dos municípios devem obedecer aos princípios de legalidade, impessoalidade, moralidade, publicidade e eficiência.

**A:** incorreta. A possibilidade de optar pela remuneração limita-se aos exercentes de cargos da executiva e legislativa municipais. às demais funções, não há previsão constitucional (art. 38, I e II da CF); **B:** incorreta. Inicialmente, cumpre esclarecer que determinadas funções públicas poderão ser exercidas sem que seja necessária a aprovação prévia em concurso público, como exemplo, funções de confiança em cargo demissível *ad nutum* (livre nomeação e exoneração). Há uma segunda assertiva incorreta quanto ao sistema de seleção de candidatos. Isso porque, há concursos em que haverá avaliação apenas por provas, sem que se considere títulos (art. 37, II da CF); **C:** incorreta. As funções de confiança, de fato, deverão ser exercidas exclusivamente por servidores ocupantes de cargos efetivos. Entretanto, os cargos em comissão serão preenchidos por servidores de carreira nos casos, condições e percentuais mínimos previstos em lei, e destinam-se apenas às atribuições de direção, chefia e assessoramento (art. 37, V da CF); **D:** incorreta. Trata-se de uma das características da administração fazendária, não se estendendo às demais carreiras (art. 37, XVIII da CF); **E:** correta, nos termos do art. 37, "caput" da CF. Gabarito "E".

**(Agente-Escrivão – PC/GO – CESPE – 2016)** O servidor público estável perderá o cargo:

(A) após procedimento de avaliação periódica de desempenho, que prescinde da ampla defesa e do contraditório.
(B) em virtude de sentença judicial transitada em julgado.
(C) após decisão judicial de primeira instância da qual caiba recurso.
(D) após decisão judicial de segunda instância da qual caiba recurso.
(E) mediante processo administrativo, que prescinde da ampla defesa e do contraditório.

**A:** incorreta. O processo de perda do cargo do servidor público deverá ser realizado após procedimento de avaliação, mas garantida a ampla defesa, nos termos da lei complementar (art. 41, §1º, III da CF); **B:** correta. art. 41, § 1º, I da CF); **C e D:** incorretas. A perda do cargo somente ocorrerá após o trânsito em julgado da sentença judicial condenatória (art. 41, § 1º, I da CF); **E:** incorreta. É garantido ao servidor, ainda que em processo administrativo, a ampla defesa das acusações que lhe forem atribuídas (art. 41, § 1º, II da CF). Gabarito "B".

**(Escrivão de Polícia/BA – 2013 – CESPE)** Com relação ao regime constitucional aplicável à administração pública, julgue os itens subsequentes.

(1) É condição necessária e suficiente para a aquisição da estabilidade no serviço público o exercício efetivo no cargo por período de três anos.
(2) Não constitui ofensa à CF a acumulação remunerada de dois empregos públicos em duas sociedades de economia mista estaduais, dado que a proibição constitucional se aplica somente à acumulação dos cargos públicos da administração direta e das fundações públicas e autarquias.

**1:** errada, para a aquisição de estabilidade no serviço público é realmente necessário o efetivo exercício no cargo por um período de 3 anos (Art. 41 da Constituição Federal), todavia, não é condição suficiente, mas um dos requisitos, tendo que se considerar ainda a obrigatoriedade da avaliação especial de desempenho por comissão instituída para essa finalidade (artigo 41, § 4º, da Constituição Federal); **2:** errada, artigo

37, XVII da Constituição Federal dispõe claramente que a acumulação remunerada de dois empregos públicos em duas sociedades de economia mista é vedada.
Gabarito 1E, 2E

**(Agente de Polícia/DF – 2013 – CESPE)** Julgue os itens a seguir, concernentes à administração pública.

**(1)** Membros de Poder, detentores de mandato eletivo, ministros de Estado e secretários estaduais e municipais serão remunerados exclusivamente por subsídio fixado por ato administrativo de responsabilidade da mesa diretora ou do chefe de cada Poder. A remuneração dos servidores públicos, entretanto, só pode ser fixada ou alterada por lei específica, observada a iniciativa privativa em cada caso.

**(2)** Os cargos em comissão e as funções de confiança podem ser preenchidos por livre escolha da autoridade administrativa entre pessoas sem vínculo com a administração pública.

**1:** errado, a assertiva está em consonância com o dispositivo constitucional, ao dispor que referidos agentes serão remunerados exclusivamente por subsídio (artigo 39, § 4º, da Constituição Federal), mas incorreto ao afirmar que será fixado por ato administrativo. Neste sentido o artigo 37, X, estabelece a necessidade de fixação por lei específica e não por ato administrativo; **2:** errado, é preciso que se compreenda a diferença entre cargo em comissão e função de confiança. Para tanto, cabe a análise do artigo 37, V. Verifica-se que as funções de confiança deverão ser exercidas por servidores ocupantes de cargo efetivo, enquanto que o cargo em comissão, e apenas estes, poderão ser ocupados por pessoas sem vínculo com a Administração.
Gabarito 1E, 2E

**(Escrivão de Polícia/DF – 2013 – CESPE)** Com relação à organização político-administrativa, julgue os itens que seguem.

**(1)** Uma autarquia é uma pessoa jurídica de direito público criada somente mediante lei específica, que, embora não tenha subordinação hierárquica com a entidade que a criar, submeter-se-á, na órbita federal, a supervisão ministerial.

**(2)** Haverá descentralização administrativa quando, por lei, competências de um órgão central forem destacadas e transferidas a outras pessoas jurídicas estruturadas sob o regime do direito público ou sob a forma do direito privado.

**1:** certo, é o que dispõe o artigo 37, XIX, da Constituição Federal. Quanto à questão da inexistência de subordinação, o que há é vinculação que se manifesta por meio da Supervisão Ministerial realizada pelo ministério ou secretária da pessoa política responsável pela área de atuação da entidade administrativa. Esta supervisão tem por finalidade o exercício do denominado Controle Finalístico ou Poder de Tutela; **2:** certo, trata-se da descentralização, instituto comumente utilizado para a criação das Agências, que visa repassar determinada atividade não essencial à pessoa distinta, por meio de lei específica, criando a Administração Indireta.
Gabarito 1C, 2C

## 10. PODER LEGISLATIVO

**(Agente-Escrivão – PC/GO – CESPE – 2016)** Acerca do processo legislativo pertinente a medidas provisórias, assinale a opção correta.

**(A)** O decreto legislativo editado para regular as relações nascidas a partir do período de vigência de medida provisória posteriormente rejeitada cria hipótese de ultratividade da norma, capaz de manter válidos os efeitos produzidos e, bem assim, alcançar situações idênticas futuras.

**(B)** Muito embora a medida provisória, a partir da sua publicação, não possa ser retirada pelo presidente da República da apreciação do Congresso Nacional, nada obsta que seja editada uma segunda medida provisória que ab-rogue a primeira para o fim de suspender-lhe a eficácia.

**(C)** Por força do princípio da separação de poderes, é vedado ao Poder Judiciário examinar o preenchimento dos requisitos de urgência e de relevância por determinada medida provisória.

**(D)** Em situações excepcionais elencadas no texto constitucional, a medida provisória rejeitada pelo Congresso Nacional somente poderá ser reeditada na mesma sessão legislativa de sua edição.

**(E)** A proibição de edição de medida provisória sobre matéria penal e processual penal alcança as emendas oferecidas ao seu correspondente projeto de lei de conversão, as quais ficam igualmente impedidas de veicular aquela matéria.

**A:** incorreta. O decreto legislativo editado para regular as relações nascidas a partir do período de vigência de medida provisória posteriormente rejeitada não será capaz de manter válidos os efeitos produzidos para situações futuras; **B:** correta, nos termos da interpretação atribuída pelo STF. "Porque possui força de lei e eficácia imediata a partir de sua publicação, a medida provisória não pode ser "retirada" pelo presidente da República à apreciação do Congresso Nacional. (...). Como qualquer outro ato legislativo, a medida provisória é passível de ab-rogação mediante diploma de igual ou superior hierarquia. (...). A revogação da medida provisória por outra apenas suspende a eficácia da norma ab-rogada, que voltará a vigorar pelo tempo que lhe reste para apreciação, caso caduque ou seja rejeitada a medida provisória ab-rogante. Consequentemente, o ato revocatório não subtrai ao Congresso Nacional o exame da matéria contida na medida provisória revogada" (ADI 2.984 MC, rel. min. Ellen Gracie, j. 4-9-2003, P, DJ de 14-5-2004); **C:** incorreta. O Congresso Nacional ao deliberar sobre o mérito das medidas provisórias deverá realizar juízo prévio sobre o atendimento dos pressupostos constitucionais da medida, ou seja, relevância e urgência (art. 62, § 5º da CF); **D:** incorreta. Não há exceção à reedição de medida provisória na mesma sessão legislativa de sua edição (art. 62, § 10 da CF); **E:** incorreta. No primeiro ponto, a assertiva está correta. É proibida a edição de medida provisória sobre matéria penal e processual penal (art. 62, § 1º, I, *b*). Entretanto, se transformada em projeto de lei de conversão, considerando que passará por um processo de tramitação de lei ordinária, não haverá restrição à sua aprovação.
Gabarito "B"

**(Agente – Pernambuco – CESPE – 2016)** No que se refere ao processo legislativo, assinale a opção correta de acordo com o disposto na CF.

**(A)** A iniciativa popular pode ser exercida pela apresentação ao Congresso Nacional de projeto de lei subscrito por, no mínimo, 1% do eleitorado nacional, distribuído por, pelo menos, nove estados da Federação.

**(B)** É de competência do Senado Federal examinar as medidas provisórias e emitir parecer sobre elas, antes que sejam apreciadas pelo plenário de cada uma das Casas do Congresso Nacional.

**(C)** Leis ordinárias e complementares são espécies do processo legislativo federal que, aprovadas pelo Congresso Nacional, prescindem da sanção do presidente da República.

(D) É de competência exclusiva da Câmara dos Deputados sustar os atos normativos do Poder Executivo que exorbitem do poder regulamentar ou dos limites de delegação legislativa.

(E) A iniciativa de leis complementares e ordinárias cabe ao presidente da República, ao Supremo Tribunal Federal, aos tribunais superiores, ao procurador-geral da República e aos cidadãos, entre outros.

A: incorreta. A iniciativa popular será exercida pela apresentação de projeto de lei à Câmara dos Deputados e não ao Congresso Nacional em pelo menos cinco estados (com no mínimo três décimos por cento dos eleitores de cada um deles) e não nove, conforme prevê o e enunciado (art. 61, § 2º da CF); B: incorreta. A competência será mista de Deputados e Senadores (art. 62, § 9 da CF); C: incorreta. Leis Ordinárias e Leis Complementares dependerão de sanção presidente para que tenham validade. A desnecessidade de sanção presidencial é característica das emendas constitucionais; D: incorreta. A competência é exclusivamente do Congresso Nacional (art. 49, V da CF); E: correta, nos termos do "caput" do art. 61 da CF. Gabarito "E".

(Escrivão – Pernambuco – CESPE – 2016) A respeito do processo legislativo, julgue os itens a seguir.

I. Dispositivo do Código Penal relativo ao inquérito policial não pode ser alterado por medida provisória.
II. O procedimento de edição de lei complementar segue o modelo padrão do processo legislativo ordinário; a única diferença é o quórum para aprovação, que, para a lei complementar, será de maioria absoluta.
III. Emenda constitucional pode alterar a CF para incluir, no ordenamento jurídico pátrio, a pena de caráter perpétuo.

Assinale a opção correta.

(A) Todos os itens estão certos.
(B) Apenas o item I está certo.
(C) Apenas o item III está certo.
(D) Apenas os itens I e II estão certos.
(E) Apenas os itens II e III estão certos.

I: correta. É vedada a edição de medidas provisórias sobre matéria relativa a direito penal (art. 62, § 1, I, alínea "b" da CF); II: incorreta. Além do quórum de aprovação, outra importante distinção se dá pelas situações de aplicação. Para que lei complementar seja editada é necessário expressa previsão constitucional sobre a competência da matéria; III: incorreta. A Constituição não poderá ser emendada com o objetivo de abolir direito e garantia fundamental. Trata-se de matéria protegida por cláusula pétrea (art. 60, § 4°, IV da CF). Gabarito "B".

(Agente de Polícia/DF – 2013 – CESPE) Com referência à composição da Câmara dos Deputados e às disposições constitucionais sobre processo legislativo, julgue os itens subsequentes.

(1) Terá sempre início na Câmara dos Deputados a votação dos projetos de lei de iniciativa popular, das medidas provisórias e dos projetos de lei de iniciativa do presidente da República, do STF e dos tribunais superiores.
(2) A iniciativa popular de lei pode ser exercida tanto no que tange às leis complementares como às leis ordinárias.

1: correta, a votação dos projetos de lei de iniciativa popular (artigo 61, § 2º, da CF), das medidas provisórias (artigo 62, § 8°, da CF) e dos projetos de lei de iniciativa do Presidente da República, do STF e dos Tribunais Superiores (artigo 64 da CF), terão início, sempre na Câmara dos Deputados; 2: correta, em consonância com o artigo 61 da Constituição Federal. Gabarito 1C, 2C

(Escrivão de Polícia/DF – 2013 – CESPE) Julgue os itens a seguir com base nas normas constitucionais brasileiras que regulam o Poder Legislativo.

(1) Compete privativamente ao Senado Federal autorizar, por dois terços de seus membros, a instauração de processo contra o presidente e o vice-presidente da República.
(2) Como regra, as deliberações de cada casa do Congresso Nacional e de suas comissões serão tomadas por maioria dos votos, presente a maioria absoluta de seus membros.
(3) Compete ao Congresso Nacional, com a sanção do presidente da República, dispor, entre outras matérias, sobre telecomunicações, radiodifusão, sistema tributário, arrecadação e distribuição de rendas.

1: errada, a competência para autorizar a instauração de processo contra o Presidente e o Vice-Presidente da República é da Câmara dos Deputados, conforme previsão do artigo 51, I da Constituição Federal; 2: correto, é o que estabelece o artigo 47 da Constituição Federal; 3: correto, é o que estabelece o artigo 48, I e XII da Constituição Federal. Gabarito 1E, 2C, 3C

(Escrivão de Polícia/DF – 2013 – CESPE) Em relação ao controle legislativo dos atos administrativos, julgue os itens a seguir.

(1) O princípio da separação dos poderes não impede o controle judicial sobre decisão do Tribunal de Contas da União que resulte na anulação de autorização conferida ao particular pelo Poder Executivo.
(2) O Poder Legislativo exerce controle sobre os atos da administração pública, contando com vários instrumentos para desempenhar tal atividade, como, por exemplo, o julgamento pelo Tribunal de Contas da União das contas prestadas pelo presidente da República.

1: correta, o princípio da separação dos poderes não impede o controle judicial sobre as decisões do Tribunal de Contas, na hipótese de ilegalidade ou de abuso de poder, o qual envolve a verificação da efetiva ocorrência dos pressupostos de fato e direito (AI 800.892-AgR, Rel. Min. Dias Toffoli); 2: errada, o Tribunal de Contas da União não julga as contas prestadas pelo Presidente da República, mas sim, aprecia mediante parecer prévio, conforme disposição do artigo 71, I da Constituição Federa. A competência para julgar as contas do Presidente da República, é exclusiva do Congresso (artigo 49, IX, da Constituição Federal). Gabarito 1C, 2E

(Delegado/GO – 2017 – CESPE) Assinale a opção correta a respeito da organização dos poderes e do sistema de freios e contrapesos no direito constitucional pátrio.

(A) Adotada por diversos países, entre eles o Brasil, a ideia de tripartição dos poderes do Estado em segmentos distintos e autônomos entre si – Legislativo, Executivo e Judiciário – foi concebida por Aristóteles.

(B) A atividade legislativa e a de julgar o presidente da República nos crimes de responsabilidade são funções típicas do Poder Legislativo.
(C) Constitui exemplo de mecanismo de freios e contrapesos a possibilidade de rejeição, pelo Congresso Nacional, de medida provisória editada pelo presidente da República.
(D) As expressões poder, função e órgão são sinônimas.
(E) A CF adotou o princípio da indelegabilidade de atribuições de forma absoluta, inexistindo qualquer exceção a essa regra.

Errada a alternativa A. Embora Aristóteles tenha vislumbrado o exercício de três funções distintas, a de fazer normas gerais, a de aplicá-las e a de solucionar conflitos quanto sua aplicação, a ideia de tripartição dos poderes do Estado em segmentos distintos e autônomos entre si é de Montesquieu. A alternativa B está errada. A atividade legislativa é uma função típica do Poder Legislativo, as a de julgar o presidente da República nos crimes de responsabilidade é atípica (por ser função jurisdicional, típica do Poder Judiciário). Correta a alternativa C. Trata-se realmente de um exemplo do mecanismo de freios e contrapesos. Trata-se dos controles recíprocos entre os Poderes e a necessidade de atuação conjunta para a prática de determinados atos. Errada a alternativa D. Poder, função e órgão não são expressões sinônimas. O Poder do Estado em verdade é um só, o poder soberano que pertence ao povo e que o exerce diretamente e por seus representantes. Ocorre que para evitar a concentração do poder do Estado nas mãos de uma única pessoa, foram criadas estruturas de Poder, cada qual com uma função típica que a identifica, sem prejuízo do exercício da função do outro Poder, de modo atípico, sempre conforme previsto na Constituição. Cada Poder tem seus órgãos próprios para o exercício das suas funções, exercendo assim as competências que lhes foram atribuídas constitucionalmente. A alternativa E está errada. A CF não adotou o princípio da indelegabilidade de atribuições de forma absoluta. Isso porque o próprio constituinte previu hipóteses em que um Poder exerce a função que seria típica do outro, de modo atípico. Gabarito "C."

(Delegado/MT – 2017 – CESPE) De acordo com o entendimento dos tribunais superiores, a condenação criminal de um parlamentar federal em sua sentença transitada em julgado resultará na

(A) perda de seus direitos políticos, cabendo à casa legislativa a decisão acerca da manutenção de seu mandato legislativo.
(B) suspensão de seus direitos políticos, mas a perda de seu mandato legislativo dependerá de decisão da Câmara dos Deputados.
(C) suspensão de seus direitos políticos, com a consequente perda automática de seu mandato.
(D) cassação de seus direitos políticos, o que levará também à perda automática de seu mandato legislativo.
(E) perda de seus direitos políticos, o que acarretará a perda automática de seu mandato legislativo.

A condenação criminal transitada em julgado, enquanto durarem seus efeitos é uma hipótese de suspensão dos direitos políticos prevista no artigo 15, CF, o qual veda expressamente a cassação de direitos políticos. Por essa razão estão erradas as alternativas A, D e E. Nos termos do artigo 55, inciso VI, CF, "Perderá o mandato o Deputado ou Senador: (...) VI – que sofrer condenação criminal em sentença transitada em julgado." Dispõe o § 2º deste artigo 55 que "Nos casos dos incisos I, II e VI, a perda do mandato será decidida pela Câmara dos Deputados ou pelo Senado Federal, por maioria absoluta, mediante provocação da respectiva Mesa ou de partido político representado no Congresso Nacional, assegurada ampla defesa.". Embora o STF tenha num determinado momento entendido que a condenação criminal levaria à perda do mandato por declaração da mesa, depois voltou ao seu entendimento original, no sentido de seguir o que está expresso na Constituição Federal. Logo, não sendo a perda automática, errada a alternativa C. Correta a B, pois a condenação criminal de um parlamentar federal em sua sentença transitada em julgado resultará na suspensão de seus direitos políticos, mas a perda de seu mandato legislativo dependerá de decisão da Câmara dos Deputados. Gabarito "B."

(Delegado/BA – 2013 – CESPE) A respeito do Poder Legislativo, julgue os próximos itens.

(1) Aos suplentes de senadores e deputados federais são garantidas as mesmas prerrogativas dos titulares, ainda que aqueles não estejam em exercício.

1: errado. De acordo com o STF, os suplentes não possuem as mesmas prerrogativas dos titulares, se não estiverem em exercício. Vejamos: "Suplente de Deputado/Senador – Prerrogativa de Foro – Inexistência (Transcrições) Inq 2639/SP* RELATOR: MIN. CELSO DE MELLO "SUPLENTE DE DEPUTADO FEDERAL. DIREITOS INERENTES À SUPLÊNCIA. **INEXTENSIBILIDADE, AO MERO SUPLENTE DE MEMBRO DO CONGRESSO NACIONAL, DAS PRERROGATIVAS CONSTITUCIONAIS PERTINENTES AO TITULAR DO MANDATO PARLAMENTAR.** PRERROGATIVA DE FORO, PERANTE O SUPREMO TRIBUNAL FEDERAL, NAS INFRAÇÕES PENAIS. INAPLICABILIDADE AO SUPLENTE DE DEPUTADO FEDERAL/SENADOR DA REPÚBLICA. Reconhecimento, no caso, da falta de competência penal originária do Supremo Tribunal Federal, por se tratar de mero suplente de congressista. Remessa dos autos ao ministério público de primeira instância" (informativo 489 do STF). Gabarito "1E."

(Delegado/PE – 2016 – CESPE) No que se refere a CPI, assinale a opção correta.

(A) CPI proposta por cinquenta por cento dos membros da Câmara dos Deputados e do Senado Federal não poderá ser instalada, visto que, conforme exige o texto constitucional, são necessários dois terços dos membros do Congresso Nacional para tanto.
(B) As CPIs, no exercício de suas funções, dispõem de poderes de investigação próprios das autoridades judiciais, tais como os de busca domiciliar, interceptação telefônica e decretação de prisão.
(C) A CF só admite CPIs que funcionem separadamente na Câmara dos Deputados ou no Senado Federal.
(D) Não poderá ser criada CPI que versar sobre tema genérico e indefinido, dada a exigência constitucional de que esse tipo de comissão deva visar à apuração de fato determinado.
(E) As conclusões de determinada CPI deverão ser encaminhadas ao TCU para que este promova a responsabilidade civil ou administrativa dos que forem indicados como infratores.

A: incorreta. O texto constitucional exige que a CPI seja instalada mediante requerimento de um terço dos membros (não cinquenta por cento). Determina o art. 58, § 3º, da CF que as comissões parlamentares de inquérito, que terão poderes de investigação próprios das autoridades judiciais, além de outros previstos nos regimentos das respectivas Casas, **serão criadas pela Câmara dos Deputados e pelo Senado Federal, em conjunto ou separadamente, mediante requerimento de um terço de seus membros**, para a apuração de fato determinado e por prazo certo, sendo suas conclusões, se for o caso, encaminhadas ao Ministério Público, para que promova a responsabilidade civil ou criminal dos infratores;

**B:** incorreta. As CPIs têm poderes típicos as autoridades judiciais, com algumas **exceções**. Há assuntos que estão acobertados pela cláusula de reserva jurisdicional, ou seja, dependem de ordem judicial. Dentre tais proibições, em especial as medidas restritivas de direito, encontra-se as mencionadas na alternativa como decretação de prisão (só em flagrante é que a CPI pode decretar a prisão), interceptação telefônica – art. 5º, XII, da CF – (apenas a quebra do sigilo dos dados telefônicos, ou seja acesso às contas, é que a CPI pode determinar) e busca domiciliar (art. 5, XI, da CF); **C:** incorreta. As CPIs podem ser criadas pelas Casas do Congresso Nacional, em conjunto (CPI mista) ou separadamente, além de também poderem ser criadas nas esferas estadual e municipal; **D:** correta. A CPI não pode ser criada, por exemplo, para investigar, genericamente, a corrupção ocorrida no Brasil. O fato investigado tem que ser determinado, aquele em que é possível verificar seus requisitos essenciais; **E:** incorreta. As conclusões deverão ser **encaminhadas ao Ministério Público**. Vale lembrar que a CPI não promove responsabilidades. Ao final das apurações, ela encaminha seus relatórios conclusivos ao Ministério Público para que este órgão, se entender pertinente, promova a responsabilização civil ou criminal dos investigados.

Gabarito "D".

**(Delegado/PE – 2016 – CESPE)** Assinale a opção correta acerca do processo legiferante e das garantias e atribuições do Poder Legislativo.

(A) A criação de ministérios depende de lei, mas a criação de outros órgãos da administração pública pode se dar mediante decreto do chefe do Poder Executivo.

(B) Se um projeto de lei for rejeitado no Congresso Nacional, outro projeto do mesmo teor só poderá ser reapresentado, na mesma sessão legislativa, mediante proposta da maioria absoluta dos membros da Câmara dos Deputados ou do Senado Federal.

(C) Uma medida provisória somente poderá ser reeditada no mesmo ano legislativo se tiver perdido sua eficácia por decurso de prazo, mas não se tiver sido rejeitada.

(D) Somente após a posse, deputados e senadores passam a gozar do foro por prerrogativa de função, quando deverão ser submetidos a julgamento perante o STF.

(E) Os deputados e os senadores gozam de imunidades absolutas, que não podem ser suspensas nem mesmo em hipóteses como a de decretação do estado de defesa ou do estado de sítio.

**A:** incorreta. De acordo com o art. 48, XI, da CF, é competência do Congresso Nacional, com a sanção do Presidente da República, dispor sobre todas as matérias de competência da União, especialmente sobre criação e extinção de Ministérios e órgãos da administração pública. Sendo assim, **a criação de órgãos da administração pública também depende de lei**; **B:** correta. É o que determina o art. 67 da CF. Menciona tal dispositivo a matéria constante de projeto de lei rejeitado somente poderá constituir objeto de novo projeto, na mesma sessão legislativa, mediante proposta da maioria absoluta dos membros de qualquer das Casas do Congresso Nacional; **C:** incorreta. Conforme determina o art. 62, § 10, da CF, é **proibida a reedição**, na mesma sessão legislativa, **de medida provisória que tenha sido rejeitada** ou que tenha perdido sua eficácia por decurso de prazo; **D:** incorreta. De acordo com o art. 53, § 1º, da CF, os Deputados e Senadores, **desde a expedição do diploma** (ato do Tribunal Superior Eleitoral que valida a candidatura e autoriza a posse), serão submetidos a julgamento perante o Supremo Tribunal Federal; **E:** incorreta. As imunidades não são absolutas. Determina o art. 53, § 8º, da CF que as imunidades de Deputados ou Senadores subsistirão durante o estado de sítio, **só podendo ser suspensas mediante o voto de dois terços dos membros** da Casa respectiva, nos casos de atos praticados fora do recinto do Congresso Nacional, que sejam incompatíveis com a execução da medida.

Gabarito "B".

**(Delegado Federal – 2013 – CESPE)** Em relação ao processo legislativo e ao sistema de governo adotado no Brasil, julgue o seguinte item.

**(1)** A iniciativa das leis ordinárias cabe a qualquer membro ou comissão da Câmara dos Deputados, do Senado Federal ou do Congresso Nacional, bem como ao presidente da República, ao STF, aos tribunais superiores, ao procurador-geral da República e aos cidadãos. No que tange às leis complementares, a CF não autoriza a iniciativa popular de lei.

**1:** errado. A parte final do item é que está incorreta. De acordo com o art. 61 da CF, a iniciativa **das leis complementares e ordinárias** cabe a qualquer membro ou Comissão da Câmara dos Deputados, do Senado Federal ou do Congresso Nacional, ao Presidente da República, ao Supremo Tribunal Federal, aos Tribunais Superiores, ao Procurador-Geral da República e aos cidadãos, na forma e nos casos previstos nesta Constituição. O § 2º do mencionado dispositivo autoriza a **iniciativa popular** que pode ser exercida pela apresentação à Câmara dos Deputados de projeto de lei subscrito por, no mínimo, um por cento do eleitorado nacional, distribuído pelo menos por cinco Estados, com não menos de três décimos por cento dos eleitores de cada um deles. A iniciativa popular é cabível tanto em projetos de lei ordinária como em projetos de lei complementar. Um exemplo de lei complementar que adveio de um projeto de iniciativa popular é a LC nº 135, de 2010, conhecida como lei da ficha limpa.

Gabarito "1E".

## 11. PODER EXECUTIVO

**(Agente – Pernambuco – CESPE – 2016)** Assinale a opção correta no que se refere às responsabilidades do presidente da República estabelecidas na CF.

(A) Acusado da prática de crime comum estranho ao exercício de suas funções, cometido na vigência do mandato, o presidente da República será julgado pelo Supremo Tribunal Federal (STF) após deixar a função.

(B) O afastamento do presidente da República cessará se, decorrido o prazo de cento e oitenta dias, o Senado Federal não tiver concluído o julgamento do processo pela prática de crime de responsabilidade aberto contra ele; nesse caso, o processo será arquivado.

(C) A única possibilidade de responsabilização do presidente da República investido em suas funções se refere ao cometimento de infração político-administrativa, não respondendo o chefe do Poder Executivo por infração penal comum na vigência do mandato.

(D) O presidente da República dispõe de imunidade material, sendo inviolável por suas palavras e opiniões no estrito exercício das funções presidenciais.

(E) A decisão do Senado Federal que absolve ou condena o presidente da República em processo pela prática de crime de responsabilidade não pode ser reformada pelo Poder Judiciário.

**A:** incorreta. O crime comum cometido pelo Presidente, na vigência do mandato, será julgado pelo Supremo Tribunal Federal, mediante autorização da Câmara dos Deputados (quórum de dois terços dos membros), nos termos do art. 86 "caput" da CF; **B:** incorreta. O exaurimento do prazo previsto na Constituição (180 dias) apenas garante ao Presidente afastado a possibilidade de retomar o exercício de suas funções, não havendo prejuízo no prosseguimento da análise e julgamento da denúncia pelo Supremo Tribunal Federal, assim como estabelecido no art. 86, § 2º da CF; **C:** incorreta. O chefe do Executivo poderá responder por infração penal comum na vigência do mandato, desde que haja autorização de dois terços dos membros da Câmara dos Deputados e julgamento do Supremo Tribunal Federal; **D:** incorreta. O Presidente da República **não dispõe de inviolabilidade material**, prerrogativa que **só foi assegurada aos membros do Poder Legislativo**. Assim, o Presidente da República não é inviolável por suas palavras e opiniões, ainda que no estrito exercício de suas funções presidenciais; **E:** correta, nos termos do art. 52 da CF. Gabarito "E."

**(Escrivão – Pernambuco – CESPE – 2016)** No regime presidencialista brasileiro, o presidente da República é o chefe de Estado e de governo da República Federativa do Brasil. As competências constitucionais do presidente da República incluem

(A) editar decretos autônomos, nas hipóteses previstas na CF, atribuição que pode ser delegada ao advogado-geral da União.

(B) nomear, após aprovação pelo Senado Federal, o advogado-geral da União.

(C) celebrar tratados, convenções e atos internacionais, independentemente de aprovação do Congresso Nacional.

(D) dar, de forma privativa, início ao processo legislativo de leis que disponham sobre criação de todo cargo, emprego e função dos Poderes da República.

(E) expedir decretos orçamentários que inovem a ordem jurídica.

**A:** correta. Trata-se de competência constitucionalmente prevista na Constituição garantida ao Presidente da República, nos termos do art. 84, VI e parágrafo Único da CF; **B:** incorreta. A nomeação do advogado-geral da União independe de aprovação pelo Senado Federal, nos termos do art. 84, XVI da CF; **C:** incorreta, a celebração de tratados, convenções e atos internacionais, ainda que privativos ao Presidente da República estarão sujeitos à referendo do Congresso Nacional; **D:** incorreta. A iniciativa de leis que disponham sobre cargos, emprego e função limita-se ao referente à administração direta e autárquica e não de todos os postos de trabalho dos Poderes da República (art. 61, § 1°, II, *a* da CF); **E:** incorreta. O decreto orçamentário não poderá inovar a ordem jurídica. Gabarito "A".

**(Agente de Polícia/DF – 2013 – CESPE)** Considerando as atribuições e a responsabilidade do presidente da República, julgue os próximos itens.

(1) O presidente da República só pode ser submetido a julgamento pelo Supremo Tribunal Federal (STF), nas infrações penais comuns, ou pelo Senado Federal, nos crimes de responsabilidade, depois de admitida a acusação por dois terços dos membros da Câmara dos Deputados.

(2) Compete ao presidente da República, em caráter privativo, prover os cargos públicos federais, na forma da lei, podendo essa atribuição ser delegada aos ministros de Estado, ao procurador-geral da República ou ao advogado-geral da União, os quais deverão observar os limites traçados nas respectivas delegações.

**1:** correta, é o que prevê o artigo 86 caput da Constituição Federal; **2:** correta, é o que prevê o artigo 84, XXV, e parágrafo único da Constituição Federal. Gabarito 1C, 2C

**(Escrivão de Polícia/DF – 2013 – CESPE)** Considerando o disposto na CF acerca do Poder Executivo, julgue os próximos itens.

(1) Caso cometa infrações comuns, o presidente da República não estará sujeito a prisão enquanto não sobrevier sentença condenatória.

(2) Se cometer crime eleitoral, o presidente da República será suspenso de suas funções até o julgamento final do respectivo processo. Nesse caso, a denúncia do fato ao Tribunal Superior Eleitoral e o seu acolhimento por esse tribunal serão requisitos legais para a instauração do processo.

(3) Compete privativamente ao presidente da República vetar, total ou parcialmente, emendas constitucionais.

**1:** correta, nos termos do artigo 86 § 3°, da Constituição Federal; **2:** errado, o Presidente da República só será suspenso de suas funções (i) nas infrações penais comuns, se recebida a denúncia ou a queixa-crime pelo STF ou (ii) nos crimes de responsabilidade, após a instauração do Processo pelo Senado Federal, nos termos do artigo 86 § 1°, da CF; **3:** errado, a competência privativa do Presidente da República de veto total ou parcial, refere-se à projetos de lei, nos termos do artigo 84, V, da Constituição Federal. Gabarito 1C, 2E, 3E

**(Agente de Polícia Federal – 2012 – CESPE)** Acerca das atribuições do presidente da República, julgue o próximo item.

(1) Como são irrenunciáveis, todas as atribuições privativas do presidente da República previstas no texto constitucional não podem ser delegadas a outrem.

**1:** incorreta, pois como regra geral, as competências reservadas ao Presidente da República com base no art. 84 da CF são indelegáveis. Configuram atribuições de exercício privativo do chefe do Poder Executivo. No entanto, o parágrafo único do art. 84 admite, em caráter excepcional, que algumas dessas competências podem constituir objeto de delegação presidencial. Expressamente é conferido ao Presidente da República o poder de delegar o exercício de encargos e prerrogativas que lhe foram constitucionalmente atribuídos. Não é, porém, qualquer autoridade que detém legitimidade para receber delegação e desempenhar tais funções. O texto constitucional define com destinatários apenas os Ministros de Estado, o Procurador-Geral da República e o Advogado-Geral da União. As competências que se sujeitam a esse regime são poucas. Somente podem ser delegadas atribuições para (a) conceder indulto e comutar apenas (art. 84, XII, da CF); (b) prover cargos públicos federais (art. 84, XXV, primeira parte, da CF) e; (c) dispor, mediante ato normativo autônomo, sobre organização e funcionamento da administração federal, bem assim a extinção de funções e cargos públicos quando vagos (art. 84, VI, da CF). O ato de delegação dispensa fundamento em texto de lei. Constitui medida sujeita à esfera de discricionariedade do Presidente da República, a quem cabe, observados os parâmetros constantes do parágrafo único do art. 84, estabelecer condições e limites ao exercício da atribuição delegada. Gabarito "1E".

**(Delegado/PB – 2009 – CESPE)** Quanto ao Poder Executivo, assinale a opção correta.

(A) No sistema de governo presidencialista, o chefe de governo é também o chefe de Estado.

(B) Quando o presidente da República celebra um tratado internacional, o faz como chefe de governo.

(C) O presidente da República responde por crimes comuns e de responsabilidade perante o Senado Federal, depois de autorizado o seu julgamento pela Câmara dos Deputados.

(D) Algumas competências privativas do presidente da República podem ser delegadas aos ministros de estado. Entre elas está a de presidir o Conselho da

República e o Conselho de Defesa quando não estiver presente na sessão.
(E) O presidente da República não pratica crime de responsabilidade quando descumpre uma decisão judicial que entende ser inconstitucional ou contrária ao interesse público.

A: correta. De fato, quando o sistema de governo adotado é o presidencialismo, o Presidente da República cumula duas funções: chefe de Estado (representa o país externamente) e chefe de governo (administra o país internamente). É o que ocorre no Brasil; B: incorreta, tal atribuição é feita com base na chefia de Estado; C: incorreta, pois nas infrações penais comuns o Presidente da República é submetido a julgamento perante o Supremo Tribunal Federal (art. 86, "caput", da CF/1988). Tanto pela prática de crime de responsabilidade como pela prática de crime comum é necessária a autorização da Câmara de Deputados para que o Presidente seja processado. É o que se denomina de juízo de admissibilidade da Câmara; D: incorreta (art. 84, XVIII e parágrafo único, da CF/1988); E: incorreta (art. 85, VII, da CF/1988).

## 12. PODER JUDICIÁRIO

(Agente-Escrivão – PC/GO – CESPE – 2016) Assinale a opção correta a respeito de súmula vinculante.

(A) Durante o processo de aprovação de súmula vinculante, os processos judiciais em curso que tratem da matéria objeto do enunciado serão suspensos em observância à segurança jurídica.
(B) A edição de súmula vinculante é matéria de competência absoluta e exclusiva do Supremo Tribunal Federal, sendo vedada a intervenção típica ou atípica de quaisquer terceiros.
(C) A súmula vinculante produz efeitos imediatos a partir de sua edição, não admitindo a modulação que pode ter lugar em determinadas hipóteses de controle concentrado.
(D) A edição de uma súmula vinculante pelo Supremo Tribunal Federal não impede que o Congresso Nacional possa alterar ou revogar dispositivo constitucional objeto do enunciado dessa súmula.
(E) Súmula vinculante vincula o próprio Supremo Tribunal Federal, que haverá de necessariamente ater-se ao comando nela contido.

A: incorreta. O art. 6º da Lei 11.417/2006 estabelece que durante o processo de edição, revisão ou cancelamento de enunciado de Súmula Vinculante será vedada a suspensão de processos em que se discuta a mesma questão; B: incorreta. O art. 3º da Lei 11.417/2006 estabelece um rol de legitimados a propor a edição, revisão ou cancelamento de enunciado de Súmula Vinculante, de modo que a afirmação de que seria vedada a interferência de terceiros não merece prosperar; C: incorreta. A Súmula Vinculante, ainda que tenha eficácia imediata, poderá modular seus efeitos por decisão de 2/3 dos membros do STF (art. 4 da Lei 11.417/2006); D: correta. O Legislativo não terá tolhida sua atribuição de produção de normas. Nesse sentido a própria Lei 11.417/2006 admite que (art. 5º) revogada ou modificada a lei em que se fundou a edição do enunciado de Súmula Vinculante, o STF de ofício ou por provocação, procederá à sua revisão ou cancelamento; E: incorreta. O STF (colegiado) não está vinculado ao teor das Súmulas Vinculantes por ele mesmo editadas, de modo que, a depender da realidade social e da composição da corte, poderá mudar a compreensão sobre determinado assunto e modificá-la, ou mesmo cancelá-la (desde que por decisão tomada por 2/3 dos membros do STF – art. 2, § 3º da Lei 11.417/2006). Isso não se confunde com a obrigatoriedade dos Ministros, individualmente, respeitarem os termos do enunciado enquanto ele estiver vigente.

(Escrivão – Pernambuco – CESPE – 2016) Acerca do Poder Judiciário e das competências de seus órgãos, assinale a opção correta.

(A) Compete aos juízes de direito do juízo militar processar e julgar, singularmente, os crimes militares cometidos contra civis.
(B) A disputa sobre direitos indígenas será processada e julgada perante a justiça estadual.
(C) Os crimes contra a organização do trabalho serão processados e julgados perante a justiça do trabalho.
(D) Não é necessário que decisões administrativas dos tribunais do Poder Judiciário sejam motivadas.
(E) Compete ao Conselho Nacional de Justiça apreciar, de ofício, a legalidade dos atos administrativos praticados por servidores do Poder Judiciário.

A: correta, nos termos do art. 125, § 5º da CF; B: incorreta. Compete à Justiça Federal (art. 109, XI da CF); C: incorreta. Compete à Justiça Federal (art. 109, VI da CF); D: incorreta. As decisões administrativas dos tribunais do Poder Judiciário não apenas deverão ser motivadas como tomadas em sessão pública (art. 93, X da CF); E: incorreta. A competência do Conselho Nacional de Justiça para apreciar os atos administrativos praticados por servidores do Judiciário poderá ser de ofício ou mediante provocação (art. 103-B, § 4º, II da CF).

(Agente de Polícia/DF – 2013 – CESPE) Relativamente ao Poder Judiciário e ao Ministério Público (MP), julgue os itens seguintes.

(1) O MP dispõe de autonomia funcional e administrativa, podendo propor ao Poder Legislativo a criação e extinção de seus cargos e serviços auxiliares, a política remuneratória e os planos de carreira que lhe sejam afetos, observados os condicionantes previstos na lei orçamentária e na lei de diretrizes orçamentárias.
(2) O ingresso na carreira da magistratura ocorre mediante concurso público de provas, com a participação da Ordem dos Advogados do Brasil em todas as fases, exigindo-se do bacharel em direito, no mínimo, três anos de atividade advocatícia.

1: correta, é o que dispõe o artigo 127, § 2º, da Constituição Federal; 2: errada, a assertiva está incompleta. O ingresso na carreira da magistratura ocorre mediante concurso público de provas, mas também de títulos. É o que dispõe o artigo 93, I, da Constituição Federal.

(Escrivão de Polícia/DF – 2013 – CESPE) No que diz respeito ao Poder Judiciário, julgue os itens subsecutivos.

(1) O juiz não poderá exercer a advocacia no juízo ou tribunal do qual se afastou, antes de decorridos três anos do afastamento do cargo por aposentadoria ou exoneração.
(2) O Conselho Nacional de Justiça será presidido pelo presidente do Supremo Tribunal Federal, e, nas suas ausências e impedimentos, pelo vice-presidente desse tribunal.

1: correta, nos termos do artigo 95, parágrafo único, V, da Constituição Federal; 2: correta, nos termos do artigo 103-B, § 1º, da Constituição Federal.

**(Delegado/MT – 2017 – CESPE)** No estado de Mato Grosso, Pedro cometeu crime contra a economia popular; Lucas cometeu crime de caráter transnacional contra animal silvestre ameaçado de extinção; e Raí, um agricultor, cometeu crime comum contra índio, no interior de reserva indígena, motivado por disputa sobre direitos indígenas.

Nessa situação hipotética, a justiça comum estadual será competente para processar e julgar

(A) somente Pedro e Raí.
(B) somente Lucas e Raí.
(C) Pedro, Lucas e Raí.
(D) somente Pedro.
(E) somente Pedro e Lucas.

De acordo com a Súmula 498 do STF "Compete à Justiça dos Estados, em ambas as instâncias, o processo e o julgamento dos crimes contra a economia popular". Dessa forma está errada a alternativa **B**. O Plenário do Supremo Tribunal Federal decidiu que compete à Justiça Federal processar e julgar crime ambiental de caráter transnacional que envolva animais silvestres, ameaçados de extinção, espécimes exóticas, ou protegidos por compromissos internacionais assumidos pelo Brasil (Recurso Extraordinário 835558). Assim também erradas as alternativas **C** e **E**. Nos termos do art. 109, inciso XI, CF, aos juízes federais compete processar e julgar a disputa sobre direitos indígenas, errada, portanto, a alternativa **A**.
Correta por consequência a alternativa D.
Gabarito "D".

**(Delegado/MT – 2017 – CESPE)** Em determinado estado da Federação, um juiz de direito estadual, um promotor de justiça estadual e um procurador do estado cometeram, em momentos distintos, crimes comuns dolosos contra a vida. Não há conexão entre esses crimes. Sabe-se que a Constituição do referido estado prevê que crimes comuns praticados por essas autoridades sejam processados e julgados pelo respectivo tribunal de justiça.

Nessa situação hipotética, segundo o entendimento do STF, será do tribunal do júri a competência para processar e julgar somente o

(A) promotor de justiça.
(B) juiz de direito.
(C) procurador do estado e o promotor de justiça.
(D) promotor de justiça e o juiz de direito.
(E) procurador do estado.

Nos termos da Súmula Vinculante 45 "a competência constitucional do Tribunal do Júri prevalece sobre o foro por prerrogativa de função estabelecido exclusivamente pela Constituição Estadual". Há foro por prerrogativa de função previsto na Constituição Federal para juízes e promotores (Art. 96. Compete privativamente: (...) III – aos Tribunais de Justiça julgar os juízes estaduais e do Distrito Federal e Territórios, bem como os membros do Ministério Público, nos crimes comuns e de responsabilidade, ressalvada a competência da Justiça Eleitoral"). Logo, na situação hipotética, o TJ seria competente para julgar o juiz e o promotor, mas o procurador de estado seria submetido a julgamento pelo Tribunal do Júri. Portanto, correta a alternativa E.
Gabarito "E".

**(Delegado Federal – 2013 – CESPE)** Com base nas disposições da CF acerca das competências dos juízes federais, julgue o item a seguir.

(1) Aos juízes federais compete processar e julgar, entre outros crimes, os que atentem contra a organização do trabalho e os de ingresso ou permanência irregular de estrangeiro no território nacional, bem como as disputas sobre direitos indígenas.

**1:** correto. De acordo com o art. Art. 109, VI, da CF, aos juízes federais compete o processo e julgamento dos **crimes contra a organização do trabalho** e, nos casos determinados por lei, contra o sistema financeiro e a ordem econômico-financeira. Além disso, os incisos X e XI do mesmo dispositivo determina que também é da competência dos juízes federais o processo e julgamento **dos crimes de ingresso ou permanência irregular de estrangeiro**, a execução de carta rogatória, após o *exequatur*, e de sentença estrangeira, após a homologação, as causas referentes à nacionalidade, inclusive a respectiva opção, e à naturalização e a **disputa sobre direitos indígenas**.
Gabarito "1C".

**(Delegado/RR – 2003 – CESPE)** Julgue os itens seguintes acerca do Poder Judiciário e do Ministério Público.

(1) Compete aos juízes federais julgar as causas entre Estado estrangeiro e município. Da decisão caberá recurso ordinário para o Superior Tribunal de Justiça (STJ).

(2) Ao Ministério Público compete exercer o controle externo da atividade policial, podendo, para tanto, ter livre ingresso em estabelecimentos policiais e prisionais, bem como acesso a quaisquer documentos relativos à atividade-fim policial.

(3) Considere a seguinte situação hipotética. João foi preso em flagrante pela prática de crime contra a fauna, previsto na Lei n.º 9.605/1998, consistente em matar espécime da fauna silvestre sem a devida permissão. Nessa situação, João será processado perante a justiça federal, conforme entendimento já sumulado pelo STJ.

**1:** correta, conforme dispõe o art. 109, II, da CF/1988; **2:** correta, tendo em vista o art. 129, VII, da CF/1988; **3:** incorreta, por ter sido cancela a Súmula 91 do STJ – DJU 23.11.2000 – que dizia ser de competência da Justiça Federal os crimes contra a fauna.
Gabarito 1C, 2C, 3E.

**(Delegado/RN – 2009 – CESPE)** Em relação ao STF, assinale a opção correta.

(A) Seus ministros serão nomeados pelo presidente da República, depois de aprovada a escolha pela maioria simples dos senadores.
(B) É sua competência conceder medida cautelar para dar efeito suspensivo a recurso extraordinário que ainda não foi objeto de juízo de admissibilidade na origem.
(C) Compete ao STF acolher originariamente o mandado de segurança contra atos de outros tribunais.
(D) É cabível, originariamente, a reclamação para a preservação de sua competência, mesmo que o ato atacado já tenha transitado em julgado.
(E) Segundo a CF, compete ao STF julgar, em recurso ordinário, o denominado crime político.

**A:** incorreta. A aprovação dos nomes dos Ministros escolhidos pelo Presidente da República é do Senado Federal, que deverá se pronunciar por sua maioria absoluta (art. 101, parágrafo único, da CF/1988); **B:** incorreta. Inexistindo juízo de admissibilidade na origem, ou seja, sendo negado seguimento ao recurso caberá à parte inconformada manejar o recurso cabível (art. 544 do CPC). Não admitido o recurso extraordinário ou o recurso especial caberá agravo nos próprios autos, no prazo de 10 (dez) dias; **C:** incorreta. A competência originária do STF, em mandado

de segurança, se refere aos atos do Presidente da República, das Mesas da Câmara dos Deputados e do Senado Federal, do Tribunal de Contas da União, do Procurador-Geral da República e do próprio Supremo Tribunal Federal (art. 102, I, "d", da CF/1988); **D:** incorreta. Transitada em julgado, o meio processual próprio é a ação rescisória; **E:** correta, face ao contido no art. 102, II, "b", da CF/1988.
Gabarito "E".

## 13. FUNÇÕES ESSENCIAIS À JUSTIÇA

**(Escrivão – Pernambuco – CESPE – 2016)** A respeito das funções institucionais do Ministério Público (MP), assinale a opção correta de acordo com os dispositivos da Constituição Federal de 1988 (CF).

(A) Como não está inserido na parte da CF que trata da segurança pública, o MP não pode exercer controle sobre a atividade policial.

(B) Indicados os fundamentos jurídicos de suas manifestações processuais, o MP pode requisitar a instauração de inquérito policial.

(C) O rol de funções institucionais do MP previstos na CF é taxativo.

(D) Independentemente do tipo penal, compete exclusivamente ao MP a promoção da ação penal.

(E) O MP pode promover o inquérito civil e a ação civil pública para a proteção de interesse meramente individual disponível.

**A:** incorreta. Trata-se de função institucional do Ministério Público o controle da atividade policial, nos termos do art. 129, VII da CF; **B:** correta, art. 129, VIII da CF; **C:** incorreta. O inciso IX do art. 129 da CF estabelece que o Ministério Público poderá exercer outras funções que lhe forem conferidas, de modo que não se trata de um rol taxativo de prerrogativas; **D:** incorreta. A competência do MP para promoção penal está relacionada à ação penal pública, de modo que o particular tem liberdade para promover a ação penal privada (art. 129, I da CF); **E:** incorreta. A promoção do inquérito civil e da ação civil pública pelo Ministério Público terá o intuito de proteger o patrimônio público e social (art. 129, III da CF).
Gabarito "B".

**(Escrivão – Pernambuco – CESPE – 2016)** Assinale a opção correta a respeito da defensoria e da advocacia públicas.

(A) A independência funcional no desempenho das atribuições previstas aos membros da defensoria pública garante a vitaliciedade no cargo.

(B) Os procuradores do estado representam, judicial e administrativamente, as respectivas unidades federadas, suas autarquias, fundações, empresas públicas e sociedades de economia mista.

(C) O defensor público, estadual ou federal, que presta orientação jurídica a necessitados pode também exercer a advocacia fora de suas atribuições institucionais.

(D) À defensoria pública, instituição permanente essencial à função jurisdicional do Estado, incumbe a orientação jurídica e a defesa dos direitos individuais e coletivos, de forma integral e gratuita, a necessitados, em todos os graus de jurisdição e instâncias administrativas.

(E) A defensoria pública não está legitimada para propor ação civil pública: o constituinte concedeu essa atribuição apenas ao MP.

**A:** incorreta. Gozam de vitaliciedade os membros da magistratura e do Ministério Público; **B:** incorreta. Os procuradores somente exercerão a representação judicial e consultoria jurídica das respectivas unidades federadas; **C:** incorreta. O art. 134, § 1º estabelece que os defensores públicos não poderão exercer a advocacia fora das atribuições institucionais; **D:** correta, nos termos do "caput" do art. 134 da CF; **E:** incorreta. Ainda que não tenha sido expressamente previsto na Constituição, a Defensoria Pública pode propor ação civil pública na defesa de direitos difusos, coletivos e individuais homogêneos. STF. Plenário. ADI 3943/DF, Rel. Min. Cármen Lúcia, julgado em 6 e 7/5/2015.
Gabarito "D".

**(Agente – Pernambuco – CESPE – 2016)** Com base nas disposições constitucionais acerca do Conselho Nacional de Justiça (CNJ) e do Ministério Público (MP), assinale a opção correta.

(A) As funções institucionais do MP incluem promover, privativamente, a ação penal pública e exercer o controle externo da atividade policial, assim como a representação judicial e a consultoria jurídica de entidades públicas.

(B) Integram o CNJ o presidente do Supremo Tribunal Federal, o procurador-geral da República e o presidente do Conselho Federal da Ordem dos Advogados do Brasil.

(C) Entre outras atribuições, cabe ao CNJ apreciar a legalidade dos atos administrativos e jurisdicionais praticados por membros ou órgãos do Poder Judiciário, podendo desconstituí-los para o exato cumprimento da lei.

(D) Entre outras atribuições, cabe ao CNJ avocar processos disciplinares em curso e representar ao MP nos casos de crimes contra a administração pública ou de abuso de autoridade.

(E) Os procuradores-gerais dos MPs dos estados e o do Distrito Federal e Territórios serão nomeados pelos governadores dos estados e do Distrito Federal, conforme o caso, a partir de lista tríplice composta por integrantes da carreira, para mandato de dois anos.

**A:** incorreta. O trecho final do enunciado traz disposição incorreta. Isso porque é vedada a representação judicial e a consultoria jurídica de entidades públicas; **B:** incorreta. O Procurador-Geral da República não compõe o CNJ e o Conselho Federal da OAB indicará dois advogados e não o Presidente. A composição complete do CNJ, é formada por 15 (quinze) membros com mandato de 2 (dois) anos, admitida 1 (uma) recondução, sendo: I – o Presidente do Supremo Tribunal Federal; II – um Ministro do Superior Tribunal de Justiça, indicado pelo respectivo tribunal; III – um Ministro do Tribunal Superior do Trabalho, indicado pelo respectivo tribunal; IV – um desembargador de Tribunal de Justiça, indicado pelo Supremo Tribunal Federal; V – um juiz estadual, indicado pelo Supremo Tribunal Federal; VI – um juiz de Tribunal Regional Federal, indicado pelo Superior Tribunal de Justiça; VII – um juiz federal, indicado pelo Superior Tribunal de Justiça; VIII – um juiz de Tribunal Regional do Trabalho, indicado pelo Tribunal Superior do Trabalho; IX – um juiz do trabalho, indicado pelo Tribunal Superior do Trabalho; X – um membro do Ministério Público da União, indicado pelo Procurador-Geral da República; XI um membro do Ministério Público estadual, escolhido pelo Procurador-Geral da República dentre os nomes indicados pelo órgão competente de cada instituição estadual; **C:** incorreta. Compete ao CNJ apreciar somente a legalidade dos atos administrativos. (art. 103-B § 4º II); **D:** correta (art. 103-B, § 4º, III e IV da CF); **E:** A alternativa está incorreta. Os Procurador-Geral do MPDF serão nomeados pelo Presidente da República e não pelos Governadores (art. 21, XIII da CF).
Gabarito "D".

(Escrivão de Polícia/DF – 2013 – CESPE) A respeito do Ministério Público e da defensoria pública, julgue os itens seguintes.

(1) Os Ministérios Públicos dos estados formarão lista tríplice entre integrantes da carreira para escolha de seu procurador-geral, que será nomeado pelo chefe do Poder Executivo federal.

(2) Organizar e manter a Defensoria Pública do Distrito Federal são competências da União.

(3) O Ministério Público da União abrange o Ministério Público do Distrito Federal e Territórios.

(4) O Ministério Público da União é chefiado pelo procurador-geral federal, nomeado pelo presidente da República, entre integrantes da carreira, maiores de trinta e cinco anos, após a aprovação do Senado Federal.

**1**: errada, a nomeação competirá ao chefe do Poder Executivo Estadual e do Distrito Federal e Territórios, nos termos do artigo 128, § 3º, da Constituição da República; **2**: errada, a competência da União é apenas para "organizar", nos termos do artigo 22, XVII, da Constituição Federal; **3**: correta, além de abranger o Ministério Público do Distrito Federal e Territórios, abarca ainda o Ministério Público Federal, o Ministério Público do Trabalho e o Ministério Público Militar, nos termos do artigo 128, I, da Constituição Federal; **4**: errada, o Ministério Público da União é chefiado pelo Procurador-Geral da República. Cabe ainda mencionar que, a aprovação do Senado deverá ser por maioria absoluta, para mandato de dois anos, permitida a recondução, nos termos do artigo 128, § 1º, da Constituição Federal.

Gabarito 1E, 2E, 3C, 4E

(Delegado/GO – 2017 – CESPE) No modelo de funcionamento da justiça montado no Brasil, entendeu-se ser indispensável a existência de determinadas funções essenciais à justiça. Nesse sentido, a CF considera como funções essenciais à justiça

(A) o Poder Judiciário, o Ministério Público, a defensoria pública, a advocacia e as polícias civil e militar.

(B) o Ministério Público, a defensoria pública, a advocacia pública, a advocacia e as polícias civil e militar.

(C) o Poder Judiciário e o Ministério Público.

(D) o Ministério Público, a defensoria pública, a advocacia pública e a advocacia.

(E) o Poder Judiciário, o Ministério Público e a defensoria pública.

As funções essenciais à justiça estão disciplinadas na Constituição Federal no Capítulo IV do Título IV – Da Organização dos Poderes. Sendo Seção I – Do Ministério Público, Seção II – Da Advocacia Pública, Seção III – Da Advocacia e Seção IV – Da Defensoria Pública. O Poder judiciário é um dos Poderes e não uma função essencial. As polícias fazem parte da Segurança Pública (artigo 144, CF). Desse modo correta a alternativa D.

Gabarito "D".

(Delegado/GO – 2017 – CESPE) À luz da CF, assinale a opção correta a respeito do Ministério Público.

(A) Segundo a CF, são princípios institucionais aplicáveis ao Ministério Público: a unidade, a indivisibilidade, a independência funcional e a inamovibilidade.

(B) Foi com a CF que a atividade do Ministério Público adquiriu o *status* de função essencial à justiça.

(C) O STF, ao tratar das competências e prerrogativas do Ministério Público, estabeleceu o entendimento de que membro desse órgão pode presidir inquérito policial.

(D) A CF descreve as carreiras abrangidas pelo Ministério Público e, entre elas, elenca a do Ministério Público Eleitoral.

(E) A exigência constitucional de que o chefe do Ministério Público da União, procurador-geral da República, pertença à carreira significa que ele, para o exercício do cargo, pode pertencer tanto ao Ministério Público Federal quanto ao estadual.

A alternativa **A** está errada, pois a inamovibilidade não é um princípio institucional do Ministério Público e sim uma das garantias conferidas a seus membros. Ver artigos 127 e 128, § 5º, inciso I, alínea "b", CF. Correta a alternativa **B**, pois antes da atual Constituição o Ministério Público era ligado ao Poder Executivo. A alternativa **C** está errada. Conforme já decidido pelo STF "Na esteira de precedentes desta Corte, malgrado seja defeso ao Ministério Público presidir o inquérito policial propriamente dito, não lhe é vedado, como titular da ação penal, proceder investigações" (RE 449206). Errada a alternativa **D**. Nos termos do artigo 128, CF "O Ministério Público abrange: I – o Ministério Público da União, que compreende: a) o Ministério Público Federal; b) o Ministério Público do Trabalho; c) o Ministério Público Militar; d) o Ministério Público do Distrito Federal e Territórios; II – os Ministérios Públicos dos Estados. Logo, não está elencado o Ministério Público Eleitoral. A alternativa E está errada. Ele deve pertencer à carreira do Ministério Público da União, ou seja, pode ser do Ministério Público Federal; do Ministério Público do Trabalho; do Ministério Público Militar; ou do Ministério Público do Distrito Federal e Territórios.

Gabarito "B".

(Delegado/TO – 2008 – CESPE) De acordo com a disciplina constitucional acerca do Poder Judiciário e do Ministério Público julgue o próximo item.

(1) Entre as funções institucionais do Ministério Público, estão o controle da atividade policial e a requisição de diligências investigatórias e da instauração de inquérito policial, indicados os fundamentos jurídicos de suas manifestações processuais.

É o que dispõe o art. 129, VII e VIII, da CF/1988.

Gabarito "1C".

## 14. DEFESA DO ESTADO

(Agente Administrativo – PF – 2014 – CESPE/CEBRASPE) Acerca das disposições constitucionais relativas à segurança pública, julgue os itens a seguir.

(1) Na hipótese da ocorrência de crime contra o patrimônio da Empresa Brasileira de Correios e Telégrafos, compete à Polícia Federal apurar a infração penal.

(2) A Força Nacional de Segurança Pública, a Polícia Federal e a Polícia Rodoviária Federal são órgãos destinados ao exercício da segurança pública no Brasil.

**1**: certo, pois, de acordo com o inciso I do § 1º do art. 144 da CF, a Polícia Federal destina-se a apurar infrações penais praticadas em detrimento de bens, serviços e interesses da União ou de suas entidades autárquicas e empresas públicas, e a Empresa Brasileira de Correios e Telégrafos é empresa pública federal (Decreto-Lei 509/1969). JUSTIFICATIVA CESPE – A Empresa Brasileira de Correios e Telégrafos é empresa pública federal e, de acordo com o inciso I do § 1º do art. 144 da CF, a Polícia Federal destina-se a apurar infrações praticadas em detrimento de bens da União e de suas empresas públicas. Ver: "Art. 144 (...) § 1º A polícia federal, instituída por lei como órgão permanente, organizado e mantido pela União e estruturado em carreira, destina-se a: I – apurar infrações penais contra a ordem política e social ou em detrimento de

bens, serviços e interesses da União ou de suas entidades autárquicas e empresas públicas, assim como outras infrações cuja prática tenha repercussão interestadual ou internacional e exija repressão uniforme, segundo se dispuser em lei". **2**: errado, pois a Força Nacional de Segurança Pública é um **programa de cooperação** entre a União, os Estados e o Distrito Federal para atuar em atividades destinadas à preservação da ordem pública e da incolumidade das pessoas e do patrimônio (Decreto 5.289/2004; Lei 11.473/2007), não integrando o rol taxativo de órgãos de segurança pública constante no art. 144, *caput*, da CF. JUSTIFICATIVA CESPE – A Força Nacional de Segurança Pública não é órgão e não integra o rol taxativo constante no art. 144, caput, da CF *in verbis*: "Art. 144. A segurança pública, dever do Estado, direito e responsabilidade de todos, é exercida para a preservação da ordem pública e da incolumidade das pessoas e do patrimônio, através dos seguintes órgãos: I – polícia federal; II – polícia rodoviária federal; III – polícia ferroviária federal; IV – polícias civis; V – polícias militares e corpos de bombeiros militares." AN
Gabarito 1C, 2E

**(Agente – PF – CESPE – 2018)** No que se refere à defesa do Estado e das instituições democráticas, julgue os itens a seguir.

**(1)** O direito ao sigilo de correspondência é constitucionalmente previsto, mas poderá ser restringido nas hipóteses de estado de defesa e de estado de sítio.

**(2)** Na vigência do estado de defesa, é legal a prisão de indivíduo por até trinta dias, independentemente de autorização do Poder Judiciário.

Questões anuladas por extrapolarem o conteúdo previsto no edital de abertura do certame. Apesar disso, iremos respondê-las para efeito de estudo. **1**: certa, pois o direito ao sigilo de correspondência pode ser restringido nas hipóteses de estado de defesa (art. 136 § 1º, I, "b", da CF) e de estado de sítio (art. 139, III, da CF); **2**: errada, porque, na vigência do estado de defesa, a prisão ou detenção de qualquer pessoa não poderá ser superior a **dez dias**, salvo quando autorizada pelo Poder Judiciário (art. 136, § 3º, III, da CF). AN
Gabarito 1ANULADA, 2ANULADA

**(Agente – PF – CESPE – 2018)** Com relação à segurança pública e à atuação da Polícia Federal, julgue os itens seguintes.

**(1)** A Polícia Federal tem a atribuição de apurar infrações que exijam repressão uniforme e tenham repercussão internacional; infrações que exijam repressão uniforme, mas que tenham repercussão interestadual, devem ser apuradas pelas polícias civis e militares.

**(2)** Compete à Polícia Federal exercer, com exclusividade, as funções de polícia judiciária da União.

**1**: errada, pois a polícia federal tem a atribuição de apurar infrações penais contra a ordem política e social ou em detrimento de bens, serviços e interesses da União ou de suas entidades autárquicas e empresas públicas, assim como outras infrações cuja prática tenha repercussão interestadual ou internacional e exija repressão uniforme (art. 144, § 1º, I, da CF); **2**: certa, nos termos do art. 144, § 1º, IV, da CF. AN
Gabarito 1E, 2C

**(Escrivão de Polícia Federal – 2013 – CESPE)** Julgue os próximos itens relativos à defesa do Estado e das instituições democráticas.

**(1)** A apuração de infrações penais cometidas contra os interesses de empresa pública federal insere-se no âmbito da competência da Polícia Federal.

**(2)** Considere que determinada lei ordinária tenha criado órgão especializado em perícia e o tenha inserido no rol dos órgãos responsáveis pela segurança pública.

Nessa situação, a lei está em consonância com a CF, a qual admite expressamente a criação de outros órgãos públicos encarregados da segurança pública, além daqueles previstos no texto constitucional.

**1**: correta. É o que estabelece o inciso I, do § 1º do artigo 144 da Constituição Federal; **2**: errada. A Constituição da República enumera um rol taxativo de órgãos encarregados do exercício da segurança pública, previstos no art. 144, I a V, e esse modelo, segundo entendimento do Supremo Tribunal Federal, deverá ser observado pelos Estados-membros e pelo Distrito Federal. Mencionada questão foi objeto de discussão na ADI 2827, que entendeu pela existência de rol taxativo, e portanto, veda a criação de órgãos públicos encarregados da segurança pública, além dos já previstos no diploma constitucional.
Gabarito 1C, 2E

**(Agente de Polícia/DF – 2013 – CESPE)** Julgue o item abaixo, que versa sobre a organização da segurança pública.

**(1)** As polícias civis, às quais incumbem, ressalvada a competência da União, as funções de polícia judiciária e a apuração de infrações penais, exceto as militares, subordinam-se aos governadores dos estados, do DF e dos territórios.

**1**: correta, é o que dispõe o artigo 144, §§ 4º e 6º, da Constituição Federal.
Gabarito 1C

**(Agente de Polícia Federal – 2012 – CESPE)** Considerando as disposições constitucionais acerca de segurança pública, julgue os itens a seguir.

**(1)** Cabe à Polícia Federal apurar infrações penais que atentem contra os bens, serviços e interesses da administração direta, das autarquias e das fundações públicas da União. Às polícias civis dos estados cabem as funções de polícia judiciária das entidades de direito privado da administração indireta federal.

**(2)** A Polícia Federal, as polícias militares e os corpos de bombeiros militares são forças auxiliares e reserva do exército.

**1**: incorreta. Preliminarmente, é oportuno pontuarmos que os primeiros órgãos ou instituições criados na Carta Constitucional foram a Polícia Federal, que há de ser implantada por meio de lei federal, devendo ser composta por órgãos permanentes e organizada em carreira. Em segundo, suas atribuições, além de outras correlatas, são apurar infrações penais contra a ordem política e social ou em detrimento de bens, serviços e interesses da União ou de suas entidades autárquicas e empresas públicas (art. 109, IV, da CF), assim como outras infrações cuja prática tenha repercussão interestadual ou internacional (Lei 10.446, de 08 de maio de 2002) e exija repressão uniforme, conforme dispuser em lei, e prevenção e repressão ao tráfico ilícito de entorpecentes e drogas afins, o contrabando e o descaminho, sem prejuízo da ação fazendária e de outros órgãos públicos nas respectivas áreas de competência. A Polícia Federal está vinculada ao Ministério da Justiça (e como desdobramento lógico em última instância ao Presidente da República) e é custeada com recursos da União, como determina o art. 144, § 1º, I e II, da CF. No que diz respeito às polícias civis, dirigidas por delegados de polícia de carreira incumbem, ressalvada a competência da União, as funções de polícia judiciária e a apuração de infrações penas, exceto as militares, nos termos do art. 144, § 4º, da CF. Em outras palavras, as polícias civis, exceto as do Distrito Federal e dos Territórios, cuja incumbência toca à União (art. 21, XIV, da CF), são de responsabilidade dos Estados-membros e deverão ser dirigidas por delegados de polícia de carreira (com curso de bacharelado em Direito e aprovados em virtude

de concurso público de provas e títulos). Possuem competência residual, isto é, excluídas as competências da União, as quais tocam à polícia federal, todas as demais infrações (crimes ou contravenções penais), exceto as de natureza militares, serão apuradas pela polícia judiciária estadual, o que denota seu caráter repressivo, ou seja, o desenvolvimento de seus trabalhos, em regra, após a consumação do fato delituoso; **2**: incorreta, na exata medida que o constituinte reservou à segurança pública um capítulo especial (Capítulo III do Título V). A preocupação fixou-se no passado recente, no qual segurança pública e segurança nacional se confundiam e a segunda passou a ser utilizada como ato de império. Utilizavam-se as forças públicas e militares para perseguirem e mesmo aniquilar os críticos do regime militar ditatorial. A segurança é dever de todos (poder público e sociedade) e tem como objetivos a preservação da ordem pública e da integridade das pessoas e do patrimônio, enfim é a manutenção da ordem pública no âmbito interno. Preocupou-se o constituinte em criar órgãos com atribuições específicas e definidas, na esfera federal, estadual e municipal. Inovou o texto constitucional, pois possibilitou ao município a criação de forças públicas, denominadas, em regra, guardas municipais, com função específica de proteção a bens, serviços e instalações municipais. Sendo assim, a segurança pública é formada pelos seguintes órgãos: I – Polícia Federal, II – Polícia Rodoviária Federal, III – Polícia Ferroviária Federal, IV – Polícias Civis e V – Polícias Militares e Corpos de Bombeiros Militares. A Emenda Constitucional nº 104/2019 acrescentou as polícias penais federal, estaduais e distrital a esse rol. Por fim, somente as polícias militares e corpos de bombeiros militares são forças auxiliares e reserva do Exército, subordinam-se, juntamente com as polícias civis e as polícias penais estaduais e distrital, aos Governadores dos Estados, do Distrito Federal e dos Territórios, nos termos do art. 144, § 6º, da CF.
Gabarito 1E, 2E

**(Delegado/PE – 2016 – CESPE)** A respeito das atribuições constitucionais da polícia judiciária e da organização político-administrativa do Estado Federal brasileiro, assinale a opção correta.

(A) Todos os anos, as contas dos municípios devem ficar, durante sessenta dias, à disposição de qualquer contribuinte, para exame e apreciação, o qual poderá questionar a legitimidade dessas contas, nos termos da lei.

(B) O DF, como ente federativo *sui generis*, possui as competências legislativas reservadas aos estados, mas não aos municípios; entretanto, no que se refere ao aspecto tributário, ele possui as mesmas competências que os estados e municípios dispõem.

(C) As polícias civis, dirigidas por delegados de polícia de carreira, exercem as funções de polícia judiciária e de apuração de infrações penais, sejam elas civis ou militares.

(D) Dirigidas por delegados de polícia, as polícias civis subordinam-se aos governadores dos respectivos estados, com exceção da polícia civil do DF, que é organizada e mantida pela União.

(E) Os territórios não são entes federativos; assim, na hipótese de vir a ser criado um território federal, ele não disporá de representação na Câmara dos Deputados nem no Senado Federal.

**A**: correta. É o que determina o art. 31, § 3º, da CF. Tal dispositivo informa que as contas dos Municípios ficarão, durante sessenta dias, anualmente, à disposição de qualquer contribuinte, para exame e apreciação, o qual poderá questionar-lhes a legitimidade, nos termos da lei; **B**: incorreta. Ao contrário do mencionado, o DF detém competências legislativas estaduais e municipais. O § 1º do art. 32 da CF indica que ao Distrito Federal são atribuídas as competências legislativas reservadas aos Estados e Municípios; **C**: incorreta. O § 4º do art. 144 da CF determina que às polícias civis, dirigidas por delegados de polícia de carreira, incumbem, ressalvada a competência da União, as funções de polícia judiciária e a apuração de infrações penais, **exceto as militares**; **D**: incorreta. De acordo com o art. 144, § 6º, da CF, as polícias militares e corpos de bombeiros militares, forças auxiliares e reserva do Exército, subordinam-se, juntamente com as polícias civis, aos Governadores dos Estados, do Distrito Federal e **dos Territórios**. É da competência da União, conforme determina o art. 21, XIV, da CF, organizar e manter a polícia civil, a polícia militar e o corpo de bombeiros militar do Distrito Federal, bem como prestar assistência financeira ao Distrito Federal para a execução de serviços públicos, por meio de fundo próprio. Mas tais órgãos estão subordinados ao governador do Distrito Federal; **E**: incorreta. Dispõe o art. 45, § 2º, da CF que cada Território elegerá **quatro Deputados**.
Gabarito "A".

**(Delegado Federal – 2013 – CESPE)** Acerca das atribuições da Polícia Federal, julgue os itens a seguir.

(1) A Polícia Federal dispõe de competência para proceder à investigação de infrações penais cuja prática tenha repercussão interestadual ou internacional, exigindo-se repressão uniforme.

(2) De acordo com a norma constitucional, cabe exclusivamente à Polícia Federal prevenir e reprimir o tráfico ilícito de entorpecentes e drogas afins, portanto a atuação da polícia militar de determinado estado da Federação no flagrante e apreensão de drogas implica a ilicitude da prova e a nulidade do auto de prisão.

**1**: correto. É o que determina o art. 144, § 1º, I, da CF, o qual determina que a polícia federal, instituída por lei como órgão permanente, organizado e mantido pela União e estruturado em carreira, destina-se a apurar infrações penais contra a ordem política e social ou em detrimento de bens, serviços e interesses da União ou de suas entidades autárquicas e empresas públicas, assim como outras infrações cuja prática tenha repercussão interestadual ou internacional e exija repressão uniforme, segundo se dispuser em lei; **2**: errado. A competência não é exclusiva. De acordo com o art. 144, § 1º, II, da CF, a polícia federal destina-se a prevenir e reprimir o tráfico ilícito de entorpecentes e drogas afins, o contrabando e o descaminho, **sem prejuízo** da ação fazendária e **de outros órgãos públicos nas respectivas áreas de competência**.
Gabarito 1C, 2E

## 15. ORDEM SOCIAL

**(Papiloscopista – PF – CESPE – 2018)** A respeito dos direitos de ordem social, julgue os itens que se seguem.

(1) A assistência social, ao contrário da previdência social, é prestada a quem dela necessitar, independentemente de contribuição à seguridade social.

(2) Um dos fundamentos da seguridade social é a igualdade na forma de participação de todos que a financiam no seu custeio.

**1**: certa, conforme o art. 203, *caput*, da CF; **2**: errada, visto que um dos **objetivos** (princípios) da seguridade social é a **equidade** na forma de participação no custeio (art. 194, parágrafo único, V, da CF). A equidade determina que o custeio do sistema deve ser efetuado por todos, mas quem pode mais ou gera maiores riscos sociais deve contribuir mais.
Gabarito 1C, 2E

**(Escrivão de Polícia Federal – 2013 – CESPE)** No que se refere à ordem social, julgue o item seguinte.

**(1)** A CF reconheceu aos índios a propriedade e posse das terras que tradicionalmente ocupam.

---

**1: errada.** A CF reconheceu aos índios apenas a sua posse permanente, cabendo-lhes o usufruto exclusivo das riquezas do solo, dos rios e dos lagos existentes, e não a propriedade. Art. 231, § 2º, da Constituição Federal.
Gabarito 1E.

**(Delegado Federal – 2013 – CESPE)** Considerando o disposto na CF acerca na ordem social, julgue os itens subsequentes.

**(1)** A floresta amazônica brasileira, assim como a mata atlântica, é considerada bem da União, devendo sua utilização ocorrer na forma da lei, em condições que assegurem a preservação do meio ambiente, inclusive no que concerne ao uso dos recursos naturais.

**(2)** As terras tradicionalmente ocupadas pelos índios, incluídas no domínio constitucional da União Federal, são inalienáveis, indisponíveis e insuscetíveis de prescrição aquisitiva.

---

**1: errado.** De acordo com o art. 225, § 4º, da CF, a **Floresta Amazônica brasileira**, a **Mata Atlântica**, a Serra do Mar, o Pantanal Mato-Grossense e a Zona Costeira **são patrimônio nacional**, e sua utilização far-se-á, na forma da lei, dentro de condições que assegurem a preservação do meio ambiente, inclusive quanto ao uso dos recursos naturais; **2:** correto. É o que determina o art. 231, § 4º, da CF.
Gabarito 1E, 2C

**(Delegado Federal – 2004 – CESPE)** Nas eleições para prefeito na cidade Alfa, concorria à reeleição o atual prefeito, Acácio. Bruno, filho de Acácio, embora filiado ao mesmo partido político do pai há mais de dois anos, nunca se motivou a concorrer a nenhum cargo eletivo. Oito meses antes da eleição, Acácio, depois de inflamado discurso, em que sustentou que se fosse reeleito melhoraria as condições educacionais do município por meio do investimento prioritário no ensino superior, sofreu um fulminante infarto do miocárdio, morrendo antes da chegada de socorro médico. Acerca dessa situação hipotética, julgue o item que se segue.

**(1)** A proposta de investimento prioritário no ensino superior, base da campanha eleitoral de Acácio, contraria o texto constitucional brasileiro que estabelece que os municípios deverão atuar, de forma prioritária, no ensino fundamental e médio.

---

**1: Incorreta**, pois os municípios, conforme dispõe o § 2º do art. 211 da CF/1988, devem atuar prioritariamente no ensino fundamental e na educação infantil. Na alternativa consta também, equivocadamente, a atuação prioritária no ensino médio.
Gabarito 1E.

## 16. TEMAS COMBINADOS

**(Policial Rodoviário Federal – CESPE – 2019)** À luz da Constituição Federal de 1988, julgue os itens que se seguem, a respeito de direitos e garantias fundamentais e da defesa do Estado e das instituições democráticas.

**(1)** Em caso de iminente perigo público, autoridade pública competente poderá usar a propriedade particular, desde que assegure a consequente indenização, independentemente da comprovação da existência de dano, que, nesse caso, é presumido.

**(2)** A competência da PRF, instituição permanente, organizada e mantida pela União, inclui o patrulhamento ostensivo das rodovias e das ferrovias federais.

**(3)** Policial rodoviário federal com mais de dez anos de serviço pode candidatar-se ao cargo de deputado federal, devendo, no caso de ser eleito, passar para inatividade a partir do ato de sua diplomação.

**(4)** São constitucionalmente assegurados ao preso o direito à identificação dos agentes estatais responsáveis pela sua prisão e o direito de permanecer em silêncio.

**(5)** A segurança viária compreende a educação, a engenharia e a fiscalização de trânsito, vetores que asseguram ao cidadão o direito à mobilidade urbana eficiente.

---

**1: errada**, pois, no caso de iminente perigo público, a autoridade competente poderá usar de propriedade particular, assegurada ao proprietário indenização ulterior, se houver dano (art. 5º, XXV, da CF); **2: errada**, porque a polícia rodoviária federal, órgão permanente, organizado e mantido pela União e estruturado em carreira, destina-se ao patrulhamento ostensivo das rodovias federais (art. 144, § 2º, da CF), já o patrulhamento ostensivo das ferrovias federais é atribuição da polícia ferroviária federal (art. 144, § 3º, da CF); **3: errada**, pois tal regra é aplicável apenas aos militares, logo o militar com mais de dez anos de serviço que se candidatar será agregado pela autoridade superior e, se eleito, passará automaticamente, no ato da diplomação, para a inatividade (art. 14, § 8º, II, da CF). Já o servidor público civil – como o policial rodoviário federal – que for eleito para mandato eletivo federal, estadual ou distrital, ficará afastado de seu cargo, emprego ou função (art. 38, I, da CF); **4: certa**, de acordo com o art. 5º, incisos LXIII e LXIV, da CF; **5: certa**, nos termos do art. 144, § 10, I, da CF.
Gabarito 1E, 2E, 3E, 4C, 5C

**(Polícia Rodoviária Federal – 2013 – CESPE)** No que concerne ao Poder Executivo e ao Poder Judiciário, julgue os itens subsecutivos.

**(1)** Compete originariamente ao Superior Tribunal de Justiça (STJ) julgar o litígio entre Estado estrangeiro ou organismo internacional e a União, os estados ou o DF.

**(2)** Compete privativamente ao presidente da República conceder indulto e comutar penas, ouvidos, se necessário, os órgãos instituídos em lei.

---

**1: errada**, referida competência originária é do Supremo Tribunal Federal (STF), é o que prevê o art. 102, I, alínea "e"; **2: correta**, é o que prevê o artigo 84, XII, da Constituição Federal.
Gabarito 1E, 2C

**(Escrivão de Polícia/BA – 2013 – CESPE)** No que se refere aos poderes Legislativo, Executivo e Judiciário e às funções essenciais à justiça, julgue os itens seguintes.

**(1)** O presidente da República, durante a vigência de seu mandato, poderá ser responsabilizado por infrações penais comuns, por crimes de responsabilidade e até mesmo por atos estranhos ao exercício de suas funções.

**(2)** O controle externo da atividade policial civil é função institucional realizada pelo MP estadual.

**(3)** Integrante da polícia civil que praticar infração penal será julgado pelo tribunal de justiça do estado a que esteja vinculado como servidor, visto que possui foro por prerrogativa de função.

(4) A possibilidade de determinação da quebra do sigilo bancário e fiscal encontra-se no âmbito dos poderes de investigação das comissões parlamentares de inquérito.

(5) A sanção presidencial a projeto de lei proposto por deputado federal para regulamentar matéria relacionada a servidores públicos sana o vício de iniciativa do Poder Executivo.

---

**1:** errada, durante a vigência de seu mandato, o Presidente da República poderá ser responsabilizado por infrações penais comuns e crimes de responsabilidade (artigo 86, *caput*, da Constituição Federal), mas não poderá ser responsabilizado por atos estranhos ao exercício de suas funções, é o que estabelece o artigo 86, § 4°, da Constituição Federal; **2:** correta, é o que prevê o artigo 129, VII, da Constituição Federal; **3:** errada, o integrante da polícia civil que praticar infração penal, será evidentemente julgado pelo tribunal de justiça do estado a que esteja vinculado como servidor, mas isso não ocorre, por foro de prerrogativa de função, visto que referida garantia não é concedida à Policiais Civis; **4:** correta, as comissões parlamentares de inquérito, possuem autonomia para determinar a quebra de sigilo bancário e fiscal. Cabe mencionar decisão ementada no MS 23.868 de 2001, de relatoria do Min. Celso de Mello, nos seguintes termos: "A quebra do sigilo, por ato de CPI, deve ser necessariamente fundamentada, sob pena de invalidade. A CPI – que dispõe de competência constitucional para ordenar a quebra do sigilo bancário, fiscal e telefônico das pessoas sob investigação do Poder Legislativo – somente poderá praticar tal ato, que se reveste de gravíssimas consequências, se justificar, de modo adequado, e sempre mediante indicação concreta de fatos específicos, a necessidade de adoção dessa medida excepcional (...)"; **5:** errada, a sanção presidencial a projeto de lei proposto por deputado federal, para regulamentar matéria que era de sua iniciativa privativa (artigo 61, § 1°, II, alínea "c"), não sana o vício de iniciativa. O STF já se pronunciou na ADI 2.867 de 2003, ao estabelecer que a ulterior aquiescência do chefe do Poder Executivo, mediante sanção do projeto de lei, ainda que dele seja a prerrogativa usurpada, não tem o condão de sanar o vício radical da inconstitucionalidade.

Gabarito 1E, 2C, 3E, 4C, 5E

---

**(Delegado/PE – 2016 – CESPE)** Considerando os dispositivos constitucionais relativos ao STN e à ordem econômica e financeira, assinale a opção correta.

(A) Como entidades integrantes da administração pública indireta, as empresas públicas e as sociedades de economia mista gozam de privilégios fiscais não extensivos às empresas do setor privado.

(B) Em razão do princípio da anterioridade tributária, a cobrança de tributo não pode ser feita no mesmo exercício financeiro em que fora publicada a norma impositiva tributária.

(C) De acordo com a CF, é vedado à administração tributária, visando aferir a capacidade econômica do contribuinte, identificar, independentemente de ordem judicial, o patrimônio, os rendimentos e as atividades econômicas do contribuinte.

(D) Embora a CF vede a retenção ou qualquer outra restrição à entrega e ao emprego dos recursos atribuídos aos estados, ao DF e aos municípios, neles compreendidos adicionais e acréscimos relativos a impostos, a União e os estados podem condicionar a entrega de recursos.

(E) A CF, ao diferenciar empresas brasileiras de capital nacional de empresas estrangeiras, concede àquelas proteção, benefícios e tratamento preferencial.

---

**A:** incorreta. De acordo com o art. 173, § 2°, da CF, as empresas públicas e as sociedades de economia mista **não poderão gozar** de privilégios fiscais não extensivos às do setor privado; **B:** incorreta. Há exceções. Determina o art. 150, III, *b*, da CF que sem prejuízo de outras garantias asseguradas ao contribuinte, é vedado à União, aos Estados, ao Distrito Federal e aos Municípios cobrar tributos no mesmo exercício financeiro em que haja sido publicada a lei que os instituiu ou aumentou. Ocorre que o § 1° do mesmo artigo informa que a vedação do inciso III, *b*, **não se aplica aos tributos** previstos nos arts. 148, I, 153, I, II, IV e V; e 154, II; **C:** incorreta. O princípio da capacidade contributiva, previsto no art. § 1° do art. 145 da CF, determina que, sempre que possível, os impostos terão caráter pessoal e **serão graduados segundo a capacidade econômica do contribuinte**, facultado à administração tributária, especialmente para conferir efetividade a esses objetivos, identificar, respeitados os direitos individuais e nos termos da lei, o patrimônio, os rendimentos e as atividades econômicas do contribuinte; **D:** correta. É o que determina o art. 160, parágrafo único, da CF; **E:** incorreta. Não há esse tratamento diferenciado previsto no texto constitucional.

Gabarito "D".

# 6. DIREITO ADMINISTRATIVO

Wander Garcia, Rodrigo Bordalo, Sebastião Edilson Gomes e Flávia Barros

## 1. REGIME JURÍDICO ADMINISTRATIVO E PRINCÍPIOS DE DIREITO ADMINISTRATIVO

(Escrivão – Pernambuco – CESPE – 2016) Acerca de conceitos inerentes ao direito administrativo e à administração pública, assinale a opção correta.

(A) O objeto do direito administrativo são as relações de natureza eminentemente privada.
(B) A divisão de poderes no Estado, segundo a clássica teoria de Montesquieu, é adotada pelo ordenamento jurídico brasileiro, com divisão absoluta de funções.
(C) Segundo o delineamento constitucional, os poderes do Estado são independentes e harmônicos entre si e suas funções são reciprocamente indelegáveis.
(D) A jurisprudência e os costumes não são fontes do direito administrativo.
(E) Pelo critério legalista, o direito administrativo compreende os direitos respectivos e as obrigações mútuas da administração e dos administrados.

CF, Art. 2º – São Poderes da União, independentes e harmônicos entre si, o Legislativo, o Executivo e o Judiciário. Não há previsão legal que permita a delegação de funções entre os poderes, que têm sua determinação em separado defesa por clausula pétrea. Art. 60, §4º, CF. Gabarito "C".

(Delegado Federal – 2004 – CESPE) Julgue os itens seguintes.

(1) A possibilidade de reconsideração por parte da autoridade que proferiu uma decisão objeto de recurso administrativo atende ao princípio da eficiência.
(2) A veiculação do ato praticado pela administração pública na Voz do Brasil, programa de âmbito nacional, dedicado a divulgar fatos e ações ocorridos ou praticados no âmbito dos três poderes da União, é suficiente para ter-se como atendido o princípio da publicidade.
(3) A jurisprudência é fonte do direito administrativo, mas não vincula as decisões administrativas, apesar de o direito administrativo se ressentir de codificação legal.

1: certo, pois, de fato, a reconsideração evita que se perca tempo na apreciação de um recurso contra uma decisão administrativa, o que faz com que haja mais celeridade no processo administrativo, atendendo ao princípio da eficiência; 2: errado, o princípio reclama outras providências, tais como intimação dos interessados e publicação no Diário Oficial; 3: certo, de fato, a jurisprudência é uma das fontes do direito administrativo, mas não vincula a Administração, a não ser nos casos em que se tenha uma súmula vinculante (art. 103-A da CF). Gabarito 1C, 2E, 3C

## 2. PODERES ADMINISTRATIVOS

(Agente – PF – 2014 – CESPE/CEBRASPE) Acerca dos poderes administrativos e da responsabilidade civil do Estado, julgue o item que se segue.

(1) A aplicação de sanção administrativa contra concessionária de serviço público decorre do exercício do poder disciplinar.

1: certo (o poder disciplinar representa a prerrogativa detida pela Administração, destinada à aplicação de penalidades aos agentes públicos ou às pessoas sujeitas à disciplina administrativa. Nesta última hipótese inserem-se as pessoas que detêm um contrato com a Administração, a exemplo de concessionária de serviço público. Relevante não confundir as sanções resultantes do exercício do poder disciplinar daquelas decorrentes do poder de polícia. Assim, uma sanção aplicada contra uma concessionária decorre do poder disciplinar.) Gabarito "1C".

(Agente-Escrivão – PC/GO – CESPE – 2016) Com relação aos poderes administrativos e ao uso e abuso desses poderes, assinale a opção correta.

(A) O poder de polícia refere-se às relações jurídicas especiais, decorrentes de vínculos jurídicos específicos existentes entre o Estado e o particular.
(B) O poder disciplinar, mediante o qual a administração pública está autorizada a apurar e aplicar penalidades, alcança tão somente os servidores que compõem o seu quadro de pessoal.
(C) A invalidação, por motivos de ilegalidade, de conduta abusiva praticada por administradores públicos ocorre no âmbito judicial, mas não na esfera administrativa.
(D) Poder regulamentar é a competência atribuída às entidades administrativas para a edição de normas técnicas de caráter normativo, executivo e judicante.
(E) Insere-se no âmbito do poder hierárquico a prerrogativa que os agentes públicos possuem de rever os atos praticados pelos subordinados para anulá-los, quando estes forem considerados ilegais, ou revogá-los por conveniência e oportunidade, nos termos da legislação respectiva.

A: incorreta. CTN, art. 78 – Considera-se poder de polícia a atividade da Administração Pública que, limitando ou disciplinando direito, interesse ou liberdade, regula a prática de ato ou abstenção de fato, em razão de interesse público concernente à segurança, à higiene, à ordem, aos costumes, à disciplina da produção e do mercado, ao exercício de atividades econômicas dependentes de concessão ou autorização do Poder Público, à tranquilidade pública ou ao respeito à propriedade e aos direitos individuais ou coletivos; B: incorreta. **Poder disciplinar** é a atribuição de que dispõe a Administração Pública de apurar as infrações administrativas e punir seus agentes públicos responsáveis e demais pessoas sujeitas à disciplina administrativa, que contratam com a Administração ou se sujeitam a ela; **C:** incorreta. Pelo princípio da autotutela, a invalidação pode ocorrer ainda na esfera administrativa; **D:** incorreta. O poder regulamentar ou, como prefere parte da doutrina, poder normativo é uma das formas de expressão da função normativa **do Poder Executivo**, cabendo a este editar normas complementares à lei para a sua fiel execução (DI PIETRO, 2011:91); **E:** correta. São atribuições típicas do poder hierárquico: dar/receber ordens, fiscalizar, rever, delegar e avocar atribuições. A assertiva se refere em especial a atribuição de rever e avocar os atos praticados. FB

Gabarito "E".

**(Agente – Pernambuco – CESPE – 2016)** Após investigação, foi localizada, no interior da residência de Paulo, farta quantidade de *Cannabis sativa*, vulgarmente conhecida por maconha, razão por que Paulo foi preso em flagrante pelo crime de tráfico de drogas. No momento de sua prisão, Paulo tentou resistir, motivo pelo qual os policiais, utilizando da força necessária, efetuaram sua imobilização.

Nessa situação hipotética, foi exercido o poder administrativo denominado:

(A) poder disciplinar, o qual permite que se detenham todos quantos estejam em desconformidade com a lei.

(B) poder regulamentar, que corresponde ao poder estatal de determinar quais práticas serão penalizadas no caso de o particular as cometer.

(C) poder hierárquico, devido ao fato de o Estado, representado na ocasião pelos policiais, ser um ente superior ao particular.

(D) poder discricionário, mas houve abuso no exercício desse poder, caracterizado pela utilização da força para proceder à prisão.

(E) poder de polícia, que corresponde ao direito do Estado em limitar o exercício dos direitos individuais em benefício do interesse público.

Trata-se de expressão do poder de polícia, que vem assim definido: Código Tributário – **Art. 78.** Considera-se poder de polícia atividade da administração pública que, limitando ou disciplinando direito, interesse ou liberdade, regula a prática de ato ou abstenção de fato, em razão de interesse público concernente à segurança, à higiene, à ordem, aos costumes, à disciplina da produção e do mercado, ao exercício de atividades econômicas dependentes de concessão ou autorização do Poder Público, à tranquilidade pública ou ao respeito à propriedade e aos direitos individuais ou coletivos. (Redação dada pelo Ato Complementar nº 31, de 1966) **Parágrafo único**. Considera-se regular o exercício do poder de polícia quando desempenhado pelo órgão competente nos limites da lei aplicável, com observância do processo legal e, tratando-se de atividade que a lei tenha como discricionária, sem abuso ou desvio de poder. FB

Gabarito "E".

**(Escrivão de Polícia/DF – 2013 – CESPE)** Considerando que os poderes administrativos são os conjuntos de prerrogativas de direito público que a ordem jurídica confere aos agentes administrativos para o fim de permitir que o Estado alcance seus fins, julgue os itens a seguintes.

(1) A concessão de licença é ato vinculado, haja vista que a administração pública estará obrigada à prática do ato quando forem preenchidos os requisitos pelo particular. Todavia, caso o agente público, no cumprimento do ato, verifique que ação contrária ao dispositivo legal atenderá com maior efetividade ao interesse público, poderá agir de forma distinta da que prevê a lei, prestando a devida justificativa.

(2) Tanto a polícia administrativa quanto a polícia judiciária, embora tratem de atividades diversas, enquadram-se no âmbito da função administrativa do Estado, uma vez que representam atividades de gestão de interesse público.

**1:** incorreta. A licença é o ato administrativo vinculado e definitivo pelo qual o Poder Público, verificando o atendimento do interessado a todas as exigências legais, faculta-lhe o desempenho de atividades ou a realização de fatos materiais antes vedados ao particular. No caso de agente público, no cumprimento do ato, verificar que ação contrária ao dispositivo legal, não poderá agir de forma distinta da que prevê a lei, mesmo prestando a devida justificativa. **2:** Correta. De fato, tanto a polícia administrativa quando age de forma preventiva e fiscalizadora sobre bens, direitos ou atividades dos indivíduos, e a polícia judiciária, quando atua de forma repressiva aos delitos cometidos pelos indivíduos, representam atividades de gestão de interesse público. SEG

Gabarito: 1E, 2C

**(Escrivão de Polícia/BA – 2013 – CESPE)** A respeito dos poderes da administração, julgue o item subsequente.

(1) Em razão do poder regulamentar da administração pública, é possível estabelecer normas relativas ao cumprimento de leis e criar direitos, obrigações, proibições e medidas punitivas.

**1:** Incorreta. O poder regulamentar é uma das formas pelas quais se expressa a função normativa do Poder Executivo e pode ser definido como aquele conferido ao Chefe do Executivo para editar atos normativos com a finalidade de dar fiel execução. Este, pode se dar por meio de regulamento execução ou regulamento autônomo. O **regulamento de execução** é aquele expedido pelo Chefe do Poder Executivo para fiel execução da lei, tendo como pressuposto a existência da lei, **não podendo inovar na ordem jurídica**, pois tem caráter suplementar. Por outro lado, o **regulamento autônomo** ou independente difere do decreto de execução porque **podem inovar na ordem jurídica**, já que versam sobre matérias não disciplinadas em lei, e não dependem de existência prévia de lei. SEG

Gabarito "1E".

**(Delegado Federal – 2002 – CESPE)** No que concerne ao exercício e aos limites dos poderes da administração pública, julgue os itens subsequentes.

(1) O abuso de poder de um delegado federal pode ser controlado por meio de mandado de segurança individual, desde que não haja necessidade de dilação probatória.

(2) A função de polícia judiciária não exclui da Polícia Federal o poder de polícia administrativa.

(3) O poder disciplinar impõe ao superior hierárquico o dever de punir o subordinado faltoso.

(4) O Congresso Nacional tem competência para controlar o poder regulamentar do presidente da República.

(5) Se invalidada por sentença judicial a demissão de policial, decorrente de condenação administrativa por abuso de autoridade, terá ele direito à reintegração na vaga que antes ocupava.

**1:** correto, pois o delegado é uma autoridade pública e, como tal, sujeito ao mandado de segurança, salvo se cabível *habeas corpus* ou *habeas data*; vale lembrar que o mandado de segurança só é cabível se houver prova pré-constituída (*direito líquido e certo*), pois não é possível produzir prova no bojo dessa garantia constitucional; **2:** correto, pois as competências da polícia federal não se limitam a investigar ilícitos penais, existindo competências relacionadas à polícia administrativa, como a que envolve a expedição de passaportes; **3:** correto, desde que o superior hierárquico tenha, além do poder hierárquico, o poder disciplinar também; **4:** correto (art. 49, V, da CF); **5:** correto (art. 41, § 2.º, da CF). WG

Gabarito 1C, 2C, 3C, 4C, 5C

## 3. ATO ADMINISTRATIVO

### 3.1. Conceitos e atributos do ato administrativo

**(Agente – Pernambuco – CESPE – 2016)** O ato administrativo é uma espécie de ato jurídico de direito público, ou seja, suas características distinguem-no do ato jurídico de direito privado. Os atributos do ato administrativo – ato jurídico de direito público – incluem a:

**(A)** legalidade, a publicidade e a imperatividade.
**(B)** presunção de legitimidade, a imperatividade e a autoexecutoriedade.
**(C)** imperatividade, o motivo, a finalidade e a autoexecutoriedade.
**(D)** eficiência, a presunção de legitimidade e a continuidade.
**(E)** proporcionalidade, a motivação e a moralidade.

São atributos do ato administrativo: presunção de legitimidade – presume-se que o ato é legal, legítimo e verdadeiro. A presunção é relativa, pois admite prova em contrário; imperatividade – a Administração Pública impõe suas decisões aos administrados; e autoexecutoriedade – a Administração Publica impõe suas decisões independente de provimento judicial. FB

Gabarito "B".

**(Escrivão – Pernambuco – CESPE – 2016)** Assinale a opção correta a respeito dos atos administrativos.

**(A)** A competência administrativa pode ser transferida e prorrogada pela vontade dos interessados.
**(B)** A alteração da finalidade expressa na norma legal ou implícita no ordenamento da administração caracteriza desvio de poder que dá causa à invalidação do ato.
**(C)** O princípio da presunção de legitimidade do ato administrativo impede que haja a transferência do ônus da prova de sua invalidade para quem a invoca.
**(D)** O ato administrativo típico é uma manifestação volitiva do administrado frente ao poder público.
**(E)** O motivo constitui requisito dispensável na formação do ato administrativo.

A finalidade, na condição de requisito ou elemento do ato, não pode ser alterada, tornando o ato e seus efeitos nulos. FB

Gabarito "B".

**(Escrivão – Pernambuco – CESPE – 2016)** Ainda a respeito dos atos administrativos, assinale a opção correta.

**(A)** A convalidação é o suprimento da invalidade de um ato com efeitos retroativos.
**(B)** O controle judicial dos atos administrativos é de legalidade e mérito.
**(C)** A revogação pressupõe um ato administrativo ilegal ou imperfeito.
**(D)** Os atos administrativos normativos são leis em sentido formal.
**(E)** O ato anulável e o ato nulo produzem efeitos, independentemente do trânsito em julgado de sentença constitutiva negativa.

A convalidação ou saneamento "é o ato administrativo pelo qual é suprido o vício existente em um ato ilegal, com efeitos retroativos à data em que este foi praticado". Trata-se de mera faculdade da Administração Pública. São passíveis de convalidação os atos em que o vício é relativo ao sujeito ou vício relativo à forma. FB

Gabarito "A".

**(Delegado Federal – 1998 – CESPE)** Em relação aos atos administrativos, considere os seguintes conceitos, cujos âmbitos estão graficamente representados ao lado:

– perfeição: qualidade do ato cujo ciclo de produção completou se;
– eficácia: qualidade do ato apto a produzir seus efeitos;
– validade: qualidade do ato conforme o ordenamento jurídico.

Considere ainda que a representação gráfica dos conceitos pode estar certa ou errada. Em face desses conceitos e do gráfico, julgue os itens seguintes.

**(1)** Quanto ao conceito de eficácia, o gráfico está errado em parte, pois todo ato válido é eficaz
**(2)** Quanto ao conceito de perfeição, o gráfico está errado em parte, pois todo ato perfeito é eficaz
**(3)** Todo ato eficaz é perfeito.
**(4)** Pode haver ato eficaz e inválido.
**(5)** Nem todo ato perfeito é válido.

**1:** incorreta, pois nem todo ato válido é eficaz; por exemplo, uma multa aplicada conforme a lei (ato válido) não produzirá efeitos se não houver notificação do sujeito passivo (ato *não* eficaz); **2:** incorreta, pois nem todo ato perfeito é eficaz; por exemplo, um talonário de multa preenchido e assinado pelo agente público (ato perfeito) não produzirá efeitos se não houver notificação do sujeito passivo (ato *não* eficaz); **3:** incorreta, pois um ato que ainda não concluiu se ciclo formativo pode acabar causando um dano a alguém, gerando efeitos jurídicos, como o dever de indenizar (ato eficaz); **4:** correta, pois atos inválidos podem produzir efeitos, como a concessão ilegal de uma aposentadoria; naturalmente, esse ato poderá ser anulado, mas terá produzido efeitos; **5:** correta, pois é comum um ato cumprir seu ciclo formativo, mas não atender a alguma determinação legal, o que faz com que tal ato seja inválido. WG

Gabarito 1E, 2E, 3E, 4C, 5C

### 3.2. Classificação e espécies de ato administrativo

**Agente-Escrivão – PC/GO – CESPE – 2016)** O ato que concede aposentadoria a servidor público classifica-se como ato:

**(A)** simples.
**(B)** discricionário.
**(C)** composto.
**(D)** declaratório.
**(E)** complexo.

É pacífico o entendimento de que a aposentadoria se trata de ato administrativo complexo, sendo válido somente posterior registro pelo Tribunal de Contas. E neste sentido: ADMINISTRATIVO. APOSENTADORIA. ATO COMPLEXO. CONFIRMAÇÃO PELO TRIBUNAL DE CONTAS DA UNIÃO. DECADÊNCIA ADMINISTRATIVA QUE SE CONTA A PARTIR DESSE ÚLTIMO ATO. NÃO CONFIGURAÇÃO. AgRg no REsp 1068703 SC

2008/0136386-2.1. Nos temos da jurisprudência deste Superior Tribunal de Justiça e da Suprema Corte, o ato de aposentadoria constitui-se ato administrativo complexo, que se aperfeiçoa somente com o registro perante o Tribunal de Contas, razão pela qual o marco inicial do prazo decadencial para Administração rever os atos de aposentação se opera com a manifestação final da Corte de Contas. FB
Gabarito "E."

## 3.3. Discricionariedade e vinculação

(Policial Rodoviário Federal – CESPE – 2019) No tocante a atos administrativos, julgue o item a seguir.

(1) Tanto a inexistência da matéria de fato quanto a sua inadequação jurídica podem configurar o vício de motivo de um ato administrativo.

1: correta. Motivo é o fato que autoriza ou determina a prática do ato. Se o motivo está previsto em lei, o ato é vinculado. Se não estiver previsto, o ato é discricionário. A assertiva adota aqui a linha de Hely Lopes Meirelles, para quem motivo consiste não só no fundamento de *fato*, mas também no de *direito*, que autoriza a expedição do ato. Há outra linha doutrinária que diferencia o motivo da motivação, essa última integrando a formalização do ato, e consiste na exposição do motivo de fato e da sua relação de pertinência com a fundamentação jurídica e com o ato praticado. Como regra, a motivação é obrigatória, só deixando de existir tal dever se a lei expressamente autorizar. FB
Gabarito "1C."

## 3.4. Extinção do ato administrativo

(Agente – Pernambuco – CESPE – 2016) O diretor-geral da polícia civil de determinado estado exarou um ato administrativo e, posteriormente, revogou-o, por entender ser inconveniente sua manutenção.

Nessa situação hipotética, o princípio em que se fundamentou o ato de revogação foi o princípio da:

(A) segurança jurídica.
(B) especialidade.
(C) autotutela.
(D) supremacia do interesse público.
(E) publicidade.

O ato trata de manifestação do princípio da autotutela do qual decorre o poder-dever de rever os atos considerados inoportunos ou inconvenientes e anular aqueles que forem considerados ilegais. FB
Gabarito "C."

(Escrivão de Polícia/DF – 2013 – CESPE) No que se refere à anulação e revogação dos atos administrativos, julgue os itens a seguir.

(1) O vício de forma do ato administrativo que não cause lesão ao interesse público nem prejuízo a terceiros, em regra, poderá ser convalidado pela administração pública.

(2) Tanto os atos administrativos discricionários como os atos administrativos vinculados podem ser anulados ou revogados.

1: correta. Desde que não acarretem lesão ao interesse público nem prejuízo a terceiros, os atos que apresentarem defeitos sanáveis poderão ser convalidados pela própria Administração (art. 55 da Lei 9.784/1999); 2: Os atos discricionários poderão ser revogados. Os atos vinculados poderão ser anulados, se conterem algum vício de legalidade. SEG
Gabarito 1C, 2E

(Agente e Escrivão de Polícia/PB – 2008 – CESPE) Quanto a revogação e invalidação (ou anulação) de atos administrativos, assinale a opção correta.

(A) O desuso não é suficiente para se revogar um ato administrativo.
(B) Em razão de sua natureza, os atos vinculados são, em regra, revogáveis.
(C) A revogação dos atos administrativos produz efeitos *ex tunc*, uma vez que os atos revogáveis são aqueles que possuem vício de legalidade.
(D) A invalidação de um ato administrativo, ao contrário da revogação, deve ser analisada pelo administrador sob o enfoque da conveniência e da oportunidade.
(E) O poder de autotutela da administração não encontra limites no rol dos direitos previstos no art. 5.º da Constituição Federal de 1988 (CF).

A: correta, pois a revogação não se dá pelo desuso, mas levando-se em conta os critérios da conveniência e oportunidade; B: incorreta, pois os atos vinculados não são em regra revogáveis. Os mesmos poderão ser revogados pela Administração Pública, observando-se os critérios da conveniência e oportunidade; C: incorreta, pois a revogação possui efeito *ex nunc*, levando-se em conta os critérios da conveniência e oportunidade; D: incorreta, pois a invalidação analisa os aspectos legais. Decorre daí que o fundamento para a anulação (invalidação) é a ilegalidade do ato; E: incorreta, pois a autotutela encontra respaldo constitucional, inclusive a Súmula 473 do STF informa que *a administração pode anular seus próprios atos quando eivados de vícios que os tornam ilegais, porque deles não se originam direitos; ou revogá-los, por motivo de conveniência ou oportunidade, respeitados os direitos adquiridos, e ressalvada, em todos os casos, a apreciação judicial*. A Sumula 473, enfatiza que deve-se respeitar o direito adquirido (art. 5º, XXXVI da CF). No entanto, há outras situações previstas legalmente na Constituição Federal que limitam a atuação da Administração Pública, bem como garantem uma proteção aos administrados, em face de eventuais abusos. São exemplos os incs. V; XXXIII; XXXV; XXXVI; LV; LVI e LXXXVIII, todos do art. 5º da CF. SEG
Gabarito "A."

(Escrivão de Polícia/RN – 2008 – CESPE) É possível conceituar ato administrativo como declaração do Estado, no exercício de prerrogativas públicas, manifestada mediante providências jurídicas complementares da lei a título de lhe dar cumprimento, e sujeita a controle de legitimidade por órgão jurisdicional.

Celso Antônio Bandeira de Mello. *Curso de direito administrativo*. 25. ed. São Paulo: Malheiros, 2008, p. 378 (com adaptações).

Tendo o texto acima como referência inicial, assinale a opção correta com relação a atos administrativos.

(A) Licença é o ato unilateral, discricionário e precário, pelo qual a Administração Pública faculta a utilização privativa de bem público.
(B) Atos de império são aqueles praticados pela administração em situação de igualdade com os particulares.
(C) Parecer é o ato pelo qual os órgãos consultivos da administração emitem opinião sobre assuntos técnicos ou jurídicos de sua competência, tendo sempre o caráter vinculante.
(D) Alvará é o instrumento pelo qual a Administração Pública confere autorização para o exercício de atividade sujeita ao poder de polícia do Estado.

(E) Anulação é o ato administrativo discricionário pelo qual a administração extingue um ato válido, inclusive os vinculados, por motivos de conveniência e oportunidade.

A: incorreta, pois a licença é ato administrativo vinculado e definitivo. O Poder Público, verificando que o particular atendeu às exigências legais, autoriza-lhe o desempenho de atividades, não podendo negá-la. Por exemplo: exercício de determinada profissão; B: incorreta, pois os atos de império são aqueles praticados pelo poder de império, nas prerrogativas de autoridade do Estado, a exemplo da aplicação de multas, embargo de obras, apreensão de bens, etc.; C: incorreta, pois os pareceres são os meios pelos quais os órgãos técnicos se manifestam sobre assuntos submetidos à sua consideração. O parecer não se vincula à Administração ou os particulares, pois tem caráter meramente opinativo, exceto no caso do parecer normativo que *é aquele que, ao ser aprovado pela autoridade competente, é convertido em norma de procedimento interno, tornando-se impositivo e vinculante para todos os órgãos hierarquizados à autoridade que o aprovou.* (Hely Lopes Meirelles. Direito administrativo brasileiro. 36 ed. São Paulo: Malheiros, 2010. p. 40); D: correta, pois o alvará é ato administrativo vinculado e definitivo. O Poder Público, verificando que o particular atendeu às exigências legais, autoriza-lhe o desempenho de atividades, não podendo negá-la. Por exemplo: Alvará de licença para construção de uma casa; E: incorreta. A anulação (invalidação) é uma das formas de extinção dos atos administrativos em razão de vício de legalidade, podendo ser feita pela própria Administração ou pelo Poder Judiciário. Já a revogação é ato exclusivo da Administração Pública levando-se em conta os critérios da conveniência e oportunidade. SEG
Gabarito "D".

(Delegado Federal – 2013 – CESPE) Julgue o seguinte item.

(1) Quando um ministério pratica ato administrativo de competência de outro, fica configurado vício de incompetência em razão da matéria, que pode ser convalidado por meio da ratificação.

1: incorreta; a convalidação será chamada de ratificação nas hipóteses em que há vício de incompetência, mas não poderá ser feita nos casos em que a competência for outorgada com exclusividade ou em razão de matéria. WG
Gabarito "1E".

### 3.5. Temas combinados

(Escrivão de Polícia/BA – 2013 – CESPE) Com relação ao ato administrativo, julgue os itens que se seguem.

(1) Caso um ato administrativo de nomeação de notários tenha sido anulado devido à constatação de irregularidades, os notários nomeados são obrigados a restituir, em favor do Estado, os valores recebidos a título de emolumentos e custas durante o exercício de suas funções em cartórios extrajudiciais, ainda que os atos e serviços cartorários tenham sido devidamente praticados e os serviços regularmente prestados.

(2) O contrato de financiamento ou mútuo firmado pelo Estado constitui ato de direito privado, não sendo, portanto, considerado ato administrativo.

(3) A concessão de autorização para porte de arma consiste em ato discricionário e precário da administração, podendo ser revogada a qualquer momento.

1: Incorreta. A questão refere-se ao agente público de fato. Diogo de Figueiredo afirma que "em razão da teoria da aparência e da boa-fé, os atos praticados, quer por agentes de fato putativos, quer por agentes de fato necessários, devem ser convalidados perante terceiros (MOREIRA NETO, Diogo de Figueiredo. *Curso de direito administrativo.* 15. Ed. Rio de Janeiro: Forense. 2009. p. 323) E, não havendo má-fé, os atos praticados pelos agentes públicos de fato, os mesmos podem ser confirmados pelo poder público. Desse modo, o mesmo não precisa restituir o estado com os valores recebidos a título de emolumentos e custas. 2: Correta. Existem atos praticados pela Administração Pública que não são considerados atos administrativos. São atos regidos pelo direito privado e nesse caso o Estado atua em pé de igualdade com o particular, sem o exercício de suas prerrogativas, tais como o exercício da supremacia do interesse público sobre o interesse privado. São exemplos, a locação de um imóvel para nela instalar uma repartição pública, contrato de financiamento ou mútuo etc. 3: Correta. A autorização em sua concepção clássica permanece como ato administrativo precário e discricionário. É o caso por exemplo da *autorização de uso* de uma rua para um evento, passeata etc. Podem ser também de *atos privados controlados,* como porte de arma. SEG
Gabarito 1E, 2C, 3C.

(Delegado Federal – 1998 – CESPE) Julgue o item abaixo.

(1) Considere a seguinte situação: Ricardo é fiscal sanitário e, em operação de rotina constatou que determinado estabelecimento comercial vendia alimentos impróprios para consumo. Segundo a normatização aplicável, competiria ao fiscal apenas apreender o produto e aplicar multa ao responsável. Ricardo, no entanto, acreditando que sua ação seria mais eficaz também interditou o estabelecimento. Na situação descrita, a interdição é juridicamente inválida.

1: correta, pois a operação é inválida mesmo; a autoexecutoriedade (chamada de coercibilidade para alguns doutrinadores) permite que se use a força para fazer valer um ato administrativo, independentemente de apreciação jurisdicional; no entanto, esse atributo do administrativo deve estar previsto em lei e esse não é o caso, pois a lei só permitia a *apreensão do produto* e a *aplicação de multa* ao responsável, e não a *interdição do estabelecimento.* WG
Gabarito "1C".

## 4. ORGANIZAÇÃO DA ADMINISTRAÇÃO PÚBLICA

### 4.1. Conceitos básicos em matéria de organização administrativa

(Agente Administrativo – PF – 2014 – CESPE/CEBRASPE) No que concerne à organização administrativa, julgue os itens seguintes.

(1) Considere que determinado município tenha extinguido órgão de sua estrutura administrativa e que o serviço público correspondente tenha sido delegado a pessoa jurídica de direito privado. Nessa situação, ocorreu descentralização da atividade administrativa, com ruptura do liame hierárquico e exclusão da relação de subordinação com o município.

(2) Dado o poder hierárquico do Estado, na ocorrência do fenômeno de desconcentração administrativa, os órgãos e agentes públicos decorrentes da subdivisão não perdem o vínculo hierárquico com a pessoa jurídica de origem.

1: certo (ao delegar para pessoa jurídica de direito privado um determinado serviço público, o município praticou a descentralização da atividade administrativa, que pressupõe a transferência de competência pública para entes da Administração indireta ou para particulares. Nesse

contexto, desaparece a relação hierárquica que havia entre o Município e o órgão que foi extinto pela, remanescendo com a Administração municipal o controle e a fiscalização do serviço transferido). **2:** certo (desconcentração constitui uma divisão interna de uma pessoa jurídica, de modo que os órgãos e os agentes públicos daí decorrentes mantêm a relação hierárquica com a Administração). RB
Gabarito 1C, 2C

**(Escrivão – PF – CESPE – 2018)** Acerca da administração direta e indireta, julgue os itens que se seguem.

(1) Decorrem do princípio da reserva legal a exigência de que as entidades da administração indireta sejam criadas ou autorizadas por leis específicas e a de que, no caso das fundações, leis complementares definam suas áreas de atuação.

(2) A administração direta é constituída de órgãos, ao passo que a administração indireta é composta por entidades dotadas de personalidade jurídica própria, como as autarquias, que são destinadas a executar serviços públicos de natureza social e atividades administrativas.

**1:** correta. Os entes da Administração Pública Indireta são necessariamente criados por lei ou têm a autorização para sua criação feita pela lei. No primeiro caso estão as pessoas jurídicas de direito público, como as autarquias e fundações e, no segundo caso, as pessoas jurídicas de direito privado, como as empresas públicas e sociedades de economia mista. As fundações públicas, de sua banda, são autarquias que tomam como substrato um patrimônio personalizado, e a Constituição dispõe que lei complementar definirá as áreas de sua atuação (art. 37, XIX, CF), também havendo dissenso doutrinário sobre se o dispositivo está fazendo referência às fundações públicas de direito público, às fundações privadas criadas ou a ambas; **2:** correta. O direito administrativo brasileiro adota critério formalista para que uma entidade seja ente da administração pública, direta ou indireta. Disso decorre que a administração pública é composta exclusivamente pelos órgãos integrantes da administração direta e pelas entidades da administração indireta, segundo previsto em lei. FB
Gabarito 1C, 2C

**(Agente – PF – CESPE – 2018)** Acerca da organização da administração pública brasileira, julgue os itens subsequentes.

(1) Sob a perspectiva do critério formal adotado pelo Brasil, somente é administração pública aquilo determinado como tal pelo ordenamento jurídico brasileiro, independentemente da atividade exercida. Assim, a administração pública é composta exclusivamente pelos órgãos integrantes da administração direta e pelas entidades da administração indireta.

(2) Ao outorgar determinada atribuição a pessoa não integrante de sua administração direta, o Estado serve-se da denominada desconcentração administrativa.

**1:** correta. O direito administrativo brasileiro adota critério formalista para que uma entidade seja ente da administração pública, direta ou indireta. Disso decorre que a administração pública é composta exclusivamente pelos órgãos integrantes da administração direta e pelas entidades da administração indireta; **2:** incorreta. Não se trata de desconcentração, mas de descentralização administrativa, mediante a qual a lei atribui ou autoriza que outra pessoa detenha a *titularidade* e a execução do serviço; repare que **é necessário lei**; aqui, fala-se em **outorga** do serviço. FB
Gabarito 1C, 2E

**(Agente-Escrivão – PC/GO – CESPE – 2016)** A respeito de Estado, governo e administração pública, assinale a opção correta.

(A) Governo é o órgão central máximo que formula a política em determinado momento.
(B) A organização da administração pública como um todo é de competência dos dirigentes de cada órgão, os quais são escolhidos pelo chefe do Poder Executivo.
(C) Poder hierárquico consiste na faculdade de punir as infrações funcionais dos servidores.
(D) Território e povo são elementos suficientes para a constituição de um Estado.
(E) República é a forma de governo em que o povo governa no interesse do povo.

**A:** incorreta. Não há que se falar em formulação da política em "determinado momento". O governo é o exercício do poder estatal em si, em todos os momentos; **B:** incorreta. A assertiva pressupõe que todos os órgãos da administração direta e indireta se auto-organizam e que todos os dirigentes são escolhidos pelo Chefe do Executivo, não há previsão legal nesse sentido; **C:** incorreta. Esta definição é afeta ao poder disciplinar; **D:** incorreta. A constituição de um Estado é feita por meio dos elementos: território, povo e soberania; **E:** correta. **República** é uma palavra que descreve uma **forma de governo** em que o Chefe de Estado é eleito pelos representantes dos cidadãos ou pelos próprios cidadãos, e exerce a sua função durante um tempo limitado. FB
Gabarito "E".

**(Agente-Escrivão – PC/GO – CESPE – 2016)** A administração direta da União inclui:

(A) a Casa Civil.
(B) o Departamento Nacional de Infraestrutura de Transportes (DNIT).
(C) as agências executivas.
(D) o Instituto Brasileiro do Meio Ambiente e dos Recursos Naturais Renováveis (IBAMA).
(E) a Agência Nacional de Energia Elétrica (ANEEL).

**A:** correta. Casa Civil é órgão da Presidência da Republica e neste mister exerce suas funções na Administração direta; **B:** incorreta. O DNIT – Departamento Nacional de Infraestrutura de Transportes é uma autarquia federal vinculada ao Ministério dos Transportes; **C:** incorreta. As autarquias e fundações públicas responsáveis por atividades e serviços exclusivos do Estado são chamadas agências executivas; **D:** incorreta. IBAMA – Lei 7.735/1989 – Art. 2º É criado o Instituto Brasileiro do Meio Ambiente e dos Recursos Naturais Renováveis – IBAMA, autarquia federal dotada de personalidade jurídica de direito público, autonomia administrativa e financeira, vinculada ao Ministério do Meio Ambiente; **E:** incorreta. ANEEL – Lei 9.427/1996 – Art. 1º É instituída a Agência Nacional de Energia Elétrica – ANEEL, autarquia sob regime especial, vinculada ao Ministério de Minas e Energia, com sede e foro no Distrito Federal e prazo de duração indeterminado. FB
Gabarito "A".

**(Agente – Pernambuco – CESPE – 2016)** Em relação à prestação de serviços públicos e à organização da administração pública, assinale a opção correta.

(A) As sociedades de economia mista são entidades de direito privado constituídas exclusivamente para prestar serviços públicos, de modo que não podem explorar qualquer atividade econômica.
(B) Em decorrência do princípio da continuidade do serviço público, admite-se que o poder concedente tenha prerrogativas contratuais em relação ao conces-

sionário. Uma dessas prerrogativas é a possibilidade de encampação do serviço, quando necessária à sua continuidade.

(C) A concessão de serviço público pode prever a delegação do serviço a um consórcio de empresas, caso em que o contrato de concessão terá prazo indeterminado.

(D) Os serviços públicos serão gratuitos, ainda que prestados por meio de agentes delegados.

(E) O poder público poderá criar uma autarquia para centralizar determinados serviços públicos autônomos. Nessa hipótese, esses serviços passam a integrar a administração direta, com gestão administrativa e financeira centralizadas no respectivo ente federativo.

B: correta. Uma das possibilidades de encerramento da concessão é a encampação. Isto ocorre justamente para que não haja solução de continuidade bem como para a manutenção da eficácia na prestação do serviço público. Lei 8.987/1995, Art. 35. Extingue-se a concessão por: II – encampação; § 2º Extinta a concessão, haverá a imediata assunção do serviço pelo poder concedente, procedendo-se aos levantamentos, avaliações e liquidações necessários. FB
Gabarito "B".

(Escrivão – Pernambuco – CESPE – 2016) Com referência à administração pública direta e indireta, assinale a opção correta.

(A) Os serviços sociais autônomos, por possuírem personalidade jurídica de direito público, são mantidos por dotações orçamentárias ou por contribuições parafiscais.

(B) A fundação pública não tem capacidade de autoadministração.

(C) Como pessoa jurídica de direito público, a autarquia realiza atividades típicas da administração pública.

(D) A sociedade de economia mista tem personalidade jurídica de direito público e destina-se à exploração de atividade econômica.

(E) A empresa pública tem personalidade jurídica de direito privado e controle acionário majoritário da União ou outra entidade da administração indireta.

A: incorreta. Os **serviços sociais autônomos**, também conhecidos como entidades integrantes do Sistema "S", são pessoas **jurídicas** cuja criação é autorizada por lei e materializada após o devido registro de seus atos constitutivos no órgão competente, possuindo **personalidade jurídica** de direito privado, sem fins lucrativos; **B**: incorreta. Dec. 200/67, Art. 5º – Para os fins desta lei, considera-se: IV – Fundação Pública – a entidade dotada de personalidade jurídica de direito privado, sem fins lucrativos, criada em virtude de autorização legislativa, para o desenvolvimento de atividades que não exijam execução por órgãos ou entidades de direito público, com autonomia administrativa, patrimônio próprio gerido pelos respectivos órgãos de direção, e funcionamento custeado por recursos da União e de outras fontes. Assim sendo, no dizer de Maria Sylvia Zanella di Pietro: a fundação tem natureza pública quando "é instituída pelo poder público com patrimônio, total ou parcialmente público, dotado de personalidade jurídica, de direito público ou privado, e, destinado, por lei, ao desempenho de atividades do Estado na ordem social, com capacidade de autoadministração e mediante controle da Administração Pública, nos limites da lei" (*Direito Administrativo*. 5ª ed. São Paulo: Atlas, 1995, p. 320); **C**: incorreta. As autarquias por definição são responsáveis pela realização de atividades típicas de Administração Pública dada a sua criação decorrente de Lei e características próprias, conforme previsão legal: Dec. 200/67 – Art. 5º Para os fins desta lei, considera-se: I – Autarquia – o serviço autônomo, criado por lei, com personalidade jurídica, patrimônio e receita próprios, para executar atividades típicas da Administração Pública, que requeiram, para seu melhor funcionamento, gestão administrativa e financeira descentralizada. **D**: incorreta. Decreto 200/1967, Art. 5º – III – Sociedade de Economia Mista – a entidade dotada de personalidade jurídica de direito privado, criada por lei para a exploração de atividade econômica, sob a forma de sociedade anônima, cujas ações com direito a voto pertençam em sua maioria à União ou a entidade da Administração Indireta; **E**: correta. Decreto 200/1967, Art. 5º – II – Empresa Pública – a entidade dotada de personalidade jurídica de direito privado, com patrimônio próprio e capital exclusivo da União, criado por lei para a exploração de atividade econômica que o Governo seja levado a exercer por força de contingência ou de conveniência administrativa podendo revestir-se de qualquer das formas admitidas em direito. § 1º No caso do inciso III, quando a atividade for submetida a regime de monopólio estatal, a maioria acionária caberá apenas à União, em caráter permanente. FB
Gabarito "E".

(Agente de Polícia Federal – 2012 – CESPE) A respeito da organização administrativa da União, julgue os itens seguintes.

(1) Existe a possibilidade de participação de recursos particulares na formação do capital social de empresa pública federal.

(2) O foro competente para o julgamento de ação de indenização por danos materiais contra empresa pública federal é a justiça federal.

**1**: incorreta. O Dec.-lei 200/1967 em seu art. 5º, II, traz o conceito legal de empresa pública, e a define como a entidade dotada de personalidade jurídica de direito privado, com patrimônio próprio e capital exclusivo da União, criado por lei para a exploração de atividade econômica que o Governo seja levado a exercer por força de contingência ou de conveniência administrativa podendo revestir-se de qualquer das formas admitidas em direito. Pelo disposto no artigo, verifica-se que *não há possibilidade da participação de recursos particulares na formação do capital social de empresa pública federal*. **2**: correta. Quanto ao foro dos litígios, a dicção do art. 109, I da CF, é claro ao afirmar que *compete à justiça federal processar e julgar as causas em que a União, entidade autárquica ou empresa pública federal forem interessadas na condição de autoras, rés, assistentes ou oponentes*, exceto as de falência, acidentes de trabalho e as sujeitas à Justiça Eleitoral e à Justiça do Trabalho. No entanto, excepcionalmente, há possibilidade de julgamentos pela Justiça Estadual. A esse propósito editou-se a Súmula 270 do STJ, segundo a qual *o protesto pela preferência de crédito, apresentado por ente federal em execução que tramita na Justiça Estadual, não desloca a competência para a Justiça Federal*. SEG
Gabarito 1E, 2C

(Escrivão de Polícia Federal – 2009 – CESPE) Julgue os itens subsequentes, relativos à Administração Pública.

(1) O poder de a Administração Pública impor sanções a particulares não sujeitos à sua disciplina interna tem como fundamento o poder disciplinar.

(2) O princípio da presunção de legitimidade ou de veracidade retrata a presunção absoluta de que os atos praticados pela Administração Pública são verdadeiros e estão em consonância com as normas legais pertinentes.

**1**: incorreta, pois o poder disciplinar consiste em apurar infrações dos servidores públicos e aplicar penalidades; **2**: incorreta, pois pela presunção de legitimidade temos que os atos praticados pelo administrador público presumem-se verdadeiros até prova em contrário (presunção de veracidade). Porém, em havendo ilegalidade, pode-se questionar na esfera judicial. SEG
Gabarito 1E, 2E

(Escrivão de Polícia/AC – 2008 – CESPE) Julgue o seguinte item.

(1) São entidades administrativas a União, os Estados, o Distrito Federal e os Municípios.

**1:** incorreta, pois "entidades administrativas são as pessoas jurídicas que integram a *Administração Pública formal brasileira, sem dispor de autonomia política... que compõem a administração indireta, a saber, as autarquias, as fundações públicas, as empresas públicas e as sociedades de economia mista... são meramente administrativas não detêm competência legislativa*". (Marcelo Alexandrino e Vicente Paulo. *Direito administrativo descomplicado.* São Paulo: 2010, p. 22). SEG
Gabarito "1E".

(Escrivão de Polícia/AC – 2008 – CESPE) Julgue o seguinte item.

(1) No Brasil, a forma federativa de Estado constitui cláusula pétrea, insuscetível de abolição por meio de reforma constitucional.

**1:** correta, pois no Brasil, não é possível a proposta de emenda tendente a abolir a forma federativa de Estado (art. 60, § 4º, I da CF). SEG
Gabarito "1C".

(Agente de Polícia/RN – 2008 – CESPE) A existência de órgãos públicos, com estrutura e atribuições definidas em lei, corresponde a uma necessidade de distribuir racionalmente as inúmeras e complexas atribuições que se incumbem ao Estado nos dias de hoje. A existência de uma organização e de uma distribuição de competências são atualmente inseparáveis da ideia de pessoas jurídicas estatais.

Maria Sylvia Zanella Di Pietro. *Direito administrativo.* 21. ed. São Paulo: Atlas, 2008. p. 481 (com adaptações).

Considerando o texto acima como referência, é correto afirmar que os órgãos públicos

(A) superiores são os de direção, controle e comando, mas sujeitos à subordinação e ao controle hierárquico de uma chefia. Eles gozam de autonomia administrativa e financeira.

(B) autônomos são originários da Constituição e representativos dos três poderes do Estado, sem qualquer subordinação hierárquica ou funcional.

(C) burocráticos são aqueles que estão a cargo de uma só pessoa física ou de várias pessoas ordenadas verticalmente.

(D) subalternos são órgãos de direção, controle e comando, mas sujeitos à subordinação e ao controle hierárquico de uma chefia.

(E) autônomos não gozam de autonomia administrativa nem financeira.

**A:** incorreta, pois órgãos superiores "são os que detêm poder de direção, controle, decisão e comando dos assuntos de sua competência específica, mas sempre sujeitos à subordinação e ao controle hierárquico de uma chefia mais alta. Não gozam de autonomia administrativa nem financeira... sua liberdade funcional restringe-se ao planejamento e soluções técnicas, dentro de sua área de competência, com responsabilidade pela execução, geralmente a cargo de órgãos subalternos". (Hely Lopes Meirelles. *Direito administrativo brasileiro.* 36. ed. São Paulo: Malheiros, 2010. p. 72). São exemplos, as Procuradorias, Gabinetes, Coordenadorias etc.; **B:** incorreta, pois os órgãos autônomos estão localizados na cúpula da Administração Pública, situando-se imediatamente abaixo dos órgãos independentes e subordinados diretamente a seus superiores hierárquicos; **C:** correta, pois os órgãos burocráticos (ou unipessoais) têm atuação de uma única pessoa física, ou de várias ordenadas verticalmente, onde cada um pode agir de forma individual,

porém ligados à uma coordenação, em razão de hierarquia (Presidência da República e Ministros de Estado) ou colegiados (pluripessoais) cuja atuação de dá por manifestação conjunta da vontade de seus membros (Ex. corporações legislativas, tribunais e comissões); **D:** incorreta, pois órgãos subalternos são meros órgãos de execução, não tendo os mesmos poder de decisão; **E:** incorreta, pois os órgãos autônomos detêm autonomia administrativa, técnica e financeira. Atuam em funções de planejamento, supervisão, coordenação de atividades em área de sua competência, dos quais podemos citar como exemplos as Secretarias Estaduais; Secretarias Municipais; Ministérios; Procuradorias do Estado; do DF; dos Municípios dentre outras. SEG
Gabarito "C".

(Delegado Federal – 2004 – CESPE) Julgue o item a seguir.

(1) É possível a existência, no plano federal, de entidades da administração indireta vinculadas aos Poderes Legislativo e Judiciário.

**1:** correta, pois tal possibilidade decorre da redação do art. 37, *caput*, da CF, pelo qual "a Administração Direta e Indireta *de qualquer dos Poderes*..." (g.n.); assim, o texto constitucional não cria óbice a que se venha criar, por exemplo, uma fundação ligada ao Poder Legislativo Federal. WG
Gabarito "1C".

(Delegado Federal – 1998 – CESPE) Julgue o seguinte item.

(1) Assim como as sociedades de economia mista, as empresas públicas e as autarquias, as fundações públicas só podem ser criadas por lei específica.

**1:** correta (art. 37, XIX, da CF), valendo salientar que, no caso, as autarquias são *criadas* pela própria lei específica, ao passo que as demais entidades são *autorizadas* pela lei específica. WG
Gabarito "1C".

## 4.2. Administração indireta – Pessoas jurídicas de direito público

(Escrivão de Polícia/AC – 2008 – CESPE) Julgue o seguinte item.

(1) Uma autarquia estadual compõe a estrutura da Administração Pública direta do Estado.

**1:** incorreta, pois fazem parte da Administração Pública Indireta as Autarquias, Empresas Públicas, Sociedade de Economia Mista e Fundações públicas. SEG
Gabarito "1E".

(Escrivão de Polícia/AC – 2008 – CESPE) Julgue o seguinte item.

(1) Uma autarquia somente pode ser criada ou extinta por intermédio de lei específica.

**1:** correta, pois por determinação constitucional, a criação de autarquia se dá somente por lei (art. 37, XIX, da CF). No âmbito federal a criação das autarquias é de iniciativa do Presidente da República (art. 61, § 1º, II, "e" da CF). A mesma regra se aplica à criação de autarquias nos Estados, Distrito Federal e Municípios, cabendo a iniciativa ao Governador ou Prefeito conforme o caso. Em relação ao ato de extinção de autarquias, o mesmo deve ser realizado mediante lei específica, também de iniciativa privativa do Chefe do Poder que a criou. Se federal, pelo Presidente da República. Se Estadual, Distrital ou Municipal, pelo Governador ou Prefeito. SEG
Gabarito "1C".

(Delegado Federal – 2002 – CESPE) Julgue os itens que se seguem.

(1) Os crimes praticados em detrimento de bens das agências reguladoras criadas pela União devem ser apurados pela Polícia Federal.

**(2)** A agência reguladora pode ter capacidade tributária, nunca competência tributária, e pode executar seu crédito fiscal por meio de procuradoria própria.

**1:** correto, valendo salientar que competirá à Justiça Federal processar e julgar as ações respectivas; **2:** correto, pois a *competência tributária* é própria dos entes políticos, diferente da *capacidade tributária*, que pode ser atribuída às agências reguladoras. **WG**
Gabarito 1C, 2C

**(Delegado Federal – 1998 – CESPE)** Julgue o seguinte item.

**(1)** A doutrina administrativista mais recente firmou o entendimento de que todas as fundações instituídas ou mantidas pelo poder público têm natureza de autarquia.

**1:** errada, pois fundações estatais criadas para exercer atividade típica de Estado têm natureza autárquica, ao passo que as demais, não, tratando-se de pessoas jurídicas de direito privado estatais. **WG**
Gabarito "1E".

### 4.3. Administração indireta – pessoas jurídicas de direito privado estatais

**(Agente – PF – 2014 – CESPE/CEBRASPE)** No que se refere a organização administrativa e a agentes públicos, julgue os itens a seguir.

**(1)** O cargo de dirigente de empresa pública e de sociedade de economia mista é regido pela Consolidação das Leis do Trabalho (CLT).

**1:** errado (conforme apontado por José dos Santos Carvalho Filho acerca das empresas estatais, "em geral, os cargos de presidente os de direção dessa entidades correspondem a funções de confiança e são preenchidos a critério da autoridade competente do ente público a que estão vinculadas", cf. Manual de Direito Administrativo, 31.ed., p. 537). **RB**
Gabarito "1E".

**(Escrivão de Polícia/AC – 2008 – CESPE)** Julgue o seguinte item.

**(1)** As sociedades de economia mista da União devem ser demandadas na Justiça Federal.

**1:** incorreta, pois as demandas das sociedades de economia mista ocorrem perante a justiça comum, sujeitando-se *ao regime jurídico próprio das empresas privadas, inclusive quanto aos direitos e obrigações civis, comerciais, trabalhistas e tributários* (art. 173, § 1º, II, da CF), a não ser quando a União intervém como assistente ou oponente (Súmula 517 do STF). **SEG**
Gabarito "1E".

**(Agente e Escrivão de Polícia/PB – 2008 – CESPE)** João, agente de investigação, foi designado para promover diligência relacionada à criação de uma sociedade de economia mista. O agente deveria localizar o ato constitutivo da sociedade e analisar a composição do seu capital social. Diante dessa situação hipotética, assinale a opção correta.

**(A)** João deverá dirigir-se à junta comercial para localizar o ato constitutivo da empresa devidamente registrado.

**(B)** João deverá dirigir-se ao órgão legislativo para localizar a lei que criou a empresa.

**(C)** Ao analisar o ato constitutivo, é possível que João verifique tratar-se de empresa cujo capital social é formado exclusivamente por recursos públicos.

**(D)** Ao analisar o ato constitutivo, é possível que João observe tratar-se de empresa em que o poder público não tem direito a voto nas deliberações.

**(E)** Embora muito provavelmente tenha sido criada sob a forma de sociedade anônima, a empresa em questão poderia ter sido criada sob qualquer forma admitida no direito empresarial brasileiro.

**A:** correta. De fato, pois as Sociedades de Economia Mista passam a existir legalmente quando o estatuto e atos constitutivos são registrados em cartório (art. 45 do CC), sendo que para efetuar registro na Junta Comercial, deve-se fazer requerimento de registro, levando exemplar da folha do Diário Oficial da União, do Estado, do DF ou do Município que contenha o ato de autorização legislativa; ou citação, no contrato social, da natureza, número e data do ato de autorização legislativa bem como do nome, data e folha do jornal em que foi publicada. **SEG**
Gabarito "A".

**(Agente de Polícia/RN – 2008 – CESPE)** Se o Estado necessita de uma pessoa jurídica para exercer determinada atividade, ele a coloca no mundo jurídico e dele a retira quando lhe pareça conveniente ao interesse coletivo; ele fixa os fins que ela deve perseguir, sem os quais não se justificaria a sua existência; para obrigá-la a cumprir seus fins, o Estado exerce sobre ela o controle estabelecido em lei; e ainda, para que ela atinja seus fins, ele lhe outorga, na medida do que seja necessário, determinados privilégios próprios do poder público.

Maria Sylvia Zanella Di Pietro. *Direito administrativo*. 21. ed. São Paulo: Atlas, 2008. p. 403 (com adaptações).

Com relação aos órgãos integrantes da administração indireta, assinale a opção correta.

**(A)** A ação popular é cabível contra as entidades da administração indireta.

**(B)** Em relação a mandado de segurança, as autoridades das fundações públicas de direito público não podem ser tidas como coatoras.

**(C)** No ordenamento jurídico pátrio não se admite empresas públicas federais com o objetivo de explorar atividade econômica.

**(D)** Sociedade de economia mista não pode ser prestadora de serviço público.

**(E)** Todas as causas envolvendo autarquia federal serão processadas e julgadas na Justiça Federal.

**A:** correta, pois a ação popular é cabível contra as entidades da administração indireta, tendo em vista que seu objeto é anular ato lesivo ao patrimônio público ou de entidade de que o Estado participe, encontrando amparo legal nos arts. 1º e 6º da Lei 4.717/1965, que regula a Ação Popular, e art. 5º, LXXIII da CF; **B:** incorreta, pois conforme art. 1º, § 1º da Lei 12.016/2009 que disciplina o mandado de segurança, aduz que *equiparam-se às autoridades, para os efeitos desta Lei, os representantes ou órgãos de partidos políticos e os administradores de entidades autárquicas, bem como os dirigentes de pessoas jurídicas ou as pessoas naturais no exercício de atribuições do poder público, somente no que disser respeito a essas atribuições*; **C:** incorreta, pois entende-se empresa pública como *pessoa jurídica de direito privado, que integram a Administração Indireta do Estado, criadas por autorização legal, sob qualquer forma jurídica adequada, para o exercício de atividade de caráter econômico ou prestação de serviços públicos*" (José dos Santos Carvalho Filho. *Manual de direito administrativo*. 24. ed. Rio de Janeiro: Lumen Juris, 2011. p. 452). **D:** incorreta, pois as *sociedades de economia são pessoas jurídicas de direito privado, que integram a Administração Indireta do Estado, criadas por autorização legal, sob a forma de sociedades anônimas, cujo controle pertença ao Poder Público, para o exercício de atividade de caráter econômico ou prestação de serviços públicos* (José dos Santos Carvalho Filho. Op.

cit. p.453); **E:** incorreta, pois em regra o foro competente para dirimir eventuais litígios, em caso de autarquias federais, é de competência da Justiça Federal, cabendo aos juízes federais processar e julgar: *as causas em que a União, entidade autárquica ou empresa pública federal forem interessadas na condição de autoras, rés, assistentes ou oponentes, exceto as de falência, as de acidentes de trabalho e as sujeitas à Justiça Eleitoral e à Justiça do Trabalho* (art. 109, da CF). Entretanto, se o litígio decorrer de uma relação de trabalho firmada entre a autarquia e o servidor, a competência para processar e julgar será da Justiça do Trabalho, independentemente de ser autarquia federal, estadual ou municipal, pois **c**ompete à Justiça do Trabalho processar e julgar: *as ações oriundas da relação de trabalho, abrangidos os entes de direito público externo e da Administração Pública direta e indireta da União, dos Estados, do Distrito Federal e dos Municípios.* (art. 114 da CF). SEG
Gabarito "A".

(Escrivão de Polícia/RN – 2008 – CESPE) Administração indireta do Estado é o conjunto de pessoas administrativas que, vinculadas à respectiva administração direta, têm o objetivo de desempenhar as atividades administrativas de forma descentralizada.

José dos Santos Carvalho Filho. *Manual de direito administrativo.* 20. ed. Rio de Janeiro: Lumen Juris, 2008. p. 430 (com adaptações).

A partir da afirmação acima, assinale a opção correta a respeito dos órgãos que compõem a administração indireta.

(A) Empresa pública é pessoa jurídica constituída por capital público e privado.
(B) Autarquia é pessoa jurídica de direito público que se caracteriza por ser um patrimônio para consecução e fins públicos.
(C) Fundação pública é o serviço autônomo criado por lei, com personalidade jurídica, patrimônio e receitas próprios.
(D) No ordenamento pátrio, não há possibilidade de instituição de fundação com personalidade jurídica de direito público.
(E) A organização da sociedade de economia mista deve ser estruturada sob a forma de sociedade anônima.

**A:** incorreta, pois nas empresas públicas, só é admissível a participação de capital de pessoas administrativas, de qualquer ente federativo, estando impedida a participação de capital privado; **B:** incorreta, pois possuem capacidade administrativa podendo regulamentar, fiscalizar e exercer o serviço público, inclusive repassá-lo ao particular, sujeitando-se ao regime jurídico de direito público em relação à sua criação e extinção; **C:** incorreta, pois entende-se *fundação instituída pelo poder público como patrimônio, total ou parcialmente público, dotado de personalidade jurídica, de direito público ou privado, e destinado, por lei, ao desempenho de atividades do Estado na ordem social, com capacidade de autoadministração e mediante controle da Administração Pública nos termos da lei* (Maria Sylvia Zanella Di Pietro. *Direito administrativo.* 24. ed. São Paulo: Atlas, 2011. p. 446); **D:** incorreta, porém, não há um consenso acerca da natureza jurídica das fundações, havendo duas correntes que assim discorrem sobre a matéria: a primeira corrente defende que as fundações públicas, mesmo que instituídas pelo Poder Público, têm sempre natureza jurídica de direito privado. A segunda corrente defende a existência de dois tipos de fundações públicas, sendo uma de direito público, com personalidade jurídica de direito público, e outra, fundações de direito privado, com natureza jurídica de direito privado. Destaque-se que esta é a corrente dominante, sendo que o STF adotou esse entendimento: *nem toda fundação instituída pelo Poder Público é fundação de direito privado. As fundações, instituídas pelo Poder Público, que assumem a gestão de serviço estatal e se submetem a regime administrativo previsto, nos Estados-membros, por leis estaduais, são fundações de direito público, e, portanto, pessoas jurídicas de direito público. Tais fundações são espécies do gênero autarquia, aplicando-se a elas a vedação a que alude o § 2º do art. 99 da Constituição Federal.* (RE 101.126-2/RJ, j. 24.10.1984, rel. Min. Moreira Alves, *RTJ* 113/114); **E:** correta, pois as sociedades de economia mista devem ser revestidas da forma de sociedades anônimas (art. 5º, III do Dec.-lei 200/1967). SEG
Gabarito "E".

**(Delegado Federal – 2013 – CESPE)** Julgue o item que se segue, relativo à administração indireta e aos serviços sociais autônomos.

(1) A sociedade de economia mista é pessoa jurídica de direito privado que pode tanto executar atividade econômica própria da iniciativa privada quanto prestar serviço público.

**1:** correta, pois há relevante interesse público na criação de empresa estatal para prestar serviço público (art. 173, *caput*, da CF/1988) e também poderá haver tal relevante interesse público (ou imperativo de segurança nacional) para criar empresa estatal para a exploração de atividade econômica (art. 173, § 1º, da CF/1988). WG
Gabarito "1C".

**(Delegado Federal – 1998 – CESPE)** Julgue o seguinte item.

(1) As empresas públicas e as sociedades de economia mista não se regem integralmente pelas normas do direito privado.

**1:** correto, valendo lembrar que tais empresas devem fazer licitação e concurso público, bem como estão sujeitas à fiscalização pelos Tribunais de Contas. WG
Gabarito "1C".

## 4.4. Temas Combinados

**(Escrivão de Polícia/BA – 2013 – CESPE)** Com relação à organização administrativa, julgue o próximo item.

(1) As agências reguladoras detêm o poder de definir suas próprias políticas públicas e executá-las nos diversos setores regulados.

**1:** incorreta. As agências reguladoras possuem autonomia administrativa e financeira, e ainda o poder normativo, o que as habilitam a regulamentar e normatizar determinadas atividades, o que obriga os prestadores de serviços públicos ao seu cumprimento. No entanto, as agências reguladoras não definem suas próprias políticas públicas. Na verdade, uma das formas de implementação de políticas públicas, se dá por meio das agências reguladoras. SEG
Gabarito "1E".

**(Polícia Rodoviária Federal – 2013 – CESPE)** A respeito da organização do Departamento de Polícia Rodoviária Federal e da natureza dos atos praticados por seus agentes, julgue os itens que se seguem.

(1) Praticado ato ilegal por agente da PRF, deve a administração revogá-lo.
(2) Por ser órgão do Ministério da Justiça, a PRF é órgão do Poder Executivo, integrante da administração direta.
(3) Os atos praticados pelos agentes públicos da PRF estão sujeitos ao controle contábil e financeiro do Tribunal de Contas da União.

**1:** incorreta. O ato revestido de vicio de legalidade deverá ser anulado e não revogado. **2:** Correta. As entidades que integram a administração indireta são as autarquias, fundações públicas, empresas públicas e sociedades de economia mista, dela não fazendo parte a PRF. **3:** Correta, pois conforme art. 71, II, da CF, compete ao Tribunal de Contas, dentre outras atribuições, julgar as contas dos administradores e demais responsáveis por dinheiros, bens e valores públicos da administração direta e indireta, incluídas as fundações e sociedades instituídas e mantidas pelo Poder Público federal e as contas daqueles que derem causa a perda, extravio ou outra irregularidade de que resulte prejuízo ao erário. SEG

Gabarito 1E, 2C, 3C

**(Agente e Escrivão de Polícia/PB – 2008 – CESPE)** Julgue os itens subsequentes, relativos à administração direta e indireta.

I. As empresas públicas e as sociedades de economia mista são criadas por lei específica.
II. A criação de uma fundação pública se efetiva com a edição de uma lei específica.
III. Cabe à lei complementar definir as áreas de atuação das fundações públicas.
IV. As sociedades de economia mista são pessoas jurídicas de direito privado, criadas sob a forma de sociedades anônimas para o exercício de atividade econômica ou, eventualmente, a prestação de serviços públicos.
V. O regime jurídico das empresas públicas e sociedades de economia mista é de caráter exclusivamente privado.

Estão certos apenas os itens

(A) I e II.
(B) I e V.
(C) II e IV.
(D) III e IV.
(E) III e V.

**I**: incorreta, pois segundo mandamento constitucional, é autorizada a instituição das empresas públicas e sociedades de economia mista (art. 37, XIX, da CF); **II**: incorreta, pois, a criação da fundação pública, tem sua instituição autorizada, conforme preceito constitucional (art. 37, XIX, da CF); **III**: correta, pois cabe à lei complementar definir as áreas de atuação das fundações públicas (art. 37, XIX, da CF, *in fine*); **IV**: correta, pois a sociedade de economia mista é a entidade dotada de personalidade jurídica de direito privado, criada por lei para a exploração de atividade econômica, sob a forma de sociedade anônima (art. 5º, III, Dec.-lei 200/1967); **V**: incorreta, pois tanto as empresas públicas (art. 5º, II, Dec.-lei 200/1967), quanto as sociedades de economia mista (art. 5º, III, Dec.-lei 200/1967), têm natureza jurídica de direito privado). SEG

Gabarito "D".

## 5. SERVIDORES PÚBLICOS

### 5.1. Espécies de vínculos (cargo, emprego em função)

**(Agente e Escrivão de Polícia/PB – 2008 – CESPE)** O estado da Paraíba editou uma lei cujo artigo 1.º foi assim redigido:

Art. 1.º Ficam criadas oitenta funções de confiança de Agente Judiciário de Vigilância, de provimento em comissão, para prestar serviços de vigilância aos órgãos do Poder Judiciário.

Nessa situação hipotética, o artigo em questão

(A) não fere qualquer dispositivo legal ou constitucional.
(B) fere apenas dispositivos legais, mas respeita todas as normas e princípios constitucionais relacionados à Administração Pública.
(C) obedece o inciso V do artigo 37 da CF, que assim dispõe: "as funções de confiança, exercidas exclusivamente por servidores ocupantes de cargo efetivo, e os cargos em comissão, a serem preenchidos por servidores de carreira nos caso, condições e percentuais mínimos previstos em lei, destinam-se apenas às atribuições de direção, chefia e assessoramento."
(D) fere, tão somente, a regra constitucional que prevê a obrigatoriedade da prévia aprovação em concurso público para a investidura em cargos e empregos públicos.
(E) viola regra constitucional que prevê que as funções de confiança destinam-se apenas às atribuições de direção, chefia e assessoramento, além de ferir a regra também inscrita na CF que prevê a obrigatoriedade da prévia aprovação em concurso público para a investidura em cargos e empregos públicos.

De fato, pois os cargos de confiança e os cargos de comissão são *exercidos exclusivamente por servidores ocupantes de cargo efetivo, e os cargos em comissão, a serem preenchidos por servidores de carreira nos casos, condições e percentuais mínimos previstos em lei, destinam-se apenas às atribuições de direção, chefia e assessoramento* (art. 37, V, da CF), além do que *a investidura em cargo ou emprego público depende de aprovação prévia em concurso público de provas ou de provas e títulos, de acordo com a natureza e a complexidade do cargo ou emprego, na forma prevista em lei, ressalvadas as nomeações para cargo em comissão declarado em lei de livre nomeação e exoneração* (art. 37, V, da CF). SEG

Gabarito "E".

### 5.2. Vacância

**(Escrivão de Polícia/AC – 2008 – CESPE)** Julgue o seguinte item.

**(1)** A extinção de funções ou cargos públicos vagos é competência privativa do Presidente da República, exercida por meio de decreto.

**1:** correta. De fato, pois *compete privativamente ao Presidente da República: dispor, mediante decreto, sobre: extinção de funções ou cargos públicos, quando vagos* (art. 84, VI, "b" da CF). SEG

Gabarito "1C".

**(Delegado Federal – 2004 – CESPE)** Julgue o item a seguir.

**(1)** A vacância é o ato administrativo pelo qual o servidor é destituído do cargo, emprego ou função e pode ocorrer com extinção do vínculo pela exoneração, demissão e morte, ou sem extinção do vínculo, pela promoção, aposentadoria, readaptação ou recondução.

**1:** a assertiva está incorreta, pois, apesar de os casos enunciados serem de vacância (arts. 33 e ss. da Lei 8.112/1990), a aposentadoria importa, sim, em extinção do vínculo. Diferente da iniciativa privada, em que o funcionário que se aposenta pode continuar na função que ocupava, na Administração o agente público que se aposenta terá extinta a sua relação funcional. WG

Gabarito "1E".

### 5.3. Acessibilidade e concurso público

**(Agente – PF – 2014 – CESPE/CEBRASPE)** No que se refere a organização administrativa e a agentes públicos, julgue os itens a seguir.

**(1)** Conforme entendimento do Supremo Tribunal Federal, se determinado concurso público destinar-se ao provimento de duas vagas, não será possível que uma dessas vagas seja destinada exclusivamente a pessoa portadora de necessidades especiais.

---

**1:** certo (considerando que a Lei 8.112 estipula, a título de reservada de vaga a pessoas portadoras de deficiência, um percentual mínimo de 5% e máximo de 20% do número total disponibilizado no concurso público, o STF já decidiu que, se o total de vagas equivale a duas, incabível o regime de cota, cf. MS 26.310/DF, Pleno, Rel. Min. Marco Aurélio, DJ 31/10/07).
Gabarito "1C".

---

**(Escrivão de Polícia/AC – 2008 – CESPE)** Julgue o seguinte item.

**(1)** O prazo de validade de um concurso público pode ser prorrogado mais de uma vez, desde que exista justificação prévia para tal ato.

---

**1:** incorreta, pois o concurso pode ser prorrogado mais de uma vez, desde que previsto no edital (art. 12, § 1º da Lei 8.112/1990).
Gabarito "1E".

---

**(Escrivão de Polícia/AC – 2008 – CESPE)** Julgue o seguinte item.

**(1)** São exemplos de cargos privativos de brasileiros natos os cargos de oficial das forças armadas e da carreira diplomática.

---

**1:** correta, pois conforme art. 12, § 3º da CF, *são privativos de brasileiro nato os cargos: da carreira diplomática* (inc. V) *e de oficial das Forças Armadas* (inc. VI).
Gabarito "1C".

---

**(Escrivão de Polícia/AC – 2008 – CESPE)** Julgue o seguinte item.

**(1)** Em edital de concurso público, é válida a fixação de critérios de concorrência em caráter regional e em área de especialização.

---

**1:** correta, inclusive o STF já decidiu que *em edital de concurso público, é válida a fixação de critérios de concorrência em caráter regional e em área de especialização* (RMS 23.259-1/DF, 2ª T., j. 25.03.2003, rel. Min. Gilmar Mendes).
Gabarito "1C".

---

**(Agente de Polícia/TO – 2008 – CESPE)** Julgue os itens que se seguem, a respeito desse assunto.

**(1)** Dependendo da natureza do cargo para o qual se realiza concurso público, o governador do Estado tem poderes para determinar a reserva de vagas para portadores de necessidades especiais.

**(2)** Segundo a Constituição, cargo em comissão é aquele que o chefe do Poder Executivo escolhe para ser de livre nomeação e exoneração.

**(3)** A ocupação de cargo público em decorrência de aprovação em concurso público somente confere estabilidade ao servidor depois de três anos de exercício em caráter efetivo.

---

**1:** incorreta, pois a Constituição Federal, em seu art. 37, VIII, prevê que *a lei reservará percentual dos cargos e empregos públicos para as pessoas portadoras de deficiência e definirá os critérios de sua admissão*, o que garante aos portadores de necessidades especiais um percentual das vagas em concursos públicos. A Lei 8.112/1990, por sua vez, em seu art. 5º, § 2º informa que *serão reservadas até 20% (vinte por cento) das vagas oferecidas no concurso*. Já o Dec. 3.298/1999 que dispõe sobre a política nacional para a integração da pessoa portadora de deficiência, estabeleceu em seu art. 37, § 1º, que o percentual mínimo será de 5% do total de vagas. Se por ocasião da aplicação do referido percentual, resultar em número fracionado, eleva-se o número de vagas. Por exemplo. Se do percentual resultar 2,5 vagas, eleva-se para 3 vagas (art. 37, § 2º do Dec. 3.298/1999); **2:** incorreta, pois os cargos de confiança e os cargos de comissão são criados por lei e se destinam apenas às atribuições de direção, chefia e assessoramento, mediante livre nomeação pela autoridade competente, podendo haver exoneração e dispensa, a qualquer tempo, ou seja, a pedido ou de ofício pela autoridade que nomeou. Os cargos de confiança são exercidos exclusivamente por servidores ocupantes de cargo efetivo, enquanto os cargos em comissão podem ser preenchidos por servidores que já detenham cargos efetivos de carreira, respeitando-se os percentuais estabelecidos na sua lei de criação. Vale dizer que sendo ocupados por um percentual mínimo legal de servidores de carreira, pode-se ter então as vagas restantes para cargos em comissão a ser ocupados por pessoas sem vínculo definitivo com a Administração Pública (Art. 37, V, da CF); **3:** correta, pois a Constituição Federal estabelece em seu art. 41, *caput*, e § 4º que *são estáveis após três anos de efetivo exercício os servidores nomeados para cargo de provimento efetivo em virtude de concurso público, e como condição para a aquisição da estabilidade, é obrigatória a avaliação especial de desempenho por comissão instituída para essa finalidade.*
Gabarito 1E, 2E, 3C.

## 5.4. Acumulação remunerada

**(Escrivão de Polícia/AC – 2008 – CESPE)** Julgue o seguinte item.

**(1)** Um servidor público eleito para o cargo de prefeito de um município poderá cumular suas funções com as funções do cargo para o qual foi eleito.

---

**1:** incorreta, não há essa possibilidade, pois se servidor público for investido no mandato de Prefeito, será afastado do cargo, emprego ou função, sendo-lhe facultado optar pela sua remuneração (art. 38, II da CF).
Gabarito "1E".

## 5.5. Responsabilidade e deveres do servidor

**(Agente de Polícia/TO – 2008 – CESPE)** Todo trabalhador, independentemente do regime a que se vincula, tem direitos mas também está sujeito a obrigações. Julgue os itens seguintes, que dizem respeito aos servidores públicos.

**(1)** O servidor sempre será remunerado pelo exercício de dois cargos públicos, desde que tenha ingressado em ambos mediante concurso.

**(2)** Vencimento, remuneração e proventos são sinônimos, nos termos da Lei nº 8.112/1990.

**(3)** Caso um servidor seja injustamente demitido e a justiça determine o seu retorno, esse retorno caracterizará um caso de reintegração.

**(4)** A vitaliciedade e a inamovibilidade são prerrogativas de algumas carreiras específicas e, por isso, não se encontram entre os direitos dos servidores públicos relacionados na Lei nº 8.112/1990, que é a norma geral.

---

**1:** incorreta, pois o acúmulo de cargos públicos é vedado pela Constituição Federal (art. 37, XVI e XVII) e Lei 8.112/1990 (arts. 118 e 119); **2:** incorreta, pois remuneração e proventos são institutos diferentes, tratados nos arts. 40; 41 e 189/191, da Lei 8.112/1990. Vejamos: Vencimento *é a retribuição pecuniária pelo exercício de cargo público, com valor fixado em lei* (art. 40). Remuneração *é o vencimento do cargo efetivo, acrescido das vantagens pecuniárias permanentes estabelecidas em lei*, como servidor investido em cargo de comissão, por exemplo (art. 41). Provento *é a retribuição pecuniária paga ao servidor público quando se aposenta* (arts. 189/191 da Lei 8.112/1990); **3:** correta,

# 6. DIREITO ADMINISTRATIVO

pois conforme prevê o art. 28 da Lei 8.112/1990, *a reintegração é a reinvestidura do servidor estável no cargo anteriormente ocupado, ou no cargo resultante de sua transformação, quando invalidada a sua demissão por decisão administrativa ou judicial, com ressarcimento de todas as vantagens;* **4:** correta, pois a vitaliciedade é uma prerrogativa especial conferida a agentes públicos de determinadas categorias, em razão das funções que desempenham. Tal garantia encontra respaldo constitucional, sendo titulares de tais direitos, os magistrados (art. 95, I, da CF); membros dos Tribunais de Contas (art. 73, § 3º, da CF) e membros do Ministério Público (art. 128, § 5º, I, "a", da CF). SEG

Gabarito 1E, 2E, 3C, 4C

(Agente de Polícia/TO – 2008 – CESPE) Julgue os seguintes itens, a respeito dos direitos e obrigações do servidor público previstos no Regime Jurídico Único.

(1) Em regra, o servidor público tem direito a um período de 30 dias de férias por ano trabalhado, sendo admitida a acumulação desse período somente por necessidade da administração, jamais por interesse pessoal.

(2) Considere que determinado escrivão de polícia não compareça habitualmente à delegacia onde está lotado, embora observe o horário de trabalho quando se faz presente. Nessa situação, esse escrivão descumpre o dever funcional da assiduidade.

(3) O servidor público, conforme a natureza da infração que cometer no exercício do cargo, pode responder perante a Administração Pública e(ou) perante o Poder Judiciário.

**1:** correta, conforme art. 77 da Lei 8.112/1990; **2:** correta, pois a Lei 8.112/1990 em seu art. 116, X, descreve que *são deveres do servidor (...) ser assíduo e pontual ao serviço.* Nesse sentido corrobora o julgado do TRF 5ª Região, donde se lê que *quantidade de faltas injustificadas ao serviço cometidas pelo apelante, no total de quarenta durante o ano, além de violar o dever funcional de assiduidade (art. 116, inc. X, da Lei n. 8.112/90), configura comportamento desidioso (art. 117, inc. XV, da Lei n. 8.112/90)* (Apelação Cível 349443/RN, 0007508-70.2002.4.05.8400, 3ª T., j. 03.09.2009, rel. Desembargador Federal Leonardo Resende Martins (Substituto), DJ 18.09.2009, p. 535); **3:** correta, pois há que se levar em consideração que os servidores públicos podem ser responsabilizados por seus atos, não somente na esfera administrativa, mas também na cível e criminal, salientando que em relação aos aspectos penais, os mesmos serão apurados pelo Poder Judiciário. SEG

Gabarito 1C, 2C, 3C

## 5.6. Direitos, vantagens e sistema remuneratório

(Agente de Polícia/RN – 2008 – CESPE) A respeito dos servidores públicos, assinale a opção correta à luz da CF.

(A) Mesmo aos servidores que exerçam atividades de risco é vedada a adoção de requisitos e critérios diferenciados para concessão de aposentadoria.

(B) Extinto o cargo de provimento efetivo por meio de concurso público, ou declarada a sua desnecessidade, o servidor estável ocupante desse cargo ficará em disponibilidade, com remuneração integral, até seu adequado aproveitamento em outro cargo.

(C) Os requisitos de idade e tempo de contribuição para o regime de previdência dos servidores públicos de cargos efetivos dos estados serão reduzidos em cinco anos, para o professor que comprove exclusivamente tempo de efetivo exercício das funções de magistério na educação infantil, no ensino fundamental, médio e superior.

(D) O detentor de mandato eletivo é remunerado exclusivamente por subsídio fixado em parcela única.

(E) Somente a lei pode estabelecer contagem de tempo de contribuição fictício para o regime de previdência dos servidores titulares de cargos efetivos da União.

D: correta, pois de acordo com o art. 39, § 4º da CF: *O membro de Poder, o detentor de mandato eletivo, os Ministros de Estado e os Secretários Estaduais e Municipais serão remunerados exclusivamente por subsídio fixado em parcela única, vedado o acréscimo de qualquer gratificação, adicional, abono, prêmio, verba de representação ou outra espécie remuneratória, obedecido, em qualquer caso, o disposto no art. 37, X e XI.* SEG

Gabarito "D".

(Delegado Federal – 2002 – CESPE) Julgue o seguinte item.

(1) A Constituição de 1988 prevê, em caráter obrigatório, o regime de remuneração na forma de subsídio para todos os policiais federais.

**1:** correta (art. 144, § 9º, c/c art. 39, § 4.º, da CF). WG

Gabarito "1C".

## 5.7. Infração disciplinar e processo administrativo

(Agente – Pernambuco – CESPE – 2016) Considerando as regras e princípios previstos na Lei n.º 9.784/1999, que regula o processo administrativo no âmbito da administração pública federal, assinale a opção correta em relação ao processo administrativo.

(A) Em razão do princípio da oficialidade, exigir-se-á o reconhecimento da assinatura do interessado nas suas manifestações por escrito, que somente será dispensado nos casos expressamente previstos no regulamento do órgão responsável pelo julgamento.

(B) Os atos de processo independem de intimação do interessado, sendo dever do interessado acompanhar o andamento do processo junto à repartição, principalmente nos casos relativos à imposição de sanções ou restrição de direitos, sob pena de revelia.

(C) Devidamente protocolado o processo administrativo junto ao órgão público competente, o interessado não poderá desistir do pedido formulado, salvo se renunciar expressamente ao direito objeto da solicitação.

(D) O processo administrativo rege-se pelo princípio da inércia: deverá ser impulsionado pela atuação dos interessados, sendo vedada a sua impulsão de ofício pela autoridade julgadora.

(E) Em caso de risco iminente, a administração pública poderá, motivadamente, adotar providências acauteladoras, mesmo sem a prévia manifestação do interessado.

**A:** incorreta. Lei 9.784/1999, art. 22. § 2º – Salvo imposição legal, o reconhecimento de firma somente será exigido quando houver dúvida de autenticidade; **B:** incorreta. Lei 9.784/1999, art. 3º, II – ter ciência da tramitação dos processos administrativos em que tenha a condição de interessado, ter vista dos autos, obter cópias de documentos neles contidos e conhecer as decisões proferidas; **C:** incorreta. Lei 9.784/1999, art. 51 – O interessado poderá, mediante manifestação escrita, desistir total ou parcialmente do pedido formulado ou, ainda, renunciar a direitos disponíveis; **D:** incorreta. Lei 9.784/1999, art. 5º – O processo administrativo pode iniciar-se de ofício ou a pedido de interessado; **E:** correta. A Lei 9.784/1999 prevê como princípios

norteadores do processo administrativo federal: art. 2º – A Administração Pública obedecerá, dentre outros, aos princípios da legalidade, finalidade, motivação, razoabilidade, proporcionalidade, moralidade, ampla defesa, contraditório, segurança jurídica, interesse público e eficiência. A assertiva indica a proteção ao princípio da eficiência e neste sentido: art. 45 – Em caso de risco iminente, a Administração Pública poderá motivadamente adotar providências acauteladoras sem a prévia manifestação do interessado. **FB**
Gabarito "E".

**(Agente de Polícia/DF – 2013 – CESPE)** Após investigação, constatou-se que determinado servidor público adquiriu, em curto período de tempo, uma lancha, uma casa luxuosa e um carro importado avaliado em cem mil reais, configurando um crescimento patrimonial incompatível com sua renda. Apesar de a investigação não ter apontado a origem ilícita dos recursos financeiros, o referido servidor foi condenado à perda dos bens acrescidos ao seu patrimônio, à demissão, à suspensão dos direitos políticos e ao pagamento de multa.

Nessa situação hipotética, o servidor foi indevidamente condenado por improbidade administrativa, haja vista não ter ficado comprovada ilicitude na aquisição dos bens.

Julgue os itens subsequentes, relativos à organização administrativa do Estado e a atos administrativos.

**(1)** No direito administrativo, a inércia será considerada um ato ilícito caso haja dever de agir pela administração pública, implicando essa conduta omissiva abuso de poder quando houver ofensa a direito individual ou coletivo dos administrados.

**(2)** A PCDF é órgão especializado da administração direta subordinado ao Poder Executivo do DF.

**(3)** Considere a seguinte situação hipotética. Hugo e Ivo planejaram juntos o furto de uma residência. Sem o conhecimento de Hugo, Ivo levou consigo um revólver para garantir o sucesso da empreitada criminosa. Enquanto Hugo subtraía os bens do escritório, Ivo foi surpreendido na sala por um morador e acabou matando-o com um tiro. Nessa situação hipotética, Ivo responderá por latrocínio, e Hugo, apenas pelo crime de furto.

**(4)** Por ser o estupro um crime que se submete a ação penal pública condicionada, caso uma mulher, maior de idade e capaz, seja vítima desse crime, somente ela poderá representar contra o autor do fato, embora não seja obrigada a fazê-lo.

**(5)** O empresário que inserir na carteira de trabalho e previdência social de seu empregado declaração diversa da que deveria ter escrito cometerá o crime de falsidade ideológica.

**(6)** O agente de polícia que deixar de cumprir seu dever de vedar ao preso o acesso a telefone celular, permitindo que este mantenha contato com pessoas fora do estabelecimento prisional, cometerá o crime de condescendência criminosa.

**1:** correta. A inércia será considerada um ato ilícito caso haja dever de agir pela administração pública, implicando essa conduta omissiva abuso de poder quando houver ofensa a direito individual ou coletivo dos administrados, é o que já decidiu o STJ nos seguintes termos: *Em homenagem ao princípio da eficiência, é forçoso concluir que a autoridade impetrada, no exercício da atividade administrativa, deve manifestar-se*

*acerca dos requerimentos de anistia em tempo razoável, sendo-lhe vedado postergar, indefinidamente, a conclusão do procedimento administrativo, sob pena de caracterização de abuso de poder.*(MS 12.701/DF, rel. Min. Maria Thereza de Assis Moura, *DJe* 03/03/2011). **2:** correta. Conforme prevê a Constituição Federal em seu art. 144, §§ 4º e 6º informam que às polícias civis, dirigidas por delegados de polícia de carreira, incumbem, ressalvada a competência da União, as funções de polícia judiciária e a apuração de infrações penais, exceto as militares e as polícias militares e corpos de bombeiros militares, forças auxiliares e reserva do Exército, subordinam-se, juntamente com as polícias civis, aos Governadores dos Estados, do Distrito Federal e dos Territórios. **3:** correta, tendo como fundamento o art. 29, § 2º do Código Penal, que prescreve que se algum dos concorrentes quis participar de crime menos grave, ser-lhe-á aplicada a pena deste; essa pena será aumentada até metade, na hipótese de ter sido previsível o resultado mais grave. É o que se chama de "participação dolosamente distinta", exceção à teoria monista adotada pelo nosso Código Penal. Observe a esse respeito o seguinte julgado: *Se a violência exercida contra a vítima, acarretando-lhe a morte, foi exercida com o intuito de subtrair a quantia que lhe pertencia, configura-se o delito de latrocínio. Em tema de latrocínio não se deve reconhecer a cooperação dolosamente distinta, agasalhada pelo art. 29, § 2º, do CP, se o envolvido na empreitada criminosa dela participou ativamente, ainda que não tenha executado atos que culminaram na morte da vítima, mas assumiu o risco da produção do resultado mais grave* (TJMG, Processo nº 1.0372.05.014103-8/001(1), rel. Des. Antônio Armando dos Anjos, DJ 12/05/2007). **4:** correta, conforme previsto no art. 225 do CP, o crime de estupro é de ação penal pública condicionada a representação da vítima. Vale destacar, contudo, que o direito de representação pela mulher, mas também por quem tenha a condição de representa-la. Não se trata de uma ação penal personalíssima, mas de ação penal pública condicionada. **5:** O crime descrito está tipificado como falsificação de documento público (art. 297, § 3º, II do CP) e não de falsidade ideológica. **6:** incorreta, tratando-se prevaricação imprópria e não condescendência criminosa (art. 319-A do CP). **SEG**
Gabarito 1C, 2C, 3C, 4C, 5E, 6E

**(Delegado Federal – 1998 – CESPE)** Julgue o item abaixo.

**(1)** Considere a seguinte situação: Lucíola é servidora pública, encarregada de dar sequência a procedimentos administrativos no órgão em que trabalha. Em um determinado dia, ela chegou de mau humor à repartição e resolveu que nada faria com os autos sob sua responsabilidade, deixando para dar, no dia subsequente, o andamento devido a eles, o que realmente fez. Os autos administrativos sofreram apenas o atraso de um dia em seu processamento, e ninguém chegou a sofrer prejuízo em razão disso. Na situação descrita, Lucíola, juridicamente, não infringiu seus deveres funcionais.

**1:** errada, pois infringiu o dever funcional previsto no art. 117, IV, da Lei 8.112/1990. **WG**
Gabarito 1E.

## 5.8. Outros temas de agentes públicos e temas combinados

**(Escrivão de Polícia/DF – 2013 – CESPE)** Acerca do regime jurídico dos servidores públicos, julgue os itens subsecutivos.

**(1)** O conceito de agente público para a aplicação da Lei de Improbidade Administrativa abrange aqueles que exerçam, sem remuneração, função no âmbito da PCDF.

**(2)** A invalidação de demissão por decisão judicial importa a reinvestidura do servidor estável no cargo anteriormente ocupado, mesmo que este já tenha sido ocupado por outro servidor.

**(3)** Caso um servidor ocupante de cargo em comissão seja exonerado desse cargo a pedido, eventuais denúncias de infrações por ele praticadas deverão ser arquivadas, uma vez que, nessa hipótese, a aplicação de penalidade não surtirá efeitos na esfera administrativa.

---

**1:** correta. Os sujeitos ativos são aqueles que praticam o ato de improbidade, concorrem para a pratica ou dele obtém vantagens, sendo possível a responsabilização de qualquer pessoa, ainda que não seja agente público, desde que se beneficie de forma direta ou indireta. Daí se afirmar, que, em princípio, os atos de improbidade podem ser praticados por qualquer agente público, servidor ou não. Para todos os efeitos, considera-se agente público, todo aquele que exerce, ainda que transitoriamente ou sem remuneração, por eleição, nomeação, designação, contratação ou qualquer outra forma de investidura ou vínculo, mandato, cargo, emprego ou função nas entidades da administração direta ou indireta. O que se verifica é que o legislador adotou uma concepção bastante ampla de agente público. Inclusive, seus dispositivos se aplicam, no que couber, àquele que, mesmo não sendo agente público, induza ou concorra para a prática do ato de improbidade ou dele se beneficie sob qualquer forma direta ou indireta (arts. 1°, 2° e 3° da Lei 8.429/1992). **2:** correta. A reintegração é a reinvestidura do servidor estável no cargo anteriormente ocupado, ou no cargo resultante de sua transformação, quando invalidada a sua demissão por decisão administrativa ou judicial, com ressarcimento de todas as vantagens (art. 28 da Lei 8.112/1990). **3:** incorreta, pois mesmo após exonerado, a penalidade pode resultar efeitos na esfera administrativa, como a exemplo de demissão pela prática de ato de improbidade administrativa. (art. 136 e 137 da Lei 8.112/1990). SEG

Gabarito 1C, 2C, 3E

---

**(Escrivão de Polícia Federal – 2013 – CESPE)** Com relação ao direito administrativo, julgue os itens a seguir.

**(1)** A posse de um candidato aprovado em concurso público somente poderá ocorrer pessoalmente.

**(2)** O servidor público que revelar fato ou circunstância que tenha ciência em razão das suas atribuições, e que deva permanecer em segredo, comete ato de improbidade administrativa.

**(3)** As penas aplicadas a quem comete ato de improbidade não podem ser cumuladas, uma vez que estaria o servidor sendo punido duas vezes pelo mesmo ato.

**(4)** O Banco Central do Brasil é uma autarquia federal e compõe a administração pública direta da União.

---

**1:** incorreta. A posse poderá se dar mediante procuração específica (art. 13, § 3°, da Lei 8.112/1990). **2:** correta. Revelar fato ou circunstância de que tem ciência em razão das atribuições e que deva permanecer em segredo, constitui-se atos de improbidade administrativa que atentam contra os princípios da administração pública (art. 11, III, da Lei 8.429/1992).**3:** Incorreta. As penas a quem comete ato de improbidade podem ser aplicadas isoladas ou cumulativamente, de acordo com a gravidade do fato (art. 12 da Lei 8.429/1992). **4:** Incorreta. O Banco Central do Brasil é uma autarquia federal, mas não faz parte da administração direta da União. Na verdade é uma entidade da administração indireta. SEG

Gabarito 1E, 2C, 3E, 4E

---

**(Polícia Rodoviária Federal – 2013 – CESPE)** No que concerne ao regime jurídico do servidor público federal, julgue os próximos itens.

**(1)** Anulado o ato de demissão, o servidor estável será reintegrado ao cargo por ele ocupado anteriormente, exceto se o cargo estiver ocupado, hipótese em que ficara em disponibilidade até aproveitamento posterior em cargo de atribuições e vencimentos compatíveis.

**(2)** O servidor público federal investido em mandato eletivo municipal somente será afastado do cargo se não houver compatibilidade de horário, sendo-lhe facultado, em caso de afastamento, optar pela sua remuneração.

**(3)** Não é possível a aplicação de penalidade a servidor inativo, ainda que a infração funcional tenha sido praticada anteriormente a sua aposentadoria.

**(4)** A nomeação para cargo de provimento efetivo será realizada mediante prévia habilitação em concurso público de provas ou de provas e títulos ou, em algumas situações excepcionais, por livre escolha da autoridade competente.

---

**1:** incorreta, pois quando invalidada a demissão por decisão administrativa ou judicial, o servidor será reintegrado com ressarcimento de todas as vantagens. Na hipótese de o cargo ter sido extinto, o servidor ficará em disponibilidade. Encontrando-se provido o cargo, o seu eventual ocupante será reconduzido ao cargo de origem, sem direito à indenização ou aproveitado em outro cargo, ou, ainda, posto em disponibilidade (art. 28 da Lei 8.112/1990). **2:** incorreta, pois o servidor público federal investido em mandato eletivo municipal, havendo compatibilidade de horário, perceberá as vantagens de seu cargo, sem prejuízo da remuneração do cargo eletivo. Não havendo compatibilidade de horário, será afastado do cargo, sendo-lhe facultado optar pela sua remuneração (art. 94, III, "a" e "b" da Lei 8.112/1990). **3:** Incorreta. Dentre as penalidades disciplinares encontra-se a cassação de aposentadoria, e esta será cassada quando o inativo houver praticado, na atividade, falta punível com a demissão (arts. 127, IV e 134 da Lei 8.112/1990). **4:** incorreta. Conforme prevê a CF, a investidura em cargo ou emprego público depende de aprovação prévia em concurso público de provas ou de provas e títulos, de acordo com a natureza e a complexidade do cargo ou emprego, na forma prevista em lei, ressalvadas as nomeações para cargo em comissão declarado em lei de livre nomeação e exoneração (art. 37, II da CF). Por outro lado, a Lei 8.112/1990 aduz que a nomeação para cargo de carreira ou cargo isolado de provimento efetivo depende de prévia habilitação em concurso público de provas ou de provas e títulos, obedecidos a ordem de classificação e o prazo de sua validade (art. 10 da Lei 8.112/1990). Pelo exposto, verifica-se que não existe situação excepcional à regra da aprovação em concurso público para provimento de cargo efetivo, mas somente para somente para provimento de cargo em comissão. SEG

Gabarito 1E, 2E, 3E, 4E

---

**(Escrivão de Polícia Federal – 2009 – CESPE)** No que se refere à organização administrativa da União e ao regime jurídico dos servidores públicos civis federais, julgue os itens seguintes.

**(1)** A empresa pública e a sociedade de economia mista podem ser estruturadas mediante a adoção de qualquer uma das formas societárias admitidas em direito.

**(2)** O vencimento, a remuneração e o provento não podem ser objeto de penhora, exceto no caso de prestação de alimentos resultante de decisão judicial.

---

**1:** incorreta, pois segundo o que dispõe o art. 5°, III do Dec.-lei 200/1967, *as sociedades de economia mista devem ser revestidas da forma de sociedade anônima. Já as empresas públicas podem revestir--se de quaisquer das formas admitidas em direito*, conforme prevê o art. 5°, II do citado Decreto-lei, **2:** correta, pois conforme art. 48 da Lei 8.112/1990, *o vencimento, a remuneração e o provento não serão objeto de arresto, sequestro ou penhora, exceto nos casos de prestação de alimentos resultante de decisão judicial.* SEG

Gabarito 1E, 2C

(Escrivão de Polícia Federal – 2009 – CESPE) Quanto ao regime jurídico concernente aos funcionários policiais civis da União e do Distrito Federal, bem como às sanções aplicáveis aos agentes públicos, julgue o item a seguir.

(1) Frustrar a licitude de processo licitatório ou dispensá-lo indevidamente constitui ato de improbidade administrativa e, por consequência, impõe a aplicação da lei de improbidade e a sujeição do responsável unicamente às sanções nela previstas.

1: incorreta, pois o art. 12, caput, da Lei 8.429/1992, estabelece que aquele que frustrar a licitude de processo licitatório ou dispensá-lo indevidamente, responde *independentemente das sanções penais, civis e administrativas previstas na legislação específica*, penas que podem ser aplicadas de forma isolada ou cumulativa, de acordo com a gravidade do fato. SEG

Gabarito "1E".

(Escrivão de Polícia/AC – 2008 – CESPE) Julgue o seguinte item.

(1) Os empregados de uma empresa pública devem ser contratados sob o regime da Lei nº 8.112/1990.

1: incorreta, pois tais servidores submetem-se ao regime trabalhista comum, cujas regras encontram-se disciplinadas na CLT, de forma que os litígios decorrentes das relações de trabalho, serão dirimidos pela Justiça do Trabalho. (art. 114 da CF). Em que pese tais considerações, há que se observar ainda que: a contratação deve ser precedida de aprovação em concurso público (art. 37, II da CF); não pode haver acúmulo de cargos ou funções públicas (art. 37, XVII da CF); são equiparados a funcionários públicos para fins penais (art. 327, §§ 1º e 2º do CP); são considerados agentes públicos para os fins de incidência das diversas sanções na hipótese de improbidade administrativa (Lei. 8.429/1992). SEG

Gabarito "1E".

## 6. LEI 8.112/1990 – ESTATUTO DOS SERVIDORES PÚBLICOS

(Escrivão de Polícia/BA – 2013 – CESPE) No que se refere ao que dispõe a Lei n.º 8.112/1990 e aos princípios que regem a administração pública, julgue os itens subsecutivos.

(1) As empresas públicas são submetidas ao regime jurídico instituído pela Lei n.º 8.112/1990.

(2) É vedado à candidata gestante inscrita em concurso público o requerimento de nova data para a realização de teste de aptidão física, pois, conforme o princípio da igualdade e da isonomia, não se pode dispensar tratamento diferenciado a candidato em razão de alterações fisiológicas temporárias.

(3) Na composição de comissão de processo disciplinar, é possível a designação de servidores lotados em unidade da Federação diversa daquela em que atua o servidor investigado.

1: incorreta, pois os servidores das empresas públicas, não se submetem ao regime da Lei 8.112/1990, mas ao regime celetista. Contudo, é bom que se diga, que as empresas públicas, tem regime jurídico hibrido, pois ora são regidas por normas de direito privado, ora são regidas por normas de direito público. Quando os atos praticados pelas mesmas se referir ao exercício da atividade econômica, predominam as *normas de direito privado* (direito civil ou empresarial), sendo que seus servidores, denominados empregados públicos, submetem-se ao regime celetista, mas também se submetem às normas de direito público, a exemplos de autorização legal para sua instituição (art.37, XIX); exigência de concurso público para contratação de servidores (art.37, II); fiscalização pelo Congresso Nacional (art. 49, X); controle pelo Tribunal de Contas (art. 71), previsão orçamentária (art. 165, § 5º) e a licitação e contratos regidos pela Lei 8.666/1993. **2.** incorreta. A esse respeito decidiu o STJ que a proteção constitucional à maternidade e à gestante não só autoriza, mas até impõe a dispensa *de tratamento diferenciado à candidata gestante sem que isso importe em violação do princípio da isonomia, morment se não houver expressa previsão editalícia proibitiva referente à gravidez*. É também entendimento deste Superior Tribunal que *não se pode dispensar tratamento diferenciado a candidato em razão de alterações fisiológicas temporárias quando há previsão editalícia que veda a realização de novo teste de aptidão física em homenagem ao princípio da igualdade (que rege os concursos públicos)*, Ademais, embora haja previsão editalícia de que nenhum candidato merecerá tratamento diferenciado em razão de alterações patológicas ou fisiológicas (contusões, luxações, fraturas etc.) ocorridas antes do exame ou durante a realização de qualquer das provas dele, que o impossibilitem de submeter-se às provas do exame físico ou reduzam sua capacidade física ou orgânica, inexiste previsão no edital de que a candidata seria eliminada em razão de gravidez, que não constitui alteração patológica (doença) tampouco alteração fisiológica que tenha natureza assemelhada à daquelas elencadas, não permitindo a interpretação analógica adotada pela autoridade coatora. Além disso, o STF firmou entendimento de que *a gestação constitui motivo de força maior que impede a realização da prova física, cuja remarcação não implica ofensa ao princípio da isonomia* (Precedentes citados do STF: AI 825.545-PE, DJe 6/5/2011: do STJ: AgRg no RMS 34.333-GO, DJe 3/10/2011; AgRg no RMS 17.737-AC, DJ 13/6/2005; RMS 23.613-SC, DJe 17/12/2010; AgRg no RMS 33.610-RO, DJe 16/5/2011; AgRg no RMS 28.340-MS, DJe 19/10/2009; AgRg no REsp 798.213-DF, DJ 5/11/2007; REsp 728.267-DF, DJ 26/199/2005, e AgRg no REsp 1.003.623-AL, DJe13/10/2008). RMS 31.505-CE, Rel. Min. Maria Thereza de Assis Moura, j. 16.08.2012. **3.** Como a Lei 8.112/1990 não traz nenhum impedimento, já decidiu o STJ que *na composição de comissão de processo disciplinar, é possível a designação de servidores lotados em unidade da Federação diversa daquela em que atua o servidor investigado. A Lei 8.112/1990 não faz restrição quanto à lotação dos membros de comissão instituída para apurar infrações funcionais* (MS 14.827-DF, rel. Min. Marco Aurélio Bellizze, j. 24/10/2012). SEG

Gabarito 1E, 2E, 3C

## 7. IMPROBIDADE ADMINISTRATIVA

(Escrivão – Pernambuco – CESPE – 2016) Assinale a opção correta com referência a improbidade administrativa e à Lei de Improbidade Administrativa (Lei nº 8.429/1992).

(A) A aplicação administrativa da pena de demissão prevista em lei reguladora de carreira pública exige que se aguarde o trânsito em julgado da ação de improbidade administrativa.

(B) Os atos de improbidade descritos no art. 11 da Lei n° 8.429/1992 não exigem a presença do dolo para sua configuração.

(C) Os atos de improbidade descritos no art. 11 da Lei n° 8.429/1992, para sua configuração, exigem a demonstração da ocorrência de dano para a administração pública ou enriquecimento ilícito do agente.

(D) A punição administrativa do servidor faltoso impede a aplicação das penas previstas na Lei de Improbidade Administrativa (Lei n° 8.429/1992).

(E) O atentado à vida e à liberdade individual de particulares, se praticado por agentes públicos armados, pode configurar improbidade administrativa.

A: incorreta. As esferas de aplicação são distintas e independentes;
B: correta. Lei 8.492/1992, art. 11. Constitui ato de improbidade

administrativa que atenta contra os princípios da administração pública qualquer ação ou omissão que viole os deveres de honestidade, imparcialidade, legalidade, e lealdade às instituições, e notadamente; **C:** incorreta. Lei 8.492/1992, art. 11 – Constitui ato de improbidade administrativa que atenta contra os princípios da administração pública qualquer ação ou omissão que viole os deveres de honestidade, imparcialidade, legalidade, e lealdade às instituições, e notadamente; **D:** incorreta. As esferas de aplicação das sanções são independentes. Lei 8.492/1992, Art. 12, – Independentemente das sanções penais, civis e administrativas previstas na legislação específica, está o responsável pelo ato de improbidade sujeito às seguintes cominações, que podem ser aplicadas isolada ou cumulativamente, de acordo com a gravidade do fato; **E:** incorreta. Ao atos de improbidade administrativa não tem por sujeito passivo pessoas físicas e possuem natureza patrimonial, conforme Lei 8429/90 – Art. 1° Os atos de improbidade praticados por qualquer agente público, servidor ou não, contra a administração direta, indireta ou fundacional de qualquer dos Poderes da União, dos Estados, do Distrito Federal, dos Municípios, de Território, de empresa incorporada ao patrimônio público ou de entidade para cuja criação ou custeio o erário haja concorrido ou concorra com mais de cinqüenta por cento do patrimônio ou da receita anual, serão punidos na forma desta lei. FB
Gabarito "B".

**(Agente de Polícia/DF – 2013 – CESPE)** Acerca do que dispõe a Lei de Improbidade Administrativa e dos poderes da administração, julgue os itens que se seguem.

**(1)** O poder de polícia administrativa, que se manifesta, preventiva ou repressivamente, a fim de evitar que o interesse individual se sobreponha aos interesses da coletividade, difere do poder de polícia judiciária, atividade estatal de caráter repressivo e ostensivo que tem a função de reprimir ilícitos penais mediante a instrução policial criminal.

**(2)** O poder hierárquico, na administração pública, confere à administração capacidade para se auto-organizar, distribuindo as funções dos seus órgãos. No entanto, não se reconhece a existência de hierarquia entre os servidores admitidos por concurso público, pois tal situação representaria uma afronta ao princípio da isonomia.

**(3)** Decorre do poder disciplinar a prerrogativa de aplicação de penalidade ao servidor pelo critério da verdade sabida, sem a necessidade de instauração de processo administrativo, desde que o administrador tenha conhecimento da infração e acesso a provas que atestem a sua veracidade.

**1:** A atuação da polícia administrativa é inerente à Administração Pública, sendo que sua atuação tem caráter eminentemente preventivo e fiscalizador e se dá no âmbito de função administrativa, agindo sobre bens, direitos ou atividades dos indivíduos. **2:** O poder hierárquico é o que dispõe o Executivo para distribuir e escalonar as funções de seus órgãos, ordenar e rever a atuação de seus agentes, estabelecendo a relação de subordinação entre os servidores do seu quadro de pessoal, inclusive para aqueles que adentraram ao serviço público por concurso público de provas ou provas e títulos. **3:** O poder disciplinar é conferido ao Administrador Público para apurar as infrações cometidas pelos agentes e impor penalidades, aplicando-lhes sanções de caráter administrativo. Toda vez que a autoridade tiver ciência de irregularidade no serviço público é obrigada a promover a sua apuração imediata, mediante sindicância ou processo administrativo disciplinar, assegurada ao acusado ampla defesa (art. 143 da Lei 8.112/1990). SEG
Gabarito 1C, 2E, 3E

**(Escrivão de Polícia/BA – 2013 – CESPE)** No que se refere aos princípios básicos da administração pública federal, regulamentados pela Lei n.º 8.429/1992 e suas alterações, julgue os itens subsecutivos.

**(1)** Incorre em abuso de poder a autoridade que nega, sem amparo legal ou de edital, a nomeação de candidato aprovado em concurso público para o exercício de cargo no serviço público estadual, em virtude de anterior demissão no âmbito do poder público federal.

**(2)** A contratação temporária de servidores sem concurso público bem como a prorrogação desse ato amparadas em legislação local são consideradas atos de improbidade administrativa.

**(3)** Agente público que, ao assumir cargo público, preste, pela segunda vez, falsa declaração de bens deve ser punido com demissão, a bem do serviço público, sem prejuízo de outras sanções cabíveis.

**(4)** A probidade, que deve nortear a conduta dos administradores públicos, constitui fundamento do princípio da eficiência.

**1:** correta. Segundo jurisprudência do STJ, incorre em abuso de poder a negativa de nomeação de candidato aprovado em concurso para o exercício de cargo no serviço público estadual em virtude de anterior demissão no âmbito do Poder Público Federal se inexistente qualquer previsão em lei ou no edital de regência do certame (RMS 30.518-RR, rel. Min. Maria Thereza de Assis Moura, j. 19.06.2012). **2:** incorreta. A contratação temporária de servidores, não se configura ato de improbidade administrativa. Os servidores temporários são aqueles contratados para exercerem uma função temporária, para atender a necessidade excepcional e temporária de interesse público, cabendo a lei ordinária estabeleceras regras para esse tipo de contratação (art. 37, IX, da CF). O regime jurídico dos servidores temporários é oriundo de lei específica, e em nível federal é a Lei 8.745/1993, que disciplina a contratação temporária no âmbito dos órgãos da administração federal direta, bem como de suas autarquias e fundações púbicas. É o que se conhece por regime jurídico especial. Não se aplica, portanto, aos Estados, Distrito Federal e Municípios, e tampouco às empresas públicas e sociedades de economia mista da União. Nos termos do art. 2° da Lei 8.745/1993, considera-se necessidade temporária de excepcional interesse público a assistência a situações de calamidade pública; e emergências em saúde pública; recenseamentos e outras pesquisas de natureza estatística efetuadas pela Fundação Instituto Brasileiro de Geografia e Estatística – IBGE; admissão de professor substituto e professor visitante; e atividades relacionadas às forças armadas dentre outras. Importante observar que o recrutamento para contratação temporária se dá por processo seletivo simplificado (art. 3°). É o caso, por exemplo dos recenseadores contratados pelo IBGE. Entretanto, nos casos de calamidade pública ou emergência ambiental o processo seletivo simplificado é dispensado. Os prazos de duração da contratação temporária vão de 6 meses a quatro anos (art. 4°, I a V da Lei 8.745/1993). **3**. correta. Conforme prevê a Lei de Improbidade Administrativa, será punido com a pena de demissão, a bem do serviço público, sem prejuízo de outras sanções cabíveis, o agente público que se recusar a prestar declaração dos bens, dentro do prazo determinado, ou que a prestar falsa (art. 13, § 3° da Lei 8.429/1992). **4:** incorreta. O princípio da eficiência tem como fundamento que é dever da Administração Pública prestar com eficiência, qualidade e celeridade os serviços públicos, de modo a suprir as necessidades dos administrados. Isso diz respeito à capacidade de planejamento por parte das autoridades públicas, com metas e ações definidas a curto, médio e longo prazo. A probidade, por outro lado, indica que a conduta do agente pública deve estar revestida de honestidade, lealdade, e boa-fé. SEG
Gabarito 1C, 2E, 3C, 4E

**(Polícia Rodoviária Federal – 2013 – CESPE)** No que se refere ao regime jurídico administrativo, julgue os itens subsecutivos.

(1) Somente são considerados atos de improbidade administrativa aqueles que causem lesão ao patrimônio público ou importem enriquecimento ilícito.

(2) A administração não pode estabelecer, unilateralmente, obrigações aos particulares, mas apenas aos seus servidores e aos concessionários, permissionários e delegatórios de serviços públicos.

1: incorreta, pois nos termos da Lei 8.429/1992, são considerados atos de improbidade administrativa os que importam em enriquecimento ilícito (art. 9º); que causam lesão ao erário (art. 10) e os que atentam contra os princípios da administração pública (art. 11). 2: incorreta, pois a administração pública pode estabelecer unilateralmente obrigações aos particulares. Cite-se como exemplo, a limitação administrativa, que é uma imposição geral, gratuita, unilateral e de ordem pública, que condiciona o exercício de direitos ou de atividades particulares, em benefício da sociedade, consistindo em obrigações de fazer, como a obrigação de construir de calçada, muros, por exemplo; ou obrigações de não fazer, como por exemplo, não construir um prédio acima do limite de altura disposto na lei de zoneamento ou código de obras do município. SEG
Gabarito 1E, 2E

**(Agente de Polícia Federal – 2012 – CESPE)** A respeito da improbidade administrativa, julgue o item abaixo.

(1) Se o suposto autor do ato alegar que não tinha conhecimento prévio da ilicitude, o ato de improbidade restará afastado, por ser o desconhecimento da norma motivo para afastá-lo.

1. Conforme dispõe o art. 5º da Lei 8.429/1992 (Lei de Improbidade Administrativa), a lesão ao patrimônio público pode ocorrer por ação ou omissão, e da forma dolosa ou culposa. Para o autor não ser responsabilizado, deveria comprovar que não agiu com dolo ou culpa a fim de que não se configurasse o ato de improbidade. A simples alegação de desconhecimento da norma não basta para afastar a aplicação das sanções previstas para tal. Inclusive, há julgados nesse sentido, onde a alegação de desconhecimento da norma não foi considerada, pois hoje existem diversos modos de publicidade da norma, com o objetivo de que a mesma se torne conhecida (STJ, AgRg no REsp 1107310/MT, 2ª T., j. 06.03.2012, rel. Ministro Humberto Martins, DJe 14.03.2012). SEG
Gabarito "1E".

**(Agente de Polícia/ES – 2009 – CESPE)** Em relação à lei que disciplina as condutas de improbidade administrativa, julgue os itens a seguir.

(1) Os atos tipificados nos dispositivos da Lei de Improbidade Administrativa, de regra, não constituem crimes no âmbito da referida lei, porquanto muitas das condutas ali definidas, apesar de se revestirem de natureza criminal, são definidas como crime em outras leis.

(2) Caso um funcionário público, no exercício do cargo, contribua para que pessoa jurídica incorpore indevidamente em seu patrimônio particular, valores integrantes do acervo patrimonial de uma fundação pública, esse funcionário público, uma vez demonstrada a sua responsabilidade, estará sujeito, entre outras cominações, à perda da função pública e à obrigação de ressarcir integralmente o dano.

(3) A Lei de Improbidade Administrativa relacionou os atos de improbidade administrativa em três dispositivos: os que importam em enriquecimento ilícito, os que importam dano ao erário e os que importam violação dos princípios norteadores da Administração Pública.

(4) Somente o agente público em exercício, ainda que transitoriamente ou sem remuneração e independentemente da forma de investidura no cargo ou função, é considerado sujeito ativo de atos de improbidade administrativa.

1: correta, pois Independentemente das sanções penais, civis e administrativas previstas na legislação específica, estará o responsável pelo ato de improbidade sujeito às cominações, que podem ser aplicadas isolada ou cumulativamente, até porque a Lei 8.429/1992 não prevê sanções penais, mas apenas sanções de natureza civil, administrativa e política, a exemplo da *perda dos bens, ressarcimento integral do dano, quando houver, perda da função pública, suspensão dos direitos políticos, pagamento de multa civil, proibição de contratar com o Poder Público ou receber benefícios ou incentivos fiscais ou creditícios* (art. 12 da Lei 8.429/1992). As sanções penais dos crimes praticados contra a Administração Pública estão previstas no Código Penal, nos arts. 312 e seguintes; 2: correta, pois assim estabelece a Lei 8.429/1992 em seu art. 10, II e III c/c os arts. 1º e 12, II; 3: correta, conforme descritos nos arts. 9º, 10 e 11 da Lei 8.429/1992 (observe-se a inclusão do art. 10-A na Lei de Improbidade, pela Lei Complementar 157/2016); 4: incorreta, pois o sujeito ativo é aquele que pratica o ato improbido, concorre para a prática ou dele obtém vantagens, sendo possível a responsabilização de qualquer pessoa, ainda que não seja agente público, desde que se beneficie de forma direta ou indireta, conforme art. 3º da Lei 8.429/1992. SEG
Gabarito 1C, 2C, 3C, 4E

**(Delegado Federal – 2013 – CESPE)** Um servidor público federal dispensou licitação fora das hipóteses previstas em lei, o que motivou o MP a ajuizar ação de improbidade administrativa, imputando ao servidor a conduta prevista no art. 10, inc. VIII, da Lei 8.429/1993, segundo o qual constitui ato de improbidade administrativa qualquer ação ou omissão, dolosa ou culposa, que enseje perda patrimonial, desvio, apropriação, malbaratamento ou dilapidação dos bens públicos, notadamente o ato que frustrar a licitude de processo licitatório ou dispensá-lo indevidamente.

Com base nessa situação hipotética, julgue os itens que se seguem.

(1) Caso o MP também ajuíze ação penal contra o servidor, pelo mesmo fato, a ação de improbidade ficará sobrestada até a prolação da sentença penal a fim de se evitar *bis in idem*.

(2) Na hipótese de sentença condenatória, o juiz poderá, de acordo com a gravidade do fato, aplicar ao servidor pena de multa e deixar de aplicar-lhe a suspensão de direitos políticos, ambas previstas em lei.

(3) Caso o MP não tivesse ajuizado a referida ação, qualquer cidadão poderia ter ajuizado ação de improbidade subsidiária.

1: incorreta, pois a responsabilização por improbidade é independente da responsabilização na esfera penal (art. 12, *caput*, da Lei 8.429/1992); 2: correta, pois, de acordo com o art. 12, *caput*, da Lei 8.429/1992, as sanções de improbidade podem ser aplicadas isolada ou cumulativamente; 3: incorreta, pois somente o Ministério Público e a pessoa jurídica lesada têm legitimidade para o ajuizamento de ação por improbidade (art. 17, *caput*, da Lei 8.429/1992). WG
Gabarito 1E, 2C, 3E

(Delegado Federal – 2002 – CESPE) Julgue o seguinte item.

(1) A ação pública de improbidade administrativa – de natureza civil e com legitimação ativa atribuída privativamente ao Ministério Público (MP) – objetiva punir os responsáveis e ressarcir o erário por danos sofridos pela conduta de agentes ímprobos.

**1:** incorreta, pois a pessoa jurídica lesada (pessoa jurídica interessada) pelo ato de improbidade também tem legitimidade para a ação de improbidade administrativa (art. 17, *caput*, da Lei 8.429/1992). **WG**
Gabarito "1E."

## 8. RESPONSABILIDADE DO ESTADO

(Agente Administrativo – PF – 2014 – CESPE/CEBRASPE) Considere que, durante uma operação policial, uma viatura do DPF colida com um carro de propriedade particular estacionado em via pública. Nessa situação,

(1) a administração responderá pelos danos causados ao veículo particular, ainda que se comprove que o motorista da viatura policial dirigia de forma diligente e prudente.

**1:** correto, a responsabilidade civil do Estado fundamenta-se na responsabilidade objetiva, nos termos do art. 37, § 6º, da CF, motivo pelo qual independe da comprovação de dolo ou culpa do agente público causador do dano. Nesse sentido, a Administração responderá pelos danos causados, ainda que se comprove que o motorista dirigia de modo diligente. **RB**
Gabarito "1C."

(Agente de Polícia/DF – 2013 – CESPE) Contas da União (TCU), haja vista receberem recursos públicos provenientes de contribuições parafiscais.

Durante rebelião em um presídio, Charles, condenado a vinte e oito anos de prisão por diversos crimes, decidiu fugir e, para tanto, matou o presidiário Valmir e o agente penitenciário Vicente. A fim de viabilizar sua fuga, Charles roubou de Marcos um carro que, horas depois, abandonou em uma estrada de terra, batido e com o motor fundido. Charles permaneceu foragido por cinco anos e, depois desse período, foi preso em flagrante após tentativa de assalto a banco em que explodiu os caixas eletrônicos de uma agência bancária, tendo causado a total destruição desses equipamentos e a queima de todo o dinheiro neles armazenado.

Com referência a essa situação hipotética e à responsabilização da administração, julgue os itens a seguir.

(1) A responsabilidade do Estado com relação aos danos causados à agência bancária é objetiva, uma vez que a falha do Estado foi a causa da fuga, da qual decorreu o novo ato ilícito praticado por Charles.

(2) Se as famílias de Valmir e Vicente decidirem pleitear indenização ao Estado, terão de provar, além do nexo de causalidade, a existência de culpa da administração, pois, nesses casos, a responsabilidade do Estado é subjetiva.

**1:** incorreta. A responsabilidade do Estado é objetiva, nos moldes do art. 37, § 6º da CF. **2:** A responsabilidade nesse caso é objetiva. Para que se configure a obrigação do Estado em indenizar, é necessário verificar a existência de alguns **pressupostos**. São eles: a existência de dano; se não houve culpa da vítima e se há nexo de causalidade. Ausente algum destes pressupostos, não haverá obrigação de indenizar por parte do Estado, eis que a mesma admite excludentes de responsabilidade. **SEG**
Gabarito 1E, 2E

(Polícia Rodoviária Federal – 2013 – CESPE) Um PRF, ao desviar de um cachorro que surgiu inesperadamente na pista em que ele trafegava com a viatura de polícia, colidiu com veículo que trafegava em sentido contrário, o que ocasionou a morte do condutor desse veículo.

Com base nessa situação hipotética, julgue os itens a seguir.

(1) Em razão da responsabilidade civil objetiva da administração, o PRF será obrigado a ressarcir os danos causados a administração e a terceiros, independentemente de ter agido com dolo ou culpa.

(2) Não poderá ser objeto de delegação a decisão referente a recurso administrativo interposto pelo PRF contra decisão que lhe tiver aplicado penalidade em razão do acidente.

(3) Ainda que seja absolvido por ausência de provas em processo penal, o PRF poderá ser processado administrativamente por eventual infração disciplinar cometida em razão do acidente.

**1:** incorreta. Conforme determinação constitucional, as pessoas jurídicas de direito público e as de direito privado prestadoras de serviços públicos responderão pelos danos que seus agentes, nessa qualidade, causarem a terceiros, assegurado o direito de regresso contra o responsável nos casos de culpa ou dolo (art. 37, § 6º). **2:** correta. A decisão de recursos administrativos, **não podem** ser objetos de delegação (art. 13, II, da Lei 9.784/1999). **3:** correta. As sanções civis, penais e administrativas poderão cumular-se, sendo independentes entre si, sendo que responsabilidade administrativa do servidor **somente** será afastada no caso de absolvição criminal que negue a existência do fato ou sua autoria (arts. 125 e 126 da Lei 8.112/1990). **SEG**
Gabarito 1E, 2C, 3C

## 9. LICITAÇÕES E CONTRATOS

### 9.1. Licitação

(Agente Administrativo – PF – 2014 – CESPE/CEBRASPE) Julgue os próximos itens, a respeito do processo de licitação.

(1) Em razão do princípio da eficiência, é possível, mediante licitação, a contratação de empresa que não tenha apresentado toda a documentação de habilitação exigida, desde que a proposta seja a mais vantajosa para a administração.

(2) Considere que determinado órgão da administração pública pretenda adquirir equipamentos de informática no valor de R$ 5.000,00. Nesse caso, o referido órgão tem a opção discricionária de realizar licitação ou proceder à aquisição direta mediante dispensa de licitação, em razão do baixo valor dos equipamentos.

**1:** errado (no âmbito do procedimento licitatório existe a fase de habilitação, em que a Administração verifica se os licitantes apresentam condições pessoais para a futura contratação pública. Caso uma empresa não apresente toda a documentação de habilitação, embora sua proposta seja a mais vantajosa para a Administração, será excluída do certame por inabilitação. Assim, o princípio da eficiência não pode legitimar uma situação que contrarie a legalidade, mesmo que acarrete vantagens ao Poder Público). **2:** certo (uma das hipóteses de dispensa de licitação envolve as contratações de pequeno valor, nos termos do art. 24, I e II, da Lei 8.666/93. Neste caso, a Administração exerce a competência discricionária entre realizar licitação ou contratar diretamente. Consigne-se que é considerado pequeno valor, para fins de compras, a quantia abaixo de R$ 17.600,00, cf. atualização realizada pelo Decreto 9.412/18. Assim, considerando que o equipamento de informática está

na faixa considerada pequeno valor, o órgão público tem a opção de realizar a licitação ou proceder à aquisição direta do bem). RB
Gabarito 1E, 2C

**(Agente Administrativo – PF – 2014 – CESPE/CEBRASPE)** A respeito de processos licitatórios, julgue os seguintes itens.

(1) Considere que a empresa X, vencedora de licitação para prestar serviços de segurança nos terminais de ônibus urbanos de determinado município, tenha falido e deixado de cumprir suas obrigações para com o poder público e que a administração tenha contratado, emergencialmente, a empresa Y para executar os serviços no prazo de cento e oitenta dias. Nessa situação, se novo processo de licitação não for concluído dentro do referido prazo, a administração pública pode, de acordo com a legislação, efetuar a prorrogação do contrato emergencial com a empresa Y por mais noventa dias.

(2) Não há previsão legal para o estabelecimento, nos processos licitatórios, de margem de preferência para bens e serviços com tecnologia desenvolvida no Brasil.

(3) A transferência, mediante ato administrativo, da execução de determinado serviço público a uma autarquia configura descentralização administrativa por outorga.

(4) Dadas as alterações feitas, nos últimos anos, no marco regulatório das licitações públicas, aos requisitos do melhor preço e da maior vantagem para a administração pública somaram-se, também, critérios de sustentabilidade ambiental.

(5) Considere que determinada pessoa jurídica de direito privado que administra um porto brasileiro pretenda contratar o único escritório de advocacia especializado em direito portuário no Brasil para promover ações judiciais acerca dessa matéria. Nessa situação, é dispensável a licitação.

**1:** errado (uma das hipóteses de licitação dispensável é a situação de emergência, cf. art. 24, IV, da Lei 8.666/93. As contratações daí resultantes têm o prazo máximo de 180 dias, vedada a prorrogação). **2:** errado (a Lei 8.666/93 prevê margem de preferência de bens e serviços com tecnologia desenvolvida no Brasil, cf. o seu art. 3º, §7º). **3:** errado (a descentralização administrativa por outorga se instrumentaliza por lei, e não por ato administrativo. Esse mecanismo representa a transferência de uma competência pública a uma entidade integrante da Administração indireta, como uma autarquia). **4:** certo (um dos objetivos da licitação pública envolve o desenvolvimento sustentável, noção que abarca os aspectos ambientais das contratações públicas, cf. art. 3º, "caput", da Lei 8.666/93). **5:** errado (a hipótese descrita representa situação de inexigibilidade de licitação, e não de dispensa, cf. art. 25, II, da Lei 8.666/93). RB
Gabarito 1E, 2E, 3E, 4C, 5E

**(Escrivão de Polícia/DF – 2013 – CESPE)** Julgue o item seguinte, referente à licitação pública.

(1) As empresas públicas e as sociedades de economia mista, integrantes da administração indireta, não estão sujeitas aos procedimentos licitatórios, uma vez que são entidades exploradoras de atividade econômica e dotadas de personalidade jurídica de direito privado.

Conforme determina o art. 28 da Lei 13.303/16 (Estatuto da Empresa Pública e da Sociedade de Economia Mista), tais empresas deverão realizar procedimento licitatório nos termos dessa lei quando quiserem contratar com terceiros. SEG
Gabarito "1E".

**(Escrivão de Polícia Federal – 2013 – CESPE)** No que se refere a licitações, julgue o item abaixo.

(1) Haverá dispensa de licitação nos casos em que houver fornecedor exclusivo de determinado equipamento.

**1:** A afirmativa faz referência à hipótese de licitação inexigível, nos termos do art. 25, I, da Lei 8.666/1993. SEG
Gabarito "1E".

**(Agente de Polícia Federal – 2012 – CESPE)** No que se refere às licitações, julgue o item que se segue.

(1) Configura-se a inexigibilidade de licitação quando a União é obrigada a intervir no domínio econômico para regular preço ou normalizar o abastecimento.

**1.** A intervenção da União no domínio econômico é hipótese de licitação dispensável. A licitação *dispensável é aquela que admite concorrência entre interessados*, mas a Administração Pública, em razão de seu *poder discricionário*, e levando-se em conta os critérios de conveniência e oportunidade, pode realizá-la ou não. Prescreve o art. 24, VI da Lei 8.666/1993 que *é dispensável a licitação (...) quando a União tiver que intervir no domínio econômico para regular preços ou normalizar o abastecimento*. Convém salientar que a intervenção no domínio econômico é hipótese aplicável somente à União. A Lei Delegada 4/1962, em seu art. 1º e parágrafo único, informa que *a União fica autorizada a intervir no domínio econômico para assegurar a livre distribuição de mercadorias e serviços essenciais ao consumo e uso do povo, nos limites fixados nesta lei* e *para assegurar o suprimento dos bens necessários às atividades agropecuárias, da pesca e indústrias do País*. Essa forma de intervenção (se ocorrer) consistirá na compra, armazenamento, distribuição e venda de gêneros e produtos alimentícios, medicamentos, equipamentos e outros elencados no art. 2º da citada lei. SEG
Gabarito "1E".

**(Delegado Federal – 1998 – CESPE)** Julgue o seguinte item.

(1) Em razão do princípio da vinculação ao instrumento convocatório, o instrumento, uma vez publicado, não mais pode ser modificado em aspecto algum.

**1:** errada, pois, havendo algo a ser corrigido, deve haver nova publicação; o princípio da vinculação impede apenas que o julgamento e o contrato a ser celebrado desrespeitem o instrumento convocatório. WG
Gabarito "1E".

**(Delegado Federal – 2013 – CESPE)** Julgue o seguinte item.

(1) O pregão, modalidade de licitação para aquisição de bens e serviços comuns, independentemente do valor estimado da contratação, aplica-se tanto aos órgãos da administração direta quanto às entidades integrantes da administração indireta, inclusive aos fundos especiais.

**1:** correta, nos termos da conjugação do art. 9º da Lei 10.520/2002 com o art. 1º, parágrafo único, da Lei 8.666/1993. WG
Gabarito "1C".

## 9.2. Contrato administrativo

**(Agente – Pernambuco – CESPE – 2016)** A respeito de licitações, contratos administrativos e convênios, assinale a opção correta.

(A) Tratando-se de pregão, os prazos para o fornecimento dos bens ou serviços contratados serão fixados na fase externa da licitação, imediatamente após a convocação dos interessados.

(B) Veda-se a celebração de contratos de repasse entre a União e órgãos estaduais relacionados à execução de obras e serviços de engenharia se o valor da transferência da União for inferior a R$ 250.000.

(C) No âmbito do Regime Diferenciado de Contratações Públicas (RDC), define-se como projeto básico o conjunto dos elementos necessários e suficientes à execução completa da obra, de acordo com as normas técnicas pertinentes.

(D) Veda-se a utilização do Sistema de Registro de Preços para a aquisição de bens ou para a contratação de serviços destinados ao atendimento a mais de um órgão ou entidade.

(E) Em se tratando de licitação de obra relacionada a empreendimento executado e explorado sob o regime de concessão, é vedado incluir no objeto da licitação a previsão de obtenção de recursos financeiros para a sua execução.

**A:** incorreta. Acontece na fase preparatória a fixação dos prazos para o fornecimento. Lei 10.520/2002, art. 3º – A fase preparatória do pregão observará o seguinte: I – a autoridade competente justificará a necessidade de contratação e definirá o objeto do certame, as exigências de habilitação, os critérios de aceitação das propostas, as sanções por inadimplemento e as cláusulas do contrato, inclusive com fixação dos prazos para fornecimento; **B:** correta. A questão deve ter sido formulada com base na Portaria Interministerial 507/2011, que já foi atualmente revogada pela Portaria Interministerial 424/2016, não tendo sido alterado porém, a expressa vedação citada na assertiva, a saber: Portaria Interministerial 507/2011, art. 10 – É vedada a celebração de convênios: I – com órgãos e entidades da administração pública direta e indireta dos Estados, Distrito Federal e Municípios cujo valor seja inferior a R$ 100.000,00 (cem mil reais) ou, no caso de execução de obras e serviços de engenharia, exceto elaboração de projetos de engenharia, nos quais o valor da transferência da União seja inferior a R$ 250.000,00 (duzentos e cinquenta mil reais); Portaria Interministerial 424/2016, art. 9º – É vedada a celebração de: IV – instrumentos para a execução de obras e serviços de engenharia com valor de repasse inferior a R$ 250.000,00 (duzentos e cinquenta mil reais); **C:** incorreta. Esta é a definição legal de projeto executivo, conforme se observa na Lei 12.462/2011, art. 2º, IV; **D:** incorreta. Não há previsão legal neste sentido; **E:** incorreta. Lei 8.666/1993, art. 7º § 3º – É vedado incluir no objeto da licitação a obtenção de recursos financeiros para sua execução, qualquer que seja a sua origem, exceto nos casos de empreendimentos executados e explorados sob o regime de concessão, nos termos da legislação específica. Gabarito "B".

(Escrivão – Pernambuco – CESPE – 2016) Assinale a opção correta relativamente a licitação e contratos públicos.

(A) Constitui atentado ao princípio da igualdade entre os licitantes o estabelecimento de requisitos mínimos de participação no edital da licitação.

(B) O contrato administrativo é sempre consensual e, em regra, formal, oneroso, comutativo e realizado *intuitu personae*.

(C) A exceção de contrato não cumprido se aplica aos contratos administrativos, quando a falta é da administração.

(D) O controle do contrato administrativo por parte da administração exige cláusula expressa.

(E) As empresas estatais exploradoras de atividade econômica de produção ou comercialização de bens ou de prestação de serviços estão dispensadas de observar os princípios da licitação.

A relação contratual com a Administração Pública é regida por normas de direito público, razão pela qual se admite a exceptio non adimpleti contractus com a condição prevista na Lei 8.666/1993, art. 78, XV – o atraso superior a 90 (noventa) dias dos pagamentos devidos pela Administração decorrentes de obras, serviços ou fornecimento, ou parcelas destes, já recebidos ou executados, salvo em caso de calamidade pública, grave perturbação da ordem interna ou guerra, assegurado ao contratado o direito de optar pela suspensão do cumprimento de suas obrigações até que seja normalizada a situação. Gabarito "C".

(Delegado Federal – 1998 – CESPE) Julgue o seguinte item.

(1) Mesmo após firmado contrato administrativo para fornecimento de bens por particular à administração, é possível, em certo casos, a modificação dos preços definidos no instrumento contratual.

1: correto (art. 40, XI, da Lei 8.666/1993). Gabarito "1C".

(Delegado Federal – 2013 – CESPE) Julgue o seguinte item.

(1) Considere que uma empresa vencedora de certame licitatório subcontrate, com terceiro, o objeto do contrato firmado com a administração pública, apesar de não haver previsão expressa para tanto no edital ou no contrato. Nessa situação, caso o contrato seja prestado dentro do prazo estipulado e com estrita observância aos critérios de qualidade impostos contratualmente, não poderá a administração rescindir o contrato unilateralmente, visto que não se configura hipótese de prejuízo ou descumprimento de cláusulas contratuais.

1: incorreta, pois a subcontratação total ou parcial do objeto contratado constitui motivo para rescisão do contrato (art. 78, VI, da Lei 8.666/1993). Gabarito "1E".

## 10. SERVIÇO PÚBLICO, CONCESSÃO E PPP

### 10.1. Serviço público

(Escrivão – Pernambuco – CESPE – 2016) Assinale a opção correta a respeito dos serviços públicos.

(A) Os serviços públicos gerais (ou *uti universi*) são indivisíveis e devem ser mantidos por impostos.

(B) Os serviços públicos individuais (ou *uti singuli*) não são mensuráveis relativamente aos seus destinatários.

(C) O serviço público desconcentrado é aquele em que o poder público transfere sua titularidade, ou, simplesmente, sua execução, por outorga ou delegação.

(D) Os serviços de utilidade pública não admitem delegação.

(E) Os serviços públicos propriamente ditos admitem delegação.

Os serviços públicos gerais são os que a Administração presta sem ter destinatário certo, para atender à coletividade como um todo, por este motivo devem ser mantidos por impostos, isto porque a definição do tributo especificado como imposto é a ideia de pagamento sem contraprestação específica como ocorre com as taxas e nesse sentido: CTN, art. 16 – é o tributo cuja obrigação tem por fato gerador uma situação independente de qualquer atividade estatal específica, relativa ao contribuinte. Ex.: polícia. Gabarito "A".

**(Escrivão de Polícia/BA – 2013 – CESPE)** Julgue os itens a seguir, a respeito dos serviços públicos.

**(1)** Conforme entendimento do Superior Tribunal de Justiça, é legal a cobrança, pela administração pública, de taxa, para a utilização das vias públicas para prestação de serviços públicos por concessionária, como, por exemplo, a instalação de postes, dutos ou linhas de transmissão.

**(2)** Caracterizam-se como serviços públicos sociais apenas os serviços de necessidade pública, de iniciativa e implemento exclusivo do Estado.

**1:** incorreta. Segundo entendimento do STJ, *a utilização das vias públicas para prestação de serviços públicos por concessionária – como a instalação de postes, dutos ou linhas de transmissão – não pode ser objeto de cobrança pela Administração Pública*. A cobrança é ilegal, pois a exação não se enquadra no conceito de taxa – não há exercício do poder de polícia nem prestação de algum serviço público –, tampouco no de preço público – derivado de um serviço de natureza comercial ou industrial prestado pela Administração. Precedentes citados: REsp 1.246.070-SP, DJe 18.06.2012, e REsp 897.296-RS, DJe 31/8/2009. (AgRg no REsp 1.193.583-MG, Rel. Min. Humberto Martins, j. 18/10/2012). **2:** incorreta. Os serviços públicos sociais não são exclusivos do Estado. São desempenhados também por entidades paraestatais, que colaboram com o Estado no desempenho de atividades de interesse público. Para Hely Lopes Meirelles, as entidades paraestatais são "pessoas jurídicas de direito privado, cuja criação é autorizada por lei específica, com patrimônio público ou misto, para realização de atividades, obras ou serviços de interesse coletivo, sob normas e controle do Estado (MEIRELLES, Hely Lopes. *Direito Administrativo brasileiro*. São Paulo: Malheiros. 36. ed. 2010. p. 362). Tais entidades atuam na assistência a portadores de necessidades especiais, idosos, proteção ao meio ambiente, educação etc. são exemplos o SESI, SENAI, OSs, OSCIPs dentre outros. SEG

**(Escrivão de Polícia/AC – 2008 – CESPE)** Julgue o seguinte item.

**(1)** A prestação descentralizada do serviço público será sempre feita por outorga ou delegação.

**1:** correta, a descentralização pode ser por outorga do serviço, ou por delegação do serviço. SEG

**(Escrivão de Polícia/DF – 2013 – CESPE)** Julgue os itens subsequentes, acerca de princípios e serviços públicos.

**(1)** A administração pública poderá delegar aos particulares a execução de determinado serviço público, mediante concessão, que constitui ato administrativo unilateral, discricionário e precário.

**(2)** O regime dos serviços públicos depende do titular de seu exercício, ou seja, se é oferecido pelo próprio Estado, diretamente, submete-se, necessariamente, ao regime de direito público; se é prestado do modo indireto, quando a população é atendida por entes privados, seu regime é o do direito privado, em face da vedação constitucional de interferência estatal no domínio econômico.

**(3)** Os princípios constitucionais que norteiam a administração pública podem ser ampliados por outros dispositivos normativos, a exemplo da Lei n.º 9.784/1999, que explicitou os seguintes princípios como norteadores da administração pública: legalidade, finalidade, motivação, razoabilidade, proporcionalidade, moralidade, ampla defesa, contraditório, segurança jurídica, interesse público e eficiência.

**1:** incorreta. De fato, a administração pública poderá delegar aos particulares a execução de determinado serviço público, mediante concessão, no entanto, não se que constitui ato administrativo unilateral, discricionário e precário, pois conforme art. 2°, II da Lei 8.987/1995, a concessão de serviço público: a delegação de sua prestação, feita pelo poder concedente, mediante licitação, na modalidade de concorrência, à pessoa jurídica ou consórcio de empresas que demonstre capacidade para seu desempenho, por sua conta e risco e por prazo determinado. **2:** incorreta. O serviço público, pode ser prestado diretamente pelo Estado, e nesse caso submete-se as normas de direito público. Quando prestado de forma indireta, segue regime de direito privado ou híbrido. No entanto, destaque-se que não há vedação constitucional de interferência estatal no domínio econômico. **3:** correta. A Lei 9.784/1999, prescreve em seu art. 2° que a Administração Pública obedecerá, dentre outros, aos princípios da legalidade, finalidade, motivação, razoabilidade, proporcionalidade, moralidade, ampla defesa, contraditório, segurança jurídica, interesse público e eficiência. SEG

**(Investigador de Polícia/BA – 2013 – CESPE)** Com relação à responsabilidade civil, julgue o item abaixo.

**(1)** O corte de energia elétrica por parte da concessionária de serviço público presume a existência de dano moral, sendo desnecessária a comprovação dos prejuízos sofridos à honra objetiva de empresa ou usuário afetado pela interrupção do serviço.

A afirmativa encontra-se incorreta. Já decidiu o STJ que *não é possível presumir a existência de dano moral de pessoa jurídica com base, exclusivamente, na interrupção do fornecimento de energia elétrica, sendo necessária prova específica a respeito*. Precedente citado: REsp 299.282-RJ, DJ 5/8/2002. REsp 1.298.689-RS, rel. Min. Castro Meira, j. 23/10/2012. SEG

**(Escrivão de Polícia/AC – 2008 – CESPE)** Julgue o seguinte item.

**(1)** Para o Supremo Tribunal Federal, a responsabilidade objetiva das concessionárias e permissionárias de serviços públicos somente abrange as relações jurídicas travadas entre elas e os usuários do serviço público, não se aplicando a terceiros não usuários.

**1:** correta, pois o STF já decidiu que *a responsabilidade civil das pessoas jurídicas de direito privado prestadoras de serviço público é objetiva relativamente aos usuários do serviço, não se estendendo a outras pessoas que não ostentem a condição de usuário*. Exegese do art. 37, § 6°, da CF (RE 262.651-1/SP, 2ª T., j. 16.11.2004, rel. Min. Carlos Velloso). SEG

**(Escrivão de Polícia/AC – 2008 – CESPE)** Julgue o seguinte item.

**(1)** É possível a concessão de um serviço público por prazo indeterminado.

**1:** incorreta, pois a Lei 8.987/1995, em seu art. 2°, III, veda essa possibilidade. SEG

**(Escrivão de Polícia/AC – 2008 – CESPE)** Julgue o seguinte item.

**(1)** São exemplos de serviços públicos de competência exclusiva da União os serviços postais de telecomunicações, de energia elétrica e de navegação aérea.

**1:** correta, conforme art. 21, X (*serviço postal*); XI (*telecomunicações*); XII, "b" (*energia elétrica*) e "c" (*navegação aérea*) todos da CF. SEG

(Escrivão de Polícia/AC – 2008 – CESPE) Julgue o seguinte item.

(1) A autorização de serviço público é uma forma de delegação de prestação que não exige licitação nem depende de celebração de contrato.

1: correta, pois a autorização é ato administrativo unilateral, discricionário e precário onde a Administração Pública faculta a terceiros interessados a prestação de serviço público, de forma que não se exige licitação, tampouco celebração de contrato. SEG
Gabarito "1C"

(Delegado Federal – 1998 – CESPE) Os administrados, para bem desempenharem suas atribuições na sociedade, carecem de comodidades e utilidades. Umas podem ser atendidas pelos meios e recursos que cada um dos membros da comunidade possui, outras só podem se satisfeitas por meio de atividades a cargo da administração pública, a única capaz de oferecê-las com vantagem. Segurança e perenidade. Todas as atividades da administração pública, destinadas ao oferecimento de comodidades e utilidades com essas características, constituem serviços públicos. Com o auxílio do texto e considerando a teoria dos serviços públicos, julgue os itens em seguida.

(1) Se a empresa de transportes Viação Ligeirinho Ltda. venceu licitação para transportar passageiros entre Estados, então esse serviço pode ser considerado serviço público, mesmo sendo explorado por sociedade privada.
(2) Quanto aos usuários, os serviços públicos podem ser gerais ou específicos (divisíveis, para alguns autores); o serviço de telefonia é um exemplo de serviço público divisível.
(3) Considere que compete ao município determinado serviço público; então, caberá ao próprio Município a regulamentação dele, mas, não obstante, competirá à União baixar normas gerais acerca da licitação para sua outorga a particular.
(4) Todos os serviços públicos são, juridicamente, prestados aos membros da coletividade em caráter facultativo.
(5) O requisito da generalidade do serviço público tem fundamento constitucional.

1: correta, pois a concessão de serviços públicos pode ser passada a uma empresa privada não criada pelo Estado; 2: correta, pois traz informação correta sobre a classificação dos serviços quanto aos usuários ou quanto à divisibilidade destes; 3: correta, pois, de fato, compete à União baixar normas gerais acerca da licitação para outorga do serviço ao particular (art. 22, XXVII, da CF); 4: errada, pois há serviços públicos obrigatórios, como o de coleta de lixo; 5: correta, pois o requisito da generalidade decorre do princípio da isonomia, devendo os serviços públicos ser prestados em favor de todos. WG
Gabarito 1C, 2C, 3C, 4E, 5C

(Delegado Federal – 2004 – CESPE) Julgue o item a seguir.

(1) O contrato de concessão de serviço público extingue-se pela rescisão quando a iniciativa de extinção do contrato é do poder concedente, em decorrência de descumprimento das normas contratuais pelo concessionário.

1: incorreta, art. 38 da Lei 8.987/1995 (caducidade) c/c o art. 39 da Lei 8.987/1995 (rescisão). WG
Gabarito "1E"

## 11. CONTROLE DA ADMINISTRAÇÃO

(Agente – PF – CESPE – 2018) A administração pública, além de estar sujeita ao controle dos Poderes Legislativo e Judiciário, exerce controle sobre seus próprios atos. Tendo como referência inicial essas informações, julgue os itens a seguir, acerca do controle da administração pública.

(1) O poder de autotutela tem fundamento, preponderantemente, nos princípios da legalidade e da preponderância do interesse público e pode ser exercido de ofício quando a autoridade competente verificar ilegalidade em ato da própria administração.
(2) O Poder Judiciário tem competência para apreciar o mérito dos atos discricionários exarados pela administração pública, devendo, no entanto, restringir-se à análise da legalidade desses atos.

1: correta. O princípio da autotutela estabelece que a Administração Pública pode controlar seus próprios atos, seja para anulá-los, quando ilegais, ou revogá-los, quando inconvenientes ou inoportunos, independente da revisão pelo Poder Judiciário; 2: incorreta. O Poder Judiciário pode analisar a legalidade, a razoabilidade e a proporcionalidade do ato administrativo, mesmo sendo ele discricionário. O que não pode é adentrar no mérito administrativo, substituindo-se ao administrador público. FB
Gabarito 1C, 2E

(Agente-Escrivão – PC/GO – CESPE – 2016) Acerca do controle da administração, assinale a opção correta.

(A) O controle por vinculação possui caráter externo, pois é atribuído a uma pessoa e se exerce sobre os atos praticados por pessoa diversa.
(B) Controle interno é o que se consuma pela verificação da conveniência e oportunidade da conduta administrativa.
(C) O controle de legalidade é controle externo na medida em que é necessariamente processado por órgão jurisdicional.
(D) Controle administrativo é a prerrogativa que a administração pública possui de fiscalizar e corrigir a sua própria atuação, restrita a critérios de mérito.
(E) O controle que a União exerce sobre a FUNAI caracteriza-se como controle por subordinação, uma vez que esta é uma fundação pública federal.

A: correta. José dos Santos Carvalho Filho ensina que "controle por subordinação *é o exercício por meio dos vários patamares da hierarquia administrativa dentro da mesma Administração*", ao passo que "*no controle por vinculação o poder de fiscalização e de revisão é atribuído a uma pessoa e se exerce sobre os atos praticados por pessoa diversa*" Refere-se à Tutela exercida pela Administração Publica sobre seus atos; B: incorreta. A definição se refere a controle de mérito; C: incorreta. O controle de legalidade pode ser feito interna ou externamente. D: incorreta. O controle administrativo visa a verificar se a atuação da Administração está de acordo com as funções a ela atribuídas. E: incorreta. Por se tratar de fundação, o controle exercido é finalístico. FB
Gabarito "A"

(Agente – Pernambuco – CESPE – 2016) A respeito do controle da administração pública, assinale a opção correta de acordo com as normas atinentes à improbidade administrativa previstas na Lei nº 8.429/1992.

(A) O controle dos órgãos da administração pública pelo Poder Legislativo decorre do poder de autotutela, que permite, por exemplo, ao Legislativo rever atos do Poder Executivo se ilegais, inoportunos ou inconvenientes.

(B) O Senado Federal poderá sustar atos normativos dos Poderes Executivos federal, estadual, distrital ou municipal se esses atos exorbitarem do poder regulamentar ou dos limites de delegação legislativa.

(C) No caso de entidade que receba subvenção financeira de órgão público, as sanções relativas à improbidade administrativa, previstas na Lei nº 8.429/1992, prescrevem em dez anos, contados da data do recebimento da subvenção.

(D) Para a caracterização de ato de improbidade administrativa, é necessário que fiquem demonstrados o enriquecimento ilícito e a conduta dolosa do agente público.

(E) No âmbito da fiscalização financeira, cabe ao Congresso Nacional, com o auxílio do Tribunal de Contas da União, exercer o controle externo da aplicação de recursos repassados pela União, mediante convênio, a estado, ao Distrito Federal ou a município.

Constituição Federal, Art. 71 – O controle externo, a cargo do Congresso Nacional, será exercido com o auxílio do Tribunal de Contas da União, ao qual compete: VI – fiscalizar a aplicação de quaisquer recursos repassados pela União, mediante convênio, acordo, ajuste ou outros instrumentos congêneres, a Estado, ao Distrito Federal ou a Município. FB
Gabarito "E".

(Escrivão – Pernambuco – CESPE – 2016) A respeito do controle dos atos e contratos administrativos, assinale a opção correta.

(A) No controle externo da administração financeira e orçamentária, os tribunais de contas devem realizar o controle prévio dos atos ou contratos da administração direta ou indireta.

(B) É vedado ao Poder Judiciário realizar o controle de mérito de atos discricionários que não contrariarem qualquer princípio administrativo.

(C) O controle de legalidade ou legitimidade do ato administrativo, no sistema brasileiro, compete privativamente ao Poder Judiciário.

(D) No controle de legalidade ou de legitimidade, o ato administrativo ilegal só pode ser revogado.

(E) No controle administrativo, a administração pode anular seus próprios atos, mas não revogá-los.

Sobre o controle de legalidade dos atos administrativos: "também chamado sistema de jurisdição dupla, sistema do contencioso administrativo ou sistema francês, em razão de sua origem. Tal sistema consagra duas ordens jurisdicionais. Uma dessas ordens cabe ao Judiciário, outra a organismo próprio do Executivo, chamado de Contencioso Administrativo. O Contencioso Administrativo incumbe-se de conhecer e julgar, em caráter definitivo, as lides em que a Administração Pública é parte (autora ou ré) ou terceira interessada, cabendo a solução das demais pendências ao poder Judiciário. Nesse sistema, vê-se que a Administração Pública tem uma Justiça própria, localizada fora do judiciário". GASPARINI, Diógenes. *Direito Administrativo*. 2. ed. São Paulo: Saraiva, 1992. pp. 561 e 562. Neste sentido ainda determina a CF/1988, no art. 49 – É competência exclusiva do Congresso Nacional: X – fiscalizar e controlar, diretamente, ou por qualquer de suas casas, os atos do Poder Executivo, incluídos os da administração indireta. FB
Gabarito "B".

(Agente de Polícia/DF – 2013 – CESPE) No que se refere a controle da administração, julgue os itens que se seguem.

(1) Os atos administrativos estão sujeitos ao controle judicial; no entanto, tal controle não autoriza que o juiz, em desacordo com a vontade da administração, se substitua ao administrador, determinando a prática de atos que entender convenientes e oportunos.

(2) Membros da direção de entidades privadas que prestem serviços sociais autônomos, a exemplo do Serviço Social da Indústria (SESI), estão sujeitos a prestar contas ao Tribunal de Contas

1: O controle judicial é a forma de fiscalização que o Poder Judiciário possui sobre os atos dos Poderes Executivo, Legislativo e do próprio Judiciário, analisando a legalidade e constitucionalidade dos atos e das leis, **não cabendo analisar os aspectos relacionados à conveniência e oportunidade**, em razão do poder discricionário da Administração Pública. 2. Os serviços sociais autônomos são pessoas jurídicas de direito privado, sem fins lucrativos, vinculados a determinadas categorias profissionais, sendo sua atuação na área de assistência educacional ou de saúde, **podendo receber recursos públicos** e contribuições dos associados. Tais entidades são mantidas por dotações orçamentárias e contribuições parafiscais (espécies de contribuições sociais) arrecadadas pela Receita Federal do Brasil e repassadas às mesmas, estando, portanto, **sujeitas a prestar contas ao Tribunal de Contas.** SEG
Gabarito 1C, 2C.

(Escrivão de Polícia/ES – 2006 – CESPE) Julgue os itens que se seguem a respeito dos agentes públicos e da extensão do controle judicial da Administração Pública.

(1) O Poder Judiciário, para dar aplicabilidade ao princípio da isonomia, pode estender a servidores públicos prerrogativas que não lhes foram deferidas em lei.

(2) Entre a Administração Pública e os seus agentes existe um vínculo de direito público, previsto em lei, de forma que se permite a invocação de direito adquirido para a manutenção do regime jurídico a que se submetem os agentes.

1: incorreta, pois seria atentatória ao princípio da isonomia, até porque a criação de cargos ocorrem por lei, com denominação própria e vencimento pago pelos cofres públicos, para provimento em caráter efetivo ou em comissão (art. 3º, Lei 8.112/1990); 2: incorreta, inclusive o STJ decidiu que *"inexiste direito adquirido contra texto constitucional, em especial no que se refere a regime jurídico de servidores públicos* (MS 7/DF, 1ª S., v.u., rel. Min. Miguel Ferrante, *DJ* 05.03.1990). SEG
Gabarito 1E, 2E.

(Delegado Federal – 2013 – CESPE) Julgue o seguinte item.

(1) O controle prévio dos atos administrativos é de competência exclusiva da própria administração pública, ao passo que o controle dos atos administrativos após sua entrada em vigor é exercido pelos Poderes Legislativo e Judiciário.

1: incorreta, pois o Poder Judiciário também pode fazer o controle prévio de ato administrativo, já que nenhuma lesão ou *ameaça* de lesão a direito pode ser subtraída da apreciação do Poder Judiciário (art. 5º, XXXV, da CF/1988). WG
Gabarito "1E".

## 12. TEMAS GERAIS COMBINADOS

**(Agente Administrativo – PF – 2014 – CESPE/CEBRASPE)** Considerando que o DPF é órgão responsável por exercer as funções de polícia judiciária da União, julgue os itens a seguir.

**(1)** Os atos praticados pelos servidores do DPF estão sujeitos ao controle ministerial, mas não ao do Tribunal de Contas da União, que é órgão auxiliar do Congresso Nacional, ao qual compete julgar apenas os atos do presidente da República e demais agentes políticos.

**(2)** O DPF, em razão do exercício das atribuições de polícia judiciária, não se submete ao princípio da publicidade, sendo garantido sigilo aos atos praticados pelo órgão.

**(3)** A instituição de órgão próprio para exercer as atribuições de polícia judiciária no âmbito da União é exemplo de descentralização administrativa.

**1:** errado (o Tribunal de Contas da União representa órgão auxiliar do Congresso Nacional e suas competências estão elencadas no art. 71 da CF. Entre elas, destaca-se aquela prevista no inciso II, que envolve a atribuição de julgar as contas dos administradores e demais responsáveis por dinheiros, bens e valores públicos da administração direta e indireta, bem como as contas daqueles que derem causa a perda, extravio ou outra irregularidade de que resulte prejuízo ao erário público. Verifica-se que não são apenas os atos do presidente da República ou dos demais agentes políticos que estão sujeitos ao controle do Tribunal de Contas, que abarca, como referido, todos os agentes que lidam com recursos públicos. Assim, os atos práticos pelos servidores do DPF submetem-se ao controle da Corte de Contas). **2:** errado (A publicidade constitui princípio expresso da Administração Pública, nos termos do art. 37, "caput", da CF, motivo pelo qual se aplica ao DPF, inclusive nos atos relacionados ao exercício da polícia judiciária. Ressalte-se que a publicidade não detém caráter absoluto, de modo que o sigilo é excepcionalmente admitido em duas situações gerais. A primeira envolve o sigilo necessário à defesa do Estado e da sociedade, cf. art. 5º, XXXIII. A segunda, na situação de sigilo imprescindível à defesa da intimidade e da honra do particular, cf. art. 5º, LX. Nestas hipóteses, se relacionadas à atuação do DPF, cabível a incidência do sigilo, em caráter excepcional. **3:** errado (a desconcentração administrativa constitui a distribuição de atribuições de uma para outra pessoa jurídica, a exemplo do que ocorre com a criação de entidade da Administração indireta. Já a desconcentração, que não se confunde com aquela, representa uma divisão interna de competências, por meio da figura dos órgãos públicos). RB
Gabarito 1E, 2E, 3E

**(Agente Administrativo – PF – 2014 – CESPE/CEBRASPE)** Julgue os itens que se seguem, relativos aos atos administrativos e poderes da administração.

**(1)** O poder para a instauração de processo administrativo disciplinar e aplicação da respectiva penalidade decorre do poder de polícia da administração.

**(2)** Há presunção de legitimidade e veracidade nos atos praticados pela administração durante processo de licitação.

**1:** errado (é o poder disciplinar, e não o poder de polícia, o que legitima a instauração de processo administrativo disciplinar e a aplicação da respectiva penalidade). **2:** certo (os atos administrativos detêm presunção de legitimidade e veracidade, que constitui atributo das manifestações administrativas e possui ampla incidência, de modo a abranger o processo de licitação pública). RB
Gabarito 1E, 2C

**(Escrivão – PF – CESPE – 2018)** Um servidor público federal determinou a nomeação de seu irmão para ocupar cargo de confiança no órgão público onde trabalha. Questionado por outros servidores, o departamento jurídico do órgão emitiu parecer indicando que o ato de nomeação é ilegal.

Considerando essa situação hipotética, julgue os itens a seguir.

**(1)** Sob o fundamento da ilegalidade, a administração pública deverá revogar o ato de nomeação, com a garantia de que sejam observados os princípios do devido processo legal e da ampla defesa.

**(2)** O princípio da autotutela permite que o Poder Judiciário intervenha para apreciar atos administrativos que estejam supostamente eivados de ilegalidades.

**1:** incorreta. A revogação se dá quando o ato é lícito, mas a conveniência e oportunidade da Administração Pública decidem retirá-lo do mundo jurídico "ex nunc". No caso em tela, tratando-se de ato ilegal, o caso é de anulação, com efeitos retroativos, isto é, "ex tunc"; **2:** incorreta. O princípio da autotutela estabelece que a Administração Pública pode controlar seus próprios atos, seja para anulá-los, quando ilegais, ou revogá-los, quando inconvenientes ou inoportunos, independente da revisão pelo Poder Judiciário. FB
Gabarito 1E, 2E

**(Policial Rodoviário Federal – CESPE – 2019)** No tocante aos poderes administrativos e à responsabilidade civil do Estado, julgue os próximos itens.

**(1)** Constitui poder de polícia a atividade da administração pública ou de empresa privada ou concessionária com delegação para disciplinar ou limitar direito, interesse ou liberdade, de modo a regular a prática de ato em razão do interesse público relativo à segurança.

**(2)** O abuso de poder, que inclui o excesso de poder e o desvio de finalidade, não decorre de conduta omissiva de agente público.

**(3)** A responsabilidade civil do Estado por ato comissivo é subjetiva e baseada na teoria do risco administrativo, devendo o particular, que foi a vítima, comprovar a culpa ou o dolo do agente público.

**1:** incorreta. O poder de polícia é indelegável e consiste no dever poder da Administração Pública de limitar a liberdade e a propriedade em prol do bem comum, mas sempre nos termos da lei; **2:** incorreta. O abuso de poder pode ser caracterizado como uma ilegalidade que se dá quando o administrador se utiliza inadequadamente dos poderes/prerrogativas que lhes são atribuídos para a prática de atos sempre em benefício da coletividade. Ele ultrapassa os limites de suas atribuições (excesso de poder) ou competências, ou se desvia da finalidade legal (desvio de poder). Tais práticas podem ser encontradas tanto nos atos omissivos como comissivos. Abuso de poder é o gênero, do qual são espécies o excesso de poder e o desvio de finalidade; **3:** incorreta. A Constituição Federal consagra a teoria da responsabilidade objetiva do Estado, estabelecendo que: "as pessoas jurídicas de direito público e as de direito privado prestadoras de serviços públicos responderão pelos danos que seus agentes, nessa qualidade, causarem a terceiros, assegurado o direito de regresso contra o responsável nos casos de dolo ou culpa" – art. 37, § 6º, CF/88. Em caso de ato omissivo, a responsabilidade é do tipo subjetiva, o que implica na necessidade de comprovação do dolo ou culpa do agente. FB
Gabarito 1E, 2E, 3E

**(Papiloscopista – PF – CESPE – 2018)** Pedro, após ter sido investido em cargo público de determinado órgão sem a necessária aprovação em concurso público, praticou inúmeros atos administrativos internos e externos.

Tendo como referência essa situação hipotética, julgue os itens que se seguem.

(1) Pedro é considerado agente putativo e, ainda que não tenha sido investido legalmente, deverá receber remuneração pelo serviço prestado no órgão público.

(2) Atos administrativos externos praticados por Pedro em atendimento a terceiros de boa-fé têm validade, devendo ser convalidados para evitar prejuízos.

**1:** correta. Ainda que não o tenha sido de direito, Pedro foi agente público de fato, o chamado agente putativo, e prestou serviços. Esses agentes são os que desempenham funções públicas na presunção de que as estão exercendo com legitimidade, embora tenham sido investidos com violação do procedimento legalmente exigido. Um exemplo de agente putativo seria o do servidor que pratica inúmeros atos de administração tendo sido investido sem aprovação em concurso público. Recebem a remuneração para evitar o locupletamento ilícito da Administração Pública, salvo comprovada má-fé; **2:** correta. Quanto aos agentes putativos, os seus atos praticados internamente, perante a Administração, padecem de vício de competência e, assim, não obrigam enquanto não forem objeto de sanatória. Porém, externamente, os seus atos têm os efeitos válidos, para evitar que terceiros de boa-fé sejam prejudicados pela falta de uma investidura legítima. A presumida boa-fé dos administrados é relativa, cedendo ante a prova de conluio ou pré-conhecimento por parte do terceiro, eventualmente beneficiado pela irregularidade da investidura do agente. FB

**(Delegado Federal – 2002 – CESPE)** Julgue o seguinte item.

(1) Os atos lesivos a terceiros praticados em razão dos serviços públicos prestados por empregados de empresas concessionárias ou permissionárias não geram a responsabilidade objetiva do Estado.

**1:** errada, pois as pessoas jurídicas de direito privado *prestadoras de serviço público* respondem pelos danos que seus agentes, nessa qualidade, causarem a terceiros (art. 37, § 6º, da CF). WG

**(Delegado Federal – 2013 – CESPE)** Julgue o seguinte item.

(1) De acordo com a Lei 9.784/1999, que regula o processo administrativo no âmbito da administração pública federal, um órgão administrativo e seu titular poderão, se não houver impedimento legal e quando conveniente, em razão de circunstâncias de índole técnica, social, econômica, jurídica ou territorial, delegar parte da sua competência a outros órgãos, ainda que estes não lhe sejam hierarquicamente subordinados.

**1:** correta (art. 12, *caput*, da Lei 9.784/1999). WG

# 7. DIREITO DA CRIANÇA E DO ADOLESCENTE

### Arthur Trigueiros, Roberta Densa e Vanessa Tonolli Trigueiros

**(Agente de Polícia/DF – 2013 – CESPE)** De acordo com o Estatuto da Criança e do Adolescente, julgue os seguintes itens.

(1) Em qualquer fase do procedimento relativo à prática de ato infracional, o adolescente possui o direito de solicitar a presença de seus pais ou responsável.

(2) Para efeito de confrontação, mesmo que não haja dúvida fundada, o adolescente civilmente identificado será submetido a identificação compulsória pelos órgãos policiais. No que se refere à escuta telefônica, julgue os itens a seguir.

(3) O juiz poderá, em regra, admitir requerimento verbal de interceptação de comunicação telefônica desde que este seja formulado pela autoridade policial durante investigação criminal.

(4) Uma vez deferido o pedido de interceptação de comunicação telefônica pelo juiz, a autoridade policial que conduzir os procedimentos de interceptação deverá cientificar o Ministério Público, que poderá acompanhar a sua realização.

**1:** correta, pois a alternativa está de acordo com o disposto no art. 111, VI, do ECA; **2:** incorreta, pois o adolescente civilmente identificado não será submetido a identificação compulsória pelos órgãos policiais, de proteção e judiciais, salvo para efeito de confrontação, havendo dúvida fundada (art. 109 do ECA); **3:** incorreta, pois o requerimento de interceptação telefônica deve ser realizado por escrito, sendo que, apenas excepcionalmente, o juiz poderá admitir que o pedido seja formulado verbalmente, desde que estejam presentes os pressupostos que autorizem a interceptação, caso em que a concessão será condicionada à sua redução a termo (art. 4º, § 1º, da Lei 9.296/1996); **4:** correta, pois a alternativa está de acordo com o disposto no art. 6º, *caput*, da Lei 9.296/1996.

Gabarito 1C, 2E, 3E, 4C

**(Agente e Escrivão de Polícia/PB – 2008 – CESPE)** Um adolescente foi apreendido no dia 5/8/2008 e tem contra si representação por ato infracional equiparado aos delitos de roubo e extorsão. Desde aquela data, aguarda sentença na unidade de internação. Acerca dessa situação hipotética, assinale a opção correta, segundo o Estatuto da Criança e do Adolescente.

(A) O prazo para internação provisória de adolescente é de sessenta dias.

(B) São princípios fundamentais do referido diploma legal a excepcionalidade, a brevidade e a observância da condição peculiar do menor, que é pessoa em desenvolvimento.

(C) Segundo a jurisprudência do Superior Tribunal de Justiça (STJ), ao se encerrar a instrução criminal, supera-se a alegação de constrangimento ilegal.

(D) Segundo a jurisprudência do STJ, a periculosidade abstrata do agente assim como a probabilidade de prática de novos crimes, sem fundamento concreto, servem como embasamento para manutenção da internação provisória do menor por tempo indeterminado.

(E) Nos atos infracionais cometidos sem violência ou grave ameaça, também é possível a segregação provisória.

**A:** incorreta (art. 108, do ECA); **B:** correta (art. 6º do ECA); **C:** incorreta, pois é considerado constrangimento ilegal a aplicação de medida sócio educativa mais gravosa, caso houvesse, no caso, outra medida menos gravosa compatível ao ato infracional; **D:** incorreta (art. 121, § 2º, do ECA); **E:** incorreta (art. 122 e incisos do ECA).

Gabarito "B".

**(Agente – Pernambuco – CESPE – 2016)** Com relação a imputabilidade penal, assinale a opção correta. Nesse sentido, considere que a sigla ECA, sempre que empregada, se refere ao Estatuto da Criança e do Adolescente.

(A) A embriaguez, quando culposa, é causa excludente de imputabilidade.

(B) A emoção e a paixão são causas excludentes de imputabilidade, como pode ocorrer nos chamados crimes passionais.

(C) A embriaguez não exclui a imputabilidade, mesmo quando o agente se embriaga completamente em razão de caso fortuito ou força maior.

(D) São inimputáveis os menores de dezoito anos de idade, ficando eles, no entanto, sujeitos ao cumprimento de medidas socioeducativas e(ou) outras medidas previstas no ECA.

(E) São inimputáveis os menores de vinte e um anos de idade, ficando eles, no entanto, sujeitos ao cumprimento de medidas socioeducativas e(ou) outras medidas previstas no ECA.

**A:** incorreta, pois a embriaguez, voluntária ou culposa, pelo álcool ou substância de efeitos análogos, não exclui a imputabilidade penal, nos termos do art. 28, II, do CP. No caso, o agente somente será isento de pena se, por embriaguez completa, proveniente de caso fortuito ou força maior, era, ao tempo da ação ou da omissão, inteiramente incapaz de entender o caráter ilícito do fato ou de determinar-se de acordo com esse entendimento. Se o agente, por embriaguez, proveniente de caso fortuito ou força maior, não possuía, ao tempo da ação ou da omissão, a plena capacidade de entender o caráter ilícito do fato ou de determinar-se de acordo com esse entendimento, a pena pode ser reduzida de um a dois terços (art. 28, §§ 1º e 2º, **do CP**). Oportuno registrar que tal análise sobre a embriaguez somente será realizada para o agente maior, o qual poderá ser considerado imputável – ainda que embriagado –, sendo-lhe aplicada uma pena. Por sua vez, ao menor de dezoito anos, a análise a ser realizada diz respeito ao fato típico e antijurídico, por já ser considerado inimputável, sendo-lhe aplicável uma medida socioeducativa; **B:** incorreta, pois, nos termos do art. 28, I, do CP, a emoção e a paixão não são causas excludentes de imputabilidade penal, cuja análise será realizada ao agente maior; **C:** incorreta, pois o agente será isento de pena se, por embriaguez completa, proveniente de caso fortuito ou força maior, era, ao tempo da ação ou da omissão, inteiramente incapaz de entender o caráter ilícito do fato ou de determinar-se de acordo com esse entendimento (art. 28, § 1º, **do CP**); **D:** correta, pois, de fato, *são penalmente inimputáveis os menores de dezoito anos*, aos quais são aplicadas medidas socioeducativas, previstas no Estatuto da Criança e do Adolescente, nos termos do seu art.104;**E:** incorreta, pois são considerados inimputáveis os menores de dezoito anos (art. 104, do ECA).Todavia, excepcionalmente, é possível a aplicação do Estatuto da Criança e do Adolescente às pessoas entre dezoito a vinte e um anos de idade,como, por exemplo,na aplicação das medidas socioeducativas de semiliberdade e de internação ao jovem que praticou o ato infracional quando era adolescente e que já completou a maioridade civil. Tais medidas somente podem ser cumpridas até os vinte e um anos de idade, sendo que em nenhuma hipótese o período máximo excederá a três anos (arts.2°, parágrafo único; 120, §2°; e 121, §§3° e 5°, todos do ECA).

Gabarito "D".

**(Agente-Escrivão – PC/GO – CESPE – 2016)** Com base na Lei nº 8.069/1990, assinale a opção que apresenta medida passível de aplicação por autoridade competente tanto a criança quanto a adolescente que cometa ato infracional.

**(A)** prestação de serviços à comunidade.
**(B)** internação em estabelecimento educacional.
**(C)** requisição de tratamento psicológico.
**(D)** inserção em regime de semiliberdade.
**(E)** liberdade assistida.

**A, B, D** e **E:** incorretas, pois as medidas socioeducativas de prestação de serviços à comunidade, internação em estabelecimento educacional, inserção em regime de semiliberdade e de liberdade assistida são aplicadas apenas ao adolescente que cometa ato infracional; **C:** correta, pois a requisição de tratamento psicológico é uma medida protetiva– e não socioeducativa–, a qual pode ser aplicada tanto para a criança quanto para o adolescente que cometa ato infracional. Oportuno registrar que para a criança que cometa ato infracional somente será possível a aplicação de medida protetiva, cujo caráter é assistencial (art. 105, do ECA). O art. 101, do ECA elenca de modo exemplificativo quais são as medidas protetivas que a autoridade competente poderá aplicar.Por sua vez, ao adolescente que cometa ato infracional é possível a aplicação cumulativa de medida protetiva e socioeducativa, cujo rol é taxativo, previsto no art. 112, do ECA. Neste sentido é o ensinamento doutrinário: "*A Constituição Federal erigiu como direito fundamental de crianças e de adolescentes a inimputabilidade, identificando modelo diferenciado de responsabilização segundo a idade. Não obstante, também foi estabelecida diferença de tratamento entre crianças e adolescentes. Com efeito, em regra, às crianças será possível a aplicação única e exclusivamente de medida de proteção, conforme decisão do Conselho Tutelar. Contudo, dependendo da medida, a criança será encaminhada para o magistrado, como, por exemplo, quando for necessária a inserção em acolhimento institucional. De outro lado, aos adolescentes será possível a aplicação de medidas socioeducativas e/ou medidas protetivas*" (ROSSATO, LÉPORE e SANCHES. Estatuto da Criança e do Adolescente. 3ª ed. São Paulo: RT, p. 236).

Gabarito "C".

**(Escrivão de Polícia Federal – 2013 – CESPE)** Em relação ao Estatuto da Criança e do Adolescente, julgue o próximo item.

**(1)** Suponha que um cidadão tenha sido preso, mediante determinação judicial, por supostamente ter filmado cena de sexo explícito envolvendo adolescentes. Nessa situação, se o cidadão comprovar que tudo não passava de simulação, não haverá crime e ele deverá ser posto em liberdade.

A alternativa está errada, pois ainda que se trate de simulação de cena de sexo explícito envolvendo adolescentes, restará configurado o crime previsto no artigo 241-C do ECA, que tipifica a conduta de *simular a participação de criança ou adolescente em cena de sexo explícito ou pornográfica por meio de adulteração, montagem ou modificação de fotografia, vídeo ou qualquer outra forma de representação visual.*

Gabarito "1E".

Gabriel, como dirigente de estabelecimento de atenção à saúde de gestantes, deixou de fornecer a uma parturiente, na ocasião da alta médica desta, declaração de nascimento em que constassem as intercorrências do parto e do desenvolvimento do neonato.

Júlia, professora de ensino fundamental, teve conhecimento de caso que envolvia suspeita de maus-tratos contra uma aluna de dez anos de idade e deixou de comunicar o fato à autoridade competente.

Alexandre hospedou, no hotel do qual é responsável, um Adolescente que estava desacompanhado de seus pais ou de um responsável e sem autorização escrita deles ou de autoridade judiciária.

**(Agente-Escrivão – PC/GO – CESPE – 2016)** Nessas situações hipotéticas, de acordo com o que prevê o ECA,

**(A)** somente Gabriel e Alexandre responderão por crime.
**(B)** somente Júlia e Alexandre responderão por infração administrativa.
**(C)** somente Gabriel e Alexandre responderão por infração administrativa.
**(D)** Gabriel, Júlia e Alexandre responderão por crime.
**(E)** somente Gabriel e Júlia responderão por crime.

A primeira situação hipotética trata da prática de crime (*deixar o encarregado de serviço ou o dirigente de estabelecimento de atenção à saúde de gestante de manter registro das atividades desenvolvidas, na forma e prazo referidos no art. 10 desta Lei, bem como de fornecer à parturiente ou a seu responsável, por ocasião da alta médica, declaração de nascimento, onde constem as intercorrências do parto e do desenvolvimento do neonato*), previsto no art. 228, do ECA. Por sua vez, a segunda situação hipotética (*deixar o médico, professor ou responsável por estabelecimento de atenção à saúde e de ensino fundamental, pré-escola ou creche, de comunicar à autoridade competente os casos de que tenha conhecimento, envolvendo suspeita ou confirmação de maus-tratos contra criança ou adolescente*) diz respeito à infração administrativa, prevista no art. 245, do ECA. Por fim, a terceira situação hipotética (*hospedar criança ou adolescente desacompanhado dos pais ou responsável, ou sem autorização escrita desses ou da autoridade judiciária, em hotel, pensão, motel ou congênere*) também trata de infração administrativa, prevista no art. 250, do ECA.Portanto, apenas a alternativa "B" está correta, ficando as demais excluídas.

Gabarito "B".

**(Agente de Polícia/RN – 2008 – CESPE)** Em relação às disposições dos Estatutos da Criança e do Adolescente (Lei n.º 8.069/1990) e do Idoso (Lei n.º 10.741/2003), assinale a opção correta.

**(A)** Compete exclusivamente à autoridade judiciária e ao membro do MP a aplicação de medidas socioeducativas ao adolescente pela prática de ato infracional.
**(B)** Compete exclusivamente à autoridade judiciária conceder remissão ao adolescente pela prática de ato infracional equivalente aos crimes de furto e estelionato.
**(C)** Não constitui crime, mas mera infração administrativa, divulgar pela televisão, sem autorização devida, o nome de criança envolvida em procedimento policial pela suposta prática de ato infracional.
**(D)** O Estatuto do Idoso proíbe a aplicação das normas procedimentais dos juizados especiais criminais para a apuração dos delitos praticados contra maior de 60

anos de idade, ainda que o máximo de pena privativa de liberdade cominada não ultrapasse dois anos.

(E) Aquele que retém indevidamente o cartão magnético que permite a movimentação da conta bancária em que é depositada mensalmente a pensão de pessoa idosa comete o delito de estelionato, previsto no Código Penal.

A: incorreta (art. 112, *caput*, e 147, do ECA); B: incorreta (art. 180, inciso II, e art. 181, *caput*, do ECA); C: correta (art. 247 do ECA); D: incorreta (art. 94 da Lei 10.741/93); E: incorreta (art. 104 da Lei 10.741/93).
Gabarito "C".

**(Escrivão de Polícia/DF – 2013 – CESPE)** A respeito do Estatuto da Criança e do Adolescente (Lei 8.069/1990), julgue o item a seguir.

(1) Considere a seguinte situação hipotética. Afonso, que tem mais de vinte e um anos de idade, é primo da adolescente Z e, prevalecendo-se de sua relação de parentesco, embora não tenha autoridade sobre Z, divulgou na Internet cenas pornográficas de que a adolescente participou, sem que ela consentisse com a divulgação. Nessa situação, devido à relação de parentesco existente, caso seja condenado pelo ato praticado, Afonso deverá ter sua pena aumentada.

1: incorreta. Inicialmente, cumpre definir que o crime praticado por Afonso é o previsto no art. 241-A da Lei 8.069/1990, o qual não prevê causa de aumento por força do parentesco. Mas ainda que estivéssemos falando do crime do art. 240 do Estatuto da Criança e do Adolescente, não se aplicaria o aumento de pena porque Afonso é primo de Z, parente consanguíneo de 4° grau, sendo que a exasperante incide somente em caso de parentesco até 3° grau (tios e sobrinhos, por exemplo) ou caso o agente tenha autoridade sobre a vítima.
Gabarito "1E".

**(Delegado/GO – 2017 – CESPE)** Com base no disposto no ECA, assinale a opção correta.

(A) Cabe à autoridade judiciária ou policial competente a aplicação das medidas específicas de proteção relacionadas no ECA, mediante prévia notificação do conselho tutelar.

(B) É cabível a aplicação de medida socioeducativa de internação ao penalmente imputável com idade entre dezoito e vinte e um anos e que era menor à época da prática do ato infracional.

(C) Não há prazo mínimo para o cumprimento da liberdade assistida fixada pelo ECA, sendo o limite fixado de acordo com a gravidade do ato infracional e as circunstâncias de vida do adolescente.

(D) O crime de corrupção de menores se consuma quando o infrator pratica infração penal com o menor ou o induz a praticá-la, sendo imprescindível, para sua configuração, a prova da efetiva corrupção do menor.

(E) O ECA prevê expressamente os prazos de prescrição das medidas socioeducativas.

A: incorreta. De acordo com o art. 136, I, do ECA, caberá ao Conselho Tutelar a aplicação das medidas protetivas indicadas nos incisos I a VII do art. 101. A autoridade policial não poderá aplicar medidas de proteção a crianças e adolescentes; B: correta. Perfeitamente possível a aplicação de medidas socioeducativas a adolescentes que tenham cometido ato infracional equiparado a crime ou contravenção. Especificamente no tocante à medida de internação, o art. 121, § 5°, do ECA é textual ao prever a liberação compulsória do agente aos vinte e um anos de idade. Portanto, se o ato infracional houver sido praticado por adolescente (doze anos completos a dezoito anos incompletos), eventual decretação da medida socioeducativa de internação poderá ocorrer quando já atingida a maioridade. A inimputabilidade pela menoridade será aferida no momento da prática do ato infracional, e não quando da aplicação da medida socioeducativa (art. 27 do CP e art. 104, parágrafo único, do ECA); C: incorreta, pois o art. 118, § 2°, do ECA, prevê o prazo mínimo de duração de seis meses para a liberdade assistida; D: incorreta. De acordo com a Súmula 500 do STJ, "*A configuração do crime previsto no artigo 244-B do Estatuto da Criança e do Adolescente independe da prova da efetiva corrupção do menor, por se tratar de delito formal.*; E: incorreta. O ECA não prevê o prazo de prescrição das medidas socioeducativas, regulada, portanto, pelo Código Penal. Esse é o teor da Súmula 338 do STJ: *A prescrição penal é aplicável nas medidas socioeducativas.*
Gabarito "B".

**(Delegado/RR – 2003 – CESPE)** Com referência aos crimes contra crianças e adolescentes, tortura e abuso de autoridade, julgue o item:

(1) Considere a seguinte situação hipotética. A autoridade policial, suspeitando que um menor de treze anos de idade havia participado da subtração de toca-fitas de veículos estacionados nas adjacências de uma delegacia, efetuou a sua prisão, sem existência do flagrante de ato infracional ou de ordem escrita da autoridade judiciária competente. Nessa situação, a autoridade policial praticou crime tipificado no Estatuto da Criança e do Adolescente.

1: correta. Em princípio, a autoridade policial cometeu o crime previsto no art. 230 do ECA, cujo verbo nuclear é *privar*, que quer dizer *tolher*, *impedir*. Esse crime não deve ser confundido com o do art. 148 do CP (sequestro e cárcere privado), visto que a prática do delito em questão implica somente a *apreensão* do menor, sem inseri-lo no cárcere. Se o fizer, caracterizado estará o crime do Código Penal, cuja pena é bem superior.
Gabarito "1C".

**(Delegado/TO – 2008 – CESPE)** De acordo com a legislação especial pertinente, julgue o item seguinte.

(1) Considere que uma autoridade policial de determinado Município, ao transitar em via pública, observou a presença de menores perambulando pela rua, tendo, de pronto, determinado aos seus agentes a apreensão de dois deles para fins de averiguação. Nessa situação, a atitude da autoridade policial está correta por se tratar de adolescentes em situação de risco.

1: incorreta, na medida em que o adolescente somente poderá ser privado de sua liberdade em decorrência de flagrante de ato infracional ou por força de ordem escrita de autoridade judiciária competente (art. 106 da Lei 8.069/1990).
Gabarito "1E".

# 8. Direito Internacional Público

**Renan Flumian**

(**Delegado Federal – 2018 – CESPE**) Julgue os itens a seguir, relativos a atos internacionais, personalidade internacional, cortes internacionais e domínio público internacional.

(1) A Convenção de Palermo, um instrumento internacional multilateral e solene, foi promulgada pelo Congresso Nacional brasileiro e ratificada, no âmbito interno, por decreto.

(2) Os atos internacionais específicos que complementam a Convenção de Palermo incluem o Protocolo Adicional, relativo à prevenção, repressão e punição ao tráfico de pessoas, já incorporado ao direito brasileiro com eficácia de lei complementar, por tratar de direitos fundamentais.

(3) Asilo político, cuja concessão independe de reciprocidade, é o acolhimento, pelo Estado, de estrangeiro perseguido em outros lugares – não necessariamente em seu próprio país – por dissidência política, entre outros motivos.

(4) Por não admitir extradição de brasileiros para que sejam julgados em corte internacional que admita pena de caráter perpétuo, o Brasil não manifestou adesão ao Tratado de Roma, que criou o Tribunal Penal Internacional.

(5) A soberania de Estado costeiro sobre o seu mar territorial abrange não apenas as águas, mas também o leito do mar, seu subsolo e o espaço aéreo correspondente, devendo tal Estado, contudo, admitir o direito de passagem inocente de navios mercantes ou de guerra de qualquer outro Estado.

(6) A ONU é um sujeito secundário de direito internacional interestatal criado exclusivamente por Estados mediante tratado internacional multilateral, excluída a sua participação como membro de qualquer organização de natureza privada.

(7) O visto concedido por autoridade diplomática constitui mera expectativa de direito do estrangeiro, que pode, ainda assim, ser inadmitido no país. Por outro lado, se admitido o estrangeiro em seu território, o país passa a ter deveres em relação a ele, em maior ou menor grau, conforme a natureza do ingresso.

**1:** errado, pois esse diploma internacional não integra o ordenamento jurídico pátrio; **2:** errado, pois o Protocolo relativo à prevenção, repressão e punição ao tráfico de pessoas é relativo à Convenção das Nações Unidas contra o Crime Organizado Transnacional, adotado em Nova York; **3:** certo (Artigo XIV da Declaração Universal dos Direitos Humanos, artigo 22, ponto 7, da Convenção Americana sobre Direitos Humanos e artigo XXVII da Declaração Americana de Direitos e Deveres do Homem; **4:** errado. O Tribunal Penal Internacional (TPI) foi constituído na Conferência de Roma, em 17.07.1998, na qual se aprovou o Estatuto de Roma (tratado que não admite a apresentação de reservas), que só entrou em vigor internacionalmente em 01.07.2002 e passou a vigorar, para o Brasil, em 01.09.2002; **5:** certo. O mar territorial é a parte do mar compreendida entre a linha de base e o limite de 12 milhas marítimas na direção do mar aberto. No âmbito do mar territorial, o Estado exerce soberania com algumas limitações. Essa soberania alcança não apenas as águas, mas também o leito do mar, seu respectivo subsolo e o espaço aéreo sobrejacente. A soberania sobre o mar territorial é mitigada pelo direito de passagem inocente, reconhecido em favor dos navios de qualquer Estado. Mas deve-se atentar que esse direito deve ser exercido de maneira contínua, rápida e ordeira, sob pena de configurar ato ilícito. Já os submarinos devem navegar na superfície e com o pavilhão arvorado. Ainda, tal soberania pode ser limitada em função da proteção ambiental; **6:** certo. As OIs são constituídas pela vontade coletiva dos Estados ou por outras organizações internacionais, entre elas ou com Estados, e pode-se afirmar que a criação das OIs dá-se normalmente por tratado internacional, como foi o caso da ONU. A ONU é uma organização internacional que tem por objetivo facilitar a cooperação em matéria de Direito Internacional, segurança internacional, desenvolvimento econômico, progresso social, direitos humanos e a realização da paz mundial. Por isso, diz-se que é uma organização internacional de vocação universal. Sua lei básica é a Carta das Nações Unidas, elaborada em São Francisco, de 25 de abril a 26.06.1945; **7:** certo. Consoante o art. 5º da CF/1988, o estrangeiro tem aqui proteção da ordem jurídica como qualquer nacional, apenas com a diferença de não se beneficiar dos direitos políticos. Esse tipo de tratamento é conferido por quase todos os Estados. Cabe lembrar que todo Estado tem a prerrogativa de decidir sobre a conveniência da entrada ou não de estrangeiros em seu território nacional. Apenas o nacional possui direito de entrar no seu país e fixar residência nele.

Gabarito 1E, 2E, 3C, 4E, 5C, 6C, 7C

(**Delegado/PE – 2016 – CESPE**) Com base na disciplina constitucional acerca dos tratados internacionais, da forma e do sistema de governo e das atribuições do presidente da República, assinale a opção correta.

(A) Insere-se no âmbito das competências privativas do Senado Federal resolver definitivamente sobre tratados, acordos ou atos internacionais que acarretem encargos ou compromissos gravosos ao patrimônio nacional.

(B) O sistema presidencialista de governo adotado no Brasil permite que o presidente da República, na condição de chefe de Estado, decrete o estado de defesa e o estado de sítio, independentemente de autorização do Congresso Nacional.

(C) Da forma republicana de governo adotada pela CF decorre a responsabilidade política, penal e administrativa dos governantes; os agentes públicos, incluindo-se os detentores de mandato seletivos, são igualmente responsáveis perante a lei.

(D) Na condição de chefe de governo, cabe ao presidente da República editar atos administrativos que criem e provejam órgãos públicos federais, na forma da lei.

(E) Tratados e convenções internacionais sobre direitos humanos, para que sejam equivalentes a emendas constitucionais, deverão ser aprovados em cada Casa do Congresso Nacional, por maioria absoluta de votos, em dois turnos de discussão e votação.

**A:** incorreta, pois trata-se de competência exclusiva do Congresso Nacional (art. 49, I, da CF); **B:** incorreta. Tanto o estado de defesa como o de sítio dependem de participação do Congresso Nacional para terem validade art. 49, IV, da CF); **C:** correta, pois trata-se de responsabilidade inata de quem cuida da coisa pública; **D:** incorreta (art. 84, VI, *a*, da CF); **E:** incorreta. Os tratados e convenções internacionais sobre direitos humanos que forem aprovados, em cada Casa do Congresso Nacional, em dois turnos, por três quintos dos votos dos respectivos membros, serão equivalentes às emendas constitucionais (art. 5°, § 3°, da CF).
Gabarito "C."

(Delegado/PE – 2016 – CESPE – Adaptada) Assinale a opção correta acerca dos direitos sociais, dos remédios ou garantias constitucionais e dos direitos de nacionalidade.

(A) Será considerado brasileiro nato o indivíduo nascido no estrangeiro, filho de pai brasileiro ou de mãe brasileira, que for registrado em repartição brasileira competente ou que venha a residir no Brasil e opte, em qualquer tempo, depois de atingida a maioridade, pela nacionalidade brasileira.

(B) A duração da jornada normal de trabalho, de, no máximo, oito horas diárias e quarenta e quatro horas semanais, não comporta exceções, no entanto a CF admite a compensação de horários mediante acordo ou convenção coletiva de trabalho.

(C) De acordo com o STF, o *habeas data* é ação que permite ao indivíduo o direito de obter informações relativas à sua pessoa, inseridas em repartições públicas ou privadas, podendo ser utilizado para a obtenção de acesso a autos de processos administrativos, como aqueles que tramitam no TCU.

(D) O mandado de segurança coletivo pode ser impetrado por sindicatos, entidades de classe e associações, mas não por partidos políticos, pois se destinam à defesa de interesses coletivos comuns a determinada coletividade de pessoas.

**A:** correta (art. 12, I, *c*, da CF); **B:** incorreta, pois o inciso XIV do art. 7° da CF traz uma exceção: "jornada de seis horas para o trabalho realizado em turnos ininterruptos de revezamento, salvo negociação coletiva"; **C:** incorreta. O STF tem entendimento oposto, ou seja, no sentido de que o *Habeas Data* (HD) não é o instrumento jurídico adequado para que se tenha acesso a autos de processos administrativos. A decisão foi tomada no julgamento de um recurso (agravo regimental) no HD 90. O *habeas data* foi ajuizado na Corte pela Exato Engenharia, que pretendia ter acesso aos autos de um processo em tramitação no Tribunal de Contas da União (TCU). A Ministra Ellen Gracie, relatora do caso, negou seguimento ao pedido, argumentando que o HD não é o remédio jurídico adequado para se obter esse tipo de acesso. Citando trecho do parecer da Procuradoria Geral da República, a ministra lembrou que "como forma de concretizar o direito à informação, a Constituição instrumentalizou o *habeas data*, a fim de assegurar o conhecimento de informações relativas à pessoa física ou jurídica, constantes de registros ou bancos de dados de entidades governamentais ou de caráter público, ou para retificá-los, quando incorretos"; **D:** incorreta, pois os partidos políticos também podem impetrar mandado de segurança coletivo (art. 5°, LXX, *a*, da CF).
Gabarito "A."

(Agente Administrativo – PF – 2014 – CESPE/CEBRASPE) Julgue os itens que se seguem, relativos à situação jurídica do estrangeiro no Brasil.

(1) Considere que Alina seja natural de determinado país que não exige visto para que brasileiros o visitem em caráter recreativo. Nessa situação, se Alina pretender viajar a lazer para o Brasil, a exigência do visto de turista poderá ser-lhe dispensada.

(2) A propriedade de bem imóvel no Brasil não confere ao estrangeiro o direito de obter visto de qualquer natureza nem autorização de permanência no território nacional.

(3) Conforme a legislação brasileira, deportação consiste na saída compulsória de estrangeiro do território nacional, não sendo necessário, para a caracterização da deportação, que o deportado seja reconduzido ao país de que seja nacional.

**1:** Certo. Para ingressar no Brasil, o estrangeiro deverá ser portador de documento de viagem reconhecido pelo governo brasileiro, de Certificado Internacional de Imunização, quando exigido, e de visto de entrada concedido por missões diplomáticas, repartições consulares de carreira, vice-consulados e, quando autorizados pela Secretaria de Estado das Relações Exteriores (SERE), pelos consulados honorários. Os casos de dispensa de visto, por força de acordo firmado com base na reciprocidade, são indicados no Quadro de Regime de Vistos. As solicitações de visto devem ser feitas no exterior, diretamente às repartições consulares. Já os casos de dispensa de visto são indicados no Quadro de Regime de Vistos e geralmente ocorrem por força de acordo firmado com base na reciprocidade. Porém, com a promulgação da Lei 12.968/2014, tornou-se possível a dispensa da exigência do visto de turista, negócios e de artista/desportista em caso de reciprocidade, por simples comunicação diplomática e sem a necessidade de acordo internacional. Assim, elimina-se o demorado trâmite para aprovação no Congresso Nacional (art. 49, I da CF) de um acordo internacional, cujo conteúdo era de simples reciprocidade de tratamento. Situação que marcava uma burocratização excessiva sem justificativa; **2:** Certo, conforme estatui o art. 35 da Lei de Migração – 13.445/2017; **3:** Certo. A deportação é medida decorrente de procedimento administrativo que consiste na retirada compulsória de pessoa que se encontre em situação migratória irregular em território nacional – quase sempre por expiração do prazo de permanência ou por exercício de atividade não permitida, como trabalho remunerado no caso do turista (nova redação dada pelo art. 50 da Lei de Migração – 13.445/2017). A deportação será precedida de notificação pessoal ao deportado, da qual constem, expressamente, as irregularidades verificadas e prazo para a regularização não inferior a 60 (sessenta) dias, podendo ser prorrogado, por igual período, por despacho fundamentado e mediante compromisso de a pessoa manter atualizadas suas informações domiciliares (art. 50, § 1°, da Lei de Migração). Essa notificação não impede a livre circulação em território nacional, devendo o deportado informar seu domicílio e suas atividades (art. 50, § 2°, da Lei de Migração). E caso o prazo estipulado vencer sem que se regularize a situação migratória, a deportação poderá ser executada (art. 50, § 3°, da Lei de Migração). No mais, a saída voluntária de pessoa notificada para deixar o País equivale ao cumprimento da notificação de deportação para todos os fins (art. 50, § 5°, da Lei de Migração). A Nova Lei de Migração destacou que os procedimentos conducentes à deportação devem respeitar o contraditório e a ampla defesa e a garantia de recurso com efeito suspensivo (art. 51, *caput*, da Lei de Migração), além de estipular a obrigação expressa da Defensoria Pública da União ser notificada, preferencialmente por meio eletrônico, para prestação de assistência ao deportado em todos os procedimentos administrativos de deportação (art. 51, § 1°, da Lei de Migração).
Gabarito 1C, 2C, 3C.

# 9. DIREITO CIVIL

Gabriela Rodrigues, Gustavo Nicolau e Wander Garcia*

## 1. LEI DE INTRODUÇÃO ÀS NORMAS DO DIREITO BRASILEIRO

A atual Lei de Introdução às Normas do Direito Brasileiro (Decreto-lei 4.657, de 4 de setembro de 1942 e suas alterações), antiga "Lei de Introdução ao Código Civil, é composta de regras que incidem no campo da atuação dos agentes públicos, bem como estabelece regras gerais de interpretação.

**(Delegado Federal – 2018 – CESPE)** Diante da existência de normas gerais sobre determinado assunto, publicou-se oficialmente nova lei que estabelece disposições especiais acerca desse assunto. Nada ficou estabelecido acerca da data em que essa nova lei entraria em vigor nem do prazo de sua vigência. Seis meses depois da publicação oficial da nova lei, um juiz recebeu um processo em que as partes discutiam um contrato firmado anos antes.

A partir dessa situação hipotética, julgue os itens a seguir, considerando o disposto na Lei de Introdução às Normas do Direito Brasileiro.

(1) A nova lei começou a vigorar no país quarenta e cinco dias depois de oficialmente publicada e permanecerá em vigor até que outra lei a modifique ou a revogue.
(2) O contrato é regido pelas normas em vigor à data de sua celebração, observados os efeitos futuros ocorridos após *vacatio legis* da nova lei.
(3) O caso hipotético configura repristinação, devendo o julgador, por isso, diante de eventual conflito de normas, aplicar a lei mais nova e específica.

**1:** certa, pois nos termos do art. 1º da LINDB, não havendo disposição em contrário, a lei começa a vigorar em todo o país quarenta e cinco dias depois de oficialmente publicada. Ademais, não se tratando de lei de vigência temporária, permanecerá em vigor até que outra a modifique ou revogue (art. 2º da LINDB); **2:** errada. O art. 2º, § 2º, da LINDB prevê que: "A lei nova que estabeleça disposições gerais ou especiais a par das já existentes, não revoga nem modifica a lei anterior". Isso significa que a norma geral não revoga a especial assim como a especial não revoga a geral, podendo ambas reger a mesma matéria contanto que não haja choque entre elas. No caso em tela, embora o enunciado não tenha deixado muito claro tudo indica que houve choque, portanto a normal especial revogou a geral, razão pela qual o contrato passará a ser regido pela lei nova, pelo critério da especialidade; **3:** errada, pois repristinação consiste na lei revogada ser restaurada por ter a lei revogadora perdido a vigência (art. 2º, § 3º, da LINDB). Em nosso ordenamento jurídico não é admitida a repristinação automática. **GR**

Gabarito 1C, 2E, 3E

---

* **AB** questões comentadas por: **André Barros**.
**GN** questões comentadas por: **Gustavo Nicolau**.
**WG** questões comentadas por: **Wander Garcia**.
**GR** questões comentadas por **Gabriela Rodrigues**
**André Barros** e **Gustavo Nicolau** comentaram as demais questões.

---

**(Delegado – PC/SE – 2018 – CESPE/CEBRASPE)** Tendo como referência essa situação hipotética, julgue os seguintes itens, com base na Lei de Introdução às Normas do Direito Brasileiro.

(1) No momento do ajuizamento da ação, a nova lei já estava em vigor.
(2) Apesar de a nova lei ter revogado integralmente a anterior, ela não se aplica ao contrato objeto da ação.

**1:** Certa, pois considerando que a nova lei foi publicada oficialmente sem estabelecer data para a sua entrada em vigor aplica-se o disposto no art. 1º da LINDB que dispõe que salvo disposição contrária, a lei começa a vigorar em todo o país quarenta e cinco dias depois de oficialmente publicada. Logo, a lei já estava em vigor quando a ação foi ajuizada, pois isso aconteceu 60 dias após a publicação da nova norma; **2:** Certa, pois nos termos do art. 6º da LINDB a Lei em vigor terá efeito imediato e geral, respeitados o ato jurídico perfeito, o direito adquirido e a coisa julgada. O contrato constitui-se como um ato jurídico perfeito, que é aquele já consumado segundo a lei vigente ao tempo em que se efetuou (art. 6º, §1º LINDB). Logo, a ele aplica-se a lei que era vigente na data em que foi celebrado. **GR**

Gabarito: 1C, 2C

**(Delegado/GO – 2017 – CESPE)** A Lei n. XX/XXXX, composta por quinze artigos, elaborada pelo Congresso Nacional, foi sancionada, promulgada e publicada.

A respeito dessa situação, assinale a opção correta, de acordo com a Lei de Introdução às Normas do Direito Brasileiro.

(A) Se algum dos artigos da lei sofrer alteração antes de ela entrar em vigor, será contado um novo período de vacância para o dispositivo alterado.
(B) Caso essa lei tenha revogado dispositivo da legislação anterior, automaticamente ocorrerá o efeito repristinatório se nela não houver disposição em contrário.
(C) A lei irá revogar a legislação anterior caso estabeleça disposições gerais sobre assunto tratado nessa legislação.
(D) Não havendo referência ao período de vacância, a nova lei entra em vigor imediatamente, sendo eventuais correções em seu texto consideradas nova lei.
(E) Não havendo referência ao período de vacância, a lei entrará em vigor, em todo o território nacional, três meses após sua publicação.

**A:** correta, pois de pleno acordo com o disposto no art. 1º, § 3º da Lei de Introdução as Normas do Direito Brasileiro; **B:** incorreta, pois a repristinação é admitida, desde que expressa na última lei da cadeia revocatória. Vale lembrar que a revogação é a volta da vigência de uma lei revogada, em virtude da revogação da lei que a revogou (Lei de Introdução, art. 2º, § 3º); **C:** incorreta, pois nesse caso não há revogação da lei anterior (Lei de Introdução, art. 2º, § 2º); **D:** incorreta, pois na omissão da lei, a vacância é de quarenta e cinco dias (Lei de Introdução, art. 1º). Vale a ressalva, todavia, de que é rara a hipótese de omissão da lei quanto à vacância; **E:** incorreta, pois tal prazo de três meses aplica-se apenas aos casos de lei brasileira com aplicação no

exterior (ex: lei que regulamenta procedimentos nas embaixadas (Lei de Introdução, art. 1°, § 1°). **GN**
Gabarito "A".

**(Delegado/AC – 2008 – CESPE)** Acerca da Lei de Introdução do Código Civil e das pessoas naturais e jurídicas, julgue os itens que se seguem.

(1) A derrogação de uma lei implica a repristinação da lei anterior, ainda que não haja pronunciamento expresso a esse respeito da lei revogadora.

(2) Nas causas que envolvem a sucessão por morte real ou presumida, aplica-se a lei do país do domicílio do *de cujus*, mas, quanto à capacidade para suceder, aplica-se a lei do domicílio do herdeiro ou legatário.

**1**: incorreta, revogação é o ato de retirar a vigência de uma norma jurídica – pode ser total (ab-rogação) ou parcial (derrogação). A revogação não deve ser confundida com a *repristinação* que é a recuperação da vigência de uma norma anteriormente revogada mediante a revogação da norma revogadora. Para que ocorra repristinação de lei no direito brasileiro o artigo 2°, § 3°, da LINDB, exige disposição legal expressa; **2**: correta, conforme prescreve o artigo 10, *caput*, da LINDB, "a sucessão por morte ou por ausência obedece à lei do país em que domiciliado o defunto ou o desaparecido, qualquer que seja a natureza e a situação dos bens". Quanto à capacidade sucessória deve ser aplicada a lei do domicílio do herdeiro ou legatário (art. 10, § 2°, LINDB).
Gabarito 1E, 2C

## 2. PARTE GERAL

### 2.1. Pessoas naturais

**(Delegado/GO – 2017 – CESPE)** No que concerne à pessoa natural, à pessoa jurídica e ao domicílio, assinale a opção correta.

(A) Sendo o domicílio o local em que a pessoa permanece com ânimo definitivo ou o decorrente de imposição normativa, como ocorre com os militares, o domicílio contratual é incompatível com a ordem jurídica brasileira.

(B) Conforme a teoria natalista, o nascituro é pessoa humana titular de direitos, de modo que mesmo o natimorto possui proteção no que concerne aos direitos da personalidade.

(C) De acordo com o Código Civil, deve ser considerado absolutamente incapaz aquele que, por enfermidade ou deficiência mental, não possuir discernimento para a prática de seus atos.

(D) A ocorrência de grave e injusta ofensa à dignidade da pessoa humana configura o dano moral, sendo desnecessária a comprovação de dor e sofrimento para o recebimento de indenização por esse tipo de dano.

(E) Na hipótese de desaparecimento do corpo de pessoa em situação de grave risco de morte, como, por exemplo, no caso de desastre marítimo, o reconhecimento do óbito depende de prévia declaração de ausência.

**A**: incorreta, pois o Código autoriza que "os contratantes especificar domicílio onde se exercitem e cumpram os direitos e obrigações deles resultantes" (CC, art. 78); **B**: incorreta, pois a teoria natalista sustenta que a personalidade tem início com o nascimento e não com a concepção, conforme a teoria concepcionista; **C**: incorreta, pois apenas o menor de dezesseis anos é absolutamente incapaz (CC, art. 3°); **D**: correta, pois o STJ tem entendimento no sentido de que: "Dispensa-

-se a comprovação de dor e sofrimento, sempre que demonstrada a ocorrência de ofensa injusta à dignidade da pessoa humana" (REsp 1337961/RJ, Rel. Ministra Nancy Andrighi, Terceira Turma, julgado em 03/04/2014, DJe 03/06/2014); **E**: incorreta, pois nos casos de ser "extremamente provável a morte de quem estava em perigo de vida"; o Código Civil dispensa a prévia declaração de ausência (CC, art. 7°). **GN**
Gabarito "D".

**(Delegado/PE – 2016 – CESPE)** Com base nas disposições do Código Civil, assinale a opção correta a respeito da capacidade civil.

(A) Os pródigos, outrora considerados relativamente incapazes, não possuem restrições à capacidade civil, de acordo com a atual redação do código em questão.

(B) Indivíduo que, por deficiência mental, tenha o discernimento reduzido é considerado relativamente incapaz.

(C) O indivíduo que não consegue exprimir sua vontade é considerado absolutamente incapaz.

(D) Indivíduos que, por enfermidade ou deficiência mental, não tiverem o necessário discernimento para a prática dos atos da vida civil são considerados absolutamente incapazes.

(E) Somente os menores de dezesseis anos de idade são considerados absolutamente incapazes pela lei civil.

**A**: incorreta, pois os pródigos são considerados relativamente incapazes (art. 4°, IV, do CC); **B**: incorreta, pois o Estatuto da Pessoa com Deficiência (Lei 13.146/2015) retirou essa hipótese de incapacidade relativa do art. 4° do CC; **C**: incorreta, pois o Estatuto da Pessoa com Deficiência (Lei 13.146/2015) retirou essa hipótese de incapacidade absoluta do art. 3° do CC; **D**: incorreta, pois o Estatuto da Pessoa com Deficiência (Lei 13.146/2015) retirou essa hipótese de incapacidade absoluta do art. 3° do CC; **E**: correta (art. 3° do CC, com a nova redação deste com o advento do Estatuto da Pessoa com Deficiência (Lei 13.146/2015). **WG**
Gabarito "E".

**(Delegado/AL – 2012 – CESPE)** Com base no que dispõe a Lei de Introdução às Normas do Direito Brasileiro (LINDB) e Direito Civil, julgue o item subsecutivo.

(1) A personalidade civil começa com o nascimento com vida, mas os direitos do nascituro estão sujeitos a uma condição resolutiva, ou seja, são direitos eventuais; esse conceito refere-se à teoria da personalidade condicional.

**1**: incorreta, o artigo 2° do Código Civil adotou a teoria natalista quanto ao momento do início da personalidade jurídica dos seres humanos. Quanto ao nascituro, seus direitos ficam sujeitos a uma condição suspensiva.
Gabarito 1E.

**(Delegado/RN – 2009 – CESPE)** Acerca de domicílio, segundo o direito civil, assinale a opção correta.

(A) Na hipótese de João e Pedro celebrarem contrato escrito, eles poderão especificar domicílio onde se exercitem e cumpram os direitos e obrigações dele resultantes.

(B) O domicílio necessário do preso é o lugar em que for preso.

(C) Se determinada pessoa for servidora pública, ela não terá domicílio necessário.

(D) Quando determinada pessoa tiver diversas residências, ela não terá domicílio.

(E) Residência é o local onde a pessoa vive com ânimo definitivo.

**A:** correta, a alternativa refere-se ao domicílio de eleição, previsto no artigo 78 do CC; **B:** incorreta, pois o domicílio necessário do preso é o lugar em que cumprir a sentença, não importando o local do fato ou o local em que for preso (art. 76, parágrafo único, do CC); **C:** incorreta, pois além do domicílio natural o servidor público também tem domicílio necessário: o lugar em que exercer permanentemente suas funções (art. 76, parágrafo único, do CC); **D:** incorreta, pois quando determinada pessoa tiver várias residências considerar-se-á domicílio seu qualquer delas (art. 71 do CC); **E:** incorreta, pois a alternativa trata do conceito de domicílio. Residência é o local onde a pessoa se estabelece de forma habitual, é um simples **estado de fato** que integra o conceito de domicílio (art. 70 do CC).
Gabarito "A".

## 2.2. Pessoas jurídicas

**(Delegado/ES – 2006 – CESPE)** Julgue o seguinte item.

(1) Determinada pessoa jurídica de direito privado possui estabelecimentos nos estados do Rio de Janeiro, São Paulo e Minas Gerais. Nesse caso, cada um dos mencionados estabelecimentos é considerado domicílio da pessoa jurídica para fins de atos nele praticados.

**1:** correta: Assim como as pessoas naturais, as pessoas jurídicas também podem ter pluralidade de domicílios. Neste sentido o artigo 75, § 1º, do CC, dispõe que "tendo a pessoa jurídica diversos estabelecimentos em lugares diferentes, cada um deles será considerado domicílio para os atos nele praticados".
Gabarito "1C".

**(Delegado/RN – 2009 – CESPE)** Considerando que determinado grupo de pessoas constitua uma associação, assinale a opção correta.

(A) Entre os associados, haverá direitos e obrigações recíprocos.
(B) O estatuto da associação poderá instituir categorias de associados com vantagens especiais.
(C) A exclusão de associado será inadmissível, pois associação não pode excluir associado.
(D) O estatuto da associação não poderá dispor sobre a transmissibilidade da qualidade de associado.
(E) A associação desse grupo de pessoas deverá ter fim estritamente econômico.

**A:** incorreta, entre os associados não há direitos e obrigações recíprocos (art. 53, parágrafo único, do CC); **B:** correta, está de acordo com o artigo 55 do CC; **C:** incorreta, a exclusão de associado é possível desde que exista justa causa, assim reconhecida em procedimento que assegure direito de defesa e de recurso, nos termos previstos no estatuto (art. 57 do CC); **D:** incorreta, a qualidade de associado é, em regra, intransmissível, mas o estatuto pode dispor em sentido contrário (art. 56 do CC); **E:** incorreta, a associação é uma espécie de pessoa jurídica de direito privado formada pela coletividade de pessoas que só pode ter finalidade não lucrativa (art. 53, *caput*, do CC).
Gabarito "B".

## 2.3. Bens

**(Delegado/AC – 2008 – CESPE)** Julgue os seguintes itens, que dizem respeito aos bens.

(1) As pertenças, destinadas a conservar ou a facilitar o uso de outro bem, ou a prestar serviço, ou, ainda, a servir de adorno ao bem principal, apesar de serem bens acessórios, conservam sua individualidade e autonomia, por isso não seguem necessariamente o bem principal.

(2) Os bens divisíveis são os que podem ser repartidos em porções reais e distintas, formando cada uma delas um todo perfeito, sem que isso altere sua substância. A indivisibilidade do bem pode resultar da própria natureza do objeto ou da determinação da lei ou, ainda, da convenção das partes.

**1:** correta, *pertenças* são os bens que, não constituindo partes integrantes, se destinam, de modo duradouro, ao uso, ao serviço ou ao aformoseamento de outro (ex: os móveis de uma casa). Embora sejam *bens acessórios*, as pertenças excepcionam o princípio da gravitação jurídica, pois não seguem a sorte do principal (arts. 93 e 94 do CC); **2:** correta, os *bens divisíveis* são aqueles que podem ser fracionados e os *indivisíveis* são os que não podem ser fracionados em razão de sua natureza (a divisão afetaria a substância, o valor ou a utilidade da coisa), disposição legal ou contratual (arts. 87 e 88 do CC).
Gabarito "1C, 2C".

**(Delegado/AL – 2012 – CESPE)** Com relação às pessoas naturais, às pessoas jurídicas e aos bens, julgue o item a seguir.

(1) O princípio da gravitação jurídica é o princípio norteador dos bens reciprocamente considerados.

**1:** certo, o princípio da gravitação jurídica, também conhecido como princípio da acessoriedade, é a regra pela qual o bem acessório segue a sorte do bem principal (art. 92 do CC).
Gabarito "1C".

**(Delegado/AL – 2012 – CESPE)** No tocante aos bens públicos, julgue o próximos item.

(1) Os bens públicos, seja qual for a sua destinação, são insuscetíveis de aquisição por meio de usucapião.

**1:** correta, pois todos os bens públicos são insuscetíveis de aquisição pela usucapião, não importando se são de uso especial, de uso comum do povo ou dominicais (art. 102 do CC).
Gabarito "1C".

## 2.4. Fatos jurídicos

**(Delegado/GO – 2017 – CESPE)** Um oficial do corpo de bombeiros arrombou a porta de determinada residência para ingressar no imóvel vizinho e salvar uma criança que corria grave perigo em razão de um incêndio.

A respeito dessa situação hipotética e conforme a doutrina dominante e o Código Civil, assinale a opção correta.

(A) O oficial tem o dever de indenizar o proprietário do imóvel danificado, devendo o valor da indenização ser mitigado em razão da presença de culpa concorrente.
(B) O ato praticado pelo oficial é ilícito porque causou prejuízo ao dono do imóvel, inexistindo, entretanto, o dever de indenizar, dada a ausência de nexo causal.
(C) Não se aplica ao referido oficial a regra do Código Civil segundo a qual o agente que atua para remover perigo iminente pode ser chamado a indenizar terceiro inocente.
(D) Conforme disposição do Código Civil, o oficial teria o dever de indenizar o dono do imóvel no valor integral dos prejuízos existentes, tendo direito de regresso contra o responsável pelo incêndio.
(E) Não se pode falar em responsabilidade civil nesse caso, pois, na hipótese de estado de necessidade,

o agente causador do dano nunca terá o dever de indenizar.

A questão envolve a situação denominada estado de necessidade. Nessa hipótese, alguém causa um dano material a fim de remover um perigo iminente, conforme previsto pelo Código Civil, art. 188, II. Além disso, a situação acaba englobando também o inciso I do mesmo art. 188, que prevê o ato praticado no *exercício regular de um direito reconhecido*. Não haveria o menor sentido de o ordenamento exigir um comportamento do agente público (ex: um bombeiro que tem o dever de salvar criança) e posteriormente cobrá-lo uma indenização. A única possibilidade que se vislumbra é a de se buscar a indenização em virtude da pessoa culpada pelo incêndio, nos termos do art. 930 do Código Civil. GN
„Gabarito "C".

**(Delegado/PE – 2016 – CESPE)** Assinale a opção correta a respeito dos defeitos dos negócios jurídicos.

(A) Na lesão, os valores vigentes no momento da celebração do negócio jurídico deverão servir como parâmetro para se aferir a proporcionalidade das prestações.
(B) Os negócios jurídicos eivados pelo dolo são nulos.
(C) A coação exercida por terceiro estranho ao negócio jurídico torna-o nulo.
(D) Age em estado de perigo o indivíduo que toma parte de um negócio jurídico sob premente necessidade ou por inexperiência, assumindo obrigação manifestamente desproporcional ao valor da prestação oposta ferindo o caráter sinalagmático do contrato.
(E) Se em um negócio jurídico, ambas as partes agem com dolo, ainda assim podem invocar o dolo da outra parte para pleitear a anulação da avença.

**A:** correta (art. 157, § 1º, do CC); **B:** incorreta, pois são anuláveis (art. 171, II, do CC); **C:** incorreta, pois a coação torna o negócio anulável (art. 171, II, do CC), sendo que o instituto abarca a coação exercida por terceiro estranho (art. 154 do CC); **D:** incorreta, pois definição é de *lesão* (art. 157 do CC) e não de *estado de perigo* (art. 156 do CC); **E:** incorreta, pois nesse caso, de dolo recíproco, nenhuma das partes pode alegá-lo para fins de anular o negócio ou mesmo para reclamar indenização (art. 150 do CC). WG
„Gabarito "A".

**(Delegado/AC – 2008 – CESPE)** A respeito dos fatos e negócios jurídicos, julgue os próximos itens.

(1) É nulo, entre outras hipóteses, o negócio jurídico no qual ambas as partes reciprocamente ajam com dolo, ainda que acidental. Nesse caso, a nenhum dos contratantes é permitido reclamar indenização, devendo cada um suportar o prejuízo experimentado pela prática do ato doloso.
(2) Os negócios jurídicos podem ser firmados sob condição expressa em cláusula que, pactuada entre as partes, subordine o efeito do negócio a evento futuro e incerto; as condições impossíveis, quando resolutivas, são consideradas inexistentes, mas o negócio continua válido.
(3) É nulo o negócio jurídico celebrado mediante coação, no qual um dos contratantes assume uma obrigação excessivamente onerosa e desproporcional à vantagem obtida pelo coator, em virtude do dolo de aproveitamento na conduta do coator. Assim, para que seja reconhecido o vício desse negócio, exige-se, além do

prejuízo de uma das partes e do lucro exagerado da outra, o dolo de aproveitamento.

**1:** errada, pois o dolo é causa de anulabilidade do negócio jurídico e quando ambas as partes reciprocamente ajam com dolo, nenhuma pode alegá-lo para anular o negócio (arts. 145 e 150 do CC); **2:** certa (arts. 121 e 124 do CC); **3:** errada, pois a alternativa mistura *coação* (art. 151 do CC) com *lesão* (art. 157 do CC).
„Gabarito 1E, 2C, 3E.

**(Delegado/PB – 2009 – CESPE)** Acerca de domicílio, residência, bens e fatos jurídicos, assinale a opção correta.

(A) O domicílio do tutelado é necessário e é do seu representante ou assistente legal.
(B) No contrato de promessa de compra e venda de bem imóvel, é lícito se inserir cláusula instituidora de foro de eleição diverso daquele da situação do imóvel objeto da promessa de alienação.
(C) A coisa perdida pode ser licitamente apropriada pela primeira pessoa que a encontrar.
(D) Os bens reciprocamente considerados são classificados como públicos, privados, disponíveis e indisponíveis.
(E) Os fatos jurídicos naturais resultam da atuação humana positiva ou negativa, comissiva ou omissiva, de modo a influenciarem nas relações de direito, variando as consequências em razão da qualidade da conduta e da intensidade da vontade.

**A:** correta (art. 76 do CC); **B:** incorreta, pois tal cláusula é abusiva, se se tratar de relação de consumo; mas mesmo que não se trate, a competência envolvendo imóvel é a do local deste, tratando-se de competência absoluta, não passível de modificação por convenção entre as partes; **C:** incorreta (art. 1.233 do CC); **D:** incorreta (art. 92 do CC); **E:** incorreta, pois fatos jurídicos naturais são aqueles decorrentes da natureza, sem a interferência direta humana (nascimento, morte, terremoto, raio etc.).
„Gabarito "A".

## 2.5. Prescrição e decadência

Determinada sociedade por quotas de responsabilidade limitada compra peças de uma sociedade em comum e as utiliza na montagem do produto que revende.

**(Delegado – PC/SE – 2018 – CESPE/CEBRASPE)** Considerando essa situação, julgue o item a seguir, com base no Código de Defesa do Consumidor (CDC) e nas normas de direito civil e empresarial.

(1) Ao celebrar contratos com terceiros, as duas sociedades referidas na situação hipotética podem estabelecer prazos prescricionais mais amplos que os previstos no Código Civil.

**1:** Errada pois, prevê o art. 192 CC que os prazos de prescrição não podem ser alterados por acordo das partes. Logo, as sociedades não podem estabelecer prazos mais amplos em suas relações comerciais. GR
„Gabarito "1E.

**(Delegado/PE – 2016 – CESPE)** Acerca de prescrição e decadência no direito civil, assinale a opção correta.

(A) A prescrição não pode ser arguida em grau recursal.
(B) Desde que haja consenso entre os envolvidos, é possível a renúncia prévia da decadência determinada por lei.

(C) A prescrição não corre na pendência de condição suspensiva.
(D) Ao celebrarem negócio jurídico, as partes, em livre manifestação de vontade, podem alterar a prescrição prevista em lei.
(E) É válida a renúncia da prescrição, desde que determinada expressamente antes da sua consumação.

A: incorreta, pois a prescrição, de acordo com o art. 193 do CC, pode ser alegada em qualquer grau de jurisdição, pela parte a quem aproveita; B: incorreta, pois a decadência legal não pode ser objeto de renúncia e se o houver renúncia esta será considerada nula (art. 209 do CC); C: correta (art. 199, I, do CC); D: incorreta, pois os prazos de prescrição não podem ser alterados por acordo entre as partes (art. 192 do CC); E: incorreta, pois a renúncia da prescrição só é possível depois de esta ter se consumado (art. 191 do CC).
Gabarito "C".

## 3. CONTRATOS

**(Delegado/RR – 2003 – CESPE)** Julgue os itens seguintes, relativos aos contratos de compra e venda, sob a luz do novo Código Civil – Lei 10.406/2002.

(1) Pelo contrato de compra e venda, um dos contratantes se obriga a transferir o domínio de certa coisa, e o outro, a pagar-lhe certo preço em dinheiro.
(2) Sob pena de anulabilidade, os ascendentes não podem vender bens imóveis a um descendente, sem o consentimento expresso dos demais descendentes.
(3) Na cláusula de retrovenda, o vendedor pode reservar-se o direito de recobrar, dentro de um certo prazo, um imóvel que tenha vendido, restituindo o preço mais as despesas feitas pelo comprador.
(4) A venda a contento é a cláusula que subordina o contrato à condição suspensiva, ou seja, à condição de ficar desfeito se o comprador não se agradar da coisa.
(5) Na venda de coisa móvel, pode o vendedor reservar para si a propriedade, até que o preço esteja integralmente pago.

1: correta (art. 481 do CC); 2: correta (art. 496 do CC); 3: correta (art. 505 do CC); 4: correta (art. 509 do CC); 5: correta (art. 521 do CC).
Gabarito 1C, 2C, 3C, 4C, 5C.

## 4. RESPONSABILIDADE CIVIL

**(Delegado – PC/SE – 2018 – CESPE/CEBRASPE)** Considerando essa situação hipotética, julgue os itens que se seguem.

(1) Diante da impossibilidade de saber de qual apartamento caiu ou foi lançada a garrafa que o atingiu, Túlio poderá buscar a responsabilização direta do condomínio, indicando-o como réu na ação de reparação de danos.
(2) Em caso de condenação do condomínio, o direito de regresso contra o morador do apartamento do qual caiu a garrafa, caso ele seja posteriormente identificado, depende da comprovação de dolo ou culpa do causador do dano.

1: Certa, nos termos do art. 938 CC que estabelece que: Aquele que habitar prédio, ou parte dele, responde pelo dano proveniente das coisas que dele caírem ou forem lançadas em lugar indevido. A redação do art. 938 do Código Civil, impõe ao morador a responsabilidade objetiva pelos objetos lançados ou caídos de seu apartamento. Essa responsabilidade funda-se no princípio da guarda, de poder efetivo sobre a coisa no momento do evento danoso. Mas, pode acontecer da vítima do dano não saber de qual unidade habitacional o objeto caiu ou foi lançado, e neste caso a doutrina entende que a responsabilidade será de todo o condomínio. Neste sentido: RECURSO ESPECIAL – RESPONSABILIDADE CIVIL – DIREITO DE VIZINHANÇA – LEGITIMIDADE PASSIVA – CONDOMÍNIO – PRESCRIÇÃO – JULGAMENTO ALÉM DO PEDIDO – MULTA COMINATÓRIA – FIXAÇÃO EM SALÁRIOS MÍNIMOS – SENTENÇA – CONDIÇÃO. 1. Na impossibilidade de identificar o causador, o condomínio responde pelos danos resultantes de objetos lançados sobre prédio vizinho. (REsp 246830/SP – Relator: Ministro Humberto Gomes de Barros – Órgão Julgador: Terceira Turma – Data do Julgamento: 22/02/2005; 2: Errada, pois o art. 938 CC traz responsabilidade objetiva do causador do dano, logo o condomínio não precisa comprovar dolo ou culpa do dono do aparamento.
Gabarito 1C, 2E.

**(Delegado/PE – 2016 – CESPE)** João, menor impúbere, de sete anos de idade, jogou voluntariamente um carrinho de brinquedo do alto do 14.º andar do prédio onde mora com a mãe Joana. Ao cair, o carrinho danificou o veículo de Arthur, que estava estacionado em local apropriado. Tendo como referência essa situação hipotética, assinale a opção correta, considerando as disposições vigentes a respeito de responsabilidade civil no Código Civil.

(A) O dever de reparar o dano provocado por João não alcança Joana, já que não há como provar sua culpa em relação à atitude do filho.
(B) Embora a responsabilidade de Joana seja objetiva, seu patrimônio somente será atingido se João não tiver patrimônio próprio ou se este for insuficiente para reparar o prejuízo causado a Arthur.
(C) Caso seja provada a culpa de João, a mãe, Joana, responderá objetivamente pelos danos causados pelo filho.
(D) A responsabilidade civil de João é objetiva.
(E) A mãe de João tem responsabilidade subjetiva em relação ao dano causado no veículo de Arthur.

A: incorreta, pois nesse caso se tem a chamada responsabilidade por fato de terceiro, que é objetiva em relação ao terceiro que se enquadrar nas hipóteses legais, sendo que os pais respondem pelos filhos menores que estiverem em sua companhia (arts. 932, I, e 933, ambos do CC); B: incorreta, pois a mãe responde diretamente pelo ato do filho, nos termos dos arts. 932, I, e 933, ambos do CC; C: correta (art. 933 do CC); D: incorreta, pois a responsabilidade objetiva só existe no caso em relação à mãe, seja pelo disposto no art. 933 do CC (c/c o art. 932, I, do CC), seja pelo disposto no art. 938 do CC; E: incorreta, pois a responsabilidade da mãe é objetiva tanto pelo disposto no art. 933 do CC (c/c o art. 932, I, do CC), seja pelo disposto no art. 938 do CC.
Gabarito "C".

**(Delegado/ES – 2011 – CESPE)** No item que se segue, relativo às pessoas e suas responsabilidades por danos causados a outrem, é apresentada uma situação hipotética, seguida de uma assertiva a ser julgada.

(1) O carro de Rafael, que estava trancado e estacionado em frente a sua casa, foi furtado por Pedro. Nessa situação, se Pedro causar lesão a alguém na condução do

veículo, Rafael também poderá ser responsabilizado por ter a guarda jurídica do bem.

**1:** errada, consoante entendimento doutrinário e jurisprudencial o roubo do automóvel caracteriza caso fortuito / força maior e, portanto, não gera o dever de indenizar. Diversamente, em caso de empréstimo, o comodante poderá será ser responsabilidade pelo acidente causado pelo comodatário.
Gabarito "1E".

**(Delegado/PA – 2006 – CESPE)** Acerca da responsabilidade civil, assinale a opção incorreta.

(A) A responsabilidade extracontratual, também chamada de aquiliana, baseia-se no dever de indenizar os danos causados decorrentes da prática de ato ilícito propriamente dito, consubstanciado em conduta humana positiva ou negativa de uma norma violadora do dever de cuidado.

(B) O particular nomeado pelo juízo como depositário judicial deve ser considerado agente do Estado e se, agindo nessa qualidade, causar danos a terceiro, tal fato enseja a responsabilidade civil objetiva do Estado, nos termos da Constituição da República.

(C) Caso seja demonstrada imprudência de vítima que tenha ingressado em residência particular e tenha sido atacada pelos cães de guarda do local, afasta-se o dever de indenizar do proprietário, pois a responsabilidade deste é presumida e, portanto, relativa.

(D) A condenação criminal de motorista de empresa de ônibus, por dar causa a um grave acidente de trânsito, produz efeitos contra a pessoa jurídica, por esta responder solidariamente pela ação do seu preposto, pode a vítima executar a sentença penal condenatória no juízo cível contra o próprio motorista ou contra a empresa de ônibus, ou de qualquer outro coobrigado.

**A:** assertiva correta (art. 186 do CC); **B:** assertiva correta, pois, nesse caso, temos um agente do Estado, ensejando responsabilidade objetiva deste, nos termos do art. 37, § 6º, da CF; **C:** assertiva correta (art. 936 do CC); **D:** assertiva incorreta, pois a empresa de ônibus, apesar de responder solidariamente (arts. 932, III, e 933, ambos do CC), tem direito ao contraditório e à ampla defesa, de modo que, caso a vítima queira acioná-la, deverá ingressar com ação de conhecimento contra a empresa.
Gabarito "D".

## 5. COISAS

**(Delegado/GO – 2017 – CESPE)** Em cada uma das opções seguintes, é apresentada uma situação hipotética, seguida de uma assertiva a ser julgada, a respeito de posse, propriedade e direitos reais sobre coisa alheia. Assinale a opção que apresenta assertiva correta conforme a legislação e a doutrina pertinentes.

(A) Durante o prazo de vigência de contrato de locação de imóvel urbano, o locatário viajou e, ao retornar, percebeu que o imóvel havia sido invadido pelo próprio proprietário. Nesse caso, o locatário não pode defender sua posse, uma vez que o possuidor direto não tem proteção possessória em face do indireto.

(B) Determinado indivíduo realizou, de boa-fé, construção em terreno que pertence a seu vizinho. O valor da construção excede consideravelmente o valor do terreno. Nessa situação, não havendo acordo, o indivíduo que realizou a construção adquirirá a propriedade do solo mediante pagamento da indenização fixada pelo juiz.

(C) Caio realizou a doação de um bem para Fernando. No contrato celebrado entre ambos, consta cláusula que determina que o bem doado volte para o patrimônio do doador se ele sobreviver ao donatário. Nessa situação, a cláusula é nula, pois o direito brasileiro não admite a denominada propriedade resolúvel.

(D) Roberto possui direito real de superfície de bem imóvel e deseja hipotecar esse direito pelo prazo de vigência do direito real. Nesse caso, a estipulação de direito real de garantia é ilegal porque a hipoteca somente pode ser constituída pelo proprietário do bem.

(E) Determinado empregador cedeu bem imóvel de sua propriedade a seu empregado, em razão de relação de confiança decorrente de contrato de trabalho. Nesse caso, ainda que desfeito o vínculo trabalhista, é juridicamente impossível a conversão da detenção do empregado em posse.

**A:** incorreta, pois o desmembramento da posse em direta e indireta (CC, art. 1.197) permite que o possuidor direto proteja sua posse em relação ao indireto e vice-versa. Ademais, permite também que ambos protejam a posse em relação a terceiros; **B:** correta, pois a assertiva reproduz o disposto no parágrafo único do art. 1.255 do Código Civil; **C:** incorreta, pois a chamada "cláusula de reversão" é expressamente permitida pela lei no art. 547 do Código Civil; **D:** incorreta, pois a propriedade superficiária pode ser dada em hipoteca (CC, art. 1.473, X); **E:** incorreta, pois a detenção pode ser convertida em posse, nos termos do art. 1.208. **GN**
Gabarito "B".

**(Delegado/PE – 2016 – CESPE)** O direito real, que se notabiliza por autorizar que seu titular retire de coisa alheia os frutos e as utilidades que dela advierem, denomina-se

(A) usufruto.
(B) uso.
(C) habitação.
(D) propriedade.
(E) servidão.

**A:** correta (art. 1.390, parte final, do CC); **B:** incorreta, pois no uso só se admite o uso da coisa e a percepção de frutos limitada às exigências das necessidades do usuário e de sua família (art. 1.412, *caput*, do CC), diferentemente do usufruto que permite fruição sem esse tipo de limite; **C:** incorreta, pois na habitação só se admite o direito de habitar a coisa, não podendo haver fruição desta (art. 1.414 do CC); **D:** incorreta, pois na propriedade o direito não é sobre "coisa alheia", mas sim sobre "coisa própria", admitindo-se não só a fruição da coisa, mas também a sua alienação e a sua reivindicação; **E:** incorreta, pois esta é um direito real (art. 1.378 do CC) que proporciona uma utilidade de um prédio (serviente) em favor de outro (dominante), não havendo que se falar em retirada de frutos típica de usufruto. **WG**
Gabarito "A".

**(Delegado/ES – 2006 – CESPE)** Julgue o seguinte item.

(1) Paulo é proprietário de fazenda localizada em município do estado do Goiás e, após longo período de chuvas e enxurradas, uma grande parcela de terra

deslocou-se da fazenda de seu vizinho para a sua. Decorridos mais de dois anos da avulsão, o vizinho de Paulo vindicou a respectiva indenização. Nesse caso, Paulo não estará obrigado a pagar qualquer importância ao seu vizinho.

**1**: correta, de acordo com o artigo 1.251 do Código Civil, quando, por força natural violenta, uma porção de terra se destacar de um prédio e se juntar a outro, o dono deste adquirirá a propriedade do acréscimo, se indenizar o dono do primeiro ou, sem indenização, se, em um ano, ninguém houver reclamado.
Gabarito "1C".

**(Delegado/RN – 2009 – CESPE)** A respeito da aquisição de propriedade, assinale a opção correta.

(A) A propriedade das coisas móveis é transferida por negócios jurídicos antes da tradição.

(B) Ainda que a ocupação seja defesa em lei, se alguém se assenhorear de coisa sem dono, adquirir-lhe-á a propriedade.

(C) A tradição transfere a propriedade, ainda que tenha por título um negócio jurídico nulo.

(D) Se determinada pessoa possuir coisa móvel como sua por dois anos, com justo título e boa-fé, adquirir-lhe-á a propriedade.

(E) Se determinada pessoa possuir coisa móvel como sua por cinco anos, produzirá usucapião, independentemente de título e boa-fé.

**A:** incorreta (art. 1.267, *caput*, do CC); **B:** incorreta (art. 1.263 do CC); **C:** incorreta (art. 1.268, § 2º, do CC); **D:** incorreta (art. 1.260 do CC); **E:** correta (art. 1.261 do CC).
Gabarito "E".

# 10. DIREITO PROCESSUAL CIVIL

Luiz Dellore

## 1. JURISDIÇÃO E COMPETÊNCIA

Túlio, cidadão idoso, natural de Aracaju – SE e domiciliado em São Paulo – SP, caminhava na calçada em frente a um edifício em sua cidade natal quando, da janela de um apartamento, caiu uma garrafa de refrigerante cheia, que lhe atingiu o ombro e provocou a fratura de sua clavícula e de seu braço. Em razão do incidente, Túlio permaneceu por dois meses com o membro imobilizado, o que impossibilitou seu retorno a São Paulo para trabalhar. Por essas razões, Túlio decidiu ajuizar ação de indenização por danos materiais. Apesar da tentativa, ele não descobriu de qual apartamento caiu ou foi lançada a garrafa.

**(Delegado – PC/SE – 2018 – CESPE/CEBRASPE)** Considerando essa situação hipotética, julgue os itens que se seguem.

**(1)** A ação de reparação de danos materiais deverá ser ajuizada por Túlio na capital paulista, conforme a previsão do Código de Processo Civil de que, em situações como a descrita, o foro competente para o julgamento da ação é o do domicílio do autor.

**(2)** Em relação à ação de dano por acidente proposta por Túlio, o foro de São Paulo tem competência absoluta em razão da pessoa, haja vista a condição de idoso de Túlio.

**(3)** Eventual impugnação do réu relativa à competência do foro no qual a ação foi ajuizada deverá ser manejada por meio de exceção de incompetência.

**1:** errada, porque o foro competente, nesse caso, será o do local do fato, ou seja, Aracaju/SE, conforme competência prevista no CPC para a propositura da ação de reparação de danos – que será mais benéfica ao idoso (CPC, art. 53, IV, "a"); **2:** errada, pois a regra da competência territorial absoluta, prevista no Estatuto do Idoso, aplica-se apenas às demandas coletivas para defesa dos interesses difusos, coletivos, individuais indisponíveis ou homogêneos (Lei nº 10.741/03, art. 80). Nesse caso, deve ser aplicada a regra da competência territorial relativa (CPC, art. 53, IV, "a"); **3:** errada, tendo em vista que a incompetência, absoluta ou relativa, do juízo deve ser alegada pelo réu em preliminar de contestação (CPC, arts. 64 e 337, II).

Gabarito 1E, 2E, 3E

**(Delegado/DF – 2015)** Assinale a alternativa correta acerca da jurisdição e de sua natureza, seus princípios e suas características.

**(A)** A jurisdição, atividade de poder decorrente da soberania, é una, mas seu exercício é fragmentado pela distribuição de competências a diversos órgãos judiciais. O ordenamento brasileiro admite, assim, a justaposição de competências, mas não de diferentes jurisdições.

**(B)** A atividade jurisdicional submete as demais funções estatais ao seu controle. A jurisdição mesma, porém, é controlada, via de regra, pela própria jurisdição, apenas admitindo-se excepcionalmente o seu controle externo pela administração e pelo Legislativo.

**(C)** A realização do direito objetivo é traço caracterizador da jurisdição, suficientemente apto a distingui-la das demais atividades estatais.

**(D)** A jurisdição é atividade criativa, visto que o julgador pensa até o final o que foi pensado antes pelo legislador, cabendo ao juiz-intérprete produzir a norma jurídica individualizada por meio de processo hermenêutico e linguístico que, a rigor, não conhece limites.

**(E)** O juiz natural é princípio jurisdicional que visa a resguardar a imparcialidade e que pode ser desmembrado em tripla significação: no plano da fonte, cabe à lei instituir o juiz e fixar-lhe a competência; no plano temporal, juiz e competência devem preexistir ao tempo do caso concreto objeto do processo a ser submetido à apreciação; e no plano da competência, a lei, anterior, deve prever taxativamente a competência, excluindo juízos *ad hoc* ou de exceção.

**A:** incorreta. Jurisdição é poder, ao passo que competência é a parcela ou medida da jurisdição. Todo juiz tem jurisdição, mas nem todo tem jurisdição para julgar todas as causas – ou seja, nem todo juiz tem *competência* para julgar determinada causa. Sendo assim, não há competência para vários juízos, mas apenas e em casos específicos, competente concorrente. **B:** incorreta. A Constituição Federal estabelece em seu artigo 2º que o Legislativo, o Executivo e o Judiciário serão harmônicos e independentes entre si. Mas a última palavra é dada pela jurisdição (basta verificar que, em relação a um caso concreto, em tese é o STF quem proferirá a última decisão a respeito do tema – ou seja, um órgão do Judiciário). **C:** incorreta. A jurisdição possui como traço caracterizador a realização do direito *subjetivo*, o qual depende se seus titulares, para querendo provocar a jurisdição. **D:** incorreta. O juiz não poderá inovar e criar, mas sim aplicar a lei à luz do caso concreto. **E:** correta. A Constituição Federal em seu artigo 5º, XXXVII, estabelece que não haverá tribunal de exceção, desta forma, a lei anteriormente ao fato estabelecerá a competência do juiz, sendo que, em último grau, o objetivo desse princípio é garantir a imparcialidade do juiz.

Gabarito "E".

**(Delegado/DF – 2015)** Abel e Bruno celebraram contrato cujo objeto consistia em bem imóvel localizado em Taguatinga-DF e no qual se estabeleceu Brasília-DF como foro de eleição. No entendimento de Abel, proprietário do imóvel, o contrato previa comodato gratuito por tempo determinado. No entendimento de Bruno, diversamente, o contrato previa doação do bem imóvel. Diante dessa controvérsia, Bruno, visando ao reconhecimento da doação, ajuizou ação declaratória com pedido de manutenção de posse, no foro de Brasília-DF, tendo sido Abel validamente citado em maio de 2014. Abel, de sua vez, visando ao reconhecimento do comodato, ajuizou, no foro de Taguatinga-DF, ação de pretensão declaratória com pedido de reintegração de posse, tendo sido Bruno validamente citado em agosto de 2014. Nenhuma das ações foi, até o momento, sentenciada.

A partir dessa situação hipotética, assinale a alternativa correta.

**(A)** Há conexão a impor a reunião das duas ações perante o juízo prevento.
**(B)** Em se tratando de competência absoluta, a eleição do foro é ineficaz. Reconhecida a incompetência do foro de Brasília-DF, a ação de Bruno deverá ser remetida ao foro de Taguatinga-DF, onde deverá ser reunida à ação de Abel, em razão da conexão.
**(C)** Cuidando a hipótese de controvérsia sobre a propriedade do bem imóvel, a competência territorial do foro da situação da coisa é relativa, podendo haver prorrogação da competência na ação ajuizada por Bruno.
**(D)** Os foros de Brasília-DF e de Taguatinga-DF são competentes, respectivamente, para as ações ajuizadas por Bruno e Abel.
**(E)** Há conexão a impor a reunião das duas ações e, sendo a conexão matéria de ordem pública, é possível que a reunião ocorra mesmo após o julgamento de uma das ações.

Conforme disposição do art. 47 do CPC, a competência será do foro de situação do imóvel, não ações fundadas em direito real. A competência territorial, em regra, é relativa, e pode ser alterada. Mas o § 1º do art. 47 dispõe que "O autor pode optar pelo foro de domicílio do réu ou pelo foro de eleição se o litígio não recair sobre direito de propriedade, vizinhança, servidão, divisão e demarcação de terras e de nunciação de obra nova". Assim, nesse caso, a doutrina afirma ser essa hipótese de competência funcional, portanto absoluta. Sendo assim, no caso o foro de eleição não pode ser aceito. Portanto, deverá haver a reunião das duas demandas, por força de conexão.
Gabarito "B".

**(Delegado Federal – 2013 – CESPE)** A respeito de competência, julgue os itens subsecutivos.

**(1)** No que se refere ao processamento e ao julgamento de guarda e alimentos de menor de idade residente no Brasil, a competência será concorrente entre a jurisdição brasileira e a estrangeira se o pai do menor, réu no processo, residir em outro país.
**(2)** Em regra, a competência da justiça federal decorre da identidade das partes envolvidas na relação processual, de modo que a natureza da lide pode não ser fator determinante para a fixação da competência.

**1**: correta, por se tratar de situação em que se admite a competência internacional concorrente (CPC, art. 21, II – obrigação deve ser cumprida no Brasil); **2**: correta, pois o principal critério para fixação da competência da Justiça Federal é a participação de ente federal (CF, art. 109, I).
Gabarito 1C, 2C.

**(Delegado/PA – 2013)** Acerca da competência, assinale a alternativa correta.

**(A)** Nos termos do art. 94 do CPC, as ações pessoais devem ser propostas no domicílio do Réu, de maneira que é competente para processar e julgar a ação de alimentos o foro do lugar do domicílio ou da residência do alimentante.
**(B)** A incompetência absoluta deve ser declarada de ofício e pode ser alegada a qualquer tempo e grau de jurisdição, independentemente de exceção, de modo que o seu reconhecimento invalida somente os atos decisórios, sendo o feito remetido ao Juízo competente.
**(C)** É lícito às partes eleger o foro onde serão propostas as ações oriundas de direitos e obrigações, modificando a competência em razão do valor, da matéria e do território.
**(D)** Se o conhecimento da lide depender da verificação da existência de fato delituoso, o Juiz é obrigado a sobrestar o andamento do processo até que se pronuncie a justiça criminal.
**(E)** A incompetência relativa deve ser arguida por meio de exceção, dependendo de provocação da parte interessada a invalidação de cláusula de eleição de foro em contrato de adesão.

**A**: incorreta. Apesar de a parte inicial da alternativa ser correta (a regra, em relação a direito pessoal, é a competência do domicílio do réu – CPC/2015, art. 46, correspondente ao art. 94 do CPC/1973), o foro competente para as ações de alimentos é uma exceção, por ser o domicílio do credor, o alimentando (CPC/2015, art. 53, II); **B**: incorreta. Em verdade, A primeira parte da alternativa está correta (NCPC, art. 64, §1º), porém, em relação à invalidação dos atos decisórios, está incorreta (CPC/2015, art. 64, § 4º). Veja-se que, diferentemente do CPC/1973 (art. 113, §2º), as decisões proferidas por juízo absolutamente incompetente não se consideram, desde logo, nulas, de modo que seus efeitos são preservados até que nova decisão seja proferida pelo juízo competente a respeito de sua conservação (esta era a alternativa correta no âmbito do CPC/1973); **C**: incorreta, pois apesar de a parte inicial da alternativa ser correta (foro de eleição é admitido), isso não é possível em relação à competência em razão da matéria (CPC/2015, art. 62); **D**: incorreta, pois não se trata exatamente da redação do art. 315 do CPC/2015, que é a seguinte: "o conhecimento do mérito depender de verificação da existência de fato delituoso" (alternativa muito ruim, que demanda memória fotográfica quanto ao artigo); **E**: incorreta, pois, no CPC/2015, a exceção de incompetência deixou de existir e isso passa a ser alegado em preliminar de contestação (art. 64 e 337, II); ademais, a invalidação da cláusula de eleição de foro em contrato de adesão pode ser declarada de ofício (CPC/2015, art. 63, § 3º).
Gabarito sem resposta correta no CPC/2015.

## 2. FORMAÇÃO, SUSPENSÃO E EXTINÇÃO DO PROCESSO

**(Delegado/PB – 2009 – CESPE)** Extingue-se o processo com apreciação do mérito quando

**(A)** o juiz verificar, desde logo, a prescrição ou a decadência.
**(B)** o autor desistir da ação.
**(C)** não concorrer qualquer das condições da ação.
**(D)** ocorrer a morte do procurador e não houver a nomeação de outro em seu lugar.
**(E)** o juiz acolher a alegação de coisa julgada.

Alternativa A correta (art. 487, II, do CPC/2015). As hipóteses de extinção do processo com resolução do mérito encontram-se dispostas no rol do art. 487 do Código.
Gabarito "A".

## 3. TUTELA PROVISÓRIA

**(Delegado/DF – 2015)** Priscila possui crédito vencido contra Marcela. Depois de reiteradas cobranças extrajudiciais, Priscila informou a Marcela que iria ajuizar ação de cobrança visando ao pagamento de seu crédito. Marcela, então, iniciou a prática de sucessivos atos de dilapidação patrimonial, tendo doado bens para frustrar futura execução de eventual sentença condenatória que viesse a ser proferida na ação de Priscila, ainda pendente de ajuizamento.

Nessa situação hipotética, o instituto jurídico mais apto a tutelar o interesse de Priscila de garantir a utilidade de sua futura ação de cobrança é o(a)

(A) cautelar inominada preparatória, dada a falta de cautelar em espécie apta a resguardar o interesse de Priscila.

(B) pedido incidental de providência cautelar, formulado na ação de cobrança, com vistas ao sequestro de todos os bens de Marcela.

(C) pedido liminar de antecipação dos efeitos da tutela satisfativa, formulado na ação de cobrança.

(D) cautelar preparatória de arresto de bens suficientes ao adimplemento do crédito.

(E) pedido incidental de providência cautelar, formulado na ação de cobrança, com vistas ao arrolamento de bens de Marcela.

A: incorreta, pois para essa situação o art. 301 do CPC/2015 prevê o arresto de natureza cautelar – e, no CPC/2015, não se se trata mais de "cautelar inominada preparatória", mas de "tutela de urgência cautelar antecedente". B: incorreta, tendo em vista que o sequestro se dá em face de um bem específico, sendo o arresto utilizado para se buscar a constrição de qualquer bem do devedor (distinção entre arresto e sequestro prevista no sistema anterior, sem repetição do CPC/2015 – mas aplicável por força da interpretação histórica). C: incorreta. É necessária a preservação do patrimônio do devedor (cautelar), e não a satisfação, desde logo. D: correta no CPC/1973, em que havia cautelar preparatória. No atual Código, o art. 301 do CPC/2015 prevê a tutela de urgência com natureza cautelar de arresto para assegurar a preservação dos bens para satisfação do crédito. E: incorreta. A hipótese é de arresto, não de arrolamento de bens.

Gabarito "D" no CPC/1973; sem resposta no CPC/2015

(Delegado/DF – 2015) Assinale a alternativa correta no que diz respeito à tutela cautelar e à antecipação da tutela.

(A) Não se admite concessão de tutela antecipada em grau recursal.

(B) A decisão interlocutória que concede liminarmente a tutela antecipada acarreta preclusão *proiudicato*, isto é, o juízo não mais poderá revogar ou modificar a decisão.

(C) A tutela cautelar é definitiva porque se funda em cognição exauriente, mas possui eficácia temporária limitada à preservação a que se propõe.

(D) Não há tutela antecipada satisfativa dissociada do necessário requisito da urgência.

(E) Os requisitos para o deferimento da tutela cautelar são normalmente mais rigorosos que os exigidos para o deferimento da tutela antecipada.

A: incorreta. A tutela antecipada incidental pode ser requerida e deferida a qualquer momento – inclusive no âmbito recursal (CPC/2015, art. 294, parágrafo único). B: incorreta. A decisão que concede tutela de urgência poderá ser revista, reformada ou invalidada a qualquer momento pelo magistrado (CPC/2015, art. 304, §3º). C: correta no CPC/1973, pois o processo cautelar era autônomo. No CPC/2015, a cautelar é formulada no âmbito do processo de conhecimento ou execução. D: incorreta no CPC/1973. No âmbito do CPC/2015, a tutela antecipada sempre depende de urgência; o que não depende de urgência é a tutela de evidência (CPC/2015, art. 311). E: incorreta no CPC/1973. No âmbito do CPC/2015 os requisitos são os mesmos (art. 300 – probabilidade do direito e o perigo de dano ou o risco ao resultado útil do processo).

Gabarito "C" no CPC/1973; sem resposta no CPC/2015.

(Delegado Federal – 2013 – CESPE) Julgue o item a seguir, relativo às tutelas de urgência.

(1) A antecipação dos efeitos da tutela, por ser medida voltada ao procedimento comum, não se apresenta viável em ações sob procedimento especial.

1: incorreta, pois não há vedação à concessão de antecipação de tutela nos procedimentos especiais (aos quais se aplicam subsidiariamente as regras do procedimento comum – CPC/2015, art. 318, parágrafo único). Ademais, a tutela provisória (gênero do qual a tutela de urgência é espécie) está inserida na parte geral do Código, portanto se aplica a todos os processos e procedimentos

Gabarito "1E"

## 4. TEMAS COMBINADOS DE PARTE GERAL E PROCESSO DE CONHECIMENTO

(Delegado/DF – 2015) A respeito dos métodos alternativos de solução de conflitos, assinale a alternativa correta.

(A) A sentença arbitral não admite controle judicial sobre sua validade.

(B) Ao convencionar a arbitragem, as partes renunciam, em definitivo, ao direito de acesso à justiça.

(C) A cláusula compromissória de arbitragem é a convenção por meio da qual as partes estatuem, prévia e abstratamente, que eventuais controvérsias oriundas de certo negócio jurídico sejam dirimidas pelo juízo arbitral.

(D) A autocomposição, por sua rara ocorrência, tem cada vez mais perdido prestígio no ordenamento jurídico brasileiro como método eficaz de solução de conflitos.

(E) A mediação pressupõe a intervenção de um terceiro imparcial e equidistante, sendo, pois, espécie heterocompositiva.

A: incorreta. A sentença arbitral poderá ter sua validade contestada em Juízo, conforme o art. 33 da Lei 9.307/1996. B: incorreta. As partes poderão recorrer ao Judiciário inclusive em relação a aspectos do procedimento arbitral (vide alternativa "A"). Além disso, a parte executiva sempre acontece em juízo. C: correta. A Lei 9.307/1996 dispõe em seu art. 4º que será a arbitragem será instituída mediante cláusula compromissória. D: incorreta. A autocomposição vem se tornando cada vez mais frequente no Judiciário brasileiro, com grande prestígio, inclusive com grande atenção no CPC/2015, que prevê a audiência de conciliação e mediação (art. 334). E: incorreta. A mediação é espécie de autocomposição, vez que o mediador será imparcial, e auxiliará as partes a chegarem a um acordo.

Gabarito "C"

(Delegado/PA – 2013) Leia as proposições abaixo e assinale a alternativa correta.

(A) Nas cobranças ao condômino de quantias devidas ao condomínio, observa-se-á o procedimento sumário, desde que o montante do débito não ultrapasse o valor equivalente a 60 (sessenta) salários mínimos.

(B) No procedimento sumário, não sendo obtida a conciliação na primeira audiência, o Réu terá o prazo de quinze dias para a apresentação de defesa, sendo após os autos conclusos ao Juiz para decisão da causa.

**(C)** No procedimento ordinário, a contestação e a reconvenção serão oferecidas simultaneamente, mediante peça única, sendo a exceção processada em apenso aos autos principais.

**(D)** A cumulação de vários pedidos, num único processo, contra o mesmo réu, somente será admitida caso entre eles exista conexão.

**(E)** Da decisão que indeferir a petição inicial, sob o procedimento ordinário, caberá recurso de apelação, facultado ao juiz, no prazo de 48 (quarenta e oito) horas, reformar sua decisão.

---

**A e B:** incorretas, pois o rito sumário desaparece no CPC/2015; assim, agora se fala em procedimento comum ou especial, não mais se falando em ordinário ou sumário (CPC, art. 318); **C:** correta, considerando o procedimento comum. No CPC/2015, há simplificação em relação à reconvenção, que deixa de existir como peça autônoma, passando a ser elaborada na própria contestação (CPC, art. 343); **D:** incorreta, pois é possível cumular mesmo que não haja conexão, por expressa previsão legal (CPC/2015, art. 327); **E:** incorreta, é uma das hipóteses em que o juiz pode reconsiderar sua sentença (CPC/2015, art. 331), mas incorreto o prazo, pois é de 5 dias.

Gabarito "C" à luz do CPC/2015

## 5. RECURSOS

**(Delegado/PA – 2013)** Sobre os recursos no sistema próprio do Direito Processual Civil brasileiro, assinale a alternativa correta.

**(A)** A concessão de antecipação de tutela no corpo da sentença, impõe que eventual recurso de apelação, por ausência de disposição legal, seja integralmente recebido em seu efeito devolutivo e suspensivo.

**(B)** A reforma processual promovida em 2005 alterou o regime de impugnação das decisões interlocutórias, estabelecendo, como regra geral, a interposição de recurso de agravo de instrumento manejado diretamente na Corte competente.

**(C)** A interposição de agravo retido conduz automaticamente à apreciação da matéria pelo Tribunal de Justiça como preliminar, por ocasião do julgamento da apelação, independentemente de reiteração posterior da parte interessada.

**(D)** A decisão do relator que converte o agravo de instrumento em retido é passível de reforma imediata, mediante a interposição de recurso de agravo interno, no prazo de 05 (cinco) dias, nos termos do art. 557, § 1º, do CPC.

**(E)** Cabe ao agravante, no prazo de 03 (três) dias, comunicar ao Juízo singular a interposição do recurso de agravo de instrumento, juntando cópia da petição recursal, seu comprovante de interposição e a relação de documentos apresentados, sendo o descumprimento desse ônus processual razão para o não conhecimento do recurso, desde que a questão seja arguida e provada pela parte agravada.

---

**A:** incorreta. Inicialmente, de se observar que o CPC/2015 reuniu o regramento referente à **tutela de urgência** (esta dívida em duas subespécies: *tutela de urgência cautelar* e *tutela de urgência antecipada*) e **tutela de evidência** sob a denominação **tutela provisória**. Em caso de sentença que concede tutela provisória, a decisão passa a produzir efeitos imediatamente –ou seja, a apelação é recebida apenas no efeito devolutivo (CPC/2015, art. 1.012, §1º, V); **B:** incorreta. No CPC/2015,

há o agravo de instrumento para um rol taxativo (art. 1.015 – tendo o STJ apontando que se trata de uma "taxatividade mitigada"); ou, então, recorre-se da interlocutória na própria sentença (CPC/2015, art. 1.009, § 1º), não mais existindo preclusão logo após a prolação da decisão; **C:** incorreta, pois a hipótese de conversão do agravo de instrumento em agravo retido deixa de existir no CPC/2015, pois o agravo retido deixou de existir; **D:** incorreta, vide justificativa anterior; **E:** correta, prevalecendo essa hipótese apenas nos casos de autos físicos (CPC/2015, art. 1.018, *caput* e §§ 2º 3º).

Gabarito "E".

**(Delegado/PA – 2013)** Leia as proposições abaixo e assinale a alternativa correta.

**(A)** Quando manifestamente protelatórios os embargos, o juiz ou o tribunal, declarando que o são, condenará o embargante a pagar ao embargado multa não excedente de 1% (um por cento) sobre o valor da causa. Na reiteração de embargos protelatórios, a multa é elevada a até 10% (dez por cento), ficando condicionada a interposição de qualquer outro recurso ao depósito do valor respectivo.

**(B)** O conhecimento de recurso especial pelo Superior Tribunal de Justiça exige o exaurimento das instâncias ordinárias, de modo que tendo sido confirmada a sentença recorrida, por maioria de votos, impõe-se a prévia interposição de embargos infringentes.

**(C)** Havendo a concessão da segurança, caberá ao Superior Tribunal de Justiça o julgamento de recuso ordinário em sede de mandado de segurança decidido em única instância pelos Tribunais Regionais Federais, ou pelos Tribunais dos Estados e do Distrito Federal e Territórios.

**(D)** A inexistência de repercussão geral, a partir de questões relevantes do ponto de vista econômico, político, social ou jurídico, que ultrapassem os interesses subjetivos da causa, acarreta o não conhecimento do Recurso Extraordinário pelo Supremo Tribunal Federal, sendo irrecorrível a decisão monocrática do Ministro Relator que não reconhecê-la, nos termos do art. 543-A do CPC. (correspondente ao art. 1.035 do CPC/2015)

**(E)** Não admitido o recurso extraordinário ou recurso especial, caberá a interposição de recurso de agravo de instrumento, mediante a juntada dos documentos obrigatórios definidos em lei, bem como do recolhimento das custas processuais e despesas postais.

---

**A:** incorreta no Código atual (CPC/2015, art. 1.026, §§ 2º e 3º). O novo diploma prevê percentual de até 2% do valor atualizado da causa, com majoração para até 10%, em caso de reiteração; **B:** incorreta, pois apesar de a afirmação de necessário de esgotamento de instância ser verdadeira, os embargos infringentes deixam de existir como recurso, de modo que a hipótese passar a ser prevista como técnica de julgamento estendido (CPC/2015, art. 942); **C:** incorreta, pois só cabe recurso ordinário em caso de denegação (e não concessão) de segurança (CPC/2015, art. 1.027, II, "a"); **D:** incorreta, pois a decisão quanto à repercussão geral tem de ser colegiada e não monocrática (CF, art. 102, § 3º); **E:** incorreta, não se tratando de agravo de instrumento. O agravo em REsp ou RE (e não o agravo de instrumento) somente será cabível quando não se tratar de questões afetas a recurso repetitivo (CPC/2015, art. 1.042). E, no caso de não admissão de REsp e RE, serão cabíveis dois agravos: AREsp e ARE (CPC/2015, art. 1.030).

Sem alternativa correta no CPC/2015 (no CPC/1973 a alternativa "A" era a correta).

## 6. PROCEDIMENTOS ESPECIAIS

A empresa Soluções Indústria de Eletrônicos Ltda. veiculou propaganda considerada enganosa relativa a determinado produto: as especificações eram distintas das indicadas no material publicitário. Em razão do anúncio, cerca de duzentos mil consumidores compraram o produto. Diante desse fato, uma associação de defesa do consumidor constituída havia dois anos ajuizou ação civil pública com vistas a obter indenização para todos os lesados.

**(Delegado – PC/SE – 2018 – CESPE/CEBRASPE)** Com referência a essa situação hipotética, julgue os itens seguintes.

(1) A associação autora é parte legítima para propor a ação civil pública e não terá que adiantar custas ou honorários periciais; no entanto, a associação será condenada em honorários advocatícios caso seja comprovada a sua má-fé.

(2) Na hipótese de existir outra ação com idêntica causa de pedir da ação civil pública proposta e de tal ação ter sido sentenciada por outro juízo, o fenômeno da conexão exigirá que as duas demandas sejam reunidas.

**1:** certa, considerando que: (i) a associação preenche os requisitos estabelecidos em lei para a propositura da ACP – constituição há, pelo menos, um ano e pertinência temática (Lei 7.347, art. 5º, V), (ii) o adiantamento das custas e dos honorários periciais é dispensado por lei (Lei 7.347, art. 18), (iii) em caso de litigância de má-fé, a associação será condenada em honorários e ao décuplo das custas (Lei 7.347, art. 17); **2:** errada, considerando que os processos conexos serão reunidos para julgamento conjunto, salvo se um deles já houver sido sentenciado – como é o caso narrado (CPC, art. 55, §1º e Súmula 235/STJ). **Gabarito: 1C, 2E**

**(Delegado/DF – 2015)** Com relação à ação civil pública (ACP), assinale a alternativa correta de acordo com a legislação de regência e a jurisprudência do STF.

(A) Julgado procedente o pedido deduzido em ACP ajuizada pelo Ministério Público, o órgão ministerial fará jus a honorários sucumbenciais devidos pelo réu.

(B) Embora não possa servir de sucedâneo de ação direta de inconstitucionalidade, a ACP admite controle difuso caso a matéria constitucional seja prejudicial ao pedido principal.

(C) Como espécie de tutela coletiva de direitos metaindividuais, a ACP é via cabível para a defesa de direitos coletivos, mas não para a defesa de direitos individuais homogêneos.

(D) Por ser instituto a viabilizar amplo acesso à justiça, a ACP admite ajuizamento por qualquer associação.

(E) O trânsito em julgado de sentença que julga improcedente pedido formulado em ACP ajuizada em defesa de consumidores inviabiliza a propositura futura de ações individuais que invoquem idêntico pedido.

**A:** incorreta. A Constituição Federal em seu artigo 128, § 5º, II, "a", veda o recebimento de honorários a qualquer título. **B:** correta. A ACP não é o procedimento correto para questionar constitucionalidade de lei, porém se para análise do pedido for necessária à análise da legislação que viole a constituição, será feito de modo meramente incidental, para se decidir o pedido (como é típico no controle difuso de constitucionalidade). **C:** incorreta. O artigo 81, parágrafo único, III, do CDC, dispõe que haverá defesa coletiva de direitos individuais homogêneos, portanto é cabível ACP. **D:** incorreta. Para ter legitimidade para propositura da ACP a associação deverá ser devidamente registrada com a finalidade de proteção a determinados direitos e estar constituída há pelo menos 1 ano, conforme prevê o art. 5º, V, alíneas *a* e *b* da Lei 7.347/1985. **E:** incorreta. O art. 103, I, do CDC prevê a possibilidade de novo ajuizamento pelo consumidor quando a ACP for julgada improcedente por ausência de provas. **Gabarito "B".**

**(Delegado/DF – 2015)** A respeito da jurisdição constitucional das liberdades e de seus principais mecanismos, assinale a alternativa correta.

(A) Os danos morais e patrimoniais causados à honra e à dignidade de grupos raciais, étnicos ou religiosos podem ser objeto de responsabilização por meio de ação civil pública.

(B) De acordo com a jurisprudência do STF, é cabível, em *habeas corpus* contra prisão civil de devedor inescusável de prestação alimentícia, rediscussão acerca do binômio necessidade-possibilidade.

(C) Admite-se mandado de segurança contra decisão judicial teratológica de que caiba recurso.

(D) Há perda superveniente de legitimidade a impor a extinção do mandado de segurança coletivo impetrado por partido político quando a agremiação, ao longo do processo, deixar de ter representação no Congresso Nacional.

(E) Pessoa jurídica constituída sob a forma de associação, por ser integrada por cidadãos, detém legitimidade para o ajuizamento, em nome próprio, de ação popular.

**A:** correta. A ação civil pública para responsabilização em face de tais atos encontra-se disciplinada no artigo 1º, VII, da Lei 7.347/1985. **B:** incorreta. A jurisprudência do STF não admite impetração de *habeas corpus* para discutir o binômio necessidade de possibilidade. O HC é cabível apenas em hipóteses de ilegalidade ou abuso no decreto da prisão, conforme art. 5º, LXVIII, da CF. **C:** incorreta. De acordo com a Súmula 267 do STF não cabe Mandado de Segurança quando a decisão couber recurso. **D:** incorreta. A legitimidade do partido político é verificada no momento da impetração do Mandado de Segurança Coletivo, portanto, a perda superveniente de representação no Congresso Nacional não implica na extinção do MS, conforme jurisprudência do STF em ADI 2159 AgR/DF. **E:** incorreta. A Lei 4.717/1965 em seu artigo 1º dispõe que qualquer *cidadão* é parte legítima, desta forma, não poderá uma pessoa jurídica ingressar em juízo com uma ação popular. A legitimidade é apenas dos cidadãos. **Gabarito "A".**

**(Delegado Federal – 2013 – CESPE)** No que se refere ao *habeas data* e ao *habeas corpus*, julgue os itens seguintes.

(1) De acordo com o STJ, o *habeas data* é instrumento idôneo para a obtenção de acesso aos critérios utilizados em correção de prova discursiva aplicada em concursos públicos.

(2) O *habeas corpus* constitui a via adequada para o devedor de pensão alimentícia pedir o afastamento de sua prisão, alegando incapacidade de arcar com o pagamento dos valores executados.

**1:** incorreta, pois o STJ decidiu exatamente o contrário, pelo não cabimento de *habeas data* em relação a critérios de concurso (AgRg no HD 127/DF, Rel. Ministro João Otávio De Noronha, Primeira Seção, julgado em 14.06.2006, DJ 14.08.2006, p. 250); **2:** incorreta, porque nesse caso de incapacidade de pagamento, há necessidade de instrução probatória, o que é inviável de se apurar no âmbito do HC (HC 239.691/MG, Rel. Ministro João Otávio de Noronha, Terceira Turma, julgado em 20.02.2014, DJe 05.03.2014). **Gabarito 1E, 2E**

# 11. MEDICINA LEGAL

### Leni Mouzinho Soares e Rodrigo Santamaria Saber

## 1. TANATOLOGIA

Um homem de cinquenta anos de idade assassinou a tiros a esposa de trinta e oito anos de idade, na manhã de uma quarta-feira. De acordo com a polícia, o homem chegou à casa do casal em uma motocicleta, chamou a mulher ao portão e, quando ela saiu de casa, atirou nela com uma arma de fogo, matando-a imediatamente. Em seguida, ele se matou no mesmo local, com um disparo da arma encostada na própria têmpora.

**(Delegado – PC/SE – 2018 – CESPE/CEBRASPE)** Considerando a situação hipotética apresentada e os diversos aspectos a ela relacionados, julgue os itens a seguir.

(1) O evento caracteriza um episódio de comoriência.
(2) O laudo cadavérico do homem citado no texto deve ser assinado por, no mínimo, dois peritos oficiais que tenham participado da necropsia.
(3) Ao realizar a necropsia no cadáver masculino, espera-se que sejam verificados sinal de Benassi, sinal do funil de Bonnet e câmara de mina de Hoffmann.

**1.** ERRADA: Comoriência é o fenômeno que se verifica quando duas pessoas morrem em decorrência de um mesmo fato, sem que seja possível estabelecer qual morte ocorreu primeiro, fazendo com que se conclua que as mortes ocorreram de forma simultânea; **2.** ERRADA: Conforme previsão constante do art. 159 do CPP, "O exame de corpo de delito e outras perícias serão realizados por perito oficial, portador de diploma de curso superior"; **3.** CERTA: Como a arma estava encostada na têmpora do suicida quando disparada, o orifício de entrada será irregular e maior que o calibre do projétil, sendo que a câmara de mina de Hoffman, que consiste em um halo de tatuagem é verificada neste tipo de disparo (arma encostada ou apoiada no corpo). Enquanto que o sinal de Benassi pode ser observado nos tiros perpendiculares com arma apontada para o crânio, assumindo forma estrelada. (LM) Gabarito 1E, 2E, 3C

Um homem de quarenta e cinco anos de idade morreu após se engasgar com um pedaço do sanduíche que comia em uma lanchonete. Ele estava na companhia do seu cunhado, que não conseguiu ajudá-lo a retomar o fôlego. Os empregados da lanchonete acionaram o socorro médico, mas não houve êxito na tentativa de evitar a morte do homem.

**(Delegado – PC/SE – 2018 – CESPE/CEBRASPE)** Considerando essa situação hipotética e os diversos aspectos a ela relacionados, julgue os itens a seguir.

(1) Se o socorro médico tivesse chegado uma hora após o óbito do homem, seria possível constatar a rigidez completa do cadáver e a presença de livores de hipóstases fixados.
(2) O evento morte descrito será classificado, quanto à causa jurídica, como morte natural.

**1.** ERRADA: Os livores e hipóstases surgem entre duas e três horas após a morte. Enquanto que a rigidez cadavérica entre a 8ª e 12ª horas; **2.** ERRADA: A natureza jurídica do óbito será de morte por asfixia. (LM) Gabarito 1E, 2E

**(Escrivão de Polícia/BA – 2013 – CESPE)** Considerando que determinada adolescente de dezessete anos de idade seja encontrada morta em uma praia, julgue os itens subsequentes.

(1) A constatação de ocorrência de dilatação do orifício anal do cadáver, especialmente se o tempo de morte for superior a quarenta e oito horas, não constitui, por si só, evidência de estupro com coito anal.
(2) Caso o corpo da jovem esteja rígido, ou seja, com a musculatura tensa e as articulações inflexíveis, é correto concluir que ela lutou intensamente antes de morrer.

**1:** certa. Isso porque, durante o período gasoso da putrefação, pode ocorrer de o ânus se entreabrir e ser rebatido para o lado externo, em razão da força provocada pelos gases na parte interna do cadáver. Assim, portanto, não se pode afirmar, com base apenas na dilatação aparente da região anal, que houve estupro na modalidade coito anal; **2:** certa. O enrijecimento dos músculos do corpo, imediatamente após a morte, e que precede a rigidez comum dos cadáveres, é chamado de espasmo cadavérico ou rigidez cataléptica. Trata-se de um sinal de que o indivíduo foi atacado de forma violenta e súbita. (LM) Gabarito 1C, 2C

**(Polícia/PB – 2009 – CESPE)** Um médico legista, ao chegar à sala de necropsia, deparou-se com três cadáveres cuja causa da morte foi asfixia. O primeiro apresentava elementos sinaléticos que constavam de sulco único, com profundidade variável e direção oblíqua ao eixo do pescoço; no segundo, os sulcos eram duplos, de profundidade constante e transversais ao eixo do pescoço; no terceiro, em vez de sulcos, havia equimoses e escoriações nos dois lados do pescoço. Na situação acima descrita, os tipos de morte mais prováveis são, respectivamente,

(A) enforcamento, estrangulamento e esganadura.
(B) esganadura, enforcamento e estrangulamento.
(C) estrangulamento, esganadura e enforcamento.
(D) esganadura, estrangulamento e enforcamento.
(E) enforcamento, esganadura e estrangulamento.

O enforcamento é a morte causada por asfixia mecânica em que o pescoço é constrito por um laço que tem a outra extremidade fixada a uma base e tem como força o próprio corpo da vítima; o estrangulamento é a morte causada por asfixia mecânica em que o pescoço é entrelaçado por uma corda e tem como força de acionamento uma força estranha ao próprio corpo da vítima; esganadura é a constrição do pescoço da vítima pelas próprias mãos do homicida. (LM) Gabarito "A"

**(Delegado/PE – 2016 – CESPE)** Determinada delegacia de polícia, comunicada da existência de um cadáver em estado de putrefação jogado em um canavial de sua circunscrição, deve tomar providências para levantar informações – como, por exemplo, a certificação de tratar-se de pessoa, e não de animal, e o estabelecimento da causa da morte –, além de realizar diligências diversas.

Assinale a opção correta acerca das atividades médico--legais nesse caso.

(A) O método de identificação do cadáver de primeira escolha, para o caso, é a identificação por material genético, o DNA, que pode ser extraído mesmo de material putrefeito.

(B) Mesmo estando o cadáver em adiantado estado de putrefação, é possível, conforme a especificidade, estabelecer, pelo exame médico-legal, a causa jurídica da morte – suicídio, homicídio, acidente ou morte natural.

(C) A análise do aspecto macroscópico do fígado do cadáver em questão é suficiente para que o médico--legista determine se ocorreu morte súbita ou se morte com suspeita de ocorrência criminal.

(D) Deve-se proceder à exumação do cadáver, que deve ser realizada por equipe da delegacia de polícia acompanhada de médico-legista.

(E) Caso o cadáver encontrado seja de material humano, a identificação deverá ser feita por reconhecimento.

Alternativa **A** incorreta visto que por mais que o exame de DNA tenha índices de acerto melhores que os demais, o mesmo não é de primeira escolha em virtude do seu alto valor e da complexidade técnica para sua feitura. A técnica de primeira escolha é o chamado necropapiloscópico. Alternativa **B** correta visto que embora o corpo não esteja nas melhores condições, há ainda elementos que porventura possam ser analisados. Assim, eventual esquartejamento pode vir a ser reconhecido mesmo que o corpo esteja nesse estado de putrefação. Alternativa **C** está errada pois para tal estudo se faz necessário uma análise bioquímica e não somente macroscópica. Alternativa **D** incorreta em razão da exumação ocorrer tão somente quanto a pessoa está sepultada. Alternativa **E** incorreta pois tal identificação pode ser feita por diversos modos, dentre eles o do reconhecimento.

Gabarito "B".

(Delegado/PB – 2009 – CESPE) Um médico-legista, ao chegar à sala de necropsia, deparou-se com três cadáveres cuja causa da morte foi asfixia. O primeiro apresentava elementos sinaléticos que constavam de sulco único, com profundidade variável e direção oblíqua ao eixo do pescoço; no segundo, os sulcos eram duplos, de profundidade constante e transversais ao eixo do pescoço; no terceiro, em vez de sulcos, havia equimoses e escoriações nos dois lados do pescoço. Na situação acima descrita, os tipos de morte mais prováveis são, respectivamente,

(A) enforcamento, estrangulamento e esganadura.
(B) esganadura, enforcamento e estrangulamento.
(C) estrangulamento, esganadura e enforcamento.
(D) esganadura, estrangulamento e enforcamento.
(E) enforcamento, esganadura e estrangulamento.

O enforcamento é a morte causada por asfixia mecânica em que o pescoço é constrito por um laço que tem a outra extremidade fixada a uma base e tem como força o próprio corpo da vítima. Os sinais que dele decorrem são: sulco descontínuo, profundidade variável, ficando mais evidente na região contrária ao nó do laço utilizado para a constrição do pescoço. Por sua vez, o estrangulamento é a morte causada por asfixia mecânica em que o pescoço é entrelaçado por uma corda e tem como força de acionamento uma força estranha ao próprio corpo da vítima, tem como sinais caracterizadores o sulco contínuo, com profundidade uniforme. A esganadura é a constrição do pescoço da vítima pelas próprias mãos do homicida. Dessa forma, não há sulco, mas lesões como hematomas, equimoses e escoriações.

Gabarito "A".

## 2. EMBRIAGUEZ E ALCOOLISMO

(Polícia/AC – 2008 – CESPE) Considere-se que uma adolescente, com 13 anos de idade, foi encontrada por vizinhos, em uma dependência no fundo de sua residência, suspensa por corda de nylon que envolvia seu pescoço com um nó e que estava presa, na outra extremidade, no caibro do telhado. A adolescente apresentava, além do mau cheiro, mancha verde abdominal e circulação póstuma. Com base nessa situação e em seus aspectos médico-legais, julgue o item a seguir.

(1) Caso o exame de alcoolemia da adolescente evidencie níveis de 2 decigramas de álcool por litro de sangue, é correto concluir que ela estava embriagada no momento da morte.

**1:** incorreta. Nos termos do art. 306 do CTB, a condução de veículo automotor com capacidade psicomotora alterada em razão da influência de álcool ou de outra substância psicoativa que determine dependência caracteriza a embriaguez.

Gabarito 1E

(Polícia/PB – 2009 – CESPE) Um jovem religioso, fervoroso e abstêmio, durante uma comemoração de casamento, ingeriu aguardente. Transtornado e embriagado, agrediu sua companheira com golpes de faca, completamente descontrolado. A situação acima descreve um exemplo de embriaguez

(A) por força maior.
(B) dolosa.
(C) preterdolosa.
(D) proveniente de caso fortuito.
(E) acidental.

**A:** Incorreta. A embriaguez por força maior é aquela que se dá de forma acidental, ou seja, o indivíduo é forçado a ingerir a bebida alcoólica. Se for completa, isenta o agente de pena (art. 28, § 1º, do CP); se incompleta, mas deixando o agente sem possuir, ao tempo da ação ou da omissão, a plena capacidade de entender o caráter ilícito do fato ou de determinar-se de acordo com esse entendimento, a pena poderá ser reduzida de 1/3 a 2/3. **B:** Incorreta. A embriaguez dolosa é a voluntária, em que o indivíduo se embriaga intencionalmente para se encorajar para cometer um crime; **C:** Incorreta. Diz-se que a conduta é preterdolosa nos casos em que o agente, mesmo sabendo dos riscos de sua ação, os assume, causando determinado resultado criminoso; **D:** Correta. A embriaguez proveniente de caso fortuito é acidental, é aquela em que o indivíduo não faz ideia dos efeitos que serão causados pela bebida alcoólica. Dessa maneira, poderá ser beneficiado com o previsto no art. 28, §§ 1º e 2º, do CP; **E:** Incorreta. Acidental é a embriaguez que pode se dar por caso fortuito ou por força maior.

Gabarito "D".

(Delegado/PB – 2009 – CESPE) Um jovem religioso, fervoroso e abstêmio, durante uma comemoração de casamento, ingeriu aguardente. Transtornado e embriagado, agrediu sua companheira com golpes de faca, completamente descontrolado. A situação acima descreve um exemplo de embriaguez

(A) por força maior.
(B) dolosa.
(C) preterdolosa.
(D) proveniente de caso fortuito.
(E) acidental.

**A:** Incorreta. A embriaguez por força maior é aquela que se dá de forma acidental, ou seja, o indivíduo é forçado a ingerir a bebida alcoólica. Se for completa, isenta o agente de pena (art. 28, § 1º, do CP); se incompleta, mas deixando o agente sem possuir, ao tempo da ação ou da omissão, a plena capacidade de entender o caráter ilícito do fato ou de determinar-se de acordo com esse entendimento, a pena poderá ser reduzida de 1/3 a 2/3. **B:** Incorreta. A embriaguez dolosa é a voluntária, em que o indivíduo se embriaga intencionalmente para se encorajar para cometer um crime; **C:** Incorreta. Diz-se que a conduta é preterdolosa nos casos em que o agente, mesmo sabendo dos riscos de sua ação, os assume, causando determinado resultado criminoso; **D:** Correta. A embriaguez proveniente de caso fortuito é acidental, é aquela em que o indivíduo não faz ideia dos efeitos que serão causados pela bebida alcoólica. Dessa maneira, poderá ser beneficiado com o previsto no art. 28, §§ 1º e 2º, do CP; **E:** Incorreta. Acidental é a embriaguez que pode se dar por caso fortuito ou por força maior. LM
Gabarito "D".

## 3. SEXOLOGIA

**(Polícia/AC – 2008 – CESPE)** Considere-se que uma adolescente, com 13 anos de idade, foi encontrada por vizinhos, em uma dependência no fundo de sua residência, suspensa por corda de nylon que envolvia seu pescoço com um nó e que estava presa, na outra extremidade, no caibro do telhado. A adolescente apresentava, além do mau cheiro, mancha verde abdominal e circulação póstuma. Com base nessa situação e em seus aspectos médico-legais, julgue o item a seguir.

(1) Se, ao exame genital do cadáver, no hímen, for observada ruptura antiga e, no ânus, for observado rágade, é correto afirmar que não há elementos, nesses fatos, para se estabelecer ocorrência de conjunção carnal e, consequentemente, estupro, porém, existe elemento compatível com registro de ocorrência de ato libidinoso diverso de conjunção carnal, nos momentos que antecederam a morte.

**1:** correta. A ruptura antiga é apta a demonstrar que a vítima já havia praticado conjunção carnal. No entanto, na ausência de outros sinais, torna-se inviabilizada a constatação de quem tenha sido obrigada à sua prática pouco antes da morte. Há que se esclarecer que, com as alterações trazidas pela Lei nº 12.015/09, a prática mediante violência ou grave ameaça de atos libidinosos também se insere no estupro. Desse modo, diante da presença de rágade no ânus, que consiste na fissura no encontro da pele com a mucosa do orifício anal, é possível reconhecer a submissão da vítima a ato libidinoso, que, atualmente, configura o crime de estupro (art. 213 do CP). LM
Gabarito 1C

**(Delegado/GO – 2017 – CESPE)** Em relação aos aspectos médico-legais dos crimes contra a liberdade sexual, assinale a opção correta.

(A) A presença de escoriação em cotovelo e de esperma na cavidade vaginal são suficientes para caracterizar o estupro.
(B) Equimoses da margem do ânus, hemorragias por esgarçamento das paredes anorretais e edemas das regiões circunvizinhas são características de coito anal violento.
(C) Em crianças com mudanças de comportamento, a presença de eritemas confirma o diagnóstico de abuso sexual.
(D) A vasectomia feita no indivíduo antes de ele cometer um crime de estupro impede a obtenção de dados objetivos desse crime.
(E) A integridade do hímen invalida o diagnóstico de conjunção carnal.

**A:** incorreta – Com base apenas em tais características não é possível afirmar que houve estupro; **C:** incorreta – O eritema, que é o rubor da pele, pode surgir pela ação de fatores diversos, como por exemplo a exposição ao calor. Sendo assim, não pode ser tido como indicativo de abuso sexual por si só; **D:** incorreta – A vasectomia não impede a ejaculação, apenas a produção de espermatozoides. Sendo assim, pode ser utilizada para a obtenção de dados objetivos sobre o crime, como em exame de DNA; **E:** incorreta – é possível que mesmo após a conjunção carnal o hímen mantenha-se íntegro, devido à sua complacência. LM
Gabarito "B".

**(Delegado/PE – 2016 – CESPE)** Sexologia forense é o ramo da medicina legal que trata dos exames referentes aos crimes contra a liberdade sexual, além de tratar de aspectos relacionados à reprodução. Acerca do exame médico-legal e dos crimes nessa área, assinale a opção correta.

(A) Para a configuração do infanticídio, são necessários dois aspectos: o estado puerperal e a mãe matar o próprio filho.
(B) O crime de aborto configura-se com a expulsão prematura do feto, independentemente de sua viabilidade e das causas da eliminação.
(C) O crime de abandono de recém-nascidos, que consiste na ausência de cuidados mínimos necessários à manutenção das condições de sobrevivência ou exposição à vulnerabilidade, só estará caracterizado se for cometido pela mãe.
(D) Para se determinar um estupro, é necessário que respostas aos quesitos sobre a ocorrência de conjunção carnal ou ato libidinoso sejam afirmativas: essas ocorrências sempre deixam vestígios.
(E) Para a resposta ao quesito sobre virgindade da paciente, a integridade do hímen pode não ser necessária, desde que outros elementos indiquem que a periciada nunca manteve relação sexual.

Alternativa **A** correta em virtude do crime de infanticídio ser especial se comparado ao crime de homicídio. Trata-se de delito especial em virtude de envolver morte de uma pessoa, pessoa esta filho da agente e, ainda, quando o ato é cometido em virtude da agente se encontrar sob a influência do chamado estado puerperal, situação esta passível de produzir, sobre a mãe, alguns transtornos psicológicos. Alternativa **B** incorreta em virtude de que o crime de aborto ocorrerá somente se a expulsão do feto se der por ato doloso da gestante ou por terceiro e desde que tal ato não seja necessário à vida da futura mãe ou seja feto anencéfalo ou, anda, a gravidez seja decorrente de estupro. Alternativa **C** incorreta pois tal conduta também pode ser praticada pelo pai adulterino ou incestuoso. Alternativa **D** incorreta porque para a ocorrência do crime de estupro não se exige a efetiva conjunção carnal, logo, trata-se de crime que não necessariamente deixa vestígios. Alternativa **E**, de péssima redação, está incorreta em virtude que não se faz necessário a análise do hímen, embora seja feita, em decorrência da existência de himens complacentes, que não se rompem com a conjunção carnal. RS
Gabarito "A".

## 4. TRAUMATOLOGIA

**(Escrivão de Polícia/BA – 2013 – CESPE)** Considerando que, em determinada casa noturna, tenha ocorrido, durante a apresentação de espetáculo musical, incêndio acidental em decorrência do qual morreram centenas de pessoas e que a superlotação do local e a falta de saídas de emergência, entre outras irregularidades, tenham contribuído para esse resultado, julgue os itens seguintes.

(1) A causa jurídica das mortes, nesse caso, pode ser atribuída a acidente ou a suicídio, descartando-se a possibilidade de homicídio, visto que não se pode supor que promotores, realizadores e apresentadores de *shows* em casas noturnas tenham, deliberadamente, intenção de matar o público presente.

(2) No caso de fraturas decorrentes do pisoteio de pessoas caídas ao chão, a natureza do instrumento causador da lesão é contundente e a energia aplicada é mecânica. No caso de mortes por queimadura, a natureza do instrumento é o calor e a energia aplicada é física.

---

**1: errada.** O enunciado retrata típica hipótese de homicídio culposo. Isso porque, segundo consta, o incêndio do qual decorreram as mortes foi causado pela superlotação da casa de espetáculos e também em razão da falta de saídas de emergência. Não se pode, pois, descartar-se a possibilidade de homicídio, ao menos culposo, já que os responsáveis pelo estabelecimento, embora não tenham perseguido, de forma deliberada, o resultado (mortes), com ele concorreram a título de culpa. De outro lado, deve-se afastar a possibilidade de suicídio. É que o enunciado não traz qualquer informação que possa conduzir a tal conclusão; **2: certa.** Na morte por pisoteamento, o instrumento é contundente. Este tem sua atuação por meio de compressão, que causa lesões nas áreas corporais atingidas. A energia que é produzida contra o corpo da vítima é de ordem mecânica. Este tipo de energia traz alterações ao corpo quando em repouso ou em movimento. No que concerne à morte por queimaduras, é correto afirmar que a energia aplicada é, diferentemente, de ordem física, assim considerada aquela que modifica o estado do corpo. As energias físicas que podem provocar lesões corporais ou morte são: temperatura, pressão, eletricidade, radioatividade, luz e som. As queimaduras são provocadas pelo calor quente que atinge diretamente o corpo.
Gabarito 1E, 2C

---

**(Polícia/AC – 2008 – CESPE)** Considere-se que uma senhora faça denúncia de que seu neto de um ano e meio vem sofrendo maus tratos por sua filha, mãe da criança, que tem problemas mentais e que o laudo de exame de corpo de delito do Instituto Médico Legal (IML) descreve as seguintes lesões apresentadas pela criança: hematomas de tonalidades avermelhadas, esverdeadas e amareladas; escoriações em diversas regiões e feridas contusas sangrantes, além de outras, cobertas por crostas e manchas hipocrômicas. Tendo em vista essa situação hipotética, os aspectos médico-legais das lesões corporais e os maus-tratos a menores bem como da imputabilidade penal, julgue o item subsequente.

(1) O legista tem elementos para responder positivamente ao quesito oficial que indaga sobre meio cruel, uma vez que o menor não possui condições de defesa, não tem completo entendimento da razão dos atos lesivos e que se verifica que as lesões ocorreram cronologicamente em diferentes momentos, com lapsos de tempo que permitiriam a reflexão pela agressora sobre os próprios atos.

---

**1: correta.** A coloração da pele indica o tempo em que ocorreu a lesão, assim, tendo variações, pode-se dizer que se deram em datas diferentes e demonstra continuidade.
Gabarito 1C

---

**(Polícia/AC – 2008 – CESPE)** Suponha-se que um delegado receba laudo cadavérico em que constam as seguintes lesões: ferida circular com orifício de um centímetro, com orlas de enxugo e escoriação, circunscrita por zona de tatuagem e esfumaçamento na região infraclavicular direita; e ferida com bordas regulares e cauda de escoriação medindo cinco centímetros na região escapular esquerda. Considerando essa situação hipotética e os aspectos médico-legais desse laudo, é correto concluir que

(1) uma arma de fogo foi disparada a curta distância do corpo do cadáver e que o trajeto do projétil dessa arma, no corpo do cadáver, foi de frente para trás.

(2) a ferida com zona de tatuagem e esfumaçamento deve ter sido provocada por barotrauma, possivelmente em consequência de explosão de bomba.

(3) a ferida com bordas regulares e cauda de escoriação é típica de instrumento cortante e não corresponde à saída de projétil de arma de fogo, que é instrumento perfurocontundente.

---

**1: Correta.** De início, é necessário esclarecer que a região escapular é aquela que se localiza na região posteroanterior do tórax (ou seja, na parte das costas), sendo a escápula um dos ossos que compõem o ombro. A infraclavicular é aquela localizada na região do ombro e, se esse membro apresenta os sinais descritos, que são característicos de orifício de entrada do projétil de arma de fogo, pode-se afirmar que o tiro atingiu a vítima de frente para trás; **2: Incorreta.** A zona de esfumaçamento pode ser observada nas hipóteses de disparos a curta distância, isto é, até uns 30 cm do alvo, o que faz com que a fumaça do disparo se desprenda e se deposite ao redor do orifício de entrada do projétil, enquanto que a zona de tatuagem pode ser observada nos casos de disparo com aproximadamente meio metro de distância, ocorrendo, nessa hipótese, o depósito das partículas de pólvora na pele da pessoa atingida, como se fossem minúsculas manchas na pele; **3: Correta.** Os ferimentos de saída de projéteis de arma de fogo apresentam lesões irregulares e as bordas do ferimento ficam direcionadas para fora.
Gabarito 1C, 2E, 3C

---

**(Polícia/PB – 2009 – CESPE)** Considerando que o laudo de exame de corpo de delito descreva ferida com bordas regulares e cauda de escoriação medindo 5 cm na região escapular esquerda, assinale a opção correta.

(A) A lesão descrita foi produzida por instrumento perfurocontundente.

(B) A lesão em apreço pode ter sido causada por instrumento com duplo gume.

(C) De acordo com a descrição, trata-se de lesão causada por arma disparada a curta distância.

(D) Na situação considerada, o instrumento causador da lesão possui, necessariamente, menos que 5 cm de largura.

(E) No caso em questão, é correto concluir que se trata de lesão corporal de natureza leve.

---

As lesões causadas por instrumento perfurocontundente são aquelas que decorrem, em geral, de ferimentos provocados por disparos de arma de fogo, mas podem ser causadas por outro instrumentos que tenham formato cilíndrico e ponta em forma de arco. Delton Croce dá

como exemplo a ponteira de um guarda-chuva (Manual de Medicina legal, 7ª edição, editora Saraiva, pág. 335).
Gabarito "B".

**(Delegado/GO – 2017 – CESPE)** Um cadáver jovem, do sexo masculino, encontrado por moradores de uma região ribeirinha, estava nas seguintes condições: vestido com calção de banho; corpo apresentando dois orifícios, o primeiro deles medindo cerca de 1 cm, ligeiramente elíptico, na parte posterior do tórax, na altura da região escapular direita; o segundo, de mesmo tamanho que o primeiro, circular, no pescoço, logo abaixo da nuca. O primeiro orifício apresentava orla de enxugo, orla de escoriação e orla de contusão; em torno do segundo orifício, foram observadas zonas de esfumaçamento e de tatuagem.

Nessa situação hipotética, as lesões descritas

(A) foram causadas por instrumentos perfurocontundentes empregados a longa distância e a curta distância, respectivamente.

(B) decorreram de ação cortocontundente produzida a curta distância.

(C) foram causadas por instrumentos perfurocortantes, e o instrumento que produziu o segundo orifício foi usado a curta distância.

(D) foram, ambas, causadas por instrumentos perfurocontundentes empregados a curta distância.

(E) são compatíveis com a ação de projéteis de alta energia disparados a longa distância.

A: correta – As características descritas são encontradas em lesões causadas por arma de fogo, que são as denominadas perfurocontundentes. As orlas de contusão, enxugo e escoriação são encontradas em quase todos os ferimentos provocados por disparos de arma de fogo, independentemente da distância do tiro, enquanto que as lesões por tiros a curta distância apresentam zonas de esfumaçamento e de tatuagem; B: incorreta – Lesões cortocontusas, que são as causadas por instrumentos cortocontundentes, tais como facão, machado etc. Assim, os ferimentos causados apresentam zona de contusão, em razão da pressão do instrumento em determinado ponto do corpo; C: incorreta – As lesões causadas por instrumentos perfurocortantes são denominadas de perfuroincisas. Um exemplo de objeto perfurocortante é a faca, que possui uma lâmina com ponta; D e E: incorretas – De fato, ambas foram causadas por objeto perfurocontundente. Porém, a primeira a longa distância e, a segunda, a curta distância, chegando-se a tal conclusão pela existência de zona de esfumaçamento e de tatuagem.
Gabarito "A".

**(Delegado/GO – 2017 – CESPE)** Em relação às asfixias, assinale a opção correta.

(A) A projeção da língua e a exoftalmia são achados suficientes para concluir que houve morte não natural.

(B) As equimoses das conjuntivas somente são encontradas nos casos de afogamento.

(C) Nas asfixias, as ocorrências de manchas de hipóstase são raras.

(D) Na sufocação por compressão do tórax, observam-se pulmões congestos e com hemorragias.

(E) O cogumelo de espuma é uma característica exclusiva do afogamento.

A: incorreta – Apenas com base nessas características não é possível determinar que a morte não se deu por causa natural; C: incorreta – As manchas de hipóstase são verificadas nas asfixias causadas por monóxido de carbono; D: incorreta – A sufocação indireta é causada pela compressão do tórax apenas ou do tórax em conjunto com a do abdome. As características principais da sufocação indireta no cadáver são a congestão dos pulmões, fraturas na região torácica e derramamento de sangue debaixo a pele; E: incorreta – O cogumelo de espuma pode ser encontrado em casos de submersão, podendo não aparecer em outros tipos de asfixia. Ele se forma nos casos em que as vias aéreas foram obstruídas por líquido e por expulsão de ar e muco nas vítimas que reagiram à aproximação da morte.
Gabarito "B".

**(Delegado/AC – 2008 – CESPE)** Suponha-se que um delegado receba laudo cadavérico em que constam as seguintes lesões: ferida circular com orifício de um centímetro, com orlas de enxugo e escoriação, circunscrita por zona de tatuagem e esfumaçamento na região infraclavicular direita; e ferida com bordas regulares e cauda de escoriação medindo cinco centímetros na região escapular esquerda. Considerando essa situação hipotética e os aspectos médico-legais desse laudo, é correto concluir que

(1) uma arma de fogo foi disparada a curta distância do corpo do cadáver e que o trajeto do projétil dessa arma, no corpo do cadáver, foi de frente para trás.

(2) a ferida com zona de tatuagem e esfumaçamento deve ter sido provocada por barotrauma, possivelmente em consequência de explosão de bomba.

(3) a ferida com bordas regulares e cauda de escoriação é típica de instrumento cortante e não corresponde à saída de projétil de arma de fogo, que é instrumento perfurocontundente.

1: Correta. De início, é necessário esclarecer que a região escapular é aquela que se localiza na região posteroanterior do tórax (ou seja, na parte das costas), sendo a escápula um dos ossos que compõem o ombro. A infraclavicular é aquela localizada na região do ombro e, se esse membro apresenta os sinais descritos, que são característicos de orifício de entrada do projétil de arma de fogo, pode-se afirmar que o tiro atingiu a vítima de frente para trás; 2: Incorreta. A zona de esfumaçamento pode ser observada nas hipóteses de disparos a curta distância, isto é, até uns 30 cm do alvo, o que faz com que a fumaça do disparo se desprenda e se deposite ao redor do orifício de entrada do projétil, enquanto que a zona de tatuagem pode ser observada nos casos de disparo com aproximadamente meio metro de distância, ocorrendo, nessa hipótese, o depósito das partículas de pólvora na pele da pessoa atingida, como se fossem minúsculas manchas na pele; 3: Correta. Os ferimentos de saída de projéteis de arma de fogo apresentam lesões irregulares e as bordas do ferimento ficam direcionadas para fora.
Gabarito 1C, 2E, 3C.

## 5. PSICOPATOLOGIA FORENSE

**(Polícia/PB – 2009 – CESPE)** Assinale a opção correta relacionada à imputabilidade penal, considerando um caso em que o laudo de exame médico-legal psiquiátrico não foi capaz de estabelecer o nexo causal entre o distúrbio mental apresentado pelo periciado e o comportamento delituoso.

(A) O diagnóstico de doença mental é suficiente para tornar o agente inimputável.

(B) A doença mental seria atenuante quando considerada a dosimetria da pena, devendo o incriminado cumprir de um sexto a um terço da pena.

(C) Trata-se de caso de aplicação de medidas de segurança.
(D) Deverá ser realizada nova perícia.
(E) O agente deve ser responsabilizado criminalmente.

Para que o agente seja submetido a uma medida de segurança, é necessário que seja atestado pelos peritos que o criminoso era, ao tempo da conduta, inimputável, ou seja, não possuía no momento do crime o discernimento necessário à compreensão de seus atos. No caso em comento, os peritos não identificaram o nexo causal existente entre o distúrbio mental e ato delitivo praticado pelo agente. Desse modo, deverá ser responsabilizado penalmente, ou seja, com a imposição de uma das penas elencadas no ordenamento jurídico. LM
Gabarito "E".

(Delegado/PE – 2016 – CESPE) Psiquiatria forense é o ramo da medicina legal que trata de questões relacionadas ao funcionamento da mente e sua interface com a área jurídica. O estabelecimento do estado psíquico no momento do cometimento do delito e a capacidade de entendimento desse ato são dependentes das condições de sanidade psíquica e desenvolvimento mental, que também influenciam na forma de percepção e no relato do evento, com importância direta para o operador do direito, na tomada a termo e na análise dos depoimentos. A respeito de psiquiatria forense e dos múltiplos aspectos ligados a essa área, assinale a opção correta.

(A) A surdo-mudez é motivo de desqualificação do testemunho, da confissão e da acareação, pois, sendo causa de desenvolvimento mental incompleto, impede a comunicação.
(B) Nos atos cometidos, pode haver variação na capacidade de entendimento, por doente mental ou por indivíduo sob efeito de substâncias psicotrópicas ou entorpecentes, do caráter ilícito do ato por ele cometido; cabe ao perito buscar determinar, e assinalar no laudo pericial, o estado mental no momento do delito.
(C) A perturbação mental, por ser de grau leve quando comparada a doença mental, não reflete na capacidade cível nem na imputabilidade penal.
(D) Em indivíduos com intoxicação aguda pelo álcool, observam-se estados de automatismos e estados crepusculares.
(E) O desenvolvimento mental incompleto ou retardado, tecnicamente denominado oligofrenia, está diretamente relacionado à ocorrência de epilepsia.

Alternativa **A** incorreta em virtude de que uma pessoa surdo-mudo pode prestar depoimento, desde que as regras previstas no artigo 192 do Código de Processo Penal sejam respeitadas. Alternativa **B** correta, pois é diante desta análise que eventualmente a inimputabilidade ou a semi-imputabilidade poderá ser aferida com melhor clareza. Alternativa **C** incorreta visto que a perturbação mental, a depender das suas condicionantes, pode sim influenciar na culpabilidade do agente no tocante ao ato praticado. Alternativa **D** está incorreta pois elucida sintomas da epilepsia. Alternativa **E** é incorreta em virtude de que a oligofrenia é relacionada ao desenvolvimento mental da pessoa. RS
Gabarito "B".

(Delegado/AC – 2008 – CESPE) Considere-se que uma senhora faça denúncia de que seu neto de um ano e meio vem sofrendo maus-tratos por sua filha, mãe da criança, que tem problemas mentais e que o laudo de exame de corpo de delito do Instituto Médico Legal (IML) descreve as seguintes lesões apresentadas pela criança: hematomas de tonalidades avermelhadas, esverdeadas e amareladas; escoriações em diversas regiões e feridas contusas sangrantes, além de outras, cobertas por crostas e manchas hipocrômicas. Tendo em vista essa situação hipotética, os aspectos médico-legais das lesões corporais e os maus-tratos a menores bem como da imputabilidade penal, julgue o item subsequente.

(1) Nessa situação, a perturbação mental ou o desenvolvimento incompleto ou retardado da agressora não deve ser elemento de alteração de imputabilidade, uma vez que se trata de maus-tratos ao próprio filho.

**1:** incorreta, o art. 26, parágrafo único, do CP dispõe que "a pena pode ser reduzida de um a dois terços, se o agente, em virtude de perturbação de saúde mental ou por desenvolvimento mental incompleto ou retardado não era inteiramente capaz de entender o caráter ilícito do fato ou de determinar-se de acordo com esse entendimento". Como se pode notar, não há qualquer causa que exclua tal redução. Desse modo, a redução deverá incidir sobre possível pena imposta. LM
Gabarito 1E

(Delegado/PB – 2009 – CESPE) Assinale a opção correta relacionada à imputabilidade penal, considerando um caso em que o laudo de exame médico-legal psiquiátrico não foi capaz de estabelecer o nexo causal entre o distúrbio mental apresentado pelo periciado e o comportamento delituoso.

(A) O diagnóstico de doença mental é suficiente para tornar o agente inimputável.
(B) A doença mental seria atenuante quando considerada a dosimetria da pena, devendo o incriminado cumprir de um sexto a um terço da pena.
(C) Trata-se de caso de aplicação de medidas de segurança.
(D) Deverá ser realizada nova perícia.
(E) O agente deve ser responsabilizado criminalmente.

Para que o agente seja submetido a uma medida de segurança, é necessário que seja atestado pelos peritos que o criminoso era, ao tempo da conduta, inimputável, ou seja, não possuía no momento do crime o discernimento necessário à compreensão de seus atos. No caso em comento, os peritos não identificaram o nexo causal existente entre o distúrbio mental e ato delitivo praticado pelo agente. Desse modo, deverá ser responsabilizado penalmente, ou seja, com a imposição de uma das penas elencadas no ordenamento jurídico. LM
Gabarito "E".

## 6. ANTROPOLOGIA

(Delegado/GO – 2017 – CESPE) De acordo com Ottolenghi, um indivíduo de pele branca ou trigueira, com íris azuis ou castanhas, cabelos lisos ou crespos, louros ou castanhos, com perfil de face ortognata ou ligeiramente prognata e contorno anterior da cabeça ovoide é classificado como

(A) indiano.
(B) australoide.
(C) caucásico.
(D) negroide.
(E) mongólico.

Existem diversas classificações das raças, com base em características físicas. A classificação de Ottolenghi é a uma delas. De acordo com tal classificação: **A:** incorreta – O indiano apresenta pele morena, escura,

mais avermelhada, íris castanha, cabelos lisos e pretos, com ossos zigomáticos (bochecha) em proeminência; **B:** incorreta – O indivíduo australoide, de acordo com a referida classificação, é aquele que apresenta pele trigueira (morena), cabelos pretos, ondulados, bochecha proeminente, testa (região frontal) estreita, nariz curto etc.; **C:** correta – O caucásico apresenta as características descritas no enunciado; **D:** incorreta – Negroide é aquele que possui a pele negra, com cabelos crespos, testa mais saliente, íris castanha, com narinas largas e distantes etc.; **E:** incorreta – O mongólico tem pele amarela, cabelos lisos, região frontal mais larga e baixa, face achatada. **LM**
Gabarito "C".

**(Delegado/GO – 2017 – CESPE)** No que se refere às perícias e aos laudos médicos em medicina legal, assinale a opção correta.

(A) As perícias podem consistir em exames da vítima, do indiciado, de testemunhas ou de jurado.
(B) A perícia em antropologia forense permite estabelecer a identidade de criminosos e de vítimas, por meio de exames de DNA, sem, no entanto, determinar a data e a circunstância da morte.
(C) A opção pela perícia antropológica deve ser conduta de rotina nos casos em que a família da vítima manifestar suspeita de morte por envenenamento.
(D) As perícias médico-legais são restritas aos processos penais e civis.
(E) Laudo médico-legal consiste em narração ditada a um escrivão durante o exame.

**A:** correta – As exames periciais podem ser realizados em vítimas, indiciados, testemunhas, jurados, no local e/ou objeto do crime; **B:** incorreta – Pelo sistema de DNA, é possível determinar a raça, a idade, o sexo; **C:** incorreta – Em casos de envenenamento, deverá ser realizado exame toxicológico; **D:** incorreta – As perícias médico-legais podem ser solicitadas, inclusive, no foro de acidente de trabalho; **E:** incorreta – O relatório ditado pelo perito ao escrivão de polícia é denominado auto, enquanto que o laudo é o relatório apresentado por escrito pelo perito. **LM**
Gabarito "A".

**(Delegado/PE – 2016 – CESPE)** Com relação aos conhecimentos sobre corpo de delito, perito e perícia em medicina legal e aos documentos médico-legais, assinale a opção correta.

(A) Perícia é o exame determinado por autoridade policial ou judiciária com a finalidade de elucidar fato, estado ou situação no interesse da investigação e da justiça.
(B) O atestado médico equipara-se ao laudo pericial, para serventia nos autos de inquéritos e processos judiciais, devendo ambos ser emitidos por perito oficial.
(C) Perito oficial é todo indivíduo com expertise técnica na área de sua competência incumbido de realizar o exame.
(D) É inválido o laudo pericial que não foi assinado por dois peritos oficiais.
(E) Define-se corpo de delito como o conjunto de vestígios comprobatórios da prática de um crime evidenciado no corpo de uma pessoa.

Alternativa **A** correta (artigos 6º, VII e 149, ambos do Código de Processo Penal). Alternativa **B** é incorreta pois o lado médico, como o próprio nome diz, é elaborado por médico, enquanto que o laudo pericial é produzido por perito. Alternativa **C** é incorreta pois nem toda pessoa com expertise técnica em sua área é considerado perito. Para tanto, se faz necessário preencher outros requisitos legais, como

prestar compromisso com a lei. Alternativa **D** é incorreta visto que laudos periciais podem ser feitos, a depender do caso, por dois ou por somente um perito (artigo 159 do Código de Processo Penal). Alternativa **E** é incorreta em virtude de que corpo de delito é a análise de vestígios em algum objeto, objeto este que possa compreender uma pessoa ou qualquer outro bem. **RS**
Gabarito "A".

## 7. PERÍCIAS MÉDICO-LEGAIS E PROCEDIMENTO NO INQUÉRITO POLICIAL

**(Escrivão de Polícia/BA – 2013 – CESPE)** Acerca da perícia médico-legal, dos documentos legais relacionados a essa perícia e da imputabilidade penal, julgue os itens a seguir.

(1) No foro penal, solicitam-se ao médico perito relatórios a respeito de vítima, indiciado, testemunha e até mesmo de jurado. No caso do indiciado, o exame pode estar relacionado à verificação de imputabilidade.
(2) Denomina-se perito o técnico especializado na realização de exames em vestígios materiais relacionados à ocorrência de fato delituoso; no caso de exame a ser realizado em pessoas, o perito indicado é o médico-legista.

**1:** certa. No âmbito penal, tanto vítima, quanto indiciado, testemunha e até mesmo jurado podem ser submetidos a avaliações periciais. No caso da vítima, há várias hipóteses em que é necessária a sua submissão a exame pericial, como, por exemplo, a que sofre estupro para colheita de sêmen para identificação do autor do delito; a de homicídio, que é submetida a exame necroscópico etc. O indiciado também pode ser submetido a alguns exames médico-legais, como, por exemplo, o de corpo de delito, quando de sua prisão, exame para comparação com material colhido da vítima para confirmação de sua identidade e, um dos principais, quando existirem dúvidas quanto à higidez mental para constatação de sua imputabilidade penal. Por sua vez, o jurado poderá ser avaliado pericialmente para constatação de sua capacidade; **2:** certa. O art. 54 da Lei 11.370/2009, do Estado da Bahia, estabelece as atribuições dos peritos criminais, que são aquelas relacionadas a exames em objetos, enquanto que o art. 55 desta mesma lei elenca as atribuições dos médico-legistas, que são as que envolvem exames em pessoas.
Gabarito 1C, 2C.

**(Investigador de Polícia/BA – 2013 – CESPE)** Acerca da perícia médico-legal, dos documentos legais relacionados a essa perícia e da imputabilidade penal, julgue o item a seguir.

(1) Quando solicitado por autoridade competente, o relatório do médico-legista acerca de exame feito em vestígio relacionado a ato delituoso recebe a denominação de atestado médico.

**1:** errada. Os relatórios médico-legais podem ser de duas espécies: a) auto, quando ditado pelo perito diretamente ao escrivão, escrevente ou escriturário na presença da autoridade competente; b) laudo, quando elaborado pelo próprio perito em fase posterior aos exames realizados. No laudo existe uma introdução, um histórico, a descrição dos exames realizados, a discussão sobre as características encontradas. Em seguida, são apresentadas as constatações e conclusões extraídas dos exames. E, por fim, as respostas aos quesitos formulados pela autoridade. Já o atestado traz informações escritas sobre achados de interesse médico e possíveis consequências que lhes deram causa.
Gabarito 1E.

# 12. LÍNGUA PORTUGUESA

## Henrique Subi

### 1. VERBO

1   A fim de solucionar o litígio, atos sucessivos e concatenados são praticados pelo escrivão. Entre eles, estão os
atos de comunicação, os quais são indispensáveis para que os
4 sujeitos do processo tomem conhecimento dos atos acontecidos
no correr do procedimento e se habilitem a exercer os direitos
que lhes cabem e a suportar os ônus que a lei lhes impõe.

Internet: <http://jus.com.br> (com adaptações).

**(Escrivão de Polícia Federal – 2013 – CESPE)** No que se refere ao texto acima, julgue o item seguinte.

**(1)** O trecho "os sujeitos (...) lhes impõe" (L.3-6) poderia ser corretamente reescrito da seguinte forma: cada um dos sujeitos do processo tome conhecimento dos atos acontecidos no correr do procedimento e se habilite a exercer os direitos que lhes cabe e a suportar os ônus que a lei lhes impõe.

**1: incorreta.** Há erro de concordância na conjugação do verbo "caber". O correto seria: "exercer os direitos que lhes cabem".

Gabarito "1E".

### Pavio do destino

Sérgio Sampaio

1   O bandido e o mocinho
São os dois do mesmo ninho
Correm nos estreitos trilhos
4   Lá no morro dos aflitos
Na Favela do Esqueleto
São filhos do primo pobre
7   A parcela do silêncio
Que encobre todos os gritos
E vão caminhando juntos
10  O mocinho e o bandido
De revólver de brinquedo
Porque ainda são meninos
13  Quem viu o pavio aceso do destino?
Com um pouco mais de idade
E já não são como antes
16  Depois que uma autoridade
Inventou-lhes um flagrante
Quanto mais escapa o tempo
19  Dos falsos educandários
Mais a dor é o documento
Que os agride e os separa
22  Não são mais dois inocentes
Não se falam cara a cara
Quem pode escapar ileso
25  Do medo e do desatino
Quem viu o pavio aceso do destino?
O tempo é pai de tudo
28  E surpresa não tem dia
Pode ser que haja no mundo
Outra maior ironia
31  O bandido veste a farda
Da suprema segurança
O mocinho agora amarga
34  Um bando, uma quadrilha
São os dois da mesma safra
Os dois são da mesma ilha
37  Dois meninos pelo avesso
Dois perdidos Valentinos
Quem viu o pavio aceso do destino?

**(Agente de Polícia/DF – 2013 – CESPE)** A respeito dos sentidos do texto de Sérgio Sampaio, que constitui a letra de uma música, julgue os itens seguintes.

**(1)** O trecho "Quanto mais escapa o tempo / Dos falsos educandários / Mais a dor é o documento / Que os agride e os separa" (v.18-21) poderia, sem prejuízo para a correção gramatical, ser reescrito da seguinte forma: À medida que escapa o tempo dos falsos educandários, a dor vai se tornando o documento que os agride e os separa.

**(2)** O termo "ileso" (v.24) está empregado como sinônimo de **incólume**.

**(3)** Infere-se da leitura dos versos "O bandido veste a farda / Da suprema segurança / O mocinho agora amarga / Um bando, uma quadrilha" (v.31-34) que houve uma inversão: o menino que fazia o papel de mocinho na brincadeira virou bandido quando adulto, e o que fazia o papel de bandido se tornou policial. Na mesma estrofe, os termos "surpresa" (v.28), "ironia" (v.30) e "avesso" (v.37) ratificam essa interpretação.

**(4)** O texto, pertencente a um gênero poético, faz um relato biográfico sobre duas crianças em uma localidade periférica, contrastando a inocência e o ludismo da infância com a aspereza e a ironia do destino na vida adulta.

**(5)** Os termos "ninho" (v.2) e "safra" (v.35) foram empregados em sentido denotativo e correspondem, respectivamente, ao local e à época de nascimento dos meninos.

**1: incorreta.** Para mantermos a correção e o sentido original do texto deveria constar "a dor se torna o documento..."; **2: correta.** São também sinônimos de indene, intacto, inteiro; **3: correta.** A história dos dois meninos teve um desfecho inesperado em relação às brincadeiras da infância; **4: correta.** Essa é justamente a mensagem que o eu-lírico quer transmitir: que o destino nos reserva muitas vezes um futuro que não decorre das nossas atitudes; **5: incorreta.** Ao utilizar as palavras "ninho" e "safra" para indicar o local e a época de nascimento dos personagens, o autor se valeu do sentido conotativo das palavras, seu sentido figurado.

Gabarito 1E, 2C, 3C, 4C, 5E.

(Agente de Polícia/DF – 2013 – CESPE) Acerca de aspectos linguísticos do texto, julgue o item a seguir.

(1) O sentido original do texto seria alterado, mas a sua correção gramatical seria preservada caso o trecho "Pode ser que haja no mundo / Outra maior ironia" (v.29-30) fosse assim reescrito no plural: Podem ser que hajam no mundo / Outras maiores ironias.

**1: incorreta.** No trecho, o verbo "haver" foi usado no sentido de "existir", portanto é impessoal, não se flexiona para o plural. O correto seria: "Pode ser que haja no mundo outras maiores ironias".
Gabarito "1E".

1    Balanço divulgado pela Secretaria de Segurança
Pública do Distrito Federal (SSP/DF) aponta redução de 39%
nos casos de roubo com restrição de liberdade, o famoso
4    sequestro-relâmpago, ocorridos entre 1.º de janeiro e 31 de
agosto deste ano, em comparação com o mesmo período do
ano passado — foram 520 ocorrências em 2012 e 316 em
7    2013.
    Em agosto deste ano, foram registrados 39 casos de
sequestro-relâmpago em todo o DF, o que representa redução
10   de 32% do número de ocorrências dessa natureza criminal em
relação ao mesmo mês de 2012, período em que 57 casos
foram registrados. Entre as 39 vítimas, 11 foram abordadas no
13   Plano Piloto, região que lidera a classificação de casos, seguida
pela região administrativa de Taguatinga, com oito ocorrências.
Segundo a SSP, o cenário é diferente daquele do mês de julho,
16   em que Ceilândia e Gama tinham o maior número de casos.
"38% dos crimes foram cometidos nos fins de semana, no
período da noite, e quase 70% das vítimas eram do sexo
19   masculino, o que mostra que a escolha da vítima é baseada no
princípio da oportunidade e aleatória, não em função do
gênero."
22       Ao todo, 82% das vítimas (32 pessoas) estavam
sozinhas no momento da abordagem dos bandidos, por isso as
forças de segurança recomendam que as pessoas tomem alguns
25   cuidados, entre os quais, não estacionar em locais escuros e
distantes, não ficar dentro de carros estacionados e redobrar a
atenção ao sair de residências, centros comerciais e outros
28   locais.

**DF registra 316 ocorrências de sequestro-relâmpago nos primeiros oito meses deste ano.**
R7, 6/9/2013. Internet: <http://noticias.r7.com> (com adaptações).

(Agente de Polícia/DF – 2013 – CESPE) Julgue o próximo item, relativos aos sentidos e aos aspectos linguísticos do texto acima.

(1) A correção gramatical e o sentido da oração "Em agosto deste ano, foram registrados 39 casos de sequestro-relâmpago em todo o DF" (L.8-9) seriam preservados caso se substituísse a locução verbal "foram registrados" por registrou-se.

**1: incorreta.** A transformação para a voz passiva sintética fica: "registraram-se", para concordar com o sujeito paciente "casos".
Gabarito "1E".

## 2. REDAÇÃO, COESÃO E COERÊNCIA

1    O que tanta gente foi fazer do lado de fora do tribunal
onde foi julgado um dos mais famosos casais acusados de
assassinato no país? Torcer pela justiça, sim: as evidências
4    permitiam uma forte convicção sobre os culpados, muito antes
do encerramento das investigações. Contudo, para torcer pela
justiça, não era necessário acampar na porta do tribunal, de
7    onde ninguém podia pressionar os jurados. Bastava fazer
abaixo-assinados via Internet pela condenação do pai e da
madrasta da vítima. O que foram fazer lá, ao vivo? Penso que
10   as pessoas não torceram apenas pela condenação dos principais
suspeitos. Torceram também para que a versão que inculpou
o pai e a madrasta fosse verdadeira.
13       O relativo alívio que se sente ao saber que um
assassinato se explica a partir do círculo de relações pessoais
da vítima talvez tenha duas explicações. Primeiro, a fantasia de

16 que em nossas famílias isso nunca há de acontecer. Em geral
temos mais controle sobre nossas relações íntimas que sobre o
acaso dos maus encontros que podem nos vitimar em uma
19 cidade grande. Segundo, porque o crime familiar permite o
lenitivo da construção de uma narrativa. Se toda morte
violenta, ou súbita, nos deixa frente a frente com o real
22 traumático, busca-se a possibilidade de inscrever o acontecido
em uma narrativa, ainda que terrível, capaz de produzir sentido
para o que não tem tamanho nem nunca terá, o que não tem
25 conserto nem nunca terá, o que não faz sentido.

Maria Rita Khel. **A morte do sentido**. Internet: <www.mariaritakehl.psc.br> (com adaptações).

**(Escrivão de Polícia Federal – 2013 – CESPE)** Com base no texto acima, julgue os itens abaixo.

**(1)** As expressões nominais "os culpados" (L.4), "os jurados" (L.7), "principais suspeitos" (L.10-11) e o "o pai e a madrasta" (L.12) formam uma cadeia coesiva, referindo-se a "um dos mais famosos casais acusados de assassinato no país" (L.2-3).

**(2)** O emprego dos elementos "onde" (L.2) e "de onde" (L.6-7), no texto, é próprio da linguagem oral informal, razão por que devem ser substituídos, respectivamente, por **no qual** e **da qual**, em textos que requerem o emprego da norma padrão escrita.

**1:** incorreta. "Os jurados" não fazem parte dessa cadeia coesiva, porque não se referem aos acusados pela prática do crime, mas aos cidadãos que os julgarão; **2:** incorreta. "Onde" e "de onde" exercem corretamente a função de advérbio de lugar. Não há qualquer desvio no padrão culto da língua em aplicá-los como no texto.
Gabarito 1E, 2E

**(Escrivão de Polícia Federal – 2013 – CESPE)** Com relação à função e à linguagem das correspondências oficiais, julgue os itens seguintes.

**(1)** Formas de tratamento como **Vossa Excelência** e **Vossa Senhoria**, ainda que sejam empregadas sempre na segunda pessoa do plural e no feminino, exigem flexão verbal de terceira pessoa; além disso, o pronome possessivo que faz referência ao pronome de tratamento também deve ser o de terceira pessoa, e o adjetivo que remete ao pronome de tratamento deve concordar em gênero e número com a pessoa – e não com o pronome – a que se refere.

**(2)** Para comunicação entre unidades de um mesmo órgão, emprega-se o memorando, expediente cuja tramitação apresenta como principais características a rapidez e a simplicidade.

**(3)** O emprego do padrão culto da língua em expedientes oficiais é justificado pelo alto nível de escolaridade daqueles que os redigem e daqueles a quem se destinam.

**(4)** A formalidade de tratamento empregada para se dirigir ao destinatário de uma comunicação oficial varia de acordo com a relação existente entre quem a expede e quem a recebe. Isso equivale a dizer que a hierarquia presente entre os interlocutores é determinante para a escolha adequada dos pronomes de tratamento adotados no texto.

**1:** correta. O que a alternativa diz, de forma bastante complexa, é que a conjugação do verbo será feita na terceira pessoa do singular: "Vossa Senhoria está muito cansada"; que ao nos referirmos à pessoa tratada de forma respeitosa devemos usar o pronome possessivo da terceira pessoa e não o da segunda: "não ouse desafiar o comando de Sua Excelência", ou ainda "Vossa Excelência pode deixar suas coisas aqui"; e que o adjetivo deve ser flexionado de acordo com o gênero (masculino ou feminino) e com o número (singular ou plural) da pessoa a que se refere e não ao pronome em si: "Vossa Senhoria é muito bonito"; **2:** correta. O memorando é o documento ágil e simples destinado a comunicações internas da organização; **3:** incorreta. Ainda que o grau de escolaridade de remetente e destinatário não sejam altos, devem os documentos oficiais serem redigidos no padrão culto da língua para que se obtenha o máximo de clareza na mensagem e se mantenha a impessoalidade dos atos administrativos; **4:** incorreta. A forma de tratamento decorre do cargo exercido pelo destinatário e não de eventual superioridade hierárquica que exista entre ele e o remetente. Caso o Presidente da República queira remeter um documento para o Presidente do Congresso Nacional (cargos de mesma estatura institucional e desvinculados de qualquer relação hierárquica), deverá usar o pronome de tratamento "Vossa Excelência".
Gabarito 1C, 2C, 3E, 4E

**(Escrivão de Polícia Federal – 2013 – CESPE)** Julgue os itens a seguir, conforme a adequação da linguagem dos excertos a um texto de correspondência oficial, o qual, segundo o **Manual de Redação da Presidência da República**, deve caracterizar-se por impessoalidade, uso do padrão culto de linguagem, clareza, concisão, formalidade e uniformidade.

**(1)** Informamos que, na reunião passada, onde discutiram-se questões relativas a revisão da remuneração de escrivães e outros assuntos de ordem financeira, a ata não foi assinada por todos os presentes. Atenciosamente, José da Silva

**(2)** Senhor Corregedor, A ação rigorosa da Polícia Federal no sentido de extirpar os crimes de tráfico das comunidades menos favorecidas foi determinante para que a operação fosse considerada bem-sucedida até a presente fase. Faz-se necessário, agora, que se acompanhem regularmente as atividades dos cidadãos residentes nos locais envolvidos. Visa-se, com isso, a não reincidência de crime nas etapas subsequentes do projeto e em período posterior ao seu término.

**1:** incorreta. Há erro de colocação pronominal (deveria constar "onde se discutiram") e de regência (ocorre crase em "relativas à revisão"); **2:** correta. O trecho atende ao padrão culto da língua e a todas as demais características exigidas pelo Manual de Redação da Presidência da República.
Gabarito 1E, 2C

1    Leio que a ciência deu agora mais um passo definitivo.
É claro que o definitivo da ciência e transitório, e não por
deficiência da ciência (e ciência demais), que se supera a si
4    mesma a cada dia... Não indaguemos para que, ja que a própria
ciência não o faz — o que, alias, e a mais moderna forma de
objetividade de que dispomos.
7    Mas vamos ao definitivo transitório. Os cientistas
afirmam que podem realmente construir agora a bomba limpa.
Sabemos todos que as bombas atômicas fabricadas ate hoje são
10   sujas (alias, imundas) porque, depois que explodem, deixam
vagando pela atmosfera o ja famoso e temido estrôncio 90.
Ora, isso e desagradável: pode mesmo acontecer que o próprio
13   pais que lançou a bomba venha a sofrer, a longo prazo, as
conseqüências mortíferas da proeza. O que e, sem duvida, uma
sujeira.
16       Pois bem, essas bombas indisciplinadas,
mal-educadas, serão em breve substituídas pelas bombas *n*, que
cumprirão sua missão com lisura: destruirão o inimigo,
19   sem riscos para o atacante. Trata-se, portanto, de uma fabulosa
conquista, não?

Ferreira Gullar. *Maravilha*. In: *A estranha vida banal*. Rio de Janeiro: José Olympio, 1989, p. 109.

**(Polícia Rodoviária Federal – 2013 – CESPE)** No que se refere aos sentidos e as estruturas linguísticas do texto acima, julgue o item a seguir.

**(1)** O objetivo do texto, de caráter predominantemente dissertativo, e informar o leitor a respeito do surgimento da "bomba limpa" (L.8).

**1:** incorreta. O objetivo do texto é tecer críticas ao uso da ciência para criar novas armas de destruição em massa. O texto é literário, cheio de figuras de linguagem e feito em tom irônico, o que o afasta da dissertação.

1    Todos nos, homens e mulheres, adultos e jovens,
passamos boa parte da vida tendo de optar entre o certo e o
errado, entre o bem e o mal. Na realidade, entre o que
4    consideramos bem e o que consideramos mal. Apesar da longa
permanência da questão, o que se considera certo e o que se
considera errado muda ao longo da historia e ao redor do globo
7    terrestre.
Ainda hoje, em certos lugares, a previsão da pena de
morte autoriza o Estado a matar em nome da justiça. Em outras
10   sociedades, o direito a vida e inviolável e nem o Estado nem
ninguém tem o direito de tirar a vida alheia. Tempos atrás era
tido como legitimo espancarem-se mulheres e crianças,
13   escravizarem-se povos. Hoje em dia, embora ainda se saiba de
casos de espancamento de mulheres e crianças, de trabalho
escravo, esses comportamentos são publicamente condenados
16   na maior parte do mundo.
Mas a opção entre o certo e o errado não se coloca
apenas na esfera de temas polêmicos que atraem os holofotes
19   da mídia. Muitas e muitas vezes e na solidão da consciência de
cada um de nos, homens e mulheres, pequenos e grandes, que
certo e errado se enfrentam.
22   E a ética e o domínio desse enfrentamento.

Marisa Lajolo. *Entre o bem e o mal*. In: *Histórias sobre a ética*.
5.ª ed. São Paulo: Ática, 2008 (com adaptações).

**(Polícia Rodoviária Federal – 2013 – CESPE)** A partir das ideias e das estruturas linguísticas do texto acima, julgue os itens que se seguem.

**(1)** O trecho "Tempos atrás era tido como legitimo espancarem-se mulheres e crianças, escravizarem-se povos" (L.11-13) poderia ser corretamente reescrito da seguinte forma: Ha tempos, considerava-se legitimo que se espancassem mulheres e crianças, que se escravizassem povos.

**(2)** Sem prejuízo para o sentido original do texto, o trecho "esses comportamentos são publicamente condenados na maior parte do mundo" (L.15-16) poderia ser corretamente reescrito da seguinte forma: publicamente, esses comportamentos consideram-se condenados em quase todo o mundo.

**1:** correta. A paráfrase atente a todas as determinações do padrão culto da língua; **2:** incorreta. O termo "condenados", que na oração original exerce função sintática de predicativo do sujeito, ao ser tratado como predicativo do objeto na paráfrase perdeu seu sentido. Melhor seria substituí-lo por "condenáveis".

1   O respeito às diferentes manifestações culturais é
    fundamental, ainda mais em um país como o Brasil, que
    apresenta tradições e costumes muito variados em todo o seu
4   território. Essa diversidade é valorizada e preservada por ações
    da Secretaria da Identidade e da Diversidade Cultural (SID),
    criada em 2003 e ligada ao Ministério da Cultura.
7   Cidadãos de áreas rurais que estejam ligados a
    atividades culturais e estudantes universitários de todas as
    regiões do Brasil, por exemplo, são beneficiados por um dos
10  projetos da SID: as Redes Culturais. Essas redes abrangem
    associações e grupos culturais para divulgar e preservar suas
    manifestações de cunho artístico. O projeto é guiado por
13  parcerias entre órgãos representativos do Estado brasileiro e as
    entidades culturais.
    A Rede Cultural da Terra realiza oficinas de
16  capacitação, cultura digital e atividades ligadas às artes
    plásticas, cênicas e visuais, à literatura, à música e ao
    artesanato. Além disso, mapeia a memória cultural dos
19  trabalhadores do campo. A Rede Cultural dos Estudantes
    promove eventos e mostras culturais e artísticas e apoia a
    criação de Centros Universitários de Cultura e Arte.
22  Culturas populares e indígenas são outro foco de
    atenção das políticas de diversidade, havendo editais públicos
    de premiação de atividades realizadas ou em andamento, o que
25  democratiza o acesso a recursos públicos.
    O papel da cultura na humanização do tratamento
    psiquiátrico no Brasil é discutido em seminários da SID. Além
28  disso, iniciativas artísticas inovadoras nesse segmento são
    premiadas com recursos do Edital Loucos pela Diversidade.
    Tais ações contribuem para a inclusão e socializam o direito à
31  criação e à produção cultural.
    A participação de toda a sociedade civil na discussão
    de qualquer política cultural se dá em reuniões da SID com
34  grupos de trabalho e em seminários, oficinas e fóruns, nos
    quais são apresentadas as demandas da população. Com base
    nesses encontros é que podem ser planejadas e desenvolvidas
37  ações que permitam o acesso dos cidadãos à cultura e a
    promoção de suas manifestações, independentemente de cor,
    sexo, idade, etnia e orientação sexual.

**Identidade e diversidade.** Internet: <www.brasil.gov.br/sobre/cultura/> (com adaptações).

**(Escrivão de Polícia/BA – 2013 – CESPE)** Considerando as ideias e aspectos linguísticos do texto apresentado, julgue os itens a seguir.

**(1)** Mantêm-se as informações originais e a correção gramatical do texto caso o primeiro parágrafo seja assim reescrito: Em 2003, ligada ao Ministério da Cultura, com a finalidade de preservar e de valorizar as diferentes manifestações culturais, principalmente no Brasil, que têm tradições e costumes diversos, foi criada a Secretaria da Identidade e da Diversidade Cultural (SID).

**(2)** A retirada da expressão de realce "é que" (L.36) e a colocação de vírgula após o segmento "Com base nesses encontros" (L.35-36) não acarretariam prejuízo gramatical ao período.

**(3)** A expressão "Tais ações" (L.30) está empregada em referência à discussão acerca do papel da cultura na humanização do tratamento psiquiátrico e à premiação a iniciativas artísticas inovadoras nesse segmento.

**(4)** O termo "nesse", em "iniciativas artísticas inovadoras nesse segmento" (L.28), refere-se à Secretaria da Identidade e da Diversidade Cultural.

**(5)** A substituição do segmento "de toda a" (L.32) por da não causaria prejuízo semântico ao texto.

---

**1:** incorreta. Não há acento circunflexo na conjugação do verbo "ter" na passagem "que tem tradições e costumes diversos". O verbo concorda com "Brasil", portanto é conjugado na terceira pessoa do singular e não leva acento; **2:** correta. A expressão "é que" exerce somente função retórica, para realçar o argumento. Sua substituição por vírgula não afetaria a correção do texto; **3:** correta. A palavra "tais" exerce função de pronome catafórico, recuperando os conceitos tratados anteriormente e evitando a repetição dos termos; **4:** incorreta. "Nesse" refere-se a humanização do tratamento psiquiátrico; **5:** correta. A aglutinação da preposição "de" com o artigo definido "a" (d + a = da) transmite a ideia de totalidade da sociedade civil, tal qual o texto original.

Gabarito: 1E, 2C, 3C, 4E, 5C

**(Escrivão de Polícia/BA – 2013 – CESPE)** Julgue os itens subsequentes, com base no que estabelece o Manual de Redação da Presidência da República.

(1) Nas comunicações oficiais, o uso de itálico em lugar de aspas é aceito para indicar, por exemplo, alíneas de textos legais, nomes de obras de arte, de publicações e de artigos, entretanto, não se considera adequada tal substituição para a indicação de citações textuais.

(2) Por estar de acordo com as regras de concordância do padrão culto da linguagem, a frase Vossa Excelência indicareis a vossa nova secretária seria adequada para compor a redação de documento oficial.

---

**1:** correta, nos termos do item 9.1.3.2 do Manual de Redação da Presidência da República. O itálico é atualmente aceito como substituto das aspas, mas não se presta a indicar que um texto foi transcrito literalmente para o documento; **2:** incorreta. Apesar do pronome de tratamento ser composto pela segunda pessoa do plural, a concordância será feita com verbos e pronomes da terceira pessoa do singular: "Vossa Excelência indicará a sua nova secretária".
Gabarito "1C, 2E"

**(Investigador de Polícia/BA – 2013 – CESPE)** Julgue o item subsequente, com base no que estabelece o Manual de Redação da Presidência da República.

(1) Embora as redações oficiais devam ser redigidas, em regra, de forma clara e objetiva, há situações em que se recomenda a prolixidade, como nas exposições de motivos, nas quais a redundância é necessária.

---

**1:** incorreta. A clareza é objetividade devem permear todos os documentos oficiais, sem exceção. O item 4.2 do Manual de Redação da Presidência da República inclusive destaca a importância de se observar todas as regras da redação oficial para a exposição de motivos.
Gabarito "1E"

### Pavio do destino
*Sérgio Sampaio*

```
1   O bandido e o mocinho
    São os dois do mesmo ninho
    Correm nos estreitos trilhos
4   Lá no morro dos aflitos
    Na Favela do Esqueleto
    São filhos do primo pobre
7   A parcela do silêncio
    Que encobre todos os gritos
    E vão caminhando juntos
10  O mocinho e o bandido
    De revólver de brinquedo
    Porque ainda são meninos
13  Quem viu o pavio aceso do destino?
    Com um pouco mais de idade
    E já não são como antes
16  Depois que uma autoridade
    Inventou-lhes um flagrante
    Quanto mais escapa o tempo
19  Dos falsos educandários
    Mais a dor é o documento
    Que os agride e os separa
22  Não são mais dois inocentes
    Não se falam cara a cara
    Quem pode escapar ileso
25  Do medo e do desatino
    Quem viu o pavio aceso do destino?
    O tempo é pai de tudo
28  E surpresa não tem dia
    Pode ser que haja no mundo
    Outra maior ironia
31  O bandido veste a farda
    Da suprema segurança
    O mocinho agora amarga
34  Um bando, uma quadrilha
    São os dois da mesma safra
    Os dois são da mesma ilha
37  Dois meninos pelo avesso
    Dois perdidos Valentinos
    Quem viu o pavio aceso do destino?
```

**(Agente de Polícia/DF – 2013 – CESPE)** A respeito dos sentidos do texto de Sérgio Sampaio, que constitui a letra de uma música, julgue o item seguinte.

(1) O trecho "Quanto mais escapa o tempo / Dos falsos educandários / Mais a dor é o documento / Que os agride e os separa" (v.18-21) poderia, sem prejuízo para a correção gramatical, ser reescrito da seguinte forma: À medida que escapa o tempo dos falsos educandários, a dor vai se tornando o documento que os agride e os separa.

---

**1:** incorreta. Para mantermos a correção e o sentido original do texto deveria constar "a dor se torna o documento...".
Gabarito "1E"

```
1   A prisão, em vez de devolver à liberdade indivíduos
    corrigidos, espalha na população delinquentes perigosos. A
    prisão não pode deixar de fabricar delinquentes. Fabrica-os
4   pelo tipo de existência que faz os detentos levarem: que fiquem
    isolados nas celas, ou que lhes seja imposto um trabalho para
    o qual não encontrarão utilidade, é de qualquer maneira não
7   "pensar no homem em sociedade; é criar uma existência contra
    a natureza inútil e perigosa"; queremos que a prisão eduque os
    detentos, mas um sistema de educação que se dirige ao homem
10  pode ter razoavelmente como objetivo agir contra o desejo da
    natureza? A prisão fabrica também delinquentes impondo aos
    detentos limitações violentas; ela se destina a aplicar as leis, e
13  a ensinar o respeito por elas; ora, todo o seu funcionamento se
    desenrola no sentido do abuso de poder. A prisão torna
    possível, ou melhor, favorece a organização de um meio de
16  delinquentes, solidários entre si, hierarquizados, prontos para
    todas as cumplicidades futuras.
```

Michel Foucault. **Ilegalidade e delinquência.** *In:* Michel Foucault. **Vigiar e punir: nascimento da prisão.** 33.a ed. Petrópolis: Vozes, 1987, p. 221-2 (com adaptações).

**(Agente de Polícia/DF – 2013 – CESPE)** O item seguinte apresenta proposta de reescritura de trechos do texto acima. Julgue-o quanto à correção gramatical e à manutenção do sentido original do texto.

**(1)** "A prisão (...) fabricar delinquentes" (L.2-3): Não é permitido que a prisão deixe de forjar delinquentes.

---

**1: incorreta.** Melhor seria "Não se concebe que a prisão deixe de formar delinquentes".
Gabarito "1E".

**(Agente de Polícia/DF – 2013 – CESPE)** Com fundamento no **Manual de Redação da Presidência da República**, julgue os itens a seguir, referentes à adequação da linguagem e do formato do texto às correspondências oficiais.

**(1)** Se, para tratar de interesse de um filiado seu, o Sindicato dos Policiais Civis do DF tiver de se comunicar oficialmente com a chefia da Seção de Registros Funcionais (SRFUN) do Departamento de Gestão de Pessoas da PCDF, ele deverá encaminhar à SRFUN um memorando, em cujo cabeçalho deverão constar as seguintes informações: Governo do Distrito Federal Polícia Civil do Distrito Federal Sindicato dos Policiais Civis do Distrito Federal SEDE: Plano Piloto, SCLRN 716, Bloco F, Loja 59, Edifício do Policial Civil CEP 70.770-536 – Brasília-DF Telefone: (61) 3701-1300 – Email: secpre@sinpoldf.com.br

**(2)** O texto de um ofício a ser encaminhado pela chefia da Divisão de Tramitação de Autos da PCDF à Delegacia Estadual de Repressão a Furtos e Roubos de Cargas, sediada na capital do estado de Goiás, deverá conter a apresentação do assunto que motiva a comunicação, o detalhamento desse assunto e a reafirmação ou reapresentação da posição recomendada a respeito do assunto.

**(3)** Caso a diretora da Academia de Polícia Civil do Distrito Federal, no uso de suas atribuições, necessite tratar de assuntos oficiais com o ministro de Estado da Defesa, deverá encaminhar-lhe um aviso, documento oficial usado para essa finalidade, em cujo vocativo deverá ser empregada a expressão "Senhor Ministro", seguida de vírgula.

---

**1: incorreta.** Memorando é um documento interno, entre órgãos da mesma instituição pública. O documento correto a ser usado nesse caso é o ofício; **2: correto**, nos termos do item 3.1 do Manual de Redação da Presidência da República; **3: incorreta**. Aviso é documento oficial emitido exclusivamente por Ministros de Estado. No caso em exame, deve ser usado o ofício.
Gabarito "1E, 2C, 3E".

---

1    O problema intercultural não se resolve, como
pretendem os multiculturalistas, pelo simples reconhecimento
da isonomia axiológica entre culturas distintas, mas,
4    fundamentalmente, pelo diálogo interpessoal entre indivíduos
de culturas diferentes e, mais ainda, pelo acesso individual à
própria diversidade cultural, como condição para o exercício
7    da liberdade de pertencer a uma cultura, de assimilar novos
valores culturais ou, simplesmente, de se reinventar
culturalmente. Aliás, o reconhecimento da isonomia axiológica
10   entre culturas é importante não porque limita a individualidade
a uma estrita visão antropológica que projeta a condição
humana ao círculo concêntrico da cultura do agrupamento
13   familiar e social a que pertence o indivíduo, mas porque o
liberta, ao lhe dar amplitude de opção cultural, que,
transcendendo a esfera da identidade individual como simples
16   parte de uma cultura, dimensiona a individualidade no campo
da liberdade — da liberdade de criar a si mesmo. Por fim, a
passagem para a democracia não totalitária, ou seja,
19   democracia na e para a diversidade, decorre, justamente, da
sensibilização do político e da democratização do espaço
pessoal, antes preso à teia indizível do monismo cultural
22   ocidental, tornando-se papel do Estado o oferecimento das
condições de acessibilidade à diversidade cultural, ambiente
imprescindível à autogestão da identidade pessoal.

Miguel Batista de Siqueira Filho. **Democracia, direito e liberdade**. Goiânia: Editora da PUC Goiás, 2011, p. 95-6 (com adaptações).

**(Escrivão de Polícia/DF – 2013 – CESPE)** Em relação ao texto acima, julgue o seguinte item.

**(1)** A última oração do texto poderia ser reescrita, sem prejuízo das ideias veiculadas e da correção gramatical, da seguinte forma: o que torna papel do Estado oferecer às condições de acessibilidade da diversidade cultural o ambiente indispensável de autogestão da identidade pessoal.

---

**1: incorreta.** A paráfrase diz que o Estado deve oferecer o "ambiente indispensável" para as "condições de acessibilidade". O texto original diz que o Estado deve fornecer condições de acesso à diversidade cultural, sendo essa o ambiente indispensável à autogestão da identidade.
Gabarito "1E".

**(Escrivão de Polícia/DF – 2013 – CESPE)** De acordo com as disposições do Manual de Redação da Presidência da República, julgue os itens subsequentes.

**(1)** Os despachos a memorandos expedidos entre unidades administrativas da PCDF devem ser dados no próprio documento e, caso falte espaço, em folha de continuação. Esse procedimento, além de evitar um desnecessário aumento do número de comunicações, contribui para a formação de um processo simplificado, que permite que se acompanhe o histórico do andamento da matéria tratada no memorando.

**(2)** Os documentos oficiais dirigidos aos delegados da Polícia Civil do Distrito Federal (PCDF) devem conter o vocativo "Senhor Doutor Delegado da PCDF", bem como o pronome de tratamento "Vossa Excelência".

**1:** correta, nos termos do item 3.4.1 do Manual de Redação da Presidência da República; **2:** incorreta. "Doutor" é título acadêmico, não pronome de tratamento. Além disso, o tratamento destinado a Delegados de Polícia é "Vossa Senhoria".

## 3. CONJUNÇÃO

```
 1    O que tanta gente foi fazer do lado de fora do tribunal
      onde foi julgado um dos mais famosos casais acusados de
      assassinato no país? Torcer pela justiça, sim: as evidências
 4    permitiam uma forte convicção sobre os culpados, muito antes
      do encerramento das investigações. Contudo, para torcer pela
      justiça, não era necessário acampar na porta do tribunal, de
 7    onde ninguém podia pressionar os jurados. Bastava fazer
      abaixo-assinados via Internet pela condenação do pai e da
      madrasta da vítima. O que foram fazer lá, ao vivo? Penso que
10    as pessoas não torceram apenas pela condenação dos principais
      suspeitos. Torceram também para que a versão que inculpou
      o pai e a madrasta fosse verdadeira.
13    O relativo alívio que se sente ao saber que um
      assassinato se explica a partir do círculo de relações pessoais
      da vítima talvez tenha duas explicações. Primeiro, a fantasia de
16    que em nossas famílias isso nunca há de acontecer. Em geral
      temos mais controle sobre nossas relações íntimas que sobre o
      acaso dos maus encontros que podem nos vitimar em uma
19    cidade grande. Segundo, porque o crime familiar permite o
      lenitivo da construção de uma narrativa. Se toda morte
      violenta, ou súbita, nos deixa frente a frente com o real
22    traumático, busca-se a possibilidade de inscrever o acontecido
      em uma narrativa, ainda que terrível, capaz de produzir sentido
      para o que não tem tamanho nem nunca terá, o que não tem
25    conserto nem nunca terá, o que não faz sentido.
```

Maria Rita Khel. **A morte do sentido**. Internet: <www.mariaritakehl.psc.br> (com adaptações).

**(Escrivão de Polícia Federal – 2013 – CESPE)** Com base no texto acima, julgue o item abaixo.

**(1)** A substituição da expressão "ainda que terrível" (L.23) por senão que terrível preservaria a correção gramatical e o sentido original do texto.

**1:** incorreta. "Ainda que" tem valor concessivo, enquanto "senão que" é locução adversativa: equivale a "mas antes", "entretanto". Logo, a alteração produziria mudança no sentido do texto.

```
 1    Balanço divulgado pela Secretaria de Segurança
      Pública do Distrito Federal (SSP/DF) aponta redução de 39%
      nos casos de roubo com restrição de liberdade, o famoso
 4    sequestro-relâmpago, ocorridos entre 1.º de janeiro e 31 de
      agosto deste ano, em comparação com o mesmo período do
      ano passado — foram 520 ocorrências em 2012 e 316 em
 7    2013.
          Em agosto deste ano, foram registrados 39 casos de
      sequestro-relâmpago em todo o DF, o que representa redução
10    de 32% do número de ocorrências dessa natureza criminal em
      relação ao mesmo mês de 2012, período em que 57 casos
      foram registrados. Entre as 39 vítimas, 11 foram abordadas no
```

13 Plano Piloto, região que lidera a classificação de casos, seguida
pela região administrativa de Taguatinga, com oito ocorrências.
Segundo a SSP, o cenário é diferente daquele do mês de julho,
16 em que Ceilândia e Gama tinham o maior número de casos.
"38% dos crimes foram cometidos nos fins de semana, no
período da noite, e quase 70% das vítimas eram do sexo
19 masculino, o que mostra que a escolha da vítima é baseada no
princípio da oportunidade e aleatória, não em função do
gênero."
22      Ao todo, 82% das vítimas (32 pessoas) estavam
sozinhas no momento da abordagem dos bandidos, por isso as
forças de segurança recomendam que as pessoas tomem alguns
25 cuidados, entre os quais, não estacionar em locais escuros e
distantes, não ficar dentro de carros estacionados e redobrar a
atenção ao sair de residências, centros comerciais e outros
28 locais.

**DF registra 316 ocorrências de sequestro-relâmpago nos primeiros oito meses deste ano.**
R7, 6/9/2013. Internet: <http://noticias.r7.com> (com adaptações).

**(Agente de Polícia/DF – 2013 – CESPE)** Julgue o próximo item, relativos aos sentidos e aos aspectos linguísticos do texto acima.

(1) O trecho "por isso as forças de segurança recomendam que as pessoas tomem alguns cuidados" (L.23-25) expressa uma ideia de conclusão e poderia, mantendo-se a correção gramatical e o sentido do texto, ser iniciado pelo termo porquanto em vez da expressão "por isso".

**1:** incorreta. "Por isso" introduz a ideia de consequência, ao passo que "porquanto", sinônimo de "porque", tem valor causal, exprime a causa do fato.
Gabarito "1E".

1 A prisão, em vez de devolver à liberdade indivíduos
corrigidos, espalha na população delinquentes perigosos. A
prisão não pode deixar de fabricar delinquentes. Fabrica-os
4 pelo tipo de existência que faz os detentos levarem: que fiquem
isolados nas celas, ou que lhes seja imposto um trabalho para
o qual não encontrarão utilidade, é de qualquer maneira não
7 "pensar no homem em sociedade; é criar uma existência contra
a natureza inútil e perigosa"; queremos que a prisão eduque os
detentos, mas um sistema de educação que se dirige ao homem
10 pode ter razoavelmente como objetivo agir contra o desejo da
natureza? A prisão fabrica também delinquentes impondo aos
detentos limitações violentas; ela se destina a aplicar as leis, e
13 a ensinar o respeito por elas; ora, todo o seu funcionamento se
desenrola no sentido do abuso de poder. A prisão torna
possível, ou melhor, favorece a organização de um meio de
16 delinquentes, solidários entre si, hierarquizados, prontos para
todas as cumplicidades futuras.

Michel Foucault. **Ilegalidade e delinquência**. *In*: Michel Foucault. **Vigiar e punir: nascimento da prisão**.
33.a ed. Petrópolis: Vozes, 1987, p. 221-2 (com adaptações).

**(Agente de Polícia/DF – 2013 – CESPE)** O item seguinte apresenta proposta de reescritura de trecho do texto acima. Julgue-o quanto à correção gramatical e à manutenção do sentido original do texto.

(1) "A prisão (...) delinquentes perigosos" (L.1-2): Conquanto devolva indivíduos corrigidos à liberdade, a prisão dissemina delinquentes perigosos na população.

**1:** incorreta. "Conquanto" é conjunção concessiva, sinônimo de "embora". No caso, a paráfrase deveria ser: "A prisão, porque não retorna à sociedade indivíduos corrigidos, espalha pela sociedade delinquentes perigosos.
Gabarito "1E".

1    O problema intercultural não se resolve, como
pretendem os multiculturalistas, pelo simples reconhecimento
da isonomia axiológica entre culturas distintas, mas,
4    fundamentalmente, pelo diálogo interpessoal entre indivíduos
de culturas diferentes e, mais ainda, pelo acesso individual à
própria diversidade cultural, como condição para o exercício
7    da liberdade de pertencer a uma cultura, de assimilar novos
valores culturais ou, simplesmente, de se reinventar
culturalmente. Aliás, o reconhecimento da isonomia axiológica
10   entre culturas é importante não porque limita a individualidade
a uma estrita visão antropológica que projeta a condição
humana ao círculo concêntrico da cultura do agrupamento
13   familiar e social a que pertence o indivíduo, mas porque o
liberta, ao lhe dar amplitude de opção cultural, que,
transcendendo a esfera da identidade individual como simples
16   parte de uma cultura, dimensiona a individualidade no campo
da liberdade — da liberdade de criar a si mesmo. Por fim, a
passagem para a democracia não totalitária, ou seja,
19   democracia na e para a diversidade, decorre, justamente, da
sensibilização do político e da democratização do espaço
pessoal, antes preso à teia indizível do monismo cultural
22   ocidental, tornando-se papel do Estado o oferecimento das
condições de acessibilidade à diversidade cultural, ambiente
imprescindível à autogestão da identidade pessoal.

Miguel Batista de Siqueira Filho. **Democracia, direito e liberdade**. Goiânia: Editora da PUC Goiás, 2011, p. 95-6 (com adaptações).

**(Escrivão de Polícia/DF – 2013 – CESPE)** Em relação ao texto acima, julgue o seguinte item.

**(1)** O segmento "Aliás, o reconhecimento (...) limita a individualidade" (L.9-10) poderia ser reescrito, sem prejuízo do sentido e da correção gramatical do texto, da seguinte forma: Contudo, reconhecer a isonomia axiológica entre culturas não é importante, vez que limita a individualidade.

**1:** incorreta. "Contudo" tem valor adversativo, indica que aquilo que se expressará em seguida não concorda com o antecedente. No texto original, a ideia transmitida é de explicação: porque a isonomia axiológica entre culturas é importante.

Gabarito: "1E".

## 4. PRONOMES

1    O processo penal moderno, tal como praticado
atualmente nos países ocidentais, deixa de centrar-se na
finalidade meramente punitiva para centrar-se, antes, na
4    finalidade investigativa. O que se quer dizer é que, abandonado
o sistema inquisitório, em que o órgão julgador cuidava
também de obter a prova da responsabilidade do acusado (que
7    consistia, a maior parte das vezes, na sua confissão), o que se
pretende no sistema acusatório é submeter ao órgão julgador
provas suficientes ao esclarecimento da verdade.
10   Evidentemente, no primeiro sistema, a complexidade
do ato decisório haveria de ser bem menor, uma vez que a
condenação está atrelada à confissão do acusado. Problemas de
13   consciência não os haveria de ter o julgador pela decisão em si,
porque o seu veredito era baseado na contundência probatória
do meio de prova "mais importante" — a confissão. Um dos
16   motivos pelos quais se pôs em causa esse sistema foi
justamente a questão do controle da obtenção da prova: a
confissão, exigida como prova plena para a condenação, era o
19   mais das vezes obtida por meio de coações morais e físicas.
Esse fato revelou a necessidade, para que haja
condenação, de se proceder à reconstituição histórica dos fatos,
22   de modo que se investigue o que se passou na verdade e se a
prática do ato ilícito pode ser atribuída ao arguido, ou seja, a
necessidade de se restabelecer, tanto quanto possível, a verdade
25   dos fatos, para a solução justa do litígio. Sendo esse o fim a
que se destina o processo, é mediante a instrução que se busca
a mais perfeita representação possível dessa verdade.

Getúlio Marcos Pereira Neves. **Valoração da prova e livre convicção do juiz**. In: **Jus Navigandi**, Teresina, ano 9, n.º 401, ago./2004 (com adaptações).

**(Escrivão de Polícia Federal – 2013 – CESPE)** No que se refere às ideias e aos aspectos linguísticos do texto acima, julgue o item que se segue.

**(1)** Seriam mantidas a correção gramatical e a coesão do texto, caso o pronome "os", em "não os haveria de ter" (L.13), fosse deslocado para imediatamente depois da forma verbal "ter", escrevendo-se **tê-los**.

**1:** correta. Como há o verbo auxiliar "haver" na construção oracional, a próclise não é obrigatória apesar da presença do advérbio de negação. É possível, portanto, deslocar o pronome oblíquo para depois do verbo principal sem prejuízo à correção ou coesão textuais.

Gabarito "1C."

## 5. CRASE

1  O respeito às diferentes manifestações culturais é
   fundamental, ainda mais em um país como o Brasil, que
   apresenta tradições e costumes muito variados em todo o seu
4  território. Essa diversidade é valorizada e preservada por ações
   da Secretaria da Identidade e da Diversidade Cultural (SID),
   criada em 2003 e ligada ao Ministério da Cultura.
7  Cidadãos de áreas rurais que estejam ligados a
   atividades culturais e estudantes universitários de todas as
   regiões do Brasil, por exemplo, são beneficiados por um dos
10 projetos da SID: as Redes Culturais. Essas redes abrangem
   associações e grupos culturais para divulgar e preservar suas
   manifestações de cunho artístico. O projeto é guiado por
13 parcerias entre órgãos representativos do Estado brasileiro e as
   entidades culturais.
   A Rede Cultural da Terra realiza oficinas de
16 capacitação, cultura digital e atividades ligadas às artes
   plásticas, cênicas e visuais, à literatura, à música e ao
   artesanato. Além disso, mapeia a memória cultural dos
19 trabalhadores do campo. A Rede Cultural dos Estudantes
   promove eventos e mostras culturais e artísticas e apoia a
   criação de Centros Universitários de Cultura e Arte.
22 Culturas populares e indígenas são outro foco de
   atenção das políticas de diversidade, havendo editais públicos
   de premiação de atividades realizadas ou em andamento, o que
25 democratiza o acesso a recursos públicos.
   O papel da cultura na humanização do tratamento
   psiquiátrico no Brasil é discutido em seminários da SID. Além
28 disso, iniciativas artísticas inovadoras nesse segmento são
   premiadas com recursos do Edital Loucos pela Diversidade.
   Tais ações contribuem para a inclusão e socializam o direito à
31 criação e à produção cultural.
   A participação de toda a sociedade civil na discussão
   de qualquer política cultural se dá em reuniões da SID com
34 grupos de trabalho e em seminários, oficinas e fóruns, nos
   quais são apresentadas as demandas da população. Com base
   nesses encontros é que podem ser planejadas e desenvolvidas
37 ações que permitam o acesso dos cidadãos à cultura e a
   promoção de suas manifestações, independentemente de cor,
   sexo, idade, etnia e orientação sexual.

Identidade e diversidade. Internet: <www.brasil.gov.br/sobre/cultura/> (com adaptações).

**(Escrivão de Polícia/BA – 2013 – CESPE)** Considerando as ideias e aspectos linguísticos do texto apresentado, julgue o item a seguir.

**(1)** O emprego do sinal indicativo de crase é obrigatório em "às diferentes manifestações" (L.1) e facultativo em "às artes plásticas" (L.16-17), "à literatura" (L.17) e "à música" (L.17).

**1:** incorreta. Todos são casos de crase obrigatória.

Gabarito "1E."

1   O problema intercultural não se resolve, como
    pretendem os multiculturalistas, pelo simples reconhecimento
    da isonomia axiológica entre culturas distintas, mas,
4   fundamentalmente, pelo diálogo interpessoal entre indivíduos
    de culturas diferentes e, mais ainda, pelo acesso individual à
    própria diversidade cultural, como condição para o exercício
7   da liberdade de pertencer a uma cultura, de assimilar novos
    valores culturais ou, simplesmente, de se reinventar
    culturalmente. Aliás, o reconhecimento da isonomia axiológica
10  entre culturas é importante não porque limita a individualidade
    a uma estrita visão antropológica que projeta a condição
    humana ao círculo concêntrico da cultura do agrupamento
13  familiar e social a que pertence o indivíduo, mas porque o
    liberta, ao lhe dar amplitude de opção cultural, que,
    transcendendo a esfera da identidade individual como simples
16  parte de uma cultura, dimensiona a individualidade no campo
    da liberdade — da liberdade de criar a si mesmo. Por fim, a
    passagem para a democracia não totalitária, ou seja,
19  democracia na e para a diversidade, decorre, justamente, da
    sensibilização do político e da democratização do espaço
    pessoal, antes preso à teia indizível do monismo cultural
22  ocidental, tornando-se papel do Estado o oferecimento das
    condições de acessibilidade à diversidade cultural, ambiente
    imprescindível à autogestão da identidade pessoal.

Miguel Batista de Siqueira Filho. **Democracia, direito e liberdade**. Goiânia: Editora da PUC Goiás, 2011, p. 95-6 (com adaptações).

**(Escrivão de Polícia/DF – 2013 – CESPE)** Em relação ao texto acima, julgue o seguinte item.

**(1)** No trecho "agrupamento familiar e social a que pertence o indivíduo" (L.12-13), a substituição de "o indivíduo" por a pessoa tornaria obrigatório o emprego do acento grave, indicativo de crase, no "a" que antecede "que": à que pertence a pessoa.

**1:** incorreta. Não ocorre crase nessa hipótese, porque o "a" que antecede o "que" é preposição pura. O artigo definido feminino, necessário para ocorrer a crase, é colocado depois do verbo "pertence".

Gabarito: "1E."

## 6. SEMÂNTICA

1   Leio que a ciência deu agora mais um passo definitivo.
    E claro que o definitivo da ciência e transitório, e não por
    deficiência da ciência (e ciência demais), que se supera a si
4   mesma a cada dia... Não indaguemos para que, ja que a própria
    ciência não o faz — o que, alias, e a mais moderna forma de
    objetividade de que dispomos.
7   Mas vamos ao definitivo transitório. Os cientistas
    afirmam que podem realmente construir agora a bomba limpa.
    Sabemos todos que as bombas atômicas fabricadas ate hoje são
10  sujas (alias, imundas) porque, depois que explodem, deixam
    vagando pela atmosfera o ja famoso e temido estrôncio 90.
    Ora, isso e desagradável: pode mesmo acontecer que o próprio
13  pais que lançou a bomba venha a sofrer, a longo prazo, as
    conseqüências mortíferas da proeza. O que e, sem duvida, uma
    sujeira.
16  Pois bem, essas bombas indisciplinadas,
    mal-educadas, serão em breve substituídas pelas bombas *n*, que
    cumprirão sua missão com lisura: destruirão o inimigo,
19  sem riscos para o atacante. Trata-se, portanto, de uma fabulosa
    conquista, não?

Ferreira Gullar. *Maravilha.* In: *A estranha vida banal.* Rio de Janeiro: José Olympio, 1989, p. 109.

**(Polícia Rodoviária Federal – 2013 – CESPE)** No que se refere aos sentidos e as estruturas linguísticas do texto acima, julgue os itens a seguir.

**(1)** A forma verbal "podem" (L.8) esta empregada no sentido de têm autorização.

**(2)** O emprego do acento nas palavras "ciência" e "transitório" justifica-se com base na mesma regra de acentuação.

---

**1:** incorreta. O verbo conjugado "podem" foi usado no sentido de "conseguem", "têm aptidão"; **2:** correta. Ambas são paroxítonas terminadas em ditongo crescente.

Gabarito 1E, 2C

## Pavio do destino

Sérgio Sampaio

```
 1   O bandido e o mocinho
     São os dois do mesmo ninho
     Correm nos estreitos trilhos
 4   Lá no morro dos aflitos
     Na Favela do Esqueleto
     São filhos do primo pobre
 7   A parcela do silêncio
     Que encobre todos os gritos
     E vão caminhando juntos
10   O mocinho e o bandido
     De revólver de brinquedo
     Porque ainda são meninos
13   Quem viu o pavio aceso do destino?
     Com um pouco mais de idade
     E já não são como antes
16   Depois que uma autoridade
     Inventou-lhes um flagrante
     Quanto mais escapa o tempo
19   Dos falsos educandários
     Mais a dor é o documento
     Que os agride e os separa
22   Não são mais dois inocentes
     Não se falam cara a cara
     Quem pode escapar ileso
25   Do medo e do desatino
     Quem viu o pavio aceso do destino?
     O tempo é pai de tudo
28   E surpresa não tem dia
     Pode ser que haja no mundo
     Outra maior ironia
31   O bandido veste a farda
     Da suprema segurança
     O mocinho agora amarga
34   Um bando, uma quadrilha
     São os dois da mesma safra
     Os dois são da mesma ilha
37   Dois meninos pelo avesso
     Dois perdidos Valentinos
     Quem viu o pavio aceso do destino?
```

**(Agente de Polícia/DF – 2013 – CESPE)** A respeito dos sentidos do texto de Sérgio Sampaio, que constitui a letra de uma música, julgue o item seguinte.

**(1)** O termo "ileso" (v.24) está empregado como sinônimo de incólume.

---

**1:** correta. São também sinônimos de indene, intacto, inteiro.

Gabarito 1C

## 7. ORTOGRAFIA

1 SOLDADO DESCONHECIDO. Após a Primeira Guerra
Mundial, autoridades dos países aliados verificaram que os
corpos de muitos soldados mortos em combate não podiam ser
4 identificados. Os governos da Bélgica, França, Grã-Bretanha,
Itália e Estados Unidos da América decidiram homenagear, de
forma especial, a memória desses soldados. Cada governo
7 escolheu um soldado desconhecido como símbolo, enterrou
seus restos mortais na capital nacional e ergueu um monumento
em honra do soldado.
10 A Bélgica colocou seu soldado desconhecido em um túmulo na
base da Colunata do Congresso, em Bruxelas. A França
enterrou seu soldado desconhecido embaixo do Arco do
13 Triunfo, no centro de Paris. A Grã-Bretanha enterrou o seu na
abadia de Westminster. O soldado desconhecido da Itália jaz
defronte ao monumento a Vítor Emanuel I, em Roma.
16 No Brasil, os 466 mortos brasileiros integrantes da Força
Expedicionária que haviam sido enterrados, após a Segunda
Guerra Mundial, no cemitério militar de Pistoia, na Itália,
19 foram transportados em urnas para o Brasil, em aviões da
Força Aérea Brasileira, em 11 de dezembro de 1960. As urnas
chegaram ao Rio de Janeiro em 16 do mesmo mês, ficando
22 expostas à visitação pública no Palácio Tiradentes. No dia 22
de dezembro, os restos mortais dos heróis foram trasladados
para o Monumento Nacional aos Mortos da Segunda Guerra
25 Mundial.

**Enciclopédia Delta Universal**. Rio de Janeiro: Editora Delta,s/d, v. 13, p. 7.384 (com adaptações).

**(Soldado da Polícia Militar/CE – 2012 – CESPE)** Com relação à grafia e a aspectos morfossintáticos e semânticos do texto apresentado, julgue os itens que se seguem.

**(1)** No contexto em que ocorrem, as palavras "embaixo" (L.12) e "defronte" (L.15) podem ser substituídas, respectivamente, por **debaixo** e **enfronte**, sem prejuízo ortográfico.

**(2)** A frase "os corpos de muitos soldados mortos em combate não podiam ser identificados" (L.2-4) não contém o agente da ação de identificar.

**(3)** Caso o verbo **decidir** seja suprimido da expressão "decidiram homenagear" (L.5), o verbo **homenagear**, que se conjuga pelo modelo de **odiar** deverá ser grafado **homenagiaram**.

**1:** incorreta, porque a palavra escolhida 'enfronte' não se encaixa no contexto em questão, pois ela é verbo e não tem o mesmo significado de 'em frente'; **2:** correta, porque o agente da passiva não está descrito na frase, portanto sem agente aparente, sendo ele indeterminado no trecho. Há somente o sujeito paciente da ação verbal; **3:** incorreta, porque não se grafa homenageuaram com a letra 'i' e sim com a letra 'e', portanto errado. Gabarito 1E, 2C, 3E

## 8. REGÊNCIAS VERBAL E NOMINAL

1 O respeito às diferentes manifestações culturais é
fundamental, ainda mais em um país como o Brasil, que
apresenta tradições e costumes muito variados em todo o seu
4 território. Essa diversidade é valorizada e preservada por ações
da Secretaria da Identidade e da Diversidade Cultural (SID),
criada em 2003 e ligada ao Ministério da Cultura.
7 Cidadãos de áreas rurais que estejam ligados a
atividades culturais e estudantes universitários de todas as
regiões do Brasil, por exemplo, são beneficiados por um dos
10 projetos da SID: as Redes Culturais. Essas redes abrangem
associações e grupos culturais para divulgar e preservar suas
manifestações de cunho artístico. O projeto é guiado por
13 parcerias entre órgãos representativos do Estado brasileiro e as
entidades culturais.

A Rede Cultural da Terra realiza oficinas de
16 capacitação, cultura digital e atividades ligadas às artes
plásticas, cênicas e visuais, à literatura, à música e ao
artesanato. Além disso, mapeia a memória cultural dos
19 trabalhadores do campo. A Rede Cultural dos Estudantes
promove eventos e mostras culturais e artísticas e apoia a
criação de Centros Universitários de Cultura e Arte.
22 Culturas populares e indígenas são outro foco de
atenção das políticas de diversidade, havendo editais públicos
de premiação de atividades realizadas ou em andamento, o que
25 democratiza o acesso a recursos públicos.
O papel da cultura na humanização do tratamento
psiquiátrico no Brasil é discutido em seminários da SID. Além
28 disso, iniciativas artísticas inovadoras nesse segmento são
premiadas com recursos do Edital Loucos pela Diversidade.
Tais ações contribuem para a inclusão e socializam o direito à
31 criação e à produção cultural.
A participação de toda a sociedade civil na discussão
de qualquer política cultural se dá em reuniões da SID com
34 grupos de trabalho e em seminários, oficinas e fóruns, nos
quais são apresentadas as demandas da população. Com base
nesses encontros é que podem ser planejadas e desenvolvidas
37 ações que permitam o acesso dos cidadãos à cultura e a
promoção de suas manifestações, independentemente de cor,
sexo, idade, etnia e orientação sexual.

Identidade e diversidade. Internet: <www.brasil.gov.br/sobre/cultura/> (com adaptações).

**(Escrivão de Polícia/BA – 2013 – CESPE)** Considerando as ideias e aspectos linguísticos do texto apresentado, julgue o item a seguir.

**(1)** A correção gramatical do texto seria mantida caso as formas verbais "promove" e "apoia" (L.20) fossem flexionadas no plural, para concordar com o termo mais próximo, "dos Estudantes" (L.19).

**1:** incorreta. O verbo "promover" deve concordar com "Rede Cultural", singular, que é o núcleo do sujeito da oração.

1 A prisão, em vez de devolver à liberdade indivíduos
corrigidos, espalha na população delinquentes perigosos. A
prisão não pode deixar de fabricar delinquentes. Fabrica-os
4 pelo tipo de existência que faz os detentos levarem: que fiquem
isolados nas celas, ou que lhes seja imposto um trabalho para
o qual não encontrarão utilidade, é de qualquer maneira não
7 "pensar no homem em sociedade; é criar uma existência contra
a natureza inútil e perigosa"; queremos que a prisão eduque os
detentos, mas um sistema de educação que se dirige ao homem
10 pode ter razoavelmente como objetivo agir contra o desejo da
natureza? A prisão fabrica também delinquentes impondo aos
detentos limitações violentas; ela se destina a aplicar as leis, e
13 a ensinar o respeito por elas; ora, todo o seu funcionamento se
desenrola no sentido do abuso de poder. A prisão torna
possível, ou melhor, favorece a organização de um meio de
16 delinquentes, solidários entre si, hierarquizados, prontos para
todas as cumplicidades futuras.

Michel Foucault. **Ilegalidade e delinquência.** *In:* Michel Foucault. **Vigiar e punir: nascimento da prisão**. 33.a ed. Petrópolis: Vozes, 1987, p. 221-2 (com adaptações).

**(Agente de Polícia/DF – 2013 – CESPE)** O item seguinte apresenta proposta de reescritura de trecho do texto acima. Julgue-o quanto à correção gramatical e à manutenção do sentido original do texto.

**(1)** "Fabrica-os pelo (...) inútil e perigosa'" (L.3-8): Fabrica-os pelo tipo de existência que impõem aos detentos: que fiquem isolados nas celas, ou que sejam compelidos a um trabalho para o qual não encontrarão utilidade, é de qualquer maneira não "pensar no homem em sociedade; é criar uma existência que vai de encontro à natureza inútil e perigosa".

**1:** incorreta. O verbo "impor" deveria estar no singular "impõe" para concordar com o sujeito oculto "a prisão".

## 9. USO DA VÍRGULA E DOIS-PONTOS

1     O que tanta gente foi fazer do lado de fora do tribunal
onde foi julgado um dos mais famosos casais acusados de
assassinato no país? Torcer pela justiça, sim: as evidências
4 permitiam uma forte convicção sobre os culpados, muito antes
do encerramento das investigações. Contudo, para torcer pela
justiça, não era necessário acampar na porta do tribunal, de
7 onde ninguém podia pressionar os jurados. Bastava fazer
abaixo-assinados via Internet pela condenação do pai e da
madrasta da vítima. O que foram fazer lá, ao vivo? Penso que
10 as pessoas não torceram apenas pela condenação dos principais
suspeitos. Torceram também para que a versão que inculpou
o pai e a madrasta fosse verdadeira.
13     O relativo alívio que se sente ao saber que um
assassinato se explica a partir do círculo de relações pessoais
da vítima talvez tenha duas explicações. Primeiro, a fantasia de
16 que em nossas famílias isso nunca há de acontecer. Em geral
temos mais controle sobre nossas relações íntimas que sobre o
acaso dos maus encontros que podem nos vitimar em uma
19 cidade grande. Segundo, porque o crime familiar permite o
lenitivo da construção de uma narrativa. Se toda morte
violenta, ou súbita, nos deixa frente a frente com o real
22 traumático, busca-se a possibilidade de inscrever o acontecido
em uma narrativa, ainda que terrível, capaz de produzir sentido
para o que não tem tamanho nem nunca terá, o que não tem
25 conserto nem nunca terá, o que não faz sentido.

Maria Rita Khel. **A morte do sentido**. Internet: <www.mariaritakehl.psc.br> (com adaptações).

**(Escrivão de Polícia Federal – 2013 – CESPE)** Com base no texto acima, julgue os itens abaixo.

**(1)** Sem prejuízo do sentido original do texto, os dois-pontos empregados logo após "sim" (L.3) poderiam ser substituídos por vírgula, seguida de dado que ou uma vez que.

**(2)** Sem prejuízo da correção gramatical e do sentido do texto, a oração "que inculpou o pai e a madrasta" (L.11-12) poderia ser isolada por vírgulas, sendo a opção pelo emprego desse sinal de pontuação uma questão de estilo apenas.

**1:** correta. Os dois-pontos marcam a entrada do aposto. Sua substituição por vírgula, seguida das locuções conjuntivas sugeridas, ambas com valor explicativo, mantém o mesmo sentido da formatação original; **2:** incorreta. A separação da oração por vírgulas transformá-la-ia em oração subordinada adjetiva explicativa. Sem os sinais de pontuação, entendemos do texto que existem várias versões para o crime e estamos falando daquela que culpa o pai e a madrasta (oração subordinada adjetiva restritiva). Se transformarmos em explicativa, o sentido muda: só existe a versão que culpa o pai e a madrasta. Logo, não se trata de mera questão de estilo, e sim de transmitir a mensagem correta ao leitor.
Gabarito 1C, 2E

1     O processo penal moderno, tal como praticado
atualmente nos países ocidentais, deixa de centrar-se na
finalidade meramente punitiva para centrar-se, antes, na
4 finalidade investigativa. O que se quer dizer é que, abandonado
o sistema inquisitório, em que o órgão julgador cuidava
também de obter a prova da responsabilidade do acusado (que
7 consistia, a maior parte das vezes, na sua confissão), o que se
pretende no sistema acusatório é submeter ao órgão julgador
provas suficientes ao esclarecimento da verdade.
10     Evidentemente, no primeiro sistema, a complexidade
do ato decisório haveria de ser bem menor, uma vez que a
condenação está atrelada à confissão do acusado. Problemas de
13 consciência não os haveria de ter o julgador pela decisão em si,
porque o seu veredito era baseado na contundência probatória
do meio de prova "mais importante" — a confissão. Um dos
16 motivos pelos quais se pôs em causa esse sistema foi
justamente a questão do controle da obtenção da prova: a
confissão, exigida como prova plena para a condenação, era o
19 mais das vezes obtida por meio de coações morais e físicas.
    Esse fato revelou a necessidade, para que haja

condenação, de se proceder à reconstituição histórica dos fatos,
22 de modo que se investigue o que se passou na verdade e se a
prática do ato ilícito pode ser atribuída ao arguido, ou seja, a
necessidade de se restabelecer, tanto quanto possível, a verdade
25 dos fatos, para a solução justa do litígio. Sendo esse o fim a
que se destina o processo, é mediante a instrução que se busca
a mais perfeita representação possível dessa verdade.

Getúlio Marcos Pereira Neves. **Valoração da prova e livre convicção do juiz**.
In: **Jus Navigandi**, Teresina, ano 9, n.º 401, ago./2004 (com adaptações).

**(Escrivão de Polícia Federal – 2013 – CESPE)** No que se refere às ideias e aos aspectos linguísticos do texto acima, julgue o item que se segue.

**(1)** O segundo período do primeiro parágrafo do texto estaria gramaticalmente correto se fosse reescrito da seguinte forma: Quer-se dizer que, não mais vigorando o sistema inquisitório (no qual o órgão julgador cuidava também de obter a prova da responsabilidade do acusado — a qual consistia, no mais das vezes, na sua confissão), o que se almeja no sistema acusatório é fornecer ao órgão julgador provas bastantes ao esclarecimento da verdade.

**1: correta.** A oração subordinada adjetiva explicativa que está entre vírgulas no texto original pode ser deslocada para dentro dos parênteses sem qualquer prejuízo à correção textual. Expor ideias que complementem os conceitos utilizados no texto é justamente uma das funções dos parênteses. Gabarito "1C".

1   O respeito às diferentes manifestações culturais é
fundamental, ainda mais em um país como o Brasil, que
apresenta tradições e costumes muito variados em todo o seu
4   território. Essa diversidade é valorizada e preservada por ações
da Secretaria da Identidade e da Diversidade Cultural (SID),
criada em 2003 e ligada ao Ministério da Cultura.
7   Cidadãos de áreas rurais que estejam ligados a
atividades culturais e estudantes universitários de todas as
regiões do Brasil, por exemplo, são beneficiados por um dos
10  projetos da SID: as Redes Culturais. Essas redes abrangem
associações e grupos culturais para divulgar e preservar suas
manifestações de cunho artístico. O projeto é guiado por
13  parcerias entre órgãos representativos do Estado brasileiro e as
entidades culturais.
A Rede Cultural da Terra realiza oficinas de
16  capacitação, cultura digital e atividades ligadas às artes
plásticas, cênicas e visuais, à literatura, à música e ao
artesanato. Além disso, mapeia a memória cultural dos
19  trabalhadores do campo. A Rede Cultural dos Estudantes
promove eventos e mostras culturais e artísticas e apoia a
criação de Centros Universitários de Cultura e Arte.
22  Culturas populares e indígenas são outro foco de
atenção das políticas de diversidade, havendo editais públicos
de premiação de atividades realizadas ou em andamento, o que
25  democratiza o acesso a recursos públicos.
O papel da cultura na humanização do tratamento
psiquiátrico no Brasil é discutido em seminários da SID. Além
28  disso, iniciativas artísticas inovadoras nesse segmento são
premiadas com recursos do Edital Loucos pela Diversidade.
Tais ações contribuem para a inclusão e socializam o direito à
31  criação e à produção cultural.
A participação de toda a sociedade civil na discussão
de qualquer política cultural se dá em reuniões da SID com
34  grupos de trabalho e em seminários, oficinas e fóruns, nos
quais são apresentadas as demandas da população. Com base
nesses encontros é que podem ser planejadas e desenvolvidas
37  ações que permitam o acesso dos cidadãos à cultura e a
promoção de suas manifestações, independentemente de cor,
sexo, idade, etnia e orientação sexual.

**Identidade e diversidade.** Internet: <www.brasil.gov.br/sobre/cultura/> (com adaptações).

(Escrivão de Polícia/BA – 2013 – CESPE) Considerando as ideias e aspectos linguísticos do texto apresentado, julgue o item a seguir.

(1) A retirada da vírgula após "Brasil" (L.2) manteria a correção gramatical e os sentidos do texto, visto que, nesse caso, o emprego desse sinal de pontuação é facultativo.

**1:** incorreta. A vírgula nessa passagem é obrigatória, pois separa a oração subordinada adjetiva explicativa da oração principal. Suprimi-la acarretaria erro gramatical, porque a oração seguinte seria lida como oração adjetiva restritiva.
Gabarito "1E"

1     Balanço divulgado pela Secretaria de Segurança
      Pública do Distrito Federal (SSP/DF) aponta redução de 39%
      nos casos de roubo com restrição de liberdade, o famoso
4     sequestro-relâmpago, ocorridos entre 1.º de janeiro e 31 de
      agosto deste ano, em comparação com o mesmo período do
      ano passado — foram 520 ocorrências em 2012 e 316 em
7     2013.
         Em agosto deste ano, foram registrados 39 casos de
      sequestro-relâmpago em todo o DF, o que representa redução
10    de 32% do número de ocorrências dessa natureza criminal em
      relação ao mesmo mês de 2012, período em que 57 casos
      foram registrados. Entre as 39 vítimas, 11 foram abordadas no
13    Plano Piloto, região que lidera a classificação de casos, seguida
      pela região administrativa de Taguatinga, com oito ocorrências.
      Segundo a SSP, o cenário é diferente daquele do mês de julho,
16    em que Ceilândia e Gama tinham o maior número de casos.
      "38% dos crimes foram cometidos nos fins de semana, no
      período da noite, e quase 70% das vítimas eram do sexo
19    masculino, o que mostra que a escolha da vítima é baseada no
      princípio da oportunidade e aleatória, não em função do
      gênero."
22       Ao todo, 82% das vítimas (32 pessoas) estavam
      sozinhas no momento da abordagem dos bandidos, por isso as
      forças de segurança recomendam que as pessoas tomem alguns
25    cuidados, entre os quais, não estacionar em locais escuros e
      distantes, não ficar dentro de carros estacionados e redobrar a
      atenção ao sair de residências, centros comerciais e outros
28    locais.

**DF registra 316 ocorrências de sequestro-relâmpago nos primeiros oito meses deste ano.**
R7, 6/9/2013. Internet: <http://noticias.r7.com> (com adaptações).

(Agente de Polícia/DF – 2013 – CESPE) Julgue os próximos itens, relativos aos sentidos e aos aspectos linguísticos do texto acima.

(1) A expressão "o famoso sequestro-relâmpago" (L.3-4) está entre vírgulas porque explica, em termos populares, a expressão "roubo com restrição de liberdade" (L.3).
(2) A correção gramatical e o sentido do texto seriam preservados caso a vírgula imediatamente após o termo "quais" (L.25) fosse substituída pelo sinal de dois-pontos.

**1:** correta. Trata-se de aposto e, portanto, deve vir entre vírgulas; **2:** correta. A vírgula no texto marca o início de uma enumeração, função que pode ser exercida pelos dois-pontos.
Gabarito 1C, 2C

1     A prisão, em vez de devolver à liberdade indivíduos
      corrigidos, espalha na população delinquentes perigosos. A
      prisão não pode deixar de fabricar delinquentes. Fabrica-os
4     pelo tipo de existência que faz os detentos levarem: que fiquem
      isolados nas celas, ou que lhes seja imposto um trabalho para
      o qual não encontrarão utilidade, é de qualquer maneira não
7     "pensar no homem em sociedade; é criar uma existência contra
      a natureza inútil e perigosa"; queremos que a prisão eduque os
      detentos, mas um sistema de educação que se dirige ao homem
10    pode ter razoavelmente como objetivo agir contra o desejo da
      natureza? A prisão fabrica também delinquentes impondo aos

detentos limitações violentas; ela se destina a aplicar as leis, e
13 a ensinar o respeito por elas; ora, todo o seu funcionamento se
desenrola no sentido do abuso de poder. A prisão torna
possível, ou melhor, favorece a organização de um meio de
16 delinquentes, solidários entre si, hierarquizados, prontos para
todas as cumplicidades futuras.

Michel Foucault. **Ilegalidade e delinquência**. *In*: Michel Foucault. **Vigiar e punir: nascimento da prisão**.
33.a ed. Petrópolis: Vozes, 1987, p. 221-2 (com adaptações).

**(Agente de Polícia/DF – 2013 – CESPE)** O item seguinte apresenta proposta de reescritura de trecho do texto acima. Julgue-o quanto à correção gramatical e à manutenção do sentido original do texto.

**(1)** "A prisão (...) por elas" (L.11-13): Ao impor limitações violentas aos detentos, a prisão cria também delinquentes. Ela é destinada a aplicação das leis e ao ensino do respeito por elas.

**1:** incorreta. A colocação do ponto final separando os dois períodos trouxe graves prejuízos à coerência do texto. O segundo período não faz sentido frente ao primeiro.
Gabarito: 1E.

## 10. ANÁLISES SINTÁTICA E MORFOLÓGICA

**Pavio do destino**

Sérgio Sampaio

1  O bandido e o mocinho
   São os dois do mesmo ninho
   Correm nos estreitos trilhos
4  Lá no morro dos aflitos
   Na Favela do Esqueleto
   São filhos do primo pobre
7  A parcela do silêncio
   Que encobre todos os gritos
   E vão caminhando juntos
10 O mocinho e o bandido
   De revólver de brinquedo
   Porque ainda são meninos
13 Quem viu o pavio aceso do destino?
   Com um pouco mais de idade
   E já não são como antes
16 Depois que uma autoridade
   Inventou-lhes um flagrante
   Quanto mais escapa o tempo
19 Dos falsos educandários
   Mais a dor é o documento
   Que os agride e os separa
22 Não são mais dois inocentes
   Não se falam cara a cara
   Quem pode escapar ileso
25 Do medo e do desatino
   Quem viu o pavio aceso do destino?

O tempo é pai de tudo
28 E surpresa não tem dia
   Pode ser que haja no mundo
   Outra maior ironia
31 O bandido veste a farda
   Da suprema segurança
   O mocinho agora amarga
34 Um bando, uma quadrilha
   São os dois da mesma safra
   Os dois são da mesma ilha
37 Dois meninos pelo avesso
   Dois perdidos Valentinos
   Quem viu o pavio aceso do destino?

**(Agente de Polícia/DF – 2013 – CESPE)** Acerca de aspectos linguísticos do texto, julgue os itens a seguir.

**(1)** O termo "amarga" (v.33) corresponde a uma característica que, no texto, qualifica "quadrilha" (v.34).

**(2)** Nos versos 25 e 26, os termos "Do medo", "do desatino" e "do destino" exercem a mesma função sintática.

**(3)** O sujeito da forma verbal "viu", nos versos 13, 26 e 39, é indeterminado, pois não se revela, no texto, quem pratica a ação de ver.

**1:** incorreta. "Amarga", no trecho, é conjugação da terceira pessoa do singular do presente do indicativo do verbo "amargar", que tem sentido de "aguentar", "suportar". **2:** incorreta. "Do medo" e "do desatino" exercem função sintática de objeto indireto do verbo "escapar". "Do destino" é adjunto adnominal; **3:** incorreta. O sujeito é o pronome interrogativo "quem".
Gabarito: 1E, 2E, 3E.

> 1    Leio que a ciência deu agora mais um passo definitivo.
> E claro que o definitivo da ciência e transitório, e não por
> deficiência da ciência (e ciência demais), que se supera a si
> 4    mesma a cada dia... Não indaguemos para que, ja que a própria
> ciência não o faz — o que, alias, e a mais moderna forma de
> objetividade de que dispomos.
> 7    Mas vamos ao definitivo transitório. Os cientistas
> afirmam que podem realmente construir agora a bomba limpa.
> Sabemos todos que as bombas atômicas fabricadas ate hoje são
> 10   sujas (alias, imundas) porque, depois que explodem, deixam
> vagando pela atmosfera o ja famoso e temido estrôncio 90.
> Ora, isso e desagradável: pode mesmo acontecer que o próprio
> 13   pais que lançou a bomba venha a sofrer, a longo prazo, as
> conseqüências mortíferas da proeza. O que e, sem duvida, uma
> sujeira.
> 16   Pois bem, essas bombas indisciplinadas,
> mal-educadas, serão em breve substituídas pelas bombas n, que
> cumprirão sua missão com lisura: destruirão o inimigo,
> 19   sem riscos para o atacante. Trata-se, portanto, de uma fabulosa
> conquista, não?
>
> Ferreira Gullar. Maravilha. In: A estranha vida banal. Rio de Janeiro: José Olympio, 1989, p. 109.

**(Polícia Rodoviária Federal – 2013 – CESPE)** No que se refere aos sentidos e as estruturas linguísticas do texto acima, julgue o item a seguir.

**(1)** A oração introduzida por "porque" (L.10) expressa a razão de as bombas serem sujas.

**1:** correta. A conjunção "porque" inaugura a oração subordinada adverbial causal.
Gabarito: "1C".

## 11. INTERPRETAÇÃO DE TEXTO E TEMAS COMBINADOS

> 1    Hoje, todos reconhecem, porque Marx impôs esta
> demonstração no Livro II d'O Capital, que não há produção
> possível sem que seja assegurada a reprodução das condições
> 4    materiais da produção: a reprodução dos meios de produção.
> Qualquer economista, que neste ponto não se distingue
> de qualquer capitalista, sabe que, ano após ano, é preciso
> 7    prever o que deve ser substituído, o que se gasta ou se usa na
> produção: matéria-prima, instalações fixas (edifícios),
> instrumentos de produção (máquinas) etc. Dizemos: qualquer
> 10   economista é igual a qualquer capitalista, pois ambos
> exprimem o ponto de vista da empresa.
>
> Louis Althusser. Ideologia e aparelhos ideológicos do Estado. 3.ª ed. Lisboa: Presença, 1980 (com adaptações).

**(Agente – PF – 2014 – CESPE/CEBRASPE)** Julgue os itens a seguir, a respeito dos sentidos do texto acima.

**(1)** No texto, os termos "matéria-prima" (l.8), "instalações fixas (edifícios)" (l.8) e "instrumentos de produção (máquinas)" (l.9) são exemplos de "meios de produção" (l.4).
**(2)** Infere-se do texto que todo economista é capitalista, mas o inverso não é verdadeiro, pois nem todo capitalista é proprietário de empresa.
**(3)** Não haveria alteração de sentido do texto, caso o trecho "todos reconhecem, porque (...) d'O Capital, que não há produção" (l.1 e 2) fosse reescrito da seguinte forma: todos reconhecem a razão pela qual Marx impôs esta demonstração no Livro II d'O Capital — que não há produção.
**(4)** O trecho "que não há produção possível (...) dos meios de produção" (l.2 a 4) é a demonstração a que se refere a expressão "esta demonstração" (l.1 e 2).

**1:** correta. Os termos vêm após dois-pontos, indicando se tratar de aposto, que explica o sentido do termo "meios de produção"; **2:** incorreta. O autor afirma que o economista conjuga das opiniões do capitalista porque ambos expõem e defendem o ponto de vista da empresa, mas sem atribuir identidade recíproca entre eles; **3:** incorreta. Haveria alteração de sentido, pois a oração originalmente entre vírgulas deixaria de ter valor adverbial causal para compor o complemento nominal do termo "razão"; **4:** correta, pelos mesmos motivos expostos no comentário à assertiva 1.
Gabarito: 1C, 2E, 3E, 4C

1    Imigrantes ilegais, os homens e as mulheres vieram
     para Prato, na Itália, como parte de *snakebodies* liderados por
     *snakeheads* na Europa. Em outras palavras, fizeram a perigosa
4    viagem da China por trem, caminhão, a pé e por mar como
     parte de um grupo pequeno, aterrorizado, que confiou seu
     destino a gangues chinesas que administram as maiores redes
7    de contrabando de gente no mundo. Nos locais em que suas
     viagens começaram, havia filhos, pais, esposas e outros que
     dependiam deles para que enviassem dinheiro. No destino,
10   havia paredes cobertas com anúncios de mau gosto de
     empregos que representavam a esperança de uma vida melhor.
     Pedi a um dos homens ao lado da parede que me
13   contasse como tinha sido sua viagem. Ele objetou. Membros do
     *snakebody* têm de jurar segredo aos *snakeheads* que organizam
     sua viagem. Tive de convencê-lo, concordando em usar um
16   nome falso e camuflar outros aspectos de sua jornada. Depois
     de uma série de encontros e entrevistas, pelos quais paguei
     alguma coisa, a história de como Huang chegou a Prato
19   emergiu lentamente.

                James Kynge. A China sacode o mundo. São Paulo: Globo, 2007 (com adaptações).

**(Agente – PF – 2014 – CESPE/CEBRASPE)** Julgue os seguintes itens, relativos às ideias e às estruturas linguísticas do texto acima.

(1) Depreende-se do texto que chineses emigram para a Europa em busca da possibilidade de melhor sustento financeiro de suas famílias.
(2) A correção gramatical do texto seria preservada caso se substituísse a locução "tinha sido" (l.13) pela forma verbal **fora**.
(3) Os termos "série" e "história" acentuam-se em conformidade com a mesma regra ortográfica.
(4) O texto é narrativo e autobiográfico, o que se evidencia pelo uso da primeira pessoa do singular no segundo parágrafo, quando é contado um fato acontecido ao narrador.

---

**1:** correta, como se pode ver na passagem "*paredes cobertas com anúncios de mau gosto de empregos que representavam a esperança de uma vida melhor*"; **2:** correta. As formas verbais têm sentido equivalente; **3:** correta. Ambas são paroxítonas terminadas em ditongo crescente; **4:** incorreta. Trata-se de texto narrativo, no qual o narrador irá expor a história da emigração de Huang. Não há qualquer traço da vida do autor na narrativa.
Gabarito: 1C, 2C, 3C, 4E

1    Migrar e trabalhar. Quando esses verbos se conjugam
     da pior forma possível, acontece o chamado tráfico de seres
     humanos. O tráfico de pessoas para exploração econômica e
4    sexual está relacionado ao modelo de desenvolvimento que o
     mundo adota. Esse modelo é baseado em um entendimento de
     competitividade que pressiona por uma redução constante nos
7    custos do trabalho.
     No passado, os escravos eram capturados e vendidos
     como mercadoria. Hoje, a pobreza que torna populações
10   vulneráveis garante oferta de mão de obra para o tráfico — ao
     passo que a demanda por essa força de trabalho sustenta o
     comércio de pessoas. Esse ciclo atrai intermediários, como os
13   *gatos* (contratadores que aliciam pessoas para serem
     exploradas em fazendas e carvoarias), os *coiotes*
     (especializados em transportar pessoas pela fronteira entre o
16   México e os Estados Unidos da América) e outros *animais*, que
     lucram sobre os que buscam uma vida mais digna. Muitas
     vezes, é a iniciativa privada uma das principais geradoras do
19   tráfico de pessoas e do trabalho escravo, ao forçar o
     deslocamento de homens, mulheres e crianças para reduzir
     custos e lucrar. Na pecuária brasileira, na produção de cacau de
22   Gana, nas tecelagens ou fábricas de tijolos do Paquistão.
     O tráfico de pessoas e as formas contemporâneas de
     trabalho escravo não são uma doença, e sim uma febre que

25 indica que o corpo está doente. Por isso, sua erradicação não virá apenas com a libertação de trabalhadores, equivalente a um antitérmico — necessário, mas paliativo. O fim do tráfico
28 passa por uma mudança profunda, que altere o modelo de desenvolvimento predatório do meio ambiente e dos trabalhadores. A escravidão contemporânea não é um resquício
31 de antigas práticas que vão desaparecer com o avanço do capital, mas um instrumento utilizado pelo capitalismo para se expandir.

Leonardo Sakamoto. O tráfico de seres humanos hoje. *In*: História viva. Internet: <www2.uol.com.br> (com adaptações).

**(Agente – PF – 2014 – CESPE/CEBRASPE)** Julgue os itens subsequentes, acerca de ideias e estruturas linguísticas do texto acima.

(1) Os termos "febre" (l.24), "antitérmico" (l.27) e "paliativo" (l.27) expressam a analogia do tráfico de pessoas e do trabalho escravo na atualidade com um padrão doentio cuja erradicação passa pela libertação dos trabalhadores, embora não se limite a ela.

(2) Segundo o texto, a devastação do meio ambiente e a exploração de mão de obra escrava caracterizam o modelo de desenvolvimento atual.

(3) Infere-se do texto a existência de dois segmentos que lucram com o tráfico de pessoas: as empresas, que reduzem os custos com mão de obra, e os intermediários, que se beneficiam da exploração de pessoas que desejam migrar.

(4) O sentido original do texto seria preservado caso a forma verbal "eram capturados" (l.8) fosse substituída por **foram capturados**.

(5) No texto, as expressões "esses verbos" (l.1) e "Esse ciclo" (l.12) têm a mesma finalidade: retomar termos ou ideias expressos anteriormente.

**1:** correta. O autor se vale da figura de linguagem conhecida como **comparação**, na qual identifica semelhanças entre entidades diferentes para compor o seu estilo de escrita; **2:** correta, como se pode ver na passagem "*altere o modelo de desenvolvimento predatório do meio ambiente e dos trabalhadores*"; **3:** correta. Esta é a ideia central exposta no segundo parágrafo do texto; **4:** incorreta. A locução verbal com o verbo auxiliar "ser" denota que a captura de escravos era uma prática constante e contínua, ao passo que o uso do verbo auxiliar "ir" indicaria uma ação única, perfeita e acabada num dado momento; **5:** correta. Ambas são usadas como elementos de coesão, para resgatar ideias apresentadas anteriormente. Gabarito: 1C, 2C, 3C, 4E, 5C

O tráfico internacional de drogas começou a desenvolver-se em meados da década de 70, tendo tido o seu *boom* na década de 80. Esse desenvolvimento está estreitamente ligado à crise econômica mundial. O narcotráfico determina as economias dos países produtores de coca e, ao mesmo tempo, favorece principalmente o sistema financeiro mundial. O dinheiro oriundo da droga corresponde à lógica do sistema financeiro, que é eminentemente especulativo. Este necessita, cada vez mais, de capital "livre" para girar, e o tráfico de drogas promove o "aparecimento mágico" desse capital que se acumula de modo rápido e se move velozmente.

A América Latina participa do narcotráfico na qualidade de maior produtora mundial de cocaína, e um de seus países, a Colômbia, detém o controle da maior parte do tráfico internacional. A cocaína gera "dependência" em grupos econômicos e até mesmo nas economias de alguns países, como nos bancos da Flórida, em algumas ilhas do Caribe ou nos principais países produtores — Peru, Bolívia e Colômbia, para citar apenas os casos de maior destaque. Na Bolívia, os lucros com o narcotráfico chegam a US$ 1,5 bilhão contra US$ 2,5 bilhões das exportações legais. Na Colômbia, o narcotráfico gera de US$ 2 a 4 bilhões, enquanto as exportações oficiais geram US$ 5,25 bilhões. Nesses países, a corrupção é generalizada. Os narcotraficantes controlam o governo, as forças armadas, o corpo diplomático e até as unidades encarregadas do combate ao tráfico. Não há setor da sociedade que não tenha ligação com os traficantes e até mesmo a Igreja recebe contribuições destes.

Osvaldo Coggiola. O comércio de drogas hoje. *In*: Olho da História, n.o 4.
Internet: <www.oolhodahistoria.ufba.br> (com adaptações).

**(Agente – PF – 2014 – CESPE/CEBRASPE)** Julgue os próximos itens, referentes aos sentidos do texto acima.

(1) Verifica-se no texto uma ampliação de sentido do termo "dependência": da dependência química causada em usuários de drogas à dependência de grupos e países cuja economia lucra com o narcotráfico.

(2) Depreende-se do texto uma discrepância na ligação do narcotráfico com a Igreja e com unidades de combate ao tráfico.

(3) Infere-se do texto que o lucro com o narcotráfico equivale a duas vezes o lucro com as exportações legais tanto na Bolívia quanto na Colômbia.

(4) O texto, que se classifica como dissertativo, expõe a articulação entre o tráfico internacional de drogas e o sistema financeiro mundial.

**1:** correta. É necessário estar atento à interpretação do texto para identificar os dois sentidos nos quais a palavra "dependência" foi utilizada; **2:** incorreta. O autor estabelece que a relação do narcotráfico com essas duas entidades, assim como diversas outras, tem a mesma origem e a mesma função dentro do sistema; **3:** incorreta. Na Bolívia, essa proporção é de pouco mais de 50%. Na Colômbia, o cálculo pode estar certo, mas somente se o lucro do narcotráfico for de US$2,1 bilhões – o que é possível, mas não afirmado peremptoriamente no texto; **4:** correta. Também se pode identificar o texto dissertativo pela estrutura de introdução, apresentação dos argumentos e conclusão.

Gabarito: 1C, 2E, 3E, 4C

1    O uso indevido de drogas constitui, na atualidade,
séria e persistente ameaça à humanidade e à estabilidade das
estruturas e valores políticos, econômicos, sociais e culturais de
4    todos os Estados e sociedades. Suas consequências infligem
considerável prejuízo às nações do mundo inteiro, e não são
detidas por fronteiras: avançam por todos os cantos da
7    sociedade e por todos os espaços geográficos, afetando homens
e mulheres de diferentes grupos étnicos, independentemente de
classe social e econômica ou mesmo de idade. Questão de
10    relevância na discussão dos efeitos adversos do uso indevido
de drogas é a associação do tráfico de drogas ilícitas e dos
crimes conexos — geralmente de caráter transnacional — com
13    a criminalidade e a violência. Esses fatores ameaçam a
soberania nacional e afetam a estrutura social e econômica
interna, devendo o governo adotar uma postura firme de
16    combate ao tráfico de drogas, articulando-se internamente e
com a sociedade, de forma a aperfeiçoar e otimizar seus
mecanismos de prevenção e repressão e garantir o
19    envolvimento e a aprovação dos cidadãos.

Internet: <www.direitoshumanos.usp.br>.

**(Agente – PF – 2014 – CESPE/CEBRASPE)** No que se refere aos aspectos linguísticos do fragmento de texto acima, julgue os próximos itens.

**(1)** A forma verbal "infligem" (l.4) está empregada no texto com o mesmo sentido que está empregada na seguinte frase: Os agentes de trânsito infligem multas aos infratores.

**(2)** Nas linhas 12 e 13, o emprego da preposição "com", em "com a criminalidade e a violência", deve-se à regência do vocábulo "conexos".

**(3)** O referente do sujeito da oração "articulando-se internamente e com a sociedade" (l. 16 e 17), que está elíptico no texto, é "o governo" (l.15).

**(4)** Na linha 6, dados os sentidos do trecho introduzido por dois-pontos, o vocábulo "fronteiras" deve ser interpretado em sentido amplo, não estando restrito ao seu sentido denotativo.

**(5)** O acento indicativo de crase em "à humanidade e à estabilidade" (l.2) é de uso facultativo, razão por que sua supressão não prejudicaria a correção gramatical do texto.

**(6)** O pronome possessivo "Suas" (l.4) refere-se a "de todos os Estados e sociedades" (l. 3 e 4).

---

**1:** incorreta. No texto, o verbo foi usado no sentido de "causar algo desagradável". Na oração proposta na alternativa, o sentido é de "impor", "imputar", "cominar"; **2:** incorreta. A preposição é regida pelo substantivo "associação"; **3:** correta. Ocorre elipse quando suprimimos um termo da oração de maneira que ele possa ser deduzido pelo contexto, como bem aponta a assertiva; **4:** correta. As "fronteiras" em questão não são apenas as linhas divisórias entre países, mas também "todos os cantos da sociedade", como se afirma no texto; **5:** incorreta. O uso do acento grave é obrigatório, por se tratar de palavras femininas utilizadas como adjunto adnominal regido pela preposição "a"; **6:** incorreta. Refere-se a "uso indevido de drogas".

Gabarito: 1E, 2E, 3C, 4C, 5E, 6E

1    Acho que, se eu não fosse tão covarde, o mundo seria
um lugar melhor. Não que a melhora do mundo dependa de
uma só pessoa, mas, se o medo não fosse constante, as pessoas
4    se uniriam mais e incendiariam de entusiasmo a humanidade.
Mas o que vejo no espelho é um homem abatido diante das
atrocidades que afetam os menos favorecidos.
7    Se tivesse coragem, não aceitaria crianças passarem
fome, frio e abandono. Elas nos assustam com armas nos
semáforos, pedem esmolas, são amontoadas em escolas que

10   não ensinam, e, por mais que chorem, somos imunes a essas lágrimas.
     Sou um covarde diante da violência contra a mulher,
     do homem contra o homem. E porque os índios estão tão longe
13   da minha aldeia e suas flechas não atingem meus olhos nem o
     coração, não me importa que tirem suas terras, sua alma.
     Analfabeto de solidariedade, não sei ler sinais de fumaça. Se
16   tivesse um nome indígena, seria "cachorro medroso". Se fosse
     o tal ser humano forte que alardeio, não aceitaria famílias sem
     terem onde morar.

Sérgio Vaz. Antes que seja tarde. In: Caros Amigos, mai./2013, p. 8 (com adaptações).

**(Agente Administrativo – PF – 2014 – CESPE/CEBRASPE)** Com base na leitura do texto, julgue os itens seguintes.

**(1)** A supressão das vírgulas que isolam a oração "se o medo não fosse constante" (l.3) não afetaria a correção gramatical do texto.
**(2)** A coerência e a coesão do texto não seriam prejudicadas se o trecho "se o medo não fosse constante, as pessoas (...) a humanidade." (l.3-4) fosse reescrito da seguinte forma: se o medo não for constante, as pessoas se unirão mais e incendiarão de entusiasmo a humanidade.
**(3)** O verbo alardear, em "Se fosse o tal ser humano forte que alardeio" (l.16-17), está empregado no sentido de vangloriar-se, gabar-se.
**(4)** Infere-se do texto que as mazelas que assolam o mundo se devem às desigualdades sociais.

**1:** incorreta. Como as referidas vírgulas marcam a intercalação da oração subordinada adverbial, "se o medo não fosse constante", que se antecipa à principal, ela é obrigatória e sua supressão afetaria a correção gramatical do texto; **2:** correta. Não seriam prejudicadas a coerência e a coesão do texto se a oração "se o medo não fosse constante, as pessoas (...) humanidade" fosse reescrita como "se o medo não for constante, as pessoas se unirão e incendiarão de entusiasmo a humanidade ", pois será mantida a correta correlação entre os tempos verbais: originalmente, imperfeito do subjuntivo com futuro do pretérito do indicativo; na proposta apresentada, futuro do subjuntivo com futuro do presente do indicativo; **3:** incorreta. O autor usa a palavra "alardear" no sentido de revelar, de deixar transparecer, mostrar-se; **4:** incorreta. O texto trata as mazelas sociais como consequência da falta de atitude, do comodismo, da inação, do individualismo

Gabarito 1E, 2C, 3E, 4E

1    Embora não tivessem ficado claras as fontes geradoras
     de quebras da paz urbana, o fenômeno social marcado pelos
     movimentos populares que tomaram as ruas das grandes
4    cidades brasileiras, em 2013, parecia tendente a se agravar.
     As vítimas das agressões pessoais viram desprotegidas
     a paz e a segurança, direitos sagrados da cidadania. Todos
7    foram prejudicados.
     Pôde-se constatar que, em outras partes do mundo,
     fenômenos sociais semelhantes também ocorreram. Lá como
10   cá, diferentes tipos de ação atingiram todo o grupo social,
     gerando vítimas e danos materiais. Nem sempre a intervenção
     das forças do Estado foi suficiente para evitar prejuízos.
13   Do ponto de vista global, notou-se que a quebra da
     ordem foi provocada em situações diversas e ora tornou mais
     graves as distorções do direito, ora espalhou a insegurança
16   coletivamente. Em qualquer das hipóteses, a população dos
     vários locais atingidos viu-se envolvida em perdas crescentes.

Internet: <www1.folha.uol.com.br> (com adaptações).

**(Agente Administrativo – PF – 2014 – CESPE/CEBRASPE)** Considerando as ideias e as estruturas linguísticas do texto, julgue os itens a seguir.

**(1)** Depreende-se das ideias do primeiro parágrafo do texto que a identificação da origem do fenômeno social representado pelos movimentos sociais ocorridos em 2013 seria suficiente para evitar que eles se agravassem.
**(2)** Na linha 13, a partícula "se" é empregada para indeterminar o sujeito.
**(3)** Por meio do termo "hipóteses" (R.16), são retomadas as ideias dos trechos "tornou mais graves as distorções do direito" (R.14-15) e "espalhou a insegurança coletivamente" (R.15-16).

(4) A correção gramatical bem como as informações originais do texto seriam mantidas caso o período "As vítimas das agressões pessoais viram desprotegidas a paz e a segurança, direitos sagrados da cidadania." (R.5-6) fosse reescrito da seguinte forma: As pessoas agredidas viram-se desprotegidas em sua paz e segurança — prerrogativas legais consagradas da cidadania.

(5) Sem prejuízo para o sentido e a correção gramatical do texto, o trecho "Pôde-se constatar (...) ocorreram." (R.8-9) poderia ser assim reescrito: Supôs-se que também ocorreu, em outros países do mundo, movimentos sociais análogos.

(6) Os termos "Lá" (R.9) e "cá" (R.10) são utilizados como recursos para expressar circunstância de lugar, o primeiro referindo-se a "outras partes do mundo" (R.8) e o segundo, ao Brasil.

---

**1:** incorreta. Depreende-se do primeiro parágrafo que, claras ou não as fontes geradoras dos movimentos populares, o fenômeno social que eles representavam tendia a se agravar. Nada se afirma em relação à identificação da origem do fenômeno social para evitar o agravamento da situação. Ao contrário, a oração subordinada que introduz o parágrafo, por ser concessiva, denota ideia que não impede a ocorrência do que se afirma na oração principal; **2:** incorreta. Em "..., notou-se que a quebra da ordem...", o termo "se" é pronome apassivador, visto que a oração está na voz passiva pronominal, sendo o sujeito oracional; **3:** correta. O termo "hipóteses" retoma os casos de perdas da população decorrentes de quebra da ordem, mencionados no período imediatamente anterior: agravamento das distorções do direito e disseminação da insegurança ("tornou mais graves as distorções do direito" e "espalhou a insegurança coletivamente"); **4:** incorreta. A proposta de reescrita não mantém as informações originais do texto, dada a substituição de "viram desprotegidas a paz e a segurança" por viram-se desprotegidas em sua paz e segurança. De acordo com o sentido original, as prerrogativas legais consagradas da cidadania são a paz e a segurança de todos e não de algumas pessoas somente, como se propõe na reescrita; **5:** incorreta. A proposta de reescrita prejudica o sentido e a correção gramatical do texto. A substituição de "Pôde-se constatar" por "supôs-se" altera substancialmente o sentido original, visto que constatar significa verificar, atestar, e supor significa achar, admitir hipoteticamente. Na proposta de reescrita, também há prejuízo da concordância verbal padrão, visto que a forma verbal "ocorreu" não concorda em número com o sujeito da oração, "movimentos sociais análogos"; **6:** correta. "Lá" e "cá" são dêiticos, usados como recursos coesivos adverbiais que expressam circunstância de lugar, o primeiro referindo-se a "outras partes do mundo" e o segundo, ao Brasil.

Gabarito: 1E, 2E, 3C, 4E, 5E, 6C

---

1 O Departamento de Atendimento a Grupos
Vulneráveis (DAGV) da Polícia Civil de Sergipe atende a
um público específico, que frequentemente se torna vítima
4 de diversos tipos de violência. Idosos, homossexuais,
mulheres, crianças e adolescentes têm recebido atenção
constante no DAGV, onde o atendimento ganha força e se
7 especializa diariamente
A unidade surgiu como delegacia especializada em
setembro de 2004. Agentes e delegados de atendimento a
10 grupos vulneráveis realizam atendimento às vítimas,
centralizam procedimentos relativos a crimes contra o
público vulnerável registrados em outras delegacias, abrem
13 inquéritos e termos circunstanciados e fazem investigações
de queixas.

Internet: <www.ssp.se.gov.br> (com adaptações).

**(Delegado – PC/SE – 2018 – CESPE/CEBRASPE)** Com relação aos sentidos e a aspectos linguísticos do texto precedente, julgue os itens que se seguem.

(1) Predomina no texto a tipologia narrativa, a qual é adequada ao propósito comunicativo de apresentar ao leitor um relato linear e objetivo da história do DAGV desde o seu surgimento até os dias atuais.

(2) De acordo com o segundo período do texto, o DAGV é um espaço destinado a alojar grupos vulneráveis, como idosos, homossexuais, mulheres, crianças e adolescentes, dando-lhes refúgio e proteção constante.

(3) A correção gramatical e o sentido do texto seriam preservados se, no trecho "a um público específico" (ℓ. 2 e 3), a preposição "a" fosse suprimida.

(4) Os termos "a crimes contra o público" (ℓ. 11 e 12) e "de queixas" (ℓ.14) complementam, respectivamente, os termos "relativos" e "investigações".

---

**1:** incorreta. Trata-se de texto majoritariamente informativo, cuja intenção é instruir o leitor sobre as atividades do DAGV, agregando-lhe conhecimento; **2:** incorreta. O texto não diz que o DAGV fornece refúgio e alojamento, mas atenção a pessoas vulneráveis, isto é, tais grupos podem ali narrar os delitos de que foram vítimas sem medo de serem ridicularizados; **3:** correta. O verbo "atender" pode ser tanto transitivo direto quanto indireto. O uso da preposição "a" é facultativo; **4:** correta, as relações de coesão estão perfeitamente indicadas.

Gabarito: 1E, 2E, 3C, 4C

(...)
1  Às vezes eu falo com a vida
   Às vezes é ela quem diz
   Qual a paz que eu não quero
4  Conservar para tentar ser feliz

   As grades do condomínio
   São para trazer proteção
7  Mas também trazem a dúvida
   Se é você que está nessa prisão
   Me abrace e me dê um beijo
10 Faça um filho comigo
   Mas não me deixe sentar
   Na poltrona no dia de domingo.
(...)

O Rappa. **Minha Alma** (A Paz Que Eu Não Quero). *In*: **Álbum Lado B Lado A**. Warner Music Group, 1999 (com adaptações).

**(Delegado – PC/SE – 2018 – CESPE/CEBRASPE)** Com relação aos sentidos e aos aspectos linguísticos do trecho da letra de música anteriormente apresentado, julgue os itens que se seguem.

**(1)** No trecho apresentado, a associação de "As grades do condomínio" (v.5) com as palavras "proteção" (v.6) e "prisão" (v.8) remete a uma solução encontrada pelos cidadãos que, para se proteger da violência, se privam de sua liberdade, tornando-se prisioneiros em seus lares.

**(2)** No verso "Às vezes é ela quem diz" (v.2), a supressão de "é" e "quem" prejudicaria a coerência do trecho.

**(3)** Em "Mas não me deixe sentar" (v.11), a colocação do pronome "me" após a forma verbal "deixe" — **deixe-me** — prejudicaria a correção gramatical do trecho.

**1:** correta. A interpretação apresentada da poesia é totalmente condizente com a mensagem por ela transmitida; **2:** incorreta, pois não haveria prejuízo. Tais palavras foram inseridas pelo autor para fins de adequação da quantidade de sílabas do verso à canção, sendo também correto dizer: "às vezes ela diz"; **3:** correta. A presença do advérbio de negação "não" torna a próclise obrigatória, de maneira que a colocação do pronome posposto ao verbo seria gramaticalmente incorreta.

Gabarito: 1C, 2E, 3C

1  A fim de solucionar o litígio, atos sucessivos
   e concatenados são praticados pelo escrivão. Entre eles, estão os
   atos de comunicação, os quais são indispensáveis para que os
4  sujeitos do processo tomem conhecimento dos atos acontecidos
   no correr do procedimento e se habilitem a exercer os direitos
   que lhes cabem e a suportar os ônus que a lei lhes impõe.

Internet: <http://jus.com.br> (com adaptações).

**(Escrivão de Polícia Federal – 2013 – CESPE)** No que se refere ao texto acima, julgue os itens seguintes.

**(1)** Não haveria prejuízo para a correção gramatical do texto nem para seu sentido caso o trecho "A fim de solucionar o litígio" (L.1) fosse substituído por **Afim de dar solução à demanda** e o trecho "tomem conhecimento dos atos acontecidos no correr do procedimento" (L.4-5) fosse, por sua vez, substituído por **conheçam os atos havidos no transcurso do acontecimento**.

**(2)** Na linha 3, a correção gramatical do texto seria mantida caso a expressão "os quais" fosse substituída por **que** ou fosse suprimida, desde que, nesse último caso, fosse suprimida também a forma verbal "são".

**1:** incorreta. O problema está na primeira alteração sugerida. "A fim de" é locução prepositiva que estabelece uma relação de finalidade entre os termos da oração. Denota o motivo pelo qual o agente pratica o ato. "Afim", que não rege preposição, é sinônimo de "parecido", "similar"; **2:** correta. Tanto "os quais" como "que" exercem função de pronome relativo. Sua supressão juntamente com o verbo "são" não traria prejuízo para a compreensão do texto, porque sua presença implícita pode ser facilmente deduzida (figura de linguagem conhecida como elipse).

Gabarito: 1E, 2C

1   O respeito às diferentes manifestações culturais é
    fundamental, ainda mais em um país como o Brasil, que
    apresenta tradições e costumes muito variados em todo o seu
4   território. Essa diversidade é valorizada e preservada por ações
    da Secretaria da Identidade e da Diversidade Cultural (SID),
    criada em 2003 e ligada ao Ministério da Cultura.
7   Cidadãos de áreas rurais que estejam ligados a
    atividades culturais e estudantes universitários de todas as
    regiões do Brasil, por exemplo, são beneficiados por um dos
10  projetos da SID: as Redes Culturais. Essas redes abrangem
    associações e grupos culturais para divulgar e preservar suas
    manifestações de cunho artístico. O projeto é guiado por
13  parcerias entre órgãos representativos do Estado brasileiro e as
    entidades culturais.
    A Rede Cultural da Terra realiza oficinas de
16  capacitação, cultura digital e atividades ligadas às artes
    plásticas, cênicas e visuais, à literatura, à música e ao
    artesanato. Além disso, mapeia a memória cultural dos
19  trabalhadores do campo. A Rede Cultural dos Estudantes
    promove eventos e mostras culturais e artísticas e apoia a
    criação de Centros Universitários de Cultura e Arte.
22  Culturas populares e indígenas são outro foco de
    atenção das políticas de diversidade, havendo editais públicos
    de premiação de atividades realizadas ou em andamento, o que
25  democratiza o acesso a recursos públicos.
    O papel da cultura na humanização do tratamento
    psiquiátrico no Brasil é discutido em seminários da SID. Além
28  disso, iniciativas artísticas inovadoras nesse segmento são
    premiadas com recursos do Edital Loucos pela Diversidade.
    Tais ações contribuem para a inclusão e socializam o direito à
31  criação e à produção cultural.
    A participação de toda a sociedade civil na discussão
    de qualquer política cultural se dá em reuniões da SID com
34  grupos de trabalho e em seminários, oficinas e fóruns, nos
    quais são apresentadas as demandas da população. Com base
    nesses encontros é que podem ser planejadas e desenvolvidas
37  ações que permitam o acesso dos cidadãos à cultura e a
    promoção de suas manifestações, independentemente de cor,
    sexo, idade, etnia e orientação sexual.

Identidade e diversidade. Internet: <www.brasil.gov.br/sobre/cultura/> (com adaptações).

**(Escrivão de Polícia/BA – 2013 – CESPE)** Considerando as ideias e aspectos linguísticos do texto apresentado, julgue o item a seguir.

**(1)** No período "Essas redes abrangem associações e grupos culturais para divulgar e preservar suas manifestações de cunho artístico." (L.10-12), duas orações expressam finalidades das "Redes Culturais" (L.10).

---

**1: correta.** São elas: "para divulgar" e "(para) preservar suas manifestações de cunho artístico". Para evitar a repetição desnecessária dos termos, os verbos compartilham o complemento ("suas manifestações...") e foi suprimida, pela figura de linguagem conhecida como zeugma, a preposição "para" antes de "preservar".
Gabarito "1C."

1   A democracia há muito deixou de dizer respeito às
    regras do jogo político para se transformar na força viva de
    construção de um mundo vasto e diferenciado, apto a conjugar
4   tempos passados e futuros, afinidades e diferenças, meios
    sociais imprescindíveis ao desenvolvimento da autenticidade
    e da individualidade de cada pessoa. O espírito democrático
7   desenvolve-se na diversidade e estabelece o diálogo na
    pluralidade. Diversidade é a semente inesgotável da
    autenticidade e da individualidade humana, que se expressam
10  na subjetividade da liberdade pessoal. Mas a condição de
    ser livre, ou seja, de desenvolver a autenticidade e a
    individualidade, pressupõe o contexto da diversidade, somente
13  atingível, em termos políticos, no âmbito do espírito

democrático, círculo que demonstra a intimidade e
interdependência entre democracia e liberdades fundamentais.
16 A liberdade deve ser entendida em duplo sentido: como o
respeito e a aceitação das diferenças individuais e coletivas e
como dever de solidariedade e compromisso com as condições
19 para a liberdade de todos, o que implica a garantia do direito
à não discriminação e do direito a políticas afirmativas, como
formas de manifestação do direito à diversidade, que
22 representam novos padrões de proteção jurídica, ensejadores
da acessibilidade às condições materiais, sociais, culturais e
intelectivas, imprescindíveis à autodeterminação individual,
25 denominadas direitos de acessibilidade, requisito primeiro para
o pleno exercício das liberdades de escolhas.

Idem, p. 97 (com adaptações).

**(Escrivão de Polícia/DF – 2013 – CESPE)** Julgue os itens que se seguem, relativos às ideias e estruturas linguísticas do texto acima.

**(1)** Estaria garantida a correção gramatical do texto caso fosse suprimida a vírgula empregada após "individualidade" (L.12), evitando-se a separação, por vírgula, do sujeito e do predicado da oração.

**(2)** Não haveria prejuízo do sentido geral do texto nem das relações sintáticas nele estabelecidas caso à os elementos da enumeração presente no segmento "ensejadores da acessibilidade às condições materiais, sociais, culturais e intelectivas" (L.22-24) fossem reorganizados da seguinte forma: ensejadores da acessibilidade às condições materiais, sociais e culturais intelectivas.

**(3)** No trecho "que se expressam na subjetividade da liberdade pessoal" (L.9-10), o emprego do pronome átono "se" após a forma verbal — expressam-se — prejudicaria a correção gramatical do texto, dada a presença de fator de próclise na estrutura apresentada.

**(4)** Na linha 9, "que" é elemento de coesão empregado em referência a "autenticidade [humana]" e "individualidade humana", razão por que a forma verbal "expressam" está flexionada no plural.

**1:** incorreta. Não se pode tirar essa vírgula, porque ela isola a oração subordinada substantiva apositiva – portanto não se trata de sujeito e predicado; **2:** incorreta. A colocação do adjetivo "intelectivas" depois de "culturais" implica que esse adjetivo se refere somente ao termo "culturais", o que não ocorre no texto. Lá, "intelectivas" se refere a "condições"; **3:** correta. A próclise é obrigatória na presença do pronome relativo "que"; **4:** correta. A palavra "que", nesse caso, é pronome relativo, elemento de coesão utilizado para recuperar conceitos utilizados anteriormente sem precisar repeti-los.
Gabarito 1E, 2E, 3C, 4C

**(Escrivão de Polícia/DF – 2013 – CESPE)** Nos itens a seguir, são apresentados trechos, adaptados, de texto publicado em jornal de grande circulação. Julgue-os de acordo com a prescrição gramatical.

**(1)** É importante consolidar, por meio da educação, principalmente da educação básica, além do domínio das letras e dos números, o cultivo, entre os estudantes, de laços de amizades genuínas, da cooperação, da solidariedade, do espírito comunitário e do exercício da plena cidadania, como contraponto à hipertrofia do ego, à violência generalizada e à banalização da vida.

**(2)** No Brasil, as diferentes formas de violência provém de fenômeno histórico: da catequização dos índios a escravidão africana, seguir-se-ão com a colonização mercantilista, o coronelismo, as oligarquias, amparado por um Estado autoritário e burocrático, e manifesta por meio da tirania, da opressão, do abuso de força e da criminalidade.

**1:** correta. O período, apesar de longo, respeita todas as normas gramaticais; **2:** incorreta. Há diversos erros: o verbo "provir", na terceira pessoa do plural do presente do indicativo, conjuga-se "provêm" (com acento circunflexo); há acento grave indicativo da crase antes de "escravidão"; o verbo "seguir" no futuro do presente do indicativo causa incoerência, melhor seria "seguindo-se"; e o particípio do verbo "manifestar" deveria estar no plural para concordar com "formas".
Gabarito 1C, 2E

# 13. Matemática e Raciocínio Lógico

## Enildo Garcia

(Policial Rodoviário Federal – CESPE – 2019) Uma unidade da PRF interceptou, durante vários meses, lotes de mercadorias vendidas por uma empresa com a emissão de notas fiscais falsas. A sequência dos números das notas fiscais apreendidas, ordenados pela data de interceptação, é a seguinte: 25, 75, 50, 150, 100, 300, 200, 600, 400, 1.200, 800, ....

Tendo como referência essa situação hipotética, julgue os itens seguintes, considerando que a sequência dos números das notas fiscais apreendidas segue o padrão apresentado.

1. O padrão apresentado pela referida sequência indica que os números podem corresponder, na ordem em que aparecem, a ordenadas de pontos do gráfico de uma função afim de inclinação positiva.

2. A partir do padrão da sequência, infere-se que o 12.º termo é o número 1.600.

3. Se $a_n$ for o n-ésimo termo da sequência, em que n = 1, 2, 3, ..., então, para n ≥ 3, tem-se que $a_n = 2 \times a_{n-2}$.

**1.** Não se trata de uma função afim contínua e sim de uma sequência de números. => Errado
**2.** A partir do **padrão da sequência**, infere-se que o 12º termo é o número 2.400, que é o dobro do 10º termo. => Errado
**3.**
$a_1 = 25$   $a_5 = 100$   $a_9 = 400$
$a_2 = 75$   $a_6 = 300$   $a_{10} = 1.200$
$a_3 = 50$   $a_7 = 200$   $a_{11} = 800$
$a_4 = 150$  $a_8 = 600$   $a_{12}$
Nota-se que
$a_3 = 50 = 2 \times a_1$
$a_4 = 150 = 2 \times a_2$
E assim por diante.
Então, para n ≥ 3, tem-se que $a_n = 2 \times a_{n-2}$. => Certo
Gabarito 1E, 2E, 3C

(Policial Rodoviário Federal – CESPE – 2019) As figuras seguintes ilustram a vista frontal e a vista da esquerda de um sólido que foi formado empilhando-se cubos de mesmo tamanho.

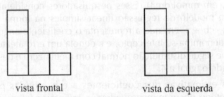

vista frontal          vista da esquerda

A partir das figuras precedentes, julgue os itens a seguir, com relação à possibilidade de a figura representar uma vista superior do referido sólido.

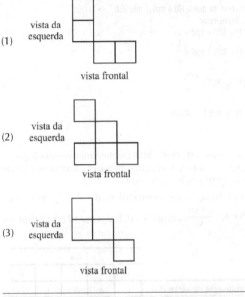

(1) vista da esquerda / vista frontal

(2) vista da esquerda / vista frontal

(3) vista da esquerda / vista frontal

Ao analisar as figuras nota-se

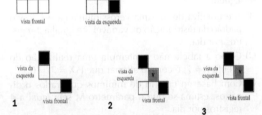

1   2   3

O cubo vermelho v deve constar da vista superior.
Sendo assim somente as figuras 2 e 3 estão corretas.
Gabarito 1E, 2C, 3C

(Policial Rodoviário Federal – CESPE – 2019) Para avaliar a resposta dos motoristas a uma campanha educativa promovida pela PRF, foi proposta a função $f(x) = 350 + 150e^{-x}$, que modela a quantidade de acidentes de trânsito com vítimas fatais ocorridos em cada ano. Nessa função, x ≥ 0 indica o número de anos decorridos após o início da campanha.

Com referência a essa situação hipotética, julgue os itens que se seguem.

(1) Segundo o modelo apresentado, após dez anos de campanha educativa, haverá, em cada um dos anos seguintes, menos de 300 acidentes de trânsito com vítimas fatais.

(2) De acordo com o modelo, no final do primeiro ano da campanha, apesar do decréscimo com relação ao ano anterior, ainda ocorreram mais de 400 acidentes de trânsito com vítimas fatais.

**1.** Após 10 aos
$f(10) = 350 + 150 \times e^{-10}$

$f(10) \approx 350 + \dfrac{150}{2{,}7^{10}}$

Observa-se que f(10) é maior que 350. => Errado

**2.** Primeiro ao
$f(1) = 350 + 150 \times e^{-1}$
$f(1) = 350 + 150 \times \dfrac{1}{e}$

$f(1) \approx 350 + \dfrac{150}{2{,}7}$

$f(1) \approx 405{,}5.$ =>Certo

Gabarito 1E, 2C

**(Papiloscopista – PF – CESPE – 2018)** Em determinado município, o número diário X de registros de novos armamentos segue uma distribuição de Poisson,
cuja função de probabilidade é expressa por
$P(X=k) = \dfrac{e^{-M} M^k}{k!}$, em que k = 0, 1, 2,..., e M é um parâmetro.

|  | dia |  |  |  |  |
|---|---|---|---|---|---|
|  | 1 | 2 | 3 | 4 | 5 |
| realização da variável $X$ | 6 | 8 | 0 | 4 | 2 |

Considerando que a tabela precedente mostra as realizações da variável aleatória X em uma amostra aleatória simples constituída por cinco dias, julgue os itens que se seguem.

(1) A estimativa de máxima verossimilhança do desvio padrão da distribuição da variável X é igual a 2 registros por dia.
(2) Como a tabela não contempla uma realização do evento X = 7, é correto afirmar que P(X = 7) = 0.
(3) Com base no critério de mínimos quadrados ordinários, estima-se que o parâmetro M seja igual a 4 registros por dia.

Função de probabilidade: $P(X = k) = \dfrac{e^{-M} M^k}{k!}$.

**1.** desvio padrão da distribuição da variável X é igual a 2 registros por dia. A variância tem o valor de M, e o desvio padrão é igual à raiz positiva de variância, isto é, $\sqrt{M}$.

1ª solução
Sabe-se, ainda, que que o estimador de máxima verossimilhança de M é a média da amostra:

$\widehat{M} = \dfrac{6+8+0+4+2}{5}$

$\widehat{M} = \dfrac{20}{5}$

$\widehat{M} = 4$

Assim, o desvio padrão da variável X é igual a $\sqrt{4} = 2$ registros por dia. => Certo

2ª solução
A função L(M; X) de verossimilhança da amostra com 5 realizações é calculada pelo produto de X assumir os valores das realizações:

$\dfrac{e^{-M} M^6}{6!} \cdot \dfrac{e^{-M} M^8}{8!} \cdot \dfrac{e^{-M} M^0}{0!} \cdot \dfrac{e^{-M} M^4}{4!} \cdot \dfrac{e^{-M} M^2}{2!} =$

$L(M; X) = \dfrac{e^{-5M} M^{20}}{6!8!0!4!2!}$.

Para se obter o estimador de máxima verossimilhança deriva-se L(M; X) em relação a M e iguala-se a zero:

$L'(M; X) = \dfrac{e^{-5M}(-5)M^{20} + e^{-5M} 20M^{19}}{6!8!4!2!} = 0$

$e^{-5M}(-5)M^{20} + e^{-5M} 20M^{19} = 0$

$-5M^{20} + 20M^{19} = 0$

$-5M^{20} + 20M^{19} = 0$

$-5M + 20 = 0$

5M = 20
M = 4
Então o desvio padrão da variável X é igual a $\sqrt{4} = 2$ registros por dia. => Certo

**2.** P(X = 7) = 0
Pela função de probabilidade: $P(X = k) = \dfrac{e^{-M} M^k}{k!}$. Tem-se, para X = 7,

$P(X = 7) = \dfrac{e^{-M} M^7}{7!}$

Que, para M = 4, certamente não é zero. => Errado

**3.** O parâmetro M seja igual a 4 registros por dia.
Pelo critério de mínimos quadrados ordinários o estimador de M é a média amostral

$\widehat{M} = \dfrac{6+8+0+4+2}{5}$

$\widehat{M} = \dfrac{20}{5}$

$\widehat{M} = 4$ => Certo

Gabarito 1C, 2E, 3C

**(Papiloscopista – PF – CESPE – 2018)** O intervalo de tempo entre a morte de uma vítima até que ela seja encontrada (y em horas) denomina-se intervalo post mortem. Um grupo de pesquisadores mostrou que esse tempo se relaciona com a concentração molar de potássio encontrada na vítima (x, em mmol/dm3). Esses pesquisadores consideraram um modelo de regressão linear simples na forma y = ax + b + ε, em que a representa o coeficiente angular, b denomina-se intercepto, e ε denota um erro aleatório que segue distribuição normal com média zero e desvio padrão igual a 4.

As estimativas dos coeficientes a e b, obtidas pelo método dos mínimos quadrados ordinários foram, respectivamente, iguais a 2,5 e 10. O tamanho da amostra para a obtenção desses resultados foi n = 101. A média amostral e o desvio padrão amostral da variável x foram, respectivamente, iguais a 9 mmol/dm3 e 1,6 mmol/dm3 e o desvio padrão da variável y foi igual a 5 horas.

A respeito dessa situação hipotética, julgue os itens a seguir.

(1) A média amostral da variável resposta y foi superior a 30 horas.
(2) O coeficiente de explicação do modelo (R2) foi superior a 0,70.
(3) O erro padrão associado à estimação do coeficiente angular foi superior a 0,30.
(4) De acordo com o modelo ajustado, caso a concentração molar de potássio encontrada em uma vítima seja igual a 2 mmol/dm3, o valor predito correspondente do intervalo post mortem será igual a 15 horas.

**1.** Para a média amostral de x igual a 9, tem-se a média amostral da variável resposta y
y = 2,5x + 10
y = 2,5x9 + 10
y = 22,5 + 10
y = 32,5 => Certo

**2.** Tem-se

Var (y) = $\frac{\sum(y_i - \bar{y})^2}{n-1}$ = 25 (desvio padrão ao quadrado)

Daí,

$\sum(y_i - \bar{y})^2$ = (101 – 1)x25

$\sum(y_i - \bar{y})^2$ = 100x25 = 2.500 que é o valor do **STQ** (Soma Total dos Quadrados)

Sabe-se que o coeficiente a é dado por

a = 2,5 = $\frac{\sum(x_i - \bar{x})(y_i - \bar{y})}{\sum(x_i - \bar{x})^2}$

Dividindo-se por 100 o denominador e o numerador, obtém-se

2,5 = $\frac{\sum(x_i - \bar{x})(y_i - \bar{y})/100}{\sum(x_i - \bar{x})^2/100}$

Note que $\sum(x_i - \bar{x})^2/100$ = Var(x) = $1,6^2$ = 2,56 (desvio padrão ao quadrado)

2,5 = $\frac{\sum(x_i - \bar{x})(y_i - \bar{y})/100}{2,56}$

$\sum(x_i - \bar{x})(y_i - \bar{y})$ = 2,5x2,56x100 = 640

sabe-se que a **SQM** (soma de quadrados do modelo) vale

a x $\sum(x_i - \bar{x})(y_i - \bar{y})$

Assim,
SQM = 2,5 x 640 = 1.600
Finalmente, tem-se o coeficiente de determinação (ou de explicação)

$r^2$ = $\frac{SQM}{STQ}$ = $\frac{1.600}{1.600}$ = 0,64 => Errado

**3.** Sabe-se que o erro padrão do estimador do parâmetro a vale

$\frac{\sigma}{\sqrt{\sum(x_i - \bar{x})^2}}$

Para se calcular $\sum(x_i - \bar{x})^2$ parte-se do cálculo da variância

Var (x) = $\frac{\sum(x_i - \bar{x})^2}{n-1}$ = $1,6^2$ = 2,56 (desvio padrão ao quadrado)

Logo

$\sum(x_i - \bar{x})^2$ = 100x2,56

$\sum(x_i - \bar{x})^2$ = 256

Para $\sigma$ = 4 (desvio padrão do erro aleatório), tem-se erro padrão = $\frac{4}{\sqrt{256}}$

Assim, erro padrão associado à estimação do coeficiente angular = $\frac{4}{16}$

= $\frac{1}{4}$ = 0,25 => Errado

**4.** A equação da reta de regressão tem a expressão
y = 2,5x + 10
Quando x = 2 mmol/dm3, tem-se
y = 2,5x2 + 10
y = 15 horas => Certo
Gabarito 1C, 2E, 3E, 4C

**(Papiloscopista – PF – CESPE – 2018)** De acordo com uma agência internacional de combate ao tráfico de drogas, o volume diário de cocaína líquida (X, em litros) apreendida por seus agentes segue uma distribuição normal com média igual a 50 L e desvio padrão igual a 10 L.

A partir dessas informações e considerando que Z representa uma distribuição normal padrão, em que P(Z ≤ −2) = 0,025, julgue os itens subsecutivos.

(1) P(X > 70 litros) = 0,05.
(2) P(X < 60 litros) = P(X ≥ 40 litros).
(3) O valor mais provável para a realização da variável X é 50 litros, de modo que P(X = 50 litros) > P(X = 30 litros).

**1.** Para X = 70 tem-se, sabendo-se que, para a normal reduzida, tem-se Z = $\frac{X - \mu}{\sigma}$,

Z = $\frac{70 - 50}{10}$

Z = 2
Logo,
P(X > 70) = P(Z > 2).
Uma vez que P(Z < -2) = 2,5%, por simetria, P(Z > 2) também tem o valor de 2,5%.
Portanto,
P(X > 70) = 2,5% = 0,025. => Errado

**2.** A distribuição normal é simétrica em relação à média = 50.
Uma vez que os valores 40 e 60 distam 10 da média, delimitam áreas (probabilidades) iguais.

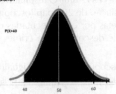

Assim,
P(X < 60 litros) = P(X ≥ 40 litros). => Certo

**3.** Sendo contínua a distribuição normal, as probabilidades de valores únicos são nulas, isto é,
P(X = 50) = 0 e P(X = 30) = 0.
Logo,
P(X = 50) = P(X = 30). => Errado
Gabarito 1E, 2C, 3E

**(Papiloscopista – PF – CESPE – 2018)** Julgue os próximos itens, acerca da seguinte proposição:

P: "A nomeação do novo servidor público ocorre para reposição de vacância em área essencial, ou o candidato aprovado não será nomeado".

(1) Escolhendo aleatoriamente uma linha da tabela verdade da proposição P, a probabilidade de que todos os valores dessa linha sejam F é superior a 1/3.

(2) A proposição P é logicamente equivalente à proposição: "Não é verdade que o candidato aprovado será nomeado, a não ser que a nomeação do novo servidor público ocorra para reposição de vacância em área essencial".

(3) A negação da proposição P está corretamente expressa por: "Ou a nomeação do novo servidor público ocorre para reposição de vacância em áreas não essenciais, ou o candidato aprovado será nomeado".

(4) A proposição P é logicamente equivalente à proposição: "Se não for para reposição de vacância em área essencial, então o candidato aprovado não será nomeado".

---

Sejam as premissas
p: a nomeação do novo servidor público ocorre para reposição de vacância em área essencial
q: o candidato aprovado será nomeado
Assim, P representa-se, em Lógica Matemática, por
p ∨ ~q

**1.** A tabela-verdade da disjunção das duas proposições possui 4 linhas sendo uma delas com todos os valores F com probabilidade, então, de 1/4. => Errado

**2.** Tem-se a condicional que é equivalente à disjunção, ou seja, ~q → ~p que é equivalente a p ∨ ~q que é q proposição P.

**3.** Considerando a equivalência de P vista em **2** acima, tem-se a negação
~(~p → ~p) ⇔ (~q ∨ p)

ou seja, o candidato aprovado não será nomeado **e** a nomeação do novo servidor público ocorre para reposição de vacância em área essencial. => Errado
**4.** Tem-se a equivalência
(~p → ~q) ⇔ (p ∨ ~q) que é a proposição P. => Certo

Gabarito 1E, 2C, 3E, 4C

---

**(Papiloscopista – PF – CESPE – 2018)** O resultado de uma pesquisa acerca da satisfação de 200 papiloscopistas, no que diz respeito às tarefas por eles executadas de identificação de vítimas e de descobertas de crimes de falsificação, foi o seguinte:

\* 30 papiloscopistas sentem-se igualmente satisfeitos ao executar qualquer uma dessas tarefas;

\* 180 papiloscopistas sentem-se satisfeitos ao executar pelo menos uma dessas tarefas.

Considerando que todos os 200 papiloscopistas responderam à pesquisa, julgue os itens seguintes.

(1) Menos de 30 papiloscopistas não se sentem satisfeitos ao executar alguma das duas tarefas mencionadas.

(2) A quantidade de papiloscopistas que se sentem satisfeitos ao executar exatamente uma das referidas tarefas é superior a 100.

(3) Nessa situação, as informações dadas permitem inferir que exatamente 75 papiloscopistas sentem-se satisfeitos ao executarem a tarefa de identificação de vítimas.

(4) A probabilidade de que um papiloscopista, escolhido ao acaso, tenha se dito igualmente satisfeito ao executar qualquer uma entre as duas tarefas mencionadas, dado que se sente satisfeito ao executar pelo menos uma das duas tarefas, é inferior a 0,15.

---

Com
A: conjunto dos papiloscopistas que gostam da primeira tarefa
B: conjunto dos papiloscopistas que gostam da segunda tarefa
Tem-se
**1.** Se 180 gostam de pelo menos uma das tarefas, então os outros
200 − 180 = 20
não gostam de nenhuma. => Certo
**2.** 30 = #(A ∩ B) sentem-se igualmente satisfeitos ao executar qualquer uma dessas tarefas
180 = #(A ∪ B) sentem-se satisfeitos ao executar pelo menos uma dessas tarefas.
Logo,
180 − 30 = 150 papiloscopistas se sentem satisfeitos ao executar exatamente uma das referidas tarefas. => Certo
**3.** Os 150 papiloscopistas se sentem satisfeitos ao executar exatamente uma das referidas tarefas estão nos conjuntos A e B não necessariamente com 75 em um dos conjuntos. => Errado

**4.** Tem-se
30 = #(A ∩ B) sentem executar qualquer uma dessas tarefas
180 = #(A ∪ B) sentem-se satisfeitos ao executar pelo menos uma dessas tarefas
Logo, a probabilidade de que um papiloscopista, escolhido ao acaso, tenha se dito igualmente satisfeito ao executar qualquer uma entre as duas tarefas mencionadas, dado que se sente satisfeito ao executar pelo menos uma das duas tarefas é de
$\frac{30}{180} = \frac{1}{6} = 0{,}1667 = 16{,}67\%$ => Errado

Gabarito 1C, 2C, 3E, 4E

---

**(Papiloscopista – PF – CESPE – 2018)** Em um processo de coleta de fragmentos papilares para posterior identificação de criminosos, uma equipe de 15 papiloscopistas deverá se revezar nos horários de 8 h às 9 h e de 9 h às 10 h.

Com relação a essa situação hipotética, julgue os itens a seguir.

(1) Se dois papiloscopistas forem escolhidos, um para atender no primeiro horário e outro no segundo horário, então a quantidade, distinta, de duplas que podem ser formadas para fazer esses atendimentos é superior a 300.

(2) Considere que uma dupla de papiloscopistas deve ser escolhida para atender no horário das 8 h. Nessa situação, a quantidade, distinta, de duplas que podem ser formadas para fazer esse atendimento é inferior a 110.

---

**1.** Tem-se 15 escolhas para o primeiro horário e 14 para o segundo pra não haver repetição de papiloscopista.
Então, pelo princípio fundamental da contagem, haverá
15x14 = 210 duplas => Errado
**2.** Tem-se combinação de 15 elementos dois a dois:
$C_{15,2} = \frac{15 \times 14}{2} = 105$ duplas => Certo

Gabarito 1E, 2C

(Escrivão – PF – CESPE – 2018) Uma pesquisa realizada com passageiros estrangeiros que se encontravam em determinado aeroporto durante um grande evento esportivo no país teve como finalidade investigar a sensação de segurança nos voos internacionais. Foram entrevistados 1.000 passageiros, alocando-se a amostra de acordo com o continente de origem de cada um — África, América do Norte (AN), América do Sul (AS), Ásia/Oceania (A/O) ou Europa. Na tabela seguinte, N é o tamanho populacional de passageiros em voos internacionais no período de interesse da pesquisa; n é o tamanho da amostra por origem; P é o percentual dos passageiros entrevistados que se manifestaram satisfeitos no que se refere à sensação de segurança.

| origem | N | n | P |
|---|---|---|---|
| África | 100.000 | 100 | 80 |
| AN | 300.000 | 300 | 70 |
| AS | 100.000 | 100 | 90 |
| A/O | 300.000 | 300 | 80 |
| Europa | 200.000 | 200 | 80 |
| total | 1.000.000 | 1.000 | $P_{pop}$ |

Em cada grupo de origem, os passageiros entrevistados foram selecionados por amostragem aleatória simples. A última linha da tabela mostra o total populacional no período da pesquisa, o tamanho total da amostra e P representa o percentual populacional de passageiros satisfeitos.

A partir dessas informações, julgue os próximos itens.

(1) Na situação apresentada, o desenho amostral é conhecido como amostragem aleatória por conglomerados, visto que a população de passageiros foi dividida por grupos de origem.

(2) Nessa pesquisa, cada grupo de origem representa uma unidade amostral, da qual foi retirada uma amostra aleatória simples.

(3) Considerando o referido desenho amostral, estima-se que o percentual populacional P seja inferior a 79%.

(4) A estimativa do percentual populacional de passageiros originários da África que se mostraram satisfeitos com a sensação de segurança nos voos internacionais foi igual a 80% e a estimativa do erro padrão associado a esse resultado foi inferior a 4%.

1.Na amostragem aleatória por conglomerados esses têm o mesmo número de elementos.
Errado
2.Cada grupo de origem representa uma amostra aleatória simples
Errado

3. Tem-se

| n | P | nP |
|---|---|---|
| 100 | 80% | 80 |
| 300 | 70% | 210 |
| 100 | 90% | 90 |
| 300 | 80% | 240 |
| 200 | 80% | 160 |
| 1.000 | <- total -> | 780 |

O percentual populacional P é de $\frac{780}{1.000} = 78\%$. inferior a 79%. => Certo

4. Grupo África
N = 100.000
n = 100
p = 80%
Erro padrão da Proporção:

$\sqrt{\frac{p(1-p)}{n}} = \sqrt{\frac{0,8 \times 0,2}{100}} = \sqrt{\frac{0,16}{100}} = \frac{0,4}{10}$

= 0,04 = 4% => Certo

Gabarito 1E, 2E, 3C, 4C

(Escrivão – PF – CESPE – 2018) Um estudo mostrou que a quantidade mensal Y (em quilogramas) de drogas ilícitas apreendidas em certo local segue uma distribuição exponencial e que a média da variável aleatória Y é igual a 10 kg.

Considerando que F(y) = P(Y ≤ y) represente a função de distribuição de Y, em que y é uma possível quantidade de interesse (em kg), e que 0,37 seja valor aproximado de $e^{-1}$, julgue os itens subsecutivos.

(1) O desvio padrão da variável aleatória Y é superior a 12 kg.

(2) P(≥ 10 kg) > P(≤10 kg).

(3) A quantidade 10 kg corresponde ao valor mais provável da distribuição Y de modo que P(Y = 10 kg) $ 0,50.

Tem-se, para a exponencial,

P(Y ≥ 0) = $e^{-\lambda Y}$ e função de distribuição: F(y) = 1 – $e^{-\lambda y}$

Sendo $\lambda > 0$

1. Tem-se
**Média** = desvio padrão = 1/$\lambda$ = **10** => Errado
2. Para Y = 10, tem-se

De 1/$\lambda$ = 10 obtém-se $\lambda$ = 1/10 = 0,1

P(Y = 10) = $e^{-\lambda Y}$

P(Y = 10) = $e^{-0,1 \times 10}$

P(Y = 10) = $e^{-1}$

P(Y = 10) = 0,37 = 37%

F(10) = 1 – 0,37 = 0,63 = 63%

e P(Y ≤ 10) = 63%

Daí tem-se

P(Y ≥ 10) = 37%

Consequentemente,

e P(Y ≥ 10) < P(Y ≤ 10) => Errado

3. P(Y = 10) = $e^{-0,1 \times 10}$

P(Y = 10) = $e^{-1}$

P(Y = 10) = 0,37 = 37% => Errado

Gabarito 1E, 2E, 3E

(Escrivão – PF – CESPE – 2018) O tempo gasto (em dias) na preparação para determinada operação policial é uma variável aleatória X que segue distribuição normal com média M, desconhecida, e desvio padrão igual a 3 dias. A observação de uma amostra aleatória de 100 outras operações policiais semelhantes a essa produziu uma média amostral igual a 10 dias.

Com referência a essas informações, julgue os itens que se seguem, sabendo que P(Z > 2) = 0,025, em que Z denota uma variável aleatória normal padrão.

(1) A expressão 10 dias ± 6 dias corresponde a um intervalo de 95% de confiança para a média populacional M.

(2) O erro padrão da média amostral foi inferior a 0,5 dias.

(3) Considerando-se o teste da hipótese nula H0: M $\leq$ 9,5 dias contra a hipótese alternativa $H_1$: M > 9,5 dias, adotando-se o nível de significância igual a 1%, não haveria evidências estatísticas contra a hipótese $H_0$.

---

**1.** Intervalo de confiança de 95%
x ± z.σ/√n
10 ±2.3/√100
10 ±2. 3/√100
10±0,6.
Errado

**2.** O erro padrão da média da amostra é dado por
$\frac{\sigma}{\sqrt{n}}$

Onde $\sigma$ é o desvio padrão amostral =3 e o tamanho da amostra =100
Assim
Erro = $\frac{3}{\sqrt{100}}$ = $\frac{3}{10}$ = 0,3 dias => Certo

**3.** Tem-se
$z_{teste}$ = (10 – 9,5)/3 = 0,5/3 = 1,67
Então, como P(Z > 2) = 0,025, o $z_{teste}$ = 1,67 está fora da região de rejeição.
Assim, não haveria evidências estatísticas contra a hipótese $H_0$.

Certo
Gabarito 1E, 2C, 3C

---

(Escrivão – PF – CESPE – 2018) Julgue os próximos itens, considerando a proposição P a seguir.

P: "O bom jornalista não faz reportagem em benefício próprio nem deixa de fazer aquela que prejudique seus interesses".

(1) Escolhendo aleatoriamente uma linha da tabela verdade da proposição P, a probabilidade de que todos os valores dessa linha sejam V é superior a 1/3.

(2) A proposição P é logicamente equivalente à proposição: "Não é verdade que o bom jornalista faça reportagem em benefício próprio ou que deixe de fazer aquela que prejudique seus interesses".

(3) A negação da proposição P está corretamente expressa por: "O bom jornalista faz reportagem em benefício próprio e deixa de fazer aquela que não prejudique seus interesses".

(4) A negação da proposição P está corretamente expressa por: "Se o bom jornalista não faz reportagem em benefício próprio, então ele deixa de fazer aquela reportagem que prejudica seus interesses".

---

Sejam as proposições
p: o bom jornalista faz reportagem em benefício próprio
q: o bom jornalista deixa de fazer aquela reportagem que prejudique seus interesses
e, simbolicamente,
P: (~p ? q)

**1.**
Tem-se
i) tabela da conjunção lógica ∧ , p e q quaisquer

| p | q | p ∧ q |
|---|---|---|
| V | V | V |
| V | F | F |
| F | V | F |
| F | F | F |

ii) tabela da proposição P

| ~p | q | ~ p ∧ q |
|---|---|---|
| F | V | F |
| F | F | F |
| V | V | V |
| V | F | F |

Assim,
A probabilidade de que todos os valores uma linha sejam V é igual a 1/4 = 0,25 que é menor que 1/3 .

=> Errado

**2.**
Equivalência de P
(~p ? q) <=>~(p ∨ q) (Regra de de Morgan)
=> Certo

**3.**
Negação de (~p ? q):
~(~p ? q) <=> (p ∨ ~q) pela Regra de de Morgan.
Ou seja,
O bom jornalista faz reportagem em benefício próprio e deixa de fazer aquela que **não** prejudique seus interesses.
=> Errado

**4.**
Negação de (~p ? q):
Uma vez que
~(~p ? q) <=> (p ∨ ~q) pela Regra de de Morgan (ver 3. acima), tem-se a equivalência da disjunção
p ∨ ~q) <=> ~p ? q
=> Certo
Gabarito 1E, 2C, 3E, 4C

---

(Escrivão – PF – CESPE – 2018) Para cumprimento de um mandado de busca e apreensão serão designados um delegado, 3 agentes (para a segurança da equipe na operação) e um escrivão. O efetivo do órgão que fará a operação conta com 4 delegados, entre eles o delegado Fonseca; 12 agentes, entre eles o agente Paulo; e 6 escrivães, entre eles o escrivão Estêvão.

Em relação a essa situação hipotética, julgue os itens a seguir.

(1) A quantidade de maneiras distintas de se escolher os três agentes para a operação de forma que um deles seja o agente Paulo é inferior a 80.
(2) Considerando todo o efetivo do órgão responsável pela operação, há mais de 5.000 maneiras distintas de se formar uma equipe para dar cumprimento ao mandado.
(3) Se o delegado Fonseca e o escrivão Estêvão integrarem a equipe que dará cumprimento ao mandado, então essa equipe poderá ser formada de menos de 200 maneiras distintas.
(4) Há mais de 2.000 maneiras distintas de se formar uma equipe que tenha o delegado Fonseca ou o escrivão Estêvão, mas não ambos.

1. O agente Paulo estivera equipe, a escolha dos agentes é feita pela combinação entre os outros 11, 2 a 2:
$C_{11,2} = \frac{11 \times 10}{2 \times 1} = 55$ maneiras distintas, que é < 80. => Certo

2. Escolha dos agentes é feita pela combinação entre os 12, 3 a 3:
$C_{12,3} = \frac{12 \times 11 \times 10}{3 \times 2 \times 1} = 220$
Uma vez que há 4 delegados e 6 escrivães tem-se, então,
4x220x6 = 5.280 maneiras distintas de se formar uma equipe. => Certo

3. Tem-se
Com o delegado e o escrivão uma vez escolhidos, restam escolher 3 dos 12 agentes para formar a equipe, ou seja, $C_{12,3} = 220$ maneiras.
=> Errado

4. Tem-se que
i) sem o delegado Fonseca há $C_{3,1} = 3$ escolhas para delegado e $C_{12,3} = 220$ escolhas para agentes em um total de 3x220 = 660 possibilidades de equipes;
ii) sem o escrivão Estêvão há $C_{5,1} = 5$ escolhas para escrivão e $C_{12,3} = 220$ escolhas para agentes em um total de 5x220 = 1.100 possibilidades de equipes.
Logo, há 660 + 1.100 = 1.760 maneiras distintas de se formar uma equipe que tenha o delegado Fonseca ou o escrivão Estêvão, mas não ambos.
=> Errado
Gabarito 1C, 2C, 3E, 4E

(Escrivão – PF – CESPE – 2018) Em uma operação de busca e apreensão na residência de um suspeito de tráfico de drogas, foram encontrados R$ 5.555 em notas de R$ 2, de R$ 5 e de R$ 20.
A respeito dessa situação, julgue os itens seguintes.
(1) É possível que mais de 2.760 notas tenham sido apreendidas na operação.
(2) A menor quantidade de notas em moeda corrente brasileira pelas quais o montante apreendido poderia ser trocado é superior a 60.

1. Retirando-se 1 nota de 5 e 1 nota de 20 haveria, então, só notas de 2 em um total de:
5.555 – 5 – 20 = 5.530 => 5.530/2 = 2.765 notas => Certo

2.
i) 5.555/100 = 55 notas de 100 sobram R$ 55;
ii) R$ 55 = 1 nota de 50 e 1 nota de 5;
Total de 55 + 2 = 57 notas. => Errado
Gabarito 1C, 2E

(Agente – PF – CESPE – 2018) Determinado órgão governamental estimou que a probabilidade p de um ex-condenado voltar a ser condenado por algum crime no prazo de 5 anos, contados a partir da data da libertação, seja igual a 0,25. Essa estimativa foi obtida com base em um levantamento por amostragem aleatória simples de 1.875 processos judiciais, aplicando-se o método da máxima verossimilhança a partir da distribuição de Bernoulli.
Sabendo que P(Z < 2) = 0,975, em que Z representa a distribuição normal padrão, julgue os itens que se seguem, em relação a essa situação hipotética.

(1) Em um grupo formado aleatoriamente por 4 ex-condenados libertos no mesmo dia, estima-se que a probabilidade de que apenas um deles volte a ser condenado por algum crime no prazo de 5 anos, contados a partir do dia em que eles foram libertados, seja superior a 0,4.
(2) O erro padrão da estimativa da probabilidade p foi igual a 0,01.
(3) A estimativa intervalar 0,25 ± 0,05 representa o intervalo de 95% de confiança do parâmetro populacional p.
(4) Se X seguir uma distribuição binomial com parâmetros n = 1.000 e probabilidade de sucesso p, a estimativa de máxima verossimilhança da média de X será superior a 300.

1. Sendo a probabilidade da binomial para 1 sucesso e para n = 4, p = 0,25 e q = (1 – p) = 0,75,
= $C_{n,s} \times p^s \times q^{1-s}$, ou
= $C_{n,s} \times p^1 \times q^3$,

tem-se
$C_{4,1} \times 0,25^1 \times 0,75^3 = 4 \times 0,25 \times 0,5625 = 0,422$. => Certo

2. Erro padrão da estimativa =
$\sqrt{\frac{p(1-p)}{n}}$

Daí,
Erro = $\sqrt{\frac{0,25 \times 0,75}{1.875}}$
= $\sqrt{\frac{0,1875}{1.875}}$
= $\sqrt{0,0001}$
= 0,01 => Certo

3.
Intervalo de confiança de 95% para o parâmetro p:
$p \times z \times \sqrt{\frac{p(1-p)}{n}}$
$p \times z \times \sqrt{\frac{0,25 \times 0,75}{1.875}}$
$p \times z \times \sqrt{\frac{0,1875}{1.875}}$
= $p \times z \times \sqrt{0,0001}$
p x z x 0,01 com z = 2
0,25 x 2 x 0,01
= 0,005
Daí,
Intervalo de confiança 0,25 ± 0,005 => Errado

4. Variável X é binomial, com parâmetros: n = 1.000 e p=0, 25.
Logo, a média da variável binomial = n.p = 1.000x0,25 = 250. => Errado
Gabarito 1C, 2C, 3E, 4E

(Agente – PF – CESPE – 2018) Um pesquisador estudou a relação entre a taxa de criminalidade (Y) e a taxa de desocupação da população economicamente ativa (X) em determinada região do país. Esse pesquisador aplicou um modelo de regressão linear simples na forma $Y = bX + a + \varepsilon$, em que b representa o coeficiente angular, a é o intercepto do modelo e $\varepsilon$ denota o erro aleatório com média zero e variância $\sigma^2$. A tabela a seguir representa a análise de variância (ANOVA) proporcionada por esse modelo.

| fonte de variação | graus de liberdade | soma de quadrados |
|---|---|---|
| modelo | 1 | 225 |
| erro | 899 | 175 |
| total | 900 | 400 |

A respeito dessa situação hipotética, julgue os próximos itens, sabendo que b > 0 e que o desvio padrão amostral da variável X é igual a 2.

(1) A correlação linear de Pearson entre a variável resposta Y e a variável regressora X é igual a 0,75.

(2) A estimativa da variância $\sigma^2$ é superior a 0,5.

(3) A estimativa do coeficiente angular b, pelo método de mínimos quadrados ordinários, é igual a 0,25.

**1.** Sabe-se que na tabela tem -se
SQM(soma de quadrados do modelo) = 225
SQT = soma de quadrados total) = 400
Sabe-se que

$$r^2 = \frac{SQM}{STQ} = \frac{225}{400}$$

Assim,

$$r = \frac{15}{20} = \frac{3}{4}$$

r = 0,75 => Certo

**2.** A estimativa da variância é
$$\sigma^2 = \frac{SQT}{n-1} = \frac{400}{900} = \frac{4}{9} = 0,44 \Rightarrow \text{Errado}$$

**3.** Cálculo do coeficiente
I) pela tabela da ANOVA* tem-se que

$$SQM = b^2 \Sigma(x_i - \bar{x})^2 \quad 225 \text{ e}$$

ii) $Var(x) = \frac{\Sigma(x_i-\bar{x})^2}{900} = 2^2 = 4$ (desvio padrão ao quadrado)

$\Sigma(x_i - \bar{x})^2 = 4 \times 900 = 3.600$

Logo, em i), tem-se

$b^2 \times 3.600 = 225$

$b^2 = \frac{225}{3.600}$

$b = \frac{15}{60} = \frac{1}{4}$

b = 0,25 => Certo

* Modelo da tabela ANOVA

| Fonte | Grau de liberdade | Soma dos quadrados |
|---|---|---|
| Modelo | 1 | $b^2 \cdot \Sigma(xi - x)^2$ |
| Erro | n-2 | $\Sigma(yi - \hat{y})^2$ |
| Total | n-1 | $\Sigma(yi - \bar{y})^2$ |

(Agente – PF – CESPE – 2018) O valor diário (em R$ mil) apreendido de contrabando em determinada região do país é uma variável aleatória W que segue distribuição normal com média igual a R$ 10 mil e desvio padrão igual a R$ 4 mil.

Nessa situação hipotética,

(1) se $W_1$ e $W_2$ forem duas cópias independentes e identicamente distribuídas como W, então a soma $W_1 + W_2$ seguirá distribuição normal com média igual a R$ 20 mil e desvio padrão igual a R$ 8 mil.

(2) P(W > R$ 10 mil) = 0,5.

(3) a razão $\frac{W-20}{\sqrt{4}}$ segue distribuição normal padrão.

**1.** Uma vez que a média da soma $W_1 + W_2$ se mantém o item 1 está errado. => Errado

**2.** Como a probabilidade P(W > R$ 10 mil) abrange a metade superior da área da normal possui, então, o valor de 1/2 = 0.5. => Certo

**3.** Normal Padrão: W – 10.000 / 4.000
= W – 10/4 (em R$ 1000)   Errado

(Agente – PF – CESPE – 2018) As proposições P, Q e R a seguir referem-se a um ilícito penal envolvendo João, Carlos, Paulo e Maria:

P: "João e Carlos não são culpados".

Q: "Paulo não é mentiroso".

R: "Maria é inocente".

Considerando que ~X representa a negação da proposição X, julgue os itens a seguir.

(1) As proposições P, Q e R são proposições simples.

(2) A proposição "Se Paulo é mentiroso então Maria é culpada." pode ser representada simbolicamente por (~Q) ?(~R).

(3) Se ficar comprovado que apenas um dos quatro envolvidos no ilícito penal é culpado, então a proposição simbolizada por (~P)?(~Q) ? R será verdadeira.

(4) Independentemente de quem seja culpado, a proposição

{P? (~Q)} ?{Q $\vee$ [(~Q) ? R]} será sempre verdadeira, isto é, será uma tautologia.

(5) As proposições P ? (~Q) ? (~R) e R? [Q? (~P)] são equivalentes.

(6) Se as três proposições P, Q e R forem falsas, então pelo menos duas das pessoas envolvidas no ilícito penal serão culpadas.

**1.** Anulada

**2.** O símbolo utilizado corresponde ao conectivo "se e somente se" ao invés de ?. => Errado

**3.** P sendo falsa então João **ou** Carlos é culpado. => Certo

**4.** 1ª solução
Vamos provar que a proposição não pode ser falsa.
Essa proposição condicional é falsa se o antecedente $P \rightarrow \sim Q$, é Verdadeiro e

o consequente, $Q \vee [(\sim Q) ? \square R]$, é Falso.

Ou seja,

Q deve ser Falso e $Q \vee [(\sim Q) ? \square R]$ Falso.

Agora para a disjunção deve-se ter **Q Falso** e $Q \vee [(\sim Q) ? \square R]$ Falso.

Outra disjunção para ser Falsa, **-Q deve ser Falsa** e R Falsa.
Absurdo: Q e ~Q ambos Falsos.
Logo a proposição do enunciado não pode Falsa e é uma tautologia.
=> Certo

2ª solução
Constroem-se as tabelas-verdade da proposição
a tabela da disjunção lógica V

| p | q | p V q |
|---|---|---|
| V | V | V |
| V | F | V |
| F | V | V |
| F | F | F |

| p | q | p∧q | p∨q | (p∧q) → (p∨q) |
|---|---|---|---|---|
| V | V | V | V | V |
| V | F | F | V | V |
| F | V | F | V | V |
| F | F | F | F | V |

É tautologia. Pois a última coluna é só de V.
Certo

**5.** 1ª solução
As proposições serão equivalentes se suas tabelas-verdade forem idênticas.

| P | ~P | Q | ~Q | R | ~R | P∧(~Q) | P ? [(~Q) ? (~R)] |
|---|---|---|---|---|---|---|---|
| V | F | V | F | V | F | F | F |
| V | F | V | F | V | F | F | F |
| F | V | F | V | V | F | F | V |
| F | V | F | V | F | V | F | V |

| P | ~P | Q | ~Q | R | ~R | [Q (~P)] | R? [ Q ? (~P )] |
|---|---|---|---|---|---|---|---|
| V | F | V | F | V | F | F | V |
| V | F | V | F | V | F | F | V |
| F | V | F | V | V | F | F | F |
| F | V | F | V | F | V | F | F |

As tabelas **não** são idênticas, ou seja, são **não** equivalentes.
=> Errado

2ª solução

Uma equivalência lógica da proposição P ? (~Q) ? (~R) é a sua proposição contrapositiva
~(~R) → ~[ P ? (~Q)].
ou
R → ~[ P ? (~Q)]
Pela regra de de Morgan, ~[ P ? (~Q)] ⇔ ~P ∨ ~(~Q).
Logo,
R → ~P ∨ Q => Errado

**6.** P: João e Carlos não são culpados é equivalente a (João não é culpado e Carlos não é culpado).
E a negação de P é, pela regra de de Morgan,
~(p ∧ q) ⇔ (~p ∨ ~q), isto é,

João é culpado ou Carlos é culpado.
Tem-se, então, que Maria é culpada (~R) e João é culpado ou Carlos é culpado.
Logo, pelo menos duas das pessoas envolvidas no ilícito penal serão culpadas. => Certo
Certo

Gabarito 1ANULADA, 2E, 3C, 4C, 5E, 6C

**(Agente – PF – CESPE – 2018)** Em um aeroporto, 30 passageiros que desembarcaram de determinado voo e que estiveram nos países A, B ou C, nos quais ocorre uma epidemia infecciosa, foram selecionados para ser examinados. Constatou-se que exatamente 25 dos passageiros selecionados estiveram em A ou em B, nenhum desses 25 passageiros esteve em C e 6 desses 25 passageiros estiveram em A e em B.

Com referência a essa situação hipotética, julgue os itens que se seguem.

(1) Se 11 passageiros estiveram em B, então mais de 15 estiveram em A.

(2) Se 2 dos 30 passageiros selecionados forem escolhidos ao acaso, então a probabilidade de esses 2 passageiros terem estado em 2 desses países é inferior a 1/30.

(3) A quantidade de maneiras distintas de se escolher 2 dos 30 passageiros selecionados de modo que pelo menos um deles tenha estado em C é superior a 100.

(4) Considere que, separando-se o grupo de passageiros selecionados que visitou o país A, o grupo que visitou o país B e o grupo que visitou o país C, seja verificado, em cada um desses grupos, que pelo menos a metade dos seus componentes era do sexo masculino. Nessa situação, conclui-se que o grupo de 30 passageiros selecionados tem, no máximo, 14 mulheres.

**1.** Sabe-se

#(A ∪ B) = #(A) + #(B) − #(A ∩ B)
25 = #(A) + 11 − 6
#(A) = 20 => Certo

**2.** O úmero total de possibilidades é de $C_{30,2} = \dfrac{30 \times 29}{2 \times 1} = 435$.

Uma vez que 6 passageiros estiveram em 2 desses países, tem-se que a quantidade de maneiras possíveis para escolher 2 passageiros que já estiveram em 2 países é de

$C_{6,2} = \dfrac{6 \times 5}{2 \times 1} = 15$.

A probabilidade pedida tem o valor de $\frac{15}{435} = \frac{1}{29}$ = que é > $\frac{1}{30}$. => Errado

**3.** Dos 30 passageiros 25 não estiveram em C. Portanto, 30 − 25 = 5 estiveram em C.
A quantidade total de maneiras para selecionar 2 passageiros dentre os 30 é igual a

$C_{30,2} = \frac{30 \times 29}{2 \times 1} = 435$.

os 25 não estiveram em C formam

$C_{25,2} = \frac{25 \times 24}{2 \times 1} = 300$ duplas de passageiros, ou seja em pelo menos 300 uma delas tenha estado em C.
Assim, há
435 − 300 = 135 maneiras distintas de se escolher 2 dos 30 passageiros selecionados de modo que pelo menos um deles tenha estado em C. => Certo

**4.** Total de homens = 10 (metade do grupo A) + 5 ( metade de B) + 2 (metade do C) = 17.
Logo, o grupo de 30 passageiros selecionados tem, no máximo, 13 mulheres. => Errado

Gabarito 1C, 2E, 3C, 4E

Em um restaurante, João, Pedro e Rodrigo pediram pratos de carne, frango e peixe, não necessariamente nessa ordem, mas cada um pediu um único prato. As cores de suas camisas eram azul, branco e verde; Pedro usava camisa azul; a pessoa de camisa verde pediu carne e Rodrigo não pediu frango. Essas informações podem ser visualizadas na tabela abaixo, em que, no cruzamento de uma linha com uma coluna, V corresponde a fato verdadeiro e F, a fato falso.

|         | carne | frango | peixe | João | Pedro | Rodrigo |
|---------|-------|--------|-------|------|-------|---------|
| azul    |       |        |       |      | V     |         |
| branca  |       |        |       |      |       |         |
| verde   | V     |        |       |      |       |         |
| João    |       |        |       |      |       |         |
| Pedro   |       |        |       |      |       |         |
| Rodrigo |       |        | F     |      |       |         |

(Agente − PF − 2014 − CESPE/CEBRASPE) Considerando a situação apresentada e, no que couber, o preenchimento da tabela acima, julgue os itens seguintes.

**(1)** Considere que Rodrigo não seja o mais velho dos três, que Pedro tenha nascido 8 anos antes de Rodrigo e que, no final de 2015, apenas dois dos três terão completado 40 anos de idade. Nesse caso, é correto afirmar que Pedro nasceu entre 1967 e 1975.

Resolução
Uma vez que Pedro tenha nascido 8 anos antes de Rodrigo e que, no final de 2015, apenas dois dos três terão completado 40 anos de idade, colocam-se as células de idade com 40 e (40 − 8= 32, que é, portanto, a idade de Pedro) e os outros dois têm 40:

|         | carne | Frango | peixe | João | Pedro | Rodrigo | 32 | 40 |
|---------|-------|--------|-------|------|-------|---------|----|----|
| Azul    |       |        |       |      | V     |         |    |    |
| Branca  |       |        |       |      |       |         |    |    |
| Verde   | V     |        |       |      |       |         |    |    |
| João    |       |        |       |      |       |         |    | V  |
| Pedro   |       |        |       |      |       | V       |    |    |
| Rodrigo |       | F      |       |      |       |         |    | V  |
| 32      |       |        |       | V    |       | V       |    |    |
| 40      |       |        |       |      | V     |         |    |    |

Resposta: Errado (A questão foi anulada pela banca)

**(2)** Se João pediu peixe, então Rodrigo não usava camisa branca.

Resolução
Preenche-se a tabela com F nas outras células para peixe e, assim, Rodrigo pediu carne e, pelo enunciado, usava camisa verde. Portanto Rodrigo não usava camisa branca.
Resposta: Correto

|         | carne | Frango | peixe | João | Pedro | Rodrigo | 32 | 40 |
|---------|-------|--------|-------|------|-------|---------|----|----|
| Azul    | F     |        |       | F    | V     | F       |    |    |
| Branca  | F     |        |       | V    | F     | F       |    |    |
| Verde   | V     | F      | F     | F    | F     | V       |    |    |
| João    | F     | F      | V     |      |       |         | F  | V  |
| Pedro   | F     | F      |       |      |       |         | V  | F  |
| Rodrigo | V     | F      | F     |      |       |         | F  | V  |
| 32      |       |        |       | F    | V     | F       |    |    |
| 40      |       |        |       | V    | F     | V       |    |    |

**(3)** Das informações apresentadas, é possível inferir que Pedro pediu frango.

Resolução
i) Se João pediu peixe, é possível inferir que Pedro pediu frango:

|         | carne | frango | peixe |
|---------|-------|--------|-------|
| João    | F     | F      | V     |
| Pedro   | F     | V      | F     |
| Rodrigo | V     | F      | F     |

ii) Caso contrário, ele pediu, então, frango e Pedro pediu peixe.

|         | carne | frango | peixe |
|---------|-------|--------|-------|
| João    | F     | V      | F     |
| Pedro   | F     | F      | V     |
| Rodrigo | V     | F      | F     |

Resposta: Errado

**(4)** As informações apresentadas na situação em apreço e o fato de João ter pedido peixe não são suficientes para se identificarem a cor da camisa de cada uma dessas pessoas e o prato que cada uma delas pediu.

Resolução
Neste caso, a tabela demonstra que as informações **são** suficientes para se identificarem a cor da camisa de cada uma dessas pessoas e o prato que cada uma delas pediu:

|         | carne | frango | peixe | João | Pedro | Rodrigo |
|---------|-------|--------|-------|------|-------|---------|
| Azul    |       |        |       | F    | V     | F       |
| Branca  |       |        |       | V    | F     | F       |
| Verde   |       |        |       | F    | F     | V       |
| João    | F     | F      | V     |      |       |         |
| Pedro   | F     | V      | F     |      |       |         |
| Rodrigo | V     | F      | F     |      |       |         |

Resposta: Errado

**(5)** Se Pedro e Rodrigo não são irmãos, mas dois dos três são filhos da mesma mãe, então é correto concluir que Pedro é irmão de João.

Resolução
Têm-se três possibilidades de dois deles serem irmãos:
Pedro e Ricardo, descartada pelo enunciado;
Pedro e João; e

Ricardo e João.
Consequentemente, ou Pedro é irmão de João ou Ricardo é irmão de João.
Resposta: Errado (A questão foi anulada pela banca)
Gabarito: 1Anulada, 2C, 3E, 4E, 5Anulada

As seguintes premissas referem-se a uma argumentação hipotética:
- Se Paulo é inocente, então João ou Jair é culpado.
- Se João é culpado, então Jair é inocente.
- Se Jair é culpado, então, no depoimento de José e no de Maria, todas as afirmações de José eram verdadeiras e todas as afirmações de Maria eram falsas.

**(Agente – PF – 2014 – CESPE/CEBRASPE)** Com referência a essas premissas, julgue os próximos itens.

**(1)** Se Maria, em seu depoimento, disse que Paulo é inocente, e se Paulo for de fato inocente, então é correto afirmar que Jair é culpado.

Resolução
Suponha que Paulo é inocente.
E então Maria disse a **verdade**.

Porém a questão supõe que Jair é culpado, o que contradiz a premissa "Se Jair é culpado, então, no depoimento de José e no de Maria, todas as afirmações de José eram verdadeiras e todas as **afirmações de Maria eram falsas** ".
Assim, conclui-se que Jair não é culpado.
Resposta: Errado

**(2)** Considerando as proposições P: Paulo é inocente; Q: João é culpado; R: Jair é culpado; S: José falou a verdade no depoimento; e T: Maria falou a verdade no depoimento, é correto concluir que P -> Q v S v T.

Resolução
Pelo método da conclusão falsa tem-se:

Suponha Q v S v T Falso. (*)
Então Q é Falso; S é Falso e T é Falso.

Observa-se, também, a partir do enunciado,
I) P → Q v R
II) Q → ~R
III) R → S ∧ ~T

De III,
R → S ∧ ~T,
tem-se, então, que
R é Falso pois S é Falso e ~T é Verdadeiro, o que torna S ∧ ~T Falso, e se na implicação o consequente é F é porque o antecedente é F.

De II,
Q → ~R,
sendo R Falso conclui-se que
Q é Verdadeiro.

De I,
P → Q v R

conclui-se que
P seria Falso porque a disjunção Q v R é Falsa e, se na implicação o consequente é F, é porque o antecedente é F.
Há, então, uma **contradição**. E a suposição **(*)**, portanto, está errada.

Logo Q v S v T é Verdadeiro.
Assim, P → Q v S v T é uma proposição Verdadeira.

Resposta: Verdadeiro.

**(3)** Se Jair é culpado, é correto inferir que João é inocente.

Resolução
Com
Q: João é culpado;
R: Jair é culpado, tem-se
Se João é culpado, então Jair é inocente
Q → ~R,
equivalente à contrapositva
R → ~Q, ou seja,
Se Jair é culpado, é correto inferir que João é inocente.

Resposta: Correto
Gabarito 1E, 2C, 3C

**(Agente – PF – 2014 – CESPE/CEBRASPE)** Considerando que P, Q e R sejam proposições simples, julgue o item abaixo.

**(1)** A partir do preenchimento da tabela-verdade abaixo, é correto concluir que a proposição P ∧ Q ∧ R -> P v Q é uma tautologia.

| P | Q | R | PvQvR | PvQ | P ∧ Q ∧ R -> P v Q |
|---|---|---|-------|-----|--------------------|
| V | V | V |       |     |                    |
| V | V | F |       |     |                    |
| V | F | V |       |     |                    |
| V | F | F |       |     |                    |
| F | V | V |       |     |                    |
| F | V | F |       |     |                    |
| F | F | V |       |     |                    |
| F | F | F |       |     |                    |

Resolução
Ao preencher a tabela-verdade tem-se

| P | Q | R | PvQvR | PvQ | P ∧ Q ∧ R -> P v Q |
|---|---|---|-------|-----|--------------------|
| V | V | V | V | V | V |
| V | V | F | V | V | V |
| V | F | V | V | V | V |
| V | F | F | V | V | V |
| F | V | V | V | V | V |
| F | V | F | V | V | V |
| F | F | V | V | F | V |
| F | F | F | F | F | V |

Uma vez que a última coluna possui somente V, sabe-se, pela Lógica Matemática, que se trata de uma tautologia.

Resposta: Correto
Gabarito 1C

Um batalhão é composto por 20 policiais: 12 do sexo masculino e 8 do sexo feminino. A região atendida pelo batalhão é composta por 10 quadras e, em cada dia da semana, uma dupla de policiais policia cada uma das quadras.

**(Agente – PF – 2014 – CESPE/CEBRASPE)** Com referência a essa situação, julgue os itens subsequentes.

**(1)** Caso as duplas de policiais sejam formadas aleatoriamente, então a probabilidade de que em determinado dia os policiais que policiarão determinada quadra sejam do mesmo sexo será superior a 0,5.

Resolução
Tem-se que o total de duplas é a combinação $C_{20,2}$ = 20x19/2 = 190.

Do mesmo sexo têm-se $C_{12,2}$ = 12x11/2 = 66 duplas masculinas e $C_{8,2}$ = 8x7/2 = 28 duplas femininas, em um total de 66+28 =94.

Logo, a probabilidade de que em determinado dia os policiais que policiarão determinada quadra sejam do mesmo sexo será igual a

$\dfrac{94}{190} \approx 0,495$

Resposta: Errado

**(2)** Se, dos 20 policiais do batalhão, 15 tiverem, no mínimo, 10 anos de serviço, e 13 tiverem, no máximo, 20 anos de serviço, então mais de 6 policiais terão menos de 10 anos de serviço.

Resolução
Há **15** com no mínimo 10 anos de serviço, ou seja, com 10 anos ou mais. Assim, 20 – **15** = 5 terão menos de 10 anos de serviço.

Resposta: Errado

**(3)** Considerando que, após concurso público, sejam admitidos novos policiais no batalhão, de modo que a quantidade dos novos policiais do sexo masculino admitidos seja igual ao triplo da quantidade de novos policiais do sexo feminino, e que, devido a essas admissões, 0,7 passe a ser a probabilidade de se escolher, ao acaso, um policial do sexo masculino desse batalhão, então, no batalhão haverá mais de 15 policiais do sexo feminino.

Resolução
Seja *x* a quantidade de **novos** policiais do sexo feminino.
Tem-se

Nova quantidade de policiais do sexo masculino: 12 + 3x
Nova quantidade de policiais: 20 + 3x + x

Logo,

$0,7 = \dfrac{12+3x}{20+3x+x}$

14 + 2,8x = 12 + 3x
0,2x = 2
x = 10
Então, no batalhão haverá 8 + 10 = 18 policiais do sexo feminino.

Resposta: Correto

**(4)** Se os policiais do batalhão que praticam voleibol ou basquetebol também praticarem futebol, então aqueles que não praticam futebol também não praticarão voleibol nem basquetebol.

Resolução
Pelo diagrama de Venn, tem-se

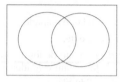 

vôlei   basquete
futebol                         **não** praticam futebol

Observa-se que os policiais que não praticam futebol também não praticarão voleibol nem basquetebol.

Resposta: Correto

**(5)** Se a escala dos policiais for feita de modo a diversificar as duplas que policiam as quadras, então, se determinada dupla policiar a quadra X em determinado dia, essa mesma dupla voltará a policiar a quadra X somente mais de seis meses após aquele dia.

Resolução
Tem-se que o total de duplas é a combinação $C_{20,2}$ = 20x19/2 = 190.
Dividindo-se esse total por 30 dias, 190/30, dá, então, mais de 6 meses.
Ou seja,
se determinada dupla policiar a quadra X em determinado dia, essa mesma dupla voltará a policiar a quadra X somente mais de seis meses após aquele dia.

Resposta: Correto

Gabarito: 1E, 2E, 3C, 4C, 5C

**(Agente Administrativo – PF – 2014 – CESPE/CEBRASPE)** Considerando que P seja a proposição "Não basta à mulher de César ser honesta, ela precisa parecer honesta", julgue os itens seguintes, acerca da lógica sentencial.

**(1)** A negação da proposição P está corretamente expressa por "Basta à mulher de César ser honesta, ela não precisa parecer honesta".

1ª solução

Observe que P é a proposição condicional
p → q

Sabe-se, pela Lógica Matemática, a sua negação é p ∧~q.

No casso do enunciado está havendo ~**p** ∧~q.

Resposta: Errado

2ª solução

JUSTIFICATIVA CESPE – Denotando por p e q, respectivamente, as proposições "não basta à mulher de César ser honesta" e "a mulher de César precisa parecer honesta", a proposição P pode ser expressa por p^q, ao passo que proposição do item é ~p^~q. No caso em que p é verdadeira e q é falsa, tanto a proposição P quanto a proposição do item são falsas, de modo que uma não nega a outra.

(2) Se a proposição "Basta à mulher de César ser honesta" for falsa e a proposição "A mulher de César precisa parecer honesta" for verdadeira, então a proposição P será verdadeira.

1ª solução
p: basta à mulher de César ser honesta
q: a mulher de César precisa parecer honesta

Tem-se a tabela-verdade

| p | q | p → q |
|---|---|-------|
| V | V | V |
| V | F | F |
| F | V | V |
| F | F | V |

Resposta: Certo

2ª solução

JUSTIFICATIVA CESPE – A proposição P pode ser expressa por p^q, em que p e q são, respectivamente, as proposições "não basta à mulher de César ser honesta" e "a mulher de César precisa parecer honesta". De acordo com as hipóteses do item, p e q são verdadeiras, de modo que também o é a proposição P: p^q.

(3) Se a proposição "A mulher de César é honesta" for falsa e a proposição "A mulher de César parece honesta" for verdadeira, então a proposição P será verdadeira.

Resolução
"Não basta à mulher de César ser honesta, ela precisa parecer honesta
Resposta: Errado

JUSTIFICATIVA CESPE– Não é possível expressar a proposição P (que é centrada nos verbos "bastar" e "precisar") por causa das proposições dadas no item (que são centradas nos verbos ser e parecer). Assim, não é possível valorar a proposição P com base nos valores lógicos das proposições dadas no item.

(4) A negação da proposição P está corretamente expressa por "Basta à mulher de César ser honesta ou ela não precisa parecer honesta".

Resolução
Observe que P é a proposição condicional
p → q

Sabe-se, pela Lógica Matemática, a sua negação é p ∧~q.

"Não basta à mulher de César ser honesta, ela precisa parecer honesta"

JUSTIFICATIVA CESPE – Notando-se que a proposição P pode ser expressa por p^q, em que p e q são, respectivamente, as proposições "não basta à mulher de César ser honesta" e "a mulher de César precisa parecer honesta", pode-se aplicar uma regra de De Morgan para obter sua negação: ~(p^q)ou ~p v ~q.

Resposta: Certo

Gabarito: 1E, 2C, 3E, 4C

A partir de uma amostra de 1.200 candidatos a cargos em determinado concurso, verificou-se que 600 deles se inscreveram para o cargo A, 400 se inscreveram para o cargo B e 400, para cargos distintos de A e de B. Alguns que se inscreveram para o cargo A também se inscreveram para o cargo B.

(Agente Administrativo – PF – 2014 – CESPE/CEBRASPE) A respeito dessa situação hipotética, julgue os itens subsecutivos.

(1) Selecionando-se ao acaso dois candidatos entre os 1.200, a probabilidade de que ambos tenham-se inscrito no concurso para o cargo A ou para o cargo B é superior a 1/6 candidatos.

1ª solução

Tem-se

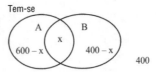

Obtém-se a seguinte equação do diagrama: 600 – x + x + 400 – x + 400 = 1200, cuja solução é x = 200.

O seja,

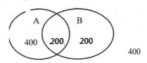

i) ao selecionar 2 candidatos de A ∩ B, obtém-se

$\underline{200}$ $\underline{199}$
$1.200$ $1.199$

1ª escolha 2ª escolha

ii) ao selecionar 2 candidatos de A obtém-se

$\underline{400}$ $\underline{399}$
$1.200$ $1.199$

1ª esc. 2ª esc.

iiii) ao selecionar 2 candidatos de B, obtém-se

$\underline{200}$ $\underline{199}$
$1.200$ $1.199$

1ª escolha 2ª escolha

Assim, a probabilidade de que ambos tenham-se inscrito no concurso para o cargo A ou para o cargo B é de

$$\frac{200}{1.200} \cdot \frac{199}{1.199} + \frac{400}{1.200} \cdot \frac{399}{1.199} + \frac{200}{1.200} \cdot \frac{199}{1.199} =$$

$$= \frac{400}{1.200} \cdot \frac{199}{1.199} + \frac{400}{1.200} \cdot \frac{399}{1.199} =$$

$$= \frac{400}{1.200} \cdot \frac{598}{1.199} = \frac{1}{3} \cdot \frac{598}{1.199},$$

que é $< \frac{1}{6}$. (0,1662496 < 0,166666)

Resposta: Errado (A questão foi anulada pela banca)

2ª solução

JUSTIFICATIVA CERTE – Os dois candidatos devem estar em A, mas não em B, ou ambos em B, mas não em A, ou ainda ambos simultaneamente em A e B. Assim, a probabilidade é (400*399)/(1200*1199)   +   (200*199)/(1200*1199)   + (200*199)/(1200*1199)   =   (400*399)/(1200*1199)   + (400*199)/(1200*1199)   =   (400*598)/(1200*1199)   = (1/3)*(598/1199) <(1/3)*(1/2) = 1/6.

Resposta: Errado (A questão foi anulada pela banca)

(2) Menos de 180 candidatos se inscreveram no concurso para os cargos A e B.

1ª solução
JUSTIFICATIVA – O diagrama a seguir ilustra a situação do texto:

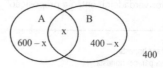

Obtém-se a seguinte equação do diagrama: 600 − x + x + 400 − x + 400 = 1200,

cuja solução é x = 200.

Resposta: Errado

Gabarito: 1Anulada, 2E

# 14. INFORMÁTICA

## Helder Satin

## 1. APRESENTAÇÕES

**(Agente – PF – CESPE – 2018)** Julgue os itens que se seguem, acerca da edição de textos, planilhas e apresentações nos ambientes Microsoft Office e BrOffice.

(1) Na versão 2013 do PowerPoint do Microsoft Office Professional, é possível abrir arquivos no formato *.odp*, do Impress do BrOffice; contudo, não é possível exportar ou salvar arquivos *.pptx* originais do PowerPoint como arquivos *.odp*.

**1:** errada, o PowerPoint 2013 permite abrir arquivos no formato .odp e também salvar apresentação ou arquivos em formato .ppt ou .pptx como um arquivo .odp, bastando clicar em Arquivo, Salvar Como e escolher o tipo de arquivo como Apresentação OpenDocument.
Gabarito: 1E

## 2. BANCOS DE DADOS

**(Papiloscopista – PF – CESPE – 2018)** Julgue os itens seguintes, a respeito de *big data* e tecnologias relacionadas a esse conceito.

(1) MapReduce permite o processamento de dados massivos usando um algoritmo paralelo mas não distribuído.

(2) De maneira geral, big data não se refere apenas aos dados, mas também às soluções tecnológicas criadas para lidar com dados em volume, variedade e velocidade significativos.

(3) MapReduce oferece um modelo de programação com processamento por meio de uma combinação entre chaves e valores.

**1:** errada, O MapReduce, modelo de programação voltado para processamento de dados massivos, além de ser paralelo (permite a realização de processamento simultâneo) também é distribuído (sendo processado por várias fontes ao mesmo tempo, em geral um cluster de computadores); **2:** correta, o conceito de big data também abarca as ferramentas e técnicas utilizadas para tratar grande volume de dados que crescem de maneira extremamente rápida e de fontes variadas; **3:** correta, o MapReduce utiliza uma combinação de tuplas (pares de chaves e valores) para organizar as informações durante a execução da função.
Gabarito: 1E, 2C, 3C

**(Escrivão – PF – CESPE – 2018)** Em um *big data*, alimentado com os dados de um sítio de comércio eletrônico, são armazenadas informações diversificadas, que consideram a navegação dos usuários, os produtos comprados e outras preferências que o usuário demonstre nos seus acessos.

Tendo como referência as informações apresentadas, julgue os itens seguintes.

(1) O *big data* consiste de um grande depósito de dados estruturados, ao passo que os dados não estruturados são considerados *data files*.

(2) Dados coletados de redes sociais podem ser armazenados, correlacionados e expostos com o uso de análises preditivas.

(3) Uma aplicação que reconheça o acesso de um usuário e forneça sugestões diferentes para cada tipo de usuário pode ser considerada uma aplicação que usa *machine learning*.

(4) Pelo monitoramento do tráfego de rede no acesso ao sítio em questão, uma aplicação que utiliza machine learning é capaz de identificar, por exemplo, que os acessos diminuíram 20% em relação ao padrão de acesso em horário específico do dia da semana.

**1:** errada, Big data é um termo que se refere a grandes volumes de dados gerados e armazenados além das técnicas utilizadas para sua interpretação e análise e não apenas as estruturas que armazenam esses dados; **2:** correta, técnicas de big data podem ser utilizadas para armazenar informações advindas de redes sociais e posteriormente passar por um processo de análise preditiva, que pode ser vista como uma junção de técnicas de machine learning, inteligência artificial e mineração de dados com grandes volumes de informação para prever cenários ou tendências futuras; **3:** correta, o conceito de machine learning envolve algoritmos que utilizam uma série de dados e informações para identificar padrões e realizar previsões para comportamentos futuros, portanto se uma aplicação reconhece um usuário e faz sugestões diferentes de acordo com o perfil analisado ela pode ser considerada uma aplicação que usa machine learning; **4:** correta, aplicações que utilizam machine learning conseguem identificar regras e padrões a partir da análise de dados e apontar comportamentos ou realizar previsões sobre estes.
Gabarito: 1E, 2C, 3C, 4C

**(Escrivão – PF – CESPE – 2018)**
CPF
NOME
DATA DE NASCIMENTO
NOME DO PAI
NOME DA MAE
TELEFONE
CEP
NUMERO

As informações anteriormente apresentadas correspondem aos campos de uma tabela de um banco de dados, a qual é acessada por mais de um sistema de informação e também por outras tabelas. Esses dados são utilizados para simples cadastros, desde a consulta até sua alteração, e também para prevenção à fraude, por meio de verificação dos dados da tabela e de outros dados em diferentes bases de dados ou outros meios de informação.

Considerando essas informações, julgue os itens que se seguem.

(1) Os dados armazenados na referida tabela são considerados não estruturados.

**(2)** A referida tabela faz parte de um banco de dados relacional.

**1:** errada, por fazerem parte de uma tabela, com linhas e colunas definidas que organizam a informação de forma a facilitar sua recuperação ou processamento, eles devem ser considerados como estruturados; **2:** correta, como é informado que o banco de dados é acessado por outros sistemas e também por outras tabelas, podemos inferir que ele faz parte de um sistema relacional, onde as tabelas podem ser relacionadas entre si por meio de pares de chaves primárias e estrangeiras.
Gabarito 1E, 2C

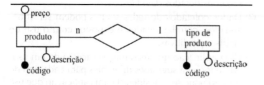

**(Agente – PF – CESPE – 2018)** Considerando o modelo entidade-relacionamento (ER) precedente, julgue os seguintes itens, relativos a banco de dados.

**(1)** Conforme o modelo ER em questão, um *tipo de produto* pode estar associado a somente 1 *produto* e cada *produto* possui um *preço* e uma *descrição*.

**(2)** Considerando-se apenas o diagrama apresentado, infere-se que, na aplicação das regras para a transformação do modelo ER em um modelo relacional, é necessário realizar a fusão das tabelas referentes às entidades envolvidas no relacionamento.

**(3)** Situação hipotética: Ao analisar o modelo ER em questão, Paulo verificou que há duas chaves identificadas com o mesmo nome: *código* — em *tipo de produto* e em *produto*. Paulo sabe que o conceito de chaves é básico para estabelecer relações entre linhas de tabelas de um banco de dados relacional e que as chaves primárias devem ser únicas. Assertiva: Nessa situação, Paulo deve invalidar o modelo ER em questão, pois ele está semanticamente errado, já que não pode haver chaves primárias com nomes iguais, ainda que em entidades distintas.

**1:** errada, a imagem indica uma relação 1:n (um para n ou um para muitos) entre tipo de produto e produto, ou seja, um tipo de projeto terá mais de um produto associado a ele; **2:** errada, em um modelo relacional cada entidade é representada por uma tabela própria, havendo a necessidade criação de tabelas extras para os relacionamentos n:n (n para n ou muitos para muitos) apenas quando estas não estão explicitadas no modelo; **3:** errada, não há restrições para que entidades possuam atributos com nomes exclusivos por todo o modelo, mesmo se tratando de chaves primárias, uma vez que quando esta se tornar uma chave estrangeira em outra entidade ela receberá outro nome na entidade relacionada, o que não pode ocorrer são atributos de mesmo nome na mesma entidade.
Gabarito 1E, 2E, 3E

**(Agente – PF – CESPE – 2018)** Julgue os itens que se seguem, relativos a noções de mineração de dados, big data e aprendizado de máquina.

**(1)** Situação hipotética: Na ação de obtenção de informações por meio de aprendizado de máquina, verificou-se que o processo que estava sendo realizado consistia em examinar as características de determinado objeto e atribuir-lhe uma ou mais classes; verificou-se também que os algoritmos utilizados eram embasados em algoritmos de aprendizagem supervisionados. Assertiva: Nessa situação, a ação em realização está relacionada ao processo de classificação.

**(2)** *Big data* refere-se a uma nova geração de tecnologias e arquiteturas projetadas para processar volumes muito grandes e com grande variedade de dados, permitindo alta velocidade de captura, descoberta e análise.

**(3)** Pode-se definir mineração de dados como o processo de identificar, em dados, padrões válidos, novos, potencialmente úteis e, ao final, compreensíveis.

**1:** correta, os processos de aprendizagem supervisionada são usados quando há um conjunto de dados que pode ser fornecido para treinar o programa a identificar padrões e uma destas técnicas é a de classificação, onde os dados são classificados com base em classes pré-definidas; **2:** correta, o conceito de Big data trata de tecnologias, ferramentas e estruturas usadas para processar e armazenar grandes volumes de dados, que crescem de forma rápida, de forma a possibilitar a análise cruzada destes dados; **3:** correta, o processo de mineração de dados permite análises mais profundas de um determinado conjunto, permitindo o surgimento de novas informações e previsões com base nos dados analisados.
Gabarito 1C, 2C, 3C

## 3. EDITORES DE TEXTO

**(Agente-Escrivão – PC/GO – CESPE – 2016)** Acerca da inserção de seções em planilhas e textos criados no Microsoft Office, assinale a opção correta.

**(A)** Em um documento Word, as seções podem ser utilizadas para que, em uma mesma página, parte do texto esteja em uma coluna e outra parte, em duas colunas.

**(B)** No Word, as seções são utilizadas como meio padrão para se inserir rodapé e cabeçalho no documento.

**(C)** No Excel, as seções são utilizadas para separar figuras de um texto que estejam em quadros.

**(D)** A inserção de índices analíticos no Word implica a inserção de seções entre as páginas, em todo o documento.

**(E)** No Excel, as seções são utilizadas para separar gráficos e valores em uma mesma planilha.

**A, B, C, D e E:** No Microsoft Office, as seções são utilizadas para permitir a aplicação de formatações diferentes em um determinado trecho do texto, mesmo que estes estejam em uma mesma página, portanto apenas a alternativa A está correta. HS
Gabarito "A".

**(Agente-Escrivão – Pernambuco – CESPE – 2016)** Assinale a opção que apresenta corretamente os passos que devem ser executados no BrOffice Writer para que os parágrafos de um texto selecionado sejam formatados com avanço de 2 cm na primeira linha e espaçamento 12 entre eles.

**(A)** Acessar o menu Editar, selecionar a opção Texto e inserir os valores desejados no campo Recuos e Espaçamento.

**(B)** Acessar o menu Formatar, selecionar a opção Parágrafo e inserir os valores desejados no campo Recuos e Espaçamento.

**(C)** Acessar o menu Formatar, selecionar a opção Texto e inserir os valores desejados no campo Espaçamento.

**(D)** Acessar o menu Editar, selecionar a opção Recuos e inserir os valores desejados no campo Recuos e Espaçamento.

**(E)** Pressionar, no início da primeira linha, a tecla Tab e, em seguida, a tecla Enter duas vezes após o primeiro parágrafo do texto selecionado. Assim, o Writer repetirá essa ação para os demais parágrafos selecionados.

**A, B, C, D e E:** Para alterar a configuração de avanço de parágrafo e espaçamento entre linhas deve-se utilizar o item "Recuos e Espaçamento" presente na opção "Parágrafo" localizada no menu "Formatar", que concentra as opções relativas à formatação do texto. Portanto, apenas a alternativa B está correta.
Gabarito "B".

**(Escrivão – PF – CESPE – 2018)** A respeito de sistemas operacionais e de aplicativos de edição de textos e planilhas, julgue os itens a seguir.

**(1)** Devido à capacidade ilimitada de linhas de suas planilhas, o aplicativo Excel pode ser utilizado como um banco de dados para tabelas com mais de um milhão de registros.

**(2)** Windows e Linux são exemplos de sistemas operacionais de núcleo monolítico, em que um único processo executa as principais funções.

**(3)** No Word, as macros são construídas com o uso da linguagem de programação VBO (Visual Basic for Office).

**(4)** A técnica de *swapping* consiste em transferir temporariamente um processo da memória para o disco do computador e depois carregá-lo novamente em memória.

**1:** errada, o Excel possui um limite de 1.048.576 linhas e 16.384 colunas a partir das versões 2007 e não deve ser utilizado como banco de dados para volumes grandes de informação; **2:** correta, nos sistemas de núcleo monolítico temos um kernel ou núcleo que possui os códigos necessários para a execução, modelo adotado por sistemas como Linux, Solaris, versões do Windows baseadas em MS-DOS. As versões posteriores da série Windows NT utilizam núcleo híbrido; **3:** errada, embora seja possível criar uma macro utilizando o Visual Basic for Applications (VBA), este não é obrigatório ou necessário para a criação de qualquer macro; **4:** correta, a técnica de swapping geralmente é utilizada quando a memória virtual está cheia, permitindo assim que o processamento seja concluído utilizando o disco físico para armazenamento de memória virtual, o que acaba prejudicando a velocidade pois o disco físico é mais lento que a memória virtual.
Gabarito 1E, 2C, 3E, 4C

## 4. HARDWARE

**(Agente de Polícia Federal – 2012 – CESPE)** Para proferir uma palestra acerca de crime organizado, um agente conectou dispositivo USB do tipo *bluetooth* no computador que lhe estava disponível. A respeito desse cenário, julgue o item abaixo.

**(1)** O uso de dispositivos *bluetooth* em portas USB necessita de driver especial do sistema operacional. Em termos de funcionalidade, esse *driver* equivale ao de uma interface de rede sem fio (*wireless*) LAN, pois ambas as tecnologias trabalham com o mesmo tipo de endereço físico.

**1:** Incorreta, muitas vezes podem ser usados drivers genéricos para utilização de dispositivos do tipo bluetooth e as redes de dispositivos desta tecnologia foram PANs (personal area network) e não LANs (local area network).
Gabarito 1E

Figura 1           Figura 2

**(Agente de Polícia Federal – 2012 – CESPE)** Com base nas figuras apresentadas acima, julgue o item.

**(1)** A figura 2 ilustra um conector do tipo S-Vídeo, utilizado para ligar dispositivos de vídeo em computadores ou em outros equipamentos de vídeo.

**1:** Correta, a figura 2 representa um conector do tipo S-Video utilizado para conectar um dispositivo de vídeo a um computador ou outro equipamento eletrônico, como TVs e videogames.
Gabarito 1C

## 5. PLANILHAS ELETRÔNICAS

**(Agente de Polícia Federal – 2012 – CESPE)** Acerca do *Excel* 2010, julgue os itens seguintes.

**(1)** Um usuário que deseje que todos os valores contidos nas células de B2 até B16 de uma planilha *Excel* sejam automaticamente formatados para o tipo número e o formato moeda (R$) pode fazê-lo mediante a seguinte sequência de ações: selecionar as células desejadas; clicar, na barra de ferramentas do Excel, a opção Formato de Número de Contabilização; e, por fim, selecionar a unidade monetária desejada.

**(2)** Em uma planilha *Excel*, para somar os valores contidos nas células de B2 até B16 e colocar o resultado na célula B17, é suficiente que o usuário digite, na célula B17, a fórmula =SOMA(B2:B16) e tecle .

**1:** Correta, a opção Formato de Número de Contabilização permite formatar uma ou mais células como moeda; **2:** Correta, a fórmula =SOMA(B2:B16) realiza a soma dos valores das células do intervalo que vai de B2 até B16.
Gabarito 1C, 2C

**(Agente-Escrivão – Pernambuco – CESPE – 2016)** Utilizando o Excel 2010, um analista desenvolveu e compartilhou com os demais servidores de sua seção de trabalho uma planilha eletrônica que pode ser editada por todos os servidores e que, ainda, permite a identificação do usuário responsável por realizar a última modificação. Para compartilhar suas atualizações individuais na planilha, o analista tem de selecionar a opção correspondente em Compartilhar Pasta de Trabalho, do menu Revisão, do Excel 2010.

Com relação a essa situação hipotética, assinale a opção correta.

**(A)** Caso dois servidores editem a mesma célula, será impossível resolver conflitos de edição.

**(B)** Dois ou mais servidores não poderão editar o mesmo arquivo simultaneamente.

**(C)** Se um servidor acessar a planilha para edição, este procedimento causará o bloqueio do arquivo, de modo que outro servidor não poderá abri-lo, ainda que seja somente para consulta.

**(D)** O Word é o único programa do Microsoft Office que permite que mais de um usuário edite, simultaneamente, arquivos de texto.

**(E)** A planilha poderá ser editada por mais de um servidor simultaneamente.

---

**A, B, C, D e E**: A função Compartilhar Pasta de Trabalho permite que mais de uma pessoa possa editar o mesmo arquivo de forma simultânea, sem que o acesso ao arquivo seja bloqueado, e por meio do controle de alterações é possível identificar quem foi o responsável por cada alteração bem como é possível resolver conflitos caso mais de uma pessoa edite a mesma parte da planilha. Esse tipo de funcionalidade existe tanto no MS Excel como no MS Word, na função de coautoria, portanto apenas a alternativa E está correta. HS

Gabarito "E".

## 6. REDE E INTERNET

**(Agente de Polícia Federal – 2012 – CESPE)** Considerando que, para acessar uma página da *Internet* via conexão segura (HTTPS), um usuário tenha ficado em dúvida sobre qual *software* de navegação escolher, julgue os itens que se seguem.

**(1)** Se o certificado digital na conexão HTTPS for maior que 1.024 *bits*, o usuário deverá escolher o *Mozilla Firefox* ou o *Internet Explorer*, que suportariam a conexão, pois o *Google Chrome* trabalha somente com certificados de até 796 *bits*.

**(2)** O *Google Chrome*, o *Mozilla Firefox* e o *Internet Explorer* suportam o uso do protocolo HTTPS, que possibilita ao usuário uma conexão segura, mediante certificados digitais.

---

**1**: Incorreta, o Chrome, assim como os outros navegadores mencionados, não possui esta limitação e funciona com certificados de 1024 bits e superiores; **2**: Correta, todos os três navegadores permitem a navegação utilizando o protocolo HTTPS, atualmente todos os navegadores permitem tal função.

Gabarito 1E, 2C

**(Agente de Polícia Federal – 2012 – CESPE)** Aplicativos do tipo *firewall* são úteis para proteger de acessos indesejados computadores conectados à Internet. A respeito do funcionamento básico de um *firewall* do tipo pessoal em sistemas Windows 7 configurados e em funcionamento normal, julgue os próximos itens.

**(1)** Quando a solicitação de conexão do tipo UDP na porta 21 for recebida por estação com *firewall* desligado, caberá ao sistema operacional habilitar o *firewall*, receber a conexão, processar a requisição e desligar o *firewall*. Esse procedimento é realizado porque a função do UDP na porta 21 é testar a conexão do *firewall* com a *Internet*.

**(2)** Se uma estação com *firewall* habilitado receber solicitação de conexão do tipo TCP, a conexão será automaticamente negada, porque, comumente, o protocolo TCP transporta vírus.

---

**1**: Incorreta, a porta 21 é utilizada para transferência de dados (FTP) e não está relacionada a testes de firewall; **2**: Incorreto, o protocolo TCP transporta quase toda a comunicação em rede e por isso não é bloqueado pelo Firewall.

Gabarito 1E, 2E

**(Agente-Escrivão – Pernambuco – CESPE – 2016)** Dois analistas, que compartilham a mesma estação de trabalho ao longo do dia – um no turno matutino e outro no turno vespertino –, utilizam a versão mais recente do Google Chrome e desejam que esse navegador memorize os dados de formulários dos sistemas *web* do órgão em que atuam, sem que as senhas desses formulários sejam memorizadas.

Considerando essa situação hipotética, assinale a opção correta.

**(A)** É possível configurar o *browser* para memorizar dados dos formulários, entretanto isso implica necessariamente o armazenamento das respectivas senhas, ainda que de modo independente para cada analista.

**(B)** Não é possível memorizar nomes de usuários e senhas para cada analista individualmente, visto que o navegador em questão armazena os dados de formulários no mesmo local, independentemente do perfil do usuário na estação de trabalho.

**(C)** Cada analista deve, ao fim de seu turno, limpar os dados de navegação e de privacidade para evitar sobreposição e compartilhamento de dados dos formulários no navegador, pois independentemente da configuração os dados do *browser* são únicos para todos os usuários que acessem a estação.

**(D)** Não é possível realizar quaisquer configurações adicionais no navegador, uma vez que este, necessariamente, armazena dados e senhas de formulários.

**(E)** É possível configurar o *browser* para memorizar dados dos formulários e não armazenar senhas de modo independente para cada analista.

---

**A**: incorreta. No Google Chrome há a possibilidade de salvar dados de formulários sem que senhas sejam necessariamente salvas; **B**: incorreta. O Google Chrome permite salvar os dados de cada usuário separadamente por meio da ligação da conta pessoal de cada um pela função Smart Lock; **C**: incorreta. No Google Chrome, quando se realiza o login com seu usuário pessoal, os dados de navegação não serão compartilhados com os outros usuários; **D**: incorreta. O navegador pode ou não armazenar os dados de usuário e senha em formulários, dependendo da configuração que o usuário desejar; **E**: correta, cada analista pode usar configurações diferentes, podendo o navegador armazenar ou não os dados de usuário e senha em formulários. HS

Gabarito "E".

**(Agente-Escrivão – Pernambuco – CESPE – 2016)** Assinale a opção que apresenta corretamente o texto que, ao ser digitado no sítio de buscas Google, permite localizar, na *web*, arquivos no formato pdf que contenham a frase "valorização do policial civil", mas não contenham o vocábulo "concurso".

**(A)** 'valorização do policial civil' without 'concurso' type(pdf).

**(B)** 'valorização do policial civil' no:concurso archive(pdf).

**(C)** "valorização do policial civil" not(concurso) in:pdf.

**(D)** "Valorização do Policial Civil." – concurso filetype:pdf.

**(E)** valorização and do and policial and civil exclude(concurso) in:pdf.

**A, B, C, D e E:** Em uma busca no Google é possível delimitar que os resultados contenham uma frase exatamente da forma como foi escrita colocando-a entre aspas. Também é possível excluir dos resultados determinado termo utilizando o sinal de menos antes do termo desejado. Por fim, é possível definir que a busca retorne apenas documentos de um certo tipo por meio da especificação filetype: extensão, portanto apenas a alternativa D está correta. **HS**
Gabarito "D".

**(Agente-Escrivão – Pernambuco – CESPE – 2016)** Um usuário instalou e configurou, em uma estação de trabalho do órgão onde atua, um aplicativo de disco virtual, que permite armazenamento de dados em nuvem (*Cloud storage*), e sincronizou uma pasta que continha apenas um arquivo nomeado como xyz.doc. Em seguida, ele inseriu três arquivos nessa pasta e modificou o conteúdo do arquivo xyz.doc. Posteriormente, esse usuário configurou, em um computador na sua residência, o mesmo aplicativo com a mesma conta utilizada no seu trabalho, mas não realizou quaisquer edições ou inserção de arquivos na referida pasta.

Com base nas informações apresentadas nessa situação hipotética, é correto afirmar que, no computador na residência do usuário, a pasta utilizada para sincronizar os dados conterá:

(A) quatro arquivos, porém o arquivo xyz.doc não conterá as modificações realizadas no órgão, uma vez que *cloud storage* sincroniza inserções, e não atualizações.

(B) somente o arquivo xyz.doc sem as modificações realizadas no órgão, uma vez que *cloud storage* sincroniza apenas arquivos que já existiam antes da instalação e da configuração do programa.

(C) somente o arquivo xyz.doc com as modificações realizadas no órgão, uma vez que *cloud storage* sincroniza apenas arquivos que já existiam antes da instalação e da configuração do programa com suas devidas atualizações.

(D) quatro arquivos, incluindo o arquivo xyz.doc com as modificações realizadas no órgão em que o usuário atua.

(E) três arquivos, uma vez que *cloud storage* sincroniza apenas arquivos inseridos após a instalação e a configuração do programa.

**A, B, C, D e E:** Serviços de armazenamento de arquivos em nuvem do tipo Cloud Storage funcionam como uma pasta que o usuário pode sincronizar por meio de vários computadores e dispositivos. Todo o conteúdo da pasta é sincronizado sempre que o dispositivo tem acesso à Internet e assim todas as modificações realizadas em seu conteúdo são atualizadas no dispositivo em questão, sejam elas adições, modificações ou exclusões. Portanto no computador da residência do usuário haverá quatro arquivos, sendo o arquivo xyz.doc com as alterações realizadas e também os outros arquivos adicionados posteriormente. Logo apenas a alternativa D está correta. **HS**
Gabarito "D".

**(Policial Rodoviário Federal – CESPE – 2019)** Julgue o item subsequente, a respeito de conceitos e modos de utilização de tecnologias, ferramentas, aplicativos e procedimentos associados à Internet.

(1) As versões mais modernas dos navegadores Chrome, Firefox e Edge reconhecem e suportam, em instalação padrão, os protocolos de Internet FTP, SMTP e NNTP, os quais implementam, respectivamente, aplicações de transferência de arquivos, correio eletrônico e compartilhamento de notícias.

(2) Por meio de uma aplicação de acesso remoto, um computador é capaz de acessar e controlar outro computador, independentemente da distância física entre eles, desde que ambos os computadores estejam conectados à Internet.

**1:** errada, os navegadores têm por objetivo permitir a navegação em páginas na internet, não possuindo nenhuma implementação para utilização direta de protocolos como SMTP, usado para enviar mensagens de correio eletrônico e o NNTP, usado para grupos de discussão; **2:** correta, os softwares de acesso remoto permitem que um usuário controle outro computador por meio de uma rede, independentemente da distância física entre eles, desde que ambos estejam conectados à mesma rede, seja ela uma Intranet ou a Internet.
Gabarito 1E, 2C

**(Policial Rodoviário Federal – CESPE – 2019)** A respeito de computação em nuvem, julgue o próximo item.

(1) A computação em nuvem do tipo *software* as a *service* (SaaS) possibilita que o usuário acesse aplicativos e serviços de qualquer local usando um computador conectado à Internet.

**1:** correto, no conceito de Software as a service, ou Software como um serviço, o usuário pode utilizar programas e recursos através da internet pagando por um valor mensal, como, por exemplo, o Microsoft Office 365, que permite a utilização dos programas do pacote Office através de navegador.
Gabarito 1C

**(Papiloscopista – PF – CESPE – 2018)** Acerca de *Internet*, intranet e tecnologias e procedimentos a elas associados, julgue os itens a seguir.

(1) Nos softwares de *email*, a opção *Bcc* (blind carbon copy) tem como um de seus objetivos esconder os destinatários para evitar ações de *spam*.

(2) Os *browsers* para navegação na Internet suportam nativamente arquivos em Java e em Flash, sem necessidade de aplicações adicionais.

(3) Uma proteção nos navegadores de Internet é direcionada para combater vulnerabilidades do tipo XSS (*cross-site* scripting) e evitar ataques maliciosos.

(4) Disponível exclusivamente no Google Chrome, o modo de navegação anônima permite ao usuário navegar pela Internet sem registrar as páginas acessadas.

(5) O símbolo @ em endereços de email tem o sentido da preposição *no*, sendo utilizado para separar o nome do usuário do nome do provedor.

**1:** correta, na modalidade de Software as a Service, ou SaaS, o usuário pode utilizar recursos de software diretamente pela Internet por meio de um navegador web ou browser; **2:** errada, para suportar arquivos de Flash é necessário um plugin chamado Shockwave Flash e para rodar arquivos Java é necessário o plugin do Java chamado JRE (Java Runtime Enviroment); **3:** correta, os navegadores atuais implementam medidas de segurança para evitar casos de XSS, ou cross-site scripting, quando um usuário malicioso tenta inserir códigos de script cliente-side (geralmente javascript) para obter informações de outros usuários, capturando informações e enviando para outro destino; **4:** errada, o modo de navegação anônimo está disponível em todos os principais navegadores web do mercado; **5:** correta, o símbolo de arroba, que em inglês se pronuncia "at", tem o sentido da preposição no, indicando

que se está enviando uma mensagem para determinado usuário 'no' domínio indicado.
Gabarito 1C, 2E, 3C, 4E, 5C

**(Papiloscopista – PF – CESPE – 2018)** Julgue os próximos itens a respeito de redes de computadores e de *cloud computing*.

(1) As nuvens do tipo híbridas são implementadas por organizações que possuem interesses em comum, como na área de segurança, por exemplo.

(2) Entre os modelos de computação em nuvem, o PaaS (Plataforma como um serviço) é o mais indicado para o desenvolvimento de soluções informatizadas.

(3) Conceitualmente, a computação em nuvem pode ser implementada por meio da LAN (*local area network*) interna de uma organização.

(4) Uma das vantagens da rede de computadores com tipologia mesh é a varredura de diversas possibilidades de roteamento para identificar a mais eficiente.

(5) PAN (*personal area network*) são redes de computadores destinadas a ambientes com acesso restrito, seja por limitações físicas ou por definições de segurança.

**1:** errada, o conceito de nuvem híbrida envolve um ambiente que associe nuvens privadas e públicas de forma que dados e aplicativos possam ser acessados entre elas e são implementadas em ambientes onde há a necessidade de unir características de ambas, facilidade de acesso e baixo custo das nuvens públicas e maior segurança e privacidade das nuvens privadas; **2:** correta, o conceito de Platform as a Service, ou PaaS, inclui o fornecimento completo de serviços de hospedagem, implementações de hardware e software de forma a suportar aplicações SaaS ou outras necessidades de soluções informatizadas; **3:** errada, o conceito de nuvem inclui a distribuição de recursos pela Internet, permitindo o consumo destes recursos de forma remota; **4:** correta, em uma rede mesh cada nó de rede está ligado a vários outros nós, permitindo criar diferentes rotas entre os nós e assim encontrar a mais eficiente para a entrega de um pacote; **5:** errada, uma PAN é destinada para redes de curto alcance, como aquelas formadas por dispositivos Bluetooth.
Gabarito 1E, 2C, 3E, 4C, 5E

**(Papiloscopista – PF – CESPE – 2018)** Julgue os próximos itens, no que se refere a redes de computadores, fundamentos relacionados à transmissão dos dados e códigos utilizados na transmissão.

(1) Em redes de comunicação de dados, existem três modos de transmissão: o *simplex*, em que os dados circulam em apenas um sentido; o *half-duplex*, em que os dados circulam nos dois sentidos ao mesmo tempo; e o *full-duplex*, também conhecido por ligação de alternância.

(2) Em uma conexão síncrona, o emissor e o receptor estão sincronizados pelo mesmo relógio (*clock*).

(3) A codificação NRZ-L (*Non Return to Zero – Level*) usa três níveis de sinal e o nível do sinal varia no intervalo de 1 bite.

**1:** errada, nas comunicações full-duplex, os dados circulam nos dois sentidos, diferente da half-duplex onde ele circula em um sentido por vez podendo haver comunicação nos dois sentidos o que a diferencia da simplex, onde os dados podem transitar apenas em um sentido; **2:** correta, na conexão síncrona tanto o receptor quanto o emissor devem estar sincronizados desde o início da comunicação até o seu final, sendo que cada bloco de informação deve ser enviado e recebido em um instante de tempo bem delimitado e conhecido por ambos, para isso utiliza-se o relógio (clock) para garantir tal sincronia; **3:** errada, a codificação binária NRZ-L utiliza dois níveis de sinal apenas, que geralmente utilizam uma voltagem negativa para representar o 0 e uma voltagem positiva para representar o 1.
Gabarito 1E, 2C, 3E

**(Papiloscopista – PF – CESPE – 2018)** Acerca de TCP/IP e de modelo OSI, julgue os itens subsecutivos.

(1) No IPv4, um endereço IP é composto por 32 bites, enquanto no IPv6, um endereço IP tem 128 bites. Em comparação com o modelo de referência OSI, tanto o IPv4 quanto o IPv6 encontram-se na camada de rede.

(2) Localizado na camada de transporte do modelo TCP/IP, o protocolo UDP tem como características o controle de fluxo e a retransmissão dos dados.

(3) É característica do HTTP o envio e o recebimento de dados na camada de aplicação do modelo TCP/IP; as definições do HTTP trabalham com códigos de erro, tanto do lado cliente quanto do lado servidor.

**1:** correta, ambas as versões do protocolo IP funcionam na camada de rede, que controla a operação de sub rede, definindo o caminho físico para os dados seguirem baseado nas condições de rede e prioridade entre outros fatores e além disso o IPv6 é baseado em um número maior de bites permitindo a existência de uma quantidade maior de endereços de rede utilizáveis; **2:** errada, o protocolo UDP é um protocolo de transmissão de dados assíncrono, no qual não há a confirmação de recebimento dos pacotes e que atua na camada de transporte do modelo OSI; **3:** correta, o protocolo HTTP, utilizado na navegação em documentos web, atua na camada de aplicação, camada mais exterior do modelo OSI, onde ocorrem as interações entre usuário e máquina.
Gabarito 1C, 2E, 3C

**(Escrivão – PF – CESPE – 2018)** Acerca das características de Internet, intranet e rede de computadores, julgue os próximos itens.

(1) URL (*uniform resource locator*) é um endereço virtual utilizado na Web que pode estar associado a um sítio, um computador ou um arquivo.

(2) A Internet pode ser dividida em *intranet*, restrita aos serviços disponibilizados na rede interna de uma organização, e *extranet*, com os demais serviços (exemplo: redes sociais e sítios de outras organizações).

(3) O modelo de referência de rede TCP/IP, se comparado ao modelo OSI, não contempla a implementação das camadas física, de sessão e de apresentação.

(4) A Internet e a *intranet*, devido às suas características específicas, operam com protocolos diferentes, adequados a cada situação.

(5) As informações do DNS (*domain name system*) estão distribuídas em várias máquinas e o tamanho de sua base de dados é ilimitado.

**1:** correta, o URL é a forma utilizada para se encontrar algum recurso, seja um documento ou arquivo, que se deseja acessar pela internet. Ele é composto de um protocolo, seguido por um subdomínio (que pode estar omitido), domínio e domínio de topo; **2:** errada, a Internet é uma rede pública de computadores que disponibiliza serviços e recursos para seus usuários. A Intranet é uma rede privada criada dentro de um ambiente controlado, geralmente uma empresa ou instituição de ensino, para disponibilizar certos recursos de forma controlada; **3:** correta, o modelo TCP/IP, em comparação com o modelo OSI, possui camadas equivalentes e outras que abarcam mais de uma do outro modelo, havendo uma camada de aplicação, que corresponde às camadas de aplicação, apresentação e sessão do modelo OSI, a camada de transporte similar à homônima do outro modelo, a camada de Internet

que equivale à camada de Rede e por fim a camada de Acesso a Rede englobando as definições das camadas de enlace e física; **4:** errada, ambas as redes são similares e operam sobre os mesmos protocolos, o que diferencia uma da outra é a abrangência do acesso, sendo a Internet uma rede pública e a Intranet uma rede privada; **5:** correta, o DNS é um serviço provido por diversos servidores diferentes espalhados pelo mundo todo a fim de diminuir a latência nas consultas, distribuir a carga e melhorar a performance geral do serviço.
Gabarito 1C, 2E, 3C, 4E, 5C

**(Escrivão – PF – CESPE – 2018)** Uma empresa tem unidades físicas localizadas em diferentes capitais do Brasil, cada uma delas com uma rede local, além de uma rede que integra a comunicação entre as unidades. Essa rede de integração facilita a centralização do serviço de email, que é compartilhado para todas as unidades da empresa e outros sistemas de informação.

Tendo como referência inicial as informações apresentadas, julgue os itens subsecutivos.

**(1)** SMTP é o protocolo utilizado para envio e recebimento de email e opera na camada de aplicação do modelo TCP/IP.

**(2)** Para viabilizar a comunicação de dados entre as unidades da empresa, podem ser utilizados serviços de interconexão com roteadores providos por operadoras de telecomunicação.

**(3)** O padrão IEEE 802.11g permite que as redes locais das unidades da empresa operem sem cabeamento estruturado nos ambientes físicos e com velocidade mínima de 200 Mbps.

**(4)** Se as redes locais das unidades da empresa estiverem interligadas por redes de operadoras de telecomunicação, então elas formarão a WAN (wide area network) da empresa.

**(5)** Definir os processos de acesso ao meio físico e fornecer endereçamento para a camada de aplicação são funções do controle de acesso ao meio físico (MAC).

**(6)** Em uma rede local que possui a topologia estrela, podem ser utilizados switches para integrar a comunicação entre os computadores.

---

**1:** correta, o protocolo SMTP é responsável pelo envio de mensagens de correio eletrônico que são recebidas por um servidor SMTP no destino e é um protocolo da camada de aplicação, camada onde os protocolos que servem de ponte para a interação humana atuam, como os protocolos SMTP, HTTP, FTP, por exemplo; **2:** correta, como as unidades estão localizadas em cidades diferentes, pode-se afirmar que serão usadas redes de operadoras de telecomunicação para interligar as redes internas, seja por intermédio da própria internet ou por meio de VPNs; **3:** errada, o padrão IEEE 802.11g é uma especificação de redes sem fio (wi-fi) e possui velocidade máxima de conexão de 54Mbps, para obter taxar maiores seria necessário utilizar o padrão IEEE 802.11n que chega a até 450Mbps; **4:** correta, enquanto uma LAN define uma rede de alcance local (em geral um edifício, uma casa ou escritório), uma WAN define uma rede de grande abrangência, que pode abarcar uma cidade, estado ou mesmo um país; **5:** errada, a subcamada MAC (Media Access Control) do protocolo TCP/IP fornece funções de controle para a camada de enlace e não para a camada de aplicação; **6:** correta, na topologia em estrela os nós da rede são interligados por um nó central, papel que pode ser desempenhando por um switch uma vez que este tem a capacidade de direcionar os pacotes de dados para seu destinatário definido.
Gabarito 1C, 2C, 3E, 4C, 5E, 6C

**(Agente – PF – CESPE – 2018)** Marta utiliza uma estação de trabalho que executa o sistema operacional Windows 10 e está conectada à rede local da empresa em que ela trabalha. Ela acessa usualmente os sítios da intranet da empresa e também sítios da Internet pública. Após navegar por vários sítios, Marta verificou o histórico de navegação e identificou que um dos sítios acessados com sucesso por meio do protocolo HTTP tinha o endereço 172.20.1.1.

Tendo como referência essa situação hipotética, julgue os itens a seguir.

**(1)** O endereço 172.20.1.1 identificado por Marta é o endereço IPv4 de um servidor *web* na Internet pública.

**(2)** Por meio do serviço de *proxy* para rede local, Marta poderá acessar, a partir da sua estação de trabalho, tanto os sítios da intranet quanto os sítios da Internet pública.

**(3)** O sistema operacional utilizado na estação de trabalho de Marta inclui nativamente a plataforma Windows Defender, composta por ferramentas antivírus e de *firewall* pessoal, entre outras.

**(4)** WHOIS é o serviço que permite a consulta direta dos endereços IPv4 dos sítios visitados por Marta, a partir das URLs contidas no seu histórico de navegação.

**(5)** A despeito das configurações dos ativos de segurança corporativos e do serviço de *firewall* instalado na estação de trabalho, Marta poderá acessar remotamente sua estação de trabalho usando a Conexão de Área de Trabalho Remota, a partir de outra estação conectada à Internet.

---

**1:** errada, as classes de IP do IPv4 nos intervalos de 10.0.0.0 até 10.255.255.255, de 172.16.0.0 até 172.31.255.255, de 192.168.0.0 até 192.168.255.255 e de 169.254.0.0 até 169.254.255.255 são classes de IP reservadas para uso em redes privadas; **2:** correta, o serviço de proxy funciona como um intermediário entre o computador e o servidor de saída, filtrando o que pode ser passado para este e controlando o que o usuário poderá acessar; **3:** correta, o Windows 10 possui em sua instalação padrão o aplicativo chamado Windows Defender que é composto de diversas ferramentas visando a aumentar a segurança do usuário tanto em uma rede quanto no fora dela, sendo algumas destas ferramentas um firewall, um antivírus e uma ferramenta de análise de integridade do dispositivo; **4:** errada, o WHOIS é um protocolo usado para obter informações de DNS e de contato de um domínio e não do endereço IP de um servidor web; **5:** errada, como há um firewall instalado e regras de segurança sendo aplicadas ela só poderia realizar tal acesso caso este esteja liberado nas políticas de firewall da empresa.
Gabarito 1E, 2C, 3C, 4E, 5E

**(Agente – PF – CESPE – 2018)** Os gestores de determinado órgão público decidiram adotar a computação em nuvem como solução para algumas dificuldades de gerenciamento dos recursos de tecnologia da informação. Assim, para cada contexto, análises devem ser realizadas a fim de compatibilizar os recursos de gerenciamento e segurança com os modelos técnicos de contratação.

Considerando essas informações, julgue os seguintes itens.

**(1)** Se, para enviar e receber *emails* sem precisar gerenciar recursos adicionais voltados ao *software* de *email* e sem precisar manter os servidores e sistemas operacionais nos quais o software de *email* estiver sendo executado, os gestores optarem por um serviço de *email* em nuvem embasado em webmail, eles deverão contratar, para esse serviço, um modelo de computação em nuvem do tipo plataforma como um serviço (PaaS).

(2) Para o armazenamento de dados de trabalho dos colaboradores desse órgão público, incluindo-se documentos, imagens e planilhas, e para o uso de recursos de rede compartilhados, como impressoras e computadores, seria adequado contratar o modelo de computação em nuvem denominado infraestrutura como um serviço (IaaS).

(3) Um estudo técnico de viabilidade e um projeto de *re-hosting* em computação em nuvem IaaS é indicado para as aplicações legadas do órgão que tenham sido originalmente desenvolvidas para *mainframe*.

**1:** errada, o modelo PaaS (Platform as a service ou Plataforma como um serviço) é um ambiente que dispõe de todos os requisitos para criar, gerir e hospedar um software próprio, o correto seria o modelo SaaS (Software as a service ou Software como serviço) onde uma aplicação, neste caso o serviço de e-mail com acesso via webmail, é provido por intermédio da nuvem; **2:** correta, na modalidade de Infraestrutura como um serviço (Infrastructure as a Service), toda a estrutura necessária para que outros serviços sejam providos é fornecida pela nuvem e acessada via rede, recursos estes como armazenamento, servidores, disponibilização de impressoras e compartilhamento de rede; **3:** correta, antes de migrar qualquer solução desenvolvida para um ambiente específico, deve-se realizar um estudo técnico de viabilidade desta migração e avaliar potências impactos como necessidade de alterações em software ou criação de regras adicionais de segurança, além disso um projeto de re-hosting é importante para garantir que o novo ambiente terá todos os requisitos necessários para a execução da solução e garantia de seu funcionamento a longo prazo.
Gabarito 1E, 2C, 3C

**(Agente – PF – CESPE – 2018)** A respeito da utilização de tecnologias, ferramentas, aplicativos e procedimentos associados a Internet/intranet, julgue os itens seguintes.

(1) Nas ferramentas de busca, o indexador é o programa que navega autonomamente pela Internet, localizando e varrendo os documentos em busca de palavras-chaves para compor a base de dados da pesquisa.

(2) Nas aplicações de transferência de arquivos por fluxo contínuo, os dados são transferidos como uma série de blocos precedidos por um cabeçalho especial de controle.

(3) Nas aplicações multimídia, os fluxos de dados podem conter áudio, vídeo e metadados que viabilizam a sincronização de áudio e vídeo. Cada um desses três fluxos pode ser manipulado por diferentes programas, processos ou hardwares, mas, para que os fluxos de dados de determinada aplicação multimídia sejam qualitativamente otimizados na transmissão ou no armazenamento, eles devem ser encapsulados juntos, em um formato de contêiner.

**1:** errada, a descrição fornecida se aplica ao web crawler ou spider, que vasculha todos os links que encontra atrás de conteúdo que poderá compor a base de pesquisa para que depois o indexador possa analisar e processar este conteúdo; **2:** errada, a descrição fornecida se aplica à transmissão de modo blocado, na transferência por fluxo contínuo os dados são transmitidos como um fluxo de caracteres contínuo, são exemplos desta modalidade a transmissão ao vivo de conteúdo multimídia; **3:** correta, em uma aplicação multimídia que trata dados de tipos diferentes (áudio, vídeo e metadados) para que as informações possam ser tratadas, cada uma por seu processo ou aplicação, de forma sincronizada e organizada, os dados devem ser entregues de forma conjunta e a melhor forma de fazer isso é encapsulando-a em um formato único, chamado de contêiner.
Gabarito 1E, 2E, 3C

**(Agente – PF – CESPE – 2018)** Acerca de redes de comunicação, julgue os itens a seguir.

(1) A conexão de sistemas como TVs, laptops e telefones celulares à Internet, e também entre si, pode ser realizada com o uso de comutadores (*switches*) de pacotes, os quais têm como função encaminhar a um de seus enlaces de saída o pacote que está chegando a um de seus enlaces de entrada.

**1:** correta, o switch tem como principal característica a habilidade de direcionar pacotes diretamente para os destinatários determinados, diferente, por exemplo, dos hubs que repetiam o pacote recebido a todos os nós a ele conectados.
Gabarito 1C

**(Agente – PF – CESPE – 2018)** Julgue os itens subsequentes, relativos a redes de computadores.

(1) As redes de computadores podem ser classificadas, pela sua abrangência, em LAN (*local area network*), MAN (*metropolitan area network*), e WAN (*wide area network*).

(2) Um protocolo da camada de transporte é implementado no sistema final e fornece comunicação lógica entre processos de aplicação que rodam em hospedeiros diferentes.

(3) DNS é um protocolo da camada de aplicação que usa o UDP — com o UDP há apresentação entre as entidades remetente e destinatária da camada de transporte antes do envio de um segmento.

**1:** correta, uma WAN define uma rede de longo alcance, abrangendo algo como um estado ou um país, já a MAN define uma rede de alcance um pouco menor, como uma região metropolitana ou uma cidade, uma LAN define uma rede local, de alcance limitado a um prédio, campus ou residência, além disso temos a PAN (Personal Area Network) que compreende uma rede de curto alcance, como uma formada entre dispositivos Bluetooth; **2:** correta, a camada de transporte é responsável pela transferência de informações entre dois hospedeiros (end-to-end) sem a ocorrência de intermediários; **3:** errada, na comunicação via protocolo UDP não há apresentação (handshake) entre o remetente e destinatário ou mesmo confirmação de que o pacote foi entregue, pois seu intuito é ser rápido e trabalhar com dados menos sensíveis, diferente do protocolo TCP que implementa uma série de funcionalidades para garantir a qualidade e confiabilidade da conexão e da transmissão dos pacotes.
Gabarito 1C, 2C, 3E

**(Agente – PF – 2014 – CESPE/CEBRASPE)** Julgue os itens que se seguem, referentes a redes de computadores, às ferramentas utilizadas nessas redes e ao navegador Google Chrome.

(1) Funcionalidades disponibilizadas no aplicativo PuTTY permitem que os usuários acessem um computador com o sistema operacional Linux a partir de um computador com sistema Windows, bem como permitem a execução remota de comandos.

(2) Uma importante funcionalidade do navegador Google Chrome é a capacidade de manter o histórico de páginas visitadas pelo usuário — como, por exemplo, páginas de sítios eletrônicos seguros — por um período de tempo superior ao disponibilizado pelos demais navegadores.

(3) Os protocolos — programas padronizados utilizados para estabelecer comunicação entre computadores e demais dispositivos em rede — são específicos para cada sistema operacional.
(4) Embora apresentem abrangência ampla e sejam utilizadas para interligar cidades distantes, as redes MAN (*metropolitan area network*) não utilizam tecnologias de transmissão sem fio.

1: Correta, o aplicativo PuTTY permite a conexão com outro computador via protocolo SSH, Telnet, Raw, Rlogin ou Serial, sendo muito utilizado para acessar sistemas Linux de forma remota. 2: Errada, em sua configuração padrão o Chrome mantém os dados de histórico dos últimos 90 dias, já o Firefox, por exemplo, não tem um limite de tempo mas sim de número de páginas armazenadas no histórico e o Edge não possui limite de tempo para o histórico, embora seja recomendado limpá-lo de tempos em tempos por questões de performance. 3: Errada, os protocolos são independentes de sistema operacional, funcionando como uma camada universal que deve ser implementada por softwares específicos em cada sistema operacional. 4: Errada, em muitos casos uma MAN utiliza redes sem fio, que podem trafegar grandes volumes de dados e em geral possuem menor custo para serem estruturadas do que redes cabeadas de grandes extensões.
Gabarito 1C, 2E, 3E, 4E

(AGENTE – PF – 2014 – CESPE/CEBRASPE) Julgue os itens a seguir, relativos a computação em nuvem e ao programa de correio eletrônico Mozilla Thunderbird.

(1) Entre as desvantagens da computação em nuvem está o fato de as aplicações terem de ser executadas diretamente na nuvem, não sendo permitido, por exemplo, que uma aplicação instalada em um computador pessoal seja executada.
(2) Na computação em nuvem, diversos computadores são interligados para que trabalhem de modo colaborativo, inclusive aqueles que possuam sistemas operacionais diferentes.
(3) Se um usuário do Mozilla Thunderbird receber *email* de pessoa cujo nome esteja contido na lista de endereços desse usuário, o endereço de *email* do remetente não será mostrado ao destinatário.

1: Errada, não há restrições para que um serviço que utiliza computação em nuvem tenha uma aplicação cliente que seja instalada e seja executada a partir 'do computador, porém, nestes casos será necessário acesso à rede para utilizar os serviços em sua totalidade. 2: Correta, a computação em nuvem compreende um ou mais computadores interligados através da Internet trabalhando com um objetivo em comum, independentemente de suas configurações ou sistema operacional. 3: Correta, ao receber um e-mail de uma pessoa que consta na lista de endereços do usuário o Thunderbird, assim como o Microsoft Outlook, exibirá apenas o nome registrado para o referido contato.
Gabarito 1E, 2C, 3C

(Agente Administrativo – PF – 2014 – CESPE/CEBRASPE) Julgue os itens subsequentes, relativos aos programas de navegação Microsoft Internet Explorer e Mozilla Firefox.

(1) Nas versões recentes do Mozilla Firefox, há um recurso que mantém o histórico de atualizações instaladas, no qual são mostrados detalhes como a data da instalação e o usuário que executou a operação.
(2) No Internet Explorer 10, por meio da opção Sites Sugeridos, o usuário pode registrar os sítios que considera mais importantes e recomendá-los aos seus amigos.

1: Errada, embora o recurso exista nas últimas versões do Firefox, ele não contém o usuário que executou a operação. Este recurso está disponível no menu Firefox – Opções – Avançado – Atualizações – Histórico de atualizações. 2: Errada, o recurso Sites Sugeridos é um serviço online que o Internet Explorer usa para recomendar sítios de que o usuário possa gostar, com base nos sítios visitados com frequência. Para acessá-lo, basta clicar o menu Ferramentas – Arquivo – Sites Sugeridos.
Gabarito 1E, 2E

## 7. SISTEMAS OPERACIONAIS

(Agente de Polícia Federal – 2012 – CESPE) Considerando a figura acima, que representa as propriedades de um disco em um sistema operacional *Windows*, julgue os itens subsequentes.

(1) Se o usuário clicar o botão [Limpeza de Disco] todos os vírus de computador detectados no disco C serão removidos do sistema operacional.
(2) O sistema operacional em questão não pode ser o Windows 7 Professional, uma vez que o tipo do sistema de arquivo não é FAT32.

1: Incorreta, a Limpeza de Disco tem como função liberar espaço em disco removendo arquivo temporários; 2: Incorreta, o Windows 7 necessita de um sistema de arquivos NTFS para poder funcionar e não de um sistema FAT32.
Gabarito 1E, 2E

**(Agente de Polícia Federal – 2012 – CESPE)** A figura acima apresenta as propriedades básicas de um arquivo em disco, no sistema operacional *Windows*. A respeito da figura, julgue os itens a seguir.

(1) Marcar a caixa da opção Oculto, em Atributos: tornará o arquivo em questão inacessível para *softwares* antivírus.

(2) Caso deseje alterar o nome do arquivo em questão, o usuário deverá selecionar o nome do arquivo na caixa de texto, alterá-lo conforme desejado e clicar o botão.

(3) Ao clicar na guia o usuário visualizará a data de criação do arquivo e a data de sua última modificação.

**1:** Incorreta, a opção apenas oculta a exibição do arquivo, softwares antivírus continuarão podendo acessar estes arquivos; **2:** Correta, alterar o nome na caixa de texto correspondente e clicar no botão OK irá mudar o nome do arquivo; **3:** Correta, data de criação e modificação são algumas das informações disponíveis na aba Detalhes, assim como tamanho, tipo, caminho, entre outros.
Gabarito 1E, 2C, 3C

**(Agente-Escrivão – PC/GO – CESPE – 2016)** Para o correto funcionamento de determinado ambiente computacional, é necessário que o programa xpto, gravado no diretório /home/fulano/, seja executado simultaneamente aos outros programas do sistema operacional Linux que estejam em execução.

A respeito dessa situação, é correto afirmar que a execução do programa xpto

(A) pode ser verificada por meio do comando ls xpto|/sys/proc.

(B) não ocorrerá, pois o programa se encontra no diretório /home, onde o Linux não permite gravação de arquivos binários.

(C) pode ser verificada por meio do comando ps –ef | grep xpto.

(D) pode ser verificada por meio do comando ls /home/fulano/xpto| proc.

(E) pode ser verificada por meio do comando ls process xpto| /sys/proc.

A, B, C, D e E: No sistema operacional Linux, para se consultar os processos em execução deve-se utilizar o comando "ps", que em conjunto com as opções –ef, exibe todos os processos em formato completo, e para filtrar o resultado do comando em busca de algo específico pode-se completar o comando grep seguido do termo buscado. O comando "ls" é usado para listar o conteúdo de um determinado diretório. Portanto, apenas a alternativa C está correta.
Gabarito "C".

**(Agente-Escrivão – Pernambuco – CESPE – 2016)** Considerando que diversos usuários compartilham uma estação de trabalho na qual está instalado o Windows 8.1 e que, para acessar a rede e o sistema, é necessário realizar a autenticação por meio de nome de usuário e senha, assinale a opção correta.

(A) Cada usuário pode utilizar seu nome de usuário e senha particular para acessar a rede, entretanto todos os usuários devem utilizar o mesmo nome de usuário e a mesma senha para acessar o sistema, uma vez que não é possível criar atalhos para o mesmo sistema em perfis distintos na estação.

(B) Cada usuário pode acessar a rede usando nome de usuário e senha distintos daqueles usados para acessar o sistema.

(C) Como não é possível criar perfis distintos para cada usuário, a estação de trabalho deve ser configurada para solicitar apenas senha no sistema, e não senha de rede.

(D) Para cada usuário, o nome da conta e a senha devem ser os mesmos para realizar a autenticação no sistema e na rede.

(E) Para que os usuários acessem o sistema instalado na estação de trabalho, deve haver usuário e senha únicos e iguais para todos.

A, B, C, D e E: No Microsoft Windows, na versão 98 e posteriores (incluindo, XP, 2000, ME, Vista, 7, 8, 8.1 e 10), é possível criar mais de um perfil de acesso ao sistema, com cada perfil possuindo usuário e senha distintos e podendo receber diversas configurações diferentes um do outro. O mesmo vale para o acesso aos ambientes de rede, sendo possível inclusive acessar o ambiente de rede com um perfil diferente do utilizado para acesso ao sistema. Portanto, apenas a alternativa B está correta.
Gabarito "B".

**(Agente-Escrivão – Pernambuco – CESPE – 2016)** Para aferir o uso da CPU e da memória de uma estação de trabalho instalada com Linux, deve(m) ser utilizado(s) o(s) comando(s):

(A) top.
(B) system.
(C) proc e mem.
(D) cpu e memory.
(E) fs e du.

**A:** correta. O comando "top" permite visualizar os dados de consumo de memória e uso de CPU de cada processo em execução no sistema; **B:** incorreta. O comando "system" executa um comando shell no sistema; **C:** incorreta. O "proc" é um pseudo sistema de arquivos que fornece uma interface para estruturas de informação do kernel e o mem é um arquivo que representa a memória principal do computador; **D:** incorreta. Não existe um comando chamado cpu no memory no Linux; **E:** incorreta. Não existe um comando chamado fs no Linux e o comando du é usado para estimar o uso de espaço por arquivos.
Gabarito "A".

(Agente-Escrivão – Pernambuco – CESPE – 2016) Um usuário deseja criar no Windows 10 as cinco pastas e subpastas, conforme apresentado a seguir.

C:\MeusDocumentos\Furto
C:\MeusDocumentos\BOs
C:\MeusDocumentos\BOs\Homicidios
C:\MeusDocumentos\BOs\Roubo
C:\MeusDocumentos\BOs\Furto

Considerando-se que todas as pastas sejam configuradas para guardar documentos e possuam permissão de escrita e leitura para todos os usuários da estação de trabalho, assinale a opção correta.

(A) A quinta estrutura apresentada não poderá ser criada, se as pastas forem criadas na ordem apresentada.
(B) A primeira estrutura apresentada será imune a pragas virtuais, devido ao fato de ser uma pasta-raiz.
(C) É possível criar todas as pastas e subpastas apresentadas, mas não será possível inserir nas pastas e nas subpastas arquivos do tipo imagem.
(D) É possível criar a estrutura apresentada, mas, caso não haja proteção adequada, os arquivos inseridos em todas pastas e subpastas estarão suscetíveis a infecção por pragas virtuais.
(E) Não é possível sincronizar essas pastas por meio de *cloud storage*, visto que armazenamentos na nuvem não suportam estrutura com subpastas.

**A:** incorreta. A ordem apresentada permite a criação da quinta pasta, uma vez que as pastas nas quais ela estaria contida já foram criadas nos passos anteriores; **B:** incorreta. O fato de ser uma pasta-raiz não torna um diretório imune a ameaças virtuais, sendo necessário para isso um software específico para este fim; **C:** incorreta. Uma pasta, seja ela um diretório-raiz ou uma subpasta, não possui restrição quanto ao tipo de arquivos que pode armazenar; **D:** correta. A estrutura apresentada é possível de ser criada na ordem em que se apresenta e, sem um software do tipo antivírus que proteja as pastas do sistema, os arquivos estarão suscetíveis de serem infectados por alguma ameaça virtual; E: incorreta. Os serviços de armazenamento em nuvem (Cloud Storage) têm total suporte para qualquer tipo de estrutura de pastas e subpastas. Gabarito "D".

(Agente – PF – 2014 – CESPE/CEBRASPE) Julgue os itens a seguir, relativos aos sistemas operacionais Linux e Microsoft Word 2013.

(1) Comparativamente a computadores com outros sistemas operacionais, computadores com o sistema Linux apresentam a vantagem de não perderem dados caso as máquinas sejam desligadas por meio de interrupção do fornecimento de energia elétrica.
(2) No Word 2013, a partir de opção disponível no menu Inserir, é possível inserir em um documento uma imagem localizada no próprio computador ou em outros computadores a que o usuário esteja conectado, seja em rede local, seja na Web.
(3) Para criar um documento no Word 2013 e enviá-lo para outras pessoas, o usuário deve clicar o menu Inserir e, na lista disponibilizada, selecionar a opção Iniciar Mala Direta.
(4) No Word 2013, ao se selecionar uma palavra, clicar sobre ela com o botão direito do *mouse* e, na lista disponibilizada, selecionar a opção Definir, será mostrado, desde que estejam satisfeitas todas as configurações exigidas, um dicionário contendo significados da palavra selecionada.
(5) As rotinas de inicialização GRUB e LILO, utilizadas em diversas distribuições Linux, podem ser acessadas por uma interface de linha de comando.

**1:** Errada, a perda de dados em caso de a máquina ser desligada independe do sistema operacional e sim do tipo de memória onda ela está armazenada, sendo que as memórias do tipo volátil (RAM e Cache) sofrem este tipo de comportamento. **2:** Correta, é possível inserir imagens a partir da função Imagens do grupo Ilustrações da guia Inserir. **3:** Errada, a opção de Iniciar Mala Direta se encontra na guia Correspondência e não na guia Inserir. **4:** Correta, a opção definir exibirá o significado da palavra selecionada, importante ressalvar que a partir da versão 2016 esta função passou a se chamar Pesquisa Inteligente. 5: Correta, tanto o LILO quanto o GRUB, que são gerenciadores de inicialização do Linux, podem ser acessados via linha de comando. Gabarito 1E, 2C, 3E, 4C, 5C.

(Agente – PF – 2014 – CESPE/CEBRASPE) Com relação a organização e gerenciamento de arquivos, julgue os itens seguintes.

(1) Se, devido a razões de segurança, o usuário que tiver produzido um arquivo no Word 2013 desejar remover as propriedades e informações desse arquivo — como, por exemplo, autoria, tamanho e data de criação —, ele poderá fazê-lo por meio de funcionalidades do Windows Explorer do Windows 8.
(2) No Windows 8, ao se clicar, com o botão direito do *mouse*, sobre o nome de um arquivo do PowerPoint e, em seguida, selecionar a opção Mostrar, o referido arquivo será aberto para uma visualização rápida; se, após esse procedimento, qualquer tecla for pressionada, o arquivo será fechado.

**1:** Errada, a data de criação de um arquivo não pode ser modificada e para alterar seu tamanho é necessário que seu conteúdo seja modificado, o que não pode ser feito através do Windows Explorer. **2:** Errada, ao selecionar a opção Mostrar após clicar no arquivo com o botão direito o documento, será exibido em modo Apresentação e após isso, para encerrá-la, é necessário pressionar a tecla Esc. Gabarito 1E, 2E.

(Agente Administrativo – PF – 2014 – CESPE/CEBRASPE) No que diz respeito aos sistemas operacionais Windows e Linux, julgue os próximos itens.

(1) No ambiente Linux, é possível utilizar comandos para copiar arquivos de um diretório para um pendrive.
(2) No Windows, não há possibilidade de o usuário interagir com o sistema operacional por meio de uma tela de computador sensível ao toque.

**1:** Correta, desde que o pendrive não possua bloqueio contra escrita e esteja acessível pelo sistema operacional é possível realizar a cópia de arquivos através do comando cp. **2:** Errada, a partir da versão 7 do Microsoft Windows o sistema operacional ganhou suporte à interação por telas sensíveis ao toque. Gabarito 1C, 2E.

## 8. SEGURANÇA DA INFORMAÇÃO

**(Agente-Escrivão – PC/GO – CESPE – 2016)** Assinale a opção que apresenta procedimento correto para se fazer becape do conteúdo da pasta Meus Documentos, localizada em uma estação de trabalho que possui o Windows 10 instalado e que esteja devidamente conectada à Internet.

**(A)** Deve-se instalar e configurar um programa para sincronizar os arquivos da referida pasta, bem como seus subdiretórios, em uma *cloud storage*.

**(B)** Deve-se permitir acesso compartilhado externo à pasta e configurar o Thunderbird para sincronizar, por meio da sua função becape externo, os arquivos da referida pasta com a nuvem da Mozilla.

**(C)** Depois de permitir acesso compartilhado externo à pasta, deve-se configurar o Facebook para que tenha seus arquivos e subpastas sincronizados com a *cloud storage* privada que cada conta do Facebook possui.

**(D)** Os arquivos devem ser copiados para a área de trabalho, pois nessa área o sistema operacional, por padrão, faz becapes diários e os envia para o OneDrive.

**(E)** O Outlook Express deve ser configurado para anexar diariamente todos os arquivos da referida pasta por meio da função becape, que automaticamente compacta e anexa todos os arquivos e os envia para uma conta de *email* previamente configurada.

**A:** correta. É necessário utilizar um programa específico para a realização de backups e configurá-lo para sincronizar os arquivos e pastas desejados em um serviço de armazenamento em nuvem ou externo; **B:** incorreta. O Thunderbird é um software de gerenciamento de correio eletrônico e não possui funções para realização de backup dos arquivos pessoais do usuário; **C:** incorreta. O Facebook não é um serviço de armazenamento em nuvem e não disponibiliza cloud storage ou outras formas de armazenamento de arquivos com a finalidade de realizar cópias de segurança dos dados particulares dos usuários; **D:** incorreta. A área de trabalho não recebe ações de backup diário de forma padrão, ela é apenas um diretório comum que armazena os arquivos salvos pelo usuário e exibidos na tela da área de trabalho; **E:** incorreta. Não há função backup no Outlook Express, além do mais, o envio de grandes quantidades de dados por email não é uma forma eficiente de realizar cópias de segurança. Gabarito "A".

**(Agente-Escrivão – PC/GO – CESPE – 2016)** Os mecanismos de proteção aos ambientes computacionais destinados a garantir a segurança da informação incluem:

**(A)** controle de acesso físico, *token* e *keyloggers*.
**(B)** assinatura digital, política de chaves e senhas, e *honeypots*.
**(C)** política de segurança, criptografia e *rootkit*.
**(D)** *firewall*, *spyware* e antivírus.
**(E)** *adware*, bloqueador de *pop-ups* e bloqueador de cookies.

**A:** incorreta, keylogger é um tipo de ameaça que registra todas as ações feitas no teclado do usuário; **B:** correta, o uso de assinatura digital ajuda a garantir a autenticidade de informações recebidas pela rede, políticas de chaves e senhas auxiliam na manutenção da segurança de credenciais de acesso e os honeypots são ferramentas que simulam falhas de segurança para coletar informações sobre possíveis invasores, funcionando como um tipo de armadilha; **C:** incorreta, o rootkit é um tipo de ameaça usado para esconder certos programas ou processos de programas de detecção como antivírus; **D:** incorreta, o spyware é um tipo de ameaça que colhe informações do usuário, como, por exemplo, seus hábitos na internet e as envia para outra pessoa pela internet; **E:** incorreta, o adware é um tipo de ameaça que tem por objetivo a exibição de propagandas indesejadas. Gabarito "B".

**(Policial Rodoviário Federal – CESPE – 2019)** Acerca de proteção e segurança da informação, julgue os seguintes itens.

**(1)** No acesso a uma página *web* que contenha o código de um vírus de *script*, pode ocorrer a execução automática desse vírus, conforme as configurações do navegador.

**1:** correto, arquivos de script, cuja linguagem mais comumente utilizada é o javascript, podem ser executados automaticamente pelo navegador assim que este for carregado sem a necessidade de nenhuma interação do usuário. Gabarito 1C.

**(Papiloscopista – PF – CESPE – 2018)** No que se refere à segurança de computadores, julgue os itens subsecutivos.

**(1)** Cavalos de Troia são exemplos de vírus contidos em programas aparentemente inofensivos e sua ação danosa é mascarada pelas funcionalidades do hospedeiro.

**(2)** Os *browsers* Internet Explorer, Firefox e Chrome permitem a instalação de plugins para implementar proteção antiphishing.

**(3)** Servidores *proxy* que atuam em nível de aplicação conseguem bloquear acesso a arquivos executáveis em conexões HTTP, o que não pode ser realizado com filtros de pacotes.

**(4)** Um dos objetivos do *firewall* é monitorar todo o tráfego de dados entrando e saindo de uma rede local e entrar em ação ao identificar um *sniffer* externo.

**(5)** Para a melhoria de desempenho, vários produtos de segurança (*firewall* e *antispyware*, por exemplo) podem ser substituídos por um sistema de gerenciamento unificado de ameaça (UTM – *unified threat management*).

**1:** correta, os Cavalos de Troia são ameaças que se disfarçam de um software legítimo para manter uma porta de conexão aberta para um usuário malicioso; **2:** errada, a proteção antiphising deve ser implementada por softwares gestores de correio eletrônico como o Mozilla Thunderbird e o Microsoft Outlook e não por navegadores de internet; **3:** correta, os servidores proxy filtram e direcionam a navegação do usuário e podem impedir o acesso a determinados tipos de programa; **4:** errada, o papel do firewall é monitorar o trafego de entrada e saída e garantia a execução das políticas de acesso definidas pelo administrador. **5:** correta, um UTM ou Gerenciamento unificado de ameaças, é um termo que se refere a uma solução de segurança único que provê múltiplas funções de segurança em um ponto de uma rede. Gabarito 1C, 2E, 3C, 4E, 5C.

**(Escrivão – PF – CESPE – 2018)** Acerca de redes de computadores e segurança, julgue os itens que se seguem.

**(1)** Uma das partes de um vírus de computador é o mecanismo de infecção, que determina quando a carga útil do vírus será ativada no dispositivo infectado.

**(2)** No processo conhecido como scanning, o worm, em sua fase de propagação, procura outros sistemas para infectar.

**(3)** Um *firewall* implementa uma política de controle de comportamento para determinar que tipos de serviços de Internet podem ser acessados na rede.

**(4)** Os aplicativos de antivírus com escaneamento de segunda geração utilizam técnicas heurísticas para identificar códigos maliciosos.

**(5)** Os *softwares* de *spyware* têm como principal objetivo adquirir informações confidenciais de empresas e são usados como uma forma de espionagem empresarial.

**1:** errada, o mecanismo de infecção é responsável pela forma como o vírus se propaga, quem define quando a carga útil do vírus será ativada é o mecanismo de ativação; **2:** correta, o worm é um tipo de vírus que tem por característica a capacidade de se autopropagar sem a necessidade de um hospedeiro e para tal tentar encontrar equipamentos na rede ou outros meios para os quais ele possa ser propagado; **3:** errada, o firewall tem por objetivo monitorar as portas de acesso e realizar o controle do fluxo de informações na rede. Para o monitoramento de serviços poderia ser utilizado um servidor proxy, que atua como intermediário na conexão do computador com a rede no qual ele se encontra; **4:** correta, na detecção por heurística o comportamento do software é monitorado para identificação de casos anômalos ou potencialmente maliciosos; **5:** correta, os spywares têm por funcionalidade obter dados do usuário monitorando o uso do equipamento, a navegação na internet e informações digitadas no computador, enviando-as para um usuário malicioso.
Gabarito 1E, 2C, 3E, 4C, 5E

**(Agente – PF – CESPE – 2018)** Julgue os próximos itens, a respeito de proteção e segurança, e noções de vírus, *worms* e pragas virtuais.

**(1)** Um ataque de *ransomware* comumente ocorre por meio da exploração de vulnerabilidades de sistemas e protocolos; a forma mais eficaz de solucionar um ataque desse tipo e recuperar os dados "sequestrados" (criptografados) é a utilização de técnicas de quebra por força bruta da criptografia aplicada.

**(2)** A infecção de um sistema por códigos maliciosos pode ocorrer por meio da execução de arquivos infectados obtidos de anexos de mensagens eletrônicas, de mídias removíveis, de páginas *web* comprometidas, de redes sociais ou diretamente de outros equipamentos.

**(3)** Na autenticação em dois fatores, necessariamente, o primeiro fator de autenticação será algo que o usuário possui — por exemplo, um *token* gerador de senhas — e o segundo, alguma informação biométrica, como, por exemplo, impressão digital ou geometria da face reconhecida.

**(4)** A superexposição de dados pessoais nas redes sociais facilita o furto de identidade ou a criação de identidade falsa com dados da vítima, identidades essas que podem ser usadas para atividades maliciosas tais como a realização de transações financeiras fraudulentas, a disseminação de códigos maliciosos e o envio de mensagens eletrônicas falsas por email ou redes sociais.

**1:** errada, a forma mais eficaz de solucionar um ataque do tipo ransonware é primeiro isolar o computador afetado para evitar que a ameaça se espalhe e tomar as ações cabíveis para a remoção do vírus, e para a recuperação dos dados o ideal é possuir cópias de segurança destes em um ambiente separado e independente como um HD externo, pendrive ou mesmo outro computador, de forma que eles não sejam afetados caso um computador seja comprometido; **2:** correta, há várias formas de ser infectado por ameaças virtuais, como, por exemplo, a execução de um arquivo infectado recebido por e-mail, transferido pela internet, pela rede ou pelas mídias removíveis como pendrives, por este motivo deve-se ter muito cuidado ao executar programas recebidos de terceiros sem antes passá-lo por uma ferramenta antivírus; **3:** errada, na autenticação de dois fatores é utilizado como primeiro fator a senha do usuário e um segundo fator, em geral um token gerador de senhas ou um código enviado via mensagem para um número de celular; **4:** correta, muitas pessoas não têm o cuidado necessário com a privacidade das informações que expõem em redes sociais, o que acaba facilitando a obtenção de dados pessoais, nomes, endereços, lugares frequentados, fotos do rosto e tudo isso pode ser usado por alguém para se passar por outra pessoa, ações de roubo de identidade ou falsidade ideológica.
Gabarito 1E, 2C, 3E, 4C

**(Agente – PF – 2014 – CESPE/CEBRASPE)** Julgue os próximos itens, acerca de vírus, *worms*, pragas virtuais e aplicativos para segurança.

**(1)** Embora os *firewalls* sejam equipamentos ou *softwares* utilizados no controle das conexões de uma rede, eles não protegem computadores contra ataques internos.

**(2)** Computadores infectados por *botnets* podem ser controlados remotamente bem como podem atacar outros computadores sem que os usuários percebam.

**1:** Correta, o *firewall* é usado para aplicar políticas de segurança em uma rede por meio de regras que afetam as portas de conexão e protocolos de comunicação, ele não tem capacidade de prevenir ataques feitos diretamente em uma máquina ou de dentro da própria rede. **2:** Correta, uma *botnet* é uma rede de computadores infectados por um usuário malicioso que utiliza seus recursos para realizar ataques como negação de serviço ou envio de mensagens indesejadas.
Gabarito 1C, 2C

**(Agente Administrativo – PF – 2014 – CESPE/CEBRASPE)** Acerca dos conceitos de organização, gerenciamento de arquivos e segurança da informação, julgue os itens a seguir.

**(1)** Um dos objetivos da segurança da informação é manter a integridade dos dados, evitando-se que eles sejam apagados ou alterados sem autorização de seu proprietário.

**(2)** Um arquivo sem conteúdo pode ser criado e armazenado no disco rígido de um computador, desde que seja nomeado no momento da criação.

**1:** Correta, a integridade de dados é um dos conceitos básicos de segurança da informação que visa garantir a consistência dos dados, de forma que eles não sejam perdidos ou alterados por pessoas sem as devidas permissões. **2:** Correta, é possível criar arquivos sem qualquer conteúdo, sendo exigido, apenas, fornecer um nome para o arquivo.
Gabarito 1C, 2C

## 9. LINGUAGENS DE PROGRAMAÇÃO

**(Papiloscopista – PF – CESPE – 2018)** Em geral, APIs são definidas por um conjunto de requisitos que gerenciam a forma como uma aplicação pode conversar com outra aplicação. A esse respeito, julgue os itens subsequentes.

**(1)** Devido às características de uma API, a separação entre ela e sua implementação permite que programas escritos em uma linguagem usem bibliotecas escritas em outra linguagem.

**(2)** Para utilizar uma API que trabalhe com entrada/saída de arquivos, é necessário entender as operações do sistema de arquivo ao se utilizar a função copiar um arquivo de um dispositivo para outro.

(3) Uma API restringe a interface entre duas aplicações, nesse sentido, não é possível que uma API especifique uma interface entre uma aplicação e o sistema operacional, já que estão em camadas diferentes de programação.

1: correta, uma API funciona como uma interface para que programas escritos em diferentes linguagens e utilizando diferentes bibliotecas possam interagir, bastando que um lado tenha como acionar a API, enviado e/ou recebendo dados em um formato pré-definido; 2: errada, as operações necessárias para a realização de uma tarefa precisam ser conhecidas apenas pela API que executa tal ação, sendo que para utilizá-las é necessário apenas conhecer os parâmetros e condições requeridos por ela; 3: errada, uma API atua justamente como interface entre duas aplicações, permitindo que elas possam ser integradas, recebam e enviem dados entre si além de permitir que serviços específicos disponibilizados por um sistema sejam consumidos por outro.
Gabarito 1C, 2E, 3E

(Agente – PF – CESPE – 2018) Julgue os próximos itens, relativos a noções de programação Python e R.

1. Considere o programa a seguir, escrito em R.

```
x <- c (3, 5, 7)
y <- c (1, 9, 11)
print (x + y)
```

Após a execução do programa, será obtido o seguinte resultado.

```
[1] 36
```

2. Considere o programa a seguir, escrito em R.

```
x <- TRUE
y <- FALSE
print (xy)
```

Após a execução do programa, será obtido o seguinte resultado.

```
[1] FALSE
```

3. Considere o programa a seguir, na linguagem Python.

```
if 5 > 2
  {
     print("True!")
  }
```

A sintaxe do programa está correta e, quando executado, ele apresentará o seguinte resultado.

```
True!
```

4. Considere o programa a seguir, na linguagem Python.

```
letras == ["P", "F"]
for x in letras
  {
     print(x)
  }
```

A sintaxe do programa está correta e, quando executado, ele apresentará o seguinte resultado.

```
PF
```

1: errada, o código apresentado irá apenas retornar o valor da soma de cada coluna dos elementos das matrizes, sendo o retorno [1] 4 14 18; 2: errada, a variável xy usada no comando print não foi definida no trecho apresentado; 3: errada, após o comando if é usado o símbolo de dois pontos e não chaves; 4: errada, em Python o símbolo == é usado para realizar comparações e não atribuições, além disso é necessário o símbolo de : (dois pontos) ao final da declaração do for (for x in letras:) e não chaves.
Gabarito 1E, 2E, 3E, 4E

## 10. TEORIA GERAL DE SISTEMAS

(Papiloscopista – PF – CESPE – 2018) A respeito de sistema de informação, julgue os itens a seguir.

(1) Em uma organização, um sistema de informação só é eficiente se for parte de departamento isolado. Essa consideração reside no fato de os componentes do sistema, por razões de segurança, serem delimitados e restritos. Por eficiência computacional esse tipo de sistema é desconectado da Internet.

(2) Normalmente, os componentes de um sistema de informação incluem os dados, o sistema de processamento de dados e os canais de comunicação.

(3) Em um sistema de informação, *feedback* envolve a monitoração e a avaliação do controle, a fim de determinar se o sistema está se dirigindo para a realização de sua meta, ao passo que controle corresponde aos dados sobre o desempenho do sistema.

1: errada, os sistemas de informação devem compartilhar informações entre si de forma a garantir uma visão ampla e permitir que todas as informações necessárias estejam sempre disponíveis para que a tomada de decisão possa ser feita de maneira assertiva. A conectividade com a Internet é outro ponto importante para permitir o acesso à informação de forma rápida; 2: correta, os três são componentes básicos de um sistema de informação. Primeiro temos os dados, que, por meio de um canal de entrada, serão usados pelo sistema. O processamento destes dados, para que seja gerado um resultado, poderá ser armazenado ou enviado a canais de comunicação para transferência do resultado produzido para seu destino final; 3: errada, o feedback são dados sobre o desempenho de um sistema e controle a monitoração e avaliação do feedback, de forma que possa ser determinado se o sistema está se dirigindo para a realização de sua meta.
Gabarito 1E, 2C, 3E

(Papiloscopista – PF – CESPE – 2018) Acerca da definição de dados e informação e sua representação em sistemas de informação, julgue os itens que se seguem.

(1) Dados são fatos que descrevem os objetos de informação, por exemplo, eventos e entidades.

(2) Informação é constituída por um conjunto de dados com características específicas. O ponto de análise é que os dados devem ser irrelevantes para o sistema a que se destinam.

(3) Na representação da informação, os atributos permitem que entidades e eventos possam ser reconhecidos,

referidos e descritos. Um atributo relacional permite relacionar eventos e entidades.

**1:** correta, dados são fatos, numéricos ou textuais, que podem ser usados para descrever algo e por si só não devem ser usados para tomada de decisão; **2:** errada, informação é o resultado do agrupamento de dados de forma a produzirem algum significado; **3:** correta, atributos permitem quem algo possa ser descrito, reconhecido ou referido, sendo que alguns destes permitem relacionar um objeto a outro objeto diferente, sendo denominados atributos relacionais.
Gabarito 1C, 2E, 3C

**(Escrivão – PF – CESPE – 2018)** Julgue os seguintes itens, a respeito da computação em nuvem e da teoria geral de sistemas (TGS).

**(1)** Um sistema com entropia interna não funciona corretamente.

**(2)** Em função da necessidade de acionamento de fornecedores, a computação em nuvem demora mais que a computação tradicional para colocar novas aplicações em execução.

**(3)** Na computação em nuvem, elasticidade é a capacidade de um sistema de se adaptar a uma variação na carga de trabalho quase instantaneamente e de forma automática.

**(4)** De acordo com a TGS, na realimentação de um sistema, a saída de um processo torna-se a entrada do processo seguinte.

**1:** correta, a teoria geral de sistemas o conceito de entropia aponta que todo sistema irá sofrer algum tipo de deterioração que irá prejudicar o funcionamento deste, o oposto é a sintropia que aponta para a necessidade da existência de resistências ou forças contrárias à entropia para que o sistema continue existindo; **2:** errada, uma das características da computação em nuvem é a rapidez e confiabilidade, e para tal os fornecedores de serviço em geral provêm uma interface onde o próprio usuário consiga fazer a o gerenciamento dos serviços contratados de forma rápida e fácil, na maioria das vezes permitindo o uso de recursos de forma imediata; **3:** correta, sendo um dos grandes diferenciais da computação em nuvem, a elasticidade define a capacidade de aumentar ou diminuir os recursos disponíveis de forma imediata de acordo com a necessidade apresentada por quem está consumindo tais recursos; **4:** errada, quando falamos de realimentação de um sistema temos uma interação do resultado de um processamento, ou saída, como entrada no mesmo processo e não em processo seguinte.
Gabarito 1C, 2E, 3C, 4E

**(Escrivão – PF – CESPE – 2018)** Julgue os itens a seguir, a respeito da teoria da informação e de metadados de arquivos.

**(1)** O conhecimento é embasado na inteligência das informações que são coletadas e analisadas para uma organização.

**(2)** Em arquivos no formato XML, as tags não são consideradas metadados.

**(3)** Na gestão de documentos digitalizados, os arquivos são criados em formato de imagens, e seus atributos são armazenados em metadados para facilitar a pesquisa e a localização desses arquivos.

**1:** errada, informações são conjuntos de dados com algum significado e por si só não possuem inteligência sobre algo, o conhecimento advém da interpretação de informações dentro de algum contexto; **2:** errada, nos arquivos XML, formato usado comumente para descrever informações de forma que possam ser facilmente compartilhadas entre sistemas, utiliza-se um sistema de tags de livre criação para descrever as características de uma informação e, portanto, também representam metadados; **3:** correta, os gestores de documentos digitalizados, em geral salvos em formato de imagem, permitem a criação de metadados sobre os documentos e as informações contidas nestes para permitir a indexação das informações e assim possibilitar o uso de pesquisas para encontrar determinado arquivo.
Gabarito 1E, 2E, 3C

**(Agente – PF – CESPE – 2018)** Acerca da teoria geral dos sistemas, julgue o item subsequente.

**(1)** Essa teoria contribui para a unidade da ciência, ao desenvolver princípios unificadores que atravessam verticalmente os universos particulares das diversas ciências envolvidas.

**1:** correta, a Teoria Geral dos Sistemas é um estudo interdisciplinar que busca descobrir e identificar pontos em comum entre diferentes dinâmicas de sistemas, definidos como organismos formados por partes interligadas e interdependentes. Assim permite aplicar estes conhecimentos em diversas áreas da ciência, facilitando a identificação de princípios e potenciais problemas.
Gabarito 1C

**(Agente – PF – CESPE – 2018)** Julgue os próximos itens, a respeito da teoria da informação e de sistemas de informação.

**(1)** O conceito de conhecimento é mais complexo que o de informação, pois conhecimento pressupõe um processo de compreensão e internalização das informações recebidas, possivelmente combinando-as.

**(2)** No desenvolvimento de um sistema de informação, a fase de levantamento de requisitos consiste em compreender o problema, dando aos desenvolvedores e usuários a mesma visão do que deve ser construído para resolvê-lo, e a fase de projeto consiste na realização da descrição computacional, incluindo a arquitetura do sistema, a linguagem de programação utilizada e o sistema gerenciador de banco de dados (SGBD) utilizado.

**1:** correta, o conceito de informação está ligado à junção de dados de forma que possuam significado, já o conceito de conhecimento supõe a interpretação de dados com base na experiência e no contexto apresentados; **2:** correta, a fase de levantamento de requisitos é de extrema importância para a equipe de desenvolvimento para que esta possa realizar um bom planejamento das funcionalidades e estruturas necessárias para a execução do projeto.
Gabarito 1C, 2C

# 15. ARQUIVOLOGIA

### Elson Garcia

**(Papiloscopista – PF – CESPE – 2018)** A respeito de arquivologia, julgue os itens seguintes.

(1) Os arquivos não são colecionados, mas sim agrupados por um processo natural.

(2) O protocolo é uma atividade que se inicia nos arquivos correntes e finaliza suas ações no arquivo permanente.

(3) A classificação estrutural, um dos tipos de classificação de documentos de arquivo, baseia-se na estrutura orgânica da entidade.

(4) Após o prazo de guarda no arquivo intermediário, a tabela de temporalidade define a destinação final, que é diferente para documentos tradicionais (em papel) e documentos digitais.

(5) A estabilidade química do material e sua resistência aos agentes de degradação são fundamentais para o acondicionamento dos documentos de arquivo.

(6) A preservação dos documentos de arquivo inicia-se quando o documento chega ao arquivo permanente.

1. O item está correto, pois conforme a autora Heloísa Liberalli Bellotto (2002): "os documentos não são colecionados e sim acumulados, naturalmente, no curso das ações, de maneira contínua e progressiva".
2. O item está incorreto, pois o protocolo é uma atividade que se inicia nos arquivos correntes, quando os documentos são criados ou recebidos e termina nos arquivos correntes, quando os documentos são arquivados.
3. O item está correto, pois a classificação pode ser feita pelos métodos: funcional, estrutural ou por assunto, sendo que o método de classificação estrutural é aquele que tem por eixo a estrutura administrativa do órgão produtor.
4. O item está incorreto, pois a destinação final é igual para documentos em papel e documentos digitais, ou seja, a eliminação ou a conservação de documentos arquivísticos segue o mesmo processo, sejam eles convencionais ou digitais.
5. O item está correto, pois o material utilizado deve ser escolhido de forma que sua estabilidade química (material com pH neutro ou alcalino são os mais indicados) e sua resistência favoreçam a conservação dos documentos.
6. O item está incorreto, pois as atividades de preservação dos documentos de arquivo iniciam desde a idade corrente, ou seja, desde o começo da vida do documento e não na idade permanente.
Gabarito 1C, 2E, 3C, 4E, 5C, 6E

**(Escrivão – PF – CESPE – 2018)** A respeito dos princípios e conceitos arquivísticos, julgue os itens a seguir.

(1) De acordo com o princípio de respeito aos fundos, o arquivo de uma pessoa jurídica ou física deve ser mantido separadamente de arquivos de outras pessoas jurídicas ou físicas.

(2) A aplicação do princípio da reversibilidade permite manter os documentos da forma como eles foram acumulados pela pessoa jurídica ou física que o tiver produzido.

(3) Com a mudança política ou administrativa em que ocorra a transferência de funções de uma entidade para outra, os documentos de arquivo importantes também devem ser transferidos para essa outra entidade a fim de assegurar a continuidade administrativa.

(4) Uma das características básicas do arquivo é que o significado do acervo documental não depende da relação que os documentos tenham entre si.

(5) Os objetivos primários do arquivo são jurídicos, funcionais e administrativos.

1. O item está correto, pois este conceito é básico da Arquivística e estabelece que o arquivo produzido por uma entidade coletiva, pessoa ou família não deve ser misturado ao de outras entidades produtoras. Ele foi elaborado pelo historiador francês Natalis de Wailly que na França foi chefe da Seção Administrativa dos Arquivos Departamentais do Ministério do Interior. Teve sua consagração definitiva somente em 1964, durante o V Congresso Internacional de Arquivos, realizado em Bruxelas.
2. O item está incorreto, pois o princípio da reversibilidade estabelece que todo procedimento ou tratamento empreendido em arquivos pode ser revertido se necessário.
3. O item está correto, pois conforme o princípio da proveniência funcional, a transferência de funções de uma autoridade para outra, como resultado de mudança política ou administrativa, os documentos relevantes ou cópias devem ser também transferidos para assegurar a continuidade administrativa.
4. O item está incorreto, pois no arquivo há uma significação orgânica entre os documentos. Na biblioteca é que o significado do acervo documental não depende da relação que os documentos tenham entre si.
5. O item está correto, pois os objetivos primários do arquivo são o atendimento dos fins funcionais, administrativos e jurídicos da instituição ao qual estão vinculados.
Gabarito 1C, 2E, 3C, 4E, 5C

**(Escrivão – PF – CESPE – 2018)** Acerca da gestão da informação e de documentos, julgue os itens que se seguem.

(1) A tramitação dos documentos, uma das atividades mais importantes durante a fase do seu uso administrativo, consiste na distribuição dos documentos aos destinatários.

(2) A classificação de documentos de arquivo é realizada com a aplicação do código de classificação, instrumento que é preparado a partir das funções e atividades que gerem os documentos.

(3) A sequência correta para a organização dos documentos é, inicialmente, o arquivamento; em seguida, a ordenação; e, por último, a classificação.

(4) A tabela de temporalidade é um trabalho multidisciplinar, pois envolve profissionais de várias áreas para definir os prazos de guarda e a destinação final dos documentos, que pode ser a eliminação ou guarda permanente.

1. O item está incorreto, pois a tramitação dos documentos, também chamado de movimentação ou trâmite é o curso do documento desde a sua produção ou recepção até o cumprimento de sua função administrativa.
2. O item está correto, pois realmente o código de classificação de documentos de arquivo é um instrumento de trabalho utilizado para

classificar todo e qualquer documento produzido ou recebido por um órgão no exercício de suas funções e atividades.
3. O item está incorreto, pois a sequência para a organização de documentos de arquivo é a classificação, a ordenação e por último o arquivamento.
4. O item está correto, pois envolve grupos multidisciplinares, que definem sua preservação ou autorizam a sua eliminação. Também definem prazos de guarda e a destinação de cada um dos documentos a serem preservados.
Gabarito: 1E, 2C, 3E, 4C

**(Escrivão – PF – CESPE – 2018)** Julgue os itens subsequentes, relativos à preservação dos documentos e às tipologias documentais.

(1) A promoção da preservação e da restauração dos documentos é realizada por meio de políticas de preservação.
(2) Entre os tipos documentais, inclui-se a portaria de instauração de inquérito.
(3) Os caracteres externos do tipo documental são o código da série, o destinatário e a tramitação.

1. O item está incorreto, pois o importante é a preservação do patrimônio documental, o que é realizado por políticas públicas de preservação documental, a serem observadas pelas instituições, sejam elas públicas ou privadas. Preservar para não restaurar!
2. O item está correto, pois o exemplo apresentado é composto pela espécie, portaria e a atividade ou função do documento, que é a instauração de inquérito.
3. O item está incorreto, pois os caracteres externos que fazem parte do tipo documental são o gênero, o suporte, o formato e a forma.
Gabarito: 1E, 2C, 3E

**(Agente Administrativo – PF – 2014 – CESPE/CEBRASPE)** Acerca dos conceitos fundamentais de arquivologia, julgue os seguintes itens.

(1) Os documentos de arquivo são colecionados com finalidades culturais e sociais.
(2) Um conjunto de documentos em suporte papel produzidos e(ou) recebidos por determinado órgão, durante o desenvolvimento de suas atividades específicas ou atividades de suporte, consiste em um arquivo.
(3) Os documentos frequentemente utilizados devem compor o arquivo intermediário.
(4) A fase arquivística em que esteja o documento é indicada pela tabela de temporalidade.
(5) A função de prova do documento de arquivo evidencia-se não só pelo fato de o documento poder ser levado a juízo para comprovar determinada informação, mas, também, pela capacidade desse material de testemunhar as atividades que lhe deram origem.

1: está errado, pois os documentos de arquivo são acumulados e não colecionados, além disso, a finalidade desses documentos é principalmente administrativa; 2: está certo, pois de acordo com o artigo 2º da Lei 8.159/1991, consideram-se arquivos, para os fins desta lei, os conjuntos de documentos produzidos e recebidos por órgãos públicos, instituições de caráter público e entidades privadas, em decorrência do exercício de atividades específicas, bem como por pessoa física, qualquer que seja o suporte da informação ou a natureza dos documentos; 3: está errado, pois os documentos frequentemente utilizados fazem parte do arquivo corrente; 4: está certo, pois a tabela de temporalidade indica a fase arquivística em que o documento deve estar; 5: está certo, pois a função de prova não se restringe ao aspecto legal, estende-se à capacidade de testemunhar uma atividade.
Gabarito: 1E, 2C, 3E, 4C, 5C

**(Agente Administrativo – PF – 2014 – CESPE/CEBRASPE)** No que se refere ao gerenciamento da informação e à gestão de documentos, julgue os itens subsecutivos.

(1) A transferência dos documentos dos arquivos correntes para os arquivos intermediários justifica-se pela diminuição do valor primário dos documentos.
(2) A primeira ação a ser tomada pelo setor de protocolo, ao receber um documento, é distribuí-lo.
(3) Os documentos do arquivo permanente têm valor probatório e(ou) informativo.
(4) O ponto de partida de toda ação arquivística em uma organização, inclusive para a elaboração dos instrumentos de gestão arquivística, é o diagnóstico da situação dos arquivos.

1: está certo, pois a transferência dos arquivos correntes para os arquivos intermediários, ocorre quando os documentos de arquivo passam a ter menor frequência de uso e produção, diminuindo-se (mas ainda se mantendo) o valor primário associado à criação destes documentos; 2: está errado, pois a primeira ação ao se receber um documento no setor de protocolo é registrá-lo; 3: está certo, pois os documentos têm valor secundário, que significa valor probatório e/ou informativo; 4: está certo, pois de acordo com a literatura, o pré-diagnóstico e o diagnóstico são os pontos de partida para os projetos de organização de documentos, subsidiando a proposta de modelos de classificação, avaliação e descrição apropriadas, visando a um destino final eficiente e eficaz.
Gabarito: 1C, 2E, 3C, 4C

**(Agente Administrativo – PF – 2014 – CESPE/CEBRASPE)** Considerando as tipologias documentais e a preservação de documentos, julgue os próximos itens.

(1) O documento microfilmado tem valor de prova legal, de acordo com a legislação brasileira.
(2) Produzir documentos de arquivo em papel cujo pH seja neutro é uma forma de preservá-los.
(3) O ofício, o memorando e o processo são exemplos de tipos documentais.

1: está certo, pois conforme o art. 1º, parágrafo 1º da Lei 5.433/1968, os microfilmes, assim como as certidões, os traslados e as cópias fotográficas obtidas diretamente dos filmes produzirão os mesmos efeitos legais dos documentos originais em juízo ou fora dele; 2: está certo, pois o pH neutro aumenta a durabilidade das fibras de celulose do papel, o que é fundamental para a preservação dos documentos de arquivo; 3: está errado, pois de acordo com o Dicionário de Terminologia Arquivística, publicado pelo Arquivo Nacional em 2005, ofício, memorando e processo são exemplos de espécies documentais.
Gabarito: 1C, 2C, 3E

**(Escrivão de Polícia Federal – 2013 – CESPE)** Acerca de arquivologia, julgue os itens abaixo.

(1) O princípio arquivístico fundamental para a organização dos documentos é o princípio temático, também conhecido como princípio da pertinência.
(2) O arquivo do Departamento de Polícia Federal é constituído de todos os documentos produzidos e(ou) recebidos, no cumprimento da missão institucional. O tratamento desse arquivo deve ser feito de acordo com as orientações do Conselho Nacional de Arquivos.
(3) A gestão de documentos, reconhecida inclusive na legislação arquivística brasileira, visa garantir que os arquivos sejam instrumentos de apoio à administração, à cultura, ao desenvolvimento científico e elementos de prova e informação.

**(4)** Em algumas situações, os documentos de arquivo precisam passar por vários setores da instituição, onde são tomadas decisões com relação ao tema do documento. A trajetória realizada pelo documento desde sua produção até o cumprimento de sua função administrativa é conhecida como tramitação. A trajetória realizada pelo documento deverá ser registrada para futuro conhecimento.

**1:** errado, pois o princípio fundamental para organização dos documentos é o da proveniência. De acordo com este princípio, o arquivo que é produzido por uma entidade não deve ser misturado aos de outras entidades produtoras; **2:** correto, pois os arquivos da Polícia Federal, assim como os dos demais órgãos e entidades do governo federal, devem ser tratados de acordo com as Diretrizes do Conselho Nacional de Arquivos – Conarq. Este órgão é responsável pela definição da política nacional de arquivos públicos e privados e pela orientação normativa visando à gestão documental e à proteção especial aos documentos de arquivo; **3:** correto, pois a gestão de documentos é o conjunto de procedimentos e operações técnicas referentes à sua produção, tramitação, uso, avaliação e arquivamento em fase corrente e intermediária, visando a sua eliminação ou recolhimento para guarda permanente. Esta gestão visa garantir o apoio à administração (finalidade primária) e à cultura e desenvolvimento científico (finalidades secundárias); **4:** correto, pois a tramitação é a trajetória realizada pelo documento desde a sua produção ou recepção até o cumprimento de sua função administrativa. Este percurso deve ser registrado para permitir o seu controle e possibilitar seu conhecimento futuro.
Gabarito 1E, 2C, 3C, 4C

**(Escrivão de Polícia Federal – 2013 – CESPE)** Julgue os itens seguintes, no que se refere à classificação e à tabela de temporalidade de documentos.

**(1)** A organização de documentos de arquivo envolve a classificação, a ordenação e o arquivamento. A classificação e a ordenação são operações intelectuais e o arquivamento, uma operação física.

**(2)** Definir a destinação final de determinado documento de arquivo é estabelecer o seu prazo de guarda nos arquivos corrente e intermediário.

**(3)** O Departamento de Polícia Federal deve utilizar a tabela de temporalidade de documentos de arquivo elaborada pelo Conselho Nacional de Arquivos, para avaliar os documentos de arquivo produzidos e(ou) recebidos pela sua atividade-meio.

**(4)** Os documentos de arquivo, após cumprirem o prazo de guarda nos arquivos correntes, devem ser transferidos para o arquivo permanente.

**(5)** O instrumento elaborado para a classificação dos documentos de arquivo é o plano de destinação de documentos.

**1:** correto, pois a classificação de um arquivo é uma atividade de análise do conteúdo de documentos. Portanto, ela é uma atividade intelectual. A ordenação é o ato de dispor documentos ou informações segundo um determinado método, portanto, também é uma atividade intelectual. Já, o arquivamento é uma operação física que visa à guarda ordenada dos documentos; **2:** errado, pois definir a destinação final de determinado documento de arquivo é decidir a sua eliminação ou o seu recolhimento para a guarda permanente; **3:** correto, pois a Polícia Federal assim como os dos demais órgãos e entidades do governo federal, devem adotar a tabela de temporalidade elaborada pelo Conarq, para avaliação dos documentos acumulados em suas atividades; **4:** errado, pois não existe a obrigação de enviar, para a fase permanente, os documentos que cumprirem o prazo de guarda na fase corrente. Após o cumprimento de prazo de guarda nos arquivos correntes os documentos de arquivo podem ser eliminados, transferidos aos arquivos intermediários, ou recolhidos ao arquivo permanente; **5:** errado, pois o instrumento utilizado para a classificação dos documentos de arquivo é denominado plano ou código de classificação.
Gabarito 1C, 2E, 3C, 4E, 5E

**(Escrivão de Polícia Federal – 2013 – CESPE)** Com relação à preservação e conservação de documentos de arquivo, julgue os itens que se seguem.

**(1)** A principal medida para preservar documentos em suporte papel é a encapsulação.

**(2)** Para preservar e conservar documentos de arquivo é necessário desenvolver ações nos momentos de produção, de tramitação, de acondicionamento e de armazenamento físico, independentemente do suporte documental utilizado.

**(3)** Deve ser previsto espaço para o armazenamento separado dos diversos suportes documentais nas áreas de depósito de documentos de arquivo.

**1:** errado, pois a principal medida para preservar documentos em suporte papel é a laminação. Este processo de restauração consiste no reforço de documentos deteriorados ou frágeis, colocando-os entre folhas de papel de baixa gramatura, fixadas por adesivo natural, semissintético ou sintético, por meio de diferentes técnicas, manuais ou mecânicas; **2:** correto, pois a preservação e conservação dos documentos exige ações nas fases de produção, de tramitação, de acondicionamento e de armazenamento físico. Podem incluir o monitoramento e o controle ambiental, as restrições de acesso, os cuidados no manuseio direto e na obtenção de suportes e materiais mais duráveis; **3:** correto, pois suportes diferentes deverão ser armazenados em locais distintos, conforme suas características físicas, pois a temperatura e a umidade variarão de acordo com a necessidade do suporte dos documentos.
Gabarito 1E, 2C, 3C

**(Escrivão de Polícia/DF – 2013 – CESPE)** No que se refere à arquivologia, julgue os itens que se seguem.

**(1)** O protocolo visa, sobretudo, a identificação de metadados, com os quais são possíveis o controle e o acesso aos documentos de arquivo.

**(2)** A classificação de documentos de arquivo é realizada a partir de um instrumento específico para essa tarefa denominado tabela de temporalidade.

**(3)** De acordo com a legislação arquivística brasileira, o conceito das três idades documentais é um meio de dar sentido à massa documental acumulada pelas organizações.

**(4)** A gestão de documentos é uma condição necessária para a restauração de documentos de arquivo.

**1:** correto, pois os metadados são informações úteis para identificar, localizar, compreender e gerenciar os dados dos documentos. O protocolo visa, sobretudo, a identificação destes metadados, com os quais serão possíveis o controle e o acesso aos documentos de arquivo; **2:** errado, pois a tabela de temporalidade é um instrumento com o qual se determina o prazo de permanência de um documento em um arquivo e sua destinação após este prazo; **3:** Correto, pois o conceito das três idades documentais corresponde às sucessivas fases por que passam os documentos de um arquivo desde sua produção à guarda permanente ou eliminação. Os arquivos são considerados arquivos correntes, intermediários ou permanentes. Desta forma se dá um sentido à massa documental acumulada pelas organizações; **4:** Errado, pois o gestão de documentos corresponde a um conjunto de procedimentos e operações técnicas referentes à sua produção, tramitação, uso, avaliação e arquivamento em fase corrente e intermediária, visando a sua eliminação ou recolhimento para guarda permanente (art. 3º da Lei 8.159/1991).
Gabarito 1C, 2E, 3C, 4E

# 16. Física

## Elson Garcia

**(Policial Rodoviário Federal – CESPE – 2019)** A figura seguinte ilustra uma prova de tiro ao alvo com arma de fogo: o alvo é um círculo de 20 cm de diâmetro e está localizado a 50 m da extremidade do cano da arma. O cano da arma e o centro do alvo estão à altura de 1,5 m do solo.

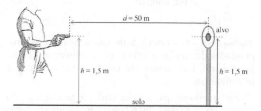

Nessa situação, um projétil de massa igual a 15 g sai do cano da arma paralelamente ao solo, com velocidade horizontal inicial de 720 km/h.

Tendo como referência a situação apresentada, julgue os itens a seguir, considerando que a aceleração da gravidade seja de 9,8 m/s2 e desprezando o atrito do ar sobre o projétil.

(1) O deslocamento do projétil na direção horizontal ocorre de acordo com uma função quadrática do tempo.
(2) Na situação em tela, o projétil atingirá o alvo circular.
(3) Se o alvo fosse retirado da direção do projétil, então o trabalho realizado pela força gravitacional para levar o projétil até o solo seria superior a 0,10 J.

**1.** O item está errado, pois na horizontal temos um movimento uniforme, portanto a função com o tempo, do deslocamento, é uma função linear do primeiro grau dada por x = v.t.

**2.** O item está errado, conforme cálculos e explicações a seguir.
A ação da gravidade faz com que o projétil seja deslocado para baixo descrevendo uma queda realizada em MRUV. Inicialmente iremos calcular o tempo para o projétil atingir o alvo:
Como o alcance (na horizontal) é de: $X - X_0 = 50m$. Usando as fórmulas:
$X - X_0 = V_{ox}.t = 50m$ e $V_{ox} = V_o.\cos\theta$ e $\cos\theta = 1$. Como $V_o = 720$ km/h = 200m/s teremos: $t = (X - X_0)/V_o$ e $t = (50m)/(200m/s)$ ou $t = 0,25s$.
Em seguida, calcularemos a queda do projétil $y - y_0$, na vertical. $y - y_0 = V_{oy}.t + (1/2)g.t^2$. Como $V_{oy} = V_o.\sin\theta$ e $\sin\theta = 0$ e $g = 9,8$m/s² teremos $y - y_0 = (1/2)g.t^2 = (1/2)(9,8).0,25^2 = 0,30625$m, ou 30,6cm.

Como o alvo circular tem um raio de 10cm, ou seja, menor do que a queda do projétil, ele não vai atingir o alvo, portanto o item 2 está errado.

**3.** O item está correto, pois se o alvo fosse retirado da direção do projétil, o trabalho realizado
pela força gravitacional para levar o projétil até o solo, seria de W = m.g.h =
$(0,015$kg$)(9,8$m/s²$)(1,5$m$) = 0,2205$J, ou seja, superior a 0,10J.

Gabarito 1E, 2E, 3C

**(Policial Rodoviário Federal – CESPE – 2019)** Um veículo de 1.000 kg de massa, que se desloca sobre uma pista plana, faz uma curva circular de 50 m de raio, com velocidade de 54 km/h. O coeficiente de atrito estático entre os pneus do veículo e a pista é igual a 0,60.

A partir dessa situação, julgue os itens que se seguem, considerando a aceleração da gravidade local igual a 9,8 m/s2.

(1) O veículo está sujeito a uma aceleração centrípeta superior à aceleração gravitacional.
(2) Se o veículo estivesse sujeito a uma aceleração centrípeta de 4,8 m/s2, então ele faria a curva em segurança, sem derrapar.
(3) Considere que esse veículo colida com outro veículo, mas o sistema permaneça isolado, ou seja, não haja troca de matéria com o meio externo nem existam forças externas agindo sobre ele. Nesse caso, segundo a lei de conservação da quantidade de movimento, a soma das quantidades de movimento dos dois veículos, antes e após a colisão, permanece constante.

**1.** O item está incorreto, pois a aceleração centrípeta quando calculada por meio da fórmula: $A_c = V^2/R$, será menor que a aceleração da gravidade.
Cálculos: V=54km/h, ou 15m/s e R = 50m, $A_c = 15^2/50 = 4,5$m/s² e $A_c < g$.

**2.** O item está correto, pois para o carro derrapar ele teria que apresentar uma aceleração superior a $F_{at} = \mu.g = 0,6.9,8 = 5,88$m/s². Com **4,8m/s², ele faria a curva em segurança, sem derrapar.**

**3.** O item está correto, pois a quantidade de movimento se conserva em todas as colisões.

Gabarito 1E, 2C, 3C

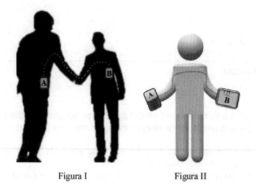

Figura I    Figura II

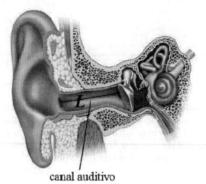

canal auditivo

**(Papiloscopista – PF – CESPE – 2018)** O uso de campos elétricos gerados no corpo humano tem sido objeto de estudo no que diz respeito ao desenvolvimento de redes de comunicação de dados. Aplicações projetadas para esse sistema de comunicação são ilimitadas e entre elas destaca-se o fato de indivíduos poderem, entre outras ações: trocar informações entre os seus aparelhos celulares A e B, usando apenas um aperto de mãos, como esboçado na figura I; transferir dados entre aparelhos eletrônicos A e B usando as duas mãos, como na figura II; imprimir dados apenas tocando na impressora; armas que funcionarão apenas com o seu proprietário; e eliminar a invasão por hackers. Nesse sistema de comunicação, o corpo humano funciona como um fio condutor ôhmico conectando equipamentos. Estudos recentes mostram que esse sistema de rede de comunicação entre aparelhos, denominado RedTacton (HAN), é mais eficiente e seguro que os sistemas tradicionais tais como wi-fi, LAN, WAN, infravermelho, bluetooth.

Considerando essas informações e que correntes elétricas iguais ou superiores a 100 mA causam fibrilação ventricular letal em humanos, que a resistência elétrica média da superfície externa de corpo humano molhado é de 300 Ω e do corpo seco é de 100 kΩ, julgue os itens a seguir.

(1) No RedTacton, para a segurança do indivíduo, a voltagem entre os aparelhos de comunicação A e B não pode exceder a 30 V.

(2) Na aplicação esboçada na figura II, elétrons fluirão pela superfície do corpo do indivíduo no sentido do maior para o menor potencial elétrico.

**1.** O item está correto, pois para 30V, teremos as seguintes correntes nos seres humanos:
Corpo molhado: i = V/R = 30/300 = 0,1A = 100mA, onde R = 300Ω.
Corpo seco: i = V/R = 30/100.000 = 0,0003 A = 0,03mA, onde R = 100kΩ, ou 100.000Ω.
Ou seja, na condição de corpo molhado, que não é usual para utilizar celulares, com 30V, ainda teríamos uma corrente de 100mA, que é o limite.
**2.** O item está incorreto, pois os elétrons fluirão do polo negativo para o positivo, ou seja, no sentido do menor para o maior potencial elétrico.

Gabarito 1C, 2E

**(Papiloscopista – PF – CESPE – 2018)** Considerando as propriedades das ondas e tendo como referência a figura precedente, que ilustra um canal auditivo, julgue o próximo item.

(1) Assumindo-se que a velocidade de propagação do som no ar é constante e que o canal auditivo, como o esboçado na figura, é um tubo de comprimento L com um dos extremos fechado, conclui-se que o ser humano pode ouvir apenas uma frequência fundamental e seus harmônicos ímpares.

**1.** O item está correto, pois:
Para os tubos abertos, os harmônicos aumentam conforme aumenta a frequência das ondas.
**1º harmônico (fundamental):** Quando há na corda dois nós e um ventre;
**2º harmônico:** Quando há na corda três nós e dois ventres;
**3º harmônico:** Quando há na corda quatro nós e três ventres.

**Já os tubos fechados,** onde uma das extremidades é fechada e a outra é aberta (ou semiaberta), só possuem **harmônicos ímpares.**

**1º harmônico (fundamental):** Quando há na onda um nó e um ventre;
**3º harmônico:** Quando há na onda dois nós e dois ventres;
**5º harmônico:** Quando há na onda três nós e três ventres.

Gabarito 1C

**(Papiloscopista – PF – CESPE – 2018)** A respeito de fenômenos ópticos e suas aplicações, julgue os seguintes itens.

(1) A figura a seguir, que mostra um lápis imerso parcialmente na água no interior de um copo, representa um fenômeno que pode ser explicado pela lei de Snell.

(2) Com base na Lei de Beer-Lambert, a absorvância de uma amostra cresce exponencialmente com a concentração molar da solução.

(3) Na fluorescência molecular, a radiação emitida por uma amostra exposta à radiação ultravioleta continua a ocorrer, mesmo após a remoção da fonte de radiação.

**1.** O item está correto, pois a lei de Snell é representada por uma expressão que dá o desvio angular sofrido por um raio de luz ao passar para um meio com <u>índice de refração</u> diferente do qual ele estava percorrendo.
**2.** O item está errado, pois de acordo **com** a Lei de Beer-Lambert , a absorvância de uma amostra cresce linearmente com a concentração molar da solução.
**3.** O item está errado, porque a permanência da emissão de luz, por algum período, após a remoção da fonte de reação, ocorre na fosforescência e não na fluorescência. A fonte emissora na fosforescência pode emitir por até cerca de 2 minutos, após a interrupção do fornecimento da radiação eletromagnética. Na fluorescência isso ocorre por $10^{-8}$ a $10^{-4}$s, ou seja, num tempo desprezível.
Gabarito 1C, 2E, 3E

**(Polícia Rodoviária Federal – 2013 – CESPE)** Considerando que um veículo com massa igual a 1.000 kg se mova em linha reta com velocidade constante e igual a 72 km/h, e considerando, ainda, que a aceleração da gravidade seja igual a 10 m/s², julgue os itens a seguir.

**(1)** Quando o freio for acionado, para que o veiculo pare, a sua energia cinética e o trabalho da força de atrito, em modulo, deverão ser iguais.

**(2)** Antes de iniciar o processo de frenagem, a energia mecânica do veiculo era igual a 200.000 J.

(1) O trabalho da força resultante que age sobre um objeto é igual a variação da energia cinética:
$W = \Delta Ec = Ecf - Eci$, onde $W$ é o trabalho da força resultante e $Ecf$ e $Eci$ são as energias cinéticas inicial e final.
Quando o freio é acionado, a velocidade do veículo final é zero e a energia cinética final também é zero.
Assim: $W = \Delta Ec = Ecf - Eci = 0 - Eci$ e $W = -Eci$
Como a força normal e a força peso são perpendiculares à trajetória, o trabalho resultante é o próprio trabalho da força de atrito e concluímos que o trabalho da força de atrito e a energia cinética inicial são iguais em módulo.
(2) Antes de iniciar a frenagem a energia mecânica do veículo era $Eci = (1/2)(mv^2)$ onde $m = 1.000$ kg,
$v = 72$ km/h $= 72.000$ m/3.600 s $= 20$ m/s. Portanto $Eci = (1/2)(1.000)/(20^2) = 200.000$ kg.m²/s² $= 200.000$ J.
Gabarito 1C, 2C

**(Polícia Rodoviária Federal – 2013 – CESPE)**

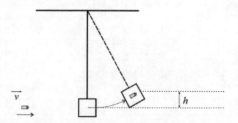

Uma bala de revolver de massa igual a 10 g foi disparada, com velocidade v, na direção de um bloco de massa igual a 4 kg, suspenso por um fio, conforme ilustrado na figura acima. A bala ficou encravada no bloco e o conjunto subiu ate uma altura h igual a 30 cm.

Considerando essas informações e assumindo que a aceleração da gravidade seja igual a 10 m/s², julgue o item abaixo.

**(1)** Se toda a energia cinética que o conjunto adquiriu imediatamente apos a colisão fosse transformada em energia potencial, a velocidade do conjunto apos a colisão e a velocidade com que a bala foi disparada seriam, respectivamente, superiores a 2,0 m/s e a 960 m/s.

(1) Inicialmente, vamos calcular a relação entre a velocidade do conjunto bloco-bala após a colisão (Vf) e a velocidade da bala antes da colisão (Vi), utilizando o Princípio da Conservação da Quantidade de Movimento.
Qf = Qi   Qf = (massa bala + bloco)(Vf)  e  Qi = (massa bala)(Vi).
Como a massa da bala = 0,01 kg e massa do bloco = 4 kg , teremos: (4,01)(Vf) = (0,01)(Vi) e Vi =(401)(Vf).
Em seguida, com base no Princípio da Conservação da Energia Mecânica, calcularemos a velocidade do conjunto Bloco + Bala após a colisão (Vf):
Em1 = Energia mecânica cinética após a colisão = (½)(massa bala + bloco)(Vf)² = (2,005)(Vf)²
Em2 = Energia mecânica potencial gravitacional no ponto de altura máxima: (massa bala + bloco)(g)(h)
onde g = 10 m/s² e h = 0,3 m. Portanto   Em2 = (4,01)(10)(0,3) = 12,3 kg.m/s²
Como Em1 = Em2,  (2,005)(Vf)² = 12,3 kg.m/s²   e  Vf ~ 2,45 m/s.
como: Vi =(401)(Vf), Vi =(401)(2,45)  ~ 982 m/s e, portanto, a afirmativa está correta.
Gabarito 1C

**(Polícia Rodoviária Federal – 2013 – CESPE)** Considerando que um corpo de massa igual a 1,0 kg oscile em movimento harmônico simples de acordo com a equação
$$x(t) = 6,0\cos\left[3\pi t + \frac{\pi}{3}\right]$$, em que $t$ e o tempo, em segundos, e $x(t)$ e dada em metros, julgue os itens que se seguem.

**(1)** A força resultante que atua no corpo e expressa por $F(t) = -(3\delta)2\, x(t)$.

**(2)** O período do movimento e igual a 0,5 s.

Inicialmente vamos analisar a função da elongação no Movimento Harmônico Simples:

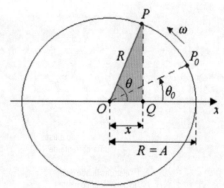

Projeção de um movimento harmônico simples circular uniforme

O movimento harmônico simples é um movimento oscilatório de grande importância na Física. É um movimento periódico em que ocorrem deslocamentos simétricos em torno de um ponto.
A fim de obter a função da elongação em relação ao tempo, utilizamos um artifício que consiste em analisar a projeção de um movimento

circular uniforme sobre um dos seus diâmetros. O movimento dessa projeção é um MHS.

Vamos considerar o objeto móvel da figura acima descrevendo um MCU de período $T$, na circunferência de centro O e raio A. No instante inicial, $t0$, o móvel ocupa a posição $P0$ e sua posição angular inicial é è0. Em um instante posterior, $t$, o móvel passa a ocupar a posição $P$, associada à posição angular è.

Com base no estudo do MCU podemos dizer que: $\theta = \theta_0 + \omega.t$

Enquanto o móvel percorre a circunferência, sua projeção ortogonal $Q$, sobre o diâmetro orientado $Ox$, descreve um MHS de período $T$ e amplitude A. No triângulo OPQ, destacado na figura acima, temos:

$$\cos\theta = \frac{OQ}{OP} \Rightarrow \cos\theta = \frac{x}{R} \Rightarrow x = R.\cos\theta$$

Como R = A e $\theta = \theta_0 + \omega.t$, então:

$$x(t) = A.\cos(\theta_0 + \omega.t)$$

(1) èo é denominado fase inicial do MHS e é medido em radianos. A grandeza ù é chamada de frequência angular do MHS e é expressa em radianos por segundo (rad/s). Observe que a frequência angular corresponde à velocidade angular do MCU e tem com o período a mesma relação já estudada no MCU:

$$\omega = \frac{2\pi}{T}$$

Vamos comparar a equação dada com a equação da elongação:
$x(t) = 6,0.cos(3\Rightarrow t + \Rightarrow/3)$ e $x(t) = A.cos(\theta o + ]t)$ ou $x(t) = A.cos( ]t + \theta o)$
Portanto: $A = 6,0$, ù $= 3\Rightarrow$ e $\theta o = \Rightarrow/3$
Com esses dados já podemos calcular a aceleração do MHS.
$aMHS = - ]^2.x = -(3\Rightarrow)^2.x$
Como x é da do em função de t teremos: $aMHS = - (3\Rightarrow)^2.x(t)$
Como a força sobre o corpo é dada $F = m.a$ e $m = 1$ kg $F = 1.a = - (3\Rightarrow)^2.x(t)$

Portanto o item (1) está correto.
(2) Como $\Rightarrow = 2\Rightarrow/T$ e $\Rightarrow = 3\Rightarrow$, $2\Rightarrow = 3\Rightarrow T$ Portanto: $T = 2/3$ e o item (2) está errado.
Gabarito 1C, 2E

**(Polícia Rodoviária Federal – 2013 – CESPE)** O fenômeno de redução na frequência do som emitido pela buzina de um veiculo em movimento, observado por um ouvinte, e denominado efeito Doppler. Essa diferença na frequência deve-se ao deslocamento no numero de oscilações por segundo que atinge o ouvido do ouvinte. Os instrumentos utilizados pela PRF para o controle de velocidade se baseiam nesse efeito. A respeito do efeito Doppler, julgue o item abaixo.

(1) Considere que um PRF, em uma viatura que se desloca com velocidade igual a 90 km/h, se aproxime do local de um acidente onde já se encontra uma ambulância parada, cuja sirene esteja emitindo som com frequência de 1.000 Hz. Nesse caso, se a velocidade do som no ar for igual a 340 m/s, a frequência do som da sirene ouvido pelo policial será superior a 1.025 Hz.

Podemos calcular a frequência aparente (fap) ouvida por um observador, a partir da frequência f emitida pela fonte, da velocidade do observador e da velocidade da fonte vf usando a expressão:
fap = f.(v+/- vo)/(v +/- vf )
Em que v é a velocidade da onda.
Para a correta manipulação da expressão, adotamos a convenção:
Se o observador se aproxima da fonte, +vo ; se ele se afasta da fonte, -vo
Se a fonte se afasta do observador, +vf; se a fonte se aproxima dele, – vf.
Neste caso, a ambulância está parada e o observador se aproxima com velocidade de 90/3,6= 25 m/s.
fap = (f)(v+ vo)/(v) = (1.000)(340+25)/340 = 1.073 Hz
Gabarito 1C, 2E

# 17. Ética na Administração Pública

## Tony Chalita e Robinson Barreirinhas

**(Escrivão de Polícia Federal – 2013 – CESPE)** A partir da década de 40 do século passado, o modelo POSDCORB (*planning, organizing, staffing, directing, coordinating, reporting, budegeting*), de Gullick, influenciou os tratados de administração pública e, até hoje, revela-se como fonte de inspiração para os principais autores do setor. A respeito desse assunto, julgue o próximo item.

**(1)** À medida que as tarefas fiquem mais complexas e a sua realização exija diversas habilidades diferentes, a departamentalização rígida e funcional, é a mais recomendada, pois facilita os mecanismos de controle.

1: errado, à medida que as tarefas fiquem mais complexas e a sua realização exija diversas habilidades diferentes, a departamentalização funcional deverá ser abandonada, visto que essa privilegia a especialização focada na tarefa. Exigindo habilidades mais complexas, o ideal seria que se utilizasse a departamentalização por projetos ou a estrutura matriarcal. TC
Gabarito "1E."

**(Escrivão de Polícia Federal – 2013 – CESPE)** Acerca de ética no serviço público, julgue os seguintes itens.

**(1)** A comissão de ética pode aplicar pena de censura e suspensão a servidor que, de maneira habitual, apresentar-se embriagado ao serviço ou fora dele.

**(2)** A constituição da comissão de ética deverá ser comunicada formalmente, com indicação de seus membros titulares e respectivos suplentes, à Secretaria de Administração Federal da Presidência da República.

1: errado, A comissão de ética poderá aplicar somente a pena de censura, nos termos do Capítulo II, XXII do Decreto 1.171/1994; 2: certo, é o que dispõe o artigo 2º parágrafo único, do Decreto 1.171/1994. TC
Gabarito 1E, 2C

**(Escrivão de Polícia/DF – 2013 – CESPE)** No que se refere à abordagem burocrática da administração, julgue o item abaixo.

**(1)** A burocracia é compreendida como uma maneira de organização humana baseada na racionalidade, isto é, na adequação dos meios aos objetivos pretendidos, a fim de garantir a máxima eficiência possível no alcance desses objetivos.

1: Certo, essa eficiência é uma forma específica de racionalidade, na qual a coerência dos meios em relação com os fins visados se traduz no emprego de um mínimo de esforços (meios) para a obtenção de um máximo de resultados (fins). TC
Gabarito "1C."

**(Escrivão de Polícia/DF – 2013 – CESPE)** Julgue o item seguinte, relativo à evolução da administração pública no Brasil após 1930.

**(1)** Os governos militares, pós-1964, por meio da edição do Decreto-Lei 200/1967, reforçaram a centralização das atividades administrativas na administração direta.

1: incorreto, pelo contrário, o Decreto-Lei 200/1967 adotou políticas de descentralização das atividades da Administração, como se vê claramente no art. 10 de referido diploma. TC
Gabarito "1E."

**(Escrivão de Polícia/DF – 2013 – CESPE)** Julgue o item que se segue, referente a planejamento, organização, direção e controle.

**(1)** Por ser uma variável independente dentro do modelo organizacional, a liderança está isenta de critérios de valor.

1: errado, a liderança não está isenta de critério de valor. Antes de se julgar a eficácia de um líder, deve-se avaliar o conteúdo moral de seus objetivos, bem como dos meios que ele utiliza para atingi-los. TC
Gabarito "1E."

**(Escrivão de Polícia/DF – 2013 – CESPE)** No que concerne ao regime jurídico único dos servidores públicos federais e a ética no serviço público, julgue os próximos itens.

**(1)** Cabe ao servidor público justificar devidamente toda ausência de seu local de trabalho, a fim de evitar a desmoralização do serviço público.

**(2)** É concedida licença ao servidor por motivo de doença em pessoa da família, desde que precedida de exame dessa pessoa por médico ou junta médica oficial.

1: correta, tal afirmação pode ser extraída a partir do Decreto 1.171, ao estabelecer a partir das regras deontológicas, no Capítulo I, Seção I, XII que toda ausência injustificada do servidor de seu local de trabalho é fator de desmoralização do serviço público, que poderá inclusive, conduzir à desordem das relações humanas; 2: correta, é o que dispõe o artigo 81, I e § 1º da Lei 8.112/1990. TC
Gabarito 1C, 2C

**(Escrivão de Polícia/DF – 2013 – CESPE)** Acerca de estrutura organizacional, comportamento organizacional e análise e melhoria de processos, julgue o item subsequente.

**(1)** A estrutura matricial facilita a comunicação e a coordenação de equipes por meio da unidade de comando, proporcionando equilíbrio de objetivos.

1: errado, a estrutura matriarcal, embora possua inúmeras vantagens, sente a falta de uma estrutura de controle que lidere os empregados diminuindo conflitos e ambiguidades, falta de uma definição clara da hierarquia das autoridades, causando conflito entre os times funcionais e de produto. TC
Gabarito "1E."

**(Escrivão de Polícia/DF – 2013 – CESPE)** Com relação ao Modelo de Excelência em Gestão no Setor Público (GesPública), julgue o item subsecutivo.

**(1)** Criado a partir da premissa de que é preciso ser excelente sem deixar de ser público, o GesPública foi concebido para desenvolver ações que visam obter sinergia decorrente dos esforços da gestão e da desburocratização.

---

**1:** correta, O GesPública é uma política formulada a partir da premissa de que a gestão de órgãos e entidades públicos pode e deve ser excelente, pode e deve ser comparada com padrões internacionais de qualidade em gestão, mas não pode nem deve deixar de ser pública. A qualidade da gestão pública tem que ser orientada para o cidadão, e desenvolver-se dentro do espaço constitucional demarcado pelos princípios da impessoalidade, da legalidade, da moralidade, da publicidade e da eficiência. Atenção: o Programa Nacional de Gestão Pública e Desburocratização (Gespública) foi descontinuado pelo Decreto 9.904/2017, que revogou o Decreto 5.378/2005. RB

# 18. BIOLOGIA

### Enildo Garcia

**(Papiloscopista – PF – CESPE – 2018)** No que se refere a citoesqueleto, movimento celular e processos de obtenção de energia na célula, julgue o próximo item.

(1) Com a morte do indivíduo, os processos de geração de energia ficam comprometidos, a produção de ATP cessa e os estoques citoplasmáticos de ATP são consumidos, o que impede, por exemplo, a polimerização da actina e o deslizamento da miosina sobre o filamento de actina durante a contração muscular.

Errado, porque não impede o deslizamento da actina sobre a miosina, ao contrário do que diz o item.
Gabarito 1E

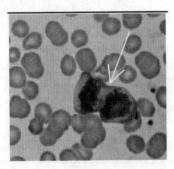

Internet: <https://laminoteca.wixsite.com>.

A imagem anterior foi obtida a partir de amostras de sangue coletadas em uma cena de crime para fins de isolamento de DNA. Várias células foram observadas, mas uma delas (indicada pela seta) apresentava um aspecto morfológico diferenciado. Com base nessa imagem, julgue o item seguinte.

(1) A célula indicada encontra-se em mitose na fase de prófase, que se caracteriza pelo desaparecimento da carioteca e espiralização do material genético.

A célula se encontra na fase de telófase em que a carioteca ou invólucro nuclear se reconstrói com a formação de duas célula diploides.
Gabarito 1E

**(Papiloscopista – PF – CESPE – 2018)** Em um bairro nobre de determinada cidade no Brasil, houve um assassinato na madrugada fria do mês agosto. A vítima, um homem de quarenta e dois anos de idade, foi encontrada morta com golpes de faca na região torácica. Sua residência tinha sido saqueada e exibia sinais de violação, como, por exemplo, uma janela quebrada que estava manchada de sangue. Como havia sinais de que a vítima pudesse ter resistido ao ataque e revidado até ser imobilizada e morta, amostras biológicas do corpo da vítima foram coletadas pelos investigadores e encaminhadas para análise, a fim de se obterem evidências que levassem à identificação do assassino. Uma das amostras de sangue recolhidas no local do crime promovia aglutinação de hemácias somente na presença de soro anti-B e de soro anti-Rh; outra amostra não apresentava aglutinação na presença de soros anti-A, anti-B e anti-Rh. Durante a investigação, descobriu-se, ainda, que a vítima sofria de hemofilia e que uma amostra de sangue de tipo sanguíneo diferente do da vítima apresentava mutação no alelo do fator VIII. Após vários meses de investigação, os investigadores chegaram a um suspeito, que era portador do tipo sanguíneo A negativo.

Considerando a situação hipotética apresentada e os múltiplos aspectos a ela relacionados, julgue os itens a seguir.

(1) Na ausência de outras evidências que o ligassem ao fato, o suspeito poderia ser liberado, pois seu tipo sanguíneo não é o mesmo dos tipos sanguíneos encontrados nas duas amostras mencionadas, que correspondem, na ordem em que aparecem no texto, aos tipos sanguíneos B positivo e O negativo.

(2) Como as hemácias possuem núcleos, amostras de DNA poderiam ser obtidas a partir do isolamento dos núcleos das hemácias presentes nas manchas de sangue nos destroços de vidro.

(3) Dada a possibilidade de se identificar uma pessoa com base no padrão de polimorfismos presentes no genoma de cada indivíduo, análises do perfil de DNA presente nos núcleos de células obtidas em amostras de manchas de sangue recuperadas no local do crime podem ser usadas para levar criminosos à condenação.

(4) A presença de mutação no alelo do fator VIII permite concluir que havia outro hemofílico na cena do crime, com o genótipo XYH, já que a hemofilia é uma doença genética recessiva ligada ao cromossomo Y.

1. certo. A aglutinação anti-B e anti-Rh indica tipo sanguíneo B positivo e a não aglutinação anti-A, anti-B e anti-Rh indica portador do tipo sanguíneo O negativo.
2. errado. As hemácias ou eritrócitos não possuem núcleo.
3. certo. A análise do perfil e DNA nos núcleos de células pode identificar um suspeito.
4. errado. A hemofilia é uma doença genética recessiva que está ligada ao cromossomo X.
Gabarito 1C, 2E, 3C, 4E

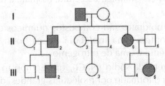

**(Papiloscopista – PCDF – Universa – 2016)** A figura acima ilustra um heredograma de uma família com indivíduos afetados (símbolos escuros) e não afetados (símbolos claros). O padrão de herança mendeliana apresentado nesse heredograma é característico de herança:

(A) autossômica recessiva.
(B) autossômica ligada ao y.
(C) dominante ligada ao x.
(D) autossômica dominante.
(E) recessiva ligada ao x.

**1ª solução**
Nota-se, no heredograma, que a herança mendeliana é dominante e não ligada ao sexo, ou seja, é autossômica.
Resposta correta na letra D.
**2ª solução**
Observa-se, no heredograma, que ambos os sexos são afetados (masculino: I-1, II-2 e II-3; feminino: II-5 e II-5). Logo as opções B, C e E estão erradas.
Trata-se de herança autossômica dominante pois se um cônjuge é afetado, um dos filhos também o será. ENG
Gabarito "D".

**(Papiloscopista – PCDF – Universa – 2016)** No que se refere aos componentes do citoesqueleto, uma complexa rede de proteínas que compõe o "esqueleto" celular, assinale a alternativa correta.

(A) Os microtúbulos encontram-se dispostos por todo o citoplasma, mas, em maior quantidade, na periferia da célula, especialmente na região apical.
(B) Os filamentos de miosina, presentes em células musculares, são denominados espessos, ao passo que os filamentos de actina são conhecidos como estruturas filamentosas finas.
(C) Os filamentos de actina são estruturas que permitem o transporte de vesículas na endocitose e na exocitose. Contudo, esses filamentos dificultam a fagocitose de algumas células do sistema imunológico, como os macrófagos.
(D) Os filamentos intermediários são formados pela polimerização da proteína actina G.
(E) Os filamentos de citoqueratina, presentes em todos os tipos celulares, são importantes para a migração da célula durante o desenvolvimento embrionário.

**A:** incorreta. Os microtúbulos não se encontram dispostos por todo o citoplasma; **B:** correta; **C:** incorreta. Não dificultam a fagocitose de algumas células do sistema imunológico; **D:** incorreta. Trata-se da queratina; **E:** incorreta. Os filamentos de citoqueratina, não estão presentes em todos os tipos celulares, porém prioritariamente nas células epiteliais. ENG
Gabarito "B".

**(Papiloscopista – PCDF – Universa – 2016)** Com relação aos compostos químicos e às biomoléculas que fazem parte da composição química da célula, assinale a alternativa correta.

(A) Os carboidratos são compostos químicos orgânicos que contêm uma molécula de carbono, uma de hidrogênio e uma de nitrogênio.
(B) O cloreto de sódio (NaCl), um composto químico orgânico formado por moléculas grandes, deve sempre apresentar carbono em sua composição.
(C) Os glicídios são moléculas orgânicas constituídas fundamentalmente por átomos de nitrogênio.
(D) Lipídios, sais minerais e proteínas são exemplos de compostos inorgânicos.
(E) Quantidades reduzidas de sais minerais, como as de íons de cálcio ($Ca^{2+}$), no organismo podem comprometer as reações de coagulação e a contração muscular.

**A:** incorreta. Os compostos orgânicos não têm, necessariamente, moléculas de nitrogênio e a expressão molécula de carbono é incorreta; **B:** incorreta. O cloreto de sódio (NaCl), o sal de cozinha, não é um composto químico orgânico: não tem carbono; **C:** incorreta, pois os glicídios, ou carboidratos, têm, em sua estrutura, só CHO; **D:** incorreta. Os lipídios, ou gorduras, e as proteínas são compostos orgânicos; **E:** correta. Os íons de cálcio (Ca2+), no organismo podem comprometer as reações de coagulação e a contração muscular. ENG
Gabarito "E".

**(Papiloscopista – PCDF– 2016)**

Tendo a figura acima, que ilustra os níveis de organização na estrutura das proteínas, como referência, assinale a alternativa correta.

(A) Interações hidrofóbicas e eletrostáticas, ligações covalentes, pontes de hidrogênio e forças de Van der Waals são exemplos de interações entre cadeias laterais que estabilizam proteínas que apresentem o tipo de estrutura ilustrado na letra C.
(B) Proteínas multiméricas, constituídas pela estrutura ilustrada na letra D, são formadas por multissubunidades que dificultam a abertura e o fechamento de cavidades na superfície da molécula proteica.
(C) Supondo que uma proteína seja constituída pela estrutura representada na letra A, é correto afirmar que o número de aminoácidos, pouco variável, deverá facilitar as trocas de um aminoácido por outro sem que a atividade proteica seja afetada.
(D) Uma proteína com a estrutura representada na letra B deverá ser constituída de ligações covalentes, que promovem a estabilização dessa proteína.
(E) Se a estrutura da proteína ilustrada na letra C for submetida à ação de um agente físico desnaturante, como calor, luz ou frio, haverá perda de aminoácidos e, consequentemente, de toda a estrutura primária que estava presente.

**A:** correta; **B:** incorreta. As multisubunidades não estão em posições inflexíveis e/ou fixas; **C:** incorreta. A simples troca de um aminoácido pode alterar a atividade proteica; **D:** incorreta. A estabilização ocorre devido às interações intermoleculares, prioritariamente do tipo ponte de hidrogênio e não só elas; **E:** incorreta. Não há perda de aminoácidos. ENG
Gabarito "A".

# 19. Química

Elson Garcia

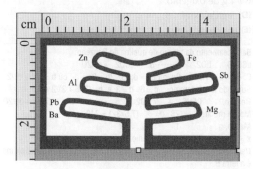

Kathryn R. Chabaud et al. Simultaneous colorimetric detection of metallic salts contained in low explosives residue using a microfluidic paper-based analytical device (μPAD). Forensic Chemistry 9, 2018, p. 35-41 (com adaptações).

| reagente metal | rodizonato de sódio | sulfeto de sódio | ditizona | aluminon | p-aminofenol | azul de xilidil |
|---|---|---|---|---|---|---|
| Pb | vermelho | cinza | rosa | incolor | incolor | incolor |
| Ba | laranja | incolor | incolor | incolor | incolor | incolor |
| Sb | incolor | ocre | incolor | incolor | incolor | incolor |
| Zn | incolor | incolor | magenta | incolor | incolor | rosa |
| Al | incolor | incolor | incolor | vermelho | incolor | incolor |
| Fe | roxo | preto | incolor | roxo | violeta | incolor |
| Mg | incolor | incolor | incolor | incolor | incolor | rosa |

(Papiloscopista – PF – CESPE – 2018) Um dispositivo analítico, conforme ilustrado na figura precedente, baseado em papel microfluídico (μPAD), foi desenvolvido para a determinação in loco da presença de chumbo, bário, antimônio, ferro, alumínio, zinco e magnésio, em resíduos de explosivos pirotécnicos. Cada canal contém um conjunto específico de reagentes que produz uma mudança de cor após a interação com um sal de metal específico, conforme esquematizado na tabela anterior. Esse novo dispositivo deve ser útil na detecção in loco de resíduos pós-explosão de pirotecnia no campo, devido à sua portabilidade e facilidade de uso.

Tendo como referência a figura e os dados da tabela precedentes, julgue os itens a seguir.

(1) O sulfeto de sódio é um sólido molecular.
(2) O composto p-aminofenol é mais solúvel em água do que o composto 1-amino-4-metilbenzeno.
(3) Considere que na reação do bário com o rodizonato de sódio, mostrado na figura a seguir, haja apenas troca de cátions para gerar a coloração laranja. Nessa situação, para formar o composto rodizonato de bário, serão necessários mais de 1.000μg de rodizonato de sódio para reagir totalmente com 1.306,5μg de nitrato de bário.

(4) Considere que a reação entre antimônio e sulfeto produza o sal Sb2S3, pouco solúvel e de cor ocre que, em meio aquoso, dissocia-se parcialmente, de acordo com o equilíbrio $Sb_2S_3(s) \rightleftharpoons 2Sb^{3+}(aq) + 3S^{2-}(aq)$. Nesse caso, a concentração de sulfeto necessária para iniciar a formação do sólido $Sb_2S_3$ em uma solução aquosa de $Sb^{3+}$ de concentração x mol/L deverá ser maior que , $\sqrt[3]{\frac{K_{ps}}{x^2}}$ em que Kps é a constante de equilíbrio da reação precedente.

(5) Na queima do magnésio metálico em presença de oxigênio, ocorre a redução do magnésio com o consequente consumo de 1 mol de elétrons por mol de átomos de magnésio.

(6) Se, na queima de um artefato pirotécnico ocorrer a decomposição do carbonato de bário, de acordo com a reação química $BaCO_3(s) \rightarrow BaO(s) + CO_2(g)$, então a entalpia padrão dessa reação de decomposição ($\Delta H_x$), calculada a partir dos dados listados na tabela seguinte, será $\Delta H_x = \Delta H_1 - \Delta H_2 + \Delta H_3$.

| reação química | entalpia padrão de reação |
|---|---|
| $Ba(s) + C(grafite) + 3/2 O_2(g) \rightarrow BaCO_3(s)$ | $\Delta H_1$ |
| $Ba(s) + 1/2 O_2(g) \rightarrow BaO(s)$ | $\Delta H_2$ |
| $C(grafite) + O_2(g) \rightarrow CO_2(g)$ | $\Delta H_3$ |

**1.** O item está incorreto, pois um sólido molecular é aquele constituído por moléculas não polares. Por exemplo, os gases nobres, quando se solidificam, originam sólidos deste tipo. Como o sulfeto de sódio é polar, não é um sólido molecular.

**2.** O item está correto, pois o composto p-aminofenol – ver primeira ilustração abaixo – possui um grupo – OH (função fenol) e um grupo – NH2 (função amino), além da cadeia aromática. Estes dois grupos apresentam H ligado em elemento fortemente eletronegativo, caracterizando as pontes de hidrogênio.
O segundo composto, que o 1-amino-4-metilbenzeno – ver segunda ilustração abaixo – possui apenas a função amina que também pode interagir por pontes de hidrogênio.
Concluímos que no p-aminofenol, teremos mais possibilidades de interações (devido ao fato de ter o grupo OH), o que faz que a solubilidade dele seja maior.

**3.** O item está correto, pois, conforme os cálculos abaixo será necessário 1.070,05µg de rodizonato de sódio para reagir com o nitrato de bário, ou seja, mais que 1.000µg.

MM(g/mol): 214,04 + 261,337   305,387 + 169,990 ( Soma: 475,377)
X  ---------1.306,5µg

Portanto, pela regra de três:   X = (214,04)(1.306,5)/(261,337) = 1.070,05µg.

**4.** O item está correto, pois, conforme os cálculos abaixo, para deslocar a reação para iniciar a formação do sólido $Sb_2S_3$, a concentração de sulfeto deverá ser maior que y, ou seja, maior que $\sqrt[3]{\frac{K_{ps}}{x^2}}$.

Considerando a reação em equilíbrio: $2Sb^{3+} + 3S^{2-}$ <---> $Sb_2S_3$ (s) e que a concentração de $Sb^{3+}$ é x e denominando a concentração de $S^{2-}$ como y, teremos:

$K_{ps}$ = $[Sb^{3+}]^2[S^{2-}]^3$ = $[x]^2[y]^3$ ou $[y]^3 = [K_{ps}]/[x]^2$ e portanto, y = $\sqrt[3]{\frac{K_{ps}}{x^2}}$.

**5.** O item está incorreto, pois na queima do magnésio metálico em presença de oxigênio, ocorre uma oxidação e não uma redução do magnésio. Ele tem NOX = 0 e passa, no óxido, a ter NOX = +2, com a consequente perda de 1 mol de elétrons por mol de átomos de magnésio.

**6.** O item está incorreto, pois, conforme os cálculos abaixo, a entalpia da reação é igual a $\Delta H_x = (\Delta H2 + \Delta H3) - \Delta H1$ e não $\Delta H_x = \Delta H_1 - \Delta H_2 + \Delta H_3$.
A reação $BaCO_3(s)$ → $BaO(s) + CO_2(g)$, é endotérmica, pois temos que introduzir calor, portanto $\Delta H$ é menor que zero.
Nos dados da tabela apresentada na questão as entalpias das reações são todas maiores que zero, pois são exotérmicas.
Seguindo a Lei de Hess e as três reações químicas apresentadas na questão:
Ba(s) + C(grafite) + 3/2 $O_2$(g) → $BaCO_3$(s)   + $\Delta H1$
Ba(s) + 1/2 $O_2$(g) → BaO(s)   + $\Delta H2$
C(grafite) + $O_2$(g) → $CO_2$(g)   + $\Delta H3$
Invertendo a primeira equação e mantendo as demais, teremos:
$BaCO_3$(s) → Ba(s) + C(grafite) + 3/2 $O_2$(g)   $-\Delta H1$,
Ba(s) + 1/2 $O_2$(g) → BaO(s)   + $\Delta H2$
C(grafite) + $O_2$(g) → $CO_2$(g)   + $\Delta H3$
Nota: Ao inverter a primeira reação, sua entalpia passa a ser negativa.
Somando as 3 equações:
$BaCO_3$(s) + Ba(s) + 1/2 $O_2$(g) + C(grafite) + $O_2$(g) → Ba(s) + C(grafite) + 3/2 $O_2$(g) + BaO(s) + $CO_2$(g)   e ($\Delta H2 + \Delta H3) - \Delta H1$.
Cortando os termos Ba(s), (1/2 + 1)$O_2$ e C, dos dois lados da reação:
$BaCO_3$(s) → BaO(s) + $CO_2$(g) e a entalpia da reação $\Delta H_x$ = ($\Delta H2 + \Delta H3) - \Delta H1$. **EG**

Gabarito 1E, 2C, 3C, 4C, 5E, 6E

---

**(Papiloscopista – PCDF – 2016)** Uma amostra de 1,0 g de benzeno cuja massa molecular é igual a 78 g.mol$^{-1}$ foi queimada completamente em um calorímetro. Sabendo-se que os produtos são apenas CO2 e H2O e que NA é igual a 6 x 10$^{23}$ mol$^{-1}$, foram consumidos nessa reação:

(A) 2 g de oxigênio.
(B) 3 g de oxigênio.
(C) 4 g de oxigênio.
(D) 5 g de oxigênio.
(E) 6 g de oxigênio.

Balanceamento da reação de queima do Benzeno:
a$C_6H_6$ + b$O_2$ ----------□ c$CO_2$ + d$H_2O$
C: 6a = c,   H: 6a = 2d ou 3a = d;   O: 2b = 2c + d , ou b = (2c + d)/2
Supondo a = 1, teremos:   c = 6;   d = 3   e   b= (2x6 + 3)/2 = 7,5
Reação:         $C_6H_6$ + 7,5$O_2$   ----------□     6$CO_2$ + 3$H_2O$
Massa molar:      78           (7,5x32) = 240
Massa, g            1                 x
x = 240/78 = 3,077 g de Oxigênio.
Nenhuma resposta é plenamente satisfatória. A que mais se aproxima é a letra B.
A questão é estranha, pois fala em coisas que não têm nada a ver com o assunto, como calorímetro e número de Avogrado. Provavelmente tudo isso contribuiu para a anulação da questão. **EG**

Gabarito "ANULADA".

---

**(Papiloscopista – PCDF – 2016)** Para o preparo de 1,0 L de uma solução de ácido nítrico 1,0 mol.L$^{-1}$ a partir de ácido nítrico concentrado com massa molecular igual a 63 g.mol$^{-1}$, a 65 % e com densidade igual a 1,4 g.mL$^{-1}$ são necessários, aproximadamente,

(A) 2 mL.
(B) 3 mL.
(C) 5 mL.
(D) 7 mL.
(E) 9 mL.

Pergunta-se a quantidade em mL de ácido impuro para se preparar um litro de uma solução com 1 mol por litro.
Uma solução com 1 mol/L de $HNO_3$ contem 63 g.
Como o ácido tem 65% de pureza, precisaremos de uma quantidade maior, calculada por uma regra de três inversa:
63 g    ---- 65%          Portanto x = (63)(100)/(65) = 96,92 g.
x       ---- 100%
Para se ter esta massa, vamos calcular qual o volume necessário de ácido impuro, calculado por uma regra de três direta:
1,4 g   ------- 1,0 mL    Portanto y = (96,92)(1,0)/(1,4) = 69,23 mL.
96,92 g -------   y
Nenhuma resposta é satisfatória. Questão anulada. **EG**

Gabarito "ANULADA".

---

**(Papiloscopista – PCDF – Universa – 2016)** A cisplatina (PtCℓ2N2H6) é um agente antineoplásico usado extensivamente no tratamento de diversos tipos de câncer. Em sua estrutura, os grupos cloreto e amino estão ligados diretamente à platina, pois:

(A) estabelecem uma ligação metálica.
(B) solvatam o metal em solução.

**(C)** estabelecem uma ligação covalente coordenada com o metal, visto que doam seus elétrons não ligados ao orbital d vazio do metal.
**(D)** estabelecem uma ligação iônica com o metal, uma vez que são mais eletronegativos e recebem elétrons do metal.
**(E)** estabelecem uma ligação covalente com o metal, visto que, assim como o metal, são deficientes em elétrons.

A Cisplatina (PtCl2N2H6) é um complexo metálico que possui a seguinte fórmula estrutural:

$$Cl\diagdown_{Pt}\diagup NH_3$$
$$Cl\diagup \ \diagdown NH_3$$

onde a Platina é um átomo metálico ou íon central rodeado por um conjunto de ligantes (íons). Um complexo é a combinação de um ácido de Lewis (o átomo metálico central) com várias bases de Lewis (os ligantes). Os átomos da base de Lewis que formam a ligação com o átomo central são chamados de átomos doadores, porque são eles que doam os elétrons usados para formar a ligação. O átomo ou íon metálico, o ácido de Lewis do complexo, é o átomo receptor. EG
Gabarito "C".

**(Papiloscopista – PCDF – Universa – 2016)** O plástico verde pode ser produzido com etileno obtido do álcool da cana-de-açúcar. Em particular, o etileno é obtido a partir do álcool via reação de:
**(A)** halogenação do álcool.
**(B)** oxidação do álcool.
**(C)** desidratação do álcool.
**(D)** hidrogenação do álcool.
**(E)** substituição do álcool.

Trata-se de uma reação de desidratação intramolecular do etanol, conforme abaixo, resultando na produção do eteno (ou etileno) e a liberação de água.

$$H-\underset{\underset{H}{|}}{\overset{\overset{H}{|}}{C}}-\underset{\underset{H}{|}}{\overset{\overset{OH}{|}}{C}}-H \xrightarrow[170°C]{H_2SO_4} H-\underset{\underset{H}{|}}{\overset{\overset{H}{|}}{C}}=\underset{\underset{H}{|}}{\overset{\overset{}{}}{C}}-H + H_2O$$

Álcool          Alceno      Água
Etanol          Eteno

Portanto a resposta correta é a letra C. EG
Gabarito "C".

**(Papiloscopista – PCDF – Universa – 2016)** A fenolftaleína é um indicador de pH que pode ser usado no teste de Kastle-Meyer para detecção de vestígios de sangue. O teste só é possível, porque a fenolftaleína em contato com o sangue:
**(A)** torna-se incolor devido à natureza alcalina do sangue.
**(B)** torna-se azul devido à natureza ácida do sangue.
**(C)** propicia uma cor rosa devido à natureza levemente ácida do sangue.
**(D)** propicia uma cor rosa devido à natureza levemente alcalina do sangue.
**(E)** torna-se incolor devido à natureza ácida do sangue.

A faixa de pH do sangue humano está entre 7,36 a 7,42; portanto, levemente alcalino. A fenolftaleína apresenta coloração rósea neste pH. EG
Gabarito "D".

**(Papiloscopista – PCDF – Universa – 2016)** A espectroscopia de absorção UV-vis permite determinar a concentração de espécies que sofrem transições eletrônicas quando absorvem nessa faixa de energia. Com relação a esse assunto, assinale a alternativa correta.
**(A)** Uma amostra que seja azul absorve na região azul do espectro.
**(B)** Uma amostra que seja azul é transparente na região do vermelho.
**(C)** O decréscimo relativo de intensidade do feixe de luz é proporcional ao número de espécies absorventes na amostra.
**(D)** A cor de uma amostra dependerá do caminho óptico durante a medição.
**(E)** O acréscimo relativo de intensidade do feixe de luz é proporcional ao número de espécies absorventes na amostra.

Quanto maior a quantidade de moléculas que absorvem a luz do feixe, menor será a intensidade de luz a ser transmitida. EG
Gabarito "C".

# 20. Administração Financeira e Orçamentária

## Robinson Barreirinhas

**(Agente – PF – 2014 – CESPE/CEBRASPE)** Acerca dos princípios orçamentários e da receita pública, julgue o próximo item.

(1) Segundo o princípio orçamentário da universalidade, ao Poder Executivo é permitido realizar quaisquer operações de receita ou de despesa sem prévia autorização parlamentar.

**1: incorreta.** Em primeiro lugar, o Poder Executivo não poder realizar qualquer despesa sem prévia autorização legal, por meio da Lei Orçamentária Anual – LOA, ou seja, é preciso haver disponibilidade orçamentária para a realização de qualquer despesa – art. 60 da Lei 4.320/1964. O princípio da universalidade dispõe que a LOA inclui todas as despesas e receitas do exercício – arts. 3º e 4º da Lei 4.320/1964.
Gabarito "1E".

**(Agente Administrativo – PF – 2014 – CESPE/CEBRASPE)** No que se refere ao funcionamento e às normas que regem a elaboração do orçamento público, julgue os próximos itens.

(1) A Secretaria do Tesouro Nacional pode determinar, mediante portaria, a desconsideração das operações de crédito vinculadas ao saldo dos créditos adicionais, para a apuração do superávit financeiro.

(2) Considere que a prefeitura de determinado município brasileiro tenha planejado, para 2014, uma sequência de operações para originarem receitas classificadas, segundo a lei, como receita de capital. Nessa situação, essas receitas deverão ser consideradas na apuração da receita orçamentária do município.

(3) O orçamento público constitui norma legal a ser aplicada integralmente e contém a previsão de receitas e a estimativa de despesas a serem realizadas pelo governo em determinado exercício financeiro, sendo objeto de estudo tanto do direito financeiro quanto do direito tributário.

(4) O plano plurianual — instrumento de planejamento de médio prazo do governo federal — estabelece objetivos e metas para despesas de capital, incluindo-se despesas correntes necessárias a investimentos a serem realizados durante mais de um exercício financeiro.

(5) De acordo com o princípio da unidade, ou da totalidade orçamentária, todos os entes federados devem reunir seus diferentes orçamentos em uma única lei orçamentária, que consolidará todas as receitas e despesas públicas do Estado.

**1: incorreta,** pois portaria não pode alterar a definição dada pela lei nacional – art. 43, § 2º, da Lei 4.320/1964. JUSTIFICATIVA CESPE – O art. 43 da Lei 4.320/1964 determina que o superávit financeiro é a diferença entre o ativo financeiro e o passivo financeiro, considerando-se, ainda, os saldos dos créditos adicionais transferidos e, também, as operações de crédito a eles vinculadas. Portanto, não só a proposta violaria a referida lei, como tal procedimento jamais poderia ser implementado por meio de portaria.

**2: correta.** Receita orçamentária é toda aquela prevista na LOA, ou que deveria estar prevista na LOA, objeto da execução orçamentária (caso das receitas de capital). Receita extraorçamentária é aquela à margem do orçamento público, que ingressa apenas temporariamente nos cofres públicos, caso dos depósitos, cauções, consignações, fianças etc., cuja restituição não onera dotação orçamentária (independe de autorização legal). JUSTIFICATIVA CESPE – As receitas de capital são parte integrante das receitas orçamentárias (MTO, MPOG, 2013).

**3: incorreta,** pois o orçamento público é didaticamente objeto de estudo no âmbito do direito financeiro e orçamentário. Já o direito tributário, enquanto disciplina, refere-se ao tributo (espécie de receita derivada) e à atividade da administração tributária e dos contribuintes e responsáveis tributários. JUSTIFICATIVA CESPE – O direito financeiro tem por objeto a disciplina jurídica de toda atividade financeira do Estado e abrange receitas, despesas e créditos públicos. O direito tributário, por sua vez, tem por objeto específico a disciplina jurídica de uma das origens da receita pública: o tributo. Fonte: Brasil. MP. Secretaria de Orçamento Federal. Manual técnico de orçamento. MTO. Edição 2014. Brasília, 2013, p. 15.

**4: correta,** conforme o art. 165, § 1º, da CF. JUSTIFICATIVA CESPE – O PPA é o instrumento de planejamento de médio prazo do governo federal, que estabelece, de forma regionalizada, as diretrizes, os objetivos e as metas da administração pública federal para as despesas de capital e outras delas decorrentes e para as relativas aos programas de duração continuada. Fonte: Brasil. MP. Secretaria de Orçamento Federal. Manual técnico de orçamento. MTO. Edição 2014. Brasília, 2013, p. 74.

**5: incorreta,** pois o princípio da unidade refere-se a cada um dos entes federados (cada um deles tem sua própria LOA). Em relação a cada ente federado, a LOA deve ser una, incluindo os orçamentos existentes (art. 165, § 5º, da CF). JUSTIFICATIVA CESPE – O princípio, previsto no art. 2º da Lei 4.320/1964, tem como objetivo evitar a existência de múltiplos orçamentos no mesmo ente federado, uma vez que, devido às características de uma República Federativa, os entes têm orçamentos independentes entre si.
Gabarito 1E, 2C, 3E, 4C, 5E

**(Agente Administrativo – PF – 2014 – CESPE/CEBRASPE)** Tendo em vista as normas que regem o orçamento público, julgue os itens que se seguem. Nesse sentido, considere que PPA se refere ao plano plurianual; LDO, à lei de diretrizes orçamentárias; e LOA, à lei orçamentária anual.

(1) No Brasil, a LOA é, de fato, composta por três orçamentos: o fiscal, o da seguridade social e o de investimento das empresas estatais.

(2) Considere que uma universidade pública seja proprietária de uma fazenda de criação de gado e realize a venda de animais para abate, auferindo, na operação, receita tipicamente classificada como de atividade agropecuária. Nessa situação, tal receita, do ponto de vista orçamentário, deverá ser classificada como receita corrente.

(3) Considere que, na fronteira entre Brasil e Bolívia, incidentes envolvendo membros das forças de segurança brasileira e traficantes tenham demandado operações extras da Polícia Federal na região e que, apesar de o orçamento prever recursos para essas operações,

eles não sejam suficientes para financiá-las. Nessa situação, os recursos adicionais necessários devem ser providos por meio da abertura de créditos extraordinários.

(4) Se uma operação emergencial demandar o deslocamento de agentes da Polícia Federal para uma região de fronteira internacional, o financiamento dessa viagem deverá ser feito por meio de suprimento de fundos e o pagamento deverá ocorrer antes da liquidação.

(5) Na CF, é prevista, para áreas específicas, a elaboração de planos nacionais de desenvolvimento, que, por sua importância, seguem uma dinâmica própria, independentemente de adequação ao PPA.

(6) A LDO orienta a elaboração da LOA e auxilia na coerência entre o PPA e a LOA.

**1: correta,** conforme o art. 165, § 5°, da CF e o princípio da unidade. JUSTIFICATIVA CESPE – A CF determina a elaboração desses três orçamentos, unificados em uma única lei orçamentária anual.
**2: correta,** trata-se de receita corrente, conforme o dispositivo citado na justificativa – art. 11, § 1°, da Lei 4.320/1964. JUSTIFICATIVA CESPE – O art. 11 da Lei 4.320/1964 determina que a receita de atividade agropecuária deve ser classificada como receita corrente.
**3: incorreta,** pois, nesse caso, já há dotação orçamentária para suportar a atividade, bastando complementar sua disponibilidade, o que se faz por meio de crédito adicional suplementar – art. 41, I, da Lei 4.320/1964. JUSTIFICATIVA CESPE – O art. 167 da CF determina que créditos extraordinários só poderão ser abertos para despesas imprevisíveis e urgentes, como as decorrentes de guerras, comoção e calamidade. Na situação referida, as operações em questão são consideradas de rotina para a Polícia Federal, havendo apenas necessidade de complementação orçamentária de despesa previsível, visto que anteriormente orçada.
**4: incorreta,** pois o pagamento deve ser sempre precedido de empenho e liquidação – art. 62 da Lei 4.320/1964. JUSTIFICATIVA CESPE – Mesmo no suprimento de fundos, a despesa deve seguir todas as suas etapas de forma inflexível: empenho, liquidação e pagamento.
**5: incorreta,** pois os planos e programas nacionais, regionais e setoriais serão elaborados em consonância com o plano plurianual – art. 165, § 4°, da CF. JUSTIFICATIVA CESPE – O art. 165 da CF determina que todos os planos previstos no texto constitucional sejam elaborados em consonância com o PPA.
**6: correta.** A LDO orienta a elaboração do LOA (art. 165, § 2°, da CF), e a LOA de ser compatíveis com o PPA (art. 165, § 7°, da CF). JUSTIFICATIVA CESPE – A CF na seção relacionada ao orçamento, determina que a LDO seja elaborada em consonância com o PPA, tendo como função orientar a elaboração da LOA.

Gabarito 1C, 2C, 3E, 4E, 5E, 6C

**(Agente Administrativo – PF – 2014 – CESPE/CEBRASPE)** Sabendo que a organização dos programas governamentais por meio de instrumentos orçamentários têm a dupla função de controlar politicamente o poder e garantir uma administração eficiente e eficaz, julgue os itens subsequentes.

(1) No Brasil, o ciclo orçamentário é definido como processo contínuo, dinâmico e flexível, em que são avaliados os aspectos físicos e financeiros dos programas do setor público.

(2) Dada a importância da integração entre planejamento e orçamento para o bom funcionamento da administração pública, é previsto na CF um ciclo de planejamento e execução do plano orçamentário integralmente constituído pelo PPA e pela LDO.

(3) Recursos provenientes de caução não devem ser considerados receita orçamentária, pois representam apenas movimentação de fundos.

**1: correta.** A doutrina costuma afirmar que o ciclo orçamentário apresenta quatro fases: (a) elaboração e apresentação da proposta orçamentária; (b) discussão e aprovação da LOA, autorização legislativa; (c) programação e execução orçamentária; e (d) avaliação e controle. Estudaremos nesse capítulo basicamente a terceira dessas fases. Trata-se de processo contínuo de análise e decisão ao longo de todo o exercício – item 6 do Manual Técnico de Orçamento – MTO 2021. JUSTIFICATIVA CESPE– O MTO/2013 define o ciclo orçamentário como um processo contínuo, dinâmico e flexível em que se avaliam os programas do setor público. Tal ciclo se dá desde a concepção do orçamento até o final de seu período de vigência.
**2: incorreta,** pois o ciclo de planejamento e execução do plano orçamentário refere-se às três leis orçamentárias básicas: PPA, LDO e LOA – art. 165 da CF. JUSTIFICATIVA CESPE – O ciclo previsto na CF inclui PPA, LDO e LOA, que formam o tripé de planejamento e execução do plano orçamentário.
**3: correta.** Trata-se de receitas extraorçamentárias. Receita extraorçamentária é aquela à margem do orçamento público, que ingressa apenas temporariamente nos cofres públicos, caso dos depósitos, cauções, consignações, fianças etc., cuja restituição não onera dotação orçamentária (independe de autorização legal). JUSTIFICATIVA CESPE – Segundo o ementário da Classificação de Receitas Orçamentárias MP/SOF de 2004, a doutrina em finanças públicas prediz que o produto de ingressos provenientes de caução, fiança, empréstimo e alienação de bens não deve ser considerado receita pública, uma vez que constitui apenas movimentação de fundos, e não deve integrar o patrimônio líquido.

Gabarito 1C, 2E, 3C

**(Agente Administrativo – PF – 2014 – CESPE/CEBRASPE)** Em relação a créditos adicionais, receita, despesa pública, restos a pagar e despesas de exercícios anteriores, julgue os itens seguintes.

(1) A classificação da receita quanto à natureza visa identificar a origem do recurso que ingressa nos cofres públicos segundo o fato gerador, servindo para análise do impacto dos investimentos governamentais na economia.

(2) É possível que determinada despesa de pessoal relativa ao exercício de 2012, cujo pagamento tenha sido exigido por um servidor em 2013, exercício no qual tenha sido empenhada, seja considerada restos a pagar de 2012 e despesa orçamentária de 2013.

(3) Na execução do orçamento, as dotações inicialmente aprovadas na LOA podem revelar-se insuficientes para a realização dos programas de trabalho, caso em que poderá haver a abertura de créditos especiais destinados à conclusão dos programas, após autorização legislativa.

**1: correta.** A classificação das receitas por sua natureza é dada pelo art. 11, § 4°, da Lei 4.320/1964. Essa classificação visa identificar a origem do recurso segundo o fato gerador: acontecimento real que ocasionou o ingresso da receita nos cofres públicos, conforme o item 3.2.1 do Manual Técnico de Orçamento – MTO 2021. JUSTIFICATIVA CESPE – A classificação da receita por natureza é utilizada por todos os entes da Federação e visa identificar a origem do recurso segundo o fato gerador: acontecimento real que ocasionou o ingresso da receita nos cofres públicos. A classificação por natureza é a de nível mais analítico da receita; por isso, auxilia na elaboração de análises econômico-financeiras sobre a atuação estatal. No que se refere à categoria econômica, nos §§ 1° e 2° do art. 11 da Lei 4.320/1964, as receitas orçamentárias são classificadas em receitas correntes (código1) e receitas de capital. Fonte: Brasil. MP. Secretaria de Orçamento Federal. Manual técnico de orçamento. MTO. Edição 2014. Brasília, 2013, p. 18-19.

**2:** incorreta. A justificativa é precisa. Se a despesa foi empenhada em 2013, mas se refere a 2012, trata-se de DEA – despesa de exercícios anteriores, não restos a pagar – arts. 36 e 37 da Lei 4.320/1964. JUSTIFICATIVA – A despesa refere-se ao exercício de 2012 e foi exigida pelo servidor em 2013. Nessa situação, ela pertencerá à despesa de 2012, mas será empenhada em 2013, na rubrica "despesas de exercícios anteriores", não se constituindo, portanto, de restos a pagar de 2012, posto que não foi empenhada em 2012, nem inscrita em restos a pagar.

**3:** incorreta, pois o reforço de dotação já existente se dá por crédito adicional suplementar, não por crédito especial – art. 41, I, da Lei 4.320/1964. JUSTIFICATIVA CESPE – Créditos Especiais: destinados a despesas para as quais não haja dotação orçamentária específica, devendo ser autorizados por lei. Note-se que sua abertura depende da existência de recursos disponíveis. Os créditos especiais não poderão ter vigência além do exercício em que forem autorizados, salvo se o ato de autorização for promulgado nos últimos quatro meses, caso em que, reabertos nos limites dos seus saldos, serão incorporados ao orçamento do exercício financeiro subsequente. No caso, não pode haver abertura de crédito especial para despesa já prevista na lei orçamentária anual, o crédito com essa finalidade é o suplementar. Fonte: Brasil. MP. Secretaria de Orçamento Federal. Manual técnico de orçamento. MTO. Edição 2014. Brasília, 2013, p. 93.

Gabarito 1C, 2E, 3E

# 21. ADMINISTRAÇÃO GERAL

Robinson Barreirinhas

**(Agente – PF – 2014 – CESPE/CEBRASPE)** Acerca das abordagens clássica e sistêmica da administração, julgue os itens a seguir.

**(1)** Do ponto de vista da perspectiva clássica, uma organização representa a estrutura de relacionamentos, poderes, papéis e objetivos que existem independentemente do trabalho conjunto das pessoas.

**(2)** De acordo com a abordagem sistêmica da administração, as organizações, quando vistas como sistemas abertos, podem se adaptar ao ambiente em que estão inseridas, bem como influenciar fortemente a natureza desse ambiente.

**1:** incorreta, pois qualquer organização depende essencialmente do trabalho conjunto das pessoas; **2:** correta. A abordagem sistêmica das organizações refere-se exatamente às organizações como sistemas estruturados e abertos, relacionados com outros sistemas, com trocas entre eles.
Gabarito 1E, 2C

**(Agente – PF – 2014 – CESPE/CEBRASPE)** A respeito da evolução da administração pública no Brasil após 1930, julgue os itens seguintes.

**(1)** O Decreto-lei 200/1967, estatuto básico da reforma administrativa do governo militar, reafirmou a importância do planejamento entendido sob uma ótica tecnicista.

**(2)** O Departamento Administrativo do Serviço Público (DASP) iniciou um movimento de profissionalização do funcionalismo público, mediante a implantação de um sistema de ingresso competitivo e de critérios de promoção por merecimento.

**(3)** A Constituição Federal de 1988 (CF) rompeu com o retrocesso burocrático que até então prevalecia, ao conceder autonomia ao Poder Executivo para tratar da estruturação dos órgãos públicos e proporcionar flexibilidade operacional aos entes da administração indireta.

**1:** correta, sendo o planejamento diretriz fundamental do Decreto-Lei 200/1967 – art. 7º; **2:** correta, conforme o art. 212 do Decreto-Lei 200/1967; **3:** incorreta. Houve alguma autonomia nesse sentido com a EC 32/2001, que incluiu a alínea a ao inciso VI, do art. 84 da CF, permitindo a organização e funcionamento da administração federal por meio de decreto, quando não implicar aumento de despesa nem criação ou extinção de órgãos públicos. Ademais, o constituinte originário impôs-se às entidades da administração indireta os princípios e muitas das restrições operacionais aplicáveis à administração direta – art. 37 da CF.
Gabarito 1C, 2C, 3E

**(Agente – PF – 2014 – CESPE/CEBRASPE)** Julgue o item abaixo, acerca de cultura organizacional.

**(1)** Os aspectos observáveis da cultura organizacional incluem as histórias, os ritos, os rituais e os símbolos que são compartilhados pelos membros da organização.

**1:** correta. Cultura organizacional é o conjunto de valores em uma organização, seus princípios, crenças políticas, clima organizacional, relações e hierarquia, definindo os padrões de comportamento e de atitudes que governam as ações e decisões mais importantes da administração. No modelo de Schein, relativo à cultura organizacional, o nível dos artefatos refere-se aos fatores imediatamente visíveis da organização (prédios, marcas, uniformes, rituais, tradições etc.). O nível dos valores refere-se àqueles que orientam o comportamento das pessoas na organização. O nível dos pressupostos refere-se àqueles que também orientam os comportamentos, mas em nível mais profundo, inconsciente. Os indicadores, atributos ou dimensões mais comuns da cultura organizacional, segundo Maximiniano, são (a) distância do poder, relativa à percepção da autoridade e diferença de *status*; (b) linguagem, atinente à importância dada à escrita ou à fala, (c) relações humanas, relativa ao individualismo ou coletivismo, (d) atitude em relação ao futuro, proativa ou reativa, (e) universalismo ou particularismo, ou flexibilidade das regras em relação a situações particulares, (f) orientação para o ambiente, distinguindo organização adaptativa ou orientada para dentro, (g) propensão ao risco, diferenciando culturas orientadas para a certeza ou mais tolerantes com a ambiguidade, (h) mecanicismo ou organicismo, caracterizando as organizações como máquinas ou organismos vivos.
Gabarito 1C

**(Agente Administrativo – PF – 2014 – CESPE/CEBRASPE)** Em relação às características básicas das organizações modernas, julgue os itens a seguir.

**(1)** O desenho organizacional é o processo por meio do qual os gestores selecionam e gerenciam aspectos da estrutura e da cultura organizacionais, que, por sua vez, são importantes para aumentar a eficiência da organização.

**(2)** O principal propósito da estrutura organizacional consiste em alocar esforços para a execução de tarefas.

**1:** correta. Em acréscimo à justificativa, importante destacar a função de organização, como diz o nome, não apenas de controle. Organizar significa alocar recursos e distribuir atribuições, garantido a interação dos elementos humanos e materiais da organização, de modo que sua atuação seja a mais eficiente possível. JUSTIFICATIVA CESPE – Desenho organizacional é o processo pelo qual os gerentes selecionam e gerenciam várias dimensões e componentes da cultura e estrutura organizacional para que uma organização possa controlar as atividades necessárias para atingir objetivos, maximizando sua eficiência.
**2:** incorreta, conforme a justificativa, sendo importante destacar a função de organização dos recursos, com foco na eficiência, conforme comentário anterior. JUSTIFICATIVA CESPE – Estrutura organizacional é o sistema formal de tarefas e relações de autoridade que controla como as pessoas coordenam suas ações e usam recursos para alcançar objetivos organizacionais. O propósito principal da estrutura organizacional é o controle, ou seja, estabelecer uma relação de atribuições e autoridade para controlar a maneira como as pessoas coordenam suas ações para alcançarem objetivos.
Gabarito 1C, 2E

**(Agente Administrativo – PF – 2014 – CESPE/CEBRASPE)** Acerca da gestão de processos e de contratos, julgue os itens subsecutivos.

**(1)** A rescisão unilateral do contrato poderá ocorrer tanto por inadimplência do contratado quanto por interesse público, exigindo-se, em ambos os casos, da administração justa motivação para a rescisão.

**(2)** A estrutura organizacional orientada pelo modelo de gestão por processo favorece a obtenção de maior eficácia organizacional na entrega de produtos e na prestação de serviços aos clientes.

**(3)** A tomada de decisão para a realização de obra a ser licitada em uma organização pública é inicialmente embasada na identificação dos tipos de serviços a executar e de materiais e equipamentos necessários ao empreendimento. Após essa identificação, o próximo passo será a realização de estudos técnicos definitivos.

**(4)** Organizações públicas da administração federal direta apresentam cadeias de comando do tipo matricial, isto é, há intercâmbio de poder decisório acerca de pessoas e de recursos em duas ou mais unidades administrativas situadas em níveis hierárquicos diferentes.

**(5)** Cabe privativamente à União legislar acerca de normas gerais de licitação e contratação, em todas as modalidades, para as administrações públicas diretas, autárquicas e fundacionais da União, dos estados, do DF e dos municípios.

**(6)** Como o contrato administrativo é um contrato de adesão, todo o seu conteúdo será definido unilateralmente pela própria administração.

---

**1**: correta, conforme o art. 78 da Lei 8.666/1993. JUSTIFICATIVA CESPE – A rescisão unilateral do contrato pode ocorrer tanto por inadimplência do contratado quanto por interesse público. Em qualquer um dos casos, exige-se da administração a justa motivação da situação que irá resultar na rescisão do contrato.
**2**: correta, sendo interessante fixarmos os 14 princípios de Deming para a qualidade total, incluindo a gestão por processos: (1) estabelecer constância de propósitos, (2) adotar a nova filosofia, acordar para o novo desafio, (3) a qualidade deve fazer parte do produto ou serviço desde o início, afastando a dependência pela inspeção; (4) importância da redução do custo total favorecendo relacionamentos de longo prazo e exclusivos com fornecedores (não mais aprovar orçamentos com base exclusivamente em preço); (5) constante melhoria no processo e serviço para aumento de produtividade e qualidade, (6) treinamento no local de trabalho, (7) instituição da liderança, (8) eliminação do medo, (9) trabalho conjunto, eliminação de barreiras entre departamentos (10) eliminação de metas do tipo "zero defeito", slogans, exortações, (11) gestão por processos e substituição das quotas na linha de produção por liderança, (12) abolição da avaliação por números absolutos (avaliações de desempenho e administração por objetivos), passando à avaliação por qualidade, possibilitando que o trabalhador tenha orgulho do que faz, (13) sólido programa de educação e autoaprimoramento, (14) envolvimento de todos no processo de transformação. JUSTIFICATIVA CESPE – As empresas estão procurando organizar-se por processos para maior eficiência na obtenção do seu produto ou serviço, melhor adaptação à mudança, melhor integração de seus esforços e maior capacidade de aprendizado.
**3**: incorreta, pois há estudos técnicos preliminares, projetos básicos a serem elaborados, antes da decisão relativa à licitação da obra – art. 6°, IX, da Lei 8.666/1993. JUSTIFICATIVA CESPE – Conforme a Lei 8.666/1993, os estudos técnicos são preliminares às decisões relacionadas a quaisquer contratos públicos.
**4**: incorreta, embora haja tendência e tentativas de implementação de cadeias matriciais, a estruturação da administração pública é ainda essencial e fortemente linear e verticalizada. JUSTIFICATIVA CESPE – As organizações da administração pública federal direta são do tipo funcional vertical, pois a cadeia de comando é centralizada no topo das estruturas organizacionais. Confira-se a doutrina majoritária.
**5**: correta, conforme art. 22, XXVII, da CF. JUSTIFICATIVA CESPE – De acordo com o art. 22 da Lei 8.666/1993, compete privativamente à União legislar sobre: "XXVII – normas gerais de licitação e contratação, em todas as modalidades, para as administrações públicas diretas, autárquicas e fundacionais da União, Estados, Distrito Federal e Municípios, obedecido o disposto no art. 37, XXI, da CF, e para as empresas públicas e sociedades de economia mista, nos termos do art. 173, § 1.°, III; (Redação dada pela Emenda Constitucional 19/1998)."
**6**: incorreta, pois elementos da proposta vencedora da licitação, em especial o preço, não são fixados unilateralmente – ver art. 55 da Lei 8.666/1993. JUSTIFICATIVA CESPE – Sendo o contrato administrativo um contrato de adesão, todo o seu conteúdo – EXCETO, é evidente, o preço, que somente será definido quando for escolhida a melhor proposta ao final da licitação – será definido unilateralmente pela própria administração. Assim, o conteúdo do contrato deve estar pronto e ser divulgado juntamente com o edital ou a carta convite.

Gabarito: 1C, 2C, 3E, 4E, 5C, 6E

---

**(Agente Administrativo – PF – 2014 – CESPE/CEBRASPE)** Acerca da gestão de pessoas nas organizações, julgue os itens a seguir.

**(1)** Os bons desempenhos individuais estão diretamente relacionados às habilidades desenvolvidas na realização das tarefas, e não à motivação para o trabalho.

**(2)** O líder que busca criar uma cultura favorável ao sucesso da organização e encontrar caminhos para a realização de metas demonstra comportamento orientado para a macroliderança e a visão de futuro.

**(3)** Os profissionais de gestão de pessoas devem ser capazes de gerenciar processos de mudanças e atuar em conjunto com as demais áreas da organização, atitudes que favorecem constantes inovações e soluções de problemas.

**(4)** Na gestão por competências, a implementação de estratégias depende essencialmente de aspectos relativos ao ambiente político, tecnológico, econômico e social em que a organização se insere.

**(5)** Compete à unidade de gestão de pessoas regular as relações de trabalho entre grupos com níveis distintos de poder dentro e fora da organização.

**(6)** A formulação e a aplicação de critérios objetivos para a auditoria permanente dos procedimentos organizacionais relacionados aos recursos humanos compõem a política de desenvolvimento de pessoas.

---

**1**: incorreta, pois a motivação está diretamente relacionada ao bom desempenho individual. A teoria da expectativa ou da expectância, da qual Victor Vroom é referência, indica que a motivação é orientada pela expectativa de um resultado positivo, baseada nos conceitos de (a) valência, (b) instrumentalidade e (c) expectativa. A valência se refere à atração que determinado resultado exerce sobre o indivíduo, a importância que ele dá às recompensas; a instrumentalidade tem relação com a convicção que esse indivíduo tem de que suas ações e a realização do desempenho esperado levarão ao resultado positivo, à recompensa esperada por ele; e a expectativa atine à convicção de que determinado esforço implica bom desempenho, ou seja, que se ele aumentar esse esforço, melhorará o desempenho. JUSTIFICATIVA CESPE – Bons desempenhos são diretamente relacionados às habilidades e à motivação para o trabalho, pois são os elementos de sustentação de comportamentos producentes, conforme literatura consagrada na área.
**2**: correta, conforme a justificativa. Os estilos de liderança podem ser classificados em duas dimensões: orientação para relacionamentos, que engloba os estilos dominante, diretivo e autocrático; e orientação

para tarefas, com a classificação em estilos participativo, estimulador e apoiador.

É comum a classificação dos estilos de liderança em autocrática (centralização das decisões, sem participação dos subordinados, focada nas tarefas), democrática (com participação dos liderados nas decisões) e liberal ("laissez-faire", decisões tomadas por cada indivíduo).

É também comum, especialmente nos gabaritos da CESPE, a abordagem da liderança centrada nas tarefas, em contraposição à liderança centrada nas pessoas (relacionamento). O estilo centrado nas tarefas refere-se à preocupação com a execução dessas tarefas e com o atingimento dos resultados, adotando-se métodos preestabelecidos de trabalho. O líder centrado nas tarefas tende a planejar e definir quem realizará e como cada colaborador realizará suas tarefas, além de monitorar seu desempenho. O estilo centrado nas pessoas refere-se à preocupação com as características e competências dos subordinados, com ênfase no trabalho em equipe e nas metas a serem atingidas, mais do que nos métodos. O líder centrado nas pessoas busca apoiar os subordinados, respeitando suas características, necessidades e privilegia as relações interpessoais.

No caso especificamente da classificação da Universidade de Ohio, dos anos 1940, já pedida em concurso da FCC, há (a) estrutura de iniciação, referente à capacidade de o líder definir seu papel e de seus subordinados para atingimento dos resultados e (b) consideração, relativa à capacidade de manter a confiança dos colaboradores.

Aproveitamos para apresentar esta tabela, com atitudes típicas de três tipos de personalidade de líderes executivos, conforme Richard W. Wallen, o Batalhador, o Auxiliador e o Crítico (gabarito da FCC):

| Características | Batalhador | Auxiliador | Crítico |
|---|---|---|---|
| Julga os outros por: | Poder | Afetividade | Aptidão cognitiva |
| Influencia os outros pela: | Intimidação | Compreensão | Argumentação |
| Receia: | Dependência | Rejeição | Emoções |
| Necessita de: | Afeto | Firmeza | Conscientização de sentimentos |

Veja também a seguinte tabela, com características de dois estilos de liderança (gabarito da CESPE):

| Líder centrado nas tarefas | Líder centrado nas pessoas |
|---|---|
| – preocupa-se com os métodos de trabalho das pessoas; – define claramente os padrões de trabalho a serem desenvolvidos pelas pessoas; – atribui as responsabilidades de acordo com a tarefa desenvolvida pelas pessoas; – focaliza a produtividade e a qualidade das atividades das pessoas; – monitora os resultados do desempenho das pessoas; | – expõe os objetivos do trabalho para as pessoas; – atua como apoio e retaguarda para as pessoas; – respeita os sentimentos das pessoas; – procura ensinar as tarefas e desenvolver as pessoas; – demonstra confiança nas pessoas; – preocupa-se com as metas mais do que com os métodos. |

JUSTIFICATIVA CESPE – A macroliderança e a visão de futuro são comportamentos relacionados aos aspectos mais amplos da organização e da liderança, conforme literatura consagrada na área.

**3**: correta, sendo essência da gestão de pessoas o impulso ao aprimoramento por meio de mudanças e a coordenação entre as diversas áreas da organização. JUSTIFICATIVA CESPE – No item, é descrito corretamente o papel da gestão de pessoas como agente de mudança nas organizações, função que é desempenhada com o intuito de desenvolver capacidades de inovar e solucionar problemas.

**4**: incorreta. A gestão por competência é a gestão da capacitação orientada para o desenvolvimento do conjunto de conhecimentos, habilidades e atitudes necessárias ao desempenho das funções dos servidores, visando ao alcance dos objetivos da instituição – ver a propósito os arts. 1º e 3º, §§ 2º e 3º, do Decreto 9.991/2019 JUSTIFICATIVA CESPE – O modelo de gestão de pessoas por competências estipula que a efetivação das estratégias organizacionais depende dos recursos que esta possui (por ex., pessoas), e não do comportamento de variáveis ambientais externas à organização. Ainda que esse ambiente externo seja objeto de análise durante a etapa de formulação das estratégias organizacionais, reconhece-se que a implantação de tais estratégias é dependente da disponibilidade e da qualidade dos seus recursos humanos.

**5**: correta, referindo-se a atribuição essencial da gestão de pessoas. JUSTIFICATIVA – Conforme referência na área, a perspectiva crítico-avaliativa estabelece que a função de uma área de gestão de pessoas é equilibrar relações desniveladas de trabalho entre atores e grupos diversos de interesse.

**6**: incorreta, pois se refere a monitoramento, pressuposto para o desenvolvimento, mas que com ele não se confunde. JUSTIFICATIVA – O item trata de uma política de monitoramento de pessoas ou de gestão de pessoas, mediante a qual são desenvolvidas ações de treinamento e capacitação.

Gabarito: 1E, 2C, 3C, 4E, 5C, 6E

**(Agente Administrativo – PF – 2014 – CESPE/CEBRASPE)** Com relação a comportamento organizacional, julgue os itens a seguir.

(1) A maioria dos métodos de avaliação de desempenho fornece informações a respeito do contexto de trabalho, além de medir o comportamento e a produtividade individual.

(2) Demandas de aprendizagem equivalem a necessidades de desempenho resultantes de lacunas relacionadas às capacidades dos profissionais da organização.

**1**: incorreta, pois a avaliação de desempenho se refere aos resultados obtidos pelos indivíduos e equipes, não especificamente ao contexto de trabalho. JUSTIFICATIVA CESPE – Conforme referência na área, a grande maioria dos métodos de avaliação de desempenho gera informações apenas sobre o comportamento e a produtividade dos profissionais de uma organização.

**2**: correta. É exatamente quando o desempenho inadequado decorre de falta de capacitação que se identifica a demanda de aprendizagem. JUSTIFICATIVA CESPE – Conforme referência na área, necessidades de desempenho e de aprendizagem são equivalentes apenas quando essas últimas decorrem de lacunas nas capacidades; não são equivalentes, por outro lado, quando resultantes de contextos inadequados e reduzida motivação para o trabalho.

Gabarito: 1E, 2C

**(Agente Administrativo – PF – 2014 – CESPE/CEBRASPE)** A respeito da administração de materiais, julgue os itens que se seguem.

(1) Um produto perecível deve ser classificado como material não estocável.

(2) Classificam-se como materiais perigosos o muito venenoso, o espontaneamente inflamável, o aerodispersoide pesado, o tóxico e o corrosivo, devendo-se definir, a partir de suas peculiaridades, as instruções para o almoxarife, os cuidados durante a movimentação e o sistema de transporte apropriado.

(3) Ordenados os materiais, que devem ser agrupados conforme a semelhança, segue-se a sua codificação,

comumente realizada por meio dos sistemas alfabético, alfanumérico ou decimal.

(4) Os objetivos da classificação de materiais são a catalogação, a simplificação, a especificação, a normalização, a padronização e a codificação de todos os materiais componentes do estoque da organização.

(5) Por meio do JIT (just in time) garante-se a eliminação dos estoques em todo o canal de suprimentos pela mera transferência aos fornecedores dos encargos da manutenção dos estoques.

(6) Os órgãos da administração direta ou indireta devem dar publicidade, mensalmente, em órgão de divulgação oficial ou em quadro de avisos de amplo acesso público, à relação de todas as compras feitas mediante licitação, de maneira a clarificar a identificação do bem comprado, seu preço unitário, a quantidade adquirida, o nome do vendedor e o valor total da operação, dispensando-se a publicação das compras feitas com dispensa de licitação.

1: incorreto. JUSTIFICATIVA CESPE – Quase todos os produtos perecíveis são estocados, ainda que como estoque de transbordo. Os produtos não estocáveis são aqueles cujo consumo é imprevisível e de difícil criação de parâmetro de ressuprimento automático.
2: incorreto. JUSTIFICATIVA CESPE – Aerodispersoide pesado não consiste em material perigoso arrolado na literatura de referência. Além disso, o termo usado é "aerodispersoide" e não "aerodispersoide pesado".
3: correto. JUSTIFICATIVA CESPE – Classificar material, em outras palavras, significa ordená-lo segundo critérios adotados, agrupando-o de acordo com a semelhança, sem causar confusão ou dispersão no espaço e alteração na qualidade. Em função de uma boa classificação do material, pode-se partir para sua codificação, ou seja, representar todas as informações necessárias, suficientes e desejadas por meio de números e/ou letras. Os sistemas de codificação mais comumente usados são o alfabético, o alfanumérico e o numérico (também chamado decimal).
4: correto. JUSTIFICATIVA CESPE – O objetivo da classificação de materiais é catalogar, simplificar, especificar, normalizar, padronizar e codificar todos os materiais componentes do estoque da empresa. A necessidade de um sistema de classificação é primordial para qualquer departamento de materiais, pois sua ausência impede o controle eficiente dos estoques, a criação de procedimentos de armazenagem adequados e a correta operacionalização do almoxarifado.
5: incorreto. JUSTIFICATIVA CESPE – Em relação à redução de inventários, devemos observar que o JIT procura a eliminação de estoques em todo o canal de suprimentos, e não simplesmente sua transferência aos fornecedores dos encargos da manutenção dos estoques. As aplicações bem-sucedidas do JIT mostram significativas reduções de inventário, tanto no fornecedor quanto no fabricante.
6: incorreto. JUSTIFICATIVA CESPE – Na redação dada pela Lei 8.883/1994, logo após "e o valor total da operação" seguem as seguintes palavras: "podendo ser aglutinadas por itens as compras feitas com dispensa e inexigibilidade de licitação".

Gabarito: 1E, 2E, 3C, 4C, 5E, 6E

(Agente Administrativo – PF – 2014 – CESPE/CEBRASPE) Julgue os itens subsequentes, relativos à gestão de inventários.

(1) A classificação de equipamentos de movimentação e transporte abrange os dispositivos de carga, de descarga e de manuseio, que, mesmo não sendo máquinas, servem de apoio a vários sistemas modernos.

(2) Por meio da curva ABC, evidencia-se a relação entre volume de faturamento e quantidade de produtos rentáveis, o que permite explicar a contribuição de um conjunto de produtos para o lucro da empresa, como, por exemplo, a razão de 80% do lucro de uma companhia serem gerados por somente 20% de seus produtos comercializados.

1: correto. JUSTIFICATIVA CESPE – A classificação normalmente adotada para os equipamentos de movimentação e transporte situa-os em grupos bastante amplos, de acordo com uma generalização geométrica e funcional. Nessa classificação, são incluídos também os dispositivos de carga, descarga e manuseio que, não sendo máquinas, constituem o meio de apoio à maioria dos sistemas modernos.
2: correto. JUSTIFICATIVA CESPE – Existe uma relação entre o volume de faturamento e o número de produtos rentáveis, ou seja, muitas das vezes, 80% do lucro de uma companhia é gerado por 20% dos produtos comercializados. Não necessariamente a relação é 80/20, mas pode ser 70/30 ou 90/10. Trata-se da curva ABC, vista em controle de estoque, a qual pode ser também aplicada em mercado para explicar a contribuição de um conjunto de produtos no lucro de uma empresa.

Gabarito: 1C, 2C

# 22. DIREITO TRIBUTÁRIO

### Robinson Barreirinhas*

## 1. TRIBUTOS – DEFINIÇÃO E ESPÉCIES

**(Delegado/GO – 2017 – CESPE)** O estado de Goiás instituiu, por lei ordinária, um departamento de fiscalização de postos de gasolina com objetivo de aferir permanentemente as condições de segurança e vigilância de tais locais, estabelecendo um licenciamento especial e anual para o funcionamento de tais estabelecimentos e instituindo uma taxa anual de R$ 1.000 a ser paga pelos empresários, relacionada a tal atividade estatal.

A respeito dessa situação hipotética, assinale a opção correta.

**(A)** A instituição do departamento de fiscalização de postos de gasolina como órgão competente com funcionamento regular é suficiente para caracterizar o exercício efetivo do poder de polícia.

**(B)** É desnecessária, para justificar a cobrança de taxa, a criação de órgão específico para o desempenho das atividades de fiscalização de postos de gasolina, por se tratar de competências inerentes às autoridades de segurança pública.

**(C)** Para observar o princípio da capacidade contributiva, a taxa deveria ter correspondência com o valor venal do imóvel a ser fiscalizado, sendo inconstitucional a cobrança de valor fixo por estabelecimento.

**(D)** A taxa em questão é inconstitucional, já que a segurança pública é um dever do Estado, constituindo um serviço indivisível, a ser mantido apenas por impostos, o que torna incabível a cobrança de taxa.

**(E)** Por ter caráter contraprestacional, a taxa só será devida caso o departamento de fiscalização de postos de gasolina faça visitas periódicas aos estabelecimentos, certificando-se do cumprimento das normas de segurança e vigilância de tais locais, de acordo com a legislação.

**A:** correta, sendo que o STF considera suficiente para comprovação do efetivo exercício do poder de polícia e, portanto, validade da taxa correspondente, a existência de órgão e estrutura competente para a fiscalização – RE 588.322/RO. Note que a Súmula 157/STJ foi cancelada; **B:** incorreta, pois, embora seja possível em determinadas hipóteses, não compete especificamente às autoridades de segurança pública a fiscalização de estabelecimentos empresariais, no que se às suas condições de segurança, aos riscos de acidentes. É importante destacar, entretanto, que o STF entende que "a existência do órgão administrativo não é condição para o reconhecimento da constitucionalidade da cobrança da taxa de localização e fiscalização, mas constitui um dos elementos admitidos para se inferir o efetivo exercício do poder de polícia, exigido constitucionalmente" – RE 588.322/RO; **C:** incorreta, pois a cobrança de taxa pelo exercício do poder de polícia a valores fixos é admitida pelo STF – ver RE 685.213 AgR/RS; **D:** incorreta, conforme comentários anteriores, já que não se trata de segurança pública em sentido estrito; **E:** incorreta, conforme comentário à primeira alternativa, bastando a existência de órgão e estrutura competente para a fiscalização, para se comprovar o efetivo exercício do poder de polícia e, portanto, a validade da taxa.

Gabarito "A".

**(Delegado/DF – 2015)** Em relação às espécies tributárias previstas no ordenamento jurídico brasileiro, assinale a alternativa correta.

**(A)** O Distrito Federal, por ter a competência tributária dos estados e municípios, pode instituir taxa pelo serviço de iluminação pública e cobrá-la dos contribuintes beneficiados, tomando, por base de cálculo, o valor do consumo de energia elétrica dos domicílios.

**(B)** A contribuição de melhoria pode ser instituída em razão de obra pública e da consequente valorização imobiliária, tendo por limite total a despesa com a realização da obra e, por limite individual, o acréscimo de valor ao imóvel do contribuinte beneficiado.

**(C)** Os impostos são tributos vinculados a uma contraprestação específica do ente tributante em relação ao contribuinte, como, por exemplo, a obrigatoriedade de boa manutenção das estradas de rodagem pelo poder público em decorrência do pagamento do imposto sobre a propriedade de veículos automotores (IPVA) pelo contribuinte.

**(D)** Fatos geradores das taxas são a prestação de serviço público e o poder de polícia, sendo necessário, no primeiro caso, que o serviço público seja indivisível, prestado ao contribuinte ou posto à sua disposição.

**(E)** Poderá o Distrito Federal instituir taxa de segurança pública, pois um dos fatos geradores das taxas é o poder de polícia.

**A:** incorreta, pois o serviço público de iluminação pública não é divisível (é *uti universi*, não *uti singuli*), de modo que não pode ser remunerado por taxa, mas sim por contribuição específica prevista no art. 149-A da CF – ver Súmula Vinculante 41/STF; **B:** correta, nos termos do art. 145, III, da CF e art. 81 do CTN; **C:** incorreta, pois a definição do imposto é exatamente oposta, sendo o tributo cujo fato gerador não é vinculado a qualquer atividade estatal específica, relativa ao contribuinte – art. 16 do CTN; **D:** incorreta, pois o serviço a ser taxado deve ser divisível e específico (*uti singuli*) – art. 145, II, da CF e art. 77 do CTN; **E:** incorreta, pois a segurança pública não é um serviço específico (engloba diversas atividades coordenadas) ou divisível (é inviável determinar quanto desse serviço é fruído individualmente por cada cidadão), de modo que não pode ser remunerado por taxa.

Gabarito "B".

**(Delegado/RO – 2014)** O tributo cuja obrigação tem por fato gerador uma situação independente de qualquer atividade estatal específica, relativa ao contribuinte, denomina-se:

**(A)** taxa.

**(B)** contribuição de melhoria.

**(C)** imposto.

---

* RB questões comentadas por: **Robinson Barreirinhas.**

(D) preço público.
(E) tarifa.

A descrição refere-se aos impostos, nos termos do art. 16 do CTN, razão pela qual a alternativa "C" é a correta.
Gabarito "C".

**(Delegado Federal – 2004 – CESPE)** A fiscalização tributária apreendeu em estabelecimento farmacêutico controle paralelo de vendas de três anos anteriores à fiscalização, sem emissão de notas fiscais, de cápsulas para emagrecimento compostas de substância capaz de causar dependência psíquica e acionou imediatamente a polícia, que efetuou a prisão em flagrante do sócio-gerente por tráfego de entorpecente, já que tal substância estava estocada em prateleira, vindo a ser proferida sentença condenatória com trânsito em julgado. Com base na situação hipotética acima, julgue o item a seguir.

(1) A lei não descreve atos ilícitos como hipótese de incidência do tributo, entretanto, a autoridade fazendária poderá exigir o tributo decorrente da venda dos psicotrópicos.

1: Correta, pois a circulação de mercadoria é, em si, fato lícito e corresponde a fato gerador tributário – art. 3º do CTN.
Gabarito "1C".

**(Delegado Federal – 2002 – CESPE)** Julgue o seguinte item.

(1) Consoante entendimento do STF, os emolumentos judiciais são tributos da espécie taxa.

1: Correta, porque esse é o entendimento do judiciário; emolumentos judiciais, assim como custas de cartórios extrajudiciais, têm natureza tributária.
Gabarito "1C".

**(Delegado Federal – 1998 – CESPE)** No atual direito constitucional tributário positivo brasileiro, o empréstimo compulsório:

(1) poderá ser instituído no caso de conjuntura que exija a absorção temporária de poder aquisitivo.
(2) tem o produto da sua arrecadação vinculado à despesa que fundamentou sua instituição:
(3) poderá ser criado apenas por meio de lei complementar, que estabelecerá as suas hipóteses de incidência, além daquelas previstas na Constituição Federal.
(4) estará sempre sujeito ao princípio da anterioridade.
(5) não poderá, jamais, ser instituído por estado federado ou por município.

1: Incorreta, ou seja, há no sistema constitucional atual, somente duas hipóteses que autorizam a instituição de empréstimo compulsório (sempre por lei complementar federal): (i) despesas extraordinárias decorrentes de calamidade pública, de guerra externa ou sua iminência e (ii) investimento público de caráter urgente e de relevante interesse nacional – art. 148 da CF. Não foi recepcionada pela CF/1988 a hipótese prevista no art. 15, III, do CTN; **2**: Correta, conforme o art. 148, parágrafo único, da CF; **3**: Incorreta, pois se admitem somente as duas hipóteses previstas no art. 148 da CF. No mais, a assertiva está correta, porque somente a União pode instituir o empréstimo compulsório; por lei complementar federal; **4**: Incorreta, pois o empréstimo compulsório instituído para atender despesa extraordinária não se submete ao princípio da anterioridade. Entretanto, o empréstimo compulsório, relativo a investimento público, sujeita-se ao princípio; **5**: Correta, já que somente a União pode instituir o empréstimo compulsório, por lei complementar federal.
Gabarito 1E, 2C, 3E, 4E, 5C.

## 2. PRINCÍPIOS

**(Delegado/GO – 2017 – CESPE)** Sabendo que, por disposição constitucional expressa, em regra, os princípios tributários e as limitações ao poder de tributar não se aplicam de forma idêntica a todas as espécies tributárias, assinale a opção correta a respeito da aplicação desses institutos.

(A) Apenas aos impostos estaduais aplica-se o princípio que proíbe o estabelecimento de diferença tributária entre bens e serviços de qualquer natureza em razão de sua procedência ou seu destino.
(B) A aplicação do princípio da não vinculação de receita a despesa específica é limitada aos impostos.
(C) Em regra, o princípio da anterioridade do exercício aplica-se da mesma forma aos impostos e às contribuições sociais da seguridade social.
(D) O princípio da capacidade contributiva aplica-se sempre e necessariamente aos impostos.
(E) O princípio da anterioridade do exercício atinge, de forma ampla, as hipóteses de empréstimos compulsórios previstas no texto constitucional.

**A**: incorreta, pois essa vedação aplica-se a todos os tributos (não apenas a impostos) estaduais e municipais (não apenas estaduais) – art. 152 da CF; **B**: correta, nos termos do art. 167, IV, CF, lembrando que o dispositivo traz exceções à vedação de vinculação da receita dos impostos; **C**: incorreta, pois, diferentemente da generalidade dos tributos, as contribuições sociais sujeitam-se apenas à anterioridade nonagesimal, não à anual – art. 195, § 6º, da CF; **D**: incorreta, considerando que a gradação conforme a capacidade econômica a que se refere o art. 145, § 1º, da CF é por muitos interpretada como diretriz da capacidade contributiva e, mais especificamente, possibilidade de progressividade de alíquotas (variação das alíquotas conforme a base de cálculo). Assim, não é possível dizer que essa diretriz se aplica sempre e necessariamente aos impostos, já que o STF já afastou a progressividade em relação a alguns deles (ITBI e IPTU antes da EC 29/2000); **E**: incorreta, pois a anterioridade anual não se aplica aos empréstimos compulsórios instituídos para tender a despesas extraordinárias – art. 148, I, c/c art. 150, § 1º, da CF.
Gabarito "B".

**(Delegado/GO – 2017 – CESPE)** Instrução normativa expedida em dezembro de 2015 pelo secretário de Fazenda do Estado de Goiás estabeleceu que, para ter acesso ao sistema de informática de emissão de nota fiscal, relativa ao ICMS, o contribuinte deve estar em dia com suas obrigações tributárias estaduais. Em janeiro de 2016, a empresa Alfa Ltda., com pagamento de tributos em atraso, requereu acesso ao sistema e teve o seu pedido indeferido.

Nessa situação hipotética,

(A) ainda que a emissão de notas fiscais seja obrigação acessória, o princípio da legalidade estrita, vigente no direito tributário, impõe que tais deveres sejam previstos por lei ordinária, sendo inválida a restrição estabelecida por instrução normativa.
(B) o ICMS é tributo sujeito à anterioridade nonagesimal, de modo que, embora válida a instrução normativa, o indeferimento é ato insubsistente, por ter aplicado a instrução normativa antes do prazo constitucional.
(C) a interdição de emissão de notas fiscais é meio indireto de cobrança do tributo, já que inibe a continuidade da atividade profissional do contribuinte, o que torna a instrução normativa em questão inválida.

(D) o ICMS não é tributo sujeito à anterioridade nonagesimal, de modo que o indeferimento é válido.

(E) a emissão de notas fiscais é obrigação acessória, podendo ser regulada por ato infralegal, sendo válida a restrição estabelecida.

A: incorreta, pois o CTN prevê a necessidade de legislação tributária (o que não se restringe a leis) para a instituição de obrigações acessórias – arts. 96, 113, § 2º e 115 do CTN. Entretanto, há bastante discussão doutrinária e jurisprudencial a respeito – ver ACO 1.098 AgR-TA/MG-STF, RMS 20.587/MG-STJ e REsp 838.143/PR-STJ; B: incorreta, pois a anterioridade refere-se à instituição ou à majoração de tributos (obrigação principal), apenas – art. 150, III, *b* e *c*, da CF; C: correta, sendo essa a jurisprudência do STF, que veda inclusive a exigência de fiança ou outra garantia como pressuposto para emissão de notas fiscais – ver RE 565.048/RS-repercussão geral; D: incorreta, conforme comentário à alternativa "B"; E: incorreta, conforme comentário à alternativa "C". RB
Gabarito "C".

(Delegado/DF – 2015) No que se refere ao princípio tributário da anterioridade anual e nonagesimal, assinale a alternativa correta.

(A) Os municípios e o Distrito Federal, ao fixarem a base de cálculo do IPTU, devem respeitar o princípio da anterioridade nonagesimal.

(B) O princípio da anterioridade anual não incide sobre o imposto sobre produtos industrializados (IPI), isto é, em caso de majoração do tributo, este poderá ser cobrado no mesmo exercício financeiro da publicação da lei que o majorou, desde que respeitado o princípio da anterioridade nonagesimal.

(C) Em se tratando de instituição ou majoração dos tributos sobre o comércio exterior, do imposto sobre importação de produtos estrangeiros e do imposto sobre exportação para o exterior de produtos nacionais ou nacionalizados, deve-se observar o princípio da anterioridade anual, isto é, tais tributos só poderão ser cobrados no exercício financeiro seguinte ao da publicação da lei que os instituiu ou aumentou.

(D) Caso haja majoração da alíquota do imposto de renda (IR), é vedado à União cobrar o tributo com a nova alíquota antes de decorridos noventa dias da publicação da lei que o majorou.

(E) Aplica-se a anterioridade nonagesimal à fixação da base de cálculo do IPVA pelo Distrito Federal.

A: incorreta, pois a fixação da base de cálculo do IPTU não se submete à anterioridade nonagesimal, apenas à anterioridade anual – art. 150, § 1º, *in fine*, da CF; B: correta, pois o IPI é realmente exceção ao princípio da anterioridade anual – art. 150, § 1º, da CF; C: incorreta, pois o II e o IE são exceções à anterioridade anual e também à anterioridade nonagesimal – art. 150, § 1º, da CF; D: incorreta, pois o IR é exceção à anterioridade nonagesimal, embora sujeite-se à anterioridade anual; E: incorreta, pois a fixação da base de cálculo do IPVA, como a do IPTU, não se submete à anterioridade nonagesimal, apenas à anterioridade anual – art. 150, § 1º, *in fine*, da CF.
Gabarito "B".

(Delegado/PA – 2013) Assinale a alternativa correta acerca das limitações constitucionais ao poder de tributar.

(A) É vedado à União, aos Estados, ao Distrito Federal e aos Municípios instituir quaisquer tributos sobre templos de qualquer culto.

(B) As bases de cálculo ou as alíquotas dos impostos de competência da União deverão ser aumentadas exclusivamente por Decreto do Presidente da República.

(C) As alíquotas do ICMS sobre a comercialização de combustíveis e lubrificantes poderão ser reduzidas e restabelecidas sem observância da regra da anterioridade de exercício.

(D) A instituição de contribuições de seguridade social submete-se à regra da anterioridade de exercício, mas está excluída da aplicação da regra da anterioridade nonagesimal.

(E) À fixação da base de cálculo do IPVA e do IPTU, não se aplica a exigência da anterioridade nonagesimal nem a exigência da anterioridade do exercício.

A: incorreta, pois a imunidade dos templos restringe-se a impostos, não afastando as demais espécies tributárias – art. 150, VI, *b*, da CF; B: incorreta, pois base de cálculo e alíquota devem ser fixados e alterados por lei, em regra – art. 97, IV, do CTN; C: correta, pois é exceção à anterioridade prevista no art. 155, § 4º, IV, *c*, da CF; D: incorreta, pois é o oposto, submetendo-se à anterioridade nonagesimal, mas não à anual – art. 195, § 6º, da CF; E: incorreta, pois não se aplica apenas a anterioridade nonagesimal. A anterioridade anual ou de exercício deve ser observada – art. 150, § 1º, da CF.
Gabarito "C".

(Delegado/DF – 2004) No Direito Tributário, o princípio da estrita legalidade, previsto na Constituição Federal art. 150, I e no Código Tributário Nacional arts. 97 e 113 consolida que somente a lei pode estabelecer:

(A) a cominação de penalidades;

(B) a fixação de prazos;

(C) as obrigações tributárias acessórias;

(D) as regras de interpretação;

(E) o conteúdo e o alcance dos tratados internacionais.

A alternativa correta é "A", uma vez que as demais indicam matérias que podem ser veiculadas por normas infralegais.
Gabarito "A".

(Delegado Federal – 1998 – CESPE) Nos arts. 150 a 152, a Constituição Federal dispõe acerca de importantes princípios em matéria tributária, que visam, ao mesmo tempo, limitar o poder dos entes tributantes e proteger os contribuintes. Em relação aos princípios constitucionais tributários, julgue os itens abaixo.

(1) Não ferem o princípio da legalidade a instituição e o aumento de tributos por meio de medidas provisórias.

(2) O princípio da anterioridade, segundo o qual as entidades governamentais não podem cobrar tributos no mesmo exercício financeiro em que haja sido publicada a lei que os instituiu ou aumentou, não se aplica aos impostos sobre importação, exportação, produtos industrializados, propriedade territorial rural e grandes fortunas.

(3) A Constituição não prevê exceção alguma ao princípio da irretroatividade da lei.

(4) O princípio da igualdade é aplicável somente a impostos pessoais.

(5) O princípio da uniformidade geográfica comporta atenuações nas hipóteses de concessão de incentivos fiscais que objetivem promover o equilíbrio socioeconômico de diferentes regiões do país.

**1:** Correta, conforme entendimento do STF, à luz do art. 62, § 2º, da CF.
**2:** Incorreta em relação ao ITR e ao imposto sobre grandes fortunas, que se submetem ao princípio da anterioridade anual e nonagesimal; **3:** Incorreta, já que a CF não veda a retroatividade de norma sancionadora mais benéfica ao acusado, por exemplo. O art. 150, III, *a*, da CF refere-se a *tributos*. Ver também os arts. 106 e 144, § 1º, do CTN; **4:** Incorreta, porque o princípio da isonomia ou da igualdade aplica-se a todos os tributos; **5:** Correta, conforme dispõe o art. 151, I, *in fine*, da CF, que veda à União instituir tributo que não seja uniforme em todo o território nacional ou que implique distinção ou preferência em relação a Estado, ao Distrito Federal ou a Município, em detrimento de outro, admitida a concessão de incentivos fiscais destinados a promover o equilíbrio do desenvolvimento socioeconômico entre as diferentes regiões do País.
Gabarito 1C, 2E, 3E, 4E, 5C

## 3. COMPETÊNCIA E IMUNIDADE

**(Delegado Federal – 2018 – CESPE)** Acerca de crédito tributário, competência tributária e Sistema Tributário Nacional, julgue o próximo item.

(1) Os estados e os municípios estão imunes à instituição de contribuições sociais, pela União, sobre os seus serviços.

**1:** incorreta, pois a imunidade recíproca restringe-se a impostos, não abrangendo contribuições – art. 150, VI, *a*, da CF. RB
Gabarito "1E".

**(Delegado/DF – 2015)** Em relação aos tributos da União, dos estados, do Distrito Federal e dos municípios, assinale a alternativa correta.

(A) Dada a competência residual atribuída à União, esta poderá instituir, mediante lei complementar, impostos não previstos na CF, desde que sejam não cumulativos e não tenham fato gerador ou base de cálculo dos impostos previstos na CF.
(B) O Distrito Federal e os estados têm competência para instituir o ITCMD, devendo, contudo, respeitar, no que tange à alíquota máxima a ser praticada, o que for fixado pelo Congresso Nacional.
(C) Caso fosse criado, no Brasil, o Território Federal, seria de competência da União a instituição dos impostos estaduais e municipais nesse Território, independentemente de nele existirem municípios.
(D) Os estados e o Distrito Federal têm competência tributária para instituir o ICMS, o IPVA, o imposto sobre transmissão *causa mortis* e doação (ITCMD) e o imposto sobre serviços (ISS).
(E) O imposto de renda, de competência da União, deve ser informado pelos critérios da universalidade, da pessoalidade e da não cumulatividade.

**A:** correta, descrevendo adequadamente a competência residual da União – art. 154, I, da CF; **B:** incorreta, pois as alíquotas máximas do ITCMD são fixadas pelo Senado Federal, não pelo Congresso Nacional – art. 155, § 1º, IV, da CF; **C:** incorreta, pois, caso o Território fosse dividido em Municípios, a cada um deles competiria instituir e cobrar seus impostos (não à União) – art. 147 da CF; **D:** incorreta, pois o ISS é tributo da competência municipal, todos os outros são efetivamente da competência estadual – art. 156, III, da CF. Lembre-se que o Distrito Federal acumula as competências estaduais e municipais – art. 147, *in fine*, da CF; **E:** incorreta, pois os princípios específicos que informam o IR são a universalidade (incide sobre todas as rendas), generalidade (sobre todas as pessoas) e progressividade (alíquotas maiores conforme maiores forem as bases de cálculo) – art. 153, § 2º, I, da CF.
Gabarito "A".

**(Delegado/PE – 2016 – CESPE)** Considerando-se que uma autarquia federal estabelecida em determinado município receba pagamentos de tarifas pelos serviços prestados a seus usuários, é correto afirmar, em respeito às imunidades recíprocas, que essa autarquia

(A) deverá contribuir somente sobre os tributos relativos ao patrimônio.
(B) está isenta apenas dos tributos federais e municipais.
(C) está isenta apenas do pagamento do IPTU.
(D) está isenta de qualquer tributo, seja ele federal, estadual ou municipal.
(E) deverá contribuir sobre tributos relativos ao patrimônio, renda e serviços.

**A:** incorreta, pois as autarquias são imunes aos impostos federais, estaduais e municipais (imunidade recíproca), no que se refere ao patrimônio, à renda e aos serviços, vinculados a suas finalidades essenciais ou às delas decorrentes – art. 150, § 2º, da CF; **B, C e D:** incorretas, pois se trata de imunidade, não isenção, e de impostos, não de qualquer tributo – art. 150, § 2º, da CF; **E:** incorreta. Em princípio, não há imunidade recíproca das autarquias no caso de contraprestação ou pagamento de preços ou tarifas pelo usuário (art. 150, § 3º, da CF), razão pela qual poder-se-ia defender que a alternativa "E" seria correta. Entretanto, o STF fixou entendimento de que as autarquias que prestam serviço público remunerado por tarifa estão abrangidas pela imunidade recíproca – ver RE 741938 AgR/MG. Por essa razão, não há alternativa correta e a questão foi anulada.
Gabarito: Anulada

**(Delegado Federal – 2002 – CESPE)** Julgue o seguinte item.

(1) Como o imposto sobre propriedade de veículos automotores (IPVA) somente pode ser instituído pelos estados e pelo DF, tratados internacionais e leis federais, sejam elas ordinárias ou complementares, não podem conceder isenções relativamente a esse tributo.

**1:** ATENÇÃO: assertiva correta à época desse concurso, pois era dominante o entendimento de que os tratados internacionais tinham, em princípio, força de lei ordinária federal, de modo que não poderiam invadir a competência tributária dos Estados, DF e Municípios. Entretanto, mais recentemente o STF decidiu que o disposto no art. 151, III, da CF não impede a concessão de isenções tributárias heterônomas por meio de tratados internacionais, ou seja, é possível instituição de benefícios fiscais relativos a tributos estaduais ou municipais por meio de tratados internacionais (RE 543.943 AgR/PR)
Gabarito "1C".

## 4. LEGISLAÇÃO TRIBUTÁRIA

**(Delegado/PA – 2012)** De acordo com o preceito do Código Tributário Nacional, não são normas complementares das leis, dos tratados e das convenções internacionais e dos decretos:

(A) Os atos normativos expedidos pelas autoridades administrativas.
(B) As decisões dos órgãos singulares ou coletivos de jurisdição administrativa, a que a lei atribua eficácia normativa.

(C) Princípios Gerais de Direito e equivalentes.

(D) As práticas reiteradamente observadas pelas autoridades administrativas.

(E) Os convênios que entre si celebrem a União, os Estados, o Distrito Federal e os Municípios.

Nos termos do art. 100 do CTN, são normas complementares das leis, dos tratados e das convenções internacionais e dos decretos: (i) os atos normativos expedidos pelas autoridades administrativas; (ii) as decisões dos órgãos singulares ou coletivos de jurisdição administrativa, a que a lei atribua eficácia normativa; (iii) as práticas reiteradamente observadas pelas autoridades administrativas; (iv) os convênios que entre si celebrem a União, os Estados, o Distrito Federal e os Municípios. Perceba, portanto, que a alternativa "C" é a única que não indica norma complementar.
Gabarito "C".

(Delegado Federal – 2004 – CESPE) Acerca de legislação tributária, julgue o item seguinte.

(1) Considere a seguinte situação hipotética. Após reiteradas vezes e pelo período de quatro anos, a autoridade administrativa fiscal deixou de exigir os juros incidentes sobre o atraso de até dez dias no pagamento da taxa anual de alvará de funcionamento para o setor de distribuição de autopeças, apesar de não existir previsão legal. Nessa situação, os contribuintes na mesma condição têm direito à referida dispensa, em virtude de as práticas reiteradas observadas pela autoridade administrativa constituírem normas complementares da legislação tributária.

1: Correta, porque a prática reiterada da administração tributária constitui norma complementar tributária, cuja observância, embora não afaste a cobrança do tributo, dispensa o pagamento das penalidades, dos juros de mora e da atualização do valor monetário da base de cálculo do tributo – art. 100, parágrafo único, do CTN.
Gabarito 1C.

(Delegado Federal – 2002 – CESPE) Ainda considerando a situação hipotética descrita no texto e as informações nele contidas, julgue os itens que se seguem.

(1) Embora a lei tributária municipal não possa contrariar as definições do CTN acerca de fato gerador e contribuintes do ITBI, não é inválida a Lei n.º 12/1999 pelo motivo de definir o fato gerador do ITBI de maneira mais restrita que o CTN.

(2) Em Beta, tanto os contratos de promessa de compra e venda como os contratos de constituição de hipoteca são isentos do pagamento do ITBI.

1: Correta, pois o Município não é obrigado a exercer sua competência tributária em toda extensão (ela é facultativa, embora possa haver sanção no âmbito do direito financeiro); 2: Incorreta. No caso do contrato de compra e venda não há isenção expressa, mas simples inexistência de previsão legal para a tributação. Ademais, as transmissões de direitos reais de garantia (caso da hipoteca) estão fora da competência tributária municipal (tampouco é caso de isenção, que pressupõe existência de competência tributária) – art. 156, II, da CF.
Gabarito 1C, 2E.

(Delegado Federal – 1998 – CESPE) O Código Tributário Nacional (CTN), no art. 96, ao estabelecer o significado e o alcance da expressão legislação tributária, determina que tal expressão abranja as leis, os tratados internacionais, os decretos e as normas complementares que tratam de tributos e relações jurídicas a eles concernentes. Além dos citados, são ainda formas de expressão do direito tributário: a Constituição e suas emendas, leis complementares, leis delegadas, medidas provisórias e outros atos jurídicos normativos pertinentes à matéria tributária. Acerca das formas de expressão do direito tributário, julgue os itens seguintes.

(1) Sabendo que a Constituição Federal, no art. 150, VI, c, dispõe que é vedado à União, aos estados, ao Distrito Federal e aos municípios instituir impostos sobre patrimônio, renda ou serviços dos partidos políticos, inclusive suas fundações, das entidades sindicais dos trabalhadores, das instituições de educação e de assistência social sem fins lucrativos, atendidos os requisitos da lei, é correto concluir que, nessa situação, tal lei será ordinária.

(2) Poderá ser alterada ou revogada por lei ordinária a lei complementar que discipline matéria situada fora do campo o qual lhe foi reservado pela Constituição.

(3) Será inconstitucional a lei ordinária que invada o campo reservado pela Constituição às leis complementares.

(4) Considerando que o art. 98 do Código Tributário Nacional dispõe, ipsis verbis, que os "tratados e as convenções internacionais revogam ou modificam a legislação tributária interna e serão observados pela que lhes sobrevenha", é correto concluir que tal dispositivo legal deve ser interpretado no sentido de que os tratados internacionais prevaleçam sobre a legislação tributária interna sem, no entanto, revogá-la.

(5) A falta de pagamento do tributo devido, por haver sido erroneamente dispensado por meio de norma complementar, não exclui o contribuinte da imposição das penalidades, da cobrança de juros de mora e da correção monetária.

1: Incorreta, porque a regulamentação das imunidades (= espécie de limitação constitucional ao poder de tributar) será feita por lei complementar federal – art. 146, II, da CF. Veja, a propósito, o art. 14 do CTN, que cumpre essa função de norma veiculada por lei complementar (o CTN é lei ordinária recepcionada pela CF/1988 como lei complementar, ou seja, formalmente ordinária, mas materialmente complementar); 2: Correta. O STF já decidiu que, caso o legislador produza lei complementar para veicular matéria que exija simples lei ordinária (= lei formalmente complementar, mas materialmente ordinária), ela poderá ser alterada por lei ordinária posterior; 3: Correta, pois a violação à hierarquia das leis, prevista na CF, é considerada inconstitucionalidade; 4: Essa é uma interpretação possível, embora haja grande debate doutrinário a respeito; 5: incorreta, uma vez que, no caso, o contribuinte deverá pagar o tributo, mas fica dispensado das penalidades, dos juros de mora e da atualização do valor monetário da base de cálculo do tributo – art. 100, parágrafo único, do CTN.
Gabarito 1E, 2C, 3C, 4C, 5E.

## 5. VIGÊNCIA, APLICAÇÃO INTERPRETAÇÃO E INTEGRAÇÃO DA LEGISLAÇÃO TRIBUTÁRIA

(Delegado/DF – 2015) Com base no disposto no Código Tributário Nacional (CTN) acerca das normas gerais de direito tributário, assinale a alternativa correta.

(A) A interpretação da lei tributária que defina infrações ou estabeleça penalidades deve proteger, em caso de dúvida quanto à capitulação legal do fato, o interesse da coletividade, de forma mais favorável ao fisco.

**(B)** A lei tributária não poderá retroagir ou ser aplicada a ato pretérito que ainda não tenha sido definitivamente julgado, mesmo que o cometimento desse ato não seja mais definido como infração.

**(C)** Os atos normativos expedidos pelas autoridades administrativas entram em vigor na data da sua publicação, salvo disposição em contrário.

**(D)** A outorga de isenção, a suspensão ou exclusão do crédito tributário e a dispensa do cumprimento de obrigações tributárias acessórias devem ser interpretadas sistematicamente e, sempre que possível, de forma extensiva.

**(E)** As decisões dos órgãos singulares ou coletivos no âmbito da jurisdição administrativa entrarão em vigor quarenta e cinco dias após a data da sua publicação quando a lei atribuir a elas eficácia normativa.

A: incorreta, pois, nesse caso de dúvida, a interpretação deve ser a mais favorável ao acusado – art. 112 do CTN; **B**: incorreta, pois a norma mais benéfica ao infrator retroage (*lex mitior*), nos termos do art. 106 do CTN; **C**: correta, nos termos do art. 103, I, do CTN; **D**: incorreta, pois as normas que fixam benefícios fiscais devem ser interpretadas estritamente ou, na terminologia do CTN, literalmente – art. 111 do Código Tributário; **E**: incorreta, pois o prazo previsto no art. 103, II, do CTN é de 30 (trinta) dias após a publicações dessas decisões.
Gabarito "C".

**(Delegado/RO – 2014)** Assinale a alternativa correta.

**(A)** O emprego da analogia poderá resultar na exigência de tributo não previsto em lei.

**(B)** Os princípios gerais de direito privado utilizam-se para pesquisa da definição, do conteúdo e do alcance de seus institutos, conceitos e formas, mas não para definição dos respectivos efeitos tributários.

**(C)** A lei tributária que define infrações, ou lhe comina penalidades, interpreta-se de maneira mais desfavorável ao acusado, em caso de dúvida quanto à autoria, imputabilidade, ou punibilidade.

**(D)** O emprego da equidade poderá resultar na dispensa do pagamento de tributo devido.

**(E)** Interpreta-se extensivamente a legislação tributária que disponha sobre suspensão ou exclusão do crédito tributário.

**A**: incorreta, pois isso é expressamente vedado pelo art. 108, § 1º, do CTN; **B**: correta, nos termos do art. 109 do CTN; **C**: incorreta, pois a interpretação é a mais favorável ao acusado – art. 112 do CTN; **D**: incorreta, pois isso é expressamente vedado pelo art. 108, § 2º, do CTN; **E**: incorreta, pois, nos termos, do art. 111 do CTN, a interpretação deve ser literal nesse caso.
Gabarito "B".

**(Delegado Federal – 2004 – CESPE)** Acerca de legislação tributária, julgue o item seguinte.

**(1)** A hierarquia entre as leis federais, estaduais e municipais independe da matéria veiculada, revogando, a primeira, as demais.

**1:** Incorreta, porque não há hierarquia entre leis federais, estaduais e municipais. Cada uma dessas leis deve ser produzida para veicular as normas relativas às matérias da competência de cada indivíduo tributante. Por essa razão, não há como lei federal, estadual ou municipal revogar lei produzida por outro ente político.
Gabarito "1E".

**(Delegado Federal – 2002 – CESPE)** Julgue o seguinte item.

**(1)** Na exegese das normas que estabelecem fatos geradores de tributos, é admitida a interpretação extensiva, mas é vedada a utilização de analogia que resulte em exigência de tributo não previsto em lei.

**1:** Correta, conforme o art. 108, I e § 1º, do CTN.
Gabarito "1C".

**(Delegado/DF – 2004)** A regra do *in dubio pro reo*, também conhecido em matéria tributária como princípio do *in dubio pro contribuinte*, estabelece que a lei fiscal que define infrações, ou lhe comina penalidades, deve ser interpretada da maneira mais favorável ao acusado, em caso de dúvida quanto a certas hipóteses, EXCETO quanto à:

**(A)** capitulação legal do fato;
**(B)** natureza ou às circunstâncias materiais do fato, ou à natureza ou extensão dos seus efeitos;
**(C)** autoria, imputabilidade, ou punibilidade;
**(D)** natureza da penalidade aplicável, ou sua graduação;
**(E)** majoração de tributos, ou sua redução.

A alternativa "E" deve ser indicada pelo candidato, pois a interpretação quanto à exigência do tributo deve ser estrita (nem favorável, nem desfavorável) – art. 112 do CTN.
Gabarito "E".

**(Delegado Federal – 1998 – CESPE)** A respeito da interpretação e da integração da legislação tributária, julgue os itens a seguir.

**(1)** Os princípios do direito privado podem ser utilizados para se determinarem os efeitos tributários dos institutos, conceitos e formas do direito civil ou do direito comercial.

**(2)** Lei ordinária poderá, eventualmente, redefinir o conceito do direito privado utilizado por norma constitucional para estabelecer competência tributária.

**(3)** Em matéria de infração à lei tributária, havendo dúvida sobre a pena cabível, entre as várias penas previstas em lei, aplica-se aquela que for mais favorável ao acusado.

**(4)** Ainda que para solucionar situação manifestamente injusta, não é possível utilizar-se a equidade para dispensar o pagamento de tributo devido.

**1:** Incorreta, visto que os princípios gerais de direito privado utilizam-se para pesquisa da definição, do conteúdo e do alcance de seus institutos, conceitos e formas, mas não para definição dos respectivos efeitos tributários – art. 109 do CTN; **2:** Incorreta, porque isso seria o mesmo que alterar a competência tributária, que é fixada exclusivamente pela Constituição Federal – art. 110 do CTN; **3:** correta, conforme o art. 112, I, do CTN; **4:** correta, uma vez que isso é vedado expressamente pelo art. 108, § 2º, do CTN.
Gabarito 1E, 2E, 3C, 4C.

## 6. OBRIGAÇÃO, FATO GERADOR, CRÉDITO, LANÇAMENTO

**(Delegado/PE – 2016 – CESPE)** Considerando que lançamento é o procedimento pelo qual a autoridade administrativa constitui o crédito tributário, assinale a opção correta.

**(A)** A revisão do lançamento só poderá ser iniciada enquanto não tiver sido extinto o direito da fazenda pública.

**(B)** O ato de lançamento é corretamente classificado como um ato discricionário.

(C) Os erros contidos na declaração do sujeito passivo não poderão ser retificados de ofício pela autoridade administrativa responsável.

(D) Após a regular notificação do sujeito passivo, o lançamento não poderá ser alterado.

(E) Salvo disposição legal em contrário, o lançamento realizado em moeda estrangeira terá a sua conversão para moeda nacional com base no câmbio do dia do pagamento do tributo.

**A:** correta, nos termos do art. 149, parágrafo único, do CTN; **B:** incorreta, pois o lançamento é ato vinculado, sob pena de responsabilidade funcional, ou seja, não há avaliação de conveniência ou oportunidade por parte da autoridade competente – art. 142, parágrafo único, do CTN; **C:** incorreta, pois os erros contidos na declaração e apuráveis pelo seu exame serão retificados de ofício pela autoridade administrativa a que competir a revisão daquela – art. 147, § 2º, do CTN; **D:** incorreta, pois o lançamento pode ser alterado após a notificação do sujeito passivo nos casos de (i) impugnação do sujeito passivo, (ii) recurso de ofício e (iii) iniciativa de ofício da autoridade administrativa, nos casos previstos no art. 149 do CTN – art. 145 do CTN; **E:** incorreta, pois o câmbio a ser adotado para a conversão é aquele do dia da ocorrência do fato gerador da obrigação tributária – art. 143 do CTN.
Gabarito "A".

**(Delegado Federal – 2002 – CESPE)** Agentes públicos da Secretaria da Receita Federal (SRF) e do INSS realizaram operação conjunta de fiscalização nas Viações Aéreas Matrix S.A. (VAM), com o objetivo de apurar sua situação fiscal e previdenciária. Durante a fiscalização, os agentes públicos não apenas descobriram uma série de irregularidades previdenciárias e fiscais, mas também identificaram que a situação econômico financeira da VAM era precária, estando a empresa à beira da falência. Com relação à situação hipotética apresentada acima, julgue o item a seguir.

(1) Caso as informações prestadas pela VAM acerca da remuneração paga aos empregados não coincidam com a realidade efetivamente constatada pelos fiscais, o INSS poderá lançar, de ofício, a importância que reputar devida, cabendo à VAM o ônus da prova em contrário.

**1:** correta, porque é uma hipótese que permite o lançamento ou revisão de ofício pelo fisco – art. 148, V e VI, do CTN. Note-se, entretanto, que a presunção de liquidez e certeza do crédito surge com a inscrição em dívida ativa – art. 204 do CTN.
Gabarito "1C".

**(Delegado Federal – 2002 – CESPE)** Julgue o seguinte item.

(1) A constituição do crédito tributário relativo a impostos federais, tais como o imposto sobre a propriedade territorial rural (ITR) e o imposto sobre as operações de crédito, câmbio e seguro, ou relativas a títulos ou valores mobiliários (IOF), dá-se por meio do ato administrativo que inscreve o valor devido na dívida ativa da União, pois é apenas nesse momento que o sujeito passivo do tributo pode ser executado judicialmente pelo não pagamento do débito fiscal.

**1:** Incorreta, já que a inscrição do crédito em dívida ativa ocorre somente após o lançamento, em caso de inadimplemento – art. 201 do CTN. O lançamento se dá com o pagamento antecipado (por homologação) ou pela notificação do sujeito passivo a respeito do lançamento de ofício realizado pelo fisco. A inscrição permite a execução da dívida, mas não se confunde com o lançamento.
Gabarito "1E".

## 7. SUJEIÇÃO PASSIVA E CAPACIDADE TRIBUTÁRIA PASSIVA

**(Delegado Federal – 2018 – CESPE)** Acerca de crédito tributário, competência tributária e Sistema Tributário Nacional, julgue o próximo item.

(1) Depósito judicial do montante integral do crédito tributário é causa suspensiva de exigibilidade.

**1:** correta – art. 151, II, do CTN.
Gabarito "1C".

**(Delegado/GO – 2017 – CESPE)** São responsáveis pelos créditos tributários relativos a obrigação de terceiros, quando não for possível exigir-lhes o cumprimento da obrigação principal, independentemente de terem agido com excesso de poderes ou em desacordo com a lei, estatuto ou contrato social,

(A) os empregados.

(B) os diretores de pessoa jurídica.

(C) os representantes legais de pessoas jurídicas de direito privado.

(D) os administradores de bens de terceiros.

(E) os mandatários.

**A, B, C e E:** incorretas, pois essas pessoas somente serão responsáveis pelos créditos relativos a obrigações de terceiros nos casos de atos praticados com excesso de poderes ou infração de lei, contrato social ou estatutos, conforme art. 135 do CTN; **D:** correta, sendo a única alternativa que indica caso de responsabilidade do art. 134 do CTN, em que não se exige excesso de poderes ou infração de lei, contrato social ou estatutos como pressuposto.
Gabarito "D".

**(Delegado/GO – 2017 – CESPE)** Ricardo, com quinze anos de idade, traficou entorpecentes por três meses, obtendo uma renda de R$ 20.000. Informado pela autoridade competente, um auditor da Receita Federal do Brasil efetuou lançamento contra o menor.

Tendo como referência essa situação hipotética, assinale a opção correta.

(A) O tráfico de entorpecente é ato ilícito, sendo responsáveis pelos prejuízos dele decorrentes, nos termos da lei civil, os pais de Ricardo, que deverão recolher o tributo a título de sanção cível.

(B) A capacidade tributária independe da capacidade civil, de modo que é correto o lançamento contra o menor que, no caso, percebeu remuneração que pode ser considerada renda.

(C) O tráfico de entorpecente é atividade que gera proveito econômico, o que justifica torná-lo fato gerador de tributo, não podendo, no entanto, Ricardo, por ser incapaz, sofrer lançamento, devendo a renda percebida ser imputada aos seus pais.

(D) O tráfico de entorpecente, por ser crime, não pode ser objeto de tributação, pois o pagamento de imposto em tal hipótese significaria que o Estado estaria chancelando uma atividade ilícita, sendo, portanto, insubsistente o lançamento.

(E) Ricardo, por ser incapaz, não pode sofrer lançamento, não constituindo renda eventuais ganhos econômicos que ele venha a ter.

**A:** incorreta, pois, embora possa haver responsabilidade dos pais pelo recolhimento do tributo, nos termos do art. 134, I, do CTN, isso não tem relação alguma com eventual responsabilidade por prejuízos causados pelo menor, decorrendo estritamente da legislação tributária; **B:** correta, nos termos dos arts. 118, I, e 126, I, do CTN; **C:** incorreta, pois a capacidade tributária passiva independe da capacidade civil da pessoa natural – art. 126, I, do CTN; **D:** incorreta, pois o que se está tributando é a renda auferida, não sendo relevante para a tributação, em princípio, a forma como essa renda foi auferida – princípio do *non olet* – art. 118, I, do CTN – ver HC 77.530/RS-STF; **E:** incorreta, conforme comentários anteriores.

Gabarito "B".

**(Delegado/PE – 2016 – CESPE)** A respeito de responsabilidade tributária, assinale a opção correta.

**(A)** Nem mesmo as pessoas que possuem interesse comum na situação que constitui o fato gerador da obrigação principal serão solidariamente obrigadas.

**(B)** Um dos efeitos da solidariedade tributária é que a interrupção da prescrição, a favor ou contra um dos obrigados, favorece ou prejudica os demais.

**(C)** As pessoas que são solidariamente obrigadas por expressa determinação legal devem respeitar o benefício de ordem.

**(D)** O pagamento efetuado por um dos obrigados não aproveita os demais.

**(E)** O responsável tributário, também denominado sujeito passivo indireto, corresponde àquele que, apesar de não ser o contribuinte, possui obrigação decorrente de convenção entre as partes.

**A:** incorreta, pois há solidariedade dessas pessoas, nos termos do art. 124, I, do CTN; **B:** correta, conforme o art. 125, III, do CTN; **C:** incorreta, pois a solidariedade tributária não comporta benefício de ordem – art. 124, parágrafo único, do CTN; **D:** incorreta, pois um dos efeitos da solidariedade tributária é exatamente que o pagamento efetuado por um dos obrigados aproveita aos demais – art. 125, I, do CTN; **E:** incorreta, pois a responsabilidade tributária decorre sempre da lei, jamais de convenção entre as partes – arts. 121, parágrafo único, II, e 123 do CTN.

Gabarito "B".

**(Delegado Federal – 2002 – CESPE)** Julgue o seguinte item.

**(1)** Os gerentes de pessoas jurídicas de direito privado são pessoalmente responsáveis pelos créditos correspondentes a obrigações tributárias resultantes de atos praticados com excesso de poderes ou infração de lei, contrato social ou estatutos.

**1:** correta, porque essa responsabilidade tributária de terceiros é prevista no art. 135, III, do CTN.

Gabarito "1C".

**(Delegado Federal – 2002 – CESPE)** Ainda considerando a situação hipotética descrita no texto e as informações nele contidas, julgue os itens que se seguem.

**(1)** Embora o direito civil considere o locatário como detentor da posse direta do bem alugado, a inadimplência de Douglas não autoriza o município a exigir do BB o pagamento do IPTU relativo às salas que aluga de Douglas. E ainda que o BB houvesse estabelecido, no contrato de locação com Douglas, que o banco se responsabilizaria pelo pagamento do IPTU relativo ao tempo de locação, isso não o tornaria sujeito passivo do imposto nem lhe traria responsabilidade alguma no campo tributário.

**(2)** Caso o BB comprasse as salas que lhe eram alugadas por Douglas, esse banco tornar-se-ia responsável pelo pagamento da dívida tributária relativa ao IPTU incidente sobre esses imóveis, mesmo que Douglas houvesse declarado expressamente, no contrato de compra e venda dos referidos bens, que ele havia quitado todos os débitos tributários e previdenciários pendentes sobre os imóveis.

**1:** Correta, porque as convenções particulares (ou a legislação civil) não alteram a sujeição passiva, matéria reservada à lei tributária – art. 123 do CTN; **2:** Correta, uma vez que o adquirente do imóvel responde pelos débitos tributários deixados pelo alienante, relativos aos tributos incidentes sobre o bem. A responsabilidade seria excluída apenas se houvesse prova de quitação (certidão negativa de débito) anotada no título de transmissão (na escritura) – art. 130 do CTN.

Gabarito 1C, 2C.

**(Delegado Federal – 1998 – CESPE)** No que se refere ao sujeito passivo da obrigação tributária, julgue os itens abaixo.

**(1)** Em se tratando de obrigação acessória, o sujeito passivo pode ser tanto o contribuinte quanto uma pessoa que não tenha relação direta com o fato gerador da obrigação principal.

**(2)** Não poderá ser considerada como sujeito passivo a sociedade comercial irregular, ainda que configure unidade econômica ou profissional.

**(3)** A faculdade de escolha do domicílio tributário não pode sofrer restrições impostas pela autoridade administrativa.

**(4)** Os pais são sempre responsáveis pelos tributos devidos por seus filhos menores.

**(5)** Não sofrerá punição aquele que procurar o fisco, espontaneamente, e confessar o cometimento de infração.

**1:** Correta, visto que a obrigação acessória, apesar do nome, não depende da existência de obrigação principal. É possível, assim, que uma pessoa que não seja contribuinte (por exemplo, entidade imune) tenha que cumprir obrigações acessórias (prestar declarações ao fisco, nesse exemplo). Ver arts. 14, III, 151, parágrafo único, e 175, parágrafo único, todos do CTN; **2:** Incorreta, porque a capacidade tributária independe da regularidade da sociedade, bastando que configure uma unidade econômica ou profissional – art. 126, III, do CTN; **3:** Incorreta, já que a autoridade administrativa pode recusar o domicílio eleito, quando impossibilite ou dificulte a arrecadação ou a fiscalização do tributo – art. 127, § 2º, do CTN; **4:** Incorreta, pois a responsabilidade dos pais ocorre apenas nos casos de impossibilidade de exigência do cumprimento da obrigação principal pelo contribuinte e apenas quanto aos atos em que intervierem ou pelas omissões de que forem responsáveis – art. 134, I, do CTN; **5:** Correta, pois refere-se à denúncia espontânea, que afasta cobrança de multa, desde que haja pagamento integral do tributo, corrigido monetariamente e com juros de mora, antes do início de qualquer procedimento administrativo ou medida de fiscalização, relacionados com a infração – art. 138 do CTN.

Gabarito 1C, 2E, 3E, 4E, 5C.

**(Delegado/DF – 2004)** Considerando as disposições do Código Tributário Nacional, que possui natureza de lei complementar definidora de normas gerais, é INCORRETO afirmar que:

**(A)** a responsabilidade por infrações da legislação tributária independe da intenção do agente ou do responsável e da efetividade, natureza e extensão dos efeitos do ato;

(B) a responsabilidade é excluída pela denúncia espontânea da infração, acompanhada, se for o caso, do pagamento do tributo devido e dos juros de mora;

(C) a certidão negativa expedida com dolo ou fraude, que contenha erro contra a Fazenda Pública, responsabiliza pessoalmente o funcionário que a expedir, pelo crédito tributário e juros de mora acrescidos;

(D) é vedada a divulgação, por parte da Fazenda Pública, de informação obtida em razão do ofício sobre a situação econômica do sujeito passivo;

(E) as autoridades administrativas somente poderão requisitar o auxílio da força pública quando vítimas de embaraço ou desacato no exercício de suas funções, quando necessário à efetivação de medida prevista na legislação tributária, desde que o fato se configure em lei como crime ou contravenção.

A: correta, pois reflete o disposto no art. 136 do CTN; B: correta, conforme o art. 138 do CTN. C: correta, nos termos do art. 208 do CTN, lembrando que essa responsabilidade tributária não afasta a responsabilidade criminal ou funcional. D: correta, porque o sigilo fiscal é previsto no art. 198 do CTN. E: incorreta, pois a requisição de auxílio policial é possível ainda que não se configure fato definido em lei como crime ou contravenção – art. 200, *in fine*, do CTN.
Gabarito "E".

(Delegado/DF – 2004) O Código Tributário Nacional estabelece que a responsabilidade seja pessoal ao agente quanto a determinadas infrações, EXCETO:

(A) as conceituadas por lei como crimes ou contravenções;

(B) aquelas em cuja definição o dolo específico do agente seja elementar;

(C) as que decorram direta e exclusivamente de dolo específico dos mandatários, prepostos ou empregados, contra seus mandantes, preponentes ou empregadores;

(D) as que decorram direta e exclusivamente de dolo específico dos diretores, gerentes ou representantes de pessoas jurídicas de direito privado, contra estas;

(E) as de menor potencial ofensivo, decorrentes de descumprimento de obrigações acessórias, previstas em tratados internacionais.

Apenas a assertiva "E" indica situação em que não há responsabilidade pessoal do agente, em conformidade com o art. 137 do CTN.
Gabarito "E".

## 8. SUSPENSÃO, EXTINÇÃO E EXCLUSÃO DO CRÉDITO

(Delegado/PE – 2016 – CESPE) De acordo com as disposições do CTN, é causa de extinção da exigibilidade do crédito tributário

(A) a consignação em pagamento.

(B) as reclamações e os recursos, nos termos das leis reguladoras do processo tributário administrativo.

(C) a concessão de medida liminar ou de tutela antecipada, em outras espécies de ação judicial.

(D) o parcelamento.

(E) a concessão de medida liminar em mandado de segurança.

A: correta – art. 156, VIII, do CTN; B, C, D e E: incorretas, pois reclamações e recursos, liminares, tutelas antecipadas e parcelamento são modalidades de suspensão do crédito tributário, não de extinção – art. 151 do CTN. Esse tipo de questão, que exige conhecimento decorado das modalidades de suspensão, extinção e exclusão do crédito tributário, é extremamente comum, de modo que o candidato deve memorizá-las.
Gabarito "A".

(Delegado/PE – 2016 – CESPE) No que diz respeito aos institutos da prescrição e da decadência, assinale a opção correta.

(A) A prescrição e a decadência estão previstas no CTN como formas de exclusão do crédito tributário.

(B) O direito de ação para a cobrança do crédito tributário decai em cinco anos, contados da data da sua constituição definitiva.

(C) O protesto judicial é uma forma de interrupção da prescrição.

(D) O direito de a fazenda pública constituir o crédito tributário prescreve após cinco anos, contados do primeiro dia do exercício seguinte àquele em que o lançamento poderia ter sido efetuado.

(E) As normas gerais sobre prescrição e decadência na matéria tributária devem ser estabelecidas por meio de lei ordinária.

A: incorreta, pois prescrição e decadência são modalidades de extinção do crédito tributário, nos termos do art. 156 do CTN; B: incorreta, pois o prazo para a cobrança é prescricional, e não decadencial – art. 174 do CTN; C: correta, nos termos do art. 174, parágrafo único, II, do CTN; D: incorreta, pois o prazo para constituir o crédito tributário é decadencial, não prescricional – art. 173 do CTN; E: incorreta, pois essas normas gerais devem ser veiculadas por lei complementar federal – art. 146, III, *b*, da CF.
Gabarito "C".

(Delegado Federal – 2002 – CESPE) Agentes públicos da Secretaria da Receita Federal (SRF) e do INSS realizaram operação conjunta de fiscalização nas Viações Aéreas Matrix S.A. (VAM), com o objetivo de apurar sua situação fiscal e previdenciária. Durante a fiscalização, os agentes públicos não apenas descobriram uma série de irregularidades previdenciárias e fiscais, mas também identificaram que a situação econômico-financeira da VAM era precária, estando a empresa à beira da falência. Com relação à situação hipotética apresentada acima, julgue o item a seguir.

(1) Se a fiscalização identificar que, nos últimos nove anos, a VAM não recolheu a contribuição a cargo da empresa, incidente sobre décimo terceiro salário pago aos seus empregados, o INSS poderá cobrar todo o valor sonegado, corrigido monetariamente e acrescido de juros de mora e multa, pois a constituição de créditos previdenciários é sujeita a prazo prescricional de dez anos.

1: Incorreta, porque os prazos decadenciais e prescricionais de 10 anos previstos na legislação previdenciária foram afastados pelo STF. A Suprema Corte entendeu inconstitucional essa previsão da lei ordinária, pois decadência e prescrição são matérias a serem veiculadas por lei complementar federal, nos termos do art. 146, III, *b*, da CF. Atualmente, o prazo decadencial (para lançar o tributo) e prescricional (para cobrar judicialmente o tributo) são de 5 anos cada, nos termos dos arts. 173 e 174 do CTN. Ver Súmula Vinculante 8 do STF: "São inconstitucionais o parágrafo único do artigo 5º do Decreto-lei nº 1.569/1977 e os artigos

45 e 46 da Lei nº 8.212/1991, que tratam de prescrição e decadência de crédito tributário".

Gabarito: 1E.

**(Delegado Federal – 2002 – CESPE)** Vanessa, que tem 24 anos de idade e reside em Belo Horizonte, é professora particular de música desde janeiro de 2000, atuando nessa área como profissional autônoma, e, há seis meses, exerce a função de síndica do prédio em que mora, recebendo remuneração pelo exercício de ambas as atividades. Contudo, até o presente momento, Vanessa não se inscreveu na previdência social nem recolheu nenhuma contribuição previdenciária. Além disso, Vanessa nunca pagou imposto de renda (IR) nem o imposto sobre serviços de qualquer natureza (ISS) que incide sobre a remuneração recebida na qualidade de trabalhadora autônoma.

Julgue os itens subsequentes, relativos à situação hipotética apresentada.

**(1)** Se, em Belo Horizonte, houvesse lei municipal isentando os professores de música do pagamento de ISS, e essa norma houvesse sido revogada em março de 2001, então a lei revogadora não teria efeitos imediatos, cessando a isenção apenas em 1.º/1/2002, uma vez que as normas que revogam isenções, diferentemente das leis que as concedem, submetem-se ao princípio constitucional tributário da anterioridade.

**(2)** Caso uma lei municipal isente os professores de música de Belo Horizonte do pagamento do ISS, ocorrerá exclusão tanto do crédito tributário referente a Vanessa quanto das obrigações acessórias que a legislação municipal lhe atribuir, pois, de acordo com o princípio tributário da subsidiariedade, a dispensa da obrigação principal implica a dispensa das obrigações acessórias.

**1:** incorreta, embora haja grande debate a respeito, prevalece o entendimento de que a isenção é simples exclusão do crédito tributário ou dispensa do pagamento. Significa que, quando há isenção, ocorre o fato gerador e surge a obrigação tributária, mas o contribuinte fica dispensado do pagamento. Essa é a doutrina adotada pelo texto do CTN. Por esse entendimento, a revogação da isenção não corresponde à instituição ou à majoração do tributo, de modo que não se submete ao princípio da anterioridade, exceto no caso de impostos sobre o patrimônio e a renda, pois, nesses casos, há previsão legal no art. 104, III, do CTN. De qualquer forma, é preciso ressaltar que há entendimento doutrinário mais moderno, no sentido de que qualquer revogação de isenção corresponde à instituição ou à majoração de tributo, de modo que se sujeita ao princípio da anterioridade; **2:** incorreta, pois, apesar do nome, a obrigação acessória não depende da obrigação principal. Assim, a inexistência do dever de pagar tributo não exime, necessariamente, a pessoa das obrigações acessórias (prestar declarações, por exemplo), conforme a legislação tributária aplicável – art. 175, parágrafo único, do CTN.

Gabarito: 1E, 2E.

## 9. IMPOSTOS E CONTRIBUIÇÕES EM ESPÉCIE

**(Delegado Federal – 2004 – CESPE)** A fiscalização tributária apreendeu em estabelecimento farmacêutico controle paralelo de vendas de três anos anteriores à fiscalização, sem emissão de notas fiscais, de cápsulas para emagrecimento compostas de substância capaz de causar dependência psíquica e acionou imediatamente a polícia, que efetuou a prisão em flagrante do sócio-gerente por tráfego de entorpecente, já que tal substância estava estocada em prateleira, vindo a ser proferida sentença condenatória com trânsito em julgado. Com base na situação hipotética acima, julgue os itens a seguir.

**(1)** Se o estabelecimento em consideração for uma farmácia de manipulação e tiver fabricado as cápsulas apreendidas, o município poderá cobrar o ICMS devido sobre as vendas realizadas.

**(2)** Na hipótese considerada, se o produto comercializado for sujeito a substituição tributária, não gerará, para a farmácia, obrigação de recolher ICMS.

**1:** Incorreta, uma vez que a produção e a comercialização de medicamentos sob encomenda por farmácias de manipulação se sujeitam ao ISS municipal, e não ao ICMS estadual. Perceba que não se trata de mercadoria "de prateleira", oferecida no mercado, mas sim produto "sob encomenda" (a mesma lógica se aplica, por exemplo, a programas de computador sob encomenda, que se sujeitam ao ISS, e aos de prateleira, tributados pelo ICMS); **2:** Correta, porque não há incidência de ICMS, na hipótese, conforme comentário à assertiva anterior.

Gabarito: 1E, 2C.

**(Delegado Federal – 1998 – CESPE)** Quanto às contribuições sociais, julgue os itens que se seguem:

**(1)** Considerando ser o faturamento das pessoas jurídicas o fato gerador das contribuições para o Programa de Integração Social, criado pela Lei Complementar n.° 7, de 7 de setembro de 1970, e para o Programa de Formação do Patrimônio do Servidor Público, criado pela Leis Complementar n° 8, de 3 de dezembro de 1970, não seria constitucionalmente possível a instituição, pela Lei Complementar n.° 70, de 30 de dezembro de 1991, da contribuição para financiamento da seguridade social (COFINS), cujo fato gerador é também o faturamento das empresas.

**(2)** As contribuições de interesse de categorias profissionais ou econômicas revestem-se de função parafiscal.

**(3)** Todas as contribuições sociais, exceto as de seguridade social, são de competência exclusiva da União.

**(4)** As contribuições de intervenção no domínio econômico e as de interesse de categorias profissionais ou econômicas só poderão ser exigidas após noventa dias da data da publicação da lei que as houver instituído ou modificado.

**(5)** Somente a União, mediante lei complementar, poderá instituir novas contribuições para a previdência e assistência sociais, com base na competência tributária residual.

**1:** Incorreta, pois a Constituição Federal não veda o *bis in idem* em relação a essas contribuições sociais (não proíbe duas contribuições da União incidentes sobre a mesma base de cálculo); **2:** correta. Apesar de essas contribuições serem da competência da União (somente ela pode legislar a respeito), o polo ativo da obrigação tributária é ocupado por entidades representativas de categorias profissionais ou econômicas (por exemplo, Conselhos Regionais de Medicina, de Contabilidade, de Engenharia), que cobram o tributo e ficam com a receita arrecadada (não transferem para a União), utilizando-a para financiar suas atividades. Isso é o que se denomina *parafiscalidade*; **3:** correta, pois Estados, DF e Municípios têm competência em relação às contribuições cobradas dos servidores, destinadas aos respectivos regimes próprios de previdência – art. 149, § 1°, da CF; **4:** Incorreta, visto que a anterioridade nonagesimal,

apesar de aplicável também a essas contribuições, refere-se apenas à instituição ou à *majoração* dos tributos, não a toda *modificação*, como consta da assertiva (não se aplica à redução do tributo!); **5:** correta, nos termos do art. 195, § 4º, da CF (embora a expressão *competência residual* seja normalmente utilizada em relação aos impostos previstos no art. 154, I, da CF).
Gabarito: 1E, 2C, 3C, 4E, 5C

**(Delegado/ES – 2006 – CESPE)** Com relação ao direito tributário, julgue o item subsequente.

(1) Somente o ICMS, o Imposto de Importação e o de Exportação podem incidir sobre as operações relativas a energia elétrica, serviços de telecomunicações e derivados de petróleo.

**1:** correta, pois reflete o disposto no art. 155, § 3º, da CF.
Gabarito: "1C".

**(Delegado/RN – 2009 – CESPE)** Acerca do imposto de transmissão *causa mortis* e doação, de quaisquer bens ou direitos, assinale a opção incorreta.

**(A)** É vedada a atualização de seu valor por índice de correção estadual.

**(B)** Deve ser calculado sobre o valor dos bens na data da avaliação.

**(C)** Não incide sobre os honorários do advogado contratado pelo inventariante.

**(D)** Não é exigível antes da homologação do cálculo do valor devido.

**(E)** É legítima sua incidência no inventário por morte presumida.

**A:** incorreta, já que se admite a atualização por índice de correção estadual – ver RE 97.459/RJ. **B:** correta, conforme a Súmula 113 do STF. **C:** correta, pois se a contratação do advogado pelo inventariante foi homologada pelo juiz, não incide o ITCMD sobre os honorários correspondentes – ver RE 63.082/SP. **D:** correta, conforme a Súmula 114 do STF. **E:** correta, nos termos da Súmula 331 do STF.
Gabarito: "A".

## 10. GARANTIAS E PRIVILÉGIOS DO CRÉDITO TRIBUTÁRIO

**(Delegado/ES – 2006 – CESPE)** Com relação ao direito tributário, julgue o item subsequente.

(1) Considera-se fraudulenta a alienação em que o dirigente de pessoa jurídica em débito com a fazenda pública, por crédito inscrito como dívida ativa, aliena bens da respectiva pessoa jurídica, reservando montante para o pagamento da dívida inscrita.

**1:** Incorreta, pois não há presunção de fraude se o devedor reserva bens ou rendas suficientes para o total pagamento da dívida inscrita – art. 185, parágrafo único, do CTN.
Gabarito: "1E".

## 11. ADMINISTRAÇÃO TRIBUTÁRIA, FISCALIZAÇÃO

**(Delegado Federal – 2002 – CESPE)** Em adição à situação hipotética proposta, considere que Luís, um dos fiscais da SRF envolvidos na fiscalização da VAM, tenha exigido R$ 10.000,00 de Sérgio, o presidente da empresa, para não tornar pública a informação de que a VAM estava próxima da falência. Nesse caso, é correto afirmar que a conduta de Luís configura crime de corrupção passiva e que, caso Luís viesse a tornar públicas as informações acerca do estado da VAM, ele cometeria crime de violação de sigilo profissional, além de violar a regra administrativa que determina que os agentes da SRF não podem divulgar informações sobre a situação econômica ou financeira das entidades, obtidas em razão do ofício, nem mesmo a outros órgãos da administração pública.

**1:** incorreta, apenas na parte final, já que não há vedação à divulgação de informações fiscais a outros órgãos da administração pública, desde que nos estritos termos do art. 198, § 1º, II, e § 2º, do CTN. No mais, a assertiva é correta – art. 3º, II, da Lei 8.137/1990 (corrupção passiva tributária) e art. 325 do CP (violação de sigilo funcional).
Gabarito: "1E".

**(Delegado Federal – 2002 – CESPE)** Em adição à situação hipotética acima, considere que, inicialmente, os empregados da VAM franquearam livre acesso aos fiscais, exibindo-lhes todos os documentos pedidos. Porém, quando os agentes públicos entraram na sala de Sérgio, presidente da empresa, e solicitaram que fosse examinado o conteúdo de um cofre que ali havia, Sérgio negou-se a abri-lo, argumentando que nele estavam guardadas apenas informações acerca do seu patrimônio pessoal, bem como dados sigilosos relativos aos planos de expansão da empresa e às promoções previstas para o mês seguinte, informações essas que não tinham nenhuma relação com a matéria tributária e previdenciária e que, portanto, ele não tinha o dever de exibi-las aos fiscais. Inconformados, os agentes deram ordem expressa a Sérgio para que o cofre fosse aberto, ao que ele respondeu que os agentes poderiam solicitar a exibição de qualquer documento pertinente às suas áreas de fiscalização e esse documento lhes seria mostrado, mas reafirmou sua intenção de não abrir o cofre. Nesse caso, é correto afirmar que a recusa de Sérgio em abrir o cofre possibilita que os fiscais solicitem auxílio de agentes da Polícia Federal para garantir o devido cumprimento das suas funções, podendo os policiais prender Sérgio em flagrante delito pelo crime de desacato à autoridade.

**1:** incorreta, porque não há desacato. O fisco tem acesso a todos os livros, arquivos, documentos etc. relacionados à atividade empresarial, que interessem à tributação, podendo, em caso de embaraço, requisitar auxílio policial, nos termos do art. 200 do CTN. Entretanto, na situação descrita, não há prova ou mesmo suspeita razoável de que haja algum documento relevante para a fiscalização dentro do cofre, que não é ambiente (ou local) aberto ao público em geral. Nesse caso, somente com ordem judicial é que se poderia impor sua abertura para a fiscalização.
Gabarito: "1E".

**(Delegado/ES – 2006 – CESPE)** Com relação ao direito tributário, julgue o item subsequente.

(1) As informações obtidas em razão de representações fiscais para fins penais devem ser mantidas em sigilo pelas autoridades fazendárias.

**1:** Incorreta, uma vez que o sigilo fiscal não impede a divulgação de informações relativas a representações fiscais para fins penais – art. 198, § 3º, I, do CTN.
Gabarito: "1E".

## 12. CRIMES

**(Delegado/GO – 2017 – CESPE)** Se resultar em supressão ou redução de tributo, configurará crime contra a ordem tributária a conduta consistente em

(A) utilizar programa de processamento de dados que disponibilize ao sujeito passivo informação diversa daquela fornecida à fazenda pública.
(B) negar-se a fornecer nota fiscal relativa a venda de mercadoria ou a venda de serviço.
(C) exigir para si porcentagem sobre a parcela dedutível de imposto como incentivo fiscal.
(D) aplicar incentivo fiscal em desacordo com o estatuído.
(E) deixar de pagar benefício a segurado quando valores já tiverem sido reembolsados à empresa pela previdência social.

**A, C e D:** corretas, embora haja dubiedade. Não é necessária a supressão ou redução de tributo para a configuração de crime, nesses casos, conforme art. 2°, V, III e IV, respectivamente, da Lei 8.137/1990. Mas, se houver supressão ou redução do tributo, não se afastam os crimes previstos nesses dispositivos, evidentemente. As assertivas estariam claramente incorretas se houvesse a palavra "apenas" no início delas; **B:** incorreta, pois a tipificação só ocorre se essa emissão de nota for obrigatória, nos termos da legislação tributária – art. 1°, V, da Lei 8.137/1990; **E:** incorreta. A configuração de crime previsto no art. 168-A, § 1°, III, do CP não implica redução ou supressão de tributo, mas simplesmente falta de pagamento de valores ao segurado. Gabarito Anulada

**(Delegado Federal – 2004 – CESPE)** A fiscalização tributária apreendeu em estabelecimento farmacêutico controle paralelo de vendas de três anos anteriores à fiscalização, sem emissão de notas fiscais, de cápsulas para emagrecimento compostas de substância capaz de causar dependência psíquica e acionou imediatamente a polícia, que efetuou a prisão em flagrante do sócio-gerente por tráfego de entorpecente, já que tal substância estava estocada em prateleira, vindo a ser proferida sentença condenatória com trânsito em julgado. Com base na situação hipotética acima, julgue os itens a seguir.

(1) O proprietário do estabelecimento cometeu, em tese, crime contra a ordem tributária.
(2) A responsabilidade penal tributária e a tributária penal não se confundem, apesar de ambas adotarem a responsabilidade subjetiva.

**1:** correta, conforme o art. 1°, I, II e V, da Lei 8.137/1990; **2:** incorreta, porque a responsabilidade por infração da legislação tributária (responsabilidade tributária penal) não depende da intenção do agente ou do responsável ou da efetividade, natureza e extensão dos efeitos do ato, o que leva muitos autores a classificá-la como objetiva – art. 136 do CTN. Gabarito 1C, 2E

**(Delegado Federal – 2002 – CESPE)** Julgue o seguinte item.

(1) Consoante entendimento do STF, a sonegação fiscal de lucro advindo de atividade criminosa – tráfico de entorpecentes –, envolvendo sociedades comerciais organizadas, com lucros vultosos subtraídos à contabilidade regular das empresas e à declaração de rendimentos, caracteriza, em tese, crime contra a ordem tributária.

**1:** correta, pois essa é a jurisprudência do STF, acolhendo o princípio do *non olet* – ver HC 77.530/RS. Gabarito "1C"

**(Delegado/DF – 2004)** Quanto aos crimes contra a ordem tributária, é INCORRETO afirmar que:

(A) constitui crime suprimir ou reduzir tributo, ou contribuição social e qualquer acessório, mediante a conduta de omitir informação, ou prestar declaração falsa às autoridades fazendárias;
(B) extingue-se a punibilidade quando o agente promover o pagamento do tributo ou contribuição social, inclusive acessórios;
(C) se cometidos em quadrilha ou coautoria, o coautor ou partícipe que através de confissão espontânea revelar à autoridade policial ou judicial toda a trama delituosa terá a sua pena reduzida de um a dois terços;
(D) são de ação penal pública;
(E) a remição abrange exclusivamente as infrações cometidas anteriormente à vigência da lei que a concede, não se aplicando às infrações resultantes de conluio.

**A:** correta, conforme o art. 1°, I, da Lei 8.137/1990. **B:** correta, conforme o art. 9° da Lei 10.684/2003; **C:** correta, conforme o art. 16, parágrafo único, da Lei 8.137/1990. **D:** correta, nos termos do art. 15 da Lei 8.137/1990. **E:** incorreta, já que inexiste essa previsão legal. Gabarito "E"

**(Delegado/ES – 2006 – CESPE)** Com relação ao direito tributário, julgue o item subsequente.

(1) Considere a seguinte situação hipotética. Davi, ao efetuar a compra de alguns livros, solicitou ao vendedor a respectiva nota fiscal. O vendedor, contudo, não a forneceu, sob o argumento de que o gerente da loja não o havia autorizado a emitir notas fiscais. Nessa situação, a omissão constitui simples infração administrativa.

**1:** Incorreta, visto que negar ou deixar de fornecer, quando obrigatório, nota fiscal ou documento equivalente, relativa à venda de mercadoria ou prestação de serviço, efetivamente realizada, ou fornecê-la em desacordo com a legislação é crime contra a ordem tributária previsto no art. 1°, V, da Lei 8.137/1990. Gabarito "1E"

## 13. OUTRAS MATÉRIAS E COMBINADAS

**(Delegado/PE – 2016 – CESPE)** A respeito da execução fiscal, assinale a opção correta.

(A) É admissível, nos embargos à execução fiscal, compensar os valores do imposto de renda retidos indevidamente na fonte com os valores restituídos apurados na declaração anual.
(B) A penhora não poderá recair, em nenhuma hipótese, sobre estabelecimento comercial, industrial ou agrícola.
(C) A dívida ativa regularmente inscrita goza de presunção absoluta de certeza e liquidez.
(D) A produção de provas pela fazenda pública depende de requerimento na petição inicial.
(E) Os embargos do devedor na fase de execução fiscal prescindem de garantia à execução.

**A:** correta, pois a proibição de alegação de compensação como matéria de defesa nos embargos à execução fiscal (art. 16, § 3°, da Lei 6.830/1980) não se aplica aos casos em que essa compensação ocorreu antes do ajuizamento da execução, na forma admitida por lei do próprio ente tributante, conforme jurisprudência pacífica do STJ – ver REsp 1.008.343/SP-repetitivo; **B:** incorreta, pois a penhora pode

recair excepcionalmente sobre estabelecimento comercial, industrial ou agrícola, bem como em plantações ou edifícios em construção – art. 11, § 1º, da Lei 6.830/1980; **C:** incorreta, pois a presunção é relativa, podendo ser ilidida por prova inequívoca, a cargo do sujeito passivo ou do terceiro a que aproveite – art. 204, parágrafo único, do CTN; **D:** incorreta, pois a produção de provas pela Fazenda Pública independe de requerimento na petição inicial – art. 6º, § 3º, da Lei 6.830/1980; **E:** incorreta, pois a garantia da execução fiscal é imprescindível para a apresentação de embargos pelo devedor, nos termos do art. 16, § 1º, do CTN, que não foi afastado pelo atual CPC, conforme jurisprudência pacífica do STJ – ver REsp 1.272.827/PE-repetitivo.
Gabarito "A".

**(Delegado/PE – 2016 – CESPE)** Tendo como referência o disposto no CTN, assinale a opção correta.

(A) A capacidade tributária passiva é plena e independe da capacidade civil.

(B) Não haverá incidência tributária sobre atividades ilícitas.

(C) A obrigação tributária principal nasce com o lançamento do fato gerador.

(D) Fato gerador corresponde ao momento abstrato previsto em lei que habilita o início da relação jurídico-tributária.

(E) A denominação do tributo e a destinação legal do produto de sua arrecadação são essenciais para qualificá-lo.

**A:** correta – art. 126 do CTN; **B:** incorreta, pois a licitude das atividades são, em princípio, irrelevantes para a incidência tributária (princípio do *non olet*) – art. 118 do CTN; **C:** incorreta, pois, nos termos do CTN, a obrigação tributária surge imediatamente com a ocorrência do fato gerador – art. 113, § 1º, do CTN. É o crédito tributário que surge apenas com o lançamento tributário – art. 142 do CTN; **D:** discutível. Há diversas linhas doutrinárias que utilizam expressões distintas para se referir a duas realidades: (i) a previsão geral e abstrata do fato gerador, sua descrição feita pela lei (= hipótese de incidência, fato gerador em abstrato etc.) e (ii) a efetiva ocorrência do evento previsto na lei, que faz surgir a obrigação tributária (= fato jurídico tributário, fato gerador em concreto etc.). Note que a alternativa "D" se refere à previsão abstrata. Embora boa parte da doutrina utilize a expressão "fato gerador" exclusivamente para se referir à efetiva ocorrência do evento na vida real (por esse entendimento, a alternativa "D" seria incorreta), o CTN a utiliza nos dois sentidos. Por exemplo, o art. 114 do CTN se refere a "fato gerador" como o evento que ocorre na vida real (fato gerador em concreto) e que corresponde à descrição legal. Já no art. 4º, como outro exemplo, o CTN utiliza a expressão "fato gerador" para se referir à descrição legal, ou seja, à previsão geral e abstrata do evento que faz surgir a relação jurídica obrigacional tributária (entendimento pelo qual a alternativa "D" seria correta); **E:** incorreta, pois a denominação e a destinação legal do produto da arrecadação são irrelevantes para qualificar a natureza jurídica específica do tributo – art. 4º do CTN.
Gabarito "A".

**(Delegado/PA – 2006 – CESPE)** Julgue os itens abaixo referentes às espécies tributárias e aos crimes contra a ordem tributária.

I. As taxas, as contribuições de melhoria e as contribuições sociais são exemplos de tributos vinculados, pois os fatos geradores estão relacionados a atividades estatais em prol dos contribuintes.

II. Um fiscal de renda que extravie um processo fiscal cuja guarda seja sua responsabilidade em razão da função que ocupe não pratica qualquer ilícito penal por ausência de tipicidade.

III. A fixação das alíquotas máximas do imposto de transmissão *causa mortis* e doação, de quaisquer bens ou direitos, cuja competência é dos municípios é competência do Senado Federal.

IV. O imposto sobre produtos industrializados (IPI) é considerado um tributo extrafiscal, juntamente com os impostos sobre o comércio exterior, pois, apesar de constituírem receitas para a União, a finalidade de regular a economia é prevalente.

A quantidade de itens certos é igual a

(A) 1.

(B) 2.

(C) 3.

(D) 4.

I: incorreta, visto que as contribuições sociais não são consideradas tributos vinculados, já que seu fato gerador, em princípio, não se vincula a atividade estatal específica voltada ao contribuinte. A rigor, a contribuição social é definida por sua finalidade, e não pelo fato gerador. II: incorreta, pois se trata de crime tipificado pelo art. 3º, I, da Lei 8.137/1990. III: incorreta, pois o ITCMD é da competência dos Estados e DF, e não municipal, como consta da assertiva. Entretanto, é correta a afirmação de que cabe ao Senado fixar suas alíquotas máximas, nos termos do art. 155, § 1º, IV, da CF. IV: correta.
Gabarito "A".

**(Delegado/RN – 2009 – CESPE) 47** Em relação ao Sistema Tributário Nacional e à jurisprudência do STF, assinale a opção correta.

(A) O ordenamento jurídico brasileiro admite a instituição de taxa para o custeio de serviços prestados por órgãos de segurança pública, na medida em que tal atividade, por ser essencial, pode ser financiada por qualquer espécie de tributo existente.

(B) As taxas cobradas em razão exclusivamente dos serviços públicos de coleta, remoção e tratamento ou destinação de lixo ou resíduos provenientes de imóveis são constitucionais, no entanto é inconstitucional a cobrança de valores tidos como taxa em razão de serviços de conservação e limpeza de logradouros e bens públicos.

(C) O STF firmou orientação no sentido de que as custas judiciais e os emolumentos concernentes aos serviços notariais e registrais não possuem natureza tributária, uma vez que não se enquadram em nenhuma das espécies tributárias previstas na CF.

(D) As normas relativas à prescrição e à decadência tributárias têm natureza de normas específicas de direito tributário, cuja disciplina é reservada a lei ordinária, sendo certo que as contribuições previdenciárias prescrevem em dez anos, contados da data da sua constituição definitiva.

(E) Os cemitérios que consubstanciam extensões de entidades de cunho religioso não estão abrangidos pela imunidade tributária prevista na CF, uma vez que as normas que tratam de renúncia fiscal devem ser interpretadas restritivamente.

A: incorreta, porque os serviços de segurança pública são prestados indistinta e genericamente a toda a coletividade (*uti universi*), ou seja, não se pode identificar quanto cada cidadão se utiliza deles (não é *uti singuli*, não são serviços específicos e divisíveis), de modo que não dão ensejo à cobrança de taxa. B: correta, conforme a Súmula Vinculante 19/STF.

C: incorreta, porque o entendimento jurisprudencial é de que as custas e os emolumentos têm natureza tributária (são taxas). D: incorreta, pois a decadência e a prescrição são matérias reservadas à lei complementar federal – art. 146, III, *b*, da CF e Súmula Vinculante 8/STF. E: incorreta, já que conforme entendimento do STF, os cemitérios que consubstanciam extensões de entidades de cunho religioso estão abrangidos pela imunidade dos templos – art. 150 VI, *b*, da CF, ver RE 578.562/BA.

Gabarito "B".

(Delegado/RN – 2009 – CESPE) Acerca da repartição das receitas tributárias, assinale a opção correta.

(A) O repasse da quota constitucionalmente devida aos municípios a título de ICMS pode sujeitar-se à condição prevista em programa de benefício fiscal de âmbito estadual.

(B) Pertencem aos municípios 50% do produto da arrecadação do ICMS do estado.

(C) Pertence aos municípios o produto da arrecadação do imposto da União sobre renda e proventos de qualquer natureza, incidente na fonte, sobre rendimentos pagos, a qualquer título, por eles, suas autarquias e pelas fundações que instituírem e mantiverem.

(D) Pertencem aos estados 50% do produto da arrecadação dos impostos que a União instituir com base no exercício de sua competência residual que lhe é atribuída pela CF.

(E) A União entregará do produto da arrecadação dos impostos sobre renda e proventos de qualquer natureza 22,5% ao Fundo de Participação dos Estados e do Distrito Federal.

A: incorreta, pois não se pode condicionar a transferência de receitas tributárias constitucionalmente previstas, salvo as exceções indicadas no próprio texto constitucional – art. 160 da CF. B: incorreta, já que os Municípios têm direito a 25% da receita do ICMS – art. 158, IV, da CF. C: correta, nos termos do art. 158, I, da CF. D: incorreta, dado que os Estados e o DF têm direito a 20% da arrecadação de eventual imposto da competência residual – art. 157, II, da CF. E: incorreta, pois a União entregará 21,5% da receita do IR ao Fundo de Participação dos Estados e do DF e 22,5% ao Fundo de Participação dos Municípios – art. 159, I, da CF. Atenção: a partir da EC 84/2014, o percentual do IPI e do IR a ser repassado pela União na forma do art. 159, I, da CF, foi majorado de 48% para 49%.

Gabarito "C".

# 23. DIREITO EMPRESARIAL

**Robinson Barreirinhas e Henrique Subi***

## 1. TEORIA GERAL, EMPRESÁRIOS, PRINCÍPIOS

**(Delegado – PC/SE – 2018 – CESPE/CEBRASPE)** A respeito das condições para o exercício de atividade comercial, julgue os itens subsequentes.

(1) O incapaz é impedido de iniciar atividade empresarial individual, mas poderá, excepcionalmente, ser autorizado a dar continuidade a atividade empresária preexistente.

(2) Condenado por crime falimentar não pode se registrar na junta comercial como empresário individual, mas pode figurar como sócio de responsabilidade limitada, desde que sem poderes de gerência ou administração.

(3) É vedado transformar registro de empresário individual em registro de sociedade empresária.

**1:** correta, nos termos do art. 974 do CC; **2:** correta, nos termos do art. 1.011 do CC. Anote-se, porém, crítica à redação da alternativa, porquanto o condenado por crime falimentar tem sua reabilitação empresarial concedida após 10 anos, contados do encerramento da falência. Ou seja, passado este prazo ele pode se inscrever como empresário, mas a limitação temporal não está expressa no enunciado; **3:** incorreta, a conversão é possível nos termos do art. 968, §3°, do CC. HS
Gabarito 1C, 2C, 3E

**(Delegado/PE – 2016 – CESPE)** A respeito de estabelecimento empresarial, aviamento e clientela, assinale a opção correta.

(A) Estabelecimento empresarial corresponde a um complexo de bens corpóreos organizados ao exercício de determinada empresa.

(B) O estabelecimento empresarial não é suscetível de avaliação econômica e, por consequência, não pode ser alienado.

(C) Aviamento refere-se à aptidão que determinado estabelecimento empresarial possui para gerar lucros.

(D) De acordo com a doutrina, aviamento e clientela são sinônimos.

(E) Na legislação vigente, não há mecanismos de proteção legal à clientela.

**A:** incorreta. O estabelecimento é composto tanto de bens corpóreos quanto de bens incorpóreos (ponto comercial, título do estabelecimento, clientela etc.); **B:** incorreta. O estabelecimento possui valor econômico próprio e pode ser objeto de negócio jurídico específico (art. 1.143 do Código Civil); **C:** correta. Este é o conceito de aviamento tradicionalmente adotado pela doutrina; **D:** incorreta. O conceito de aviamento foi corretamente exposto na letra "C". Clientela, por sua vez, é outro ativo intangível do estabelecimento, o conjunto de clientes que potencialmente adquirem os produtos e serviços do empresário; **E:** incorreta. A proteção à clientela é a razão jurídica da criminalização dos atos de concorrência desleal (art. 195 da Lei 9.279/1996). HS
Gabarito "C"

---
* **HS** questões comentadas por: **Henrique Subi**.
**RB** questões comentadas por: **Robinson Barreirinhas**.

**(Delegado Federal – 2013 – CESPE)** Julgue o seguinte item.

(1) Apesar de os gregos e os fenícios serem historicamente associados a atividades de compra e troca, o surgimento do direito comercial de forma organizada corresponde à ascensão da classe burguesa na Idade Média. À medida que artesãos e comerciantes europeus se reuniam em corporações de ofícios, surgiam normas destinadas a disciplinar os usos e costumes comerciais da época.

**1:** correta. Realmente, as primeiras normas voltadas à regulamentação do comércio datam da criação e expansão dos mercados na Idade Média. HS/RB
Gabarito "1C"

**(Delegado Federal – 2004 – CESPE)** Julgue o item a seguir.

(1) Em uma situação em que João, empresário, tenha decidido casar-se e tenha celebrado, com sua futura mulher, pacto pré-nupcial, este deverá ser arquivado e averbado no Registro Público de Empresas Mercantis.

**1:** correta, pois nos termos do art. 979 do CC, além de no Registro Civil, serão arquivados e averbados, no Registro Público de Empresas Mercantis, os pactos e declarações antenupciais do empresário, o título de doação, herança, ou legado, de bens clausulados de incomunicabilidade ou inalienabilidade. HS/RB
Gabarito "1C"

## 2. SOCIEDADES

A empresa Soluções Indústria de Eletrônicos Ltda. veiculou propaganda considerada enganosa relativa a determinado produto: as especificações eram distintas das indicadas no material publicitário. Em razão do anúncio, cerca de duzentos mil consumidores compraram o produto. Diante desse fato, uma associação de defesa do consumidor constituída havia dois anos ajuizou ação civil pública com vistas a obter indenização para todos os lesados.

**(Delegado – PC/SE – 2018 – CESPE/CEBRASPE)** Com referência a essa situação hipotética, julgue o item seguinte.

(1) Na situação apresentada, a empresa ré é uma sociedade limitada que optou por nome empresarial do tipo denominação.

**1:** correta. O tipo societário é reconhecível pela presença da expressão "limitada", abreviada, ao final do nome empresarial. Este, por sua vez, é composto por elemento fantasia e o objeto empresarial, formato que caracteriza a denominação (art. 1.158 do CC). HS
Gabarito "1C"

**(Delegado/GO – 2017 – CESPE)** Depende do consentimento de todos os sócios ou acionistas – salvo em caso de previsão no ato constitutivo, hipótese em que o dissidente poderá retirar-se da sociedade – a operação societária denominada

(A) incorporação.
(B) fusão.
(C) cisão.
(D) liquidação.
(E) transformação.

Dentre as operações societárias, a única que obrigatoriamente se dá pela unanimidade dos sócios, salvo se prevista no contrato social ou estatuto, é a transformação (art. 1.114 do CC). HS
Gabarito "E".

(Delegado/GO – 2017 – CESPE) Assinale a opção correta no que se refere ao direito societário.

(A) Compete ao poder público municipal do local da sede autorizar o funcionamento de sociedades cujo funcionamento dependa de autorização do Poder Executivo.
(B) É nulo todo o contrato social de sociedade limitada que contenha cláusula que exclua qualquer sócio da participação nos lucros e nas perdas.
(C) A sociedade em comum e a sociedade de fato ou irregular são não personificadas, conforme classificação do Código Civil.
(D) O sócio remisso pode ser excluído da sociedade pelos demais, caso em que deve ser-lhe devolvido, com os abatimentos cabíveis, o montante com o qual tenha contribuído para o capital social.
(E) Os tipos societários previstos no Código Civil são exemplificativos, podendo as sociedades organizar-se de formas distintas das expressamente listadas.

A: incorreta. A competência é do Poder Executivo federal (art. 1.123, parágrafo único, do CC); B: incorreta. Apenas a cláusula que assim determinar será nula, mantendo-se íntegro do restante do documento (art. 1.008 do CC); C: incorreta. Sociedade em comum, sociedade de fato e sociedade irregular são termos sinônimos. A alternativa está incorreta porque apenas o primeiro termo é adotado pelo Código Civil (art. 986 e seguintes do CC), que também elenca a sociedade em conta de participação como sociedade não personificada; D: correta, nos termos do art. 1.058 do CC; E: incorreta. Trata-se de rol taxativo (art. 983 do CC). HS
Gabarito "D".

(Delegado/PE – 2016 – CESPE) Assinale a opção que apresenta, respectivamente, as espécies societárias que somente podem ser consideradas, a primeira, como sociedade empresária e, a segunda, como sociedade simples, em razão de expressa imposição legal.

(A) sociedade comandita por ações / sociedade comandita simples
(B) sociedade anônima / sociedade cooperativa
(C) sociedades estatais / associações
(D) sociedade anônima / sociedade limitada
(E) sociedade em nome coletivo / sociedade limitada

Nos termos do art. 982, parágrafo único, do Código Civil, independentemente de seu objeto social, considera-se empresária a sociedade anônima e simples a cooperativa. HS
Gabarito "B".

(Delegado/PE – 2016 – CESPE) Considerando a legislação em vigor a respeito da responsabilidade dos sócios nos diversos tipos societários, assinale a opção correta.

(A) Nas sociedades cooperativas, o contrato social deverá prever, necessariamente, a responsabilidade ilimitada aos sócios.
(B) O acionista responde ilimitadamente com o próprio patrimônio no que se refere às obrigações assumidas pela sociedade anônima.
(C) Nas sociedades anônimas, os acionistas respondem solidariamente pela integralização do capital social.
(D) Nas sociedades limitadas, os sócios respondem solidariamente pela integralização do capital social.
(E) Na sociedade comandita por ações, todos os sócios respondem ilimitadamente pelos débitos societários.

A: incorreta. O contrato da sociedade cooperativa é livre para dispor sobre a responsabilidade dos sócios 1.095 do Código Civil); B: incorreta. A responsabilidade do acionista é limitada ao valor de suas ações (art. 1º da Lei 6.404/1976); C: incorreta. Na sociedade anônima, o acionista responde unicamente pela integralização de suas ações, não podendo ser alcançado pelo inadimplemento de outros sócios (art. 1º da LSA); D: correta, nos termos do art. 1.052 do Código Civil; E: incorreta. Na comandita por ações, apenas os diretores e gerentes têm responsabilidade ilimitada pelas obrigações sociais (art. 282 da LSA). HS
Gabarito "D".

(Delegado Federal – 2013 – CESPE) Julgue o seguinte item.

(1) Uma sociedade estrangeira não pode funcionar no Brasil sem autorização do governo do estado onde será instalada e sem certidão de nada consta emitida pela Polícia Federal, por meio de sua superintendência local.

1: incorreta. Compete ao Governo Federal autorizar o funcionamento de sociedade estrangeira no país (arts. 1.134 e seguintes do CC). HS/RB
Gabarito "1E".

(Delegado Federal – 2004 – CESPE) Julgue o item a seguir.

(1) Adolfo é sócio de determinada sociedade anônima e devedor inadimplente de Amauri, que contra ele promoveu execução forçada para que fosse satisfeito seu crédito. Nessa situação, não poderão ser penhorados bens de André relativos à sociedade anônima, uma vez que as ações da sociedade são impenhoráveis.

1: incorreta, porque as ações e as quotas de sociedades empresárias podem ser penhoradas – art. 835, IX, do NCPC. A sociedade anônima é sempre de capital, inexistindo dúvida quanto à penhorabilidade das ações. Havia debate apenas acerca das quotas das sociedades de pessoas, que já foi afastada pelo STJ, admitindo-se a penhora também nesse caso – ver AgRg no Ag 1.164.746/SP. HS/RB
Gabarito "1E".

Delegado/ES – 2006) Julgue o item a seguir, referentes ao direito comercial.

(1) Nos termos da legislação em vigor, para que uma pessoa jurídica possa funcionar como instituição financeira no Brasil, ela deve constituir-se na forma de sociedade de responsabilidade limitada ou sociedade anônima.

1: Incorreta, visto que as instituições financeiras privadas, exceto as cooperativas de crédito, constituir-se-ão unicamente sob a forma de sociedade anônima, devendo a totalidade de seu capital, com direito a voto, ser representada por ações nominativas, nos termos do art. 25 da Lei 4.595/1964. HS/RB
Gabarito "1E".

## 3. TÍTULOS DE CRÉDITO

**(Delegado/PE – 2016 – CESPE)** Com referência às disposições do Código Civil acerca de endosso e aval, assinale a opção correta.

(A) É válido o aval parcial de títulos de crédito.
(B) O Código Civil veda o aval parcial e, por se tratar de norma posterior, revogou o dispositivo da Lei Uniforme de Genebra que permite o aval parcial em notas promissórias.
(C) O Código Civil veda tanto o aval parcial quanto o endosso parcial.
(D) Dado o princípio da autonomia, caso o avalista pague o título, não haverá possibilidade de ação de regresso contra os demais coobrigados.
(E) É válido o endosso parcial de títulos de crédito.

**A:** incorreta. Para os títulos de crédito atípicos, regidos pelo Código Civil, é vedado o aval parcial (art. 897, parágrafo único, do Código Civil); **B:** incorreta. O Código Civil é norma subsidiária para os títulos de crédito típicos, aqueles previstos em leis especiais. Logo, não tem o condão de derrogar a Lei Uniforme de Genebra – é a lei especial que revoga a lei geral, não o contrário; **C:** correta, nos termos dos arts. 897, parágrafo único (aval), e 912, parágrafo único (endosso), do Código Civil; **D:** incorreta. O avalista sub-roga-se nos direitos daquele por quem pagou, portanto está autorizado a exigir a quantia em ação de regresso contra aqueles que lhe sejam anteriores na cadeia de endossos (art. 899, § 1º, do Código Civil); **E:** incorreta. O endosso parcial é nulo (art. 912, parágrafo único, do Código Civil). HS
Gabarito "C".

**(Delegado Federal – 2013 – CESPE)** Julgue o seguinte item.

(1) O denominado cheque pré-datado, apesar de usual no comércio brasileiro, não está previsto na legislação, segundo a qual o cheque é uma ordem de pagamento à vista, estando a instituição bancária obrigada a pagá-lo no ato de sua apresentação, de modo que a instituição não pode ser responsabilizada pelo pagamento imediato de cheques datados com lembrete de desconto para data futura.

**1:** correta. O cheque pré-datado é uma criação consuetudinária e, por força do art. 32 da Lei 7.357/1985, se apresentado para pagamento, o banco irá descontá-lo. Naturalmente, não pode a instituição financeira ser responsabilizada civilmente por eventuais danos, porque está cumprindo uma obrigação legal. Não se olvide, por outro lado, que o STJ reconhece a força desse costume comercial e atribui responsabilidade civil àquele que, aceitando receber um cheque pré-datado, leva-o ao banco para pagamento antes da data combinada (Súmula 370 do STJ: Caracteriza dano moral a apresentação antecipada de cheque pré-datado). HS/RB
Gabarito "1C".

**(Delegado/PA – 2006 – CESPE)** A respeito dos títulos de crédito, assinale a opção correta.

(A) Tem-se um título de crédito à ordem quando a cártula não traz inscrito o nome do beneficiário do crédito ali inscrito, permitindo-se que o pagamento se faça àquele que apresentá-lo e exigir o cumprimento da obrigação.
(B) Se for comprovada a perda, o extravio ou a retenção da duplicata, admite-se a emissão de triplicata em substituição. A retenção da duplicata remetida para aceite é condição para o protesto por indicação.
(C) A nota promissória e a duplicata são títulos abstratos, ou seja, não se discute a causa da obrigação, sendo estes autônomos em relação ao negócio originário que resultou na emissão dos referidos títulos de crédito.
(D) Uma duplicata pode referir-se a mais de uma fatura e, ainda que sem aceite, é título de crédito com eficácia executiva, se acompanhada de documentos hábeis à comprovação de que as mercadorias foram adquiridas e recebidas.

**A:** incorreta, pois a assertiva refere-se ao título ao portador – art. 905 do CC; **B:** correta, conforme o art. 13, § 1º, da Lei das Duplicatas – LD (Lei 5.474/1968); **C:** incorreta. A rigor, a abstração ocorre somente a partir da circulação do título de crédito, inclusive em relação à duplicata. Entretanto, a duplicata é título causal, já que é emitida sempre em relação a uma fatura de venda ou de serviço; **D:** incorreta, pois uma só duplicata não pode corresponder a mais de uma fatura – art. 2º, § 2º, da LD. HS/RB
Gabarito "B".

**(Delegado /ES – 2006)** Julgue o item a seguir, referente ao direito comercial.

(1) Considere a seguinte situação hipotética. Roberto emitiu cheque de sua titularidade para pagamento de mercadorias adquiridas em estabelecimento empresarial pertencente à pessoa jurídica Beta, que endossou o cheque. Nessa situação, inexistindo estipulação em contrário, Roberto e a pessoa jurídica Beta são coobrigados pelo pagamento do crédito constituído na cártula do título.

**1:** correta, uma vez que Beta é endossatária do cheque e, como tal, garante o pagamento do título – art. 21 da Lei 7.357/1985. Não se aplica a disposição do art. 914, caput, do CC, por existir norma especial – art. 903 do CC. HS/RB
Gabarito "1C".

## 4. FALÊNCIA, RECUPERAÇÃO JUDICIAL, RECUPERAÇÃO EXTRAJUDICIAL

**(Delegado Federal – 2013 – CESPE)** Julgue o seguinte item.

(1) Em caso de falência de sociedades, diretor e gerente equiparam-se ao falido para todos os efeitos penais, na medida da culpabilidade de cada um dos envolvidos, estando sujeitos, em caso de condenação, à inabilitação para o exercício da atividade empresarial, que deve ser certificada pelo delegado que tenha acompanhado o inquérito.

**1:** incorreta. O único erro da questão está na autoridade que certifica a inabilitação para o exercício de atividade empresarial. Se ela é um efeito da condenação, como aponta o art. 181, I, da Lei 11.101/2005, cabe ao juiz determinar essa restrição de direitos, não ao delegado de polícia. HS/RB
Gabarito "1E".

## 5. OUTRAS MATÉRIAS E COMBINADAS

**(Delegado – PC/SE – 2018 – CESPE/CEBRASPE)** Com referência a essa situação hipotética, julgue os itens que se seguem.

(1) O pedido de registro e arquivamento deverá ser rejeitado: é necessário provar, quando da protocolização

do requerimento, a inexistência de lançamentos de débitos tributários da empresa junto à PGFN.

(2) Embora a ausência da CND/SRF não impeça o registro da alteração do contrato social, essa certidão atribui efeito suspensivo ao pedido de arquivamento.

**1:** incorreta. O art. 9º da Lei Complementar 123/2006 dispensa a apresentação de CND para registro de microempresas e empresas de pequeno porte; **2:** incorreta. Não há qualquer previsão legal nesse sentido.

Determinada sociedade por quotas de responsabilidade limitada compra peças de uma sociedade em comum e as utiliza na montagem do produto que revende.

**(Delegado – PC/SE – 2018 – CESPE/CEBRASPE)** Considerando essa situação, julgue os itens a seguir, com base no Código de Defesa do Consumidor (CDC) e nas normas de direito civil e empresarial.

(1) A sociedade que vende as peças funciona sem registro na junta comercial e, assim, seus sócios responderão ilimitadamente pelas obrigações sociais.

(2) O contrato social da sociedade limitada pode prever regência supletiva pelas normas das sociedades anônimas, mas, se não o fizer, serão aplicadas as regras das sociedades simples no caso de omissões de normas específicas da sociedade limitada.

**1:** correta, nos termos do art. 990 do CC; **2:** correta, nos termos do art. 1.053 do CC.

**(Delegado Federal – 2018 – CESPE)** Julgue os itens seguintes, relativos a institutos complementares do direito empresarial, teoria geral dos títulos de crédito, responsabilidade dos sócios, falência e recuperação empresarial.

(1) Os livros comerciais, os títulos ao portador e os transmissíveis por endosso equiparam-se, para fins penais, a documento público, sendo a sua falsificação tipificada como crime.

(2) O condenado por crime falimentar fica impedido de atuar como empresário individual ou mesmo de ser sócio em sociedade limitada, ainda que não exerça função de gerência ou de administração.

(3) A sentença que decreta a falência ou concede a recuperação judicial é condição objetiva de punibilidade das infrações penais previstas na Lei de Recuperação de Empresas.

**1:** correta, nos termos do art. 297, § 2º, do Código Penal; **2:** errada. Nada impede que a pessoa condenada por crime falimentar seja sócia de pessoa jurídica. O que lhe é impedido é ter poderes de administração (art. 1.011, § 1º, do CC); **3:** correta, nos termos do art. 180 da Lei de Falências.

**(Delegado/GO – 2017 – CESPE)** Durante a instrução de determinado processo judicial, foi comprovada falsificação da escrituração em um dos livros comerciais de uma sociedade limitada, em decorrência da criação do chamado "caixa dois". A sentença proferida condenou pelo crime apenas o sócio com poderes de gerência.

A respeito dessa situação hipotética, assinale a opção correta.

(A) A conduta praticada pelo sócio constitui crime falimentar.

(B) Na situação, configura-se crime de falsificação de documento público.

(C) Sendo o diário e o livro de registro de atas de assembleia livros obrigatórios da sociedade citada, a referida falsificação pode ter ocorrido em qualquer um deles.

(D) Em decorrência da condenação criminal, o sócio-gerente deverá ser excluído definitivamente da sociedade.

(E) O nome do condenado não pode ser excluído da firma social, que deve conter o nome de todos os sócios, seguido da palavra "limitada".

**A:** incorreta. A conduta não se encontra entre as figuras típicas da Lei 11.101/2005; **B:** correta, nos termos do art. 297, § 2º, do Código Penal; **C:** incorreta. Não se faz "caixa dois" pelo livro de registro de atas de assembleia, porque, como o nome sugere, ele se presta unicamente a consolidar as atas das deliberações dos sócios; **D:** incorreta. Não há qualquer obrigação legal nesse sentido. Somente não pode ser administrador de sociedade (art. 1.011, § 1º, do CC), mas poderá ser sócio; **E:** incorreta. Não há qualquer óbice à exclusão do nome da firma social, a qual, é bom lembrar, pode ser composta somente pelo nome de um ou alguns dos sócios, seguido da partícula "& Cia.".

**(Delegado/ES – 2006)** Julgue o item a seguir, referente ao direito comercial.

(1) Considere-se que a pessoa jurídica Zeta, com sede em Porto Alegre, possua filial em São Paulo, a qual seja responsável por 89% de todo o faturamento da pessoa jurídica Zeta e possua dez vezes mais funcionários que a sede e um ativo imobilizado de valor aproximado de R$ 8.000.000,00, o que representa valor vinte vezes superior ao do patrimônio imobiliário da sede. Nessa situação, o foro da comarca de São Paulo será competente para deferir eventual pedido de recuperação judicial.

**1:** correta, dado que é competente para homologar o plano de recuperação extrajudicial, deferir a recuperação judicial ou decretar a falência o juízo do local do principal estabelecimento do devedor ou da filial de empresa que tenha sede fora do Brasil, de acordo com o art. 3º da Lei 11.101/2005.

# 24. DIREITO PREVIDENCIÁRIO

Robinson Barreirinhas e Henrique Subi*

## 1. PRINCÍPIOS E NORMAS GERAIS

(Delegado/PA – 2013) Sobre o financiamento da seguridade social, assinale a afirmativa correta.

(A) A seguridade social será financiada por toda a sociedade, de forma direta e indireta, nos termos da lei, mediante recursos provenientes dos orçamentos da União, dos Estados, do Distrito Federal e dos Municípios, e de contribuições sociais como a do o empregador, da empresa e da entidade a ela equiparada na forma da lei, incidentes sobre: a) a folha de salários e demais rendimentos do trabalho pagos ou creditados, a qualquer título, à pessoa física que lhe preste serviço, desde que com vínculo empregatício; b) a receita ou o faturamento; c) o lucro.

(B) Nenhum benefício ou serviço da seguridade social poderá ser criado, majorado ou estendido sem a correspondente fonte de custeio total, a não ser que seja autorizado pelo chefe do Poder Executivo, que tem legitimidade para propor o projeto de lei orçamentária.

(C) A proposta de orçamento da seguridade social será elaborada de forma integrada pelos órgãos responsáveis pela saúde, previdência social e assistência social, considerando o disposto na lei de diretrizes orçamentárias, devendo ser unificada a gestão dos recursos apenas pela área da assistência social.

(D) É vedada a utilização, sem autorização legislativa específica, de recursos dos orçamentos fiscal e da seguridade social para suprir necessidade ou cobrir déficit de empresas, fundações e fundos.

(E) A previdência social será organizada sob a forma de regime geral, de caráter contributivo e de filiação obrigatória, observados critérios que preservem o equilíbrio financeiro e atuarial, e atenderá, nos termos da lei, a proteção à maternidade, especialmente à gestante, a proteção ao trabalhador em situação de desemprego involuntário; salário-família e auxílio-reclusão para os dependentes dos segurados de qualquer renda.

A: incorreta. A contribuição social das empresas incidente sobre a folha de pagamento atinge a totalidade dos valores pagos ou creditados a pessoas físicas que lhe prestem serviço, tenham elas vínculo empregatício ou não (art. 195, I, "a", da Constituição Federal); B: incorreta. Não há exceções para a regra da previsão do custeio de novos benefícios (art. 195, § 5º, da CF); C: incorreta. A gestão dos recursos é individualizada entre cada uma das áreas que compõem a seguridade social (art. 195, § 2º, in fine, da CF); D: correta, nos termos do art. 167, VIII, da CF; E: incorreta. O salário-família e o auxílio-reclusão são pagos apenas, respectivamente, aos segurados e dependentes de **baixa** renda (art. 201, IV, da CF). HS/RB
Gabarito "D".

---

* RB questões comentadas por: **Robinson Barreirinhas**.
  HS questões comentadas por: **Henrique Subi**.

(Delegado/PA – 2013) Assinale a alternativa correta sobre o regime de previdência social:

(A) É facultada a adoção de requisitos e critérios diferenciados para a concessão de aposentadoria aos beneficiários do regime geral de previdência social, ressalvados os casos de atividades exercidas sob condições especiais que prejudiquem a saúde ou a integridade física e quando se tratar de segurados portadores de deficiência, nos termos definidos em lei complementar.

(B) O regime de previdência privada, de caráter complementar e organizado de forma autônoma em relação ao regime geral de previdência social, será obrigatório, baseado na constituição de reservas que garantam o benefício contratado, e regulado por lei complementar.

(C) É vedada a filiação ao regime geral de previdência social, na qualidade de segurado facultativo, de pessoa participante de regime próprio de previdência.

(D) Os Estados não podem legislar sobre previdência social, uma vez que se trata de competência privativa da União.

(E) A previdência social será organizada sob a forma de regime geral, de caráter contributivo e de filiação facultativa, observados critérios que preservem o equilíbrio financeiro e atuarial.

A: incorreta. É **vedada** a adoção de critérios diferenciados, salvo nas hipóteses narradas na alternativa (art. 201, § 1º, da CF); B: incorreta. O regime de previdência privada é **facultativo** (art. 202, caput, da CF); C: correta, nos termos do art. 201, § 5º, da CF; D: incorreta. A competência em questão é **concorrente**, cabendo aos Estados legislar sobre seu regime **próprio** de previdência (art. 24, XII, da CF); E: incorreta. A filiação ao regime geral de previdência social é **obrigatória** em caso de exercício de atividade remunerada (art. 201 da CF). HS/RB
Gabarito "C".

(Delegado/PA – 2012) Acerca da seguridade social, assinale a alternativa correta:

(A) O caráter democrático e descentralizado da administração da seguridade social se dá mediante gestão tripartite, com participação dos trabalhadores, dos empregadores e dos aposentados nos órgãos colegiados.

(B) A seguridade social será financiada por toda a sociedade, de forma direta e indireta, nos termos da lei, mediante recursos provenientes dos orçamentos da União, dos Estados e dos Municípios

(C) As receitas dos Estados, do Distrito Federal e dos Municípios destinadas à seguridade social constarão dos respectivos orçamentos, integrando, assim, o orçamento da União.

(D) A proposta de orçamento da seguridade social será elaborada de forma integrada pelos órgãos responsáveis pela saúde, previdência social e assistência social, tendo em vista as metas e prioridades estabelecidas na lei de diretrizes orçamentárias, assegurada a cada área a gestão de seus recursos.

(E) A previdência social compreende um conjunto integrado de ações de iniciativa dos Poderes Públicos e da sociedade, destinadas a assegurar os direitos relativos à saúde e à assistência social.

**A:** incorreta, pois a seguridade social possui gestão quadripartite, com participação dos trabalhadores, dos empregadores, dos aposentados e do Governo nos órgãos colegiados – art. 194, VII, da CF; **B:** incorreta. Essa alternativa foi considerada incorreta pelo gabarito oficial, porém, a questão é discutível, por ser incompleta. A rigor, o art. 195 da CF prevê financiamento também por recursos provenientes do orçamento do Distrito Federal e de determinadas contribuições sociais; **C:** incorreta, pois cada ente político tem seu próprio orçamento, que não integra o de outro – art. 165 e ss. da CF; **D:** correta, pois reproduz o art. 195, § 2º, da CF; **E:** incorreta, pois a assertiva refere-se à seguridade social, nos termos do art. 194 da CF. A previdência é uma das vertentes da seguridade social, ao lado da assistência social e da saúde (ou seja, assistência e saúde não estão compreendidas na previdência, mas sim na seguridade social). HS/RB

Gabarito "D".

## 2. CUSTEIO

**(Delegado Federal – 2004 – CESPE)** Em cada um dos itens seguintes é apresentada uma situação hipotética relativa ao conceito de salário de contribuição, seguida de uma assertiva a ser julgada.

(1) Carlos advogava para diversas empresas na justiça do trabalho, sem manter vínculo de emprego, auferindo valores fixos mensais de cada uma delas. Nessa situação, o salário de contribuição de Carlos corresponde à soma de todas as remunerações percebidas, independentemente de qualquer limite.

(2) Alguns sindicatos patronais e de trabalhadores firmaram convenções coletivas de trabalho que dispõem sobre a concessão mensal de pequenos reajustes salariais, da ordem de 1%, a título de antecipação do futuro reajuste devido por ocasião da data-base. Acertaram, ainda, que tais valores não seriam considerados para efeito de férias, gratificação natalina e contribuições previdenciárias. Nessa situação, em razão do status constitucional conferido à negociação coletiva, não há como incidir a exação previdenciária sobre os reajustes indicados, cujos valores não podem ser qualificados como salário de contribuição dos trabalhadores beneficiados.

**1:** incorreta. Carlos é segurado obrigatório do Regime Geral de Previdência Social – RGPS, na qualidade de contribuinte individual – art. 12, V, g, do Plano de Custeio da Seguridade Social – PCSS (Lei 8.212/1991). Deverá recolher contribuição calculada pela alíquota de 20% sobre seu salário de contribuição – art. 21 do PCSS. O salário de contribuição do contribuinte individual (base de cálculo para o tributo) corresponde à remuneração auferida em uma ou mais empresas, durante o mês, observado o limite máximo previsto em lei, atualizado periodicamente – art. 28, IV e § 5º, do PCSS. A assertiva é incorreta, pois, como visto, há limite para o salário de contribuição. **2:** incorreta, porque esses reajustes implicam aumento da remuneração pelo trabalho realizado, que é base de cálculo da contribuição previdenciária.

Nesse sentido, o art. 28, I, do PCSS inclui expressamente no salário de contribuição "os adiantamentos decorrentes de reajuste salarial". HS/RB

Gabarito 1E, 2E

## 3. BENEFÍCIOS, SEGURADOS

**(Delegado Federal – 2018 – CESPE)** Roberto é empregado da empresa XYZ ME há trinta anos e pretende requerer ao INSS, em 1.º/10/2018, a concessão de aposentadoria por tempo de contribuição.

Com referência a essa situação hipotética, julgue os itens a seguir.

(1) Na situação descrita, o recolhimento mensal à seguridade social relativo ao empregado Roberto é composto pela parte arcada pelo empregado e pela parte arcada pelo empregador, sendo esta última correspondente a 20% do total das remunerações pagas, devidas ou creditadas a Roberto durante o mês.

(2) As informações fornecidas são suficientes para se concluir que Roberto tem direito ao percebimento de aposentadoria por tempo de contribuição, por haver cumprido integralmente os requisitos para o gozo do benefício.

(3) O salário de contribuição de Roberto corresponde ao valor de sua remuneração, respeitados os limites mínimo e máximo desse salário.

**1:** correta, nos termos do art. 22, I, do PCSS; **2:** incorreta. O requisito da aposentadoria por tempo de contribuição, antes da Reforma da Previdência, considerando a data em que a questão foi formulada, é de 35 anos (art. 201, § 7º, I, da CF). Dessa forma, para ter acesso ao benefício, Roberto precisa ter averbado outros períodos de contribuição, informação que não consta do enunciado; **3:** considerada correta pelo gabarito oficial, porém não corresponde ao que dispõe o art. 28 do PCSS. No caso de segurado empregado, salário de contribuição é a remuneração auferida em uma ou mais empresas, assim entendida a totalidade dos rendimentos pagos, devidos ou creditados a qualquer título, durante o mês, destinados a retribuir o trabalho, qualquer que seja a sua forma, inclusive as gorjetas, os ganhos habituais sob a forma de utilidades e os adiantamentos decorrentes de reajuste salarial, quer pelos serviços efetivamente prestados, quer pelo tempo à disposição do empregador ou tomador de serviços nos termos da lei ou do contrato ou, ainda, de convenção ou acordo coletivo de trabalho ou sentença normativa. HS

Gabarito 1C, 2E, 3C

**(Delegado Federal – 2013 – CESPE)** Acerca das normas que regem os segurados da previdência social, julgue o item abaixo.

(1) Caso um delegado da Polícia Federal eleito deputado no estado onde atue como delegado opte pelo exercício do mandato eletivo, ele não poderá se filiar ao RGPS dada a sua vinculação a regime próprio.

**1:** correta, nos termos do art. 12, I, "j", da Lei 8.212/1991 – Plano de Custeio da Seguridade Social – PCSS. HS/RB

Gabarito "1C".

**(Delegado Federal – 2013 – CESPE)** Em virtude de agravamento de doença, Maria, que exerceu por vinte anos, como empregada de uma fábrica de roupas, a função de costureira, foi considerada incapaz para o trabalho e insuscetível de reabilitação para o exercício de qualquer atividade que lhe garantisse a subsistência, tendo sido aposentada por invalidez.

Com base nessa situação hipotética, julgue o item a seguir.

(1) Caso Maria comprove necessitar de assistência permanente de outra pessoa, ela fará jus ao valor da aposentadoria por ela recebida acrescido de 25%, ainda que ultrapasse o teto de pagamento de benefícios do RGPS, acréscimo que cessará com sua morte, visto que não é incorporável ao valor da pensão a ser paga a seus dependentes.

**1:** correta, nos termos do art. 45 da Lei 8.213/1991 (Plano de Benefícios da Previdência Social – PBPS). HS/RB

Gabarito "1C."

**(Delegado Federal – 2002 – CESPE)** Alex e seu irmão Daniel constituíram a microempresa Pizzaria Dominó Ltda. (PD), uma sociedade comercial que visa atuar na produção e entrega de *pizzas*. Nessa pessoa jurídica, ambos os irmãos são remunerados pelas suas atividades na pizzaria, mas enquanto Daniel é simplesmente sócio cotista, Alex é o sócio-gerente. Para iniciar a produção, a microempresa alugou uma sala onde foi instalada uma cozinha industrial, sendo que, para construir os balcões da pizzaria, estabeleceram contrato de empreitada com o marceneiro Isaías.

Para promover o serviço de entrega, a sociedade comprou duas motocicletas e contratou dois empregados, para proceder às entregas, Eva e Élder, tendo sido a primeira contratada por prazo indeterminado e o segundo, por prazo determinado de um ano. Em contraprestação a seu trabalho, cada um recebe um salário de R$ 500,00, além das gorjetas recebidas dos clientes, que nunca ultrapassam, se somadas, R$ 400,00 por mês para cada um. Para fins tributários e previdenciários, a PD optou pelo Sistema Integrado de Pagamento de Impostos e Contribuições das Microempresas e das Empresas de Pequeno Porte (SIMPLES), inscrevendo-se como microempresa no Cadastro Geral de Contribuintes do Ministério da Fazenda (CGC/MF). Com relação à situação hipotética apresentada acima, julgue os seguintes itens.

(1) Isaías, Daniel e Elder são segurados obrigatórios do INSS, os dois primeiros na qualidade de contribuintes individuais e o último na qualidade de empregado.

(2) Considerando que Eva tem como única fonte de renda o seu trabalho na PD, é correto afirmar que o seu salário de contribuição será a totalidade dos rendimentos auferidos durante o mês, incluindo o décimo terceiro salário, as gorjetas recebidas dos clientes e, se for o caso, o salário-maternidade.

(3) Caso Eva seja demitida e interrompa o recolhimento de contribuições previdenciárias, conservará ela a qualidade de segurada por três meses, período dentro do qual terá direito aos mesmos benefícios que faria jus se continuasse empregada. Porém, se findo esse prazo Eva não conseguir outro emprego e desejar continuar mantendo a sua qualidade de segurada da previdência, ela terá de filiar-se como segurada facultativa.

(4) Em adição à situação hipotética acima, considere que Alex, julgando excelente o trabalho prestado por Isaías à PD, convidou o marceneiro para reformar os armários da casa em que ele vive com sua família, proposta essa que foi prontamente aceita. Alex e Isaías estabeleceram, então, contrato civil de empreitada de lavor, por meio da qual Alex comprometeu-se a comprar os materiais necessários e pagar a Isaías a quantia de R$ 500,00 pela mão de obra. Nesse caso, é incorreto afirmar que Alex enquadra-se no conceito previdenciário de empresa, pois não atua com finalidade lucrativa; porém, é correto afirmar que ele se enquadra no conceito previdenciário de empregador doméstico e que, portanto, tem a obrigação de recolher ao INSS a contribuição previdenciária respectiva.

**1:** correta. Porque Isaías (profissional autônomo que presta serviço em caráter eventual) e Daniel (sócio cotista remunerado) são contribuintes individuais, nos termos do art. 12, V, *f* e *g*, do PCSS. Élder é empregado, nos termos do art. 12, I, *a*, do PCSS. **2:** correta, dado que o salário de contribuição do empregado corresponde à totalidade dos rendimentos pagos, devidos ou creditados a qualquer título, durante o mês, destinados a retribuir o trabalho, qualquer que seja a sua forma, inclusive as gorjetas, os ganhos habituais sob a forma de utilidades e os adiantamentos decorrentes de reajuste salarial, quer pelos serviços efetivamente prestados, quer pelo tempo à disposição do empregador ou tomador de serviços nos termos da lei ou do contrato ou, ainda, de convenção ou acordo coletivo de trabalho ou sentença normativa – art. 28, I, do PCSS. Ademais, o salário-maternidade é considerado salário de contribuição, ou seja, se sujeita à incidência de contribuição previdenciária – art. 28, §§ 2º e 9º, *a, in fine*, do PCSS. **3:** incorreta, já que Eva mantém a qualidade de segurada, mesmo sem contribuição, até 12 meses após deixar de exercer atividade remunerada – art. 15, II, do PBPS. **4:** incorreta, pois o contribuinte individual (Alex) é equiparado à empresa, em relação a segurado que lhe presta serviço (Isaías) – art. 15, parágrafo único, do PCSS. Alex não é empregador doméstico, porque Isaías não é empregado doméstico (empregador doméstico é somente a pessoa ou a família que admite a seu serviço, sem finalidade lucrativa, empregado doméstico) – art. 15, II, do PCSS. HS/RB

Gabarito "1C, 2C, 3E, 4E."

## 4. CONTRIBUIÇÕES SOCIAIS

**(Delegado Federal – 2013 – CESPE)** De acordo com as normas constitucionais e legais acerca do financiamento da seguridade social, julgue o seguinte item.

(1) Integram o salário de contribuição que equivale à remuneração auferida pelo empregado, as parcelas referentes ao salário e às férias, ainda que indenizadas.

**1:** incorreta. Há dois erros na afirmação: i) o salário de contribuição não equivale à remuneração do empregado. Há parcelas dessa que integram e outras que não integram aquele (art. 28, §§ 8º e 9º da Lei 8.212/1991 – Plano de Custeio da Seguridade Social – PCSS), além do salário de contribuição encontrar um limite máximo; ii) férias indenizadas não integram o salário de contribuição (art. 28, § 9º, "d", do PCSS). HS/RB

Gabarito "1E."

## 5. CRIMES CONTRA A PREVIDÊNCIA SOCIAL

**(Delegado Federal – 2013 – CESPE)** José abriu uma pequena padaria no bairro onde reside e contratou dez funcionários. Durante os primeiros seis meses de funcionamento do estabelecimento comercial, José arrecadou as contribuições previdenciárias de seus empregados, descontando-as das respectivas remunerações, mas não recolheu esses valores aos cofres da previdência social. Com base nessa situação hipotética e na legislação relativa aos crimes contra a previdência social, julgue os itens subsequentes.

**(1)** Nesse caso, mesmo que o valor não recolhido por José seja pequeno, não é possível, considerando-se a jurisprudência do STJ, a aplicação do princípio da insignificância, dado o bem jurídico tutelado (patrimônio da previdência social).

**(2)** Se, até antes do início da ação fiscal, José confessar a dívida e efetuar espontaneamente o pagamento integral dos valores devidos, prestando as devidas informações ao órgão da previdência social, a punibilidade de sua conduta poderá ser extinta.

**(3)** Ainda que não tivesse descontado das remunerações de seus empregados os valores relativos às contribuições previdenciárias, José responderia pela prática do delito de apropriação indébita previdenciária.

---

**1:** incorreta. O STJ reconhece a aplicação do princípio da insignificância para o crime de apropriação indébita previdenciária se o valor sonegado for de até R$10.000,00 (AgRg no REsp 1260561/RS, DJ 16/11/2012); **2:** correta, nos termos do art. 168-A, § 2°, do Código Penal; **3:** incorreta. O delito de apropriação indébita previdenciária pressupõe o desconto da contribuição da remuneração dos empregados, pois tem como elementar a posse do dinheiro de forma lícita até que o recolha aos cofres da previdência. Caso não tivesse efetuado o desconto, e, portanto, tampouco recolhido tais valores, responderia José pelo crime de sonegação de contribuição previdenciária previsto no art. 337-A do Código Penal. HS/RB

Gabarito 1E, 2C, 3E

## 6. TEMAS COMBINADOS

**(Delegado Federal – 2018 – CESPE)** Um segurado da previdência social, filiado em 1.º/3/2010, sofreu acidente de trabalho em 1.º/4/2010. Em 1.º/5/2010, lhe foi concedido, pelo INSS, auxílio-doença, contabilizado desde a data do seu acidente até o dia 1.º/4/2011. Em 1.º/8/2018, o INSS revisou o ato administrativo de concessão desse benefício.

Considerando essa situação hipotética, julgue os itens subsequentes.

**(1)** Na revisão, o INSS não poderia anular o referido ato administrativo, salvo se tivesse comprovado má-fé, dada a ocorrência da decadência, uma vez que havia transcorrido mais de cinco anos desde a concessão do benefício.

**(2)** Considere que o INSS, após a revisão do ato administrativo, tenha decidido pela sua anulação, sob o fundamento de que o segurado não haveria cumprido carência. Nessa situação, o fundamento utilizado pelo INSS não é procedente, pois o auxílio-doença independe de carência.

---

**1:** incorreta. No caso de ato administrativo do qual decorram efeitos patrimoniais contínuos, como a concessão de benefício previdenciário, o prazo de 10 anos é contado da percepção do primeiro pagamento (art. 103-A, § 1°, do PBPS); **2:** correta, nos termos do art. 26, I, do PBPS. HS

Gabarito 1E, 2C

**(Delegado Federal – 2018 – CESPE)** Pedro é o responsável pelo adimplemento das contribuições previdenciárias de uma empresa de médio porte. Nos meses de janeiro a junho de 2018, a empresa entregou a Pedro o numerário correspondente ao valor das contribuições previdenciárias de seus empregados, mas Pedro, com dolo, deixou de repassá-lo à previdência social. Pedro é primário e de bons antecedentes.

Nessa situação hipotética,

**(1)** Pedro praticou o crime de sonegação de contribuição previdenciária.

**(2)** a punibilidade de Pedro será extinta se, antes do início da ação fiscal, ele declarar, confessar e efetuar o recolhimento das prestações previdenciárias, espontaneamente e na forma do regulamento do INSS.

**(3)** caso o repasse das contribuições previdenciárias ocorra após o início da ação fiscal e antes do oferecimento da denúncia, o juiz poderá deixar de aplicar a pena ou aplicar apenas a multa.

---

**1:** incorreta. O crime se chama apropriação indébita previdenciária (art. 168-A do Código Penal); **2:** correta, nos termos do art. 168-A, § 2°, do Código Penal; **3:** correta, nos termos do art. 168-A, § 3°, I, do Código Penal. HS

Gabarito 1E, 2C, 3C